D0863988

Traduit de l'anglais pour le compte du Centre collégial de développement de matériel didactique, avec l'autorisation de Professional Publications inc., Belmont, le présent ouvrage est une version française, adaptée à la réalité québécoise, de la 2e édition de *Interior Design Reference Manual – A Guide to the NCIDQ Exam.*

Ouvrage publié par :
Centre collégial de développement de matériel didactique (CCDMD)
6220, rue Sherbrooke Est, bureau 416
Montréal (Québec)
H1N 1C1
Téléphone : (514) 873-2200
Site Internet : www.ccdmd.qc.ca

Présentation du projet : Madeleine Lafrance
Responsables du projet au CCDMD : Sylvie Charbonneau, Marie-Andrée Gaboury
Traduction : Cartier et Lelarge
Coordination du projet et adaptation : Christine Dufresne
Révision de contenu : Andrée Villemaire
Révision du contenu juridique (chapitres 9 et 21) : Me Jean-Pierre Dumont
Conception graphique et infographie : Projet Bleu

Catalogage avant publication de Bibliothèque et Archives Canada
Ballast, David Kent

L'essentiel du design d'intérieur : guide du candidat à l'examen du NCIDQ

Traduction de la 2e éd. de : Interior design reference manual.
Pour les étudiants du niveau collégial.

ISBN 2-89470-197-7

1. National Council for Interior Design Qualification (É.-U.) - Examens - Guides de l'étudiant. 2. Décoration intérieure - Examens - Guides de l'étudiant. 3. Décoration intérieure. I. Centre collégial de développement de matériel didactique. II. National Council for Interior Design Qualification (É.-U.). III. Titre.

NK2116.5.B3514 2006 729.076 C2006-940581-6

Dépôt légal : 3e trimestre 2006
Bibliothèque nationale du Québec

ISBN 2-89470-197-7

Préface

Une multitude de cheminements mènent à la pratique du design d'intérieur. Certains suivront la filière des écoles techniques, des collèges et des universités. D'autres, venus d'horizons divers, arriveront à la profession par la méthode empirique des expériences de travail cumulées.

Comment les gens d'affaires et les particuliers peuvent-ils s'y retrouver lorsqu'ils ont besoin de services professionnels en design d'intérieur ? Comment s'assurer de la compétence de la personne à qui ils confieront la responsabilité professionnelle de modifier leur espace de travail et de vie tout en respectant leur santé, leur sécurité et leur bien-être, et ce, en conjuguant la fonctionnalité et l'esthétique ? Le NCIDQ offre une réponse à ces préoccupations fondamentales.

Le National Council of Interior Design Qualification (NCIDQ) a été mis sur pied dans les années 1960 à l'instigation de l'American Institute of Interior Design (AIID) et de la National Society of Interior Design (NSID), lesquels se sont fusionnés pour devenir l'American Society of Interior Design (ASID). Actif dès 1972, le NCIDQ a été incorporé en 1974 à titre d'organisme à but non lucratif. Sa mission est d'établir et de mesurer, au moyen d'un examen, le seuil minimal de compétence et d'expérience requises pour un designer d'intérieur, quelle que soit la formation acquise et l'expérience accumulée au fil des ans. Toute personne ayant réussi l'examen de certification du NCIDQ est réputée avoir les connaissances, les compétences et l'expérience requises pour entreprendre tout projet de design intérieur, de quelque nature que ce soit.

Le seuil établi par le NCIDQ pour exercer ce métier très spécialisé a fort stimulé les praticiens concernés avec pour résultat que, pour un total de 48 000 designers d'intérieur actuellement recensés en Amérique du Nord, près de 20 000 sont déjà certifiés (données de février 2006). Une vingtaine d'États américains et plusieurs provinces canadiennes en ont fait le critère d'admissibilité à leur association professionnelle, que le titre soit réservé ou non. La tendance est lourde, accentuée par la mondialisation. Une certification semblable existe d'ailleurs en Europe.

L'*Interior Design Reference Manual* de David Ken Ballast, conçu pour aider les candidats à l'examen du NCIDQ à revoir les principes essentiels et les règles de leur discipline, était un ouvrage déjà bien connu des professionnels du design d'intérieur au Québec. Grâce au Centre collégial de développement de matériel didactique (CCDMD), cet ouvrage fondamental est enfin adapté en français.

En publiant *L'essentiel du design d'intérieur*, le CCDMD s'assure que les élèves et les professeurs des départements de design de tous les cégeps québécois auront à leur disposition du matériel pédagogique de qualité. Par la même occasion, c'est toute la communauté du design d'intérieur francophone qui bénéficie dorénavant d'un outil de perfectionnement majeur. *L'essentiel du design d'intérieur* est en effet le premier livre aussi complet sur la discipline du design d'intérieur à être publié au Québec. Il couvre tous les aspects de la profession, des principes élémentaires de la planification aux ententes contractuelles, en passant par les règles de base de la pratique professionnelle.

Pour un designer d'intérieur pratiquant en Amérique du Nord, la préparation et la réussite de l'examen du NCIDQ ouvre de nouveaux horizons. C'est d'ailleurs l'une des raisons pour lesquelles le Fonds d'études et de recherche en design d'intérieur de l'Est (FERDIE) a décidé de s'associer à la publication française de cet ouvrage et d'en encourager la diffusion. La mission de FERDIE étant de promouvoir l'excellence dans l'enseignement et la pratique du design d'intérieur, il allait de soi d'encourager cette initiative qui profitera à tous les designers d'intérieur francophones du Canada.

L'Association professionnelle des designers d'intérieur du Québec (APDIQ), organisme qui, depuis de nombreuses années, travaille d'arrache-pied à faire reconnaître le statut professionnel des designers d'intérieur formés au Québec ainsi qu'à définir un champ de pratique qui leur soit propre, endosse complètement la publication française de *L'essentiel du design d'intérieur.* Même si la réussite à l'examen de certification du NCIDQ n'est pas – pour le moment, du moins –, une condition obligatoire au Québec, le fait qu'elle le soit dans plusieurs autres provinces canadiennes et États américains en fait un atout pour tout designer d'intérieur qui souhaiterait élargir le champ de sa pratique ou simplement faire reconnaître ses compétences professionnelles au niveau international.

En tant que praticienne du design d'intérieur ayant passé avec succès l'examen du NCIDQ après 20 ans de pratique, je puis affirmer qu'il s'agit d'un expérience stimulante et enrichissante. En tant qu'enseignante, je la trouve essentielle, voire incontournable. Les enseignants en design d'intérieur forment la relève, les designers d'intérieur qui amèneront la profession à un degré d'achèvement et de spécialisation encore plus poussé que celui que nous connaissons actuellement. Nos étudiants, je le souhaite, seront ceux qui obtiendront la reconnaissance professionnelle à laquelle ont travaillé plusieurs générations de designers d'intérieur avant eux. Il est de notre devoir de guides et de formateurs de les préparer adéquatement et *L'essentiel du design d'intérieur* est à cet égard un outil précieux.

Je vous souhaite bonne lecture, bonne étude ou bonne révision. Cet outil sera ce que vous en ferez.

Andrée Villemaire,
Designer d'intérieur certifiée NCIDQ 18 380
Membre du Conseil d'administration de FERDIE
Membre du Comité formation et recherche de l'APDIQ
Enseignante en design d'intérieur au collège Marie-Victorin

Introduction

Conçu au départ pour aider le candidat à l'examen du NCIDQ à revoir l'essentiel des principes et règles de son métier, *L'essentiel du design d'intérieur* touche les six principaux domaines d'habileté qui caractérisent la profession du designer d'intérieur, soit l'organisation du projet, la programmation, le design préliminaire, l'élaboration du design, les documents contractuels et l'exécution du contrat. L'importance relative des différents sujets y reflète la réalité de la pratique. Toutes les connaissances fondamentales que doit posséder le designer d'intérieur pour pratiquer son métier en Amérique du Nord sont traitées dans ce livre.

Il y a plusieurs façons d'utiliser cet outil polyvalent qu'est *L'essentiel du design d'intérieur.* Étudiants, professeurs, jeunes praticiens et professionnels aguerris y trouveront tous leur profit. L'ouvrage est précédé d'une table des matières extrêmement détaillée qui facilite la recherche d'un thème ou d'un sujet. Chacun des chapitres est complété par des questions, conçues sur le modèle de celles qui sont posées dans la partie théorique de l'examen du NCIDQ. Ces questionnaires constituent un outil pédagogique précieux, non seulement parce qu'ils permettent de réviser la matière apprise dans le chapitre, mais parce que la plupart des questions sont des mises en situation qui demandent de mettre en pratique et de conjuguer plusieurs concepts, principes et habiletés et font appel au jugement du professionnel. Le corrigé à la fin du livre a pour avantage de préciser ces questions de jugement et d'expliquer la démarche d'élimination qui mène à la bonne réponse. Le dernier chapitre de ce livre est un exercice pratique de la même teneur que ceux qui sont imposés aux candidats à l'examen du NCIDQ. Précisons que le corrigé en fin de livre apporte des éclaircissements et des solutions possibles pour cet exercice pratique.

Comme les étudiants en design d'intérieur et les professionnels connaissent parfois mieux certains aspects de leur métier en langue anglaise, nous avons cru bon d'ajouter à ce livre un lexique anglais-français et français-anglais des principaux termes. Enfin, un index permet de trouver des détails précis ou de faire une recherche plus pointue sur un sujet.

Bien entendu, le candidat qui se prépare à l'examen du NCIDQ trouvera dans *L'essentiel du design d'intérieur* toute la matière à revoir. À ce lecteur particulier, il est recommandé de lire en premier l'annexe A qui se trouve à la page 517. Tout candidat à l'examen y trouvera des conseils spécifiques pour élaborer son programme d'étude avant l'examen, en plus de techniques à utiliser pour gérer son temps pendant l'examen.

Un tel ouvrage de référence ne peut que se bonifier avec les années. Aussi, le CCDMD, désireux de faire de cet ouvrage un classique du genre, encourage-t-il étudiants, professeurs, professionnels du design d'intérieur à lui faire part de leurs commentaires.

Table des matières

Partie 1 - Théorie

PARTIE 7 - CODES ET NORMES

Partie 8 - Pratiques commerciales et professionnelles

Partie 9 - Coordination de projet

PARTIE 10 - EXEMPLE D'EXAMEN PRATIQUE

1

Éléments du design

Les designers d'intérieur exploitent plusieurs éléments de conception selon certains principes de base pour créer des aménagements à la fois fonctionnels et esthétiques. Ces éléments et principes de design sont les mêmes pour les peintres, les concepteurs graphiques, les sculpteurs et les autres artistes des arts visuels. Ces concepts doivent vous être familiers et vous devez les appliquer pour réussir l'examen du NCIDQ. Vos connaissances seront vérifiées par des questions à choix multiple. Vous devrez également appliquer ces éléments et principes de design dans la partie pratique de l'examen. Le présent chapitre porte sur les différents éléments de design et le chapitre suivant montre comment ces éléments peuvent se combiner en fonction de plusieurs principes fondamentaux.

1 La forme

La forme est le contour et la configuration de base d'un objet ou d'un espace. La forme d'un objet est souvent le premier élément qui nous permet de le distinguer des autres. Par exemple, la forme d'une chaise diffère de la forme du mur qui se trouve derrière elle. Il existe une infinité de formes possibles, mais on peut généralement les décrire comme étant *cylindriques*, *plates*, *carrées* ou *linéaires*. On peut voir les objets et les espaces isolément, mais habituellement on voit leur forme par rapport à d'autres formes selon les principes dont il sera question au chapitre 2. La forme est un outil précieux pour le designer d'intérieur, qui peut s'en servir pour agencer divers éléments, pour créer une ambiance et pour coordonner les diverses composantes d'un aménagement.

Toutefois, la forme d'un objet ou d'un espace peut être modifiée par d'autres facteurs comme la lumière, la couleur et les autres éléments traités dans ce chapitre ainsi que par les effets de la perception humaine. Par exemple, un cercle vu de biais prend la forme d'un ovale. Les illusions d'optique peuvent également altérer la perception de la forme d'un objet.

La forme et le contour sont créés par des lignes, par des surfaces planes, par des volumes et, dans une moindre mesure, par des points. Chacune de ces composantes a ses propres caractéristiques, forces et limites en design d'intérieur. Bien que le point, la ligne et le plan soient géométriquement en deux dimensions, l'œil en perçoit une troisième lorsque l'une des deux dimensions existantes est beaucoup plus grande. Par exemple, dans la figure 1.1 (a), les balustres de la rampe ont un aspect linéaire parce que leur longueur est beaucoup plus grande que leur largeur ou leur profondeur.

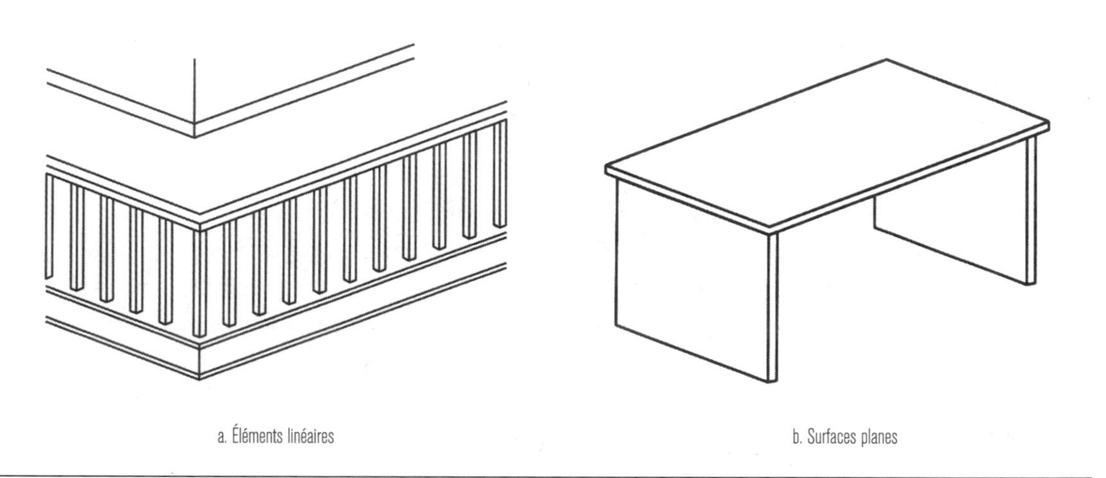

a. Éléments linéaires

b. Surfaces planes

1.1
Construction linéaire et plane

(A) La ligne

La ligne est un élément ou une forme dont la longueur réelle ou visuelle dépasse de beaucoup la largeur ou la profondeur réelles. Des lignes se forment et sont perçues à l'intersection de deux surfaces planes, aux arêtes et aux bordures et lorsqu'il y a changement de matériau, de texture ou de couleur. L'orientation des lignes joue un rôle très important et peut influer sur l'impression que crée un espace. Les lignes horizontales sont généralement perçues comment étant reposantes, stables et associées à la surface de la terre. Les lignes verticales ont habituellement une connotation de force, d'équilibre, de permanence et de fort mouvement ascendant. Les lignes diagonales sont dynamiques et représentent souvent un mouvement ascendant ou descendant selon leur inclinaison. Les lignes courbes évoquent davantage la nature et le corps humain. Elles sont gracieuses et suggèrent un mouvement souple. Les courbes peuvent être géométriques (cercles, arcs et ellipses) ou de forme libre.

Les lignes peuvent elles aussi modifier la perception que l'on a d'un espace. Les lignes verticales tendent à faire paraître un espace plus haut qu'il ne l'est en réalité, tandis que les lignes horizontales en réduisent la hauteur apparente. Les lignes diagonales doivent être utilisées avec prudence, car elles peuvent déséquilibrer un espace.

On peut créer des lignes dans un espace au moyen d'objets dont la forme est très linéaire, d'éléments structuraux, d'éléments de décoration, de matériaux de finition et même de jeux d'éclairage. Le designer d'intérieur peut utiliser la ligne comme un élément de base et l'associer à d'autres éléments pour créer l'effet désiré.

(B) Le plan

Le plan, ou surface plane, est une forme dont deux dimensions sont dominantes, la longueur et la largeur. Comme pour la ligne, le plan a en réalité une certaine profondeur, mais cette dimension n'est pas perçue autant que les dimensions dominantes. Prenons l'exemple d'un plateau de table de 3 pi x 3 pi (0,9 m^2) : s'il a une épaisseur de 1" (25), il aura une apparence plane, mais s'il a une épaisseur de 6" (150), il aura un aspect massif et tridimensionnel.

Les plans sont des composantes importantes en design d'intérieur, car l'espace est habituellement défini par des surfaces planes comme les murs, les plafonds et les sols. Même les meubles et les autres objets se composent habituellement de surfaces planes. Contrairement aux lignes, les surfaces planes aident à déterminer la forme d'un espace par leurs autres caractéristiques comme le contour, la texture, la couleur et le motif. C'est pour cette raison qu'elles jouent un rôle important dans la définition du caractère d'un espace.

La surface plane peut être traitée comme une simple étendue ayant une seule couleur et une seule texture, ou elle peut être subdivisée comme un tableau par différents matériaux, textures et couleurs. Les plans qui servent à définir un espace peuvent s'harmoniser ou contraster avec les formes planes des meubles, des accessoires et des autres éléments.

(C) Le volume

Le volume est le véritable élément tridimensionnel du design d'intérieur puisqu'il est clairement perçu comme une forme spatiale ayant une longueur, une largeur et une profondeur. Le volume peut être plein ou vide : on parle alors d'espace positif ou négatif. Comme l'illustre la figure 1.2, un volume plein semble avoir une masse et occuper de l'espace, tandis qu'un volume vide est défini par des surfaces planes ou d'autres éléments.

Le volume a une forme définie et est habituellement perçu et qualifié comme étant régulier (cubique, cylindrique ou autre), irrégulier (formes libres ou très complexes) ou selon l'une de ses caractéristiques dominantes (volume haut et étroit, curviligne ou triangulaire). Comme les autres éléments du design, le volume peut servir à améliorer l'effet d'ensemble d'une composition spatiale.

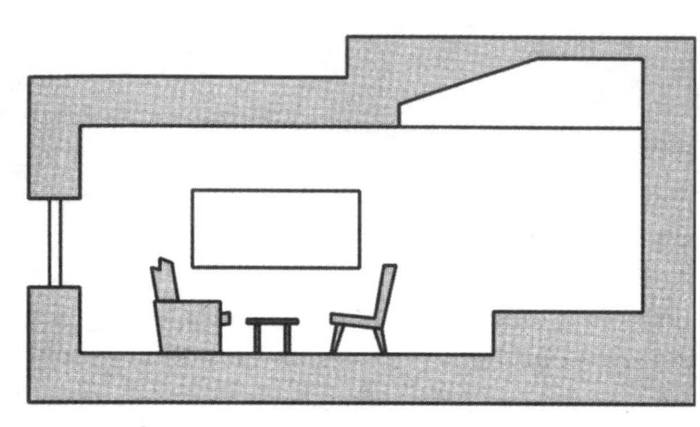

Volume plein - espace positif

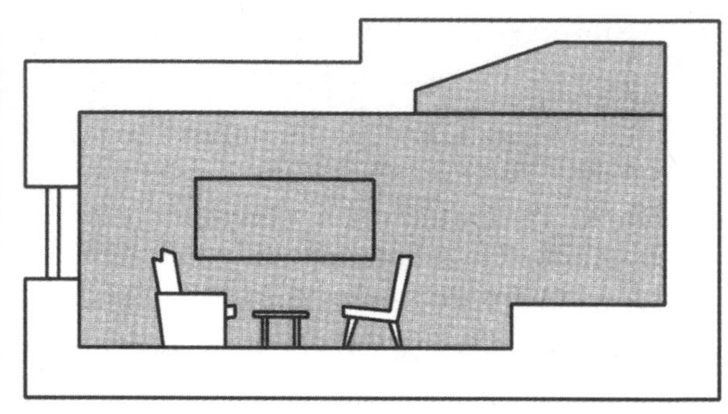

Volume vide - espace négatif

1.2
Espace positif
et négatif

Ⓓ Le contour

Le contour est la caractéristique distinctive d'un objet ou d'un espace par rapport aux objets ou aux espaces qui l'entourent. Les contours se distinguent clairement par leurs formes planes ou volumétriques et peuvent être géométriques (carré, cercle ou cylindre), irréguliers (une table de forme libre) ou naturels (un arbre). Ces trois catégories peuvent se combiner : un arbre, par exemple, peut avoir un contour géométrique sphérique, pyramidal ou ovoïde.

Le contour peut revêtir une puissante signification symbolique ou émotive. Une croix ou une pomme, par exemple, ne sont pas simplement des formes abstraites, ce sont des formes qui ont des significations précises pour certaines personnes. Ces significations varient énormément selon la culture, les antécédents et l'expérience. Certaines formes, toutefois, ont la même connotation pour un grand nombre de personnes. Par exemple, le carré évoque habituellement une forme rationnelle et stable, sans orientation. Le cercle suggère l'unité et la plénitude et attire l'attention sur son centre. Le triangle est à la fois stable et dynamique. Il est stable dans sa forme et statique par sa structure – puisque celle-ci ne peut changer que si la longueur d'un des côtés est modifiée –, mais il est également dynamique par ses angles.

❷ L'échelle

L'échelle est la taille relative d'un élément par rapport à un autre élément de dimension connue. La proportion, que nous verrons au chapitre 2, est simplement la relation des parties d'une composition les unes par rapport aux autres et avec l'ensemble. L'échelle humaine est la plus courante, et permet d'évaluer les objets et les espaces relativement à la taille et à la forme du corps humain. Cette comparaison peut se faire directement ou indirectement. Par exemple, le volume d'une pièce peut être comparé à une personne debout dans cette pièce, ou encore à un objet inanimé ayant un rapport direct avec une personne, comme une chaise. Dans l'un ou l'autre cas, l'estimation de l'échelle de la pièce est la même. Voir la figure 1.3.

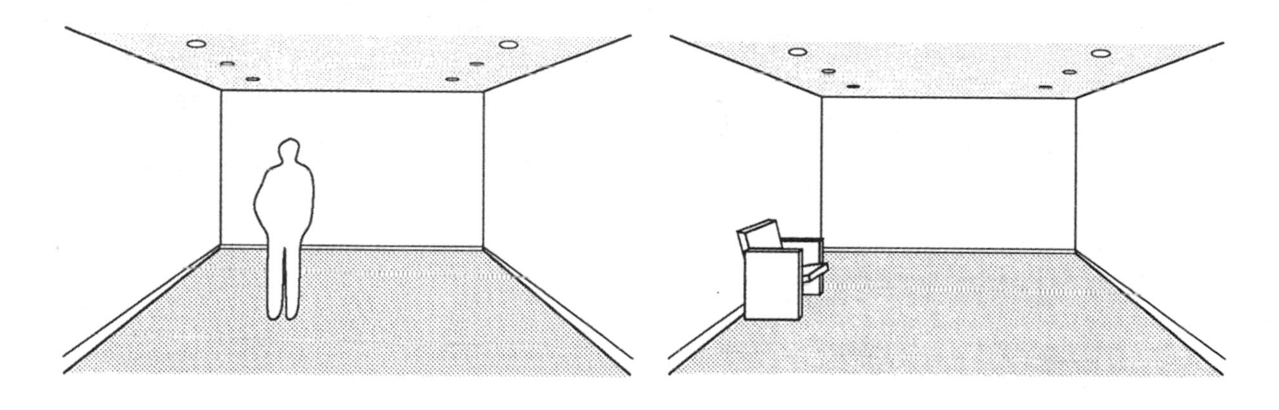

1.3
Estimation de l'échelle d'après des objets connus

L'échelle peut aussi être estimée en comparant la taille d'un objet ou d'un espace à un autre objet ou un autre espace. Par exemple, dans la figure 1.4, l'espace percé d'ouvertures plus petites en (a) semble plus grand que celui percé d'ouvertures plus grandes en (b). Par contre, les deux figures ne donnent pas une idée précise de la dimension réelle de l'espace, car rien ne permet de le comparer à un être humain ou à un objet de taille connue.

Même si l'échelle humaine est cruciale en design d'intérieur, les décisions se prennent souvent en fonction des relations d'échelle entre deux ou plusieurs objets n'ayant aucun rapport avec le corps humain. Par exemple, une photographie encadrée de 8″ x 10″ (203 x 254) aura l'air complètement disproportionnée sur un mur de 20′ (6096) de longueur dont le plafond est à 10′ (2540) de hauteur, malgré une disposition très artistique.

Aucune règle précise ne s'applique à la notion d'échelle. L'estimation de l'échelle est toujours complexe en raison de la multitude d'objets qui se trouvent dans un espace, de la forme même de cet espace et du fait que la perception des objets et des espaces est modifiée par la couleur, la valeur, la texture, l'éclairage, la répétition et d'autres facteurs. L'échelle « appropriée » dépend aussi

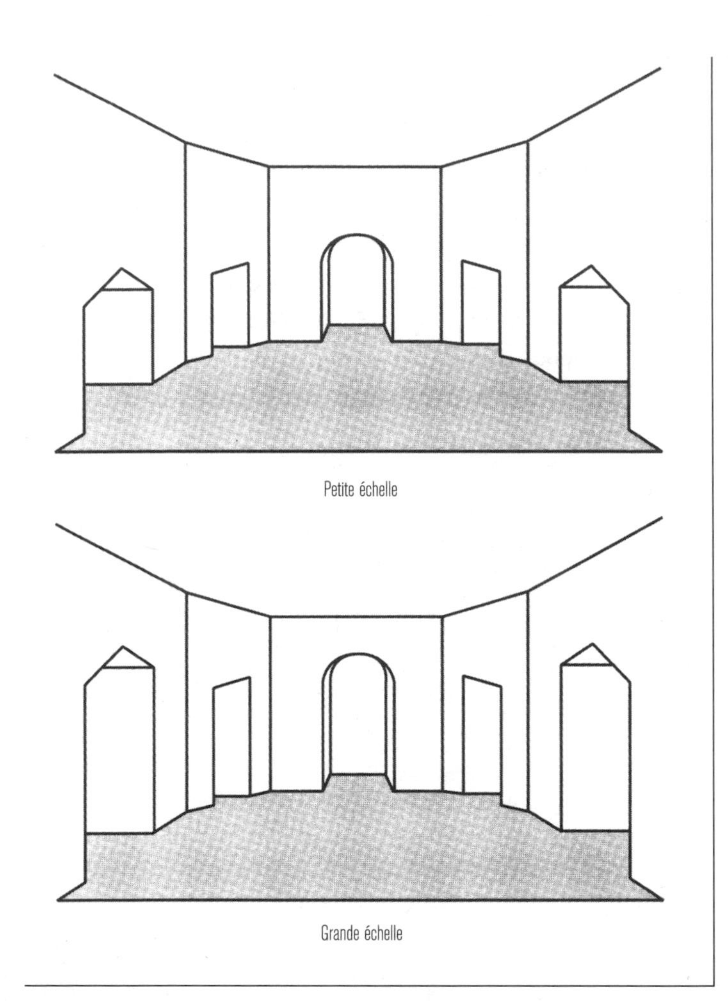

1.4
La notion d'échelle

de l'intention du designer d'intérieur. L'échelle peut permettre de créer un effet d'intimité ou de donner un caractère monumental à un espace. Elle peut aussi servir à accentuer, à contraster ou à harmoniser des formes disparates.

❸ La couleur

La couleur est l'une des perceptions les plus importantes du monde physique et l'un des outils les plus polyvalents en design d'intérieur. Par ailleurs, la couleur est aussi l'un des phénomènes physiques et psychologiques les plus complexes; il est important de bien le comprendre pour l'exploiter correctement. Cette section décrit quelques notions fondamentales qui devraient vous être familières.

Ⓐ Notions fondamentales sur la couleur

La couleur est une propriété physique de la lumière visible, elle-même une partie du spectre électromagnétique, qui comprend également d'autres rayonnements comme les rayons X et les infrarouges. Chaque couleur se distingue des autres par sa longueur d'onde. Le rouge correspond à la longueur d'onde la plus longue du spectre visible, tandis que le violet correspond à la plus courte. L'œil et le cerveau perçoivent les variations des longueurs d'onde qui produisent la sensation de couleur. Lorsque toutes les couleurs de la lumière sont présentes en quantités égales, nous percevons une lumière blanche. Voilà pourquoi on parle de synthèse additive pour désigner la création de couleur à l'aide de la lumière.

La couleur d'un objet correspond à la couleur de la lumière qu'il absorbe et à la quantité de lumière qu'il réfléchit vers l'œil. Par exemple, un objet bleu absorbe, ou soustrait, la plupart des couleurs de la lumière sauf le bleu, qui est réfléchi vers l'œil. Pour cette raison, on parle de synthèse soustractive pour désigner la création de couleur à l'aide de pigments. Lorsque toutes les couleurs de pigments sont présentes en quantités égales, nous ne percevons aucune couleur, c'est-à-dire du noir. Lorsque les pigments sont combinés en quantités inégales, ils absorbent les différentes couleurs de la lumière qui les frappe.

Les trois couleurs primaires de la lumière sont le rouge, le vert et le bleu. Elles se combinent de diverses façons et en diverses quantités pour créer les autres couleurs. Elles produisent une lumière blanche lorsqu'elles sont combinées en quantités égales. Les trois couleurs primaires des pigments sont le jaune, le rouge et le bleu. Théoriquement, on peut produire toutes les autres couleurs en combinant diverses proportions des couleurs primaires. Ces combinaisons sont habituellement représentées sous la forme d'un cercle appelé cercle chromatique, illustré à la figure 1.5.

Les couleurs ont trois caractéristiques de base : la teinte (ou tonalité chromatique), la valeur et la saturation (ou l'intensité). La teinte est la couleur de base, soit l'attribut qui nous permet de distinguer le bleu du rouge, par exemple. La valeur correspond au degré de luminosité ou d'obscurité par rapport au blanc et au noir. La saturation se définit par le degré de pureté de la teinte par rapport à la couleur pure correspondante. Ces trois caractéristiques de la couleur sont représentées de façon schématique à la figure 1.6. Toutes les couleurs du cercle chromatique sont des couleurs saturées (ou pures). Une couleur qui n'est pas saturée est lavée, rabattue, grisée ou rompue. Ainsi, en ajoutant du blanc à une teinte, on accentue sa valeur pour obtenir une couleur lavée. En y ajoutant du noir, on atténue sa valeur pour obtenir une couleur rabattue. En ajoutant du gris de même valeur à une teinte, on obtient une couleur grisée. Enfin, en ajoutant à une teinte sa complémentaire, c'est-à-dire celle qui lui est opposée dans le cercle chromatique, on obtient alors une couleur rompue.

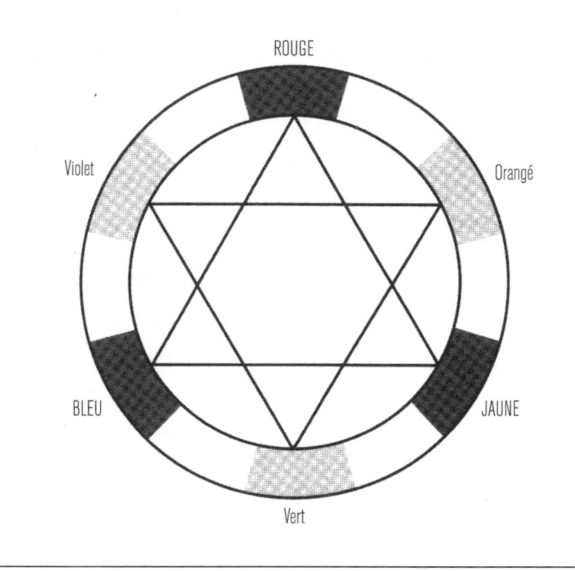

1.5
Le cercle chromatique de Brewster

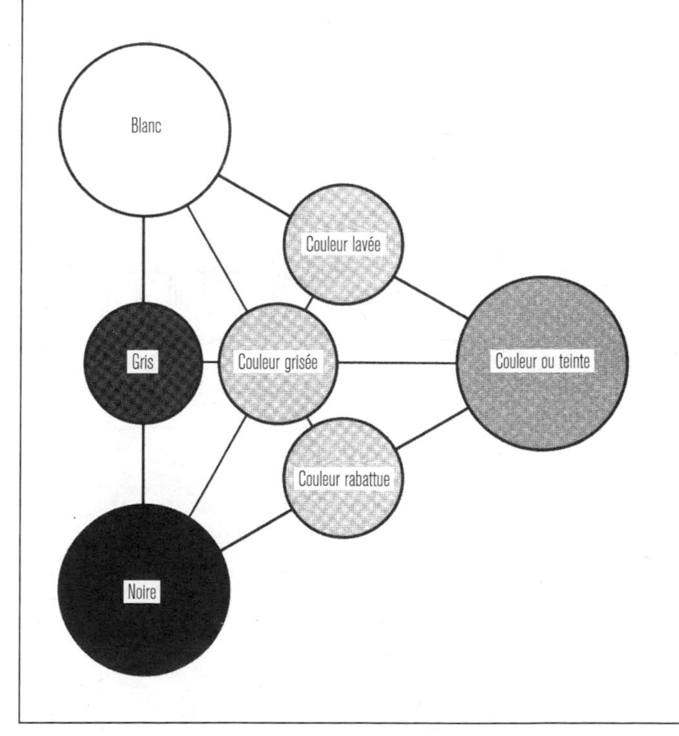

1.6
Modification de la valeur d'une couleur ou d'une teinte

Ⓑ Systèmes de classification des couleurs

De nombreux systèmes ont été élaborés pour décrire et classifier les couleurs. Certains de ces systèmes sont axés sur la lumière, d'autres sur les pigments et d'autres encore tentent de définir la couleur strictement en termes mathématiques. Pour la plupart des travaux de design d'intérieur, vous devez connaître au moins deux des systèmes les plus courants : le système de Brewster et celui de Munsell.

Le système de Brewster, également appelé système de Prang (ou encore cercle de Itten), est le cercle chromatique bien connu, qui classe les pigments en trois couleurs primaires, soit le rouge, le bleu et le jaune. Voir la figure 1.5. Ici, le terme « primaire » signifie qu'on ne peut pas obtenir ces couleurs en combinant d'autres pigments. Les couleurs primaires, combinées en quantités égales, produisent les couleurs secondaires : violet, orangé et vert. Ensuite, en combinant une couleur primaire et une couleur secondaire adjacente, on obtient une couleur tertiaire.

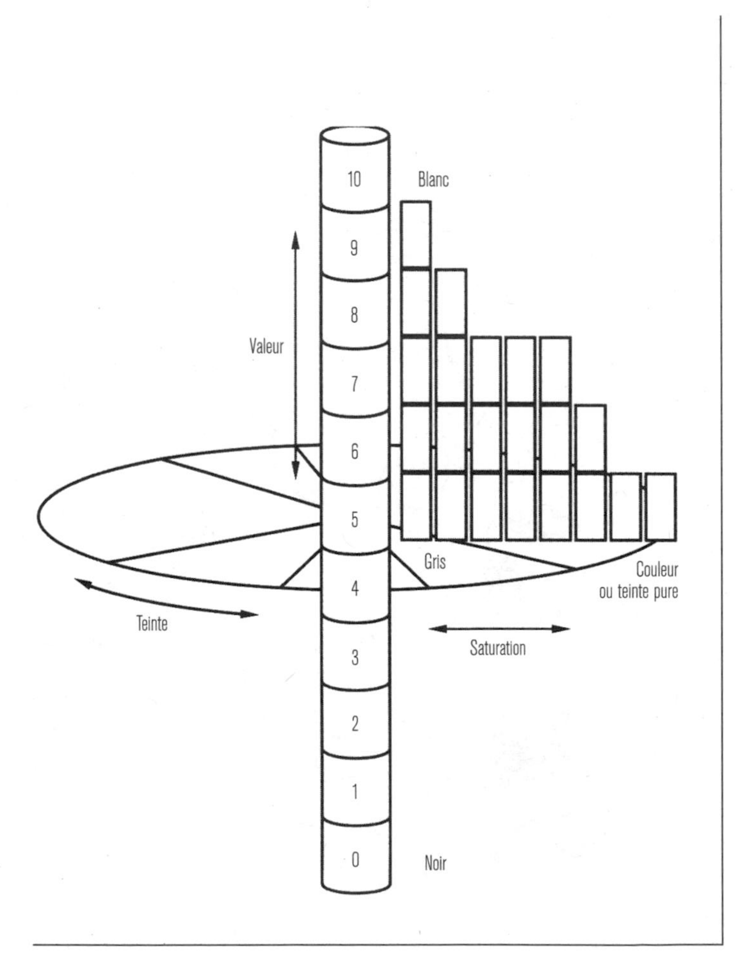

1.7
L'arbre des couleurs de Munsell

Le système de Munsell (que l'on nomme aussi l'arbre de Munsell) définit les couleurs plus précisément que le cercle chromatique et utilise trois échelles en trois dimensions pour représenter la teinte, la valeur et la saturation (intensité). Ces échelles sont illustrées à la figure 1.7. Le système comprend cinq teintes principales (jaune, vert, bleu, pourpre et rouge) désignées par une lettre (en anglais Y, G, B, P, R pour *yellow, green, blue, purple* et *red*) et cinq teintes intermédiaires désignées par deux lettres, toutes réparties sur un cercle. Chacune de ces dix teintes se subdivise en quatre parties numérotées 2.5, 5, 7.5 et 10. Chacune des dix teintes de base porte le numéro 5, pour indiquer qu'elle se trouve à mi-chemin entre les teintes adjacentes et représente la couleur la plus saturée de cette teinte. Au besoin, les couleurs peuvent être subdivisées en 100 teintes différentes.

La valeur (le degré de luminosité ou d'obscurité) est représentée par un axe vertical situé au centre du cercle et comportant neuf gris neutres plus le blanc et le noir. Le blanc est au sommet de l'axe et porte le numéro 10, tandis que le noir est au bas de l'axe et a une valeur de 0.

La saturation est représentée par une échelle perpendiculaire à l'axe de la valeur. À l'extrémité extérieure de cette échelle se trouve la couleur la plus saturée; plus la couleur se rapproche du centre, plus elle s'approche d'un gris neutre de même valeur. Comme les différentes teintes atteignent leur saturation maximale à différentes valeurs, le nombre de degrés de saturation diffère d'une teinte à l'autre, ce qui donne une forme asymétrique (la forme d'un arbre) au système de couleurs de Munsell en trois dimensions.

Dans l'arbre de Munsell, chacune des couleurs peut être représentée par une combinaison de lettres et de chiffres. Par exemple, G/6/3 représente une teinte principale de vert, ayant une valeur de 6 et une saturation de 3.

Ⓒ Effets de la lumière et de la juxtaposition des couleurs

Comme pour tous les autres éléments du design d'intérieur, une couleur n'existe jamais isolément. Les couleurs qui l'entourent et la couleur de la lumière qui la frappe la modifient et sont modifiées par elle. Deux couleurs peuvent influer l'une sur l'autre de diverses manières. Suivent quelques-uns des exemples les plus courants.

- La juxtaposition de deux couleurs complémentaires (celles qui sont opposées dans le cercle chromatique) produits certains effets. En voici quatre exemples :
  - Si l'on fixe une couleur pendant un certain temps et qu'ensuite on regarde une surface blanche, on voit une image rémanente (ou image résiduaire) de la couleur complémentaire. Autrement dit, l'œil, lorsqu'il perçoit une couleur, engendre la complémentaire. C'est le phénomène du contraste simultané.
  - La couleur d'un objet produit la couleur complémentaire en arrière-plan ou sur une surface neutre adjacente.
  - Lorsque deux couleurs complémentaires sont juxtaposées, chacune semble rehausser la saturation de l'autre.
  - Une petite surface d'une couleur gagne en intensité si elle est placée sur un fond d'une couleur complémentaire.
- Lorsque deux couleurs non complémentaires sont juxtaposées, chacune semble teinter l'autre de sa propre complémentaire. Cela signifie que ces deux couleurs sembleront plus éloignées l'une de l'autre dans le cercle chromatique qu'elles ne le sont en réalité.
- Une couleur pâle semble encore plus pâle sur un fond foncé, tandis qu'une couleur foncée semble encore plus foncée sur un fond pâle. La figure 1.8 illustre une valeur identique sur deux fonds contrastants.

- Une couleur de fond absorbe la même couleur dans une deuxième couleur non complémentaire placée devant elle. Par exemple, une tache orangée sur un fond rouge semble plus jaune parce que le rouge « absorbe » le rouge dans la tache orangée.
- Un gris neutre semble chaud sur un fond bleu, et froid sur un fond rouge.

L'influence de la lumière sur la perception que l'on a de la couleur est l'un des aspects les plus importants de l'interaction des couleurs. Même si l'œil ne perçoit souvent que de la lumière blanche, chaque source lumineuse transmet certaines couleurs en particulier. Ainsi, la lumière incandescente est très jaune tandis que celle du soleil de midi possède une dominance de bleu. Les lampes fluorescentes blanc froid ont une grande composante de bleu et de vert tandis que les lampes fluorescentes blanc chaud ont une plus grande répartition spectrale de jaune et d'orangé.

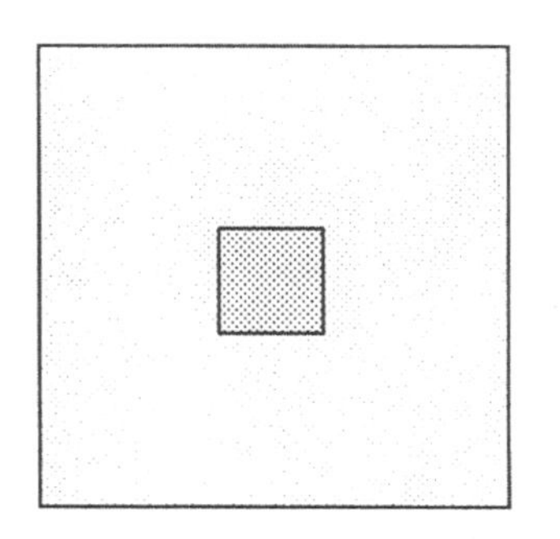

1.8
Modification de la valeur d'une couleur ou d'une teinte

En général, une lumière dont la teinte est prononcée intensifie les couleurs de teintes similaires et neutralise les couleurs de teintes complémentaires. Par exemple, un objet rouge placé sous une lumière incandescente paraît rouge et éclatant, tandis qu'un objet bleu de même valeur semble terne et délavé. Par contre, ce même objet bleu retrouve sa couleur réelle sous la lumière de midi ou sous une lampe fluorescente blanc froid. Voilà pourquoi le choix des couleurs d'un intérieur doit se faire sous le même type d'éclairage que celui qui y sera utilisé.

La quantité de lumière joue également sur la couleur. Un éclairage faible atténue la valeur d'une couleur et en diminue la teinte. Un éclairage fort peut soit intensifier la teinte soit donner un aspect délavé à la couleur.

(D) La psychologie des couleurs

Outre ses effets physiques sur l'œil et le cerveau, la couleur est chargée de nombreuses significations symboliques et associatives. Ainsi, dans bien des cultures, le rouge représente le danger ou l'arrêt. On a mené de nombreuses recherches sur les effets de la couleur sur les humains mais, généralement, les résultats de ces études s'avèrent peu concluants ou contradictoires. Cela s'explique en partie par le grand nombre de variables associées à la perception des couleurs, comme les aspects physiologiques, culturels et environnementaux, pour ne nommer que ceux-là.

Certaines notions d'ordre général semblent cependant admises par tous. Ainsi, la plupart des gens distinguent les couleurs froides des couleurs chaudes. Les couleurs froides sont le bleu, le vert et le violet, tandis que les couleurs chaudes sont le rouge, le jaune et l'orangé. Les couleurs froides sont considérées comme étant reposantes et calmes, alors que les couleurs chaudes sont associées à l'activité et sont stimulantes. Le rouge est souvent considéré comme une couleur excitante exprimant la passion et le jaune comme une couleur pouvant égayer. Le vert est associé à la nature et sert parfois à créer des environnements frais et reposants. Le bleu est également une couleur froide qui calme et repose tout en évoquant la dignité dans certaines situations. Bien entendu, l'effet d'une couleur dépend aussi de sa valeur et de son intensité. Une couleur claire agrandit une pièce, tandis que la même teinte de valeur plus foncée crée l'effet contraire.

Ⓔ Effets de la couleur sur la perception spatiale

La teinte, la valeur et la saturation d'une couleur peuvent être exploitées de nombreuses façons pour modifier l'apparence d'un espace et des objets qui s'y trouvent. Par exemple, un meuble aux couleurs vives et chaudes donne l'impression d'être plus gros. Une couleur foncée donne aux objets une apparence plus petite et plus massive. Les couleurs pâles et neutres agrandissent une pièce tandis que les couleurs foncées la rapetissent. Les couleurs chaudes ont tendance à rapprocher les objets et les couleurs froides à les éloigner.

Ces principes peuvent servir à modifier les caractéristiques spatiales d'une pièce. Par exemple, on peut « élargir » une pièce longue et étroite en appliquant sur les murs d'extrémité une peinture de couleur chaude et vive et sur les murs latéraux une couleur plus pâle et froide. On peut « abaisser » un plafond élevé avec une couleur foncée. On peut mettre en valeur différents meubles en leur donnant une couleur beaucoup plus pâle que les murs en arrière-plan et le sol. Au contraire, un objet de grande dimension a l'air plus petit si sa couleur est pâle et similaire à celle de l'arrière-plan.

Ⓕ Harmonies de couleurs

Cinq méthodes courantes permettent d'harmoniser les couleurs, quelles que soient les teintes choisies : il s'agit des harmonies monochrome, analogique, complémentaire, à trois couleurs et à quatre couleurs.

Une harmonie *monochrome* exploite une seule teinte en faisant varier uniquement son intensité et sa valeur. Les harmonies monochromes sont relativement faciles à créer, mais elles peuvent devenir monotones dans les endroits occupés en permanence. L'agencement en un seul ton, ou camaïeu, est une variante de ce type d'harmonie composé d'une seule teinte de faible intensité (proche du gris) dans une seule valeur ou une gamme très limitée de valeurs. Cet agencement convient surtout aux endroits où l'arrière-plan doit être neutre, comme dans une galerie d'art où l'espace ne doit pas faire concurrence aux œuvres présentées.

Les harmonies *analogiques* utilisent des teintes voisines dans le cercle chromatique. Elles peuvent combiner une couleur primaire, une couleur secondaire et la couleur tertiaire entre les deux, ou encore une couleur primaire et une couleur secondaire ainsi que les couleurs d'un côté ou de l'autre de chacune. Généralement, les couleurs d'une harmonie analogique sont comprises à l'intérieur d'une section de 90 degrés dans le cercle chromatique. Dans la plupart des cas, les harmonies analogiques sont réussies lorsqu'une couleur est dominante par rapport aux autres.

Les harmonies exploitant des teintes opposées dans le cercle chromatique portent le nom d'harmonies *de complémentaires*. Comme la juxtaposition de teintes complémentaires peut créer un effet trop saisissant, on utilise généralement pour les grandes surfaces une couleur de faible saturation, lavée ou rabattue. La couleur des petites surfaces ou des éléments d'accentuation peut être plus saturée. Une des variantes de cette harmonie porte le nom d'harmonie *complémentaire triangulaire* et combine une couleur du cercle chromatique avec deux teintes d'un côté ou de l'autre de sa couleur complémentaire. L'harmonie *complémentaire double* exploite quatre teintes : une paire d'un côté ou de l'autre de deux couleurs complémentaires. Dans tous les cas, une couleur doit dominer et être de faible saturation.

Une harmonie *à trois couleurs* (qu'on appelle aussi harmonie en triangle équilatéral ou isocèle) regroupe des couleurs réparties également autour du cercle chromatique comme le jaune-orangé, le bleu-vert et le rouge-violet. Pour éviter de produire un résultat confus et criard, on réalise les harmonies à trois couleurs et les harmonies complémentaires surtout avec des couleurs lavées ou des couleurs rabattues de faible saturation; une couleur intense peut être utilisée en guise d'accent.

Enfin, les harmonies *à quatre couleurs* (qu'on appelle aussi harmonie en carré ou en rectangle) exploitent quatre couleurs réparties autour du cercle chromatique. Elles sont plus difficiles à réussir. Comme dans les harmonies à trois couleurs et les harmonies de complémentaires, une ou deux couleurs de faible saturation doivent être dominantes.

4 La texture

La texture est la qualité de la surface d'un matériau. Elle résulte de la structure naturelle de ce matériau ou de l'application d'un revêtement quelconque. Pour la plupart des gens, la texture correspond à la douceur ou à la rugosité relative d'une surface, et certaines textures sont associées à certains matériaux : le métal est lisse tandis que la brique est rugueuse.

Chaque matériau a sa propre texture, mais la perception de cette texture est étroitement liée à l'aspect visuel du matériau, au rapport entre la texture et les textures qui l'entourent, à la distance de vision et à l'éclairage. Toute modification de l'un ou de l'autre de ces facteurs modifie la perception que l'on a de la surface du matériau.

La texture est soit réelle soit visuelle. La texture réelle est la qualité physique, perceptible au toucher : la douceur du marbre poli, la rugosité du béton ou le caractère moelleux d'un tissu de laine. La texture visuelle est celle que nous imaginons quand nous voyons une surface, à partir de nos souvenirs de textures similaires. Rien qu'à l'observer, nous savons que le béton est rugueux sans avoir à y toucher. À chaque texture réelle correspond une texture visuelle, mais les textures visuelles n'ont pas nécessairement un équivalent réel. Par exemple, les surfaces de plastique laminé imitant le grain du bois ou la fibre tissée ont une apparence texturée, mais sont très lisses en réalité. La technique du trompe-l'œil permet de créer l'illusion de textures très variées au moyen d'une peinture lisse et mate.

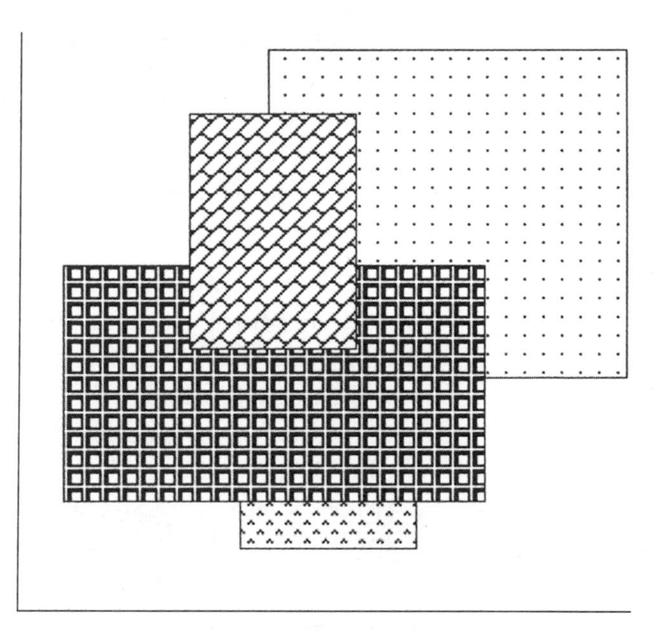

1.9
La perception des textures

Une texture est également modifiée par les textures qui l'entourent à cause des relations d'échelle. Un enduit au sable peut sembler très rugueux à côté d'un métal uni, lisse et brillant, mais il offre un aspect relativement lisse à côté d'un mur d'agrégat de béton à nu. Il est important de tenir compte de ces relations quand on combine différentes textures dans un même espace. Voir la figure 1.9.

De même, la texture change selon la distance de vision. Étant donné les limites de résolution de l'œil, plus une surface est éloignée, plus elle a l'air lisse. Un matériau qui semble rugueux lorsqu'on le choisit, avec quelques pouces de recul, dans un magasin peut prendre un aspect très lisse sur un mur que la plupart des gens voient à plusieurs pieds de distance.

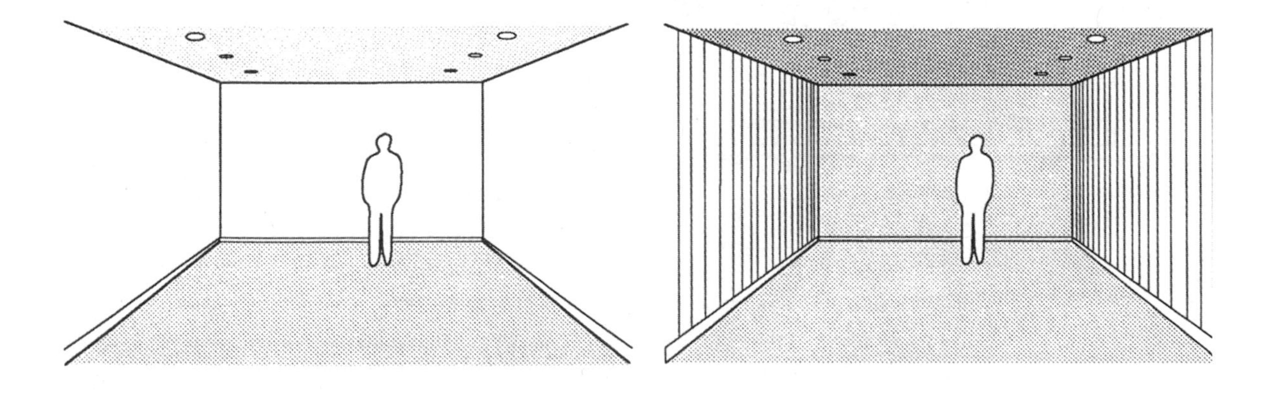

1.10
Modification de l'espace par les textures

Enfin, l'éclairage d'une surface en modifie la texture apparente. Un éclairage très diffus ou un éclairage puissant et direct tendent à faire disparaître la texture, tandis qu'un éclairage puissant et indirect rehausse la texture réelle. Inversement, la texture affecte notre perception de la lumière. Les surfaces lisses et brillantes réfléchissent vivement la lumière, éblouissent et révèlent leurs imperfections. Les textures mates ou rugueuses ont, au contraire, tendance à diffuser et à absorber la lumière, ce qui atténue l'éclat et la couleur de leur surface.

Utilisée judicieusement, la texture peut créer beaucoup d'effet en design d'intérieur. Elle ajoute un élément esthétique, renforce le concept du design, aide à différencier les objets et les surfaces, module la lumière et ajoute de la profondeur. Par exemple, on peut embellir un intérieur de style moderne avec des tissus lisses ou à texture très fine. Au contraire, une pièce de style plus traditionnel est plus belle avec des tissus épais et du bois foncé. Une grande pièce a l'air plus petite grâce à des textures fortes, qui ont tendance à rapprocher les surfaces comme l'illustre la figure 1.10. La texture peut aussi servir à accentuer un élément en particulier.

5 Le motif

Le motif est issu de la répétition d'un dessin sur une surface. Il s'apparente étroitement à la texture, mais chaque élément d'un motif est habituellement perceptible (à une distance de vision raisonnable) comme étant distinct des autres, tandis que la texture offre l'aspect d'une couleur grisée. Voir la figure 1.11. Cependant, un motif très petit ou vu à distance peut prendre l'aspect d'une texture visuelle. La texture est généralement considérée comme une qualité bidimensionnelle d'une surface, tandis que le motif peut être une composition linéaire ou bidimensionnelle.

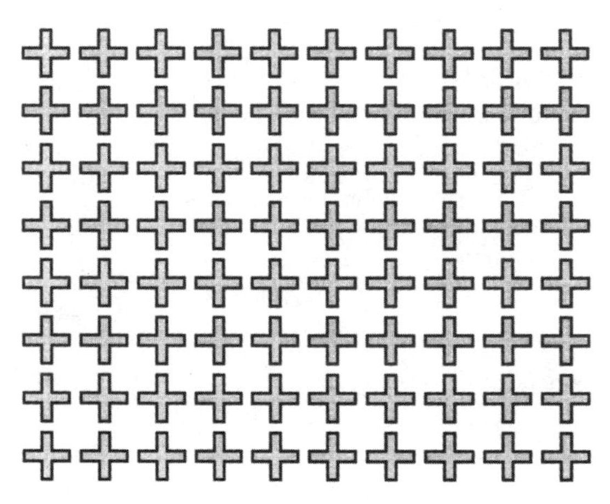

a. Motif bidimensionnel

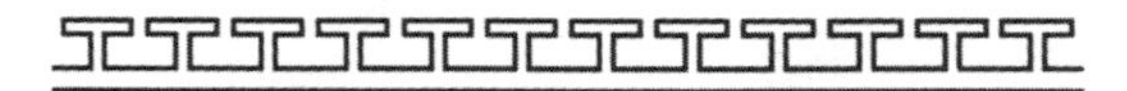

b. Motif linéaire

1.11
Le motif

Le motif peut être inhérent au matériau, comme c'est le cas des carreaux de céramique ou des blocs de béton, ou il peut être créé avec du papier peint ou de la peinture. Quelle que soit la façon dont il est créé, le motif – comme la texture – rend un espace plus intéressant au plan visuel. Il peut modifier l'échelle d'une pièce et renforcer le concept du design. Tout comme la texture, il doit être utilisé avec discernement. Des motifs trop prononcés ou la juxtaposition d'un trop grand nombre de motifs dans un même espace créent une atmosphère chargée et étouffante.

6 LA LUMIÈRE

La lumière est fondamentale en design d'intérieur. En effet, elle nous permet de voir tous les autres aspects de l'environnement. Elle *façonne* notre perception de l'espace et des objets. Le seul fait de changer l'éclairage d'une pièce lui donne différents aspects. Pour cette raison, la lumière est un outil précieux pour le designer d'intérieur. Cette section décrit brièvement quelques principes de base.

Le choix de l'éclairage relève à la fois de l'art et de la science. Comme la lumière a un effet à la fois sur la physiologie et l'humeur, il ne suffit pas de fournir un éclairage suffisant, il faut aussi tenir compte de sa qualité. Par exemple, un contraste excessif force la pupille à se dilater et à se contracter constamment afin de s'accommoder aux variations d'éclairement. Cela entraîne de la fatigue, une irritation des yeux et d'autres malaises physiques. En revanche, l'uniformité absolue des niveaux d'éclairage peut devenir monotone et ennuyeuse.

La source de lumière et son effet constituent deux éléments de design. Une source de lumière peut être un point, une ligne, une surface ou un volume ayant une luminosité et une couleur. De même, l'éclairement fourni par un luminaire peut prendre l'aspect d'un point, d'une ligne ou d'un plan sur les objets et les surfaces, chacun ayant sa propre luminosité et sa couleur. Grâce à de tels effets, l'éclairage peut être utilisé de concert avec les autres éléments de design pour créer un accent, un rythme, un équilibre ou un contraste.

Comme l'éclairage est à la fois un art et une science, un éclairage réussi exige une combinaison de compétences techniques et de sensibilité esthétique. Le niveau d'éclairage général dans un espace doit évidemment convenir aux activités qu'on y mène. Il faut éviter les situations nuisibles comme l'éblouissement, le contraste excessif et un mauvais rendu des couleurs. Au-delà de ces considérations pratiques, un bon design d'éclairage peut :

- créer ou rehausser l'ambiance d'un intérieur;
- embellir l'environnement visuel;
- accentuer et mettre en valeur des objets ou des zones;
- estomper des zones ou des éléments architecturaux indésirables;
- mettre en valeur des surfaces et des textures;
- rehausser une couleur;
- modifier la perception spatiale.

Les techniques en matière de design d'éclairage, de même que les appareils d'éclairage sont traités en détail au chapitre 13.

QUESTIONS

1. Un client demande à un designer d'intérieur de créer un coin fauteuils intime dans une salle d'attente d'hôpital. Lequel des éléments suivants est le plus efficace pour atteindre l'objectif du client ?

    1. Le motif
    2. L'échelle
    3. La texture
    4. La couleur

2. Pour donner un aspect plus massif à un canapé, quelle combinaison de couleurs le designer d'intérieur devrait-il utiliser ?

    1. Une teinte de valeur foncée pour le canapé et une valeur un peu plus pâle pour les murs
    2. Une couleur pâle de n'importe quelle teinte pour le canapé et une couleur plus foncée pour les murs
    3. Une teinte chaude de valeur foncée pour le canapé et une couleur beaucoup plus pâle pour les murs
    4. Une couleur froide et pâle pour le canapé et une couleur de valeur et de teinte similaire pour les murs

3. Quel serait l'éclairage adéquat pour mettre en valeur l'apparence d'un mur en plâtre rugueux ?

    1. Un éclairage fluorescent en corniche aux quatre côtés de la pièce
    2. Des lustres décoratifs près des murs
    3. Des projecteurs sur rail près du centre de la pièce et orientés vers le mur
    4. Des luminaires incandescents encastrés près du mur

4. À quels éléments de design une table Parsons fait-elle surtout appel ?

    1. Au plan et au volume
    2. À la ligne et au plan
    3. Au plan et au point
    4. Au volume et à la ligne

5. Pour concevoir le système de code de couleurs le plus voyant qui soit dans une résidence pour personnes âgées, quelle combinaison de couleurs le designer d'intérieur devrait-il utiliser ?

   1. Une couleur vive sur un fond de couleur non complémentaire
   2. Des couleurs complémentaires à forte saturation
   3. Des couleurs chaudes ou froides à forte saturation juxtaposées à un gris neutre
   4. Les couleurs primaires et le blanc

6. Quels éléments de design pourraient servir à réduire la hauteur apparente d'un plafond ?

   1. Un plafond foncé à texture prononcée
   2. Des lignes horizontales très apparentes sur les murs
   3. Des motifs à grain fin au plafond et des murs foncés
   4. Un plafond pâle et des murs texturés

7. Le système de Prang classe les couleurs selon...

   1. trois échelles de teinte, de valeur et de saturation dans une forme tridimensionnelle.
   2. la teinte et la valeur sous forme de tableau.
   3. leur relation par rapport aux couleurs primaires dans un cercle.
   4. cinq teintes principales et leurs valeurs sur un disque.

8. Le papier peint est principalement utile pour créer...

   1. une texture.
   2. une ligne.
   3. une profondeur.
   4. un motif.

9. Comment appelle-t-on une harmonie utilisant trois couleurs voisines dans le cercle chromatique ?

   1. Monochrome
   2. À trois couleurs
   3. De complémentaires
   4. Analogique

10. En ajoutant du noir à une couleur, on crée...

    1. une couleur lavée.
    2. une couleur rabattue.
    3. une couleur grisée.
    4. une valeur.

Principes de design

2

❶ L'ÉQUILIBRE

En design d'intérieur, la disposition des différents éléments d'une composition ou d'un aménagement doit permettre d'obtenir un équilibre visuel. L'équilibre est important, car chaque intérieur comprend une grande diversité de formes, de contours, de couleurs, de lignes, de motifs, de textures et d'éclairages. Les besoins fonctionnels déterminent en bonne partie la conception d'un intérieur, mais la composition définitive doit tout de même être agencée de façon à créer un environnement confortable.

L'équilibre repose sur la notion de poids visuel. Certains éléments paraissent plus « lourds » que d'autres en raison de leur taille, de leur forme, de leur complexité, de leur couleur, de leur texture et de leur emplacement. Il existe toutes sortes de moyens d'équilibrer ces éléments par d'autres objets.

L'analogie avec une balance comme celle que montre la figure 2.1 permet de comprendre ce phénomène. Deux objets identiques sont en équilibre s'ils ont exactement le même poids et sont placés à la même distance du point d'appui ou point d'équilibre. Si l'un des objets est deux fois plus léger que l'autre, l'ensemble conserve son équilibre si l'objet le plus léger est deux fois plus éloigné du point d'appui que l'objet le plus lourd. L'équilibre dépend donc à la fois du poids de l'objet et de son emplacement.

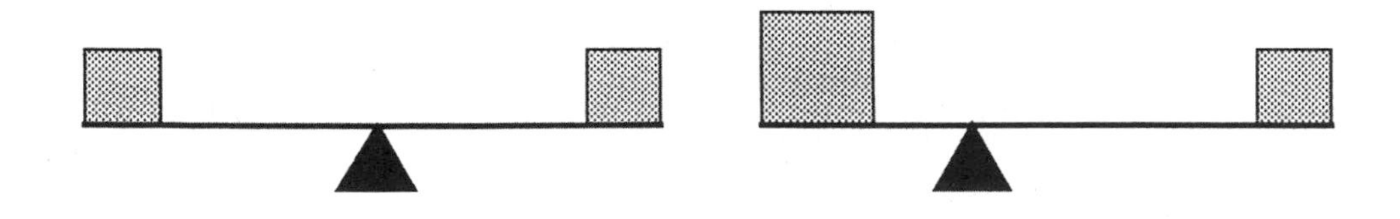

2.1
Équilibre et poids visuel

En design d'intérieur, tout comme en architecture, en art graphique et dans les autres arts visuels, l'équilibre n'est pas aussi exact ou objectif que la pesée des objets au moyen d'une balance, mais les mêmes principes s'appliquent. Voici quelques-uns des facteurs qui influencent le poids visuel des objets ou des éléments :

- les objets de grande taille semblent plus lourds que les petits objets de forme, contour, couleur et texture similaires;
- les éléments à la texture ou aux détails très prononcés paraissent plus lourds que les éléments unis;
- les éléments de couleur foncée ont plus de « poids » que les éléments de couleur pâle;
- les couleurs vives donnent l'impression d'être plus massives que les couleurs neutres;
- les formes complexes ou inhabituelles pèsent plus lourd dans le champ visuel que les formes simples;
- plusieurs petits objets en groupe serré peuvent faire contrepoids à un seul objet dans la même zone.

Bien entendu, chacun de ces facteurs peut être modifié par différentes combinaisons. Une petite forme à laquelle on ajoute une texture, de la couleur ou un autre détail aura plus de poids qu'une forme identique de plus grande taille, comme l'illustre la figure 2.2.

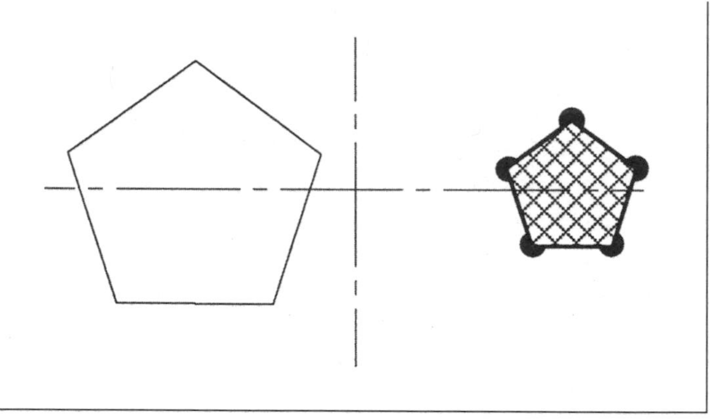

2.2
Variation du poids visuel

Comme le montre l'analogie avec la balance, la position est importante et toutes les compositions visuelles ont un point ou un axe d'équilibre, ou encore un champ au sein duquel l'équilibre doit se faire. Ainsi, dans la figure 2.3 (a), deux formes adjacentes semblent être en équilibre par rapport à un axe vertical imaginaire. Si ces objets sont des tableaux au mur d'une pièce (le champ), ils n'ont plus le même équilibre s'ils sont placés à la même distance des extrémités de la pièce. Voir la figure 2.3 (b). Le déséquilibre s'accroît si on augmente l'espace entre l'extrémité de la pièce et un seul des deux objets. Voir les figures 2.3 (c) et (d). Toutefois, si le centre de la pièce coïncide avec le point d'équilibre imaginaire, la composition semble équilibrée. Voir la figure 2.3 (e). Dans de nombreux cas, le champ contenant les objets, c'est-à-dire l'espace négatif, est lui aussi un élément important de la composition.

Arriver à l'équilibre représente un défi pour le designer d'intérieur car, contrairement au peintre ou au graphiste, il doit tenir compte de très nombreuses variables et des trois dimensions. Des éléments apparemment équilibrés sur un plan peuvent présenter un aspect fortement déséquilibré dans l'espace.

Les trois types d'équilibre sont décrits ci-dessous. Dans la plupart des aménagements intérieurs, ils sont utilisés ensemble, mais l'un des trois prédomine toujours.

(A) L'équilibre symétrique

L'équilibre symétrique est issu de la disposition égale d'éléments identiques de part et d'autre d'un axe commun, comme l'illustre la figure 2.4. On parle également de symétrie bilatérale ou axiale. L'axe commun peut être un objet réel, comme le faîte d'un plafond cathédrale, ou un axe imaginaire autour duquel les éléments sont agencés. Ce type d'équilibre est très stable et crée habituellement une atmosphère conventionnelle. De nombreux aménagements traditionnels reposent sur ce type d'équilibre. La symétrie peut mettre en valeur la zone centrale de la composition ou un point focal à l'une ou l'autre des extrémités de l'axe.

Dans la plupart des cas, un agencement purement symétrique n'est pas possible à cause des restrictions de l'espace architectural ou des exigences fonctionnelles. D'ailleurs, même quand elle est possible, la symétrie absolue n'est pas nécessairement souhaitable, car elle peut être trop statique et conventionnelle. Elle peut toutefois se combiner avec d'autres principes d'organisation. Par exemple, un coin fauteuils parfaitement symétrique peut être disposé de façon asymétrique dans une pièce et être équilibré par un autre agencement symétrique de meubles.

(B) L'équilibre asymétrique

L'équilibre asymétrique consiste à donner un poids visuel équivalent aux éléments dissemblables d'une composition à l'intérieur d'un champ visuel ou de part et d'autre d'un axe commun. La figure 2.5 montre, d'un côté d'une pièce, un coin fauteuils en équilibre symétrique et, de l'autre côté, des meubles et des plantes qui font contrepoids. Même si le coin fauteuils regroupe plus de meubles, l'ensemble visuellement plus « complexe » des plantes et de la table de salle à manger rétablit l'équilibre. Au début de ce chapitre, nous avons vu quelques-unes des façons d'équilibrer les poids visuels.

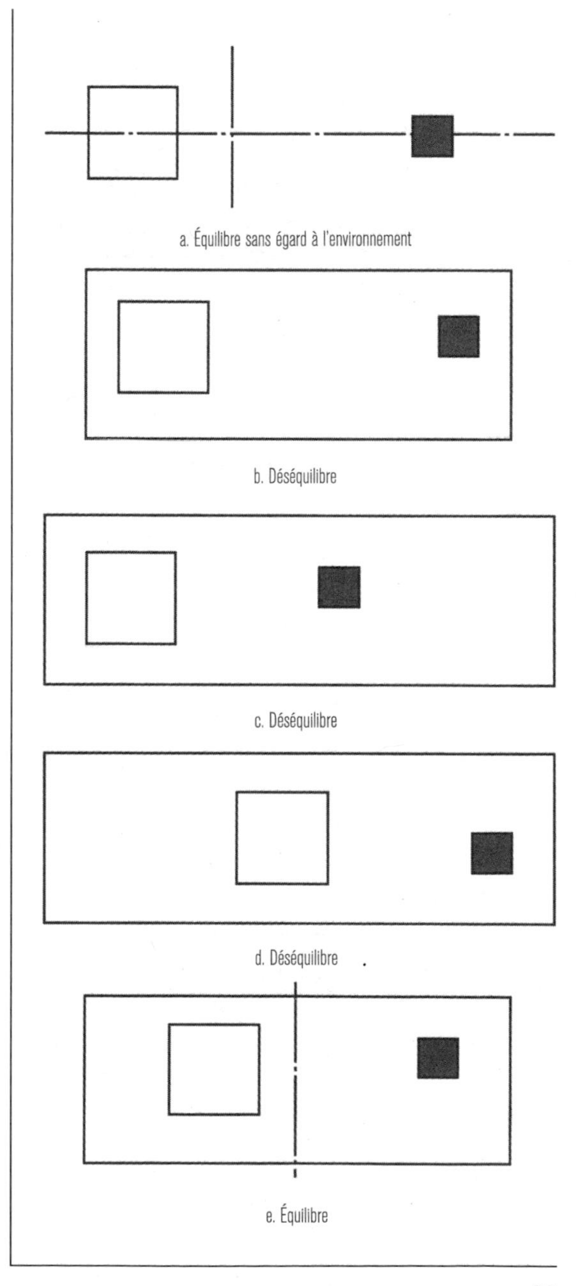

2.3
Équilibre de différents éléments

L'équilibre asymétrique est généralement considéré comme dynamique. Il permet d'agencer une grande variété d'objets, de formes, de couleurs et de textures au sein d'espaces architecturaux symétriques ou asymétriques. Ici, aucune règle fixe ne s'applique; le designer d'intérieur doit se fier à son œil pour composer et agencer. Ainsi, dans une pièce de dimension normale, une chaise colorée de forme originale placée dans un angle peut faire contrepoids aux autres objets. La même chaise placée dans une pièce beaucoup plus grande peut être écrasée par les autres éléments.

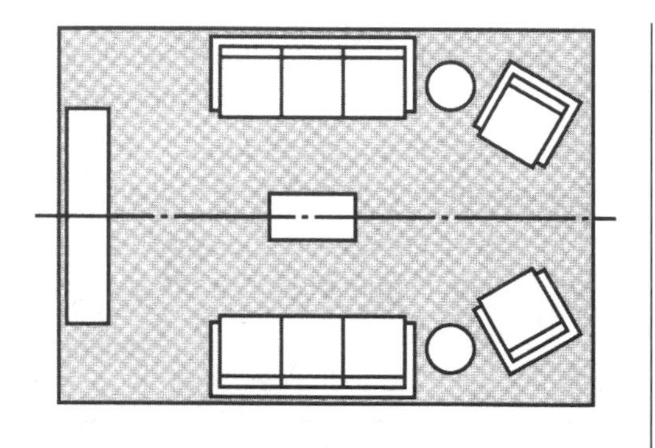

2.4
Équilibre symétrique

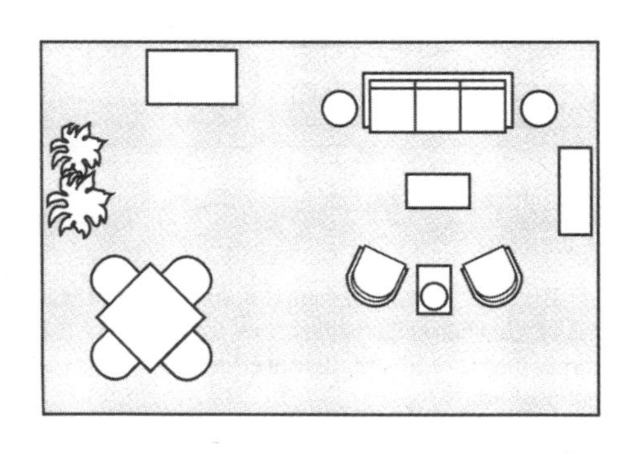

2.5
Équilibre asymétrique

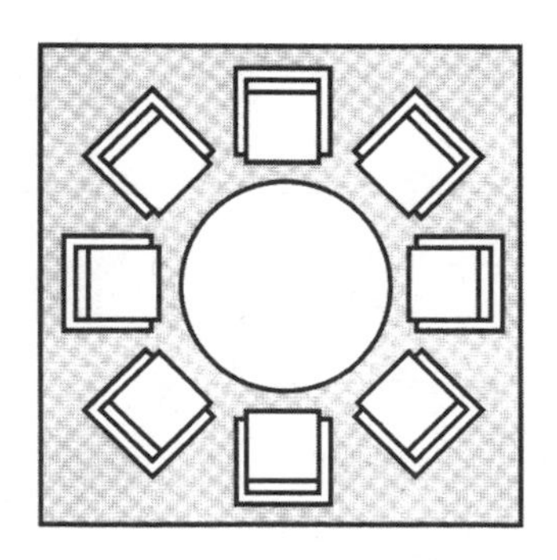

2.6
Équilibre radial

Ⓒ L'équilibre radial

L'équilibre radial est un type d'équilibre symétrique dans lequel les éléments sont agencés uniformément autour d'un point central, comme l'illustre la figure 2.6. Par sa nature même, l'équilibre radial concentre habituellement l'attention sur le centre de l'agencement. Toutefois, certains éléments peuvent aussi être orientés vers l'extérieur.

❷ L'HARMONIE ET L'UNITÉ

L'harmonie d'une composition découle de l'accord des parties entre elles et avec l'ensemble. C'est souvent l'un des principes de design les plus difficiles à appliquer, car il ne comporte aucune règle fixe et fait intervenir les notions opposées d'unité et de diversité ainsi que de rythme et d'accentuation. L'harmonie est le résultat d'une composition dont tous les éléments semblent aller ensemble et concourent à renforcer le thème global de l'aménagement. L'harmonie permet d'équilibrer la grande diversité des formes, des contours, des couleurs, des textures et des motifs d'un intérieur en une composition unifiée et satisfaisante.

Le plus souvent, l'harmonie entre un certain nombre d'éléments différents est créée par une caractéristique commune. Par exemple, un certain nombre de meubles peuvent partager une échelle et une forme semblables. Si l'échelle et la forme diffèrent, ces meubles peuvent s'harmoniser par leur couleur. On peut aussi créer une harmonie en rapprochant des éléments, en les mettant en rapport avec un élément architectural commun ou en les agençant autour d'une caractéristique de design commune. Voir la figure 2.7.

Une composition harmonieuse vise l'unité visuelle de divers éléments bien assortis, mais requiert malgré tout une certaine diversité pour éviter la monotonie.

3 Le rythme

Le rythme, c'est-à-dire la répétition d'éléments selon une séquence régulière, est l'un des principes de design les plus efficaces. Comme le rythme établit une séquence d'éléments multiples dans l'espace, il comporte également un facteur temporel à mesure que l'œil ou le corps se déplace d'un élément à l'autre. Dans la plupart des cas, une ligne de fuite commune relie les éléments, soit par un lien réel, soit par une ligne imaginaire que l'œil et l'esprit utilisent pour créer un lien.

Le rythme le plus simple est la répétition uniforme d'objets identiques. Dans les aménagements plus complexes, on peut prévoir des espaces irréguliers, accentuer ou modifier des éléments et des intervalles réguliers, et augmenter ou diminuer uniformément la taille des éléments, un peu comme les compositeurs de musique utilisent les rythmes sonores. Le dégradé est un type de rythme important dans lequel la taille, la couleur ou la valeur des éléments du design changent graduellement à mesure que ces éléments se répètent. Voir la figure 2.8. Dans les aménagements encore plus complexes, on peut juxtaposer deux ou même plusieurs rythmes. On peut aussi modifier légèrement les éléments à mesure qu'ils se répètent.

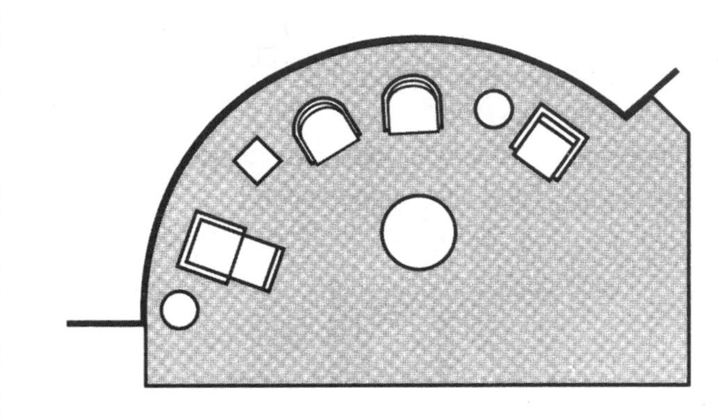

2.7
Harmonie reposant sur un élément commun

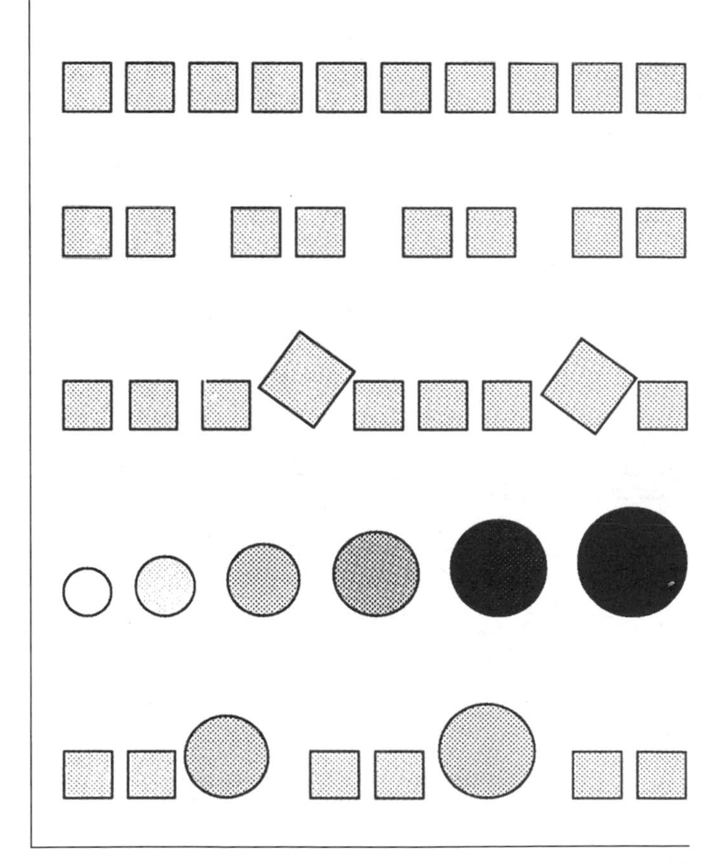

2.8
Variations de rythme

Comme le design d'intérieur est un art tridimensionnel, le rythme peut être créé à l'aide de nombreux éléments : contours, formes, couleurs, textures, meubles, portes, éclairage et plantes, pour ne nommer que ceux-là.

4 L'ACCENTUATION

Dans tout intérieur, certains éléments sont plus importants que d'autres. Il peut s'agir de la table dans une salle à manger, des œuvres d'art dans un musée, d'un étalage spécial dans un magasin de détail ou encore de la vue spectaculaire qu'on aperçoit par une fenêtre. Le designer d'intérieur doit savoir reconnaître les éléments dominants et les éléments subordonnés d'un espace afin de concevoir un aménagement qui souligne ces hiérarchies et fait ressortir les aspects importants. Un espace dans lequel tous les éléments ont la même importance devient morne.

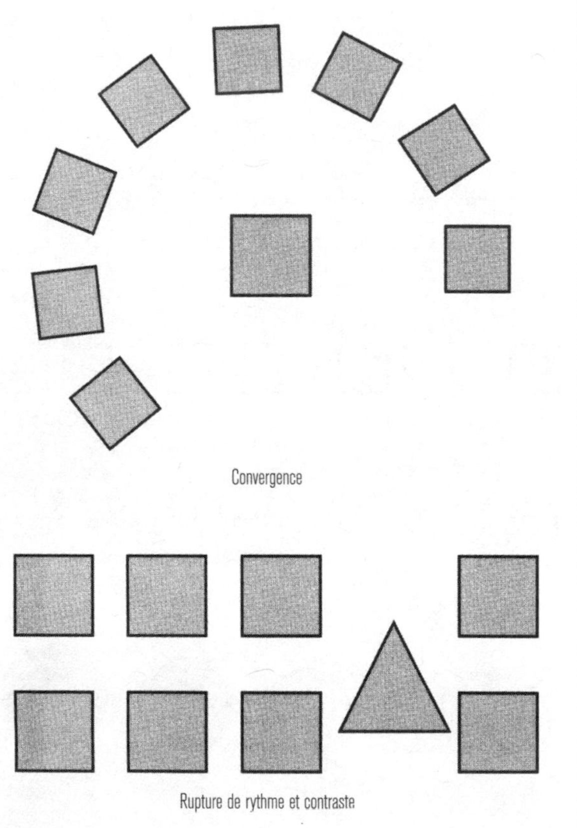

La figure 2.9 montre quelques façons de mettre en valeur ou d'accentuer certains éléments. On peut disposer un élément dans un endroit important. On peut le centrer, le placer au bout d'un axe ou l'utiliser pour rompre le rythme d'un ensemble. On peut aussi mettre l'accent sur un élément en jouant sur sa taille, sa couleur, sa forme, sa texture ou sur toute autre caractéristique qui crée un contraste frappant entre cet élément et ce qui l'entoure.

Dans la plupart des projets d'aménagement, il existe plusieurs degrés d'accentuation. Ainsi, dans une salle de séjour, on peut faire du coin fauteuils autour de la cheminée le principal point de convergence et donner une importance secondaire à la collection d'œuvres d'art. Tous les autres meubles, finis et objets deviennent alors des éléments d'arrière-plan. Il faut cependant faire preuve de discernement. Si tout est mis en valeur, rien ne l'est vraiment. Les éléments dominants doivent se distinguer clairement des éléments subordonnés.

Convergence

Rupture de rythme et contraste

2.9
Méthodes d'accentuation

❺ LE CONTRASTE ET LA DIVERSITÉ

Le contraste fait partie de la vie. Le noir n'existerait pas sans le blanc, et la gauche n'existerait pas sans la droite. Le contraste nous permet de percevoir la différence entre les choses, de donner de l'importance à certains objets et d'embellir notre environnement. Un bon design d'intérieur crée un équilibre judicieux entre, d'une part, l'harmonie ou l'unité de l'espace et, d'autre part, le dynamisme et l'intérêt créés par l'accentuation et le contraste.

Le contraste peut être subtil, comme entre deux fines nuances d'une même couleur, ou frappant, lorsque deux éléments sont de tailles, de formes, de couleurs, de textures et de proportions complètement différentes. Le designer d'intérieur doit choisir en fonction des exigences de l'espace et des objectifs du concept de design.

❻ LA PROPORTION

La proportion est la relation entre les différentes parties d'un objet ou d'une composition, et entre ces parties et l'ensemble. C'est aussi la relation qui existe entre deux éléments. Elle est similaire à l'échelle, dont nous avons parlé au chapitre 1, mais elle ne repose pas sur la relation entre un élément et un autre élément de dimension connue, comme le corps humain. Par exemple, les parties d'une table peuvent être perçues comme étant bien proportionnées ou disproportionnées les unes par rapport aux autres quelle que soit la taille de la table, comme l'illustre la figure 2.10. Par ailleurs, un même objet peut sembler disproportionné dans un contexte et bien proportionné dans un autre. La figure 2.11 montre des chaises qui semblent disproportionnées dans une pièce au plafond bas, mais qui sont bien proportionnées dans une pièce au plafond plus élevé.

Par définition, la proportion est relative. Elle est également une question de jugement et de contexte et, pour les designers d'intérieur, elle repose sur les relations tridimensionnelles entre l'objet et l'espace. Un objet haut et étroit peut sembler mince et disproportionné quand il est posé à la verticale, mais être bien proportionné s'il repose à l'horizontale. Voir la figure 2.12. Dans certains cas, on utilise délibérément un élément disproportionné pour accentuer ou pour créer un fort contraste. Bien entendu, le choix définitif dépend de l'espace dans lequel se trouvent les objets, des autres meubles et accessoires, des couleurs, de l'éclairage et des autres caractéristiques de l'environnement immédiat.

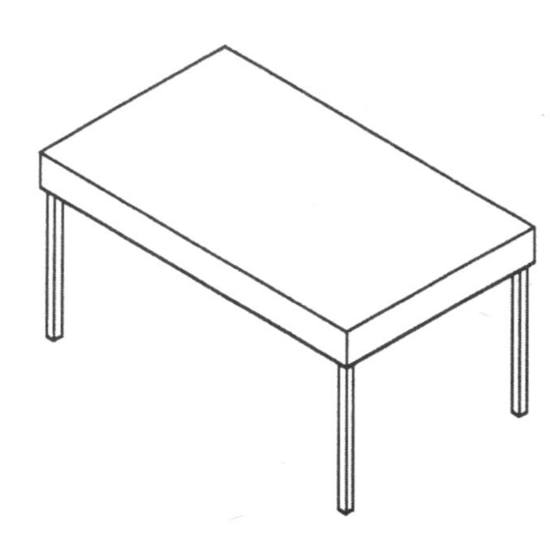

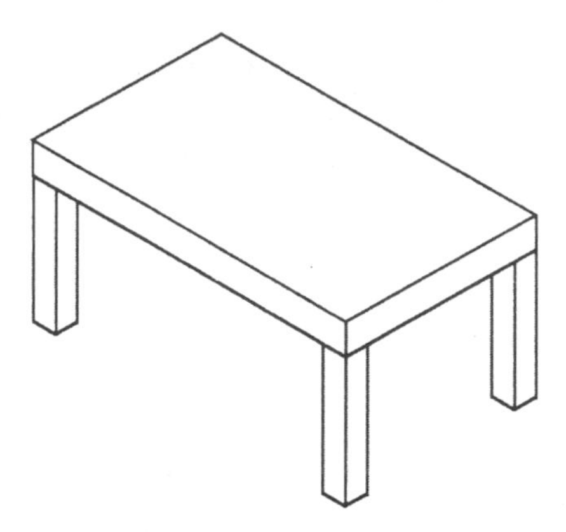

2.10
Proportions des parties d'un objet

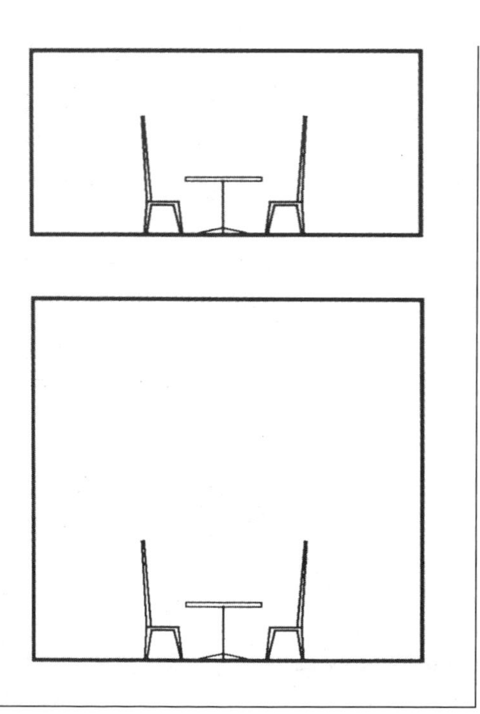

2.11
Proportions appropriées selon le contexte

En raison de ces facteurs, la plupart des décisions de design ayant rapport aux proportions sont prises « à l'œil », en modifiant les tailles et les formes jusqu'à ce que les relations visuelles semblent appropriées dans le contexte. Au cours de l'histoire, les mathématiciens, les architectes et les artistes, notamment, ont cherché à découvrir un système permettant d'établir les proportions idéales. Le plus connu et le plus étudié de ces systèmes consiste à diviser une ligne en deux segments inégaux, de telle sorte que le rapport entre le segment le plus court et le segment le plus long soit équivalent au rapport entre le segment le plus long et le tout. Cette proportion porte le nom de *nombre d'or* et, lorsque ce système est appliqué à un rectangle, on parle de *section dorée* ou de *rectangle d'or*. De fait, on arrive au nombre d'or en utilisant un carré pour former géométriquement une section dorée ou rectangle parfait. Voir la figure 2.13.

Le rapport obtenu en divisant une ligne selon ces proportions est un nombre irrationnel désigné par la lettre grecque *phi*, Φ, qui vaut approximativement 1,618. Depuis l'époque de la Grèce antique, le nombre d'or est considéré comme la proportion la plus agréable qui soit. On la retrouve sous diverses formes dans la nature, dans les structures construites par l'homme, dans les œuvres d'art et dans les harmonies musicales.

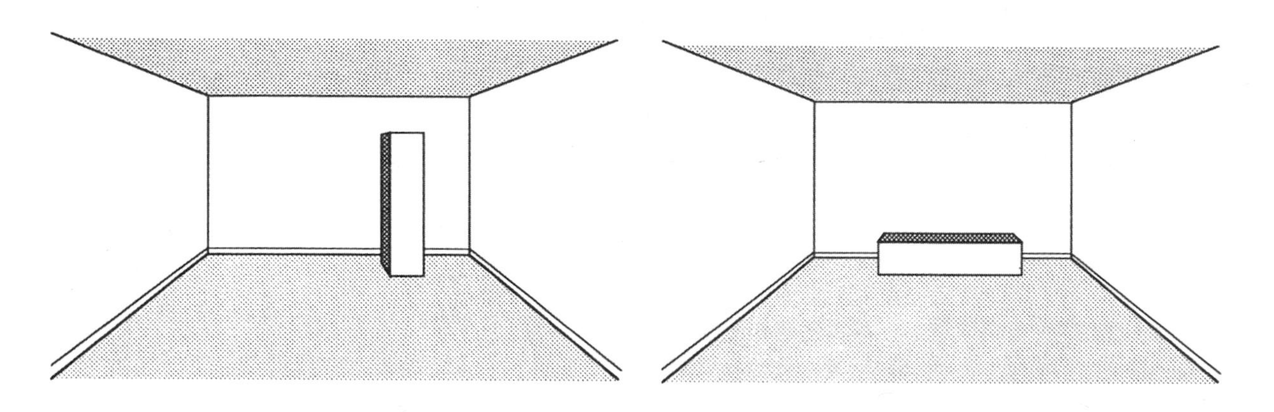

2.12
Proportions dans l'espace tridimensionnel

Un autre système de proportions bien connu porte le nom de Modulor et a été élaboré par l'architecte Le Corbusier. Ce système se fonde lui aussi sur le nombre d'or, mais son point de départ est le corps humain. La taille d'un homme, soit 1,83 m ou environ 6 pieds, est divisée en deux au niveau du plexus, ce qui constitue les deux premières proportions. Une troisième proportion est calculée selon la distance entre le sommet du crâne et le bout des doigts lorsque le bras est levé normalement au-dessus de la tête. Ces trois dimensions et proportions permettent de calculer toutes les autres. Le Corbusier estimait que son système faciliterait la préfabrication d'éléments de construction, tout en évitant la monotonie répétitive de systèmes modulaires identiques.

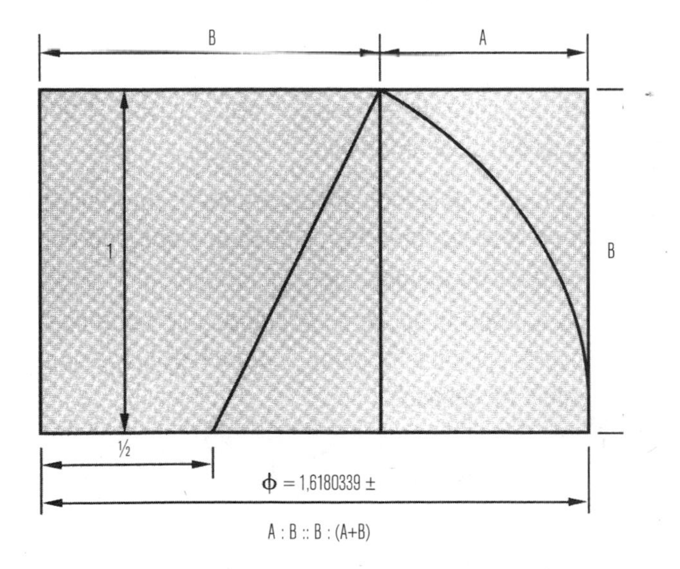

2.13
Le nombre d'or

QUESTIONS

1. Lequel des énoncés suivants définit *le moins bien* l'équilibre ?

   1. Une composition équilibrée représentée sur papier en élévation peut sembler déséquilibrée une fois construite en trois dimensions.
   2. Un groupe de petits éléments de textures diverses semble « plus lourd » qu'un très gros objet sans texture.
   3. La disposition d'un objet est plus importante que son poids visuel quand on considère une composition dans son ensemble.
   4. En général, les couleurs neutres sont plus discrètes que les couleurs vives.

2. Le designer d'intérieur applique le principe de l'harmonie pour...

   1. conférer une uniformité et un équilibre visuels à différents éléments.
   2. assortir différents éléments et les agencer avec l'ensemble de la composition.
   3. attirer l'attention sur un ou deux éléments considérés comme plus importants que les autres parties d'une composition.
   4. diversifier les éléments sans déséquilibrer l'ensemble de l'aménagement.

3. Imaginez une rangée de postes de travail. Tous sont identiques sauf que les panneaux acoustiques qui entourent chaque poste sont recouverts d'un tissu dont la couleur est plus pâle d'un poste à l'autre. Quel principe de design est illustré dans cet exemple ?

   1. Le dégradé
   2. L'unité
   3. La répétition
   4. Le rythme

4. Une composition agençant des meubles et des éléments architecturaux autour de trois axes ou plus arrivant à intersection en un point commun représente quel type d'équilibre ?

   1. Bilatéral
   2. Asymétrique
   3. Symétrique
   4. Radial

5. Si un designer d'intérieur veut accentuer un produit offert dans la boutique de son client, lequel des éléments de design suivants lui permettra *le mieux* d'atteindre cet objectif?

    1. Placer le produit dans un axe de circulation principal et bien l'éclairer
    2. Placer un groupe de ces produits parmi d'autres produits
    3. Construire une maquette grand format du produit et l'installer près de l'entrée
    4. Placer le produit sur un socle de couleur vive à l'endroit habituel dans la boutique

6. Dans un restaurant décontracté, on a disposé des tables qui ont toutes des piètements identiques et dont les plateaux sont de formes et de couleurs différentes. Ces tables sont espacées également et réparties uniformément dans une salle carrée. Quel principe de design cet exemple illustre-t-il *surtout*?

    1. L'équilibre symétrique
    2. La diversité
    3. L'harmonie
    4. Le rythme

7. Quelle équation représente le nombre d'or?

    1. A : B :: B : (A + B)
    2. A : B :: A : (A + B)
    3. (A + B) : A :: 2B : A
    4. A : B :: B : 2A

8. Quel architecte a créé le Modulor?

    1. Frank Lloyd Wright
    2. Mies van der Rohe
    3. Le Corbusier
    4. Walter Gropius

9. Selon quel principe de design regroupe-t-on une collection de 13 photos en noir et blanc, ayant toutes des encadrements de couleurs et de styles différents, sur un mur peint en gris pâle et froid?

    1. La diversité
    2. Le rythme
    3. Le contraste
    4. L'accentuation

10. Quel principe de design ce diagramme illustre-t-il *le mieux*?

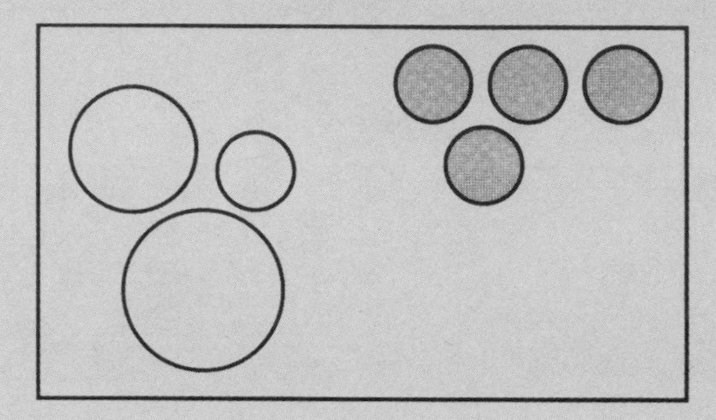

1. La proportion
2. L'échelle
3. Le rythme
4. L'équilibre

3

Facteurs humains

Le domaine des facteurs humains a trait à l'adéquation des objets et des espaces aux besoins des personnes qui les utilisent. Il réunit un certain nombre de disciplines axées sur les besoins physiques, psychologiques et sociaux. Le design d'intérieur étant fondé sur la taille des individus et sur leurs besoins physiologiques et psychologiques, il est important de bien comprendre ces aspects de la théorie du design.

1 L'ANTHROPOMÉTRIE

L'anthropométrie est une science qui a pour objet la taille et les proportions du corps humain. De nombreuses études ont été réalisées en vue d'établir la variation des dimensions moyennes du corps humain, depuis la longueur des pieds jusqu'à la largeur des épaules. Ces dimensions ont été établies pour différents groupes de population, selon l'âge et le sexe, et elles comprennent également une répartition par centile indiquant quel pourcentage de la population correspond aux différentes variations.

Les mesures anthropométriques ont également permis de réunir un vaste ensemble de connaissances sur les dimensions minimales ou optimales nécessaires à l'exécution d'activités courantes par l'être humain moyen. C'est ce que l'on appelle les cotes d'encombrement du corps humain. Le designer d'intérieur doit déterminer entre autres la largeur des pièces, la hauteur des rayonnages et le dégagement autour des meubles, et ces dimensions doivent être adaptées à la taille, aux besoins et aux limites des individus.

Des centaines de dimensions individuelles sont considérées comme minimales ou optimales dans une foule de situations, mais vous devez vous familiariser avec les plus élémentaires. Elles sont présentées sous forme schématique dans les figures 3.1 à 3.6. À l'examen pratique, un scénario vous sera proposé. Il comporte habituellement une portion résidentielle (résidence ou hôtel) et une portion commerciale (entreprise, magasin ou institution). Il pourrait donc être utile de revoir les différents besoins en matière d'espace avant l'épreuve.

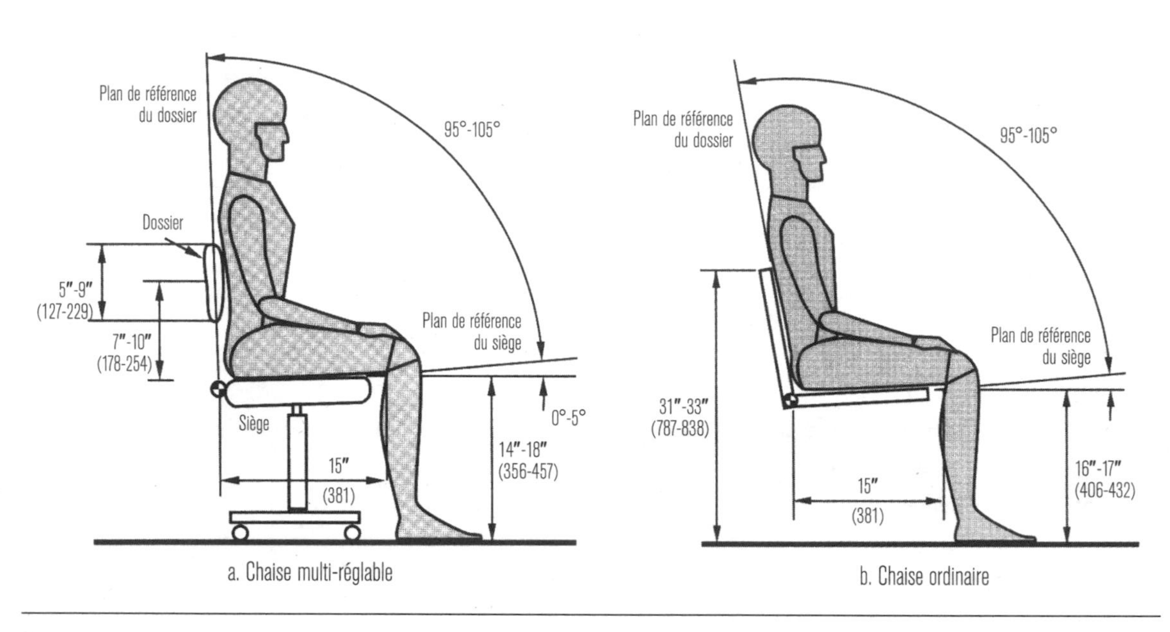

3.1
Dimensions des sièges

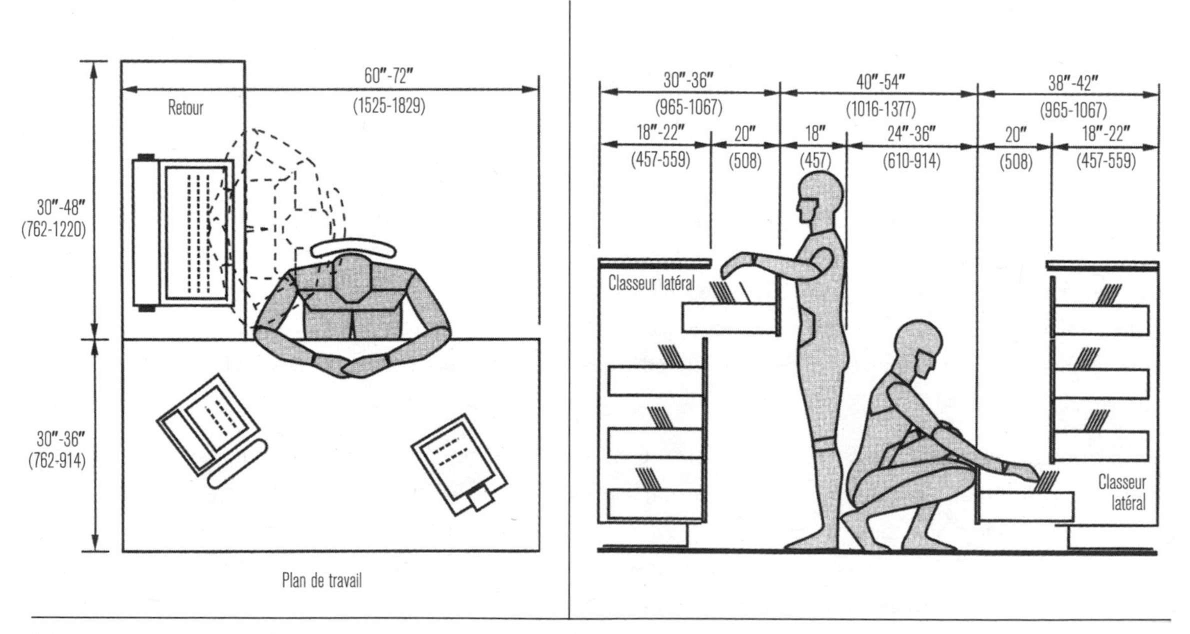

3.2
Poste de travail

3.3
Espace nécessaire pour l'accès aux classeurs latéraux

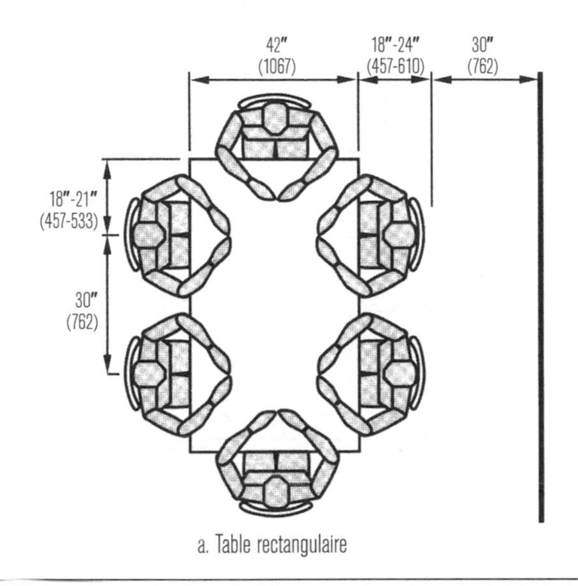

a. Table rectangulaire

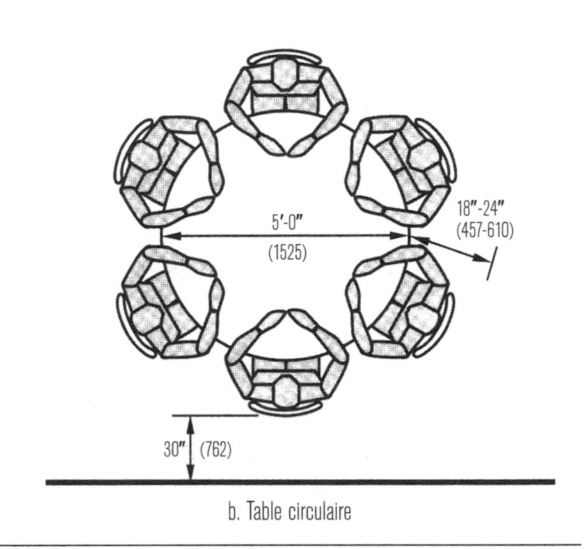

b. Table circulaire

3.4
Tables de réunion

18"-24" (457-610)
30" (762)
18"-24" (457-610)
18" (457)
Espace personnel
30" (762)
24" (610)
96" (2440)
Espace commun
30" (762)
18" (457)
18" (457)
18" (457)
48"-54" (1220-1372)
18" (457)

a. Table rectangulaire

30"-36" (762-914)
24" (610)
48" (1220)
18"-24" (457-610)
84"-96" (2134-2440)
18"-24" (457-610)

b. Table ronde

3.5
Tables de salle à manger

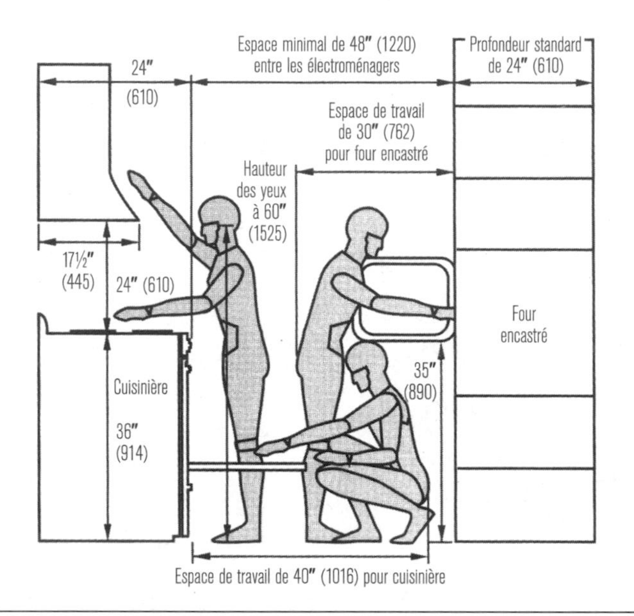

3.6
Espace nécessaire dans une cuisine

❷ L'ERGONOMIE

L'ergonomie est l'étude des relations entre la physiologie humaine et l'environnement physique. L'ergonomie s'appuie sur les données anthropométriques et porte également sur l'interaction entre les êtres humains et les objets qui les entourent comme les chaises, les tableaux de commande, les bureaux.

Comme de plus en plus de gens travaillent dans des bureaux, des principes de design fondés sur des recherches approfondies ont été élaborés pour plusieurs composantes de ce type de postes de travail, notamment les chaises, les écrans d'ordinateur et les plans de travail. La figure 3.7 montre certains critères de sélection et de conception des chaises.

La figure 3.8 présente les dimensions les plus importantes pour la conception de postes de travail avec ordinateur. Il est à noter que la hauteur du clavier constitue l'un des éléments déterminants. La surface du clavier devrait se trouver à une distance de 26" à 28 1/2" (660 à 725) du sol et cette hauteur devrait être réglable. Il faut aussi réduire les reflets sur l'écran d'ordinateur en modifiant soit l'éclairage, soit la disposition et l'orientation du poste de travail. Dans le cas de postes de travail avec tabourets, ceux-ci devraient avoir des repose-pieds.

Les réglages constituent l'un des facteurs les plus importants dans la conception d'un poste de travail et le choix d'une chaise. Comme chaque personne est différente, il est important que l'utilisateur puisse modifier la hauteur de l'assise de son siège, l'inclinaison de l'écran et la position du clavier, par exemple. En ce qui a trait à la chaise, on doit non seulement pouvoir régler la hauteur de l'assise, mais aussi l'inclinaison du dossier, la hauteur du support lombaire, ainsi que la distance entre le devant de la chaise et le dossier. Si la chaise est munie d'accoudoirs, ceux-ci doivent aussi être réglables.

A. Support dorsal, dossier profilé réglable vers le haut et le bas, vers l'avant et l'arrière; en contact constant avec le dos de l'utilisateur peu importe l'angle d'inclinisation

B. Support lombaire : siège dont les rebords profilés facilitent le mouvement du bassin vers l'arrière et l'avant, peu importe l'angle d'inclinisation. Réglage de l'angle du siège, mouvement de pivot permettant de garder les pieds au sol

C. Rembourrage de mousse assez ferme pour soutenir le corps

D. Réglage pneumatique de la hauteur

E. Base à cinq branches ajoutant à la stabilité et à l'équilibre

F. Roulettes permettant un déplacement sans friction

G. Rebord avant arrondi facilitant la circulation au niveau des cuisses et réduisant la fatigue des jambes

H. Pieds à plat sur le sol

3.7
Critères de conception des chaises pour postes de travail

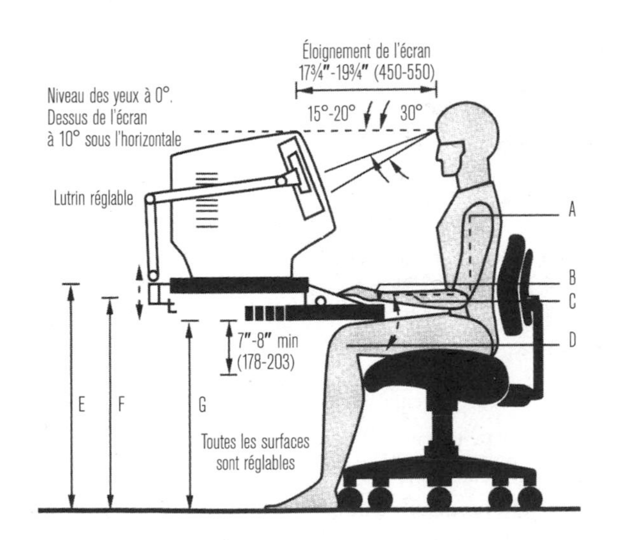

A. Bras à la verticale

B. Inclinaison du poignet de 10° maximum

C. Avant-bras à l'horizontale

D. Espace suffisant pour les genoux et les jambes. Aucune obstruction

E. Hauteur du plan de travail de 30" (762)

F. Surface du clavier à 26" - 28 ½" (660 - 725); rangée du milieu du clavier à 28" - 31" (711 - 787)

G. Hauteur de 72" (686) pour les jambes

3.8
Dimensions d'un poste de travail informatisé

❸ Le confort

Le confort est déterminé par la qualité des facteurs environnementaux suivants : température, humidité, circulation d'air, rayonnement émis ou absorbé par les surfaces environnantes, qualité de l'air, bruit, vibrations et lumière. Pour chacun de ces facteurs, il existe une zone de confort à l'intérieur de laquelle les êtres humains se sentent à l'aise et peuvent être pleinement efficaces. L'acoustique et l'éclairage seront abordés dans d'autres chapitres. La présente section porte sur le confort lié aux conditions ambiantes.

Ⓐ Le métabolisme

Le corps humain produit de la chaleur. Par le processus appelé métabolisme, qui désigne l'ensemble des transformations physiologiques nécessaires au maintien de la vie, il transforme l'eau et les aliments ingérés en énergie mécanique. Comme le corps n'effectue pas cette conversion de manière efficace, il doit dégager le surplus de chaleur pour maintenir une température corporelle stable. Le corps perd donc de la chaleur de trois façons : par convection, par évaporation et par rayonnement.

La convection est le transfert de chaleur qui s'opère par le mouvement d'un fluide, à l'état de gaz ou de liquide. Ce phénomène se produit lorsque la température de l'air ambiant est inférieure à la température de la peau, qui se situe à environ 29 °C. La perte de chaleur par évaporation résulte de la transformation de l'humidité en vapeur, soit par la transpiration soit par la respiration. Le rayonnement est le transfert d'énergie calorifique par l'entremise d'ondes électromagnétiques d'une surface à une autre, plus froide. Le corps perd de la chaleur lorsqu'il se trouve dans un environnement plus frais ou en contact avec des surfaces plus froides.

Ces trois processus – convection, évaporation et rayonnement – provoquent ou empêchent la perte de chaleur dans des proportions variables selon les conditions environnementales. Si le corps ne peut pas perdre de chaleur d'une façon, il en perdra d'une autre. Par exemple, lorsque la température de l'air est supérieure à la température du corps, qui est de 37 °C, la convection est impossible puisque la chaleur circule toujours du plus chaud vers le moins chaud. La perte de chaleur corporelle devra donc se faire par évaporation.

La sensation de confort thermique dépend de la corrélation entre la température de l'air, l'humidité, la circulation d'air et le rayonnement. Chacun de ces facteurs est expliqué ci-dessous.

Température de l'air. La température est le principal facteur de confort. Il est difficile d'établir avec précision la zone de confort car elle dépend, entre autres, du taux d'humidité, du rayonnement de chaleur, de la circulation d'air, des vêtements portés, des facteurs culturels, de l'âge et du sexe des personnes. En règle générale, toutefois, la zone de confort se situe entre 21 et 27 °C et la zone de tolérance, entre 16 et 29 °C. Une valeur appelée « température effective » a d'ailleurs été élaborée pour tenir compte de la température de l'air, de l'humidité et de la circulation de l'air.

Humidité. L'humidité relative est le pourcentage de vapeur d'eau effectivement contenu dans l'air par comparaison à la capacité d'absorption maximale de l'air à une température donnée sans qu'il y ait condensation. La zone de confort se situe entre 30 et 65 % d'humidité relative, avec une plage de tolérance de 20 à 70 %. Durant l'été, l'humidité relative est particulièrement importante, car à mesure que la température de l'air augmente, le corps perd moins de chaleur par convection et doit compter surtout sur l'évaporation. Cependant, plus l'humidité augmente, plus la transpiration s'évapore difficilement, ce qui donne l'impression qu'il fait beaucoup plus chaud que ce qu'indique le thermomètre.

Circulation de l'air. La circulation de l'air tend à accroître l'évaporation et la perte de chaleur par convection. C'est pour cette raison qu'on se sent bien lorsqu'il vente même si la température et l'humidité sont élevées. C'est aussi ce qui explique le facteur de refroidissement du vent, c'est-à-dire le fait qu'une température d'hiver tolérable peut devenir insupportable à cause du vent. Des vitesses de vent atteignant 50 à 200 pi/min (15 à 61 m/min) sont généralement acceptables pour refroidir sans causer de courants d'air désagréables.

Rayonnement. Comme le corps peut emmagasiner ou perdre de la chaleur par rayonnement, le confort est également déterminé par la température des surfaces environnantes. Si l'environnement est plus frais que la température de la peau, soit environ 29 °C, le corps perd de la chaleur par rayonnement; si l'environnement est plus chaud, le corps emmagasine de la chaleur.

La *température moyenne radiante* (TMR) est la valeur qui sert à déterminer cet aspect du confort en particulier. Il s'agit d'une moyenne pondérée établie à partir de la température des diverses surfaces d'une pièce, de l'angle d'exposition aux surfaces et de l'intensité de la lumière du jour. Elle constitue un facteur de confort important dans les pièces froides ou en hiver, car à mesure que la température de l'air baisse, le corps perd davantage de chaleur par rayonnement que par évaporation. Même une pièce dont la température est adéquate semblera fraîche si les surfaces sont froides. Le fait de réchauffer ces surfaces ou de les couvrir de tentures ou de rideaux contribue à neutraliser cet effet.

Ⓑ La ventilation

La ventilation sert à fournir de l'oxygène, à éliminer le dioxyde de carbone, à faire disparaître les odeurs et à évacuer les contaminants. Le degré de ventilation nécessaire dans une pièce dépend des activités qui s'y déroulent, de ses dimensions et de la présence éventuelle de fumeurs. Un gymnase, par exemple, exige davantage de ventilation qu'une bibliothèque. Les codes du bâtiment indiquent les exigences minimales de ventilation, en précisant soit le nombre minimal de fenêtres fonctionnelles soit le taux minimal de ventilation mécanique, ou encore ces deux éléments.

Les codes du bâtiment indiquent en mètres cubes par minute (ou en pieds cubes par minutes) la quantité minimale d'air frais de l'extérieur ainsi que la quantité totale d'air en circulation. Les systèmes mécaniques de conditionnement d'air filtrent et font recirculer une grande partie de l'air ambiant, mais ils font également pénétrer un certain pourcentage d'air frais de l'extérieur dans l'air repris.

Lorsqu'il faut expulser de l'air, par exemple dans les toilettes, dans la cuisine ou en présence d'émanations nocives, des exigences supplémentaires sont précisées. Habituellement, les codes du bâtiment indiquent le taux d'évacuation minimal en mètres cubes par minute par mètre carré de superficie au sol (ou en pieds cubes par minute par pied carré au sol) ou précisent à quelle fréquence l'air de la pièce doit être entièrement renouvelé. Dans de tels cas, le système de ventilation doit évacuer l'air directement à l'extérieur plutôt que le faire recirculer. Dans les toilettes, par exemple, le ventilateur doit être relié à un conduit menant à l'extérieur et sans aucun raccordement avec le système de ventilation du bâtiment.

4 Les influences psychologiques et sociales

Un intérieur bien conçu doit répondre à la fois aux besoins psychologiques, sociaux et physiques des utilisateurs. Le designer d'intérieur doit toujours tenir compte des besoins humains dans son travail. Dans certains cas, toutefois, il doit aussi déterminer certains besoins particuliers des utilisateurs à l'étape de l'étude du projet.

Bien que la psychologie de l'environnement ait fait l'objet de nombreuses recherches, il reste difficile de prévoir les comportements humains et de concevoir des espaces qui améliorent la qualité de vie. Le designer d'intérieur doit néanmoins tenter d'établir un profil réaliste des utilisateurs d'un espace et de la nature de leurs activités. Ce profil peut ensuite le guider dans sa prise de décisions. Voici une description des principaux facteurs psychologiques et sociaux qui influencent le design d'intérieur.

Ⓐ Les cadres comportementaux

Un cadre comportemental est un lieu aux frontières bien délimitées, contenant certains objets et à l'intérieur duquel un comportement particulier est adopté à un moment précis. Il s'agit d'une notion utile pour étudier les effets de l'environnement sur l'activité humaine. La réunion hebdomadaire d'un conseil d'administration dans une salle de conférence, par exemple, peut être considérée comme un cadre comportemental. La réunion se déroule conformément à certaines règles, elle a toujours lieu au même endroit (la salle de conférence) et la pièce est aménagée en fonction de cette activité (les sièges sont disposés autour d'une table, le matériel audiovisuel est installé, l'éclairage est adéquat et ainsi de suite).

Le cadre comportemental est utile pour le designer d'intérieur parce qu'il établit un lien entre les aspects strictement comportementaux de l'activité humaine et les effets de l'environnement sur l'être humain. Bien que ce cadre constitue un système complexe qui met en jeu les activités et les objectifs, les objets matériels et les besoins culturels, il représente une unité de conception bien définie pour le designer. Ce dernier, quand il a pris connaissance des personnes et des activités en cause, peut élaborer une première programmation en fonction du cadre comportemental.

(B) L'instinct de territoire

L'instinct de territoire est un aspect fondamental du comportement humain, qui nous pousse à nous approprier les espaces que nous occupons et à revendiquer les objets que nous possédons. Même si, à la base, l'instinct de territoire repose en partie sur un impératif biologique de protection, il relève davantage, chez les êtres humains, du besoin d'identité et de la liberté de choix. Lorsque les gens personnalisent leur bureau en y plaçant des photos de leur famille, des plantes, leur tasse à café préférée et tout autre objet du genre, ils s'approprient un territoire personnel, même s'il s'agit d'un espace restreint et temporaire. Dans un environnement plus permanent, comme un appartement ou une maison, le territoire est défini par les murs, les clôtures et les limites de propriété. Souvent, ces limites sont à peine perceptibles. Une rangée de classeurs ou une différence de niveau peut servir à établir le territoire d'une personne ou d'un groupe.

L'instinct de territoire s'applique autant aux groupes qu'aux individus. Un groupe d'élèves, par exemple, peut avoir besoin de s'approprier un espace qui contribuera à son identification et à celle des individus qui le composent.

Une autre notion, celle des distances interpersonnelles, est très étroitement liée à l'instinct de territoire. Selon l'anthropologue Edward T. Hall, quatre types de distances fondamentales permettent d'étudier le comportement humain et servent de guide pour concevoir des environnements. Ces quatre distances sont toujours présentes, mais leurs dimensions réelles varient selon les circonstances et les différences culturelles et sociales. Le designer d'intérieur doit toujours tenir compte de ces distances lorsqu'il conçoit un projet, car les gens confinés dans un espace trop restreint risquent d'être moins efficaces.

La distance la plus rapprochée, dans le système de Hall, est la distance intime, qui est illustrée à la figure 3.9. La distance intime se situe entre le véritable contact physique à environ 6" (150) et 18" (450). Ce n'est que dans des conditions particulières que nous laissons les autres s'approcher autant. Lorsque les gens sont forcés d'être aussi proches, par exemple dans un ascenseur bondé, ils développent d'autres moyens de défense, comme celui d'éviter le contact visuel, pour atténuer l'effet de promiscuité.

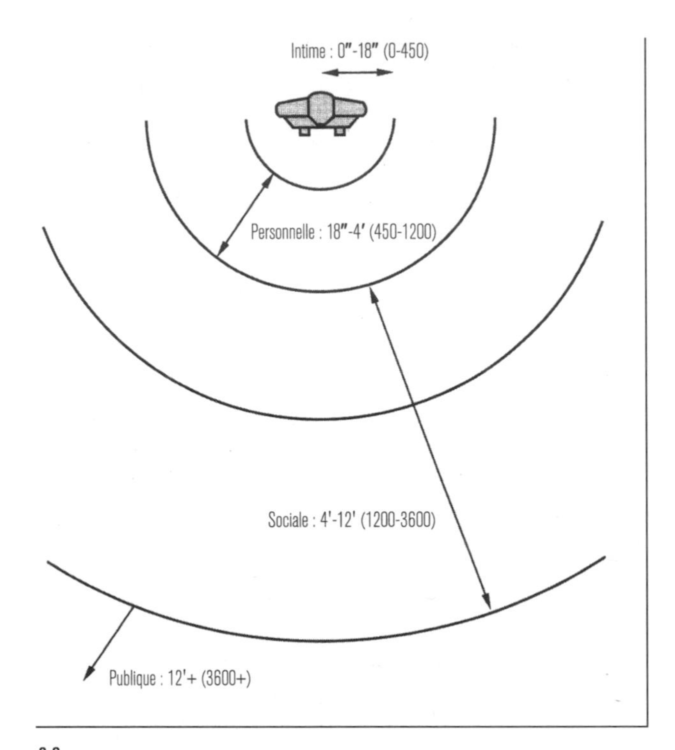

3.9
Les distances interpersonelles

Dans le cas de la distance personnelle, le rayon rapproché se situe entre 18" et 30" (450 et 750), tandis que le rayon éloigné se situe entre 30" et 4' (750 et 1200). Si on leur en donne le choix, les individus préfèrent maintenir au moins cette distance entre eux et ceux qui les entourent.

Enfin, la distance sociale est une zone invisible dont le rayon rapproché se situe entre 4' et 7' (750 et 2100) et dont le rayon éloigné varie entre 7' et 12' (2100 et 3600). C'est à cette distance que la plupart des rapports impersonnels se déroulent : affaires, travail, échanges entre personnes qui ne se connaissent pas et rencontres officielles. Dans cette zone, la parole et le geste sont bien compris, mais un certain espace personnel est préservé. À une distance d'environ 10' (3000), il n'est pas considéré comme impoli d'ignorer les gens qui sont aux alentours, comme dans un hall d'entrée ou une bibliothèque.

La distance publique est la plus éloignée, puisqu'elle commence à 12' (3600). C'est celle qui donne le caractère le plus officiel à une situation. De plus, à une telle distance, il est possible de s'échapper si on pressent un danger.

La proxémique est une méthode qui permet d'appliquer la théorie des distances interpersonnelles à l'utilisation de l'espace. Ainsi, selon les principes de la proxémique, dans un lieu où des étrangers sont assis les uns près des autres, il est préférable de prévoir des chaises individuelles créant des espaces personnels bien délimités, plutôt que des canapés ou des bancs. En effet, les gens ont tendance à ne s'asseoir qu'aux extrémités des canapés ou des bancs afin d'éviter les contacts physiques. La connaissance de la proxémique peut aussi aider le designer d'intérieur à déterminer l'espace devant être laissé entre les appareils sanitaires ou le nombre de sièges devant être installés dans un lieu public.

Ⓒ La personnalisation

La personnalisation de l'espace est une autre manifestation de l'instinct de territoire. Ainsi, à la maison, au bureau ou dans une salle d'attente, chacun aménage son environnement pour y faire sentir sa présence et y exprimer son individualité. Un design d'intérieur réussi autorise une telle personnalisation sans que cela nuise aux autres ou à la conception d'ensemble. À la maison, par exemple, les gens décorent leur intérieur selon leurs goûts. Au bureau, ils apportent des objets personnels, comme des photos de famille et des tableaux pour personnaliser l'espace. Lorsqu'ils se trouvent dans un aéroport, ils disposent leurs manteaux et leurs bagages autour d'eux pour marquer leur territoire temporairement.

Les gens personnalisent également leur espace en modifiant leur environnement. Si un espace donné ne répond pas aux besoins des utilisateurs, ceux-ci peuvent soit modifier leur comportement pour s'adapter à l'environnement, soit transformer leur relation avec cet environnement (par exemple en le quittant), ou encore essayer d'en modifier les caractéristiques. Le seul fait de déplacer une chaise pour mieux voir son écran d'ordinateur est une façon de modifier et de personnaliser son espace. Si la chaise est fixe, alors le design ne s'adapte pas aux divers besoins des utilisateurs.

(D) Les échanges

L'environnement peut, jusqu'à un certain point, faciliter les échanges ou les entraver. Dans la plupart des cadres comportementaux, les groupes ont tendance à agir d'une certaine façon. Si l'environnement n'est pas propice à leur activité, ils tenteront de le modifier ou de changer leur comportement. Dans certains cas extrêmes, un environnement tout à fait incompatible avec une activité peut provoquer du stress, de la colère ou d'autres réactions négatives.

L'un des moyens les plus utilisés pour faciliter les échanges au sein d'un groupe est la disposition des sièges. Des études ont démontré que la place que l'on choisit lorsqu'on s'asseoit autour d'une table dépend du type d'échange qui s'y déroule. Ainsi, deux personnes ayant une conversation intime s'asseoiront côte à côte sur un canapé ou de part et d'autre de l'angle d'une table. Dans les occasions plus officielles ou lorsque les gens sont en situation de concurrence, ils se feront face. Enfin, lorsque deux personnes ne désirent pas de contact social, elles choisiront de s'asseoir aux coins opposés de la table (dans une bibliothèque, par exemple). Ces phénomènes sont illustrés à la figure 3.10.

Les tables rondes favorisent la coopération et donnent aux personnes présentes l'impression d'être égales. Les tables rectangulaires rendent la coopération plus difficile et confèrent une certaine supériorité à la personne assise au bout. Habituellement, les gens qui ne se connaissent pas n'aiment pas partager le même banc dans un parc ou la même banquette dans une salle d'attente. Le designer d'intérieur qui connaît ces notions de base sur les rapports humains prendra des décisions plus éclairées. À titre d'exemple, les cubicules dans une bibliothèque sont beaucoup plus efficaces que les grandes tables, qui resteront partiellement inoccupées.

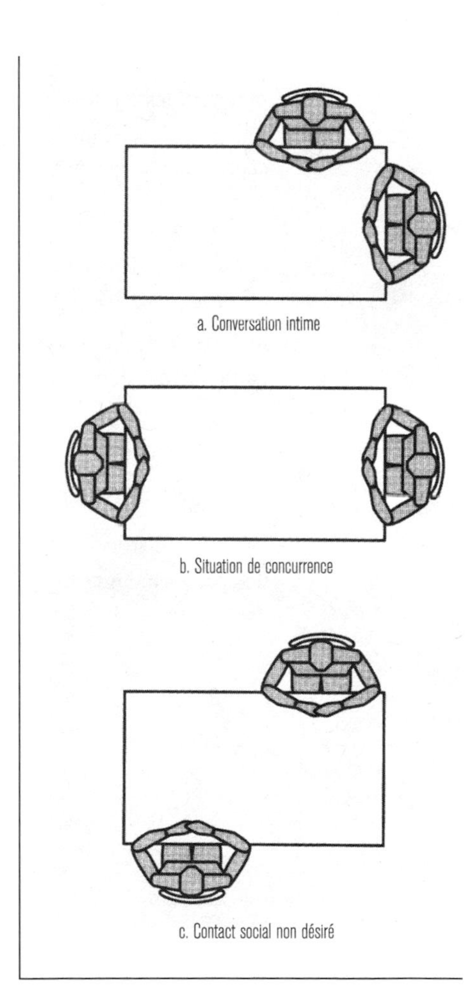

3.10
Disposition des sièges

Des études ont démontré que, dans les endroits où ont lieu des échanges spontanés entre groupes de personnes, plus de 97 % de ces groupes comptent entre deux et quatre personnes. Il est donc beaucoup plus sensé de planifier l'espace pour des petits groupes dans ce genre d'endroits. Idéalement, l'aménagement devrait prévoir un environnement capable de recevoir de très grands groupes, mais accommodant surtout les petits groupes. Dans la plupart des cas, la meilleure approche consiste à fournir des espaces diversifiés et propices aux échanges.

(E) La hiérarchie

L'environnement physique peut revêtir un caractère très symbolique. Certaines personnes, par exemple, préfèrent les maisons anciennes parce qu'elles évoquent pour elles le foyer, la vie de famille. D'autres s'attendent à ce que les banques soient de style classique, avec de grands halls d'entrée parce que cela correspond à l'idée qu'elles se font d'une banque.

De même, l'environnement peut servir à établir une certaine hiérarchie. En Amérique du Nord, par exemple, les bureaux situés à l'angle d'un étage ont plus de prestige que ceux qui ne comportent qu'un mur extérieur. Dans bien des cultures, les dimensions d'un bureau sont aussi associées au rang hiérarchique. Dans un restaurant de grande classe, les tables bien en vue seront les plus recherchées. La hiérarchie peut également jouer un rôle majeur dans tout projet de design d'intérieur. Un client peut, par exemple, souhaiter que l'aménagement de ses bureaux reflète une certaine caractéristique de son entreprise ou qu'il rehausse son statut personnel au sein de la communauté.

Tout projet de design d'intérieur doit tenir compte des exigences et des incidences au plan de la hiérarchie. Il arrive que le client formule clairement ses objectifs dans ce domaine mais, parfois, le designer doit lui-même interroger le client et noter ses réponses pour inclure cet aspect au programme.

QUESTIONS

1. Quelle caractéristique rechercheriez-vous *avant tout* si vous deviez concevoir des chaises ergonomiques pour des contrôleurs aériens ?

    1. Des positions réglables
    2. Des coussins fermes
    3. Un support lombaire
    4. Un dossier inclinable et un siège pivotant

2. Laquelle des caractéristiques suivantes serait *la moins* importante dans la conception d'un poste de travail informatisé ?

    1. La hauteur du clavier
    2. L'angle de l'écran
    3. Les reflets sur l'écran
    4. La profondeur du plan de travail

3. Quel est le besoin psychologique qu'on tente de satisfaire lorsqu'on place des meubles identiques de façon symétrique dans une chambre de résidence d'étudiants pour deux personnes ?

    1. L'espace personnel
    2. L'instinct de territoire
    3. Les échanges
    4. La personnalisation

4. La proxémique peut aider le designer d'intérieur...

    1. à déterminer les dimensions d'une salle d'examen médical.
    2. à déterminer l'endroit où devrait se trouver le bureau du président dans une enfilade de bureaux.
    3. à planifier les dimensions et la forme d'une table de réunion.
    4. à prendre des décisions sur le type de sièges à utiliser et l'espacement des sièges dans une salle de présentation audiovisuelle.

5. À quelle distance la plupart des gens en Amérique du Nord se tiennent-ils pour traiter des affaires ou converser avec des personnes qu'ils ne connaissent pas ?

    1. Entre 18″ et 4′ (450 et 1200)
    2. Entre 4′ et 12′ (1200 et 3600)
    3. Entre 7′ et 12′ (2100 et 3600)
    4. Entre 12′ et 25′ (3600 et 7500)

6. Une cliente se plaint qu'il fait trop chaud dans son bureau. Pour le designer d'intérieur, le moyen le plus facile d'améliorer la situation consiste à recommander un accessoire qui affecte...

   1. la convection.
   2. la ventilation.
   3. l'évaporation.
   4. la conduction.

7. Le designer d'intérieur est susceptible d'utiliser des données anthropométriques surtout pour...

   1. concevoir des comptoirs dans des toilettes publiques.
   2. déterminer le pourcentage d'enfants qui seraient confortables sur des sièges fabriqués sur mesure dans un théâtre pour jeune public.
   3. déterminer comment disposer un grand nombre d'écrans au poste de travail d'un courtier en valeurs mobilières.
   4. évaluer le design d'une toute nouvelle chaise sur le marché.

8. Quel renseignement serait *le moins* utile à un ingénieur en mécanique collaborant avec un designer d'intérieur à la conception d'une salle polyvalente dans une résidence pour personnes âgées ?

   1. L'âge des résidents
   2. Les activités qui se déroulent habituellement dans cette salle
   3. Une estimation du nombre de personnes qui utilisent cette salle
   4. Une copie du plan de plafond réfléchi

9. Quelle fonction, autre que décorative, les tapisseries avaient-elles dans les châteaux du Moyen-Âge et de la Renaissance ?

   1. Elles assourdissaient les sons.
   2. Elles réduisaient les courants d'air.
   3. Elles augmentaient la température moyenne radiante.
   4. Elles réduisaient la perte de chaleur en augmentant les propriétés isolantes des murs.

10. Pour quelle pièce serait-il le plus justifié que le designer d'intérieur suggère à l'ingénieur en mécanique de prévoir un système de ventilation ou d'évacuation supplémentaire ?

    1. Une salle de bain résidentielle
    2. Une cuisine commerciale
    3. Une salle de conférence d'entreprise
    4. Une salle d'exercice dans un centre récréatif

4

La programmation

La programmation – c'est-à-dire l'élaboration du programme, le document écrit qui définit les objectifs à atteindre dans un projet de design d'intérieur – consiste à recueillir de l'information, à l'analyser et à formuler clairement le problème afin d'établir les assises de la solution de design qui sera proposée. Il s'agit d'une étape d'étude et d'analyse du projet, alors que l'étape du design constitue un exercice de synthèse.

Une programmation approfondie porte sur un large éventail de données. En plus d'énoncer les objectifs du client, le programme peut inclure une analyse du bâtiment existant et tenir compte des préoccupations esthétiques, des besoins en matière d'espace, des exigences liées à la proximité, des notions d'organisation, des restrictions imposées par les codes du bâtiment, des contraintes budgétaires et des limites associées à l'échéancier.

1 Le processus de programmation

La programmation peut se faire selon plusieurs méthodes permettant d'établir les lignes directrices et les données sur lesquelles le processus de design sera fondé. Dans le cas de projets résidentiels ou de projets commerciaux simples, le programme peut se résumer à quelques phrases définissant les objectifs du projet et à une liste des exigences en termes d'espace et d'ameublement. Pour les projets de grande envergure tels que l'aménagement du siège social d'une entreprise, il faudra peut-être préparer un document relié contenant des renseignements très détaillés sur les besoins actuels et futurs de la société (document que l'on nomme souvent programme fonctionnel et technique). Si le programme n'est pas déjà élaboré, il incombe au designer d'intérieur de déterminer les données dont il aura besoin, de recueillir ces données et de les analyser avant de passer à l'étape de la conception.

L'une des méthodes les plus utilisées pour établir le programme s'appuie sur un processus en cinq étapes portant sur quatre principaux aspects, soit la forme, la fonction, le budget et le temps. Cette méthode est décrite dans l'ouvrage de William Peña intitulé *Problem Seeking* (AIA Press, 1987).

Ⓐ Le processus en cinq étapes

Le processus en cinq étapes comprend l'établissement d'objectifs, la collecte et l'analyse de données factuelles, l'exploration et l'expérimentation de concepts, la définition des besoins et la formulation du problème.

Établissement d'objectifs. Les objectifs énoncent les buts visés par le client (ou maître de l'ouvrage) et les raisons qui les sous-tendent. Il est important de bien circonscrire les objectifs, car ils permettent de formuler les concepts sur lesquels seront fondés les moyens mis en œuvre pour les atteindre. Il ne suffit pas de dresser simplement la liste des types d'espace et des superficies dont le client a besoin; il faut savoir quels objectifs le client cherche à atteindre avec ces espaces et ces superficies. Supposons, par exemple, que l'objectif d'un restaurateur soit d'augmenter son chiffre d'affaires en servant plus de repas le midi : il voudra peut-être alors un design qui n'encourage pas les clients à s'éterniser à table.

Collecte de données factuelles. Les renseignements recueillis permettent de décrire les conditions existantes et les exigences du projet, notamment le nombre d'utilisateurs, les besoins en matière de proximité, les caractéristiques des utilisateurs, le bâtiment dans lequel les intérieurs seront aménagés, l'équipement à installer, le taux de croissance prévu, le budget alloué à la construction et à l'ameublement, ainsi que les exigences du code du bâtiment. Comme il y a toujours une foule de renseignements, le designer d'intérieur ne doit pas se contenter de recueillir de l'information, il doit aussi l'organiser de telle sorte qu'elle soit utile. La collecte de renseignements est d'ailleurs abordée plus en profondeur dans une autre section de ce chapitre.

Exploration de concepts. Le processus d'élaboration du programme permet de développer des idées abstraites qui constituent des solutions fonctionnelles au problème soumis par le client, mais qui ne précisent toutefois pas les moyens matériels pouvant être mis en œuvre pour le résoudre. Il s'agit donc de concepts de programmation et ils servent de fondement aux concepts de design qui seront élaborés ultérieurement. Il est important de bien comprendre la différence entre les concepts de programmation et les concepts de design d'un projet. Le concept de programmation renseigne sur une exigence à respecter dans la résolution du problème ou la satisfaction du besoin. En revanche, le concept de design constitue une solution concrète et précise qui traduit dans la réalité le concept de programmation.

Voici, par exemple, un concept de programmation formulé pour un projet de magasin de détail :

Assurer un niveau de sécurité acceptable afin d'éviter le vol à l'étalage en utilisant des méthodes de sécurité qui ne seront pas décelables.

Ce concept définit le problème (la sécurité), il le circonscrit clairement (il s'agit de la protection contre le vol et non de la sécurité des personnes ou de la protection contre le feu) et il fournit un critère d'évaluation (peut-on déceler les méthodes ou non ?). Plusieurs concepts de design peuvent correspondre à ce concept de programmation :

1. Installer un comptoir-caisse central au point d'entrée et de sortie du magasin.

2. Placer des étiquettes d'identification électronique sur toute la marchandise et intégrer l'appareil de détection au design de l'entrée.

3. Ne présenter en magasin que des échantillons de la marchandise et faire livrer les achats aux clients à partir d'un entrepôt.

Voici un autre exemple. Dans un projet résidentiel, cette fois, les clients indiquent au designer qu'ils reçoivent beaucoup et qu'ils aimeraient disposer pour leurs réceptions d'un lieu où les adultes ne seront pas dérangés par les jeux des enfants. À partir de ce besoin, le concept de programmation suivant peut être élaboré :

> Comme les parents reçoivent fréquemment et que les activités des enfants ne doivent pas déranger leurs soirées, le design doit prévoir une séparation fonctionnelle entre les espaces réservés aux enfants et les lieux de réception.

Si le client approuve ce concept de programmation, le designer élaborera par la suite plusieurs concepts de design pouvant être envisagés et confrontés aux autres exigences du problème. La figure 4.1 montre cinq concepts de design possibles (schémas ayant des implications matérielles réelles) qui correspondent au concept de programmation. Dans le schéma (a), les espaces des parents et des enfants sont situés dans deux ailes différentes de la maison reliées par

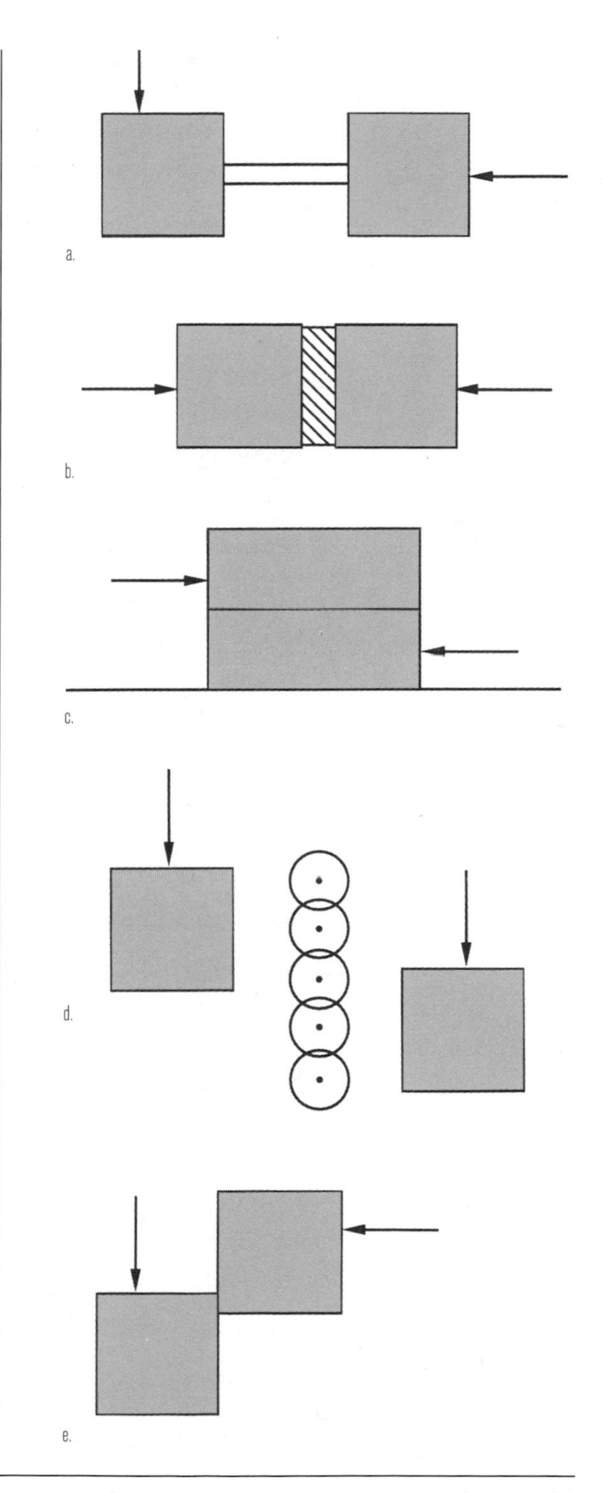

4.1
Concepts de design

un corridor, mais possédant chacune sa propre entrée. Dans le schéma (b), les deux espaces sont situés sous le même toit, mais ils sont séparés par une zone tampon. Les schémas (c), (d) et (e) illustrent d'autres solutions possibles. Comme toutes ces options sont des concepts, il restera beaucoup de travail de design à faire, quelle que soit la solution retenue.

Définition des besoins. À cette étape de la programmation, il faut mettre en parallèle les désirs du client et son budget, ou bien établir un budget en fonction de ses objectifs et de ses besoins. C'est donc ici qu'il faut faire une distinction entre les désirs et les besoins réels. Comme les clients ont tendance à en vouloir plus que ce qu'ils peuvent se permettre, il faut dès le départ énoncer clairement les véritables besoins afin d'éviter que des problèmes surgissent plus tard. À ce stade, il peut être nécessaire de modifier un ou plusieurs des quatre éléments de coût (quantité, qualité, budget et délai) afin d'équilibrer les besoins par rapport aux ressources disponibles.

Formulation du problème. Les quatre étapes précédentes débouchent sur la formulation succincte du problème à résoudre en quelques énoncés. Les énoncés du problème font le lien entre le programme du projet et le processus de design. Ces énoncés, sur lesquels s'entendent le client et le designer d'intérieur, décrivent les aspects les plus importants du problème et servent de fondement au design et de critères d'évaluation de la solution. Il faut prévoir un minimum de quatre énoncés dans la formulation du problème, soit un pour chacun des facteurs essentiels décrits plus bas.

Ⓑ Les quatre facteurs essentiels du processus de programmation

Les quatre facteurs essentiels à considérer dans tout projet de design sont la forme, la fonction, le budget et le temps. La forme a trait aux conditions existantes, à l'environnement physique et psychologique de l'espace à aménager et à la qualité de la construction. La fonction correspond aux utilisateurs de ces espaces et aux activités qu'ils y accompliront. Le budget comprend le coût initial de l'espace à aménager, les frais d'exploitation (le cas échéant) et les coûts associés à la durée de vie du projet. Enfin, le temps fait référence au passé, au présent et au futur, dans le contexte de leur incidence sur les trois facteurs précédents. Par exemple, l'échéancier de construction sera ici un facteur important, tout comme le besoin éventuel d'agrandissement.

Ⓒ Le programme

Quelle que soit la complexité du projet ou la méthode de programmation employée, il faut à cette étape produire un document, le programme, qui présente les données recueillies et les conclusions tirées de leur analyse. Ce document doit être revu et approuvé par le client avant que débute le travail de design, car toute inexactitude à ce stade risque de donner lieu à des solutions de design qui ne répondent pas aux besoins du client.

Bien que la forme finale du programme varie selon l'envergure et la complexité du projet, il doit au moins comporter les renseignements suivants :

Un énoncé des objectifs. Ces objectifs peuvent être axés sur les résultats, par exemple une augmentation des ventes par le renouvellement de l'image du magasin, ou ils peuvent être fonctionnels, par exemple l'amélioration de la circulation et des échanges entre divers services.

Une liste des exigences du client. Cette liste peut préciser le nombre d'utilisateurs de l'espace à aménager ainsi que des renseignements sur le type d'activités qui s'y déroulent, l'espace nécessaire à chaque utilisateur, ainsi que l'équipement et l'ameublement particuliers dont chacun a besoin. De plus, elle peut inclure les besoins spécifiques en matière d'éclairage, d'insonorisation et d'électricité, ainsi que la flexibilité dans l'utilisation de l'espace.

Une liste des espaces et des superficies. Ces renseignements sont fondamentaux et serviront de point de départ pour planifier l'espace. Ce genre de liste devrait également préciser la superficie consacrée aux espaces secondaires tels que corridors, rangements et autres espaces nécessaires sur le plan fonctionnel.

Outre ces données, le programme peut inclure un relevé des conditions existantes, les restrictions budgétaires, les contraintes de temps et les exigences en matière d'expansion. Les sections suivantes décrivent en détail les données nécessaires, la façon de les recueillir, de les compiler et de les analyser avant d'entamer le travail de design.

❷ LA COLLECTE DE DONNÉES

Il existe quatre méthodes pour recueillir les données nécessaires à l'étape de la programmation et de l'élaboration du design. Chacune de ces méthodes comporte ses avantages et ses inconvénients. Souvent, le designer d'intérieur a recours à deux ou trois méthodes dans le cadre d'un même projet. La description de chacune des méthodes présentées plus bas est précédée de listes énumérant les données spécifiques qui devront être rassemblées pour un projet. Ces listes sont indicatives, chacun des éléments énumérés n'étant pas nécessaire dans tous les projets.

(A) Liste des renseignements nécessaires

Objectifs :

- but visé par la construction ou la rénovation d'un intérieur;
- buts fonctionnels (par exemple, agrandissement, fonctionnement plus efficace, changement dans le déroulement du travail);
- esthétique recherchée.

Exigences reliées aux utilisateurs :

- dans le cas d'individus : nom, titre et poste;
- dans le cas de groupes : nombre de personnes et fonction;
- utilisateurs réguliers ou ponctuels;
- nombre d'utilisateurs à l'heure actuelle, au moment de l'emménagement et à prévoir selon la croissance;
- descriptions de tâches des utilisateurs;
- caractéristiques des utilisateurs : âge, sexe et besoins spécifiques (droitiers ou gauchers, incapacités physiques, etc.);
- préférences personnelles : couleurs, intérêts particuliers, etc.;
- emplacement des espaces prévus pour les utilisateurs ou pour certaines activités (par exemple, chambres orientées vers le nord, cadres supérieurs dans les bureaux en coin, etc.).

Exigences reliées aux activités :

- activité principale;
- activités secondaires;
- nature des activités : mouvement physique, déroulement du travail, etc.;
- moment où se déroulent les activités (le jour ou le soir);
- fréquence des activités (quotidiennes, hebdomadaires, etc.);
- activités ponctuelles, dans des salles de réunion, des aires de réception, des salles de photocopie, etc.;
- activités exécutées individuellement, en petites équipes ou en groupes;
- présence de visiteurs;
- utilisation de l'espace pour d'autres activités;
- exigences environnementales spéciales : éclairage, acoustique, chauffage, climatisation, ventilation;
- exigences spéciales en matière de sécurité.

Ameublement et équipement :

- types de mobilier et d'équipement requis;
- utilisation du mobilier existant ou achat de nouveau mobilier;
- dimensions des équipements neufs et réutilisés;
- liens entre équipement et mobilier;
- types d'équipement de communication : téléphones, ordinateurs, télécopieurs, modems, etc.;
- types et nombre de rangements : bibliothèques, étagères, tiroirs, classeurs, etc.;
- exigences électriques liées à l'équipement (tension, prises de courant spéciales, circuits réservés ou éclairage particulier);
- exigences mécaniques liées à l'équipement (climatisation, ventilation, etc.);
- meubles et équipement individuels ou partagés;
- accessoires utilisés : manuels de référence, agrafeuses, timbres, distributrices de timbres, etc.;
- besoins ultérieurs;
- style, couleurs, niveau de qualité, besoins ergonomiques, etc.;
- espace requis pour l'affichage (tableaux d'affichage, tableaux blancs, etc.);
- exigences liées à l'équipement audiovisuel.

Exigences reliées à la proximité :

- besoins en matière d'interaction entre personnes;
- besoins en matière de déplacement d'objets, de papier ou d'équipement;
- degré de proximité : obligatoire, préférable ou accessoire;
- délimitation des zones réservées à certaines activités, à certains services ou groupes fonctionnels;
- accès à l'extérieur : visiteurs, service, vue, expédition, etc.

Exigences spatiales et superficie de chaque zone :

- espace requis par type d'activité (personnes et équipement);
- exigences en matière d'espace déterminées principalement en fonction de l'équipement ou de l'activité, plutôt qu'en fonction des utilisateurs dans une zone d'activité;
- besoins relatifs aux espaces communs : rangements, aires d'entreposage, corridors et autres aires de circulation.

Exigences temporelles et budgétaires :

- budget total ventilé selon le budget de construction, les coûts du mobilier, les coûts de l'équipement, les taxes, les imprévus et toute autre dépense nécessaire dans ce type de projet;
- analyse de coûts sur toute la durée de vie;
- échéance d'emménagement ou échéancier des diverses phases.

(B) Rencontre avec le client

L'une des meilleures façons de recueillir de l'information consiste à rencontrer les utilisateurs. Cette rencontre permet d'observer le cadre dans lequel ils évoluent, d'adopter un processus structuré en suivant un questionnaire préétabli, de clarifier certaines questions ou réponses ambiguës en élaborant ou en interrogeant davantage, et d'explorer à l'improviste des idées et des besoins qui n'ont pas encore été abordés. Si l'interlocuteur a déjà rempli un questionnaire, la rencontre peut donner l'occasion de vérifier certaines réponses. De plus, un bon intervieweur sera attentif au langage non verbal qui peut indiquer ce qu'un utilisateur pense vraiment ou ses attitudes par rapport à certains aspects. La technique d'entrevue est aussi efficace pour les projets résidentiels que pour les projets de grande envergure réalisés pour des entreprises.

Naturellement, les entrevues prennent du temps et exigent que la personne interviewée soit ramenée au sujet traité, tout en ayant la possibilité de répondre à des questions ouvertes et de formuler des commentaires. S'il s'agit d'interviewer des employés, le designer d'intérieur doit avoir l'approbation de la direction avant de le faire. Dans de telles situations, il est préférable de demander au client d'aviser à l'avance les personnes devant être interviewées afin de leur expliquer pourquoi cette démarche est entreprise et à quoi serviront les réponses obtenues, et de leur faire savoir que la direction approuve et encourage ces entrevues.

Il faut déterminer à l'avance le nombre de personnes qui seront interviewées ainsi que leur rôle au sein de l'entreprise, et s'assurer que tous les secteurs sont représentés. Un employé peut avoir une vision de ses besoins qui sera très différente de celle d'un chef de service, mais leurs opinions sont toutes deux importantes. L'intervieweur doit préparer une liste des questions spécifiques pour lesquelles il souhaite obtenir des réponses. Cette façon de procéder évite les digressions et fournit un critère permettant de comparer et de compiler les résultats obtenus. Il faut cependant prévoir du temps pour les questions ouvertes ou les discussions qui ne peuvent surgir qu'en présence de l'utilisateur.

Avant de mener une entrevue, il faut prendre rendez-vous et fixer l'heure et le lieu de la rencontre (idéalement, le lieu de travail ou l'endroit où l'activité se déroule) ainsi que sa durée. Il vaut mieux que deux intervieweurs soient présents, l'un qui pose les questions et qui observe, et l'autre qui prend des notes et qui pourra donner une deuxième opinion sur les observations notées. Il est rare qu'une seule personne réussisse à tout faire.

Voici quelques thèmes sur lesquels peuvent porter les questions :

1. nombre de personnes touchées;
2. proximité;
3. exigences en matière de mobilier;
4. exigences en matière d'équipement;

5. besoins liés à la croissance;
6. exigences budgétaires;
7. espace fermé ou ouvert;
8. réutilisation ou achat de mobilier;
9. aires de circulation;
10. usage partagé de l'espace;
11. nombre d'heures d'utilisation de l'espace;
12. exigences spatiales liées à l'activité.

Tous ces thèmes ont des incidences matérielles sur la planification et la conception du nombre, des dimensions, de l'emplacement, de la qualité et de l'ameublement des espaces à aménager. La façon la plus simple de préparer ses questions pour une entrevue est d'imaginer qu'on devra commencer le travail de design avec l'information obtenue. S'il semble difficile de prendre une décision sur un élément, alors c'est qu'il faut poser des questions supplémentaires.

Ⓒ Questionnaires

Le designer d'intérieur peut aussi demander au client de faire remplir aux utilisateurs un questionnaire rédigé à l'avance. Cette façon de procéder est idéale lorsqu'il faut recueillir de l'information auprès d'un très grand nombre de personnes et qu'en raison du manque de temps ou de ressources, il n'est pas possible de toutes les interviewer individuellement. Pour qu'un tel questionnaire soit efficace, toutefois, il doit être bien conçu et la direction doit exiger qu'il soit rempli par les employés.

Personne n'aime remplir un formulaire, même s'il est destiné à améliorer l'environnement de travail. Il ne faut donc prévoir que quelques questions, aussi précises que possible, et auxquelles il est facile de répondre. Si une question n'est pas claire, les gens n'y répondront pas ou fourniront de l'information douteuse. L'une des meilleures façons d'évaluer l'efficacité d'un questionnaire est de le faire passer d'abord à un certain nombre de personnes choisies. Les questions superflues ou portant à confusion peuvent ainsi être revues avant que le formulaire ne soit distribué à tous. Une lettre de la direction devrait accompagner le questionnaire afin d'expliquer aux employés les motifs de la démarche et les prier d'y collaborer. Dans certains cas, l'information recueillie par l'entremise d'un questionnaire peut être validée lors d'entrevues.

Une variante consiste à confier l'administration du questionnaire au bureau du designer d'intérieur. On s'assure ainsi que les questions imprécises seront éclaircies et que le questionnaire sera rempli. Contrairement à l'entrevue, il faut alors une seule personne et le processus est plus rapide.

(D) L'observation

Souvent, l'une des façons les plus fiables de recueillir de l'information consiste à observer ce que font les gens plutôt qu'à écouter ce qu'ils ont à dire. Dans un tel cas, par contre, il faut prendre garde de ne pas tirer de conclusions hâtives. Dans une maison, par exemple, le comptoir de cuisine peut être rempli de petits électroménagers non pas parce le client pense que c'est pratique, mais parce qu'il n'a tout simplement pas de place pour les ranger. Il préférerait peut-être avoir plus d'espace de rangement. L'observateur risque de déduire à tort que le client préfère laisser ses électroménagers sur le comptoir pour les avoir à portée de la main.

L'observation permet surtout de confirmer les renseignements obtenus lors des entrevues ou par le biais de questionnaires. Elle permet également de comprendre les raisons qui expliquent certains comportements. L'observation est essentielle lorsqu'il n'est pas possible de passer des entrevues ou de faire remplir des questionnaires, par exemple pour savoir comment les gens utilisent un espace public.

(E) Études des conditions existantes (ou études sur le site)

Comme le travail du designer d'intérieur se fait à l'intérieur d'un espace architectural, il est très important de définir les conditions existantes à l'étape de la programmation, et ce, que le projet porte sur un bâtiment existant ou sur un bâtiment encore en chantier. Dans le cas d'un bâtiment existant, il est possible de prendre des mesures et des photos sur place, et de noter les conditions spéciales remarquées. Si le bâtiment est en chantier, il faut puiser l'information dans les dessins d'architecte.

Une étude des conditions existantes doit normalement permettre d'obtenir les renseignements suivants :

- les dimensions et la configuration du bâtiment ou de l'espace à aménager. Il faut pour cela prendre des mesures sur place et dessiner un plan à l'échelle qui pourra être utilisé pour tracer le plan définitif. Ce plan comprend les éléments de structure tels que murs extérieurs, piliers et murs porteurs intérieurs. Il doit également comporter des points de référence fixes à partir desquels les dimensions intérieures pourront être calculées. L'axe des piliers, la façade des murs porteurs ou celle des cloisons permanentes peuvent notamment servir de points de référence;
- les cloisons non porteuses existantes, l'ébénisterie et le mobilier intégré;
- l'emplacement et les dimensions (largeur et hauteur) des portes et des fenêtres;
- les types de plafonds et leur hauteur;
- l'emplacement des prises de courant et des prises de téléphone;

- l'emplacement et les dimensions des plinthes chauffantes, des radiateurs et autres types d'équipement mécanique visible;
- l'emplacement des appareils sanitaires et de la tuyauterie;
- l'emplacement et le type des appareils d'éclairage existants;
- pour les bâtiments plus anciens, l'état et la capacité des systèmes d'électricité, de plomberie, de chauffage et autres systèmes mécaniques. Cette information est habituellement recueillie par des ingénieurs-conseils;
- l'état général des éléments de construction, pour déterminer ce qui peut être réutilisé et ce qui doit être remplacé ou réparé;
- l'emplacement du nord géographique, ainsi que la qualité et la quantité de lumière naturelle;
- les vues sur lesquelles donnent les fenêtres;
- les problèmes de bruit éventuels, provenant de l'intérieur ou de l'extérieur du bâtiment;
- les caractéristiques architecturales spéciales, les moulures ou les éléments inusités;
- les problèmes environnementaux éventuels causés par l'amiante, la peinture au plomb et autres produits de ce type. Le questionnaire élaboré par le designer d'intérieur ne peut qu'évoquer l'éventualité de tels problèmes. Les véritables essais sur place ainsi que les vérifications d'usage doivent être effectués par des firmes spécialisées.

3 L'ANALYSE DES DONNÉES

Une fois recueillis tous les renseignements, il faut les classer et les analyser avant d'amorcer la planification de l'espace et la conception. De toutes les données du programme, les zones d'activité et la proximité sont deux des principaux facteurs pour déterminer les dimensions et la configuration de l'espace intérieur. Outre les espaces principaux, des espaces secondaires s'ajoutent aux exigences d'ensemble : corridors et autres aires de circulation, rangements, toilettes et zones d'entreposage diverses.

(A) Définition des besoins en matière d'espace et de volume

Les besoins en matière d'espace peuvent être déterminés de plusieurs manières. Souvent, au début du processus de programmation, le client a en main une liste des espaces fonctionnels dont il a besoin et des superficies correspondantes en plus des exigences spéciales relatives à la hauteur. Ces éléments peuvent être fondés sur l'expérience du client ou sur les normes de l'entreprise, il peut aussi s'agir d'une simple liste des installations existantes. À titre d'exemple, les normes d'une entreprise peuvent préciser qu'un directeur a droit à un bureau de 225 pi^2 (21 m^2), alors qu'un superviseur a droit à 150 pi^2 (14 m^2).

Ces données peuvent servir à déterminer les besoins en matière d'espace, mais il se peut aussi qu'elles soient arbitraires et qu'elles doivent être revues lors de la programmation. Lorsque les superficies ne sont pas déjà établies, il faut déterminer l'espace requis en fonction de l'un des critères suivants : le nombre de personnes devant occuper l'espace, une pièce d'équipement ou un objet qui y sera installé, ou une activité spécifique qui requiert une superficie précise.

La première méthode pour déterminer la superficie totale consiste à multiplier la superficie requise pour une personne par le nombre total de personnes qui occuperont l'espace. Des lignes directrices concernant la superficie requise pour une personne exerçant diverses activités ont été élaborées à partir d'expériences concrètes et d'analyses détaillées et sont couramment utilisées. Par exemple, un élève assis dans une classe standard a besoin de 15 à 20 pi^2 (1,4 à 1,9 m^2). Cette cote tient compte non seulement de l'espace nécessaire à l'élève assis, mais aussi de l'espace requis pour circuler dans la classe, pour le bureau du professeur et pour les étagères. Pour déterminer la superficie totale requise pour la classe, il suffit donc de multiplier le nombre d'élèves par l'exigence standard de 15 à 20 pi^2 (1,4 à 1,9 m^2) . Un employé de bureau a besoin de 100 à 250 pi^2 (9,3 à 23 m^2), selon qu'il a un bureau fermé ou qu'il travaille dans un aménagement à aire ouverte. Cette cote tient compte de l'espace nécessaire pour circuler autour du bureau, des chaises prévues pour les visiteurs, des classeurs personnels, etc. Il suffit donc de multiplier le nombre d'employés par la superficie nécessaire à une personne afin de définir les besoins en matière d'espace pour le bureau.

Il arrive que la superficie requise soit fondée sur un autre facteur que le nombre de personnes occupant l'espace. Par exemple, la planification préliminaire d'une cuisine de restaurant peut être basée sur un pourcentage de la superficie de la salle à manger et celle d'une bibliothèque peut être déterminée en fonction du nombre de livres.

Pour les différentes parties de l'examen du NCIDQ, vous n'avez pas à mémoriser tous les types d'exigences relatives à l'espace ou à la superficie, mais vous devez savoir comment appliquer certaines exigences concernant l'espace et l'ameublement à un problème particulier. Dans la partie pratique de l'examen, il se peut que vous ne disposiez que des exigences relatives au mobilier et à l'équipement pour un utilisateur et que vous deviez trouver la superficie totale à partir de cette information. La question pourrait préciser, par exemple, que le poste de travail doit comprendre un plan de travail de 15 pi^2 (1,4 m^2), un écran d'ordinateur, 12 pi linéaires (3600) pour des classeurs, un fauteuil de travail, deux chaises pour les visiteurs, une calculatrice de bureau et un téléphone. Il vous faudra déterminer l'espace requis pour ce poste de travail.

Il est également possible de déterminer la superficie requise en se basant sur les dimensions d'un objet ou d'une pièce d'équipement. Les dimensions d'une presse d'imprimerie, par exemple, permettront de déterminer en partie la superficie d'un atelier d'imprimerie. De la même façon, la superficie de la salle d'exposition d'un concessionnaire automobile ou celle d'un stationnement intérieur est établie à partir des dimensions des voitures.

On peut enfin évaluer la superficie requise d'un espace d'une troisième façon : à partir d'un ensemble de règles établies liées à l'activité qui s'y déroule. C'est cette méthode qu'on utilise habituellement pour déterminer la superficie des installations sportives. Un terrain de tennis, par exemple, doit avoir une certaine superficie, peu importe le nombre de spectateurs présents, bien que le nombre de sièges prévus puisse accroître la superficie totale. Une salle d'audience offre aussi un bon exemple : dans ce lieu, ce sont les règles relatives à l'activité qui s'y déroule, en l'occurrence des procès, qui influencent l'aménagement plus que le nombre de personnes qui occupent l'espace.

(B) Définition de la superficie totale requise

Les superficies établies à l'aide des trois méthodes décrites plus haut permettent de déterminer la *superficie nette*. Comme il a déjà été mentionné, cette superficie n'inclut pas l'espace requis pour la circulation, les rangements, les salles d'équipement électrique et téléphonique, l'épaisseur des murs et des structures ainsi que les autres espaces de ce type. La superficie nette correspond à la superficie assignable, soit l'espace qu'il est possible d'attribuer, tandis que les espaces secondaires correspondent à la superficie non assignable.

La somme de la superficie nette et des superficies secondaires donne la *superficie brute*. Le rapport entre les deux est souvent qualifié de coefficient de rendement de l'espace. Ce rendement dépend de l'usage qui est fait de l'espace et de sa planification. Un hôpital comprenant plusieurs petites chambres et un grand nombre de longs couloirs possède un coefficient de rendement beaucoup moins élevé qu'une usine comprenant peu de corridors et d'espaces secondaires et où presque tout l'espace est consacré à la production.

En général, le coefficient de rendement se situe entre 60 % et 80 %, bien que certains types de bâtiment aient un rendement inférieur ou supérieur. Le tableau 4.1 montre quelques cœfficients de rendement courants.

TYPE DE BÂTIMENT	COEFFICIENT DE RENDEMENT
Bureau	75 à 80 %
Magasin	75 %
Banque	70 %
Restaurant avec service aux tables	66 à 70 %
Bar, boîte de nuit	70 à 77 %
Hôtel	62 à 70 %
Bibliothèque publique	77 à 80 %
Musée	83 %
Théâtre	60 à 77 %
École, classe	60 à 66 %
Appartement	66 à 80 %
Hôpital	54 à 66 %

Tableau 4.1
Coefficient de rendement par type de bâtiment

Dans plusieurs cas, il est important que le designer d'intérieur prenne en compte un autre type de superficie, soit la *superficie locative*. Il s'agit de la superficie utilisée pour la location de bureaux ou d'espaces commerciaux. Elle correspond à toute la superficie utilisable disponible, mais comprend aussi les piliers, l'épaisseur de certaines cloisons et, bien souvent, une partie des murs extérieurs.

Lorsqu'un bureau en location n'occupe qu'une partie d'un étage, la superficie locative est mesurée à partir de la face intérieure des fenêtres extérieures (si les fenêtres occupent plus de 50 % du mur), jusqu'à la surface finie de la cloison du couloir public du côté du locataire et depuis l'axe des cloisons qui séparent les espaces adjacents réservés aux locataires (voir la figure 4.2). La superficie locative comprend également un pourcentage proportionnel du corridor et des toilettes. On nomme souvent cette manière de calculer la superficie locative « méthode BOMA », en faisant référence à la Building Owners and Managers Association qui l'a mise au point.

Lorsqu'un locataire occupe un étage complet, la superficie locative comprend les corridors publics ainsi que le hall des ascenseurs et les toilettes. On appelle *mur mitoyen* toute cloison qui sépare des espaces de location adjacents ou qui sépare un espace de location des espaces publics.

Si un client vous fournit la superficie locative pour préparer votre programmation, vous devez soustraire l'espace requis pour les corridors, les rangements et autres usages de ce type pour obtenir la superficie nette. Inversement, si vous étiez en train d'élaborer la liste des espaces d'un client, vous devriez ajouter de l'espace pour tenir compte de la superficie non utilisable. Ce total, auquel vous ajouteriez l'espace alloué pour les piliers et les murs mitoyens, donnerait finalement la superficie locative totale du client.

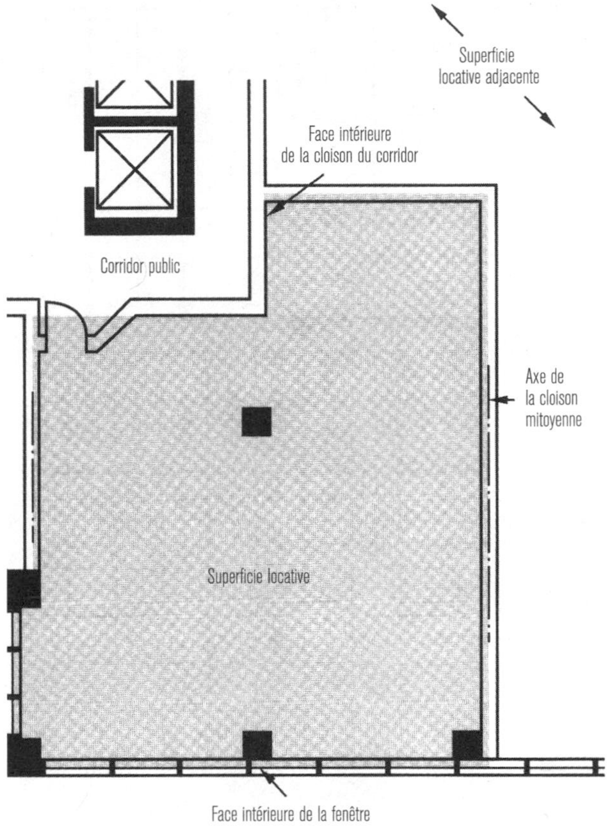

Ⓒ Définition des relations spatiales

Il ne suffit pas que les espaces aient les dimensions voulues pour une activité particulière, il faut également qu'ils soient situés près des espaces avec lesquels ils ont une relation fonctionnelle. La programmation permet de définir ces relations et de les classer par ordre d'importance. Elles sont habituellement illustrées par un graphique ou notées sur une matrice. La figure 4.3 présente une matrice indiquant trois niveaux de proximité. La figure 4.4 contient les mêmes renseignements sous une forme qui élimine les répétitions.

4.2
Méthode de mesure de la superficie locative (BOMA)

Les besoins en matière de proximité concernent les personnes, les produits et l'information. Chaque type de besoin fait intervenir une solution de design différente. Dans certains cas, il est nécessaire que deux ou trois pièces soient adjacentes ou très proches l'une de l'autre car les utilisateurs ont besoin de se voir ou doivent se déplacer d'un endroit à l'autre dans le cadre de leurs fonctions. Par exemple, dans un théâtre, la disposition relative de l'entrée, du foyer et de la salle de spectacle obéit à des impératifs fonctionnels. Dans une maison, la cuisine doit être à côté de la salle à manger, mais il n'est pas nécessaire qu'elle soit près des chambres. Dans certains projets, deux espaces doivent simplement être accessibles l'un à l'autre, mais ce peut être par un corridor ou par un espace intermédiaire, sans que les deux espaces soient véritablement adjacents.

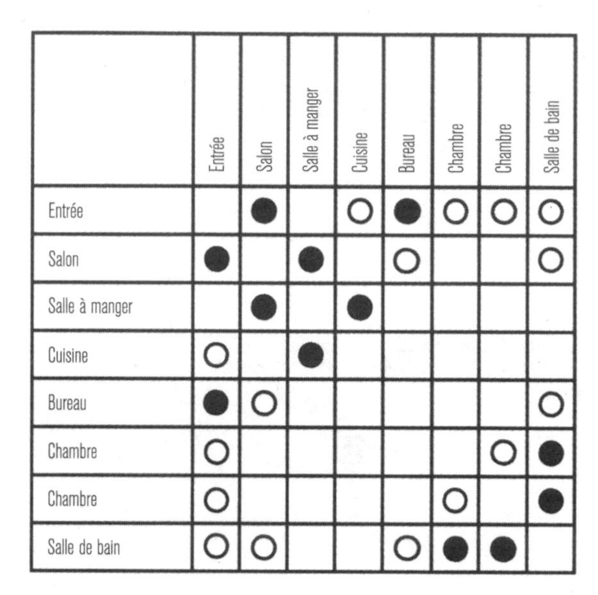

	Entrée	Salon	Salle à manger	Cuisine	Bureau	Chambre	Chambre	Salle de bain
Entrée		●		○	●	○	○	○
Salon	●		●		○			○
Salle à manger		●		●				
Cuisine	○		●					
Bureau	●	○						○
Chambre	○						○	●
Chambre	○					○		●
Salle de bain	○	○			○	●	●	

Proximité obligatoire
Proximité souhaitable
Aucune proximité requise

4.3
Matrice de proximité

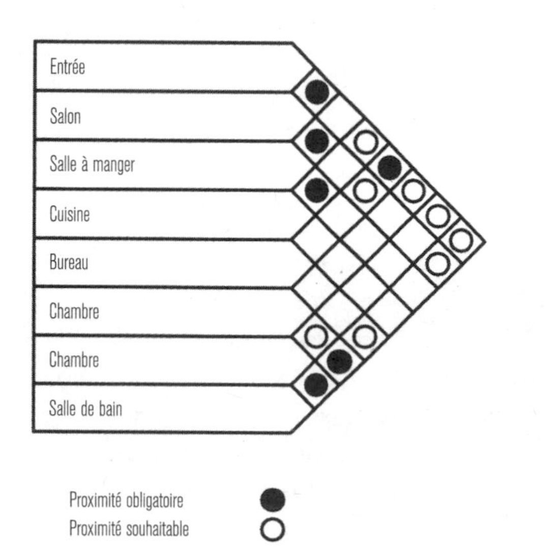

4.4
Matrice condensée des niveaux de proximité

Parfois, la proximité est nécessaire parce qu'il faut déplacer des produits, des équipements ou d'autres objets d'un espace à l'autre. Les espaces comme tels peuvent être éloignés l'un de l'autre, mais le déplacement des objets doit pouvoir se faire facilement. Monte-charge, tubes pneumatiques, chaînes de montage et transporteurs peuvent servir de lien entre des espaces qui ne sont pas adjacents.

Enfin, l'exigence de proximité peut être liée à l'échange de renseignements. Le besoin peut alors être comblé entièrement par des systèmes électroniques ou par des systèmes permettant de faire circuler les documents. Par exemple, le superviseur d'un groupe de téléphonistes n'a pas nécessairement besoin d'être près, voire dans le même bâtiment que les employés, malgré le lien hiérarchique très important qui les relie. Bien que, dans la plupart des situations, il ne soit pas nécessaire que les gens soient près les uns des autres, il reste que les contacts spontanés peuvent s'avérer avantageux pour une foule d'autres raisons.

Le designer d'intérieur analyse les exigences en matière de proximité et les vérifie auprès de son client. Étant donné qu'il n'est pas toujours possible de tenir compte de toutes les relations souhaitées dans un aménagement, il faut établir une distinction entre les relations indispensables et celles qui sont souhaitables ou simplement utiles. Cette distinction est souvent illustrée dans des diagrammes à bulles par des traits plus ou moins épais. La figure 4.5 présente les renseignements de la matrice 4.4 sous forme de diagramme à bulles.

Dans l'une des sections de la partie pratique de l'examen, vous devez élaborer une matrice de proximité à partir des renseignements contenus dans le programme. Pour en savoir davantage sur cette partie de l'examen, veuillez vous reporter au chapitre 23.

Le diagramme à étages est un type particulier de matrice de proximité. Comme le montre la figure 4.6, ce diagramme permet d'illustrer l'emplacement des espaces ou des services répartis sur plusieurs étages. Le designer d'intérieur prépare habituellement ce type de diagramme avant de planifier de façon plus détaillée chacun des étages.

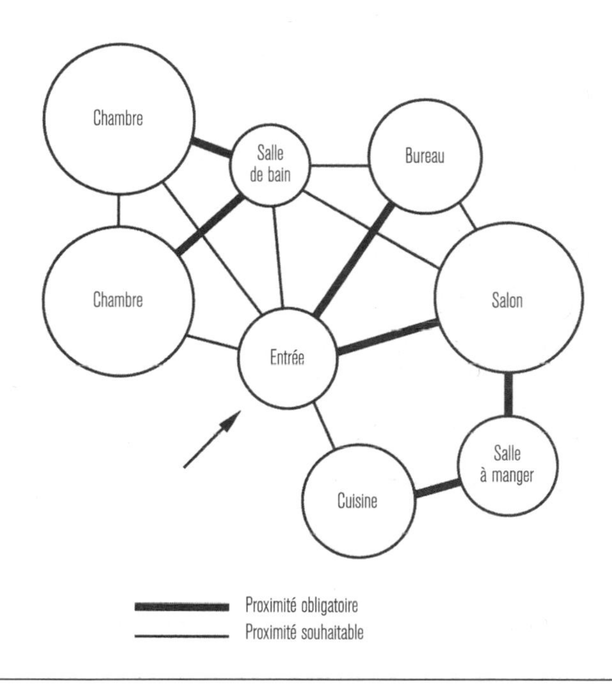

4.5
Diagramme à bulles

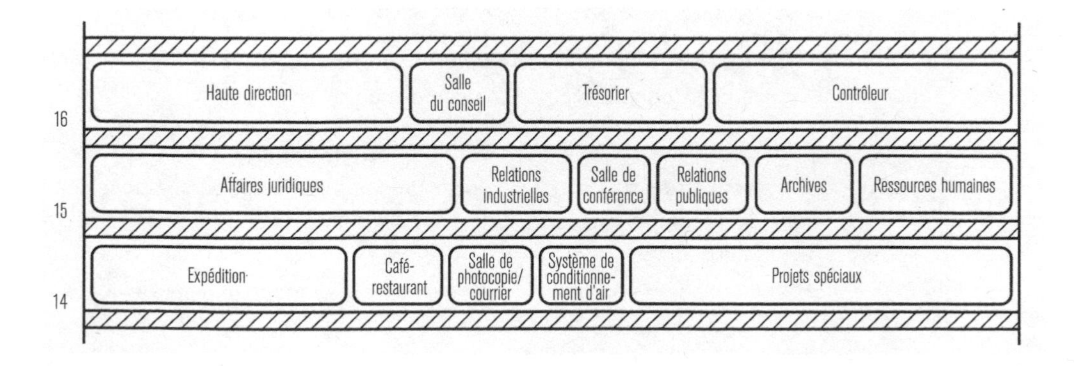

4.6
Diagramme à étages

QUESTIONS

1. Quel est le renseignement le plus important à obtenir sur place si vous disposez d'un jeu complet de dessins d'exécution du bâtiment dans lequel vous devez aménager une bibliothèque occupant seulement une partie de ce bâtiment ?

   1. L'emplacement des éléments de structure
   2. Les sources existantes de lumière naturelle
   3. Les sources de bruit à l'intérieur du bâtiment
   4. L'emplacement et la capacité du système électrique

2. Parmi les énoncés suivants, lequel exprime en termes clairs la véritable différence entre un concept de programmation et un concept de design ?

   1. Le concept de design précise un moyen permettant de concrétiser l'énoncé ou le concept de programmation.
   2. Il y a autant de concepts de programmation pour un problème qu'il y a de concepts de design.
   3. Un concept de design est une exigence en matière de rendement.
   4. Les concepts de programmation sont élaborés en même temps que les concepts de design.

3. Quelle serait la question *la moins* importante à poser à un client que vous interviewez dans le cadre de l'élaboration d'un programme pour une petite boutique de vêtements ?

   1. Quels sont les articles qui sont le plus souvent achetés spontanément ?
   2. Allez-vous mettre des toilettes à la disposition des clients ?
   3. Quelle quantité de marchandises allez-vous présenter en magasin ?
   4. Quel lien y aura-t-il entre le comptoir-caisse et les cabines d'essayage ?

4. Laquelle des quatre affirmations suivantes est *fausse* en ce qui concerne les entrevues ayant lieu au cours du processus de programmation ?

   1. Elles permettent de vérifier la précision des questionnaires.
   2. Elles permettent d'atténuer l'imprécision des réponses aux questions ambiguës.
   3. Elles permettent de mettre en lumière certains éléments que le designer aurait oubliés.
   4. Elles permettent à l'intervieweur d'utiliser son temps de manière efficace.

5. Lorsque vous déterminez initialement la superficie requise pour le projet d'un client, vous obtenez...

   1. la superficie nette.
   2. la superficie locative.
   3. la superficie brute.
   4. le coefficient de rendement.

6. Pour illustrer l'ensemble des relations existant entre les services d'une grande entreprise qui envisage d'occuper un immeuble de plusieurs étages, vous utiliseriez...

   1. un schéma fonctionnel.
   2. une matrice de proximité.
   3. un diagramme à étages.
   4. un diagramme à bulles.

7. Une planification préliminaire de l'espace montre qu'il sera impossible de satisfaire toutes les exigences indiquées sur la matrice de proximité qu'a approuvée le client. Quelle serait la meilleure attitude à adopter?

   1. Vérifier s'il est nécessaire de prévoir un lien réel entre les espaces et revoir ensuite le scénario avec le client
   2. Satisfaire le plus d'exigences possibles en matière de proximité et soumettre ce projet à l'approbation du client
   3. Demander au client s'il peut diminuer l'importance des exigences de proximité qui causent des difficultés
   4. Trouver plusieurs options qui se rapprochent le plus possible des exigences et demander au client de choisir celle qui répond le mieux à ses attentes

8. Quels sont les quatre éléments qui interviennent dans l'une des méthodes les plus couramment utilisées pour cerner un problème au cours de la programmation d'un projet?

   1. Les objectifs, les faits, les concepts et les besoins
   2. La forme, la fonction, les faits et le problème
   3. Les concepts, les faits, la forme et le temps
   4. Le temps, la fonction, la forme et le budget

9. Vous rencontrez un client qui a retenu vos services pour réaménager une grande maison victorienne en gîte du passant. Le client dit vouloir redonner à l'intérieur son style d'origine et agrandir certaines chambres pour en faire des suites afin que l'auberge soit la mieux cotée en ville. Une fois que vous avez recueilli ses commentaires, que devriez-vous faire *en tout premier lieu*?

   1. Suggérer au client qu'il retienne également les services d'un architecte afin de déterminer la faisabilité du projet d'agrandissement des chambres et de démolition de certains murs
   2. Demander au client s'il a un budget et lui suggérer de faire une estimation préliminaire des coûts afin de déterminer si le projet est à sa portée
   3. Demander au client de préciser ce qu'il entend par « la mieux cotée en ville » afin de vous donner une meilleure idée de la façon d'orienter votre design
   4. Dire au client que vous allez prendre des mesures de la maison et entreprendre des recherches sur les meubles et les éléments de décor typiques du style victorien

10. Dans lequel des projets suivants le nombre de personnes utilisant l'espace *n'est pas* important à l'étape de la programmation?

   1. La salle à manger d'une résidence pour personnes âgées
   2. L'espace de travail d'une buanderie commerciale
   3. La salle de réunion polyvalente d'un centre récréatif de quartier
   4. La salle d'attente d'un hôpital

Planification de l'espace

5

Au moment de la rédaction du programme, des concepts généraux sont élaborés en vue de répondre aux objectifs et aux besoins du client. Ces concepts de programmation sont des énoncés décrivant les solutions proposées pour satisfaire aux exigences de rendement précisées par le client. Ces énoncés sont bien différents des concepts de design dont il est question dans ce chapitre car, au stade de la programmation, on ne cherche pas encore une solution concrète. Les concepts de programmation orientent l'élaboration des concepts de design. Voici un exemple de concept de programmation : une entreprise cherche à encourager les échanges entre les employés de son siège social en modifiant les axes de circulation. Les moyens concrets qui seront utilisés pour y arriver constituent des concepts de design. Une solution possible serait de faire converger les corridors au centre de l'immeuble, vers un lieu de détente informel.

Ce chapitre résume le processus employé pour traduire les besoins exprimés au cours de la programmation du projet en un plan illustrant l'aménagement des pièces et des zones importantes, les axes de circulation et la disposition du mobilier. Ce processus est souvent désigné par l'expression *planification de l'espace* parce qu'il correspond à l'aménagement des espaces et à la disposition des objets, sans égard aux détails tels que matériaux, finitions, couleurs, accessoires et autres caractéristiques.

1 L'ÉLABORATION DES CONCEPTS

La première étape du design consiste à donner une orientation d'ensemble au projet. Il s'agit de l'élaboration des concepts, fondée sur les besoins formulés au cours de la programmation. Un concept de design est l'énoncé d'une solution concrète et spécifique répondant à un besoin exprimé dans le programme. Le chapitre 4 contient des exemples illustrant la différence entre concept de programmation et concept de design.

Bien que les concepts de design précisent les moyens concrets à mettre en œuvre, ils sont encore assez généraux pour laisser une certaine flexibilité dans le choix des détails. Par exemple, un concept de design pour un restaurant offrant une vue panoramique pourrait être de prévoir un arrière-plan neutre aux couleurs chaudes afin de mettre l'accent sur la vue. Un tel énoncé aiderait à planifier l'aménagement des pièces (aires de service à l'écart de la vue principale) et la disposition des tables (orientées en fonction de la vue, possiblement placées sur des plates-formes en gradins), à choisir les finis (des couleurs chaudes surtout) et les tissus (habillage de fenêtre n'obstruant pas la vue, formes et lignes simples et neutres, etc.). Cet énoncé écarte d'emblée d'autres orientations telles que la présence d'un thème dominant ou une disposition mettant l'accent sur l'intérieur du restaurant.

Un concept de design peut être simple ou recherché selon l'envergure et la complexité du projet, mais il doit être concis et définir l'orientation générale du design. En général, un bon énoncé compte de une à quatre phrases. Comme les concepts de programmation, les concepts de design doivent être revus avec le client avant le début de la planification de l'espace et du choix des matériaux.

2 La répartition de l'espace

Quelle que soit la complexité du projet, il faut utiliser une méthode logique pour élaborer un plan d'aménagement qui répond aux besoins du client et correspond au concept de design. Les principales étapes de ce processus sont décrites plus bas. D'autres questions relatives au design sont abordées dans la section suivante.

(A) Les conditions existantes

Comme le designer d'intérieur élabore toujours son plan dans le contexte d'un espace architectural existant (ou d'un espace déjà conçu mais pas encore construit), un grand nombre de décisions initiales de planification sont basées sur les conditions existantes. Ces conditions sont déterminées au moment de l'étude sur le site et consignées dans les plans, élévations et autres dessins. Des photos peuvent également servir à documenter les vues et l'éclairage existants ainsi que l'état des matériaux et des finitions pouvant être réutilisés. Si le bâtiment en est encore à l'étape de la planification ou si des dessins sont disponibles, vous pouvez obtenir des exemplaires des plans de l'architecte. Il se peut, toutefois, que les plans d'étage initiaux n'indiquent pas certains renseignements dont vous aurez besoin pour le design, notamment la finition des murs, l'équipement ajouté par l'ancien propriétaire ou le type de quincaillerie. Si aucun plan d'étage n'est disponible à l'échelle que vous utilisez, il faut alors dessiner un plan de l'existant en prévision de la planification et de la préparation du dossier de projet.

Le plan d'un projet de design d'intérieur peut être influencé par différents aspects des conditions existantes, qui sont décrits brièvement ci-dessous. Bien entendu, dans certains projets, seulement quelques-uns de ces aspects s'appliquent.

Relation avec les espaces environnants. L'espace environnant inclut les éléments extérieurs tels que les portes d'entrée de l'immeuble et les carrefours de circulation intérieurs tels que les escaliers et les corridors. Il est évident que la réception d'un bureau doit être située près de l'entrée principale ou du hall des ascenseurs. Dans un salon, l'ameublement principal sera regroupé près d'un point d'intérêt comme la cheminée. Dans les immeubles commerciaux, l'emplacement des issues est l'un des principaux éléments qui orientent l'aménagement des corridors et des pièces de grande superficie.

Dimensions des espaces existants. Les dimensions des espaces existants influencent également les décisions de planification. Il se peut qu'il n'y ait pas suffisamment de place pour les plus grands espaces planifiés dans certaines parties des locaux existants. Il faut alors en choisir l'emplacement en fonction des grandes surfaces libres. Si la hauteur des plafonds est importante, comme dans le cas d'un complexe sportif et d'un auditorium, cela influencera aussi la planification.

Vues. Les vues sont aussi importantes dans les projets résidentiels que dans les projets commerciaux. Il faut utiliser pleinement les vues agréables et masquer les vues moins intéressantes ou les atténuer à l'aide d'habillages de fenêtre. Il est aussi possible de planifier l'espace de telle sorte que les pièces où la vue est moins importante soient situées près des fenêtres donnant sur une vue moins agréable. Dans les projets commerciaux, il faut également prévoir quels espaces seront placés près des murs extérieurs. Les grandes lignes qui orientent ces décisions sont établies au cours de la programmation du projet. Dans certains cas, les bureaux comportant des fenêtres sont attribués en fonction de la hiérarchie dans l'entreprise. Dans d'autres cas, les fenêtres font partie des espaces communs et des espaces de travail à aire ouverte afin que tous puissent en bénéficier.

Caractéristiques spéciales. Les immeubles anciens comme les nouvelles constructions possèdent souvent des caractéristiques uniques dont le designer d'intérieur peut tirer parti dans ses plans. Certains édifices anciens, par exemple, comportent des boiseries ornementales ou des plafonds en voûte qui peuvent être mis en évidence dans les espaces principaux. L'emplacement de ces espaces dicterait à son tour celui des espaces secondaires. Dans les immeubles neufs, on peut déterminer l'emplacement de certaines pièces par rapport aux atriums et aux grands corridors publics.

Éléments de structure. L'emplacement des piliers et des murs porteurs constitue souvent l'un des facteurs existants les plus contraignants pour le designer d'intérieur. En effet, les piliers ne peuvent pas être déplacés et les murs porteurs ne peuvent être percés ou retirés partiellement qu'après examen par un ingénieur en structure et moyennant des coûts considérables. Les éléments de structure existants peuvent avoir un effet sur la distance entre les pièces, sur la position des nouvelles cloisons ou sur l'emplacement des grands espaces. Il est parfois possible de faire coïncider les nouvelles cloisons avec l'emplacement des piliers afin que ceux-ci ne rompent pas l'espace intérieur d'une pièce. Lorsqu'une pièce est plus grande que l'espacement entre les piliers, il faut la centrer par rapport aux piliers afin que ceux-ci se trouvent à égale distance de chaque côté de la pièce. Dans les projets de bureaux à aire ouverte ou de salles à manger de restaurant, on peut planifier de placer des meubles ou des aires de service telles que rangements ou pièces d'entreposage autour des piliers, ou alors on peut utiliser des cloisons mobiles pour atténuer leur impact.

La capacité portante des planchers d'un immeuble peut également avoir une influence sur la planification de l'espace. Si on prévoit des charges importantes telles que rayonnages de bibliothèque, classeurs nombreux ou équipement lourd, il faut demander à un ingénieur en structure d'examiner la situation. Certaines parties d'un immeuble ont parfois une plus grande capacité portante que d'autres. Dans certains cas, les structures existantes doivent être renforcées.

Plomberie. Pour diminuer les coûts et simplifier les travaux de construction, il est souhaitable que les cuisines, les éviers de bar, les toilettes et autres espaces exigeant un approvisionnement en eau et un système de drainage soient situés près de la plomberie existante. Dans les projets résidentiels, les installations de plomberie existantes peuvent être facilement repérées d'après l'emplacement des toilettes et des cuisines ou par l'inspection du sous-sol ou du vide sanitaire. Dans les projets commerciaux, il faut parfois étudier les plans d'architecte pour repérer les installations de plomberie. Dans les immeubles en hauteur, la plomberie est située dans des colonnes à proximité du noyau de service de l'immeuble, près des toilettes. Il arrive aussi que des colonnes de plomberie soient déjà aménagées. Il s'agit de colonnes structurales placées à distance du noyau de service, mais proches du réseau de distribution interne du bâtiment de manière à faciliter les travaux des locataires.

(B) Les concepts d'organisation spatiale

Une fois que les conditions existantes ayant un effet sur le design ont été recensées et consignées, il faut déterminer à quelles fins l'espace sera utilisé. En plus des contraintes existantes, les exigences de proximité et les dimensions relatives des différentes pièces et zones déterminent en grande partie l'organisation du plan. Toutefois, même lorsque toutes les exigences objectives sont connues, il reste que le même espace architectural peut être aménagé de bien des façons. L'une des tâches du designer d'intérieur consiste à élaborer différents concepts d'organisation spatiale qui répondent aux besoins du client, puis de les mettre en relation avec les critères propres au projet afin de choisir celui qui sera développé.

Dans une aire ouverte (sans contrainte de murs ou d'autres éléments fixes), quatre concepts d'organisation spatiale (et leurs variantes) peuvent servir à amorcer le travail de planification de l'espace. Ils sont illustrés à la figure 5.1 : il s'agit des concepts d'organisation linéaire, axial, en grille et à point central. Ces notions générales peuvent être appliquées à la planification de grands espaces ou de pièces individuelles.

Dans l'organisation linéaire, les espaces ou les pièces sont alignés les uns à la suite des autres. Ces espaces peuvent être identiques ou avoir des dimensions et des formes différentes, mais ils sont toujours disposés en relation avec une ligne, habituellement un corridor ou un axe de circulation. L'organisation linéaire offre beaucoup de flexibilité : elle peut être droite ou décrire une courbe. Elle peut être étendue facilement et planifiée selon une configuration modulaire. Ainsi, l'aménagement habituel des espaces de bureaux, avec des pièces disposées de part et d'autre d'un corridor faisant le tour du cœur de l'immeuble, est en fait une variante de l'organisation linéaire.

L'organisation axiale comprend deux grands segments linéaires ou plus autour desquels sont répartis les espaces ou les pièces. Des passages secondaires peuvent se greffer aux axes principaux et les grands segments linéaires peuvent être perpendiculaires ou se croiser d'une autre façon. Les plans axiaux comportent habituellement une délimitation en un ou plusieurs points de l'axe, ou alors l'axe constitue en soi un élément de design important.

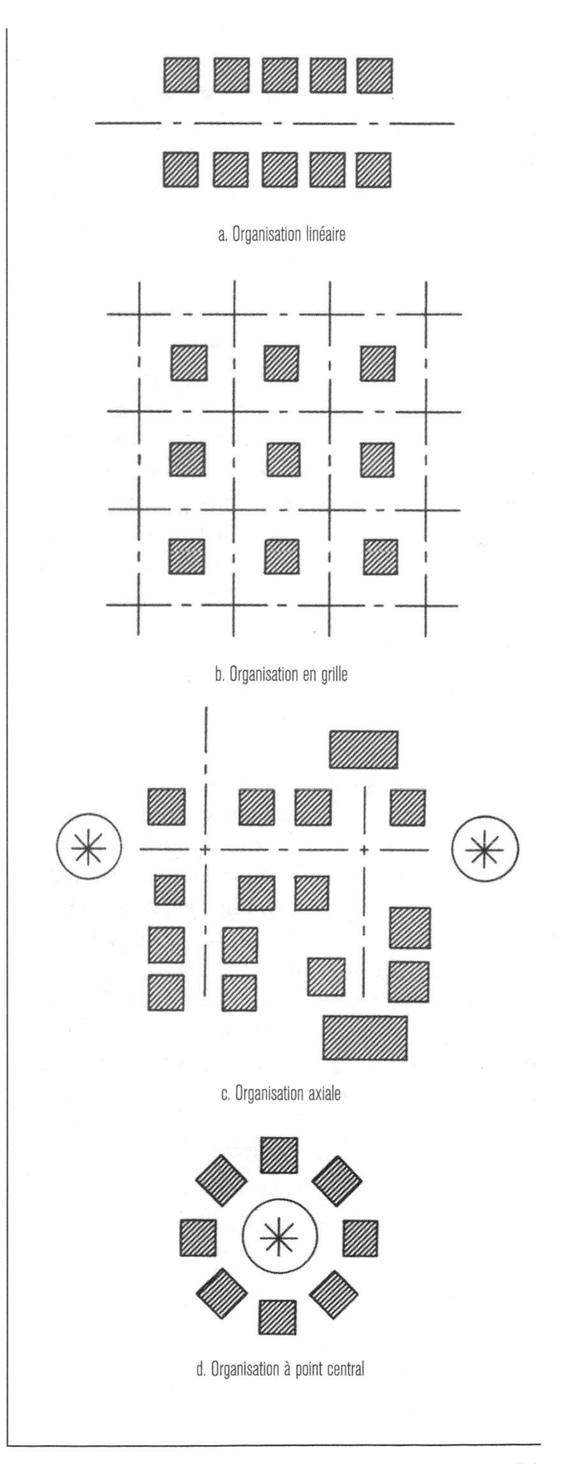

5.1
Concepts d'organisation spatiale

L'organisation spatiale en grille se présente comme un damier dont les éléments peuvent être situés à intervalles réguliers et placés perpendiculairement, ou espacés de façon irrégulière et placés en quinconce, selon les contraintes de l'espace architectural. Dans une grille, il est possible de soustraire des parties, d'en ajouter et d'en modifier. On peut aussi modifier les dimensions de la grille pour varier la superficie des espaces ou pour délimiter des zones particulières. Une telle organisation peut toutefois devenir monotone ou déroutante si elle n'est pas utilisée adéquatement. Comme la grille est souvent définie par les axes de circulation, elle convient particulièrement aux très grands espaces ou aux immeubles où la circulation est intense. Les postes de travail à aire ouverte et les tables dans un restaurant sont souvent disposés selon un concept d'organisation spatiale en grille.

Dans une organisation à point central, des éléments secondaires s'articulent autour d'un espace ou d'un point principal. Il s'agit d'un mode d'aménagement spatial très structuré qui met l'accent sur l'espace central. Le hall d'entrée d'un hôtel constitue un bon exemple de ce concept d'organisation de l'espace.

Enfin, lorsque plusieurs configurations linéaires partent d'un point central, on parle d'organisation radiale. Les plans radiaux comportent un point central, mais leurs éléments se ramifient pour rejoindre d'autres espaces ou d'autres pièces. Les plans radiaux peuvent être circulaires ou avoir d'autres formes.

Ⓒ Les schémas de circulation

Il est essentiel de savoir élaborer un plan de circulation direct et efficace pour réussir la partie pratique de l'examen du NCIDQ. Vous devez démontrer que vous savez aménager l'espace adéquatement, que vous pouvez utiliser les axes de circulation pour répondre aux exigences de proximité, et vous devez prévoir une disposition et des largeurs conformes aux exigences réglementaires en matière de conception sans obstacle et d'évacuation.

L'une des erreurs les plus fréquentes au moment de la planification de l'espace est de disposer les pièces et les espaces en fonction des exigences de proximité et de les relier après coup. Il en résulte, au mieux, un enchevêtrement de passages et de corridors mal situés qui nuisent à l'efficacité de l'aménagement et, au pire, des corridors à une seule voie d'issue et d'autres problèmes d'évacuation.

Les schémas de circulation constituent l'un des principaux critères d'aménagement d'une pièce, d'une aire ouverte, voire de l'ensemble d'un projet de design d'intérieur. Ils sont essentiels à l'organisation adéquate de l'espace et représentent pour les utilisateurs la principale façon de s'orienter dans un environnement.

Dans un projet de design, les schémas de circulation sont étroitement liés aux concepts d'organisation spatiale, sans que ces deux aspects se confondent. Ainsi, un axe de circulation important peut traverser en diagonale un plan en grille, comme dans la figure 5.2. Les circulations sont normalement organisées selon un ordre hiérarchique. Les axes principaux relient les pièces ou les espaces principaux ou constituent des espaces en soi et se ramifient en axes secondaires. Il est important de prévoir des axes de circulation de différentes dimensions et de divers types pour tenir compte des différents usages et orienter les utilisateurs.

Tous les axes de circulation sont linéaires par définition, mais il existe quelques variantes courantes, dont certaines correspondent aux concepts d'organisation spatiale présentés dans la section précédente. Étant donné l'importance des axes de circulation dans la planification de l'espace, vous avez intérêt à vous représenter mentalement les différents schémas de circulation ainsi que leurs avantages et leurs inconvénients avant de vous présenter à l'examen. Les figures 5.3 à 5.5 illustrent les trois schémas de base qui peuvent s'appliquer aussi bien à la disposition des meubles dans une pièce qu'à l'aménagement d'espaces dans un grand projet.

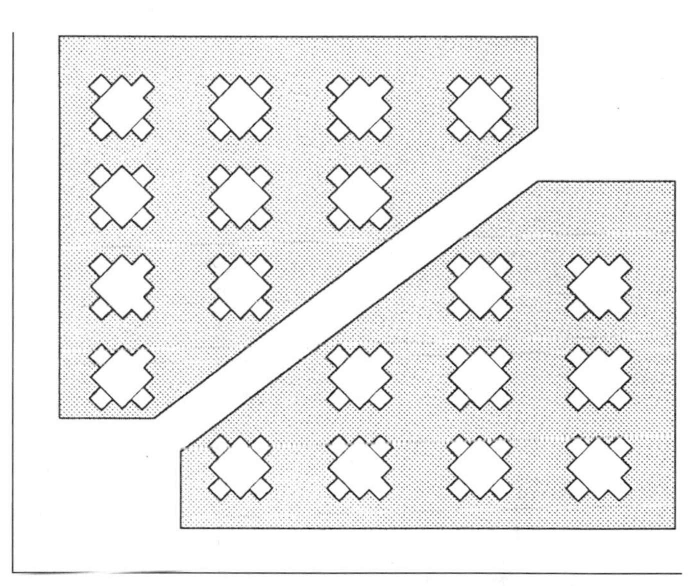

5.2
Concepts d'organisation spatiale et schémas de circulation juxtaposés

Le schéma linéaire illustré à la figure 5.3 (a) est le plus simple et l'un des plus souples. Les espaces sont répartis de part et d'autre d'un axe qui relie deux éléments majeurs situés à chacune de ses extrémités, habituellement l'entrée à un bout et la sortie à l'autre. L'entrée principale peut toutefois se trouver à n'importe quel point de l'axe. Les espaces sont placés de part et d'autre du corridor selon les besoins. L'axe peut s'étendre en ligne droite; il peut aussi décrire un angle ou une courbe selon la configuration du bâtiment. La disposition typique, comportant des pièces situées de part et d'autre d'un couloir, permet une utilisation efficace de l'espace. Les figures 5.3 (b) et 5.3 (c) présentent deux schémas linéaires pour des pièces de même superficie, le premier (b) est inefficace et le deuxième (c) est efficace.

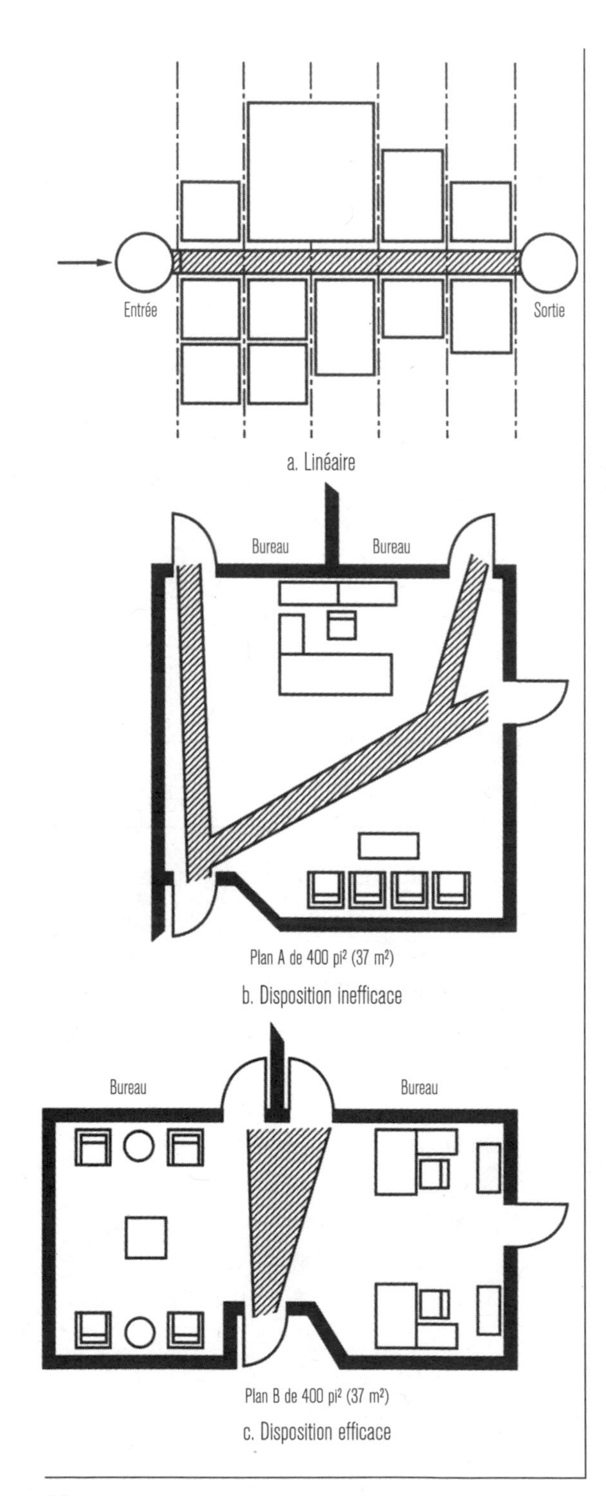

5.3
Schémas de circulation

La figure 5.4 montre une configuration en boucle, autour d'un noyau central. Cet aménagement est également très efficace puisqu'il comprend un corridor desservant des pièces situées de part et d'autre et procure automatiquement une voie d'évacuation continue offrant deux issues, comme certains codes du bâtiment l'exigent. Les entrées, les portes et les sorties peuvent être placées n'importe où le long de l'axe ou du corridor. Ce schéma s'applique uniquement à de grands ensembles parce que les axes de circulation ne doivent représenter qu'un faible pourcentage de la superficie utilisable.

Le schéma radial présenté à la figure 5.5 s'articule autour d'un espace principal d'où partent des axes de circulation. On utilise habituellement cette configuration lorsqu'un espace principal sert de carrefour, comme dans le hall d'un hôtel. Une maison bien conçue, où le hall d'entrée est le noyau à partir duquel rayonnent tous les axes de circulation, offre un autre exemple de plan radial. Étant donné que le code du bâtiment exige que, dans les bâtiments commerciaux, au moins deux voies mènent à chaque issue, les extrémités des axes linéaires rayonnant à partir de l'espace central doivent mener à une issue ou revenir en boucle vers cet espace. Dans certains cas, toutefois, le code du bâtiment autorise les corridors sans issue de 20′ (6096) ou moins.

Ⓓ La disposition du mobilier

La disposition du mobilier est tout simplement un exercice de planification de l'espace, mais à échelle réduite. Avant de commencer, il faut toutefois avoir une bonne idée de la pièce ou de l'espace où les meubles seront placés. Il faut notamment déterminer où sont situés les éléments fixes tels que fenêtres et éléments de structure, et planifier le reste de manière à se donner toute la flexibilité voulue. Si, par exemple, on peut placer une porte à n'importe quel endroit dans une nouvelle cloison, on choisira son emplacement de façon qu'elle ne nuise pas à la circulation dans une zone prévue pour un groupe de meubles. Le meilleur moyen d'éviter des problèmes est de considérer ces groupes de meubles comme des « pièces » et les espaces entre eux comme des axes de circulation, en utilisant les concepts d'organisation spatiale et les schémas de circulation décrits dans les deux sections précédentes.

Qu'il s'agisse d'un projet résidentiel ou commercial, la disposition de presque tous les meubles se planifie en fonction d'un ensemble. Dans une chambre, par exemple, on doit disposer un lit, des tables de nuit et des commodes, tandis qu'un poste de travail comprend un bureau, une surface pour l'écran d'ordinateur, une chaise et éventuellement un classeur ou un bahut. Cet ensemble crée un module de planification qui comporte trois composantes : les meubles, l'espace qui les entoure et les points d'accès à l'ensemble. En envisageant ainsi les groupes de meubles, il est plus facile de procéder à une planification efficace.

Il faut en premier lieu connaître le type et le nombre de meubles. La fonction des groupes de meubles et, souvent, la liste des différents éléments de mobilier ont évidemment été établies au préalable. Si le programme ne précise que la fonction des meubles, par exemple « groupe de sièges » pour un salon, il faut faire des hypothèses sur le nombre exact de personnes à asseoir, le type de meuble (fauteuils ou canapés, par exemple) et d'autres éléments comme les tables d'appoint et les lampes. Si des meubles existants sont réutilisés, il faut les mesurer pour déterminer l'espace à prévoir. Si de nouveaux meubles doivent être achetés, il faut utiliser des dimensions approximatives pour chacun à l'étape de la planification.

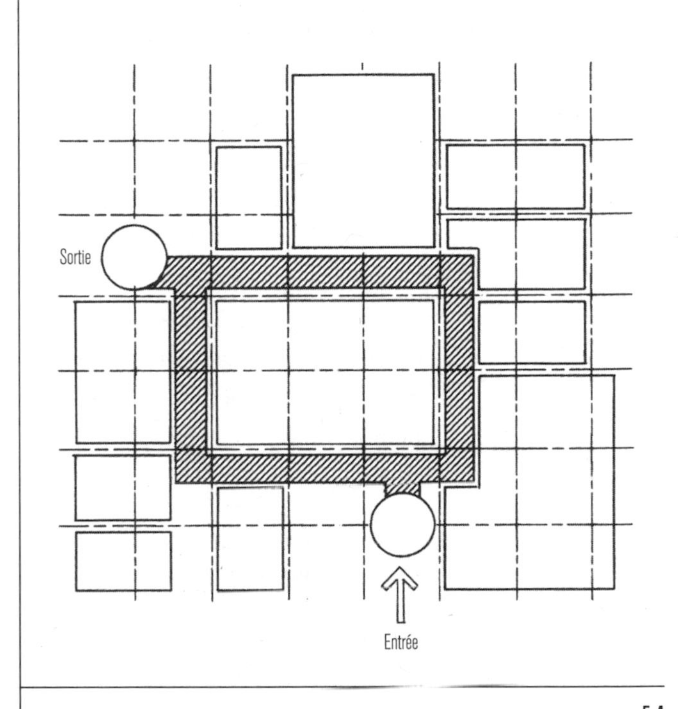

5.4
Schéma de circulation en boucle

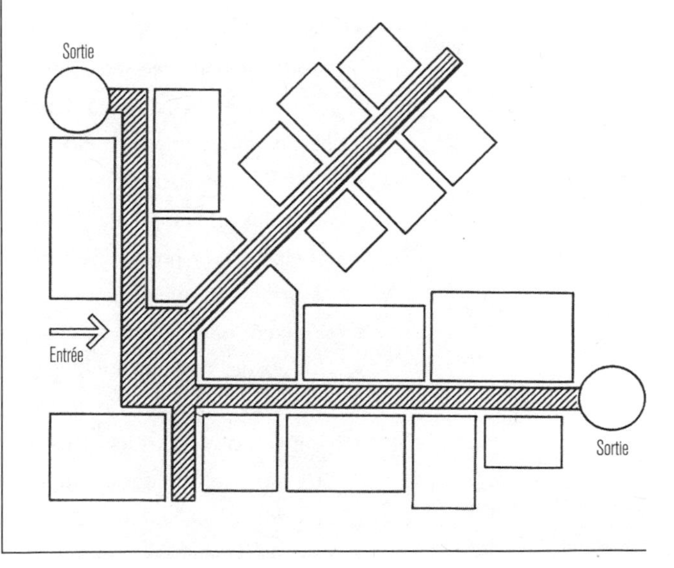

5.5
Schéma de circulation radial

Le deuxième aspect à prendre en considération est l'espace entre les meubles et leur orientation les uns par rapport aux autres. À titre d'exemple, l'espace compris entre un bureau et un bahut placé derrière l'utilisateur doit être de 3′-6″ à 5′ (1050 à 1500) pour qu'il y ait assez de place pour une chaise et que l'accès aux tiroirs soit facile. Dans un ensemble de sièges bien planifié, les fauteuils et les canapés sont disposés à une distance d'environ 4′ à 10′ (1200 à 3000) pour faciliter les échanges. Les connaissances acquises au chapitre 3 sur les dimensions et les facteurs humains sont utiles pour déterminer l'espace entre les meubles et leur orientation.

Enfin, l'accès au groupe de meubles et sa relation avec les autres éléments présents dans la pièce constituent le dernier volet. Prenons l'exemple d'une table de salle à manger placée dans une pièce comportant trois portes. Si la table est placée au centre de la pièce, il faut laisser plus d'espace autour pour la circulation que si elle est placée à l'une des extrémités, auquel cas il suffit de prévoir l'espace nécessaire entre la table et les murs pour permettre aux convives de s'asseoir confortablement.

Ⓔ Les exigences du code du bâtiment

Les exigences du code du bâtiment concernant les sorties, les portes et les corridors influencent la planification initiale de l'espace. Ces exigences sont expliquées en détail au chapitre 17, mais les principes directeurs suivants en résument les grandes lignes. Dans la partie pratique de l'examen, l'énoncé du problème précise généralement les principales exigences réglementaires à respecter, mais vous pouvez aussi utiliser la liste de contrôle qui suit comme point de départ.

- Vérifiez le nombre d'issues pour chaque pièce et pour tout l'espace. Il faut habituellement une seule porte de sortie pour les petites pièces et les espaces qui ne sont pas des lieux de réunion. Les espaces qui accueillent un très grand nombre de personnes comme les auditoriums et les grandes classes doivent comporter deux issues.
- S'il faut deux issues, elles doivent être séparées par une distance correspondant au moins à la moitié de la diagonale de la pièce ou de l'espace visé. Reportez-vous au chapitre 17 pour en savoir davantage sur cette exigence.
- Assurez-vous que les portes de sortie ont au moins 3′ (914) de largeur et qu'elles s'ouvrent dans le sens de l'issue.
- Utilisez des corridors de largeur convenable. En général, le minimum requis est de 36″ (914) pour les immeubles résidentiels et de 44″ (1118) pour les bâtiments commerciaux. Dans les écoles et certains autres bâtiments, les corridors doivent parfois être encore plus larges. Dans la plupart des cas, il est préférable de prévoir des corridors de 48″ à 60″ (1200 à 1800) de largeur, qui conviennent à un usage normal.
- Essayez d'éviter les corridors à une seule voie d'issue, même si le code autorise ceux d'une longueur inférieure à 20′ (6096).

- Planifiez les corridors de manière efficace, et réduisez-en la longueur totale le plus possible. Reportez-vous au chapitre 17 pour en savoir davantage sur les distances de déplacement maximales.
- Assurez-vous que la largeur des corridors, les angles et les dégagements respectent les exigences d'accessibilité pour les personnes à mobilité réduite. Elles comprennent notamment l'espace à prévoir devant et de chaque côté des portes. Reportez-vous au chapitre 19 pour en savoir davantage sur les exigences relatives à l'accès universel.

3 CONSIDÉRATIONS DE DESIGN

Dans la partie pratique de l'examen, en plus d'organiser des espaces donnés sur un plan d'étage en prévoyant un schéma de circulation efficace, vous devez vous assurer que les exigences de proximité sont respectées, vous devez établir la distinction entre espaces publics et espaces privés, et vous devez prévoir des aires ouvertes et des espaces clos en fonction des besoins qui sont formulés dans le programme ou qui peuvent en être logiquement déduits.

Ⓐ Respect des exigences de proximité

Le respect des critères de proximité énoncés à l'étape de la programmation constitue l'une des principales exigences de la planification de l'espace. Les diagrammes à bulles et les matrices de proximité précisent les critères de proximité, soit obligatoire, souhaitable ou secondaire. Si on indique une proximité obligatoire, les pièces ou les espaces devront être placés les uns à côté des autres. Si la proximité est simplement souhaitable, les pièces peuvent être reliées entre elles par des corridors.

À l'étape de la planification, on peut traduire l'information contenue dans les diagrammes à bulles sous forme de carrés et de rectangles représentant les pièces et les espaces; on trace ces formes à l'échelle en maintenant le plus de traits de proximité possible. Ce schéma peut ensuite être superposé au plan d'étage de base et servir de point de départ pour établir l'emplacement des cloisons et des autres divisions de l'espace.

Ⓑ Zones publiques et zones privées

Presque tous les projets de design d'intérieur, sauf s'ils ne portent que sur une seule pièce, comportent une hiérarchie des niveaux d'intimité. À titre d'exemple, le salon d'une résidence peut être considéré comme une zone plus « publique » qu'une chambre à coucher ou une salle de bain. La réception d'une entreprise peut être envisagée comme une zone publique, alors qu'une salle de conférence est semi-privée et que les bureaux individuels sont privés.

Un plan efficace tient compte de ces différents niveaux d'intimité, qui varient selon le type d'usage et la fonction de la pièce. Pour préserver l'intimité, vous pouvez avoir recours à des barrières matérielles comme murs et portes ou à des éléments psychologiques comme la distance, la disposition séquentielle ou tout autre moyen de ce type.

Ⓒ Aires ouvertes et espaces clos

Les divers usages qui seront faits de l'espace dictent également différents niveaux d'ouverture. Ceux-ci peuvent être précisés dans le programme ou déduits à partir du type d'espace et de sa fonction. En général, les aires ouvertes favorisent la communication, améliorent l'apparence des lieux et réduisent les coûts en éliminant certains travaux de construction. Il est possible d'aménager des aires ouvertes à l'aide de cloisons basses, de systèmes de mobilier ou de panneaux autoportants.

❹ Le processus de planification dans l'examen

La partie pratique de l'examen du NCIDQ évalue vos aptitudes en planification de l'espace. Bien que chaque designer d'intérieur ait sa méthode personnelle de planification de l'espace, chacun suit tout de même un processus ordonné, selon une séquence d'étapes similaire. Si vous avez déjà une certaine expérience de la planification, vous constaterez sans doute que votre démarche convient pour l'examen du NCIDQ. La principale difficulté est en fait de répondre à toutes les exigences du problème dans le délai fixé. Pour y arriver, vous devrez absolument gérer votre temps de manière efficace. Les étapes indiquées plus bas constituent une bonne méthode de travail pour cette partie de l'examen.

Ⓐ Lisez attentivement le programme et faites une esquisse

Tout d'abord, lisez attentivement l'énoncé du problème. Il indique les pièces et les espaces devant être aménagés et l'orientation générale du design. Pour les aspects plus complexes, il peut être utile de traduire l'énoncé sous forme graphique. Une façon de procéder est de placer une feuille de papier calque sur le plan de base et de noter de manière schématique les exigences principales du projet. Voir la figure 5.6. Vous pouvez indiquer, par exemple, les points d'accès et les sorties de secours, les caractéristiques spéciales que vous voudrez inclure dans votre design, l'emplacement de la plomberie, les vues que l'on a des fenêtres ou les sources de lumière naturelle, ainsi que les contraintes liées aux éléments fixes. Vous voudrez peut-être aussi faire un diagramme de votre concept de design. Essayez de compléter cette étape en 15 minutes.

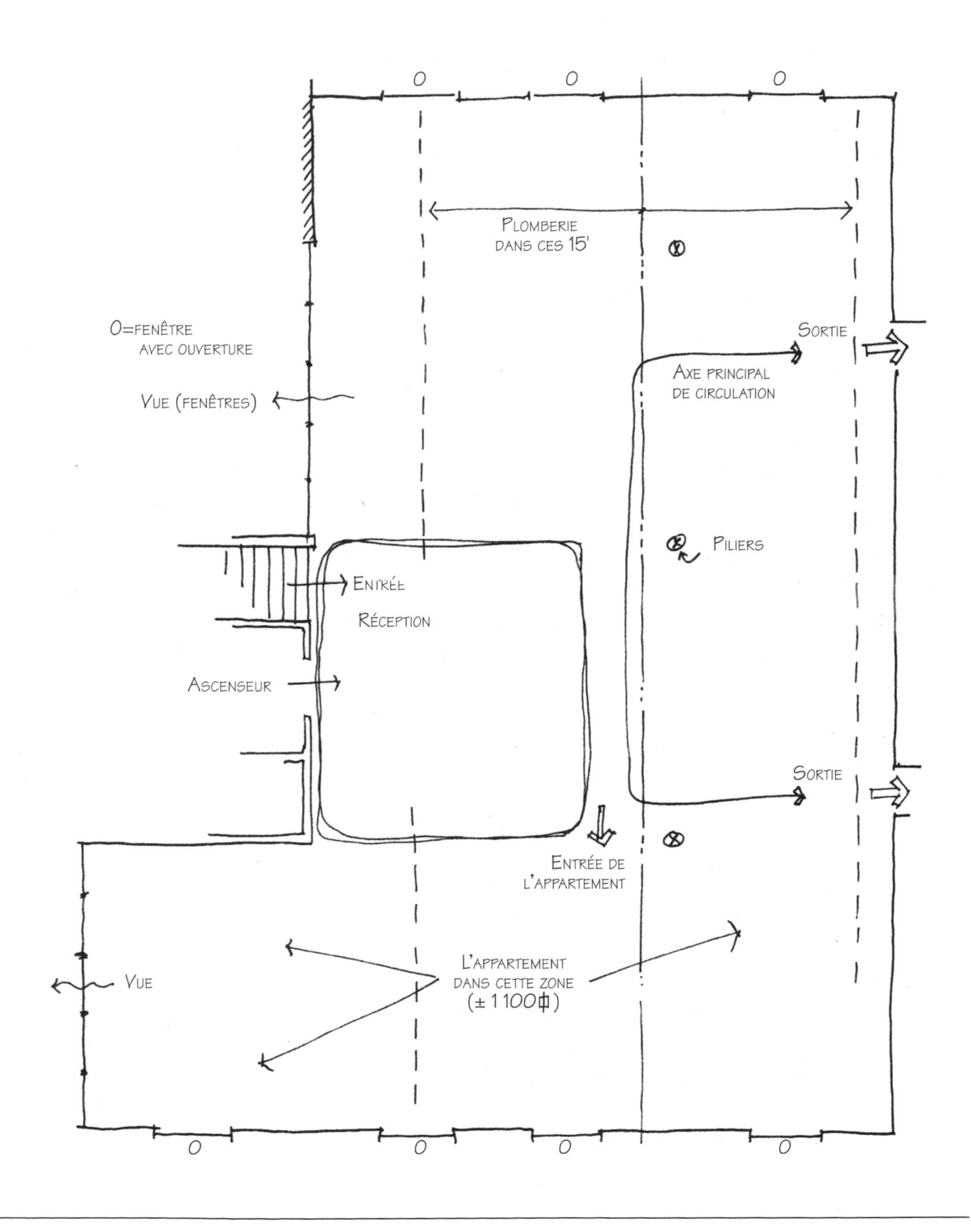

5.6
Esquisse préliminaire

Ⓑ Esquissez les superficies requises

L'énoncé du problème vous indiquera les espaces fonctionnels. Dans certains cas, la superficie en pieds carrés ou en mètres carrés sera indiquée. Dans les cas nécessitant de tracer un plan de la disposition des meubles, les exigences concernant l'ameublement et les accessoires seront précisées et vous devrez regrouper le mobilier de façon à les respecter. À titre d'exemple, l'énoncé du problème peut préciser que le groupe de sièges doit comporter six places, deux tables d'appoint, un porte-magazines et des lampes de table : vous devrez alors les disposer et prévoir suffisamment d'espace pour l'aménagement. Dans certains cas, on vous donnera une liste des meubles et une superficie minimale.

Les données de l'énoncé du problème sont parfois difficiles à visualiser. Pour vous faire rapidement une bonne image mentale, représentez les espaces indiqués dans le programme sous forme de carrés ou de rectangles à l'échelle que vous utiliserez pour le dessin final. Vous pouvez le faire sur une autre feuille de papier calque, ce qui vous donnera une meilleure idée des espaces requis avant de commencer votre planification. Utilisez des unités modulaires simples, faciles à additionner et à multiplier, de 2′ (600), par exemple, pour les petits projets et de 5′ ou 10′ (1500 ou 3000) pour les plus grands projets. Vous pouvez également utiliser les modules délimités par les meneaux de fenêtres. Ainsi, vous gagnerez du temps et vous aurez une meilleure idée des relations spatiales entre les groupes fonctionnels.

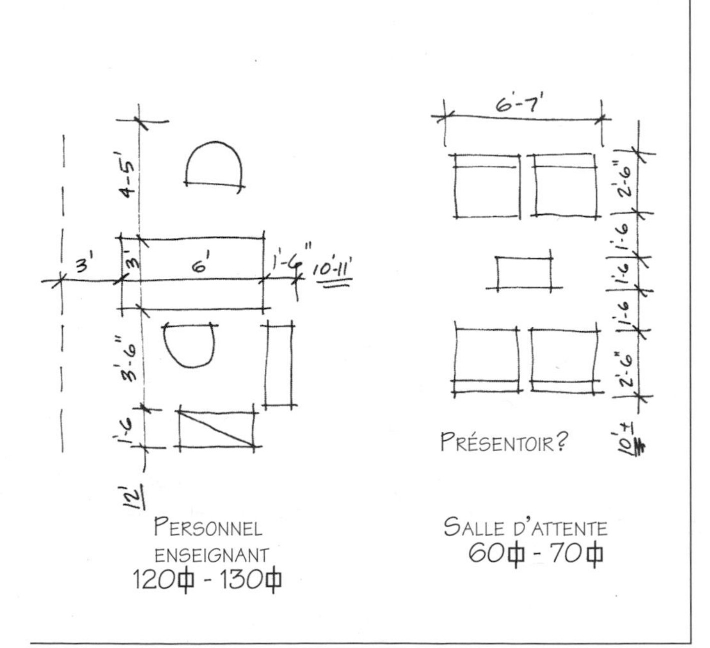

5.7
Esquisses de disposition de mobilier

Si vous devez présenter un plan de la disposition du mobilier, représentez l'espace de manière à délimiter la zone qui pourra loger le mobilier et les accessoires. Il est plus facile de travailler ainsi à partir de blocs à l'étape de la planification préliminaire plutôt que d'avoir à redessiner chaque meuble. Faites votre esquisse de disposition du mobilier à la même échelle que le dessin de base de manière à pouvoir le calquer à l'étape du dessin final. De plus, calculez la superficie de vos blocs afin de pouvoir additionner toutes les superficies prévues et les comparer avec l'espace disponible. La figure 5.7 montre de telles esquisses de blocs de mobilier. Essayez de réaliser cette étape en 15 minutes.

Il peut aussi être utile d'indiquer sur vos esquisses certaines exigences particulières : nombre d'issues ou lien entre la pièce et un élément existant du plan d'étage. Si certains espaces doivent être adjacents ou qu'il semble logique de les regrouper, vous pouvez les traiter comme un bloc. Assurez-vous de prévoir des axes de circulation au besoin.

Vous aurez ainsi sur papier calque des esquisses à l'échelle de chacun des espaces requis. N'oubliez pas que ces dessins ne sont que des esquisses vous permettant d'avoir une meilleure image mentale des espaces. Lorsque vous travaillerez sur le plan d'étage, vous devrez rester assez souple pour pouvoir adapter vos blocs au plan d'architecture. Vous aurez peut-être même à diviser un espace fonctionnel par un corridor, mais ces divisions doivent rester compatibles avec les exigences de proximité associées au groupe fonctionnel le plus important.

Ⓒ Analysez les critères de proximité

À cette étape, vous devez réaliser la matrice de proximité si vous ne l'avez pas déjà fait. Comme vous le constaterez, la matrice n'indique pas tous les espaces. Il vous faudra donc tenir compte des autres exigences de proximité, qu'elles soient formulées clairement dans le programme ou seulement sous-entendues. Vous trouverez peut-être plus facile de traduire la matrice et les autres exigences en un simple diagramme à bulles. La plupart des critères de proximité sont clairs; cette étape ne devrait donc vous prendre que 10 à 15 minutes.

Ⓓ Repérez les issues et comprenez-en l'utilité

Le nombre et l'emplacement des issues seront indiqués sur le plan d'étage qui vous sera remis. L'énoncé du problème précisera de quelle façon vous devez assurer l'accès à ces issues, ainsi que la distance minimale entre les issues lorsque vous les relierez à votre corridor. Dès la première étape, vous devriez tracer une ligne indiquant l'emplacement du corridor. Revoyez rapidement la description du projet afin de vous assurer que vous répondez à toutes les exigences.

Ⓔ Faites vos plans préliminaires

Avant de commencer à planifier, faites une addition rapide des superficies de tous les espaces prévus, multipliez le total par 1,25 pour tenir compte des axes de circulation et comparez la superficie obtenue avec l'espace dont vous disposez. Cette comparaison vous indiquera de quelle manière orienter votre planification et vous permettra de mieux gérer votre temps.

De plus, faites le total de la superficie nécessaire pour la partie résidentielle seulement. Pour certains espaces, des superficies minimales seront indiquées; pour d'autres, vous devrez faire une estimation. À titre d'exemple, un cabinet de toilette résidentiel respectant les normes d'accessibilité pour personnes à mobilité réduite doit avoir une superficie de 70 à 100 pi^2

(6,3 à 9,3 m²) puisqu'il faut prévoir un cercle de manœuvre d'un diamètre de 5'-0" (1525) pour un fauteuil roulant. Pour une cuisine, il est possible d'évaluer rapidement la superficie d'après les appareils et le nombre de pieds linéaires de comptoir. Enfin, vous pouvez calculer la superficie des placards en multipliant une profondeur de 2' par le nombre de pieds linéaires de rangement indiqué dans l'énoncé du problème.

Une fois que vous avez la superficie utilisable requise, ajoutez encore 25 % pour tenir compte des couloirs et de l'épaisseur des murs de la partie résidentielle, de manière à obtenir la superficie totale. Vous pouvez comparer cette superficie approximative avec les espaces figurant sur le plan de base de l'examen. Cette comparaison vous indiquera à quel endroit vous devriez réserver de l'espace pour la partie résidentielle. Vous ne pourrez pas faire passer de corridors de sortie ni aménager d'autres zones dans cet espace.

Il peut être judicieux de réserver cet espace sur l'esquisse préliminaire que vous avez élaborée à la première étape. Comparez les annotations de la figure 5.6 avec la première solution indiquée dans le corrigé de l'examen pratique au chapitre 24 (figure 24.2).

Vous pouvez maintenant commencer à disposer les espaces sur le plan d'étage. Utilisez du papier calque plutôt que la feuille sur laquelle vous tracerez vos dessins définitifs. Vous constaterez que les conditions existantes du plan d'architecture et les exigences du programme (que vous avez notées sur votre esquisse) détermineront l'emplacement de plusieurs pièces et espaces. Par exemple, les pièces qui exigent des installations de plomberie devront être situées près des conduites d'eau ou d'une colonne de plomberie, les fenêtres offrant la meilleure vue et laissant pénétrer la lumière naturelle seront réservées aux espaces principaux plutôt qu'aux espaces secondaires tels les locaux d'entreposage.

Dans votre travail de planification de l'espace, allez du général au particulier. Ainsi, placez d'abord les grandes zones aux endroits appropriés avant de penser aux espaces secondaires ou aux groupes de meubles. Vous pourrez ainsi esquisser plusieurs solutions de rechange et les évaluer à mesure que vous avancez. À cette étape, vous devez tenir compte des concepts d'organisation spatiale et des schémas de circulation abordés dans le présent chapitre. Si vous avez un axe de circulation simple et direct et un concept d'organisation spatiale rationnel, votre planification de l'espace devrait convenir et vos plans de disposition du mobilier devraient s'y insérer facilement.

Il est important, dès cette étape, d'avoir un bon schéma de circulation, car il vous aidera à aménager les autres espaces et à répondre aux exigences d'évacuation et aux normes d'accessibilité. Essayez de consacrer un maximum de 30 minutes à l'emplacement des entrées et des issues, à l'organisation préliminaire des divers espaces et aux schémas de circulation. Ce délai est très court, même pour un problème de moyenne envergure, mais vous devez travailler rapidement si vous voulez avoir suffisamment de temps pour dessiner le plan d'étage final.

(F) Confrontez votre aménagement aux exigences du problème

Une fois que vous aurez esquissé un plan qui semble convenir, prenez quelques minutes pour l'évaluer en fonction des critères qu'utilisent les correcteurs.

- Ai-je indiqué tous les espaces demandés sur mon plan, avec les bonnes superficies ?
- Ai-je prévu toutes les entrées et issues nécessaires conformément aux exigences réglementaires ?
- Ai-je établi les dimensions des corridors conformément aux exigences réglementaires ?
- Ai-je prévu assez d'espace dans les corridors et les zones d'activité pour satisfaire aux normes d'accessibilité pour personnes à mobilité réduite ?
- Mon plan respecte-t-il tous les critères de proximité ?
- Les axes de circulation principaux et secondaires sont-ils directs et efficaces ?
- Ai-je placé les espaces exigeant des installations de plomberie à la distance voulue des colonnes de plomberie et des conduites d'eau ?
- Les pièces sont-elles fonctionnelles ?

(G) Dessinez votre plan final

Une fois que vous avez un plan préliminaire satisfaisant, vous pouvez le peaufiner et commencer à dessiner votre plan d'étage définitif sur la feuille fournie à cet effet. Apportez à votre esquisse toutes les modifications nécessaires pour pouvoir répondre positivement aux questions indiquées plus haut. Vous pourrez faire un dessin aux instruments ou à main levée, selon ce qui est le plus simple et le plus rapide pour vous. Il est important de se rappeler qu'aucun point supplémentaire n'est accordé pour un plan dessiné à la perfection, et qu'aucun point n'est enlevé pour un dessin sommaire. L'important est de bien faire comprendre vos intentions au niveau du design et de montrer que vous avez satisfait à toutes les exigences du problème. Il suffit que votre dessin soit lisible.

À cette étape, vous pourrez établir l'emplacement précis des cloisons, des portes, des comptoirs, des appareils sanitaires, des appareils de cuisine et des autres éléments précisés dans le programme. Avant de déterminer l'emplacement définitif des portes, assurez-vous que l'aire de manœuvre est suffisante du côté loquet pour les portes tirées et les portes poussées. Voici d'autres éléments dont vous devez tenir compte et qui doivent figurer sur votre plan :

- Assurez-vous que toutes les portes de sortie s'ouvrent dans le sens de l'issue.
- N'oubliez pas de dessiner les barres d'appui exigées dans les salles de bain.
- Dessinez des cercles d'un diamètre de 5'- 0" (1525) aux changements de direction dans les corridors, ainsi que dans les salles de bain.

- Indiquez les armoires du dessus dans la cuisine et dans les autres pièces où cela est nécessaire.
- Indiquez les cloisons dont les types sont décrits sur les dessins de détail (ou ailleurs dans l'énoncé du problème). Assurez-vous d'inclure tous les murs délimitant les pièces exigées, car les caractéristiques peuvent varier de l'une à l'autre. Veillez, en particulier, à employer des panneaux de placoplâtre hydrofuge dans les pièces où les murs risquent d'être mouillés, notamment les salles de bain, et à prévoir des murs isolés pleine hauteur dans les pièces qui doivent être insonorisées. Des cloisons classées résistantes au feu sont aussi nécessaires dans certains cas.
- Faites des annotations si certains éléments ne sont pas clairs sur votre dessin, notamment pour les fours à micro-ondes, les barres d'appui, les constructions au plafond (comme les lanterneaux) et les lave-vaisselle.

QUESTIONS

1. Parmi les quatre postes de travail à aire ouverte présentés ci-dessous, lequel est le plus efficace et le plus approprié pour des réunions fréquentes avec des visiteurs?

1.

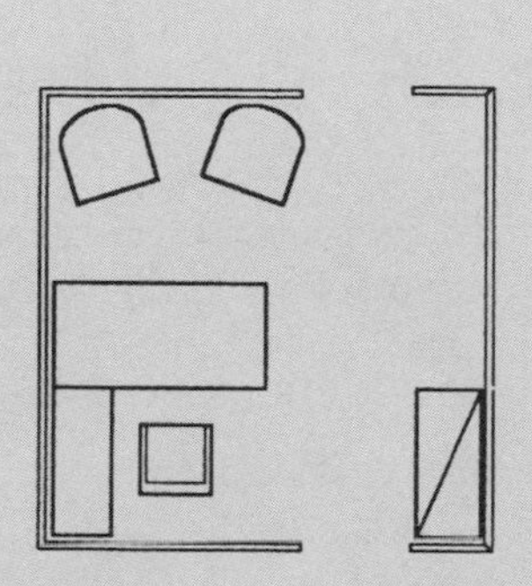

2.

3.

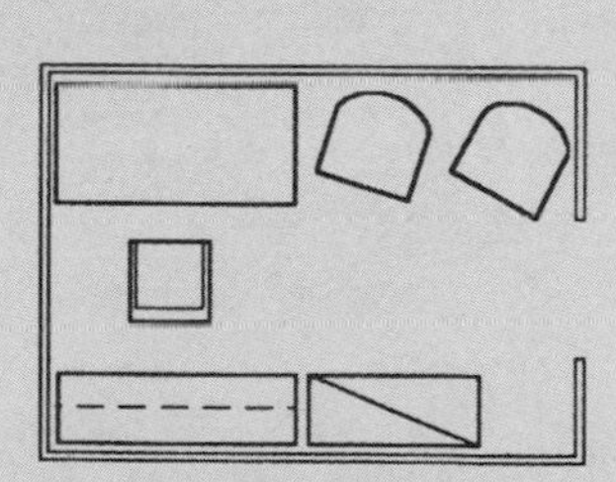

4.

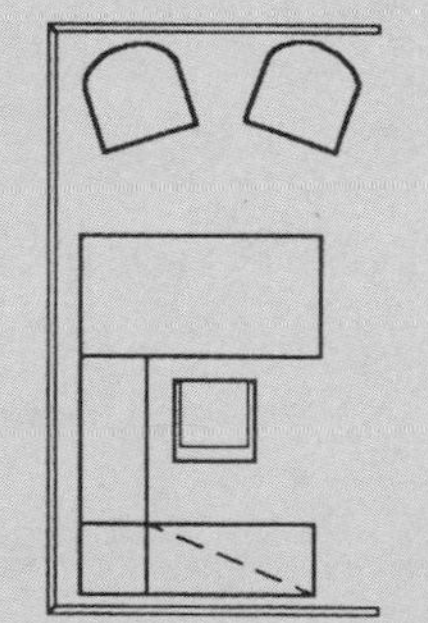

2. Pour calculer une superficie locative ne correspondant qu'à une section d'étage, à partir de quels points les mesures doivent-elles être prises?

   1. De la face intérieure finie de tous les murs mitoyens du côté du locataire
   2. De l'axe des cloisons séparant les locataires les uns des autres et les séparant du corridor public
   3. De la face intérieure finie des murs mitoyens des locataires à l'axe du mur donnant sur le corridor public
   4. De l'axe des murs mitoyens des locataires à la face intérieure finie de la cloison séparant le locataire du corridor public

3. Quel facteur aurait le plus d'influence sur la planification de la salle à manger d'un restaurant dans un bâtiment ancien en cours de rénovation ?

   1. Les piliers et les éléments de structure existants
   2. Les dimensions du bâtiment
   3. L'emplacement de la plomberie
   4. Les boiseries et les luminaires décoratifs existants

4. À quel concept d'organisation spatiale aurait-on recours pour planifier l'intérieur d'un immeuble comprenant un atrium ?

   1. À l'organisation axiale
   2. À l'organisation en grille
   3. À l'organisation radiale
   4. À l'organisation à point central

5. Quel est l'élément le plus important si vous devez déterminer l'espace requis pour un poste d'infirmières dans un hôpital ?

   1. Les dossiers des patients et le nombre de contacts avec les patients
   2. Les surfaces de travail et l'espace de rangement
   3. Les chariots et l'espace nécessaire pour rédiger les rapports
   4. Les exigences en matière d'électricité et l'équipement de communication

6. Parmi les groupes de sièges suivants, lequel serait le plus approprié pour la salle d'attente d'une clinique médicale pouvant accueillir six personnes ?

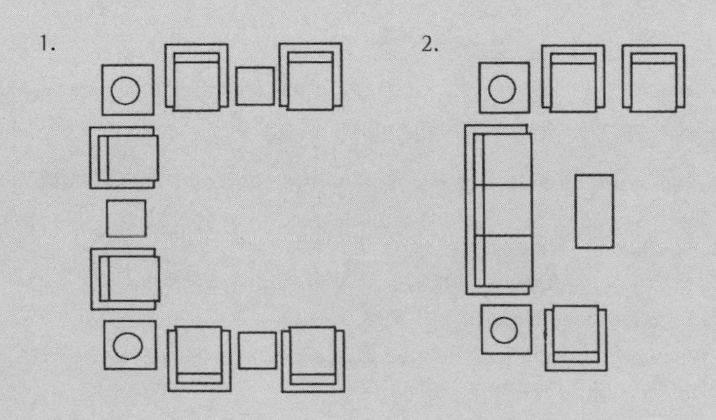

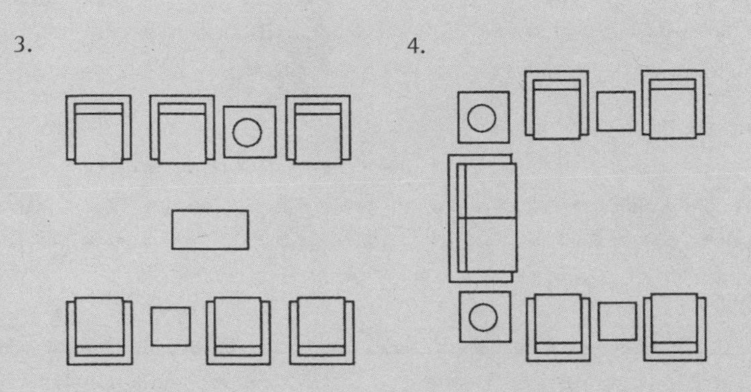

7. Quelle est la tâche la moins importante lors de la planification des corridors d'évacuation?

   1. S'assurer que les corridors à une seule voie d'issue n'ont pas plus de 20′ (6096)
   2. Prévoir au moins deux sorties dans les pièces où cela est exigé
   3. Prévoir une largeur minimale selon le type d'usage
   4. Orienter les corridors vers les issues ou les escaliers réglementaires

8. Le schéma de circulation le plus efficace dans la plupart des cas est...

   1. le schéma radial.
   2. un corridor avec des pièces d'un côté.
   3. un corridor avec des pièces de part et d'autre.
   4. le schéma en grille.

9. L'énoncé d'un concept de design pour un lieu de rencontre autour d'une cheminée dans un pavillon de ski ne préciserait probablement pas...

   1. les dimensions du foyer.
   2. le nombre de groupes de sièges.
   3. le type de matériaux de finition.
   4. le type d'éclairage.

10. Pour lequel des aspects suivants un designer d'intérieur étudiant les conditions existantes d'un bâtiment ancien devrait-il faire appel à un spécialiste ?

    1. Le nombre de diffuseurs d'air
    2. La présence de prises de courant au sol dans une aire ouverte
    3. La présence d'une pression d'eau suffisante pour ajouter un lavabo dans une salle de bain
    4. La possibilité de percer un mur existant pour installer une porte à doubles vantaux

6

Estimation des coûts

L'établissement d'un budget dès les premières étapes de la programmation ou de l'élaboration du design revêt une très grande importance, car le budget guide de nombreuses décisions de design et permet de déterminer la faisabilité même du projet. Une fois le budget établi, le designer d'intérieur doit veiller à le respecter et tenir son client au courant de tout changement qui pourrait modifier les coûts définitifs.

Le budget initial peut être établi de plusieurs façons. Dans la plupart des cas, le client a déjà estimé le montant dont il dispose et fournit simplement ce chiffre au designer d'intérieur. Les entreprises ou les organismes qui entreprennent de nombreux projets de réaménagement ont généralement une idée assez juste des coûts de construction ou de rénovation, et leurs budgets sont habituellement réalistes. Les clients de projets résidentiels ou les personnes qui font appel pour la première fois aux services d'un designer d'intérieur ne savent pas toujours combien cela peut coûter. Il arrive aussi que le budget soit déterminé par le financement public ou la loi. Le budget d'ensemble du projet est alors fixé bien avant le début des travaux et sans que le designer d'intérieur soit consulté. Ce dernier devra néanmoins réaliser le projet en respectant ce budget.

Parfois le client décrit les travaux qu'il souhaite entreprendre et demande au designer d'intérieur de préparer un budget préliminaire. À partir de cette évaluation, le client et le designer peuvent déterminer si le montant prévu est réaliste et, dans le cas contraire, s'il faut accroître le budget ou réduire l'envergure des travaux.

Il y a toujours un lien entre la quantité, la qualité et le budget. Tout changement à l'un de ces trois facteurs affecte les deux autres. Par exemple, si le client dispose d'un budget fixe et doit construire et meubler un espace précis, la qualité des matériaux ou l'étendue des travaux doit correspondre au budget et à l'espace. Si le client désire obtenir un niveau de qualité particulier dans un espace donné, le budget nécessaire doit alors être établi en fonction de ces deux exigences.

1 Facteurs de coût

De nombreux facteurs influent sur le coût total d'un projet. Le budget doit prévoir d'autres coûts que ceux relatifs à la construction et à l'ameublement. Les sections ci-dessous décrivent quelques-uns des coûts à prévoir dans un projet de design d'intérieur. Évidemment, tous ces coûts ne s'appliquent pas à tous les projets.

(A) Coûts de construction

Les coûts de construction sont les sommes nécessaires pour construire ou réaménager l'intérieur et incluent notamment la démolition, les cloisons, les plafonds, l'ébénisterie, les finis ainsi que les travaux de plomberie, d'électricité et de mécanique, c'est-à-dire tout ce qui s'attache à la structure et s'y intègre.

(B) Ameublement, accessoires et équipement

Cette catégorie est très large. Dans la plupart des projets, l'ameublement, les accessoires et l'équipement (AAE) constituent un budget distinct, car le mode de spécification, de même que la marche à suivre pour l'achat et l'installation de ces éléments ne sont pas les mêmes que pour les éléments de construction. Le designer d'intérieur peut acheter lui-même le mobilier et en organiser la livraison et l'installation, ou il peut le faire acheter et installer par un ou plusieurs fournisseurs. Ces éléments sont aussi inscrits séparément dans le budget en raison des diverses remises obtenues par le designer ou le client et des manières différentes d'appliquer les taxes. Souvent, les clients préfèrent également distinguer les sommes destinées à ces éléments des coûts de construction proprement dits.

Parfois, on peut avoir à choisir entre l'inscription d'un élément au budget AAE ou au budget de construction. Par exemple, il peut arriver que le designer d'intérieur spécifie au devis un réfrigérateur et une cuisinière qui seront achetés et installés par l'entrepreneur général et feront donc partie des coûts de construction, alors que, dans un autre cas, le client ou le designer d'intérieur les achèteront et les feront installer après la fin des travaux. Dans le premier cas, l'entrepreneur achète ces appareils au prix de gros et facture au client le prix de détail plus ses frais généraux et son profit tandis que, dans le deuxième cas, le client économise ces frais en s'occupant de la livraison et de l'installation.

Voici quelques-uns des éléments qui font généralement partie du budget AAE :

Ameublement
Appareils électroménagers
Équipement ou mobilier autoporteur tel que distributeurs automatiques et rayonnages
Habillage de fenêtre
Tapis et carpettes
Plantes d'intérieur et cache-pots
Lampes
Œuvres d'art
Accessoires

Ⓒ Frais généraux et profit de l'entrepreneur

Ce poste budgétaire inclut le profit de l'entrepreneur et les frais de son entreprise. Les frais généraux d'un projet de construction se subdivisent en frais généraux d'entreprise et frais généraux de projet. Les frais généraux d'entreprise sont les frais d'exploitation de l'entrepreneur et incluent notamment le loyer de son bureau, le personnel de secrétariat, les services tels l'électricité, le téléphone, etc., et d'autres frais récurrents. Les frais généraux de projet correspondent à la somme nécessaire pour mener à bien un projet précis en excluant la main-d'œuvre, les matériaux et l'équipement. Les bureaux temporaires, les téléphones de chantier, l'enlèvement des déchets, les assurances, les permis et les raccordements temporaires aux services publics en sont des exemples. Au total, les frais généraux peuvent varier entre 10 et 20 % des coûts totaux de l'entrepreneur pour la main-d'œuvre, les matériaux et l'équipement.

Le profit est l'un des éléments les plus variables du budget. Il dépend du type de projet, de son envergure, du niveau de risque, du montant que l'entrepreneur souhaite obtenir (ou qu'il croit pouvoir facturer), des conditions générales du marché et, bien entendu, du fait que le projet fasse ou non l'objet d'une soumission ou d'une négociation. Dans un projet de construction, le profit correspond à un pourcentage du coût total de la main-d'œuvre, des matériaux, de l'équipement et des frais généraux nécessaires pour faire le travail. Si le climat économique est extrêmement difficile, il se peut que l'entrepreneur accepte de réduire sa marge de profit pour obtenir un contrat et conserver son personnel. Si le contrat est négocié avec un seul entrepreneur au lieu de plusieurs, le pourcentage de profit est généralement plus élevé. En général, cependant, le profit varie entre 5 et 15 % du coût total d'un projet. Ensemble, les frais généraux et le profit égalent entre 15 et 25 % des coûts de construction, la plupart des projets se situant au bas de cette fourchette dans un marché concurrentiel.

Ⓓ Honoraires professionnels

Les honoraires professionnels incluent les services du designer d'intérieur ainsi que les honoraires versés à d'autres professionnels comme les architectes et les ingénieurs. Ce poste peut également inclure les frais d'experts-conseils (ou de consultants) spéciaux, les frais juridiques et les tests. Si le designer n'a pour toute rémunération qu'une commission sur le mobilier vendu, ce poste ne doit pas figurer au budget à moins que d'autres professionnels participent au projet.

Ⓔ Taxes

Les taxes comprennent la taxe de vente payée à l'achat de mobilier, d'accessoires et d'autres articles et services. Si le designer d'intérieur achète ces articles, il est responsable de percevoir les taxes auprès du client et de les remettre ensuite aux autorités appropriées. Si le client dispose d'un budget fixe pour ces articles, le designer doit déduire les taxes du total pour savoir quel montant peut réellement être affecté à l'achat. Si vous travaillez dans un secteur où des taxes sont perçues sur les services professionnels, celles-ci sont habituellement incluses dans la catégorie des honoraires professionnels, mais elles peuvent aussi figurer au poste des taxes s'il y a lieu de les distinguer. Les taxes sur les matériaux utilisés pour la construction sont payées par l'entrepreneur et ses sous-traitants et font partie du budget total de construction.

Ⓕ Frais de déménagement

Certains clients préfèrent inclure les frais de déménagement dans leur budget total de construction. Ce poste inclut tous les montants relatifs au changement de lieu comme tel ainsi que des éléments comme la réimpression de la papeterie et le temps d'inactivité causé par le déménagement. Les frais de déménagement peuvent être considérables pour les grandes entreprises.

Ⓖ Installation des téléphones et des systèmes informatiques

Comme les téléphones et les systèmes informatiques (ordinateurs, réseaux locaux, etc.) sont achetés séparément et installés par des entreprises spécialisées, les coûts de ces systèmes doivent être distingués du reste. Le plus souvent, le client coordonne ces activités séparément sans faire intervenir le designer d'intérieur. Toutefois, le designer peut avoir besoin de consulter ces fournisseurs pour prévoir l'espace réservé à l'équipement, l'emplacement des prises de courant et des conduits ainsi que les autres services de soutien mécanique et électrique nécessaires.

Ⓗ Imprévus

Il faut toujours ajouter au budget un poste nommé Imprévus (qu'on appelle parfois à tort « contingences » sous l'influence de l'anglais *contingencies*) pour tenir compte des demandes imprévues du client et d'autres facteurs ou changements qui peuvent faire augmenter le coût total du projet. Plus le budget d'un projet est préliminaire, plus le pourcentage calculé pour les imprévus devrait être élevé, car il y a plus d'inconnues au début d'un projet. Normalement, il faut prévoir entre 5 et 10 % du total. On peut calculer les imprévus sur l'ensemble du projet, ou séparer les imprévus pour la construction et ceux pour l'ameublement, les accessoires et l'équipement.

❷ MÉTHODES D'ESTIMATION

Diverses méthodes permettent d'élaborer un budget et d'estimer le coût d'un projet. Comme nous l'avons déjà vu, quand le client dispose d'une somme donnée, le designer d'intérieur doit procéder par soustraction, c'est-à-dire retrancher les honoraires, taxes et autres coûts de ce genre pour déterminer ce qui reste effectivement pour la construction et l'ameublement. Dans d'autres cas, le designer d'intérieur doit déterminer l'envergure du projet avec le client et prévoir le coût des différents éléments pour arriver au budget total.

Quelle que soit la méthode utilisée, la façon d'établir le budget évolue tout au long du projet. En effet, il s'agit d'une activité continue, car le budget est révisé à chaque étape, à mesure que de nouvelles décisions sont prises. Au début d'un projet, on n'en connaît à peu près que l'envergure et la qualité générale. Plus tard, quand les documents de construction sont complétés et que le devis d'ameublement est achevé, il est possible d'effectuer une estimation très précise.

Ⓐ Superficie en pieds carrés

Les budgets établis selon la superficie reposent sur des estimations très préliminaires et sont généralement préparés avant qu'on ait vraiment entamé le travail de design. On multiplie la superficie prévue du projet en pied carrés par un coût donné au pied carré pour établir un budget initial. Les coûts au pied carré peuvent être fondés sur l'expérience du designer d'intérieur ou du client pour des projets similaires, ils peuvent être fournis par des entrepreneurs ou provenir de guides de référence des prix. D'autres coûts, comme les imprévus, sont estimés selon un pourcentage du coût de construction de base. Vous devez savoir si le coût au pied carré que vous utilisez inclut les frais additionnels comme les frais généraux et le profit de l'entrepreneur, les taxes et les autres frais de ce genre.

On peut utiliser d'autres unités de mesure que le pied carré pour certains projets. Par exemple, il existe des coûts approximatifs par chambre d'hôtel, par lit d'hôpital ou pour d'autres unités fonctionnelles similaires. Quelle que soit l'unité utilisée, il est habituellement recommandé de préparer trois budgets : selon un coût faible, moyen et élevé au pied carré ou par unité fonctionnelle. Cela permet au client de mesurer l'ampleur du budget nécessaire.

(B) Estimation paramétrique

À mesure que le design évolue et que le designer d'intérieur ainsi que le client ont une idée plus précise de l'envergure des travaux, le budget peut être raffiné. À ce moment-là, on a souvent recours à la méthode paramétrique, qui consiste à détailler en sous-catégories tous les postes prévus au budget, à déterminer des quantités pour chaque sous-catégorie et à attribuer un coût unitaire à ces quantités. Voir le tableau 6.1.

Par exemple, les revêtements de sol peuvent se subdiviser en moquette, carreaux de vinyle, lames de parquet et ainsi de suite. On multiplie les surfaces par le coût estimatif au pied carré, ce qui permet d'établir le budget total des revêtements de sol. Si le design n'est pas suffisamment avancé pour que le choix des différents revêtements de sol soit arrêté, on peut faire une estimation en utilisant un coût moyen pour l'ensemble de la superficie du projet. On peut procéder de la même façon pour estimer les coûts de l'ameublement. Même s'il n'a pas encore choisi le fabricant et le tissu pour un espace meublé de fauteuils, le designer d'intérieur peut additionner, en fonction de son expérience et de cas semblables, les coûts des divers canapés, fauteuils et tables d'appoint pour arriver à un budget de travail.

Ce type de budget permet d'évaluer le coût de chaque composante du projet et de prendre des décisions concernant la quantité et la qualité de façon à respecter le budget initial. Si les revêtements de sol dépassent le budget, le designer d'intérieur et le client peuvent revoir ensemble l'estimation paramétrique et décider, par exemple, de remplacer une partie des parquets par un revêtement de sol moins coûteux. Le même genre de décisions peut s'appliquer à chacun des paramètres de l'estimation.

Pour chaque poste au budget, on doit utiliser les paramètres courants : prix de revient pour les assemblages et prix unitaire pour certains autres articles. Ainsi, pour une cloison de placoplâtre, on attribue un coût au pied carré ou au pied linéaire (pour une hauteur donnée) équivalent au coût global d'une cloison complète d'un type particulier, plutôt que de calculer des coûts distincts pour chaque composante (montants de bois, panneaux, vis et finition). De cette façon, on peut facilement estimer le coût des cloisons en multipliant les pieds linéaires de cloisons (d'après un plan préliminaire des espaces) par le coût de revient. En revanche, on estime le coût des chaises d'après leur prix unitaire, car il est facile d'en déterminer le nombre.

Budget pour le réaménagement du siège social
Projet n° 330

Poste	Description	Quantité/Unité	Prix unitaire	Montant	Sous-total
100	Démolition				
100.01	Cloisons	3 600 pi²	2,00	7 200	
100.02	Plafonds	3 700 pi²	0,25	925	
100.03	Tapis	3 700 pi²	0,25	925	
100.04	Déplacer entrée	1 unité	7 200,00	7 200	
					16 250
200	Cloisons				
200.01	Pleine hauteur	225 pi lin.	27,00	6 075	
200.02	Partielles	24 pi lin.	21,00	504	
200.03	Partielles en verre	44 pi lin.	100,00	4 400	
200.04	Mobiles	50 pi lin.	175,00	8 750	
200.05	Sèches	124 pi lin.	20,00	2 480	
					22 209
300	Portes/cadres/quincaillerie				
300.01	Entrée	5 ch.	600,00	3 000	
300.02	Intérieures – simples	3 ch.	500,00	1 500	
300.03	Intérieures – paire	2 ch.	900,00	1 800	
300.04	Coulissantes	4 ch.	800,00	3 200	
300.05	Placard – paire	5 ch.	1 000,00	5 000	
					14 500
400	Finis				
400.01	Murs – peinture	(inclus dans coût cloisons)		0	
400.02	Murs – panneaux d'affichage	130 pi²	6,00	780	
400.03	Murs – revêtement mural	1 unité	2 000,00	2 000	

Tableau 6.1
Estimation paramétrique
1ère partie

Poste	Description	Quantité/Unité	Prix unitaire	Montant	Sous-total
400.04	Sol - tapis	450 vg²	22,00	9 900	
400.05	Sol - carreaux de vinyle	140 pi²	1,50	210	
400.06	Sol - carreaux de moquette	1 unité	1 000,00	1 000	
400.07	Plafonds	3 470 pi²	2,25	8 415	
400.08	Habillage de fenêtres	342 pi²	3,25	1 112	
					23 417
500	Ébénisterie				
500.01	Armoires de cuisine	28 pi lin.	350,00	9 800	
500.02	Comptoir et casiers pour salle de courrier	14 pi lin.	400,00	5 600	
500.03	Comptoirs d'alcôve	130 pi lin.	100,0	1 300	
500.04	Armoires murales	86 pi lin.	150,00	12 900	
500.05	Bureau du président	9 pi lin.	250,00	2 250	
500.06	Salle de travail	30 pi lin.	200,00	6 000	
500.07	Présentoirs	21 pi lin.	300,00	6 300	
500.08	Rayonnages	30 pi lin.	50,00	1 500	
500.09	Rayonnages spéciaux	35 pi lin.	300,00	10 500	
					67 850
600	Électricité				
600.01	Éclairage fluorescent	67 ch.	175,00	11 725	
600.02	Projecteurs de plafond	7 ch.	125,00	875	
600.03	Prises murales	36 ch.	150,00	5 400	
600.04	Prise murale réservée	1 ch.	250,00	250	
600.05	Prises au sol	4 ch.	300,00	1 200	
600.06	Prises téléphoniques	9 ch.	100,00	900	
600.07	Réseau d'incendie/système de sécurité	1 unité	10 000,00	10 000	

Tableau 6.1
Estimation paramétrique
2e partie

Poste	Description	Quantité/Unité	Prix unitaire	Montant	Sous-total
600.08	Mise à niveau du panneau de distribution	1 unité	3 500,00	3 500	
600.09	Éclairage d'appoint	47 ch.	100,00	4 700	
600.1	Éclairage des issues	6 ch.	100,00	600	
					39 150
700	Plomberie				
700.01	Évier de cuisine	1 ch.	3 000,00	3 000	
					3 000
800	Chauffage/ventilation/ climatisation				
800.01	Unité additionnelle de toiture	1 unité	5 000,00	5 000	
800.02	Distribution secondaire	1 unité	3 000,00	3 000	
800.03	Contrôles	1 unité	500,00	1 000	
					9 000
900	Équipement				
900.01	Réfrigérateur	1 ch.	600,00	1 000	
900.02	Four micro ondes	1 ch.	400,00	400	
900.03	Broyeurs à déchets	1 ch.	300,00	300	
900.04	Distributeur d'eau chaude (insta-hot)	1 ch.	300,00	300	
900.05	Lave-vaisselle	1 ch.	400,00	500	
900.06	Écran de projection/ moteur	1 ch.	1 600,00	1 600	
					4 100
Sous-total					199 476 $
10 % pour imprévus					19 948 $
10 % pour frais généraux et profit de l'entrepreneur					21 942 $
TOTAL					241 366 $

Tableau 6.1
Estimation paramétrique
3e partie

© Devis quantitatif

Le budget le plus précis est établi en multipliant les quantités réelles de matériaux et de meubles par les prix fermes obtenus des fournisseurs. Une telle estimation ne peut se faire qu'une fois qu'est entamé le travail de design et que les documents de construction sont finalisés. À cette étape, le designer d'intérieur et l'entrepreneur général se divisent la tâche de réviser le budget pour arriver à des chiffres plus précis.

Pour les coûts de l'ameublement, le designer d'intérieur prépare une liste de tous les meubles et éléments de mobilier nécessaires ainsi que des autres articles inscrits au devis tels qu'habillages de fenêtres, accessoires, œuvres d'art, etc. Il connaît les fabricants et numéros de modèle précis de même que les couleurs et les tissus sélectionnés, les remises applicables, les frais de livraison et les taxes exigibles. Pour les petits projets, le mobilier peut être fourni par le designer d'intérieur, mais pour les grands projets commerciaux, il est souvent acheté par l'intermédiaire de distributeurs qui préparent les bons de commande et informent le client des coûts précis. Dans les deux cas, le coût définitif pour le client est facile à calculer.

Si le projet comprend des travaux de construction, les devis quantitatifs s'établissent de différentes façons. Dans le cas d'un projet négocié, l'entrepreneur sélectionné se sert des dessins et du devis d'exécution pour faire une estimation précise incluant ses frais généraux et son profit. Si le prix proposé est trop élevé, le client, le designer d'intérieur et l'entrepreneur peuvent modifier la quantité ou la qualité des matériaux ou encore l'envergure du projet pour respecter le budget. Si plusieurs entrepreneurs soumissionnent, on ne connaît les coûts définitifs que lorsque toutes les soumissions ont été déposées. Avant de choisir un entrepreneur, le client peut également retenir les services d'un évaluateur de coûts indépendant pour préparer une estimation plus précise.

3 Renseignements sur les prix

L'un des aspects les plus difficiles de l'élaboration du budget consiste à obtenir des prix à jour et fiables pour les types de meubles et d'unités de construction utilisés. Les coûts de l'ameublement sont un peu plus faciles à calculer parce qu'ils sont fondés sur des prix unitaires et que les marchands peuvent indiquer leurs prix et remises en tout temps. Entre les premières étapes d'un projet et la rédaction définitive des bons de commande, toutefois, les coûts et les taxes peuvent avoir augmenté ou le client peut avoir changé d'avis et exiger maintenant un article plus cher ou moins cher.

Pour ce qui est des coûts de construction, le designer d'intérieur peut avoir recours aux nombreux guides de référence des prix qui sont publiés chaque année. Ces guides énumèrent les prix de différentes façons : certains d'entre eux sont très détaillés et indiquent le coût de la main-d'œuvre et des matériaux pour chaque composante de la construction, tandis que d'autres donnent les coûts par paramètre et les coûts des sous-systèmes. Il existe même des guides de référence des prix axés strictement sur le design d'intérieur qui donnent les coûts par paramètre pour la construction et pour l'ameublement.

N'oubliez pas, cependant, que les prix consignés dans ces guides correspondent à la moyenne de nombreux projets réalisés dans le pays où ils sont publiés. Les guides de référence des prix peuvent parfois être de peu d'utilité pour votre projet, compte tenu des écarts et des conditions particulières à l'échelle locale. Les entrepreneurs et d'autres professionnels en design de la localité ayant déjà travaillé à des projets semblables au vôtre peuvent parfois vous donner des renseignements plus appropriés.

QUESTIONS

1. Pour quelle raison principale un designer d'intérieur recommanderait-il à son client d'acheter les appareils électroménagers plutôt que de le faire acheter par l'entrepreneur général ?

   1. Le client éviterait la majoration du prix par l'entrepreneur.
   2. Le client ne paierait pas de frais supplémentaires pour la livraison et l'installation.
   3. En agissant comme un agent, le designer d'intérieur pourrait offrir au client un plus grand choix.
   4. Le client pourrait obtenir une remise plus avantageuse que l'entrepreneur.

2. À la lumière de projets antérieurs, vous savez qu'il en coûte environ 45 $ le pied linéaire pour construire une cloison pleine hauteur. Le projet dont vous êtes en train d'établir le budget comporte environ 350 pieds linéaires de ce type de cloison. Si vous estimez les frais généraux et le profit de l'entrepreneur à 14 %, quel montant devriez-vous inscrire au budget pour ce poste ?

   1. 15 120 $
   2. 15 750 $
   3. 17 950 $
   4. 18 900 $

3. Quatre entrepreneurs ont présenté une soumission pour un restaurant de dimensions moyennes. La soumission la plus basse dépasse de 10 % le budget du client et la soumission suivante le dépasse de 12 %. En tant que designer d'intérieur, que devriez-vous faire ?

   1. Suggérer au client d'obtenir un financement additionnel pour couvrir les 10 % excédentaires et d'accepter la soumission la plus basse
   2. Accepter la soumission la plus basse et tenter de convaincre l'entrepreneur de réduire son prix de 10 %
   3. Travailler avec le client pour modifier le design du projet afin d'en réduire le coût
   4. Rappeler au client que le designer d'intérieur n'est pas responsable des coûts de construction et lui dire qu'il faut trouver des fonds supplémentaires

4. Lequel des éléments suivants n'est *généralement pas* considéré comme un élément du contrat AAE ?

   1. Une sculpture exécutée sur commande et boulonnée au mur
   2. Des distributeurs automatiques encastrés dans une ouverture
   3. La moquette
   4. Les stores verticaux

5. Si vous faites le design d'un projet dans une ville que vous ne connaissez pas, quelle est la meilleure source de renseignements sur les prix ?

   1. Le guide de référence des prix le plus récent, rajusté en fonction de l'emplacement géographique et de l'inflation
   2. Un entrepreneur local qui construit des projets du même type que le vôtre
   3. Une base de données des prix axée sur la ville où vous travaillez
   4. Des designers d'intérieur et des architectes qui pratiquent dans cette ville et travaillent à des projets semblables au vôtre

6. Outre la construction, quels sont les principaux coûts de la plupart des projets de design d'intérieur ?

   1. Ameublement, taxes, systèmes de signalisation et déménagement
   2. Ameublement, honoraires professionnels, taxes et installation des téléphones
   3. Accessoires, frais généraux et profit, déménagement et installation des téléphones
   4. Ameublement, accessoires, taxes et déménagement

7. Quelle méthode produit l'estimation la plus précise des coûts d'un projet ?

   1. Superficie en pieds carrés
   2. Unité fonctionnelle
   3. Estimation paramétrique
   4. Devis quantitatif

8. En préparant un budget, lequel des coûts suivants n'inclurez-vous qu'après consultation du client ?

   1. Les honoraires d'avocats et d'experts-conseils en œuvres d'art
   2. Les taxes sur les meubles et l'installation du système informatique
   3. Les imprévus et vos honoraires
   4. L'ameublement et la livraison des meubles

9. Comment se nomme le poste budgétaire réservé aux situations inconnues ?

   1. Prix unitaire
   2. Paramètres
   3. Imprévus
   4. Rajustement budgétaire

10. Les budgets d'ameublement peuvent être estimés précisément par...

   1. l'entrepreneur général et le fabricant de meubles.
   2. le designer d'intérieur et les marchands de meubles.
   3. le représentant en ameublement et le client.
   4. le fabricant de meubles et le designer d'intérieur.

7

Dessins d'exécution

Le jeu des dessins d'exécution (aussi appelés dessins de construction) constitue l'une des parties les plus importantes des documents contractuels. Ces dessins décrivent en détail l'envergure des travaux, l'emplacement et les dimensions des différents éléments de l'ouvrage à construire ainsi que les relations entre ces éléments. L'entrepreneur et les sous-traitants les utilisent, de même que le devis d'exécution, pour réaliser l'ouvrage. Pour réussir l'examen du NCIDQ, vous devez être capable de lire et d'interpréter des dessins d'exécution et posséder les connaissances nécessaires pour produire les dessins d'un projet.

1 Classement des dessins d'exécution

Le classement des dessins d'exécution se fait généralement en fonction d'une séquence uniformisée, selon un système de classement éprouvé qui est basé sur le déroulement normal du projet. Pour les projets de design d'intérieur, ce mode de classement peut varier légèrement selon la taille du projet et selon que les dessins du designer d'intérieur s'intègrent ou non dans un jeu plus complet de dessins d'architecture. Ainsi, le jeu de dessins d'un petit projet résidentiel peut comprendre un plan d'étage, un tableau des finis et quelques élévations sur la première page, tandis que chacun de ces éléments pourra figurer sur des feuilles distinctes dans un projet de plus grande envergure.

Dans le cas d'un jeu de dessins d'exécution produit et coordonné par le designer d'intérieur, les dessins sont habituellement classés dans l'ordre suivant :

- **Page titre et table des matières.** Pour les grands projets, la première feuille porte souvent un titre en gros caractères et parfois une image (ou un logo) identifiant le projet. Cette feuille peut aussi contenir une table des matières, une liste des abréviations et symboles standards utilisés, les renseignements exigés par les autorités en matière de construction (superficie en pieds carrés, type d'usage ou d'occupation, type d'immeuble, etc.) et des remarques générales sur l'ensemble du projet. Pour les projets de moindre envergure, ces renseignements, s'ils sont inclus, figurent sur la première feuille, qui est habituellement le plan d'étage.

- **Plans d'étage.** Le nombre et les types de plans varient selon les projets. Un seul plan d'étage contenant tous les renseignements nécessaires suffit parfois pour un petit projet de design résidentiel. Pour un projet de plus grande envergure, la même zone peut faire l'objet de plusieurs plans montrant chacun un type précis de renseignements. Voici quelques-uns des types de plans couramment utilisés dans les projets de moyenne à grande envergure : plan de démolition ou plan d'exécution (qu'on appelle plus souvent plan d'étage), plan des finis, plans d'électricité et de télécommunications et plan d'ameublement. Dans le cas de projets très complexes, il faut prévoir des plans à grande échelle pour certaines portions des plans d'étage tracés à plus petite échelle.
- **Plan(s) de plafond réfléchi.**
- **Élévations.**
- **Détails.** Les détails (qu'on appelle aussi dessins de détail) portent sur des éléments de construction tels que les types de murs, les portes, les vitrages, les plafonds, les boiseries, les escaliers, les sols et tout autre élément spécial. Le nombre de détails dépend de la taille et de la complexité du projet ainsi que de la façon dont le contrat est attribué. Si le projet fait l'objet d'un appel d'offres, les détails doivent être très complets et décrire pleinement l'envergure des travaux pour que le client obtienne une soumission fiable. Pour les projets de moindre envergure faisant l'objet d'une négociation et dont la plupart des éléments sont plus ou moins standards, le nombre des détails diminue, car certaines des décisions définitives sont prises sur le chantier.
- **Dessins de mécanique.** Si le projet nécessite les services d'un ingénieur en mécanique, ce dernier prépare ses propres dessins portant son sceau professionnel. Ces dessins incluent (le cas échéant) des renseignements sur les systèmes de chauffage, de ventilation et de climatisation (CVCA) ainsi que sur les systèmes de plomberie.
- **Plans d'électricité.** Les plans d'électricité sont préparés par un ingénieur en électricité si le projet prévoit des circuits d'alimentation et d'éclairage nouveaux ou modifiés et la pose de câblage réservé pour les systèmes d'alarme-incendie, de communication, de sécurité et les autres systèmes similaires. Dans la plupart des projets résidentiels, le designer d'intérieur peut indiquer schématiquement l'emplacement des luminaires et des interrupteurs d'éclairage. Il incombe à l'entrepreneur-électricien d'indiquer le calibre approprié des fils et de concevoir le montage des circuits correctement et conformément au code du bâtiment local.
- **Plans de protection-incendie.** Lorsqu'il faut installer un réseau d'extincteurs automatiques à eau (de gicleurs) dans une construction commerciale, un ingénieur en mécanique doit préparer des plans de protection-incendie qui seront inclus dans le jeu de dessins.

À l'occasion, des plans de structure doivent être inclus pour les travaux nécessitant les services d'un ingénieur en bâtiment. Dans ce cas, l'ingénieur en bâtiment produit ces plans de structure qui sont placés après les dessins du designer d'intérieur et avant les dessins de mécanique. Le jeu de dessins inclut également les tableaux (traités en détail dans la section suivante). L'emplacement des tableaux varie selon la taille et les méthodes adoptées par chaque bureau. Toutefois, ils sont généralement inclus sur la feuille à laquelle ils s'appliquent le plus logiquement. Par exemple, le tableau des finis par pièce et le tableau des portes devraient figurer sur la même feuille que le plan d'étage (en supposant qu'il n'y ait pas de plan distinct pour les finis).

2 CONTENU DES DESSINS D'EXÉCUTION

Les dessins doivent montrer la configuration générale, la taille, la forme et l'emplacement des composantes de la construction et comporter des notes générales expliquant les matériaux, les exigences de construction, les dimensions et d'autres remarques de ce genre sur les éléments graphiques. Les exigences relatives à la qualité des matériaux, à la qualité d'exécution et à d'autres éléments similaires sont décrites en détail dans le devis d'exécution du dossier d'appel d'offres, dont il sera question au chapitre 8. Voici une brève description des éléments les plus souvent inclus dans les dessins de design d'intérieur. Cette liste n'est pas exhaustive.

(A) Plans d'étage

Plans d'exécution. Les plans d'exécution, qu'on appelle simplement plans d'étage, sont les plans les plus courants et sont indispensables, quelles que soient la taille et la complexité du projet. Les plans d'étage sont des vues correspondant à une coupe horizontale du bâtiment à environ 4′-0″ au-dessus du plancher. Ils montrent la configuration générale du bâtiment incluant tous les murs, les dimensions, les éléments architecturaux à conserver, les références à d'autres dessins tels qu'élévations et détails, le nom des pièces (et leur numéro s'il y a lieu), des indications sur les revêtements de sol, les boiseries, les appareils de plomberie, le mobilier intégré, les escaliers, l'équipement spécial ainsi que les remarques et légendes nécessaires à la lecture du plan. Les plans d'étage sont habituellement dessinés à l'échelle de 1/8″ = 1′-0″ (1:100) ou 1/4″ = 1′-0″ (1:50). S'il faut préparer des plans à très grande échelle pour des zones très complexes, on les dessine généralement à une échelle de 1/2″ (1:25). Si le jeu de dessins comprend d'autres plans, ceux-ci doivent être dessinés à la même échelle que le plan d'étage principal.

Plans de démolition. Si la complexité du projet l'exige, des plans de démolition montrent quelles portions des éléments architecturaux existants doivent être conservées et lesquelles doivent être démolies. On trace ensuite un plan d'étage distinct pour montrer la nouvelle construction. Si le projet ne comporte que peu d'éléments à démolir, ceux-ci peuvent être indiqués par des lignes pointillées sur le plan d'étage. Dans un projet de rénovation, l'entrepreneur a besoin d'un plan de démolition avant de pouvoir retirer des cloisons.

Plans d'électricité et de télécommunications. Pour les projets complexes et de grande envergure, le designer d'intérieur dessine parfois un plan distinct montrant l'emplacement des prises de courant et des prises téléphoniques et utilisant un autre

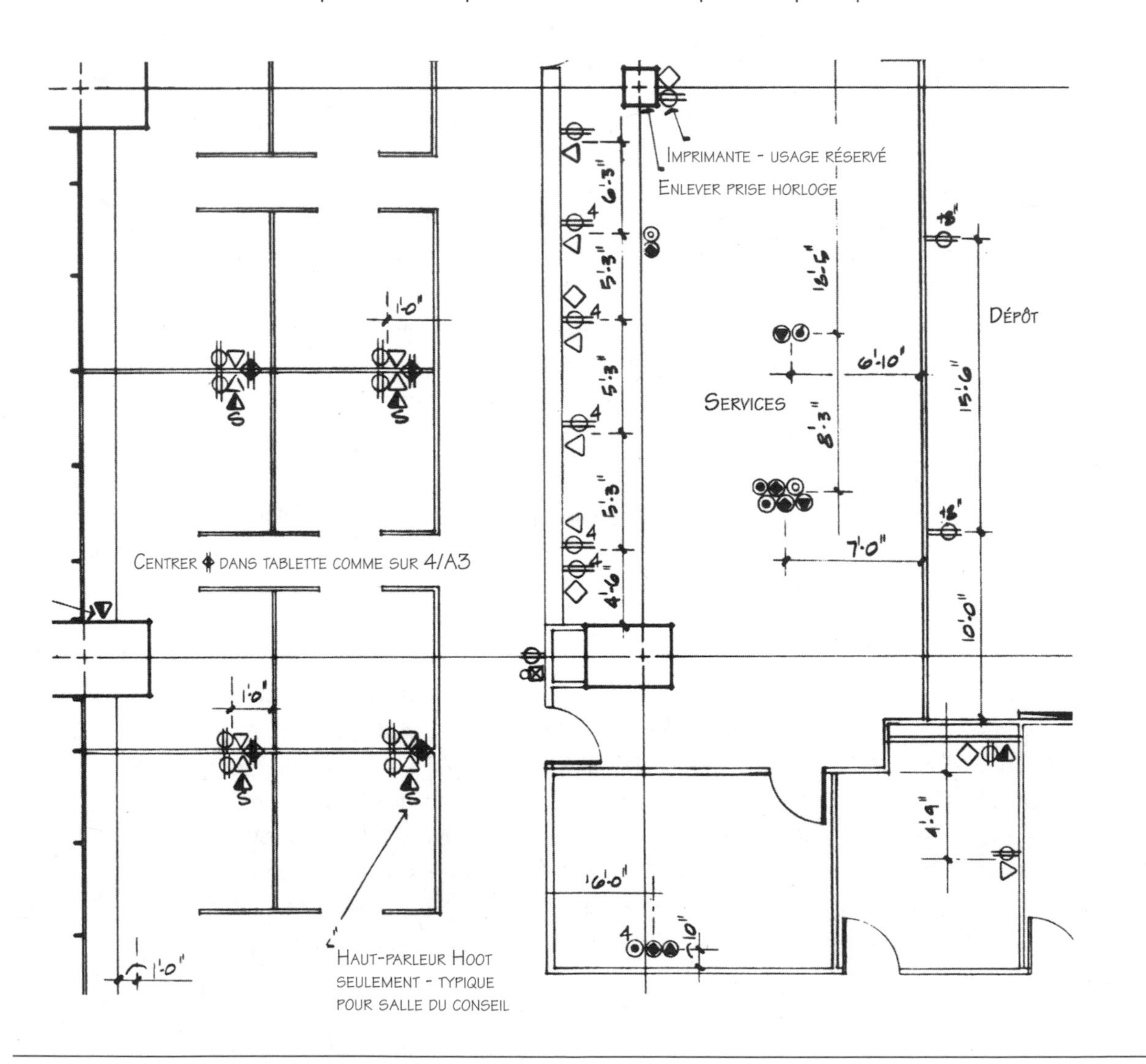

7.1
Plan d'électricité et de télécommunications d'un designer d'intérieur

système de symboles pour indiquer l'emplacement des terminaux d'ordinateur et des interphones. Voir la figure 7.1. Il faut habituellement dessiner un plan distinct pour les grands projets parce qu'il n'y a pas assez de place sur le plan d'étage pour montrer les prises et les cotes permettant de les situer précisément. Le plan du designer d'intérieur ne montre que l'emplacement des prises. Les circuits électriques, la taille des conduits et les autres renseignements techniques figurent sur les plans préparés par l'ingénieur en électricité. Si le designer d'intérieur ne dessine pas de plan d'électricité, les prises de courant, les prises téléphoniques, les systèmes de sécurité et les détecteurs d'incendie figurent sur celui préparé par l'ingénieur en électricité. Comparez le plan de l'ingénieur en électricité de la figure 7.2 avec celui du designer d'intérieur de la figure 7.1.

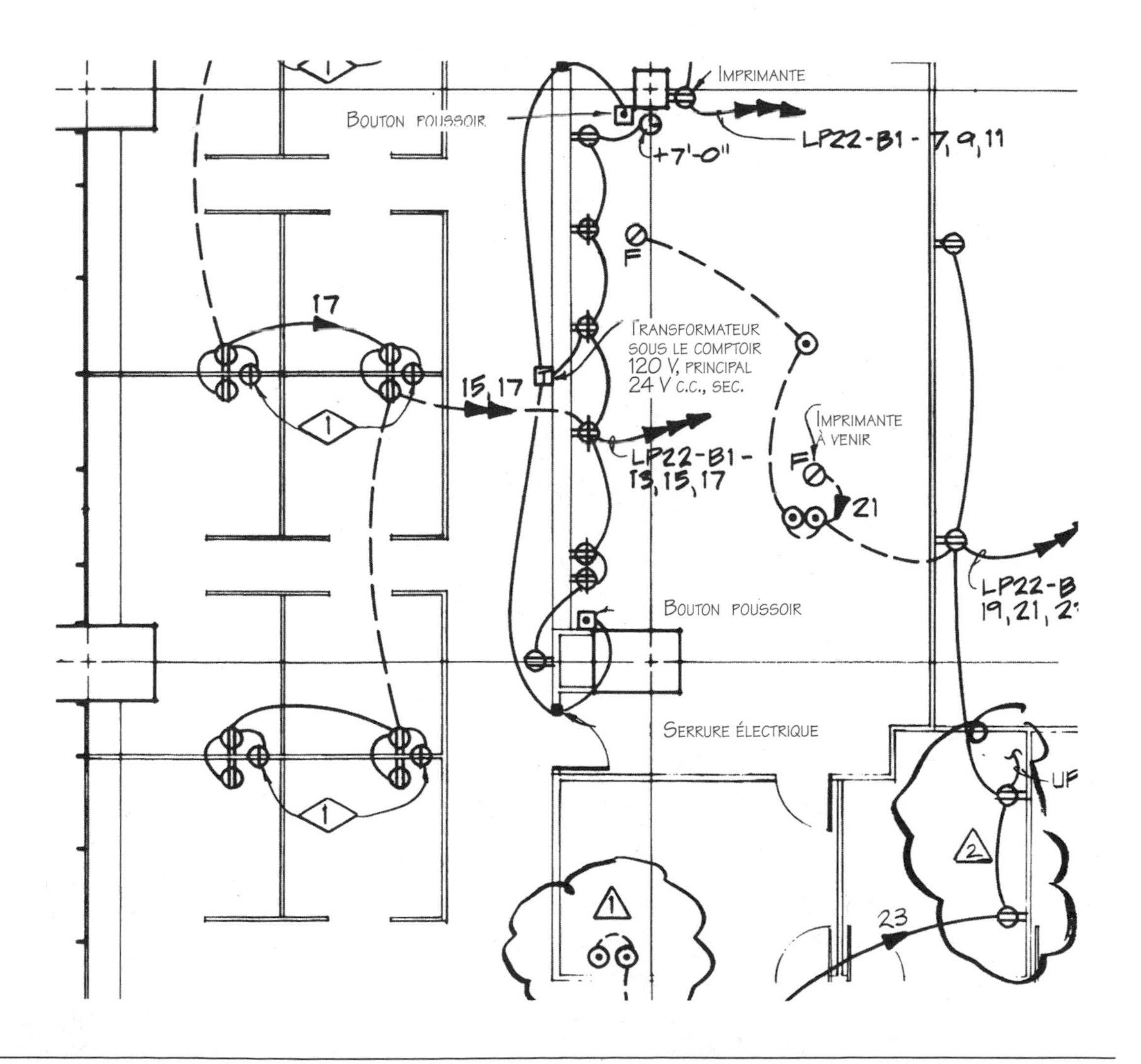

7.2
Plan de l'ingénieur en électricité

Tableau des finis														
				Mur est		Mur nord		Mur Ouest		Mur sud		Plafond		
N°	Pièce	Sol	Plinthe	Mat.	Coul.	Mat.	Coul.	Mat.	Coul.	Mat.	Coul.	Mat.	Coul.	Remarques
201	Hall	S1	P2	–		M2		–		M2		10′-0″	Pl1	
202	Corr. est	S1	P2	M2		M2		M2		M2		12′-0″	Pl2	M1 au-dessus de la boiserie
203	Distributrices	S1	P2	M2		M2		M2		M2		10′-0″	Pl3	Surface de base appliquée
204	Corr. nord	S1	P2	M2		M2		M2		M2		12′-0″	Pl2	M1 au-dessus de la boiserie
205	Corr. ouest	S1	P2	M2		M2		M2		M2		12′-0″	Pl2	M1 au-dessus de la boiserie
206	Corr. sud	S1	P2	M2		M2		M2		M2		10′-0″	Pl1	
207	Corr. serv.	Exist.	Exist.	M3		M3		M3		M3		Exist.	Exist.	
208	Corridor	S2	P3	M1		M3		M1+3		M1		Exist.	Exist.	
209	Non utilisée													
210	Placard	S1	P1	M1		M1		M1		M1		10′-0″	Pl2	
211	Conférence	S1	P1	M1		M1		–		M1		12′-0″	Pl1	
212	Conférence	S1	P1	M1		M1		M1		M1		10′-0″	Pl2	
213	Bureau	S1	P1	M1		M1		M1		M1		10′-0″	Pl2	
214	Bureau	S1	P1	M1		M1		M1		M1		10′-0″	Pl2	
215	Placard	S1	P1	M1		M1		M1		M1		10′-0″	Pl2	
216	Biblio. droit	S1	P1	M1		M1				M1		10′-0″	Pl1+2	*Peinture sur colonnes à revêtement sur fourrures
217	Téléphone	S1	P1	M1		M1		M1		M1		9′-0″	Pl2	
218	Téléphone	S1	P1	M1		M1		M1		M1		9′-0″	Pl2	

7.3
Tableau des finis

Plan des finis. Il y a différentes façons d'indiquer les finis exigés. La plupart du temps, le designer d'intérieur prépare un tableau des finis montrant, pour chaque pièce, les types et les caractéristiques des finis pour le sol, les plinthes, les murs et parfois les plafonds. La figure 7.3 montre un tableau type des finis. Cette méthode fonctionne bien pour les projets relativement simples dans lesquels chaque mur n'a qu'un seul fini. Toutefois, lorsque chaque mur comporte plusieurs types de finis et pour d'autres configurations complexes, on peut avoir recours à un plan des finis distinct, semblable à la portion de plan illustrée à la figure 7.4. Dans ce cas, chaque fini porte un numéro de code reporté

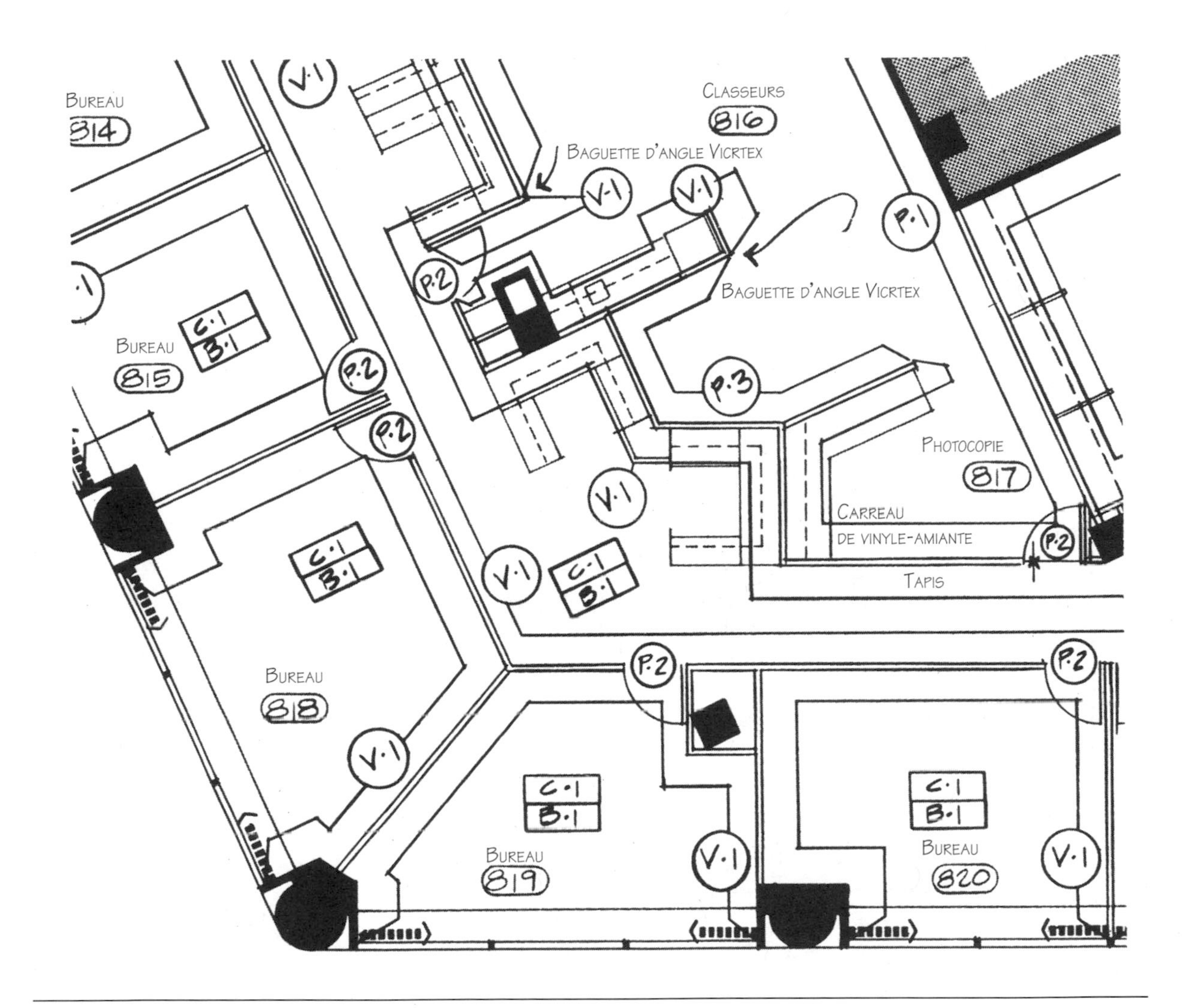

7.4
Plan des finis

dans une légende indiquant précisément le fabricant, le numéro de catalogue et la couleur. Par exemple, tous les détails relatifs aux tissus de revêtement mural pourraient avoir le préfixe RM et un numéro comme RM1, RM2 et ainsi de suite. Cependant, les instructions d'installation et les autres renseignements de ce type ne figurent pas sur le plan, mais dans le devis d'exécution.

Plan d'ameublement. Comme il importe de situer exactement le mobilier dans un projet de design d'intérieur, on dessine souvent des plans d'ameublement distincts. Voir la figure 7.5. Ces plans montrent l'emplacement de chaque meuble sur un plan d'étage ainsi que des numéros de code identifiant chaque élément. Ces plans servent à détailler le mobilier afin d'en établir le prix et de le commander, et ils indiquent aux installateurs où placer chaque meuble durant l'emménagement. Le plan d'ameublement est souvent jumelé à un plan d'électricité et de télécommunications, car l'emplacement de nombreuses prises est directement lié à l'emplacement et à l'orientation des meubles. Par exemple, le meilleur emplacement pour les prises téléphoniques et les prises de courant se trouve à côté d'un bureau.

Plan d'implantation. Le plan d'implantation est une vue du dessus d'un immeuble, montrant le toit de l'immeuble ainsi que les cours, entrées, entrées de garage environnantes et toute autre caractéristique à l'intérieur des limites de la propriété. Habituellement, il montre aussi les rues et propriétés immédiatement adjacentes à l'emplacement. (Le designer d'intérieur ne dessine pas ce plan, mais l'examen du NCIDQ peut vous demander d'en reconnaître les caractéristiques.)

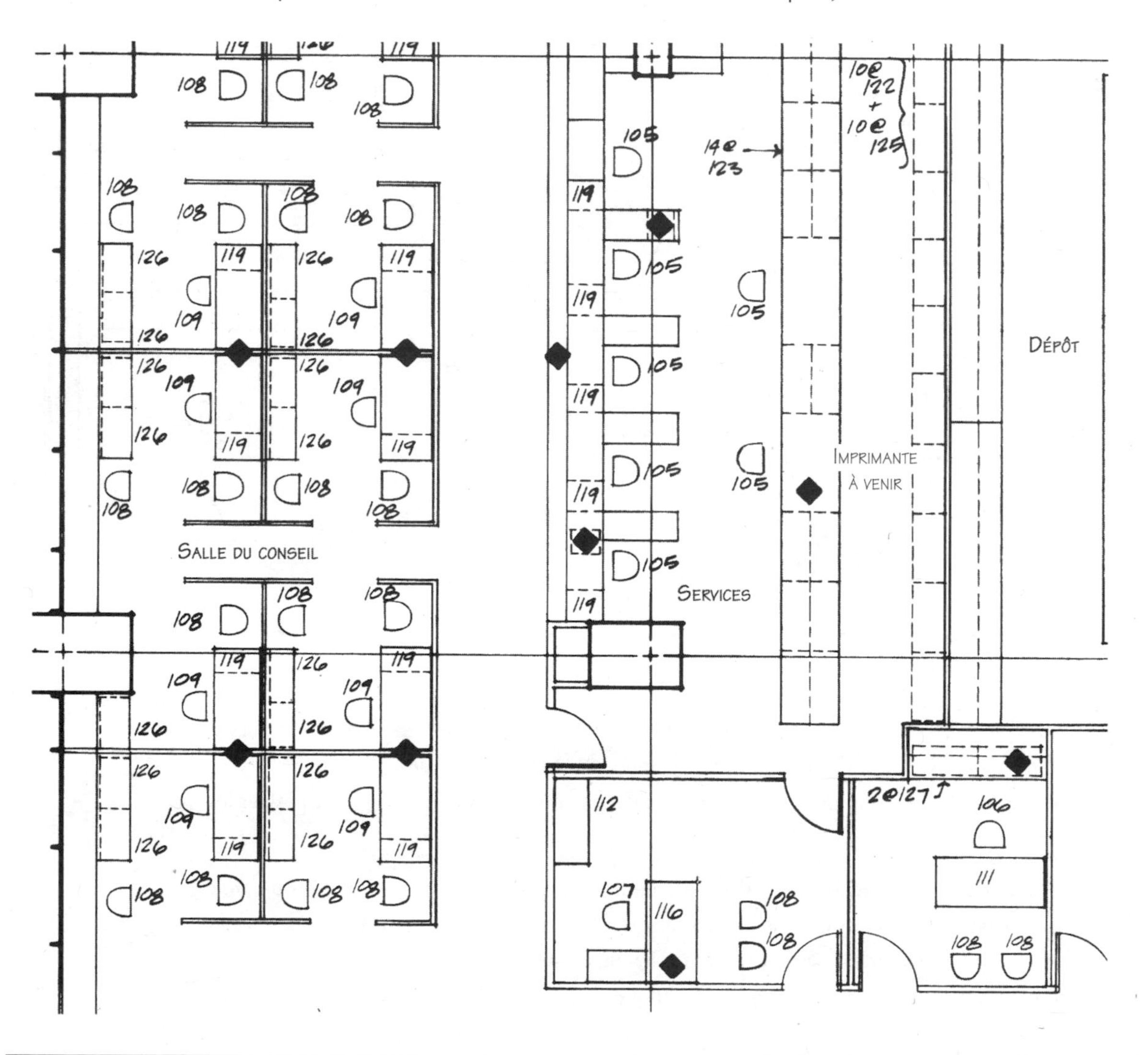

7.5
Plan d'ameublement

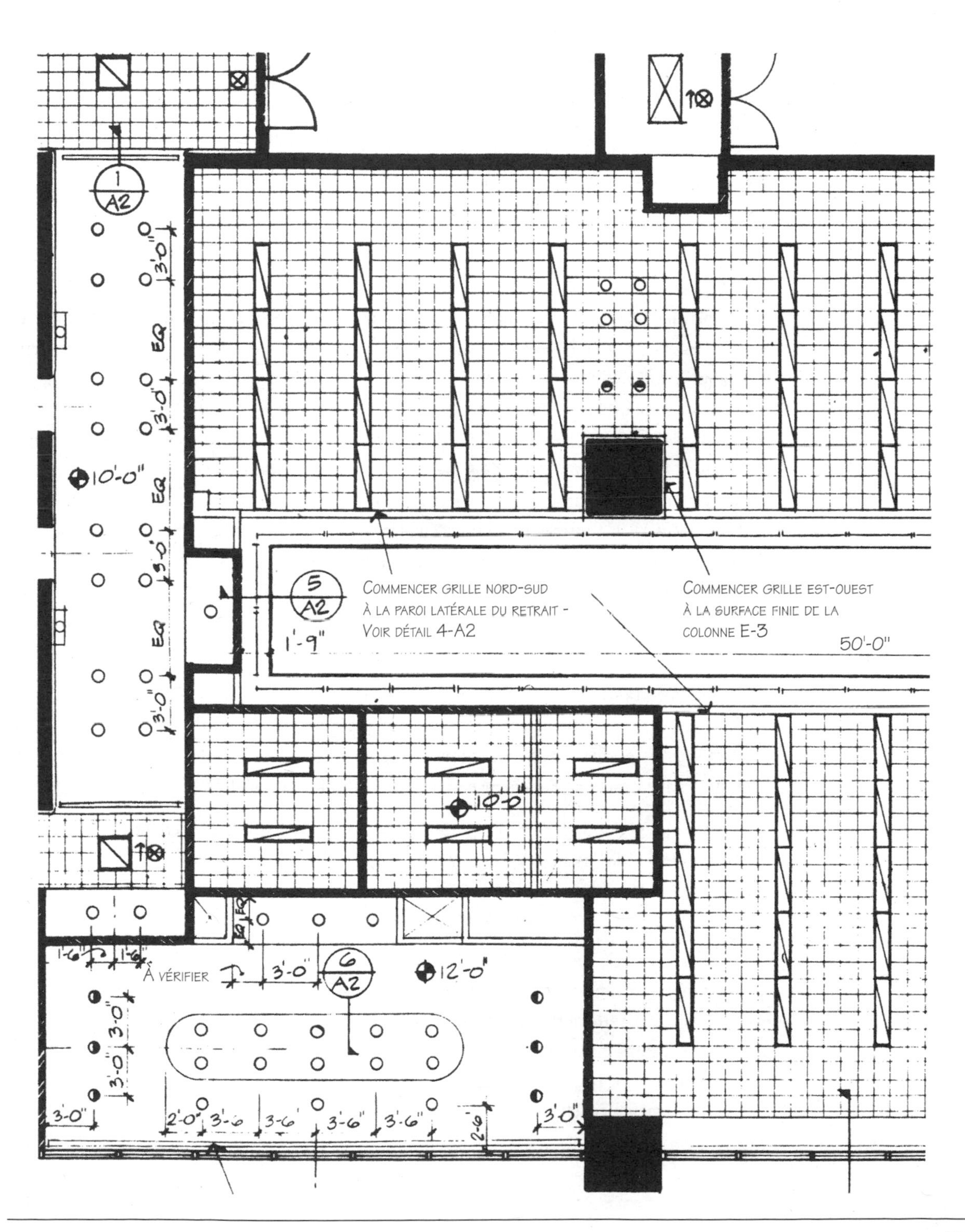

7.6
Plan de plafond réfléchi

Ⓑ Plan de plafond réfléchi

Le plan de plafond réfléchi montre une vue du plafond comme s'il se reflétait dans un miroir posé sur le sol ou comme s'il était transparent et qu'on pouvait voir au travers. Cette vue du plafond permet de lui donner la même orientation que le plan d'étage. En effet, si le nord correspond au haut de la feuille sur le plan d'étage, il correspondra également au haut de la feuille sur le plan de plafond réfléchi. Le plan de plafond réfléchi doit être dessiné à la même échelle que le plan d'étage.

Le plan de plafond réfléchi montre les cloisons qui montent jusqu'au plafond de carreaux acoustiques et celles qui se prolongent au-delà jusqu'à la dalle de béton (comme dans les bâtiments commerciaux). Il montre également les matériaux du plafond et la grille de l'immeuble (le cas échéant), et comporte des annotations indiquant la hauteur des plafonds, les changements dans la hauteur des plafonds, l'emplacement de tous les luminaires (incluant l'éclairage des issues), les gicleurs, les diffuseurs d'air et les évents, les panneaux d'accès, les haut-parleurs et tout autre élément faisant partie de la surface du plafond (ou y touchant). De plus, les dimensions sont indiquées pour tout élément dont l'emplacement ne peut être déduit à partir d'un autre élément. Par exemple, un entrepreneur peut situer une grille d'éclairage encastré dans un plafond suspendu simplement en comptant les carreaux, mais pour qu'un entrepreneur-électricien sache où installer un projecteur encastré dans un plafond de placoplâtre, il faut indiquer les dimensions par rapport au centre du projecteur.

Même si certains éléments comme les luminaires et les diffuseurs d'air sont aussi indiqués sur les dessins de l'ingénieur-conseil, le plan de plafond réfléchi du designer d'intérieur doit montrer tous les éléments sans exception. Le designer peut ainsi coordonner les éléments et se faire une image exacte de l'apparence qu'aura le plafond une fois fini.

Le plan de plafond réfléchi comporte également des références aux coupes et aux détails inclus dans le jeu de dessins. La figure 7.6 en donne un exemple.

Ⓒ Élévations

L'élévation est la représentation graphique d'une surface verticale vue à partir d'un point perpendiculaire à cette surface. Les élévations sont des vues orthogonales; elles ne présentent donc pas de distorsion comme les perspectives ou les isométries. (Ces types de dessins sont décrits en détail au chapitre 16 sur la communication graphique.) Toutes les parties d'une élévation sont réalisées à la même échelle, et si l'on doit représenter des courbes ou des angles, ces derniers sont projetés sur la surface plane du dessin. Voir la figure 7.7.

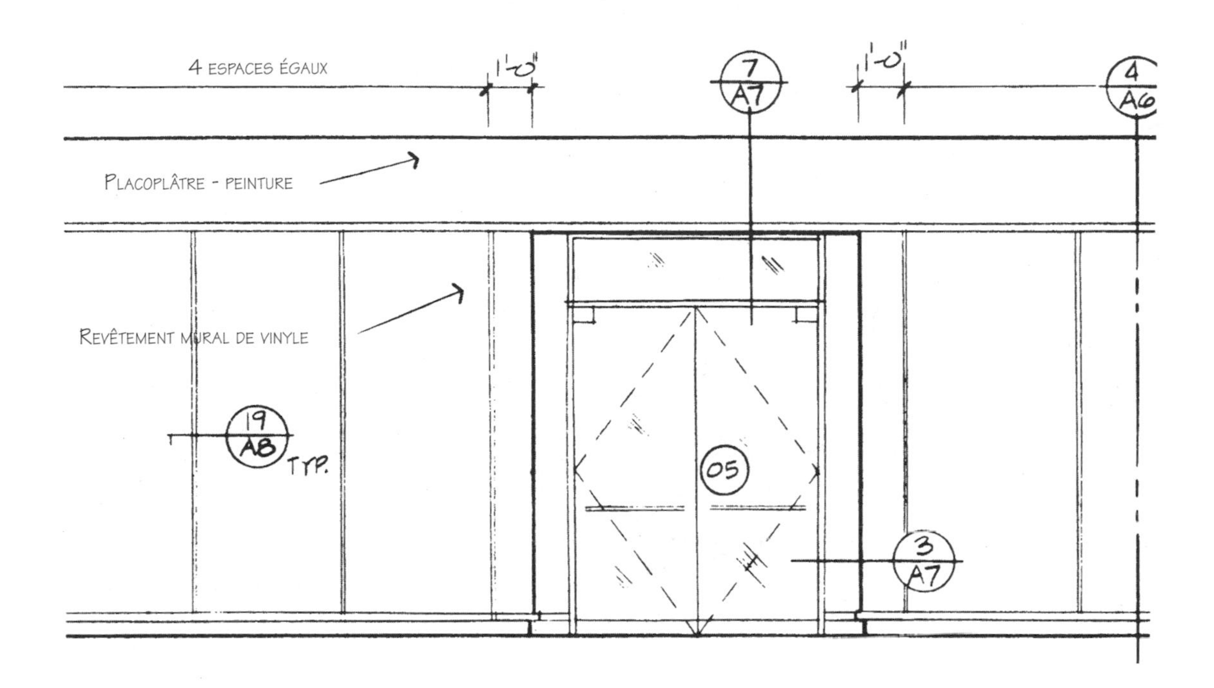

7.7
Élévation intérieure

Dans un projet de design d'intérieur, les élévations servent à montrer la configuration et le fini des murs, ce qui est difficile sinon impossible à représenter sur un dessin en plan. Les élévations servent également à montrer les dimensions verticales, les éléments d'ébénisterie et d'autres éléments de construction autoporteurs.

Les élévations montrent la configuration d'une surface, les dimensions verticales, les ouvertures dans les murs, les éléments intégrés, les matériaux et les finis d'un mur, de même que l'emplacement des interrupteurs, des thermostats et d'autres équipements montés au mur. Si les plans comportent des dimensions horizontales nombreuses ou complexes, comme dans le cas d'armoires ou de panneaux muraux, les élévations peuvent inclure des dimensions horizontales qui ne pourraient pas figurer sur le plan d'étage. On y indique également, par l'entremise de traits et de symboles, des références aux coupes et aux détails contenus dans le jeu de dessins. Voir la figure 7.7. L'échelle de l'élévation dépend de la complexité de la surface à illustrer, mais les échelles les plus courantes vont de 1/4" = 1'-0" (1:50), pour les surfaces murales simples, à 3/8" (1:40) ou 1/2"= 1'-0" (1:25), pour les surfaces plus complexes.

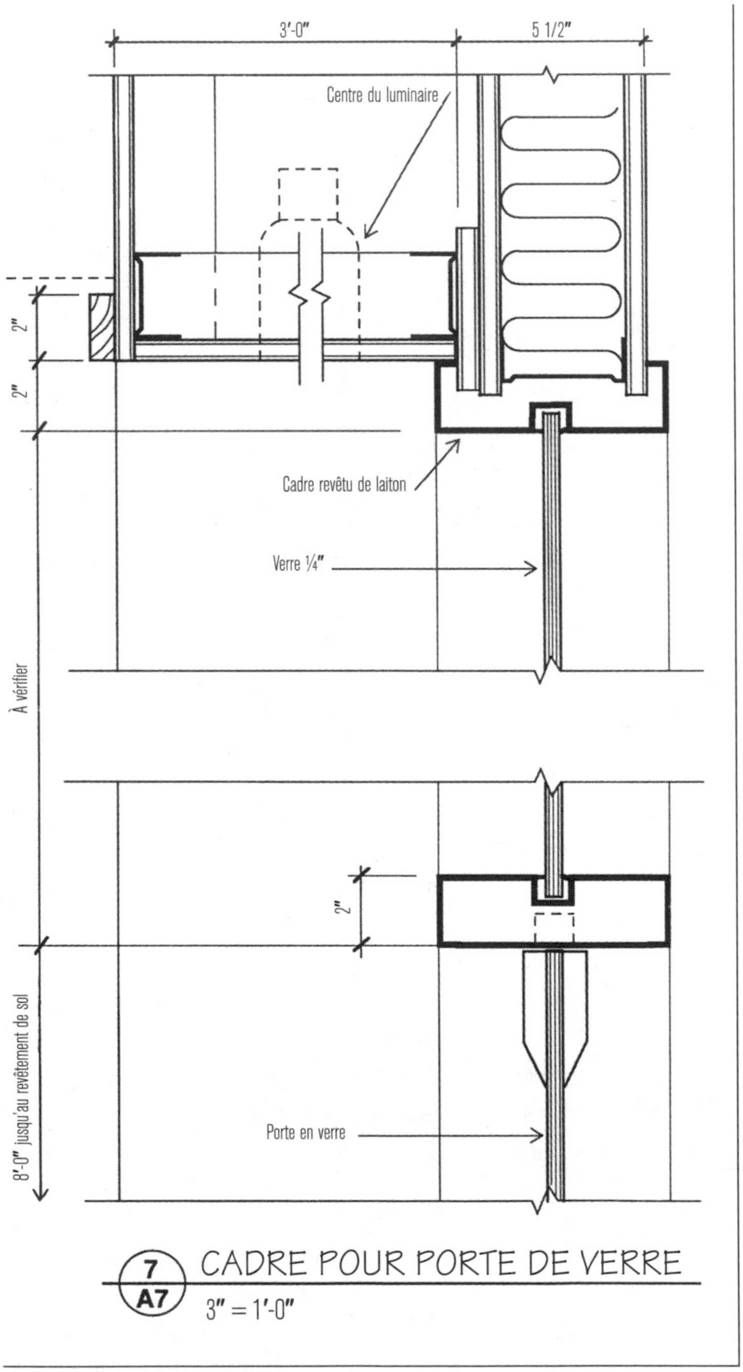

Ⓓ Coupes

La coupe est un dessin illustrant une tranche de la construction. Il s'agit donc d'une vue qui n'existe pas réellement, mais qui est très utile pour montrer les relations entre les matériaux. La figure 7.8 présente l'une des coupes à laquelle fait référence la figure 7.7. Une coupe peut être horizontale, comme c'est le cas du plan, ou verticale, pour montrer la construction d'une cloison, par exemple. Dans tous les cas, la coupe est perpendiculaire à la surface de construction qui sera exposée dans le détail.

Au sens strict, une élévation intérieure est également une coupe, car une portion de la construction (le plancher, les cloisons latérales et le plafond) est coupée pour montrer la surface du mur. Dans ce cas, seul le tracé de la coupe est illustré, car la construction comme telle du plancher, des murs et du plafond n'est pas l'élément important d'une élévation. Voir la figure 7.9. Les détails de ces éléments de construction figurent ailleurs dans d'autres dessins, au besoin.

Dans les dessins d'exécution d'intérieurs, il y a parfois une certaine confusion entre les termes *coupe* et *détail*. Cela s'explique par le fait que la majorité des détails sont des coupes dans de petites portions de la construction, comme le décrit la section suivante. Précisons que, dans les dessins d'architecture, le terme coupe peut aussi désigner une coupe à travers un immeuble au complet. Par contre, tous les détails ne sont pas des coupes. Un dessin de détail peut aussi être une vue en plan

7.8
Coupe

à très grande échelle, une vue isométrique ou une élévation partielle à grande échelle. Normalement, le dessin de détail d'une coupe s'appelle simplement un détail.

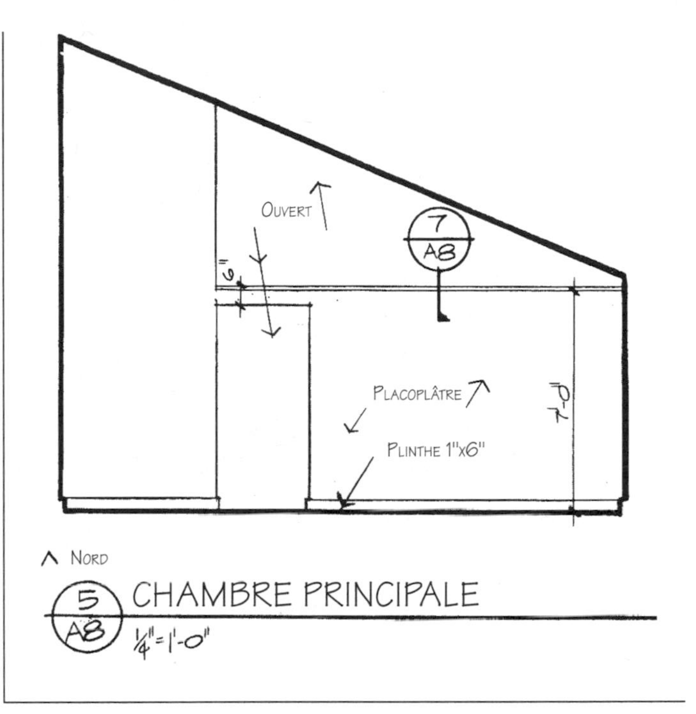

7.9
Élévation

Ⓔ Détails

Un projet de construction ou de design d'intérieur est formé d'un ensemble de composantes qui sont toutes reliées les unes aux autres de diverses façons. Le détail est un dessin montrant l'organisation et l'assemblage des différentes composantes d'un élément. Le détail peut servir à représenter un mode d'installation très simple, comme le clouage de panneaux de revêtement mural sur des montants, ou une configuration très complexe, comme l'intersection de la charpente métallique d'un escalier et d'un plancher avec le revêtement de sol, le plafond de l'étage du dessous, la main courante et l'éclairage dissimulé, ce qui inclut une foule de matériaux et de techniques d'assemblage différents.

Comme les détails présentent souvent des renseignements très précis, ils constituent habituellement des coupes à grande échelle d'une portion de la construction, comme l'illustre la figure 7.10. Toutefois, il est également possible d'exécuter un détail en plan ou un détail en élévation pour représenter à grande échelle un élément complexe. Dans la figure 7.10, observez qu'en plus des matériaux représentés en coupe, le détail montre ce qui se trouve au-delà de la coupe. En fait, il s'agit d'une petite élévation de cette portion de la construction qui est proche de l'objet à travers lequel la coupe est effectuée.

Les détails sont habituellement réalisés aux échelles de 1"= 1'-0" (1:10), 1 1/2"= 1'-0" (1:8) ou 3"= 1'-0" (1:4). Dans le cas d'éléments de construction très petits ou très élaborés, on peut aussi produire des dessins à demie échelle ou en vraie grandeur.

Ⓕ Tableaux

Les tableaux présentent l'information en lignes et en colonnes. Ils permettent de communiquer efficacement une grande quantité d'information en peu d'espace. Les tableaux les plus courants en design d'intérieur sont les tableaux de finis de portes, d'équipement de cuisine, de boiseries et de quincaillerie. La figure 7.11 illustre un tableau de portes type. Comme on le voit, ce tableau énumère une liste d'éléments distincts (dans ce cas, indiqués par les numéros de porte) occupant chacun une ligne du tableau. Les caractéristiques correspondant à chaque élément, comme le type, la taille, le matériau, etc., sont inscrites dans des colonnes. La liste des caractéristiques possibles est inscrite en haut du tableau. Tous les tableaux sont habituellement faits de cette façon.

En plus de fournir des renseignements précis, les tableaux peuvent faire référence aux dessins ou au devis d'exécution. Ainsi, le tableau de portes illustré à la figure 7.11 comporte une colonne indiquant les numéros et les types de portes décrits dans les détails. Une autre colonne fait référence aux catégories de quincaillerie mentionnées dans le devis d'exécution.

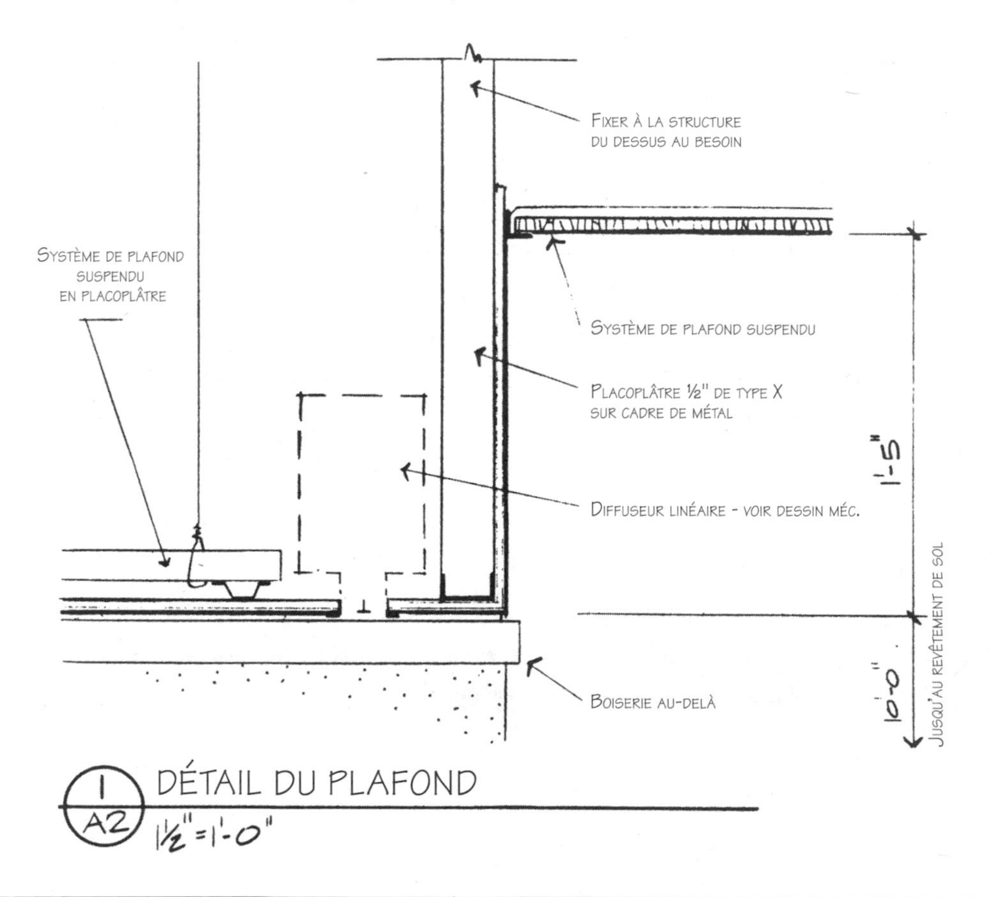

7.10
Détail

Tableau des portes														
	PORTE					CADRE								
N°	Type	Mat.	Larg.	Haut.	Épais.	Type.	Mat.	Chambranle	Montant	Montant	Seuil	Résistance au feu	Cat. mat.	Remarques
01	A	Métal AC*	3′-0″	7′-0″	1 3/4	1	Métal AC	1-A7	5-A7	5-A7		3/4	B	
02	B	Métal AC	2-3′-0″	7′-0″	1 3/4	2	Métal AC	1-A7	5-A7	5-A7		3/4	C	Réinstaller porte existante dans nouveau cadre
03	C	Bois AP**	3′-0″	7′-0″	1 3/4	1	Métal AC	8-A7	11-A7	11-A7		1/3	D	
04	B	Bois AP	2-3′-0″	7′-0″	1 3/4		Exist.	Exist.	Exist.	Exist.			E	Réutiliser cadre exist.
05	D	Verre	2-3′-0″	8′-0″	1/2	3	Laiton	7-A7	3-A7	3-A7	10-A7		G	Imposte vitrée
06	Exist.						Exist.	10-A8	15-A8	16-A8			F	Porte et cadre exist.
07	Exist.						Exist.	6-A8	1-A8	1-A8			F	Porte et cadre exist.
08	C	Bois AP	3′-0″	8′-0″	1 3/4	4	Métal AC	2-A7	6-A7	6-A7		1/3	G	Utiliser poteau exist.
09	Exist.						Exist.	7-A8	3-A8	3-A8	10-A7		F	Porte et cadre exist.
10	D	Verre	2-3′-0″	8′-0″	1/2	3	Laiton	7-A7	3-A7	3-A7			G	Imposte vitrée
11	Non utilisée													
12	D	Verre	2-3′-0″	8′-0″	1/2	3	Laiton	7-A7	3-A7	3-A7	10-A7		G	
13	Non utilisée													
14	C	Bois AP	1′-10″	8′-0″	1 3/4	5	Bois	9-A7	13-A7	13-A7			H	
15	C	Bois AP	3′-0″	8′-0″	1 3/4	5	Bois	9-A7	12-A7	13-A7			I	
16	C	Bois AP	3′-0″	8′-0″	1 3/4	5	Bois	9-A7	12-A7	13-A7			I	
17	C	Bois AP	3′-0″	8′-0″	1 3/4	5	Bois	9-A7	12-A7	13-A7			I	
18	C	Bois AP	2-3′-0″	8′-0″	1 3/4	5	Bois	9-A7	13-A7	13-A7			H	
19	F	Bois AP	2′-6″	8′-0″	1 3/4	–	Bois	12-A8	17-A8	17-A8			J	Panneau vitré
20	F	Bois AP	2′-6″	8′-0″	1 3/4	–	Bois	12-A8	17-A8	17-A8			J	Panneau vitré
21	E	Bois AP	3′-0″	7′-0″	1 3/4	–	Exist.	6-A8 SIM	7-A6	7-A6			L	Porte coupée, faire coïncider

7.11
Tableau des portes
*Métal AC = métal à âme creuse **Bois AP = bois à âme pleine

3 COORDINATION AVEC LES DESSINS D'AUTRES PROFESSIONNELS

Dans presque tous les projets, plusieurs professionnels travaillent avec le designer d'intérieur. Les projets de petite et de moyenne envergure ne nécessitent habituellement que les services d'un ingénieur en mécanique ou en électricité. Les grands projets peuvent requérir les services d'autres professionnels en création architecturale, en élaboration des structures, en protection-incendie, en services alimentaires, en systèmes de sécurité et en acoustique, entre autres.

Chaque firme de services-conseils prépare ses propres dessins, ce qui rend la coordination d'autant plus importante. Quelqu'un doit s'assurer, par exemple, qu'un luminaire encastré ne sera pas placé au même endroit qu'un conduit de ventilation. Tous les professionnels doivent s'efforcer de collaborer les uns avec les autres et de produire des dessins complets et exacts, mais un seul professionnel doit avoir pour responsabilité de coordonner l'ensemble. Les modalités particulières des contrats conclus entre le client et les différents professionnels déterminent qui coordonne l'équipe. Dans les grands projets, il arrive qu'un architecte coordonne le travail des autres professionnels, notamment celui du designer d'intérieur. À l'inverse, si le designer d'intérieur est le principal conseiller en design d'un projet, c'est lui qui est responsable de la coordination.

Si le designer d'intérieur est chargé de retenir les services d'autres professionnels, il s'occupe habituellement de diriger et de coordonner leur travail de façon à produire un dossier de projet (dessins et devis d'exécution) complet et intégré. Cela ne signifie pas que le designer d'intérieur est responsable du travail effectué par les autres professionnels, mais bien qu'il doit gérer les activités de l'équipe. Si le client embauche le designer d'intérieur et d'autres professionnels séparément, il se peut que quelqu'un d'autre soit responsable de la coordination.

La conception du plan d'électricité illustre bien le besoin de coordination entre les divers professionnels participant au projet. Le designer d'intérieur peut préparer le plan d'ameublement et y indiquer l'emplacement d'un bon nombre de prises de courant et de téléphone ainsi que le design de l'éclairage de base. L'ingénieur en électricité doit ensuite se fonder sur ces renseignements pour préparer les plans d'électricité nécessaires, montrant les circuits et d'autres renseignements techniques. Le plan du designer d'intérieur indiquant les prises de courant doit correspondre au plan d'électricité, et si l'un des deux professionnels fait un changement, il doit en informer l'autre.

Dans la plupart des bureaux de design d'intérieur (et dans ceux des autres professionnels), c'est le directeur de projet qui est généralement responsable de la coordination, mais dans les petits bureaux ou pour les projets de moindre envergure, c'est le chargé de projet qui coordonne.

Il y a bien des façons d'assurer la coordination pendant la conception et la production des documents contractuels. Premièrement, des réunions doivent avoir lieu à intervalles réguliers pour permettre à tous les participants d'échanger de l'information et de se tenir au courant du déroulement du projet. Durant ces réunions, chacun des participants doit se sentir à l'aise de poser des questions et d'aborder des sujets qui peuvent influer sur le travail des autres. Deuxièmement, le designer d'intérieur et les autres professionnels doivent échanger des copies papier de leurs dessins en cours pour pouvoir comparer leur travail à mesure qu'il avance. Troisièmement, le chargé de projet doit être responsable d'avertir tous les professionnels, par écrit et sans délai, des changements qui surviennent. Si l'on doit produire des calques ou des dessins par ordinateur, les professionnels peuvent échanger les dessins de base ou les fichiers électroniques, selon le cas. Enfin, le designer d'intérieur doit employer une méthode rigoureuse pour vérifier et coordonner le jeu complet de dessins avant de soumettre son dossier pour un appel d'offres ou pour la négociation d'un contrat de construction.

❹ SYSTÈMES DE REPÉRAGE

Un jeu complet de dessins d'exécution constitue un ensemble méticuleusement coordonné et interrelié de composantes graphiques distinctes. Des symboles graphiques conventionnels permettent de faire le lien entre un dessin (une élévation, par exemple) et le dessin d'un élément s'y rapportant (par exemple, la coupe d'un élément représenté sur cette élévation).

Pour que le système de repérage soit efficace, chaque élément de dessin - plan, élévation ou détail - doit porter un numéro distinct. On numérote donc chaque élément par un chiffre séquentiel commençant par 1 sur chaque feuille. Pour repérer cet élément de dessin, on combinera ce chiffre séquentiel et le numéro de la feuille sur laquelle figure l'élément. Le numéro et le titre d'un dessin vont toujours ensemble. La figure 7.12 montre quelques exemples de titres de dessin. Dans le premier exemple, le chiffre 6 indique qu'il s'agit du sixième dessin de la feuille A8.

Divers symboles de repérage utilisés de concert avec la numérotation et les titres permettent de trouver les dessins connexes. Les figures 7.13 à 7.15 illustrent trois symboles de repérage courants. Ces symboles sont également utilisés dans les figures 7.6 et 7.7.

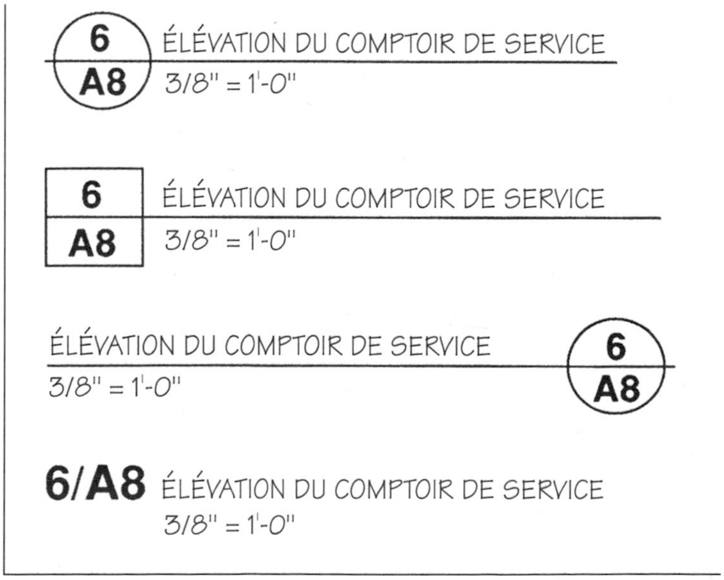

6
A8
ÉLÉVATION DU COMPTOIR DE SERVICE
3/8" = 1'-0"

6
A8
ÉLÉVATION DU COMPTOIR DE SERVICE
3/8" = 1'-0"

ÉLÉVATION DU COMPTOIR DE SERVICE
3/8" = 1'-0"
6
A8

6/A8 ÉLÉVATION DU COMPTOIR DE SERVICE
3/8" = 1'-0"

7.12
Titres de dessin

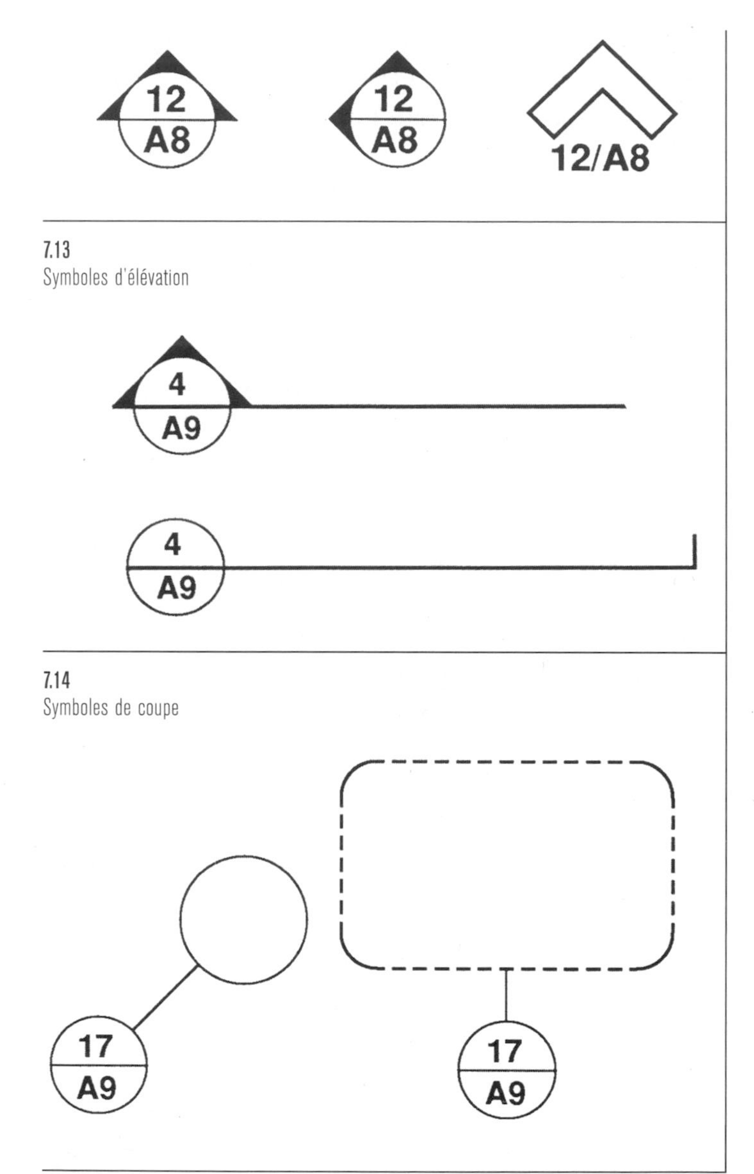

7.13
Symboles d'élévation

7.14
Symboles de coupe

7.15
Symboles de détail

La figure 7.13 montre plusieurs exemples de symboles d'élévation (que l'on appelle souvent bulles d'élévation). Même si ces exemples présentent de légères variantes, ils ont tous la même fonction. On place un symbole d'élévation sur un plan d'étage pour indiquer qu'une élévation du ou des murs se trouve ailleurs dans le jeu de dessins. Le chiffre du bas indique sur quelle feuille se trouve le dessin et le chiffre du haut indique son numéro séquentiel sur cette feuille. Comme le montrent ces exemples, on peut utiliser un symbole distinct pour chaque élévation, ou le même symbole peut porter des flèches orientées indiquant différentes élévations d'une même pièce se trouvant ailleurs dans le jeu de dessins.

La figure 7.14 montre deux exemples de symboles de coupe. Un symbole de coupe indique à quel endroit la coupe passe dans l'ouvrage à construire. Ces symboles peuvent être placés à la verticale ou à l'horizontale sur les plans, sur les élévations ou même sur d'autres coupes pour indiquer que les dessins auxquels ils font référence montrent une vue à 90 degrés par rapport à la surface sur laquelle le symbole est posé. Par exemple, un de ces repères placé à la verticale sur l'élévation d'une porte indique qu'il existe un détail montrant une coupe verticale de la porte. Voir les figures 7.7 et 7.8.

La figure 7.15 montre deux exemples de symboles de détail de plan. Ce symbole indique qu'il existe un dessin de détail de la portion encerclée. Contrairement au symbole de coupe, il fait référence à un détail de la même surface plane, et non à une vue à 90 degrés. Seule l'échelle plus grande du détail le distingue du plan. La ressemblance de ce symbole avec une loupe aide à retenir cette distinction. Comme dans les autres symboles, le chiffre du haut identifie le détail et le chiffre du bas correspond à la feuille sur laquelle se trouve le dessin. Si le cercle entourant le détail est remplacé par un grand rectangle aux angles arrondis, la signification du symbole reste la même : il indique un plan d'étage agrandi de la zone entourée.

5 Symboles graphiques

On utilise des symboles graphiques conventionnels pour communiquer efficacement divers types de renseignements. Outre les symboles de repérage dont il a été question plus haut, vous devez connaître les conventions graphiques les plus courantes pour désigner les matériaux, les caractéristiques architecturales, les éléments électriques et divers autres éléments représentés dans les dessins. Ces symboles sont illustrés dans les figures 7.16 à 7.19. Il est important de noter que les symboles illustrés ne sont pas nécessairement ceux qu'il vous faudra utiliser dans la partie pratique de l'examen.

6 Dessins d'ébénisterie

Comme les armoires, panneaux, boiseries et autres éléments de finition en bois sont communs à presque tous les projets de construction intérieure, l'examen du NCIDQ exige une connaissance particulière des éléments d'ébénisterie et des dessins nécessaires pour en décrire la construction. Cette section porte sur les détails d'ébénisterie les plus courants et sur les normes graphiques qui y correspondent. Vous trouverez au chapitre 11 des renseignements sur les matériaux, les finis et les méthodes de construction des éléments d'ébénisterie.

L'ébénisterie désigne les composantes essentiellement faites de bois et fabriquées en atelier. Cela comprend des éléments courants comme les armoires, les bibliothèques, les panneaux de lambrissage et les portes. Le travail du bois effectué sur le chantier porte le nom de boiserie et désigne les plinthes, les cadres de portes, les moulures et les mains courantes, pour n'en citer que quelques exemples. Enfin, il y aussi les armoires modulaires qui sont préfabriquées et choisies parmi la gamme des produits standards d'un fabricant. Ces armoires sont similaires aux armoires d'ébénisterie, mais le designer d'intérieur n'a pas besoin d'en dessiner les détails puisque leur construction est déjà assurée par le fabricant.

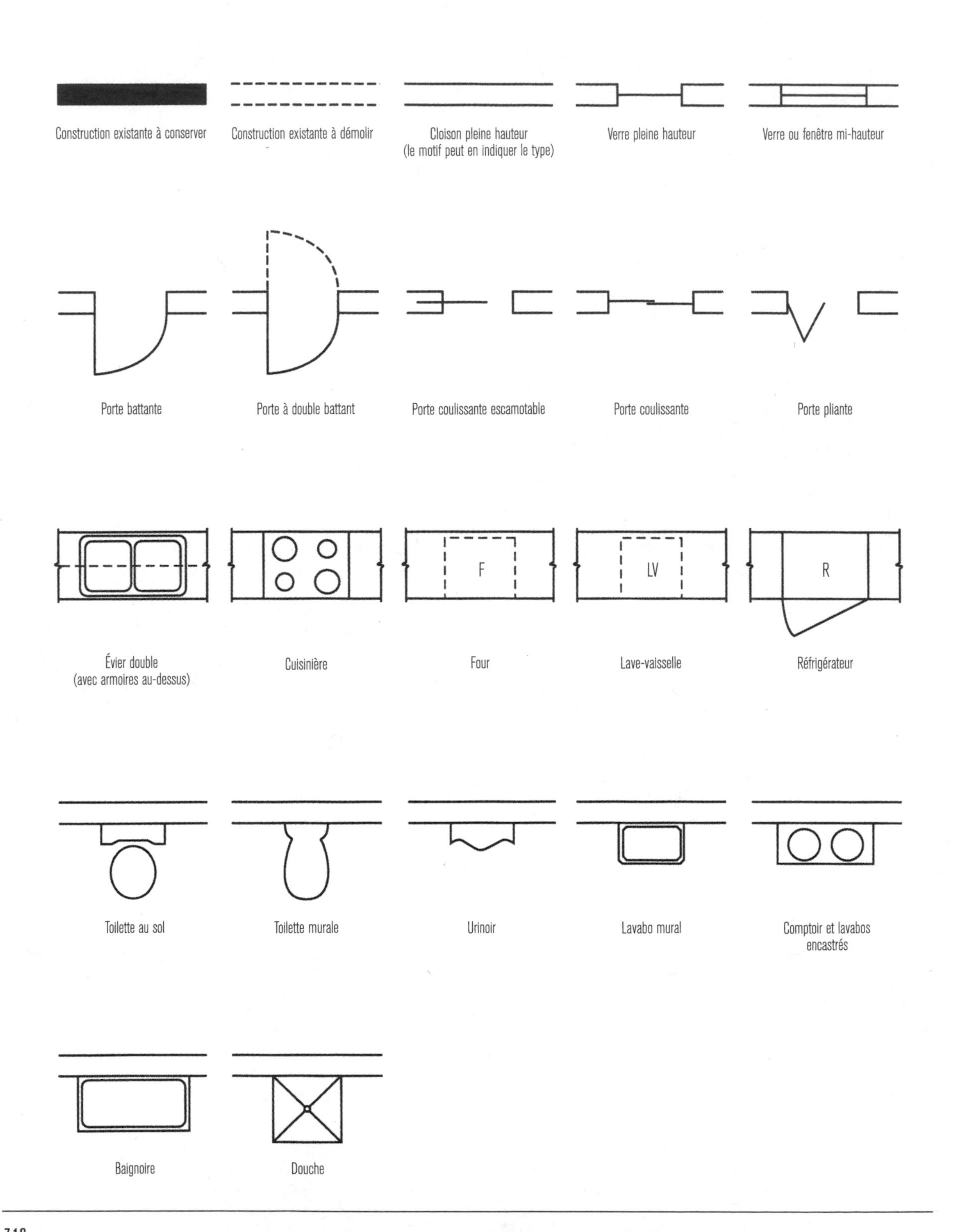

7.16
Symboles utilisés dans les dessins d'exécution

7.17
Symboles d'électricité et d'éclairage

Diffuseur d'air ou coupe d'un conduit d'approvisionnement

Retour d'air ou coupe d'un conduit de reprise

Diffuseur d'air linéaire

18" x 10" Conduit de ventilation (largeur x hauteur)

10" ϕ Gaine flexible (diamètre)

T Thermostat

Registre coupe-feu

SD Détecteur de fumée

Gicleur

Changement de dimension du conduit montrant la pleine largeur

Changement de dimension du conduit en schéma simplifié

Diffuseur d'alimentation d'air (la partie ombrée indique la direction de l'air poussé)

Diffuseur d'air rond au plafond

7.18
Symboles mécaniques

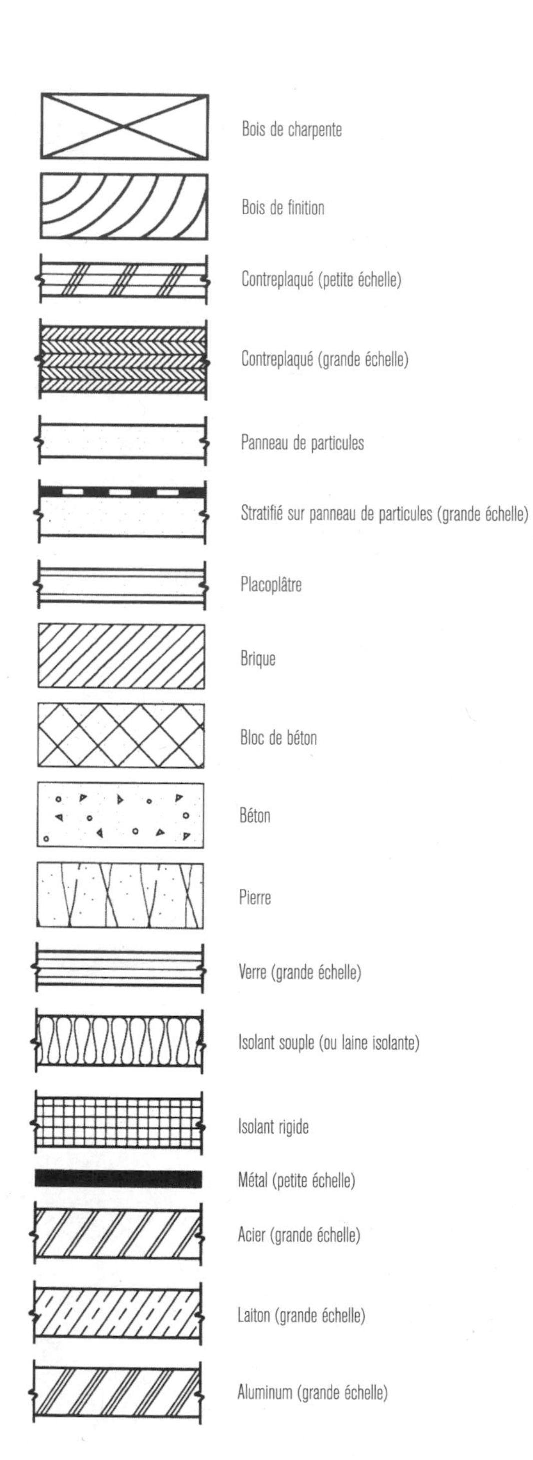

7.19
Indication des matériaux dans une coupe

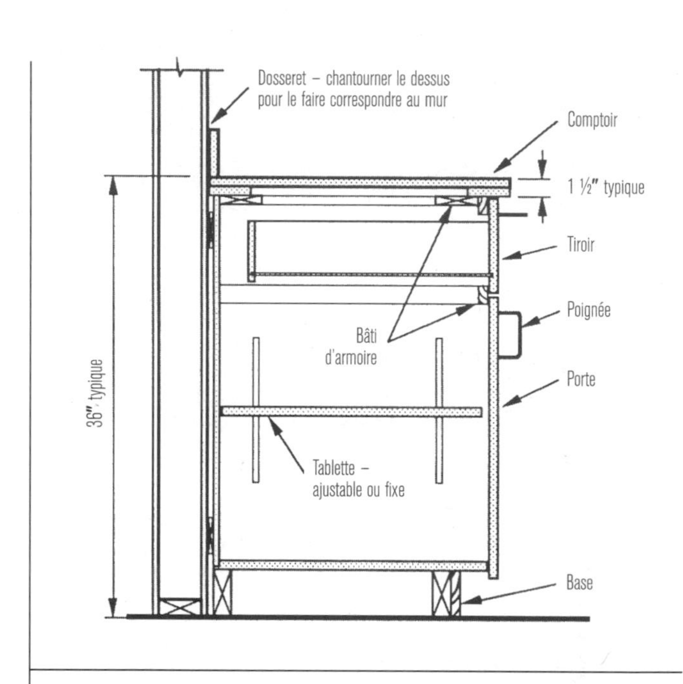

7.20
Mobilier intégré : armoire au sol et comptoir

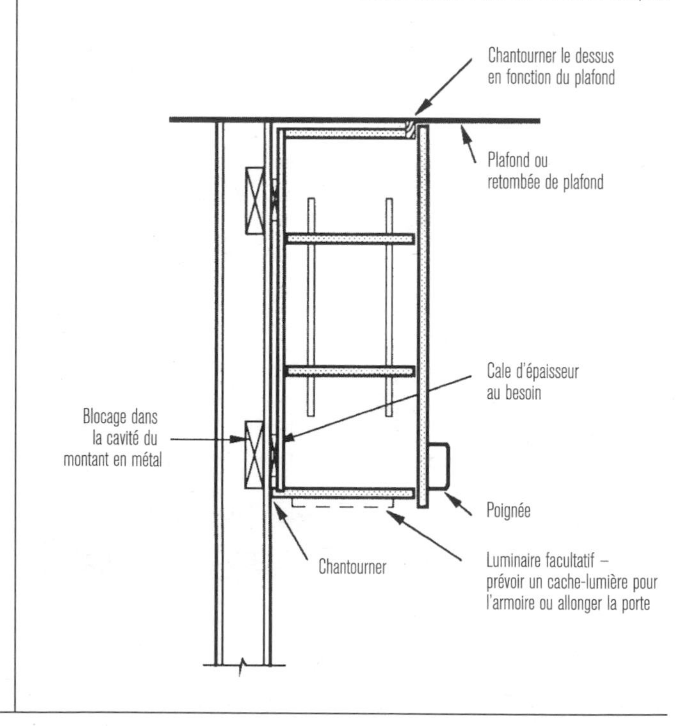

7.21
Mobilier intégré : armoire suspendue

Ⓐ Mobilier intégré

On entend par mobilier intégré les armoires au sol, les armoires murales, les rayonnages et tout autre élément de mobilier fixé au cadre bâti. Les figures 7.20 et 7.21 montrent des coupes typiques d'une armoire au sol et d'une armoire murale. Comme les éléments d'ébénisterie sont fabriqués sur mesure, leurs dimensions exactes, leur configuration, leurs matériaux et leurs finis varient selon le design et les exigences du client. Il est essentiel d'indiquer sur les dessins d'ébénisterie la taille et l'espace nécessaire pour les appareils électroménagers ou d'autres équipements intégrés, le cas échéant. Dans les détails 7.20 et 7.21, le devant des tiroirs et des portes ainsi que le dessus du comptoir peuvent être en contreplaqué avec un revêtement de stratifié, ou d'autres types de revêtements comme la peinture, les carreaux ou la pierre.

Ⓑ Panneaux de lambrissage

Il existe deux types fondamentaux de lambrissage en bois : les lambris en relief et les lambris affleurés. Les lambris en relief, plus traditionnels, sont composés de pièces verticales (montants) et de pièces horizontales (traverses) entourant le panneau de lambris central. Voir la figure 7.22. Les lambris affleurés présentent une surface plate et lisse et leurs rives sont aboutées ou assemblées par un joint apparent ou un couvre-joint, comme le montre la figure 7.23. Dans un cas comme dans l'autre, les panneaux de lambrissage fabriqués en atelier sont installés à l'aide de tasseaux ou d'agrafes métalliques en Z, comme l'illustre la figure 7.24. On fixe des tasseaux ou agrafes en Z au mur et des tasseaux ou agrafes correspondants au dos du panneau, puis on le suspend.

Ⓒ Boiseries et moulures

Une *boiserie* est un élément de longueur fixe tel qu'un cadre de porte ou de fenêtre qui peut être installé avec une seule longueur de bois. Une *moulure* est un élément de longueur continue tel qu'une plinthe, une cimaise ou une corniche. Les termes boiserie et moulure désignent habituellement des éléments en bois fabriqués sur mesure en atelier puis installés sur le chantier. L'expression *moulure de bois* désigne des éléments similaires disponibles dans le commerce en tailles et profils standards; les moulures sont commandées par numéro et leur installation est considérée comme de la menuiserie plutôt que de l'ébénisterie.

Les boiseries et les moulures peuvent être fabriquées sur mesure dans presque n'importe quels profils et dimensions selon les spécifications du designer d'intérieur (sous réserve des limites de dimension du bois brut et des outils de fabrication) et dans n'importe quelle essence de bois disponible. Pour obtenir un profil inhabituel, l'atelier taille une matrice sur mesure qui sert ensuite à raboter le bois selon les dimensions et le profil voulus. Les moulures de bois, en revanche, ne sont disponibles qu'en quelques essences seulement (comme le pin, le chêne et le noyer) et sont limitées aux profils standards, dont la figure 7.25 montre quelques exemples.

Ⓓ Construction d'éléments spéciaux d'ébénisterie

Outre les éléments d'ébénisterie habituels, une foule d'autres éléments spéciaux peuvent être construits sur mesure, notamment les tables de conférence, bureaux, panneaux revêtus de tissu, étagères et meubles encastrés, bars, présentoirs et comptoirs. Le designer d'intérieur peut prévoir d'autres matériaux en plus du bois (comme le métal ornemental, les carreaux, la pierre, le verre, le cuir et le tissu).

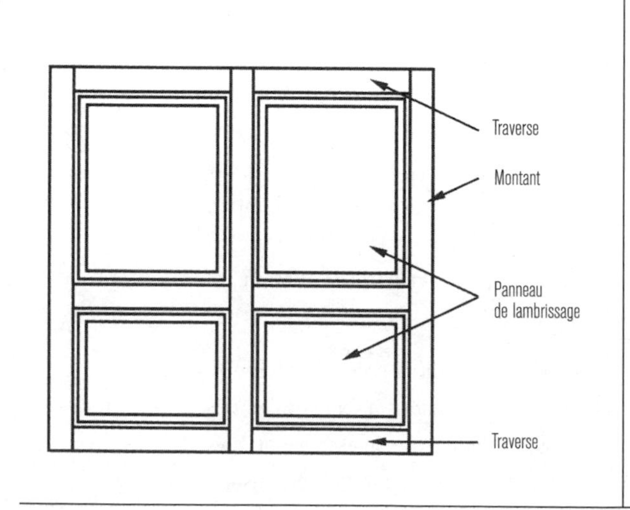

7.22
Lambris à relief

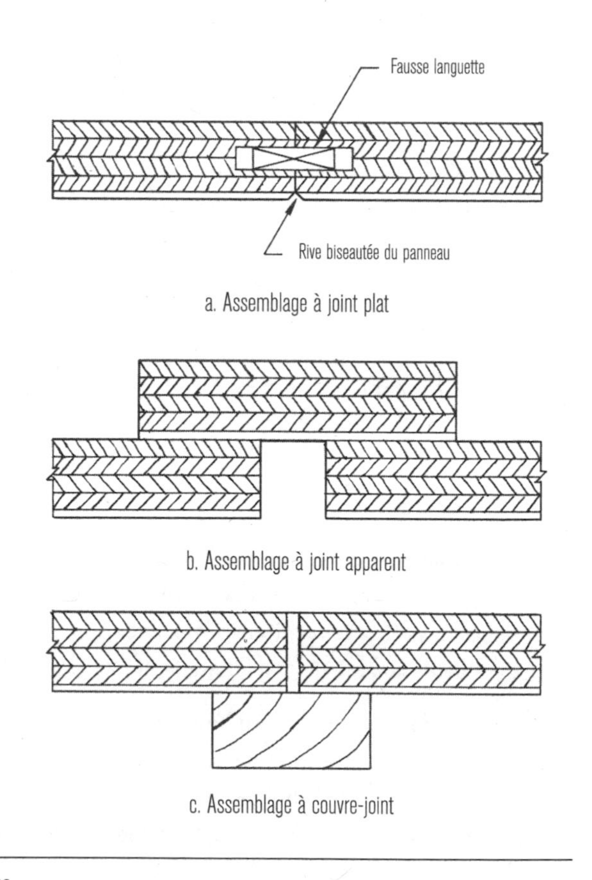

7.23
Lambris affleurés – jointage des panneaux

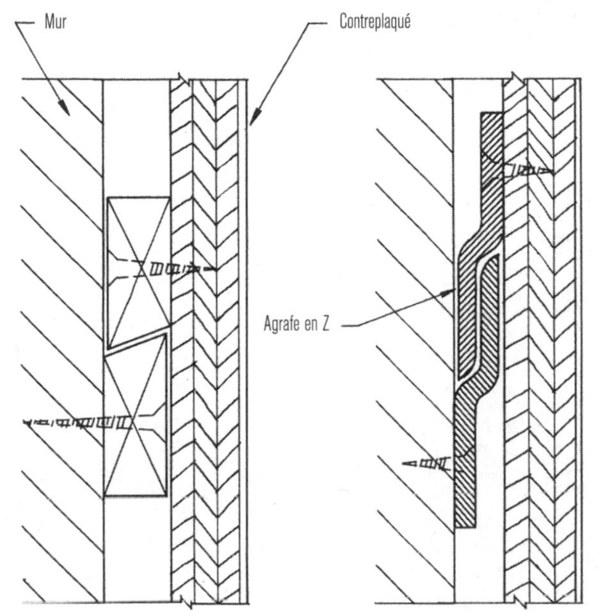

a. Panneau suspendu au moyen de tasseaux b. Panneau suspendu au moyen d'agrafes en Z

7.24
Méthodes de suspension des panneaux

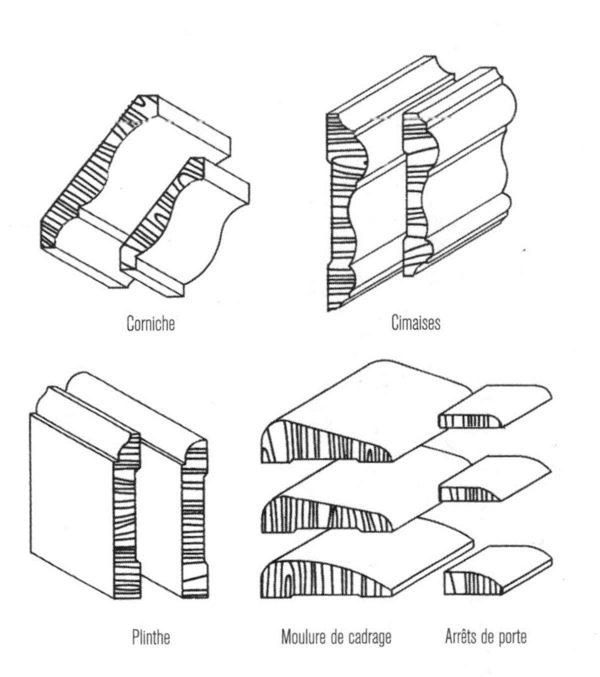

7.25
Moulures de bois

QUESTIONS

1. Quel type de dessin illustre *le mieux* les cloisons qui se prolongent jusqu'à la dalle dans un projet ?

   1. Le plan de plafond réfléchi
   2. Les élévations intérieures
   3. Les détails de coupe des murs
   4. Le plan des finis

2. Lequel des symboles suivants indique que le cadre d'une cloison vitrée illustré sur un plan d'étage est représenté en détail sur une autre feuille ?

3. Qui est responsable de s'assurer que les plafonniers encastrés n'interfèrent pas avec les conduits figurant sur les plans mécaniques ?

   1. L'ingénieur en mécanique
   2. L'ingénieur en électricité
   3. Le designer d'intérieur
   4. L'architecte

4. Qui participe *le moins* à la sélection d'un chemin de câbles sous le plancher ?

   1. Le conseiller en électricité
   2. L'ingénieur en bâtiment
   3. L'architecte
   4. L'ingénieur en mécanique

5. Quel renseignement est *le plus* important dans les dessins de panneaux qui seront suspendus au mur au moyen de tasseaux ?

   1. La largeur de chaque panneau le long du mur
   2. La dimension entre le dessus du panneau et le plafond
   3. L'épaisseur du tasseau de bois
   4. La taille de la base

6. Quelle annotation faut-il indiquer sur le dessin d'une armoire pour s'assurer que celle-ci sera bien adaptée à la construction existante ?

   1. Listel (bande d'ajustement)
   2. Cales d'épaisseur à l'arrière de l'armoire
   3. Chantourner les bords de l'armoire
   4. Blocage au besoin

7. Que représente le symbole ci-dessous ? $\overline{S}_3$

   1. Un interrupteur permettant de contrôler un luminaire à partir de deux endroits
   2. Un luminaire contrôlé à partir de trois endroits
   3. Un luminaire et un ventilateur contrôlés par le même interrupteur
   4. Un interrupteur à quatre voies

8. Quel type de tableau est *le moins* susceptible de se trouver dans un jeu de dessins de design d'intérieur ?

   1. Un tableau des finis
   2. Un tableau d'ébénisterie
   3. Un tableau des fenêtres
   4. Un tableau de l'équipement

9. Quel symbole représente une prise téléphonique au sol ?

   1. ▲F
   2. ▲ (avec barre)
   3. ▲ (dans un cercle)
   4. ▲ (dans un carré)

10. Où avez-vous le plus de chance de trouver des renseignements sur les prises de courant pour les luminaires non fixes (ni encastrés ni muraux) ?

    1. Sur le plan d'ameublement
    2. Sur le plan des cloisons
    3. Sur le plan d'électricité
    4. Sur le plan de plafond réfléchi

8

Devis d'exécution

Tout projet de design d'intérieur qui comporte une nouvelle construction exige un devis écrit en plus des dessins d'exécution. Les dessins montrent la configuration générale et la disposition de l'espace intérieur ainsi que l'étendue, l'emplacement, la forme et les dimensions de la construction prévue. Le devis d'exécution, quant à lui, décrit précisément la qualité des matériaux et la qualité d'exécution, de même que les exigences générales relatives à l'exécution du travail, les normes et toute autre information qu'il est nécessaire de transmettre par écrit plutôt que sous forme graphique. Le devis d'exécution diffère du devis d'ameublement par son contenu, sa portée et sa forme. Nous verrons le devis d'ameublement à la dernière section de ce chapitre.

Pour les projets simples, le devis d'exécution peut être dactylographié sur un support adhésif transparent et apposé sur les dessins pour en faciliter l'utilisation. Pour la plupart des projets, toutefois, le devis d'exécution est inclus dans le manuel de projet (ou cahier des charges) et est produit en même temps que les dessins et les ententes contractuelles, car il fait partie des documents contractuels.

1 Structure du manuel de projet (cahier des charges)

Le manuel de projet est un ouvrage relié contenant tous les documents contractuels et non contractuels pour un projet de construction, sauf les dessins, les addendas et les modifications au contrat. Le devis d'exécution en fait partie. Voir la figure 8.1.

Le manuel de projet se divise en quatre sections principales : 1) Exigences concernant l'appel d'offres (s'il y a lieu); 2) Formulaires de contrat, y compris la convention entre le maître de l'ouvrage et l'entrepreneur, les formulaires de cautionnement et autres documents de ce genre; 3) Conditions générales et supplémentaires du contrat; et 4) Devis d'exécution.

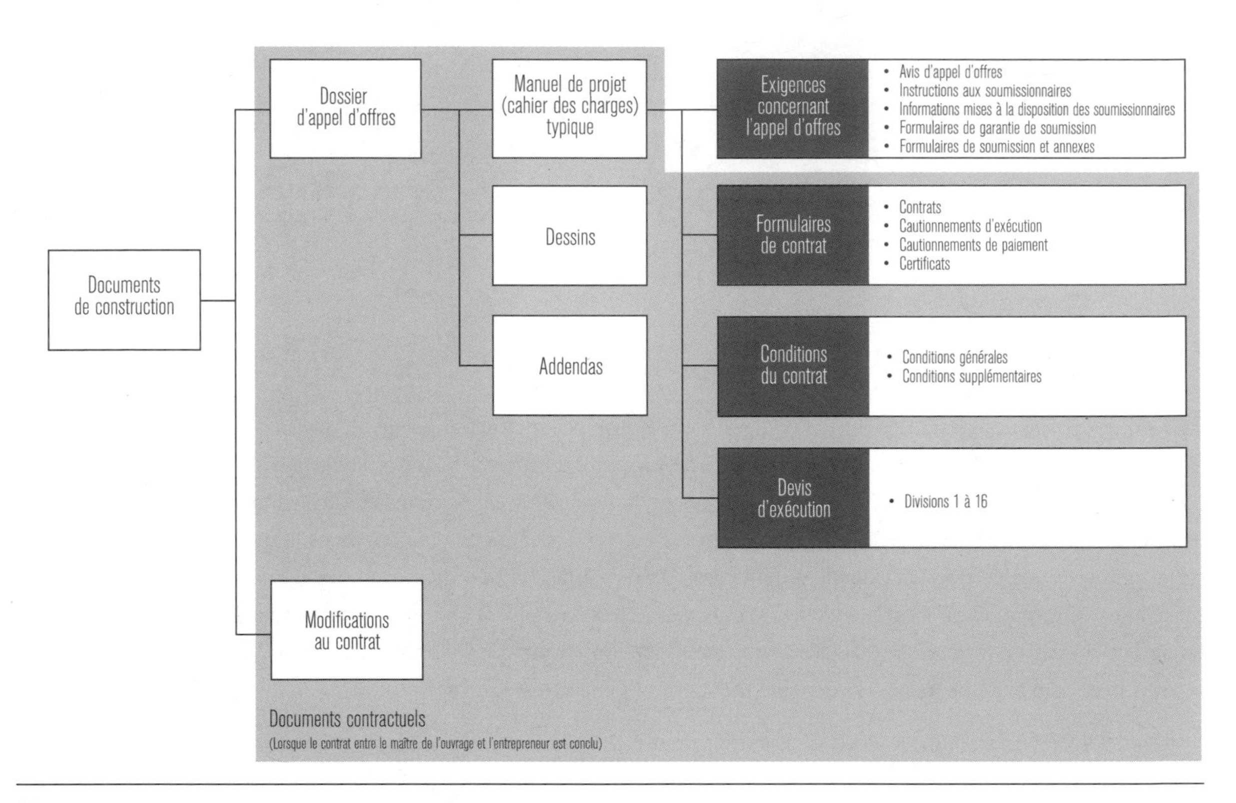

8.1
Structure des documents de construction

Voici une liste plus détaillée du contenu éventuel d'un dossier d'appel d'offres :

- Exigences concernant l'appel d'offres
  Avis d'appel d'offres
  Déclaration de qualification
  Instructions aux soumissionnaires
  Informations mises à la disposition des soumissionnaires
  Formulaires de garantie de soumission
  Formulaires de soumission et annexes

  - Annexes :
    Sous-traitants proposés
    Substitution de produits

- Formulaires de contrat
  Contrat (convention entre le maître de l'ouvrage et l'entrepreneur)
  Cautionnements d'exécution
  Cautionnements de paiement de la main-d'œuvre et des matériaux
  Certificats d'assurance

- Conditions du contrat
  Conditions générales
  Conditions supplémentaires (tout élément qui n'est pas abordé dans les conditions générales)
- Devis d'exécution

Les contrats, documents de soumission et conditions générales sont traités en détail au chapitre 9. Le présent chapitre porte sur les modes de spécification du devis d'exécution.

2 Modes de spécification

Il y a deux grands modes de spécification : le mode prescriptif (ou mode de spécification par marque) et le mode fondé sur le résultat. On dit parfois de la spécification prescriptive qu'elle est fermée, tandis que la spécification fondée sur le résultat est ouverte.

La spécification prescriptive consiste à préciser clairement les produits et matériaux que l'entrepreneur doit utiliser en indiquant leur marque de commerce, alors que la spécification fondée sur les résultats consiste à indiquer le résultat attendu d'un assemblage de construction définitif, mais laisse à l'entrepreneur une certaine latitude dans le choix des méthodes pour y arriver. Le mode de spécification le plus utilisé en design d'intérieur se situe entre ces deux extrêmes.

Plusieurs facteurs déterminent le mode de spécification à utiliser. Les projets publics exigent habituellement une méthode ouverte pour susciter des soumissions concurrentielles. Certains clients privés peuvent également exiger ce mode de spécification. Par ailleurs, un designer d'intérieur aura probablement recours à un mode de spécification fermé s'il veut s'assurer qu'un produit en particulier est utilisé. C'est souvent le cas pour les projets de design d'intérieur, car de nombreux produits et finis sont tellement distinctifs qu'il est impossible de trouver un équivalent acceptable. Le type de spécification dépend également de la façon dont le contrat est attribué (par appel d'offres ou par négociation). Dans le cas d'un appel d'offres, il est préférable de laisser plus de latitude à l'entrepreneur pour lui permettre de trouver le prix le plus avantageux tout en respectant les exigences.

Le mode prescriptif et celui fondé sur le résultat se subdivisent à leur tour en différents autres modes : les modes de spécification exclusif et non exclusif appartiennent à la première catégorie, alors que le mode de spécification descriptif, la spécification par référence à une norme et la spécification par critère de performance appartiennent à la deuxième.

Ⓐ Spécification prescriptive exclusive (ou spécification par marque – un seul produit)

La spécification prescriptive exclusive est la plus limitative au sens où elle exige le produit d'un fabricant précis. Elle donne au designer d'intérieur le contrôle complet sur ce qui est installé. Elle est plus simple pour le rédacteur et la description est généralement plus courte. Toutefois, elle ne permet pas de solliciter des soumissions concurrentielles et, en limitant les produits, elle peut avoir pour effet d'obliger l'entrepreneur à utiliser des matériaux ou des produits difficiles à obtenir, qui coûtent cher ou dont les délais de livraison sont longs.

Ⓑ Spécification prescriptive non exclusive (ou spécification par marque – produits équivalents acceptables)

La spécification non exclusive consiste à indiquer un matériau ou un produit de marque déposée, mais autorise le choix d'autres produits jugés équivalents. Ce type de spécification est risqué, car l'entrepreneur peut remplacer un produit par un article moins coûteux qu'il considère comme équivalent, mais qui ne l'est pas.

Deux variantes de ce mode de spécification donnent au designer d'intérieur un peu plus de contrôle sur les choix éventuels. La première variante consiste à énumérer plusieurs fabricants approuvés pour un produit. L'entrepreneur est libre de proposer l'un ou l'autre des produits énumérés. Ce mode de spécification satisfait aux exigences des travaux publics, qui demandent qu'au moins trois fabricants différents soient énumérés. Il revient au designer d'intérieur, toutefois, de s'assurer que chacun des produits ou fabricants qu'il énumère sont bel et bien équivalents.

La seconde variante consiste à spécifier un ou plusieurs produits de marque déposée en permettant la substitution de produits équivalents, sous réserve d'approbation. Ce type de spécification exige donc l'utilisation d'un produit en particulier ou d'un produit équivalent approuvé. Cela signifie que l'entrepreneur peut proposer un produit de substitution, mais que ce produit doit être examiné et approuvé par le designer avant de pouvoir être inclus dans la soumission. Cela donne une certaine latitude à l'entrepreneur, qui peut ainsi tenter de trouver des produits équivalents au prix le plus avantageux. Par contre, le designer d'intérieur a la responsabilité d'évaluer avec impartialité et exactitude les produits de substitution proposés. En pleine période d'appel d'offres, cela peut représenter une lourde tâche : le devis doit donc énoncer clairement le délai que l'entrepreneur accorde au designer d'intérieur et le mode d'évaluation des produits de substitution.

Ⓒ Spécification descriptive

Le mode de spécification descriptif est un mode ouvert et fondé sur le résultat qui consiste à préciser des exigences détaillées sur le matériau ou le produit ainsi que sur la qualité d'exécution que nécessitent sa fabrication et son installation. On ne mentionne aucune marque de commerce. Dans sa forme la plus intégrale, ce mode de spécification est difficile à utiliser, car le rédacteur doit inclure toutes les exigences pertinentes à la construction et à l'installation d'un produit.

Ⓓ Spécification par référence à une norme

La spécification par référence à une norme est aussi descriptive, mais elle consiste à décrire un matériau, un produit ou un procédé en fonction d'exigences (ou de normes de référence) établies par un organisme reconnu ou par une méthode d'essai. Par exemple, aux États-Unis, on peut exiger qu'un produit satisfasse aux normes d'essai établies par des organismes tels que l'American Society for Testing and Materials (ASTM), l'American National Standards Institute (ANSI) ou les Underwriters Laboratories (UL), alors qu'au Canada, on mentionnera les normes de l'Office des normes générales du Canada (ONGC), de la Canadian Standards Association (CSA), des Underwriters Laboratories of Canada / Laboratoires des assureurs du Canada (ULC) ou du Bureau de normalisation du Québec (BNQ). On peut aussi faire référence à certaines associations professionnelles, comme l'Architectural Woodwork Institute ou la Gypsum Association des États-Unis, ou encore l'Association canadienne du gaz (ACG) ou le Canadian Lumber Standards Accreditation Board (CLSAB).

Ainsi, la description d'un revêtement mural en panneaux de placoplâtre peut exiger que tous les panneaux de placoplâtre respectent les exigences de la norme ASTM. Ce document décrit de façon très détaillée toutes les exigences relatives à de tels panneaux. Cela évite d'avoir à répéter ces exigences dans le devis d'exécution, car il suffit de faire référence aux normes reconnues de l'industrie.

La description par référence à une norme est relativement facile à rédiger et est généralement courte. Le risque d'erreur est faible et la responsabilité du designer d'intérieur est minimale puisqu'il utilise les normes de l'industrie et les méthodes de construction généralement reconnues. Cependant, le designer doit connaître le contenu des normes et être capable de n'en citer que les portions appropriées pour son projet.

(E) Spécification par critères de performance

La spécification par critères de performance consiste à indiquer les critères de performance et les résultats exigés pour un produit ou un matériau, un équipement ou un système. Les résultats peuvent être vérifiés par des mesures, des essais ou d'autres types d'évaluation. Les moyens pour arriver aux résultats exigés ne sont pas précisés et sont laissés à la discrétion de l'entrepreneur ou du fournisseur.

La spécification par critères de performance est souvent utilisée dans le cas de composantes de construction pour lesquelles on cherche à stimuler l'innovation en vue d'arriver à un résultat précis. Pour décrire un système de cloisons mobiles, par exemple, on spécifie les critères de performance recherchés : résistance au feu, propriétés acoustiques, fini, épaisseur maximale, tolérances, taille, etc. Il revient alors à l'entrepreneur et au fabricant de concevoir et de mettre au point un système répondant à tous ces critères.

Un devis d'exécution utilisant la spécification par critères de performance est difficile à rédiger, car le rédacteur doit connaître tous les critères et énoncer les méthodes d'essai de conformité sans aucune ambiguïté. Ce mode de spécification est rarement utilisé pour les projets de construction intérieure.

(F) Devis directeur

Quel que soit le mode de spécification utilisé par le designer d'intérieur, chaque produit ou activité que comporte un projet doit faire l'objet d'une *section* distincte dans le devis d'exécution. La structure normalisée des sections d'un devis d'exécution est traitée dans la troisième partie du présent chapitre.

Étant donné la difficulté de rédiger un devis d'exécution complet, exact et à jour, et le grand nombre de sections à inclure pour la plupart des projets, la majorité des bureaux utilisent un devis directeur ou un devis type. Au Canada, on utilise le *Devis directeur national* (DDN). Un devis directeur est un document contenant la description de tous les produits, méthodes, procédures et autres variables ayant trait à un projet de construction. Il inclut également des notes au rédacteur visant à aider ce dernier à adapter le texte à ses besoins particuliers. Ces notes ne doivent évidemment pas figurer dans la version définitive du devis d'exécution. Le designer d'intérieur supprime du devis directeur les portions non pertinentes et ajoute les renseignements propres à son projet. La figure 8.2 montre une page tirée du *Devis directeur national*. Les notes au rédacteur sont faciles à repérer.

A-DDN072600++

Devis directeur de la construction au Canada	PARE-VAPEUR	Section 07 26 00 Page 4 2006-03-31

constituera la norme minimale à respecter pour les travaux. [L'échantillon pourra [ne pourra pas] [______] être intégré à l'ouvrage fini.] [Enlever l'échantillon et évacuer les matériaux lorsqu'on en n'a plus besoin et lorsque [le Représentant du Ministère] [l'Ingénieur] [le Consultant] [______] le demande.]

1.5 TRANSPORT, ENTREPOSAGE ET MANUTENTION

.1 Gestion et élimination des déchets

.1 Trier les déchets en vue de[leur réutilisation/réemploi] [et de] [leur recyclage], conformément à la section [01 74 21 - Gestion et élimination des déchets de construction/démolition] [______].

PARTIE 2 - PRODUITS

2.1 DÉVELOPPEMENT DURABLE

REDACTEUR: DÉVELOPPEMENT DURABLE : Préciser au paragraphe ci-après les exigences spécifiques en matière de développement durable concernant les matériaux/matériels et les produits utilisés dans le cadre des présents trav, ou coordonner les prescriptions de la présente section avec celles des sections pertinentes du DDN utilisées dans le devis de projet.

REDACTEUR: DÉVELOPPEMENT DURABLE : Préciser au paragraphe ci-après les exigences en matière de développement durable visant la construction et le contrôle, qui permettront d'atteindre les objectifs de performance environnementale.

.1 Matériaux/matériels et produits : conformes à la section [01 47 15 - Développement durable - Construction] [______].
   .1 [______].

Le devis type est similaire, mais n'est généralement pas aussi complet. Il aide le rédacteur à organiser l'information du devis d'exécution et indique les décisions à prendre ainsi que l'emplacement approprié des différents éléments.

Il vaut mieux avoir recours à un devis type ou à un devis directeur plutôt qu'à la vieille méthode par collage (encore fréquente, malheureusement) selon laquelle le rédacteur réutilise des portions de devis antérieurs pour en créer un nouveau. Avec cette méthode, toutefois, on court le danger que des clauses ou des conditions importantes soient oubliées ou que des clauses non pertinentes soient réutilisées à tort par un designer d'intérieur inexpérimenté.

Il y a trois façons de produire un devis directeur (sans compter la méthode par collage). Premièrement, un bureau de design peut acheter des devis types ou le DDN, ce qui permet ensuite de choisir ou de modifier les sections appropriées selon les besoins de chaque projet. Les organismes qui publient les devis type ou le DDN s'occupent de la rédaction, de la coordination et, surtout, de la mise à jour de chaque section. Deuxièmement, certains grands bureaux rédigent et tiennent à jour leur propre devis directeur et peuvent même avoir recours à un rédacteur de devis. Troisièmement, on peut avoir recours à un consultant ou à une firme privée de rédaction de devis qui utilise son propre devis directeur ou un produit commercial. Le recours à un consultant en rédaction de devis est avantageux, car cette personne est expérimentée et sait quelles questions poser, comment sélectionner et évaluer les matériaux, comment coordonner les différentes sections et comment les adapter à un projet précis. Par contre, il est important de se rappeler qu'un bureau de design qui embauche un consultant en rédaction de devis demeure responsable des erreurs ou des omissions que pourrait contenir le devis, tout comme il est responsable du travail effectué par n'importe quel autre sous-traitant.

❸ STRUCTURE DES SECTIONS TECHNIQUES DU DEVIS D'EXÉCUTION

La structure des sections techniques du devis d'exécution a été normalisée avec l'adoption généralisée du système du *Répertoire normatif* (*MasterFormat*MC). Le Construction Specifications Institute et Devis de construction Canada ont travaillé ensemble pour normaliser la numérotation et le format des renseignements relatifs à un projet à des fins de rédaction de devis, d'estimation des coûts et de classement des données.

Le *Répertoire normatif* est un système hiérarchisé qui répartit les produits et activités relatifs à un projet de construction en 16 groupes appelés divisions[1]. Ces 16 divisions (voir la figure 8.2) sont considérées comme des titres de niveau 1. Chacune de ces divisions est ensuite subdivisée en sections considérées comme des titres de niveau 2 pour un type de produit en particulier. Si une classification plus précise est nécessaire, on peut utiliser une section et un numéro de niveau 3. Par exemple, la section 09900, Peintures et enduits, est un titre de niveau 2 qui peut inclure de nombreux types de peinture distincts. Selon les besoins du projet, le devis d'exécution peut inclure différentes sections de niveau 3 comme 09910 – Peintures, 09930 – Teintures et finitions apparentes et 09960 – Enduits haute performance. Le rédacteur du devis peut aussi attribuer des numéros et des titres de niveau 4 s'il a besoin d'une section spéciale qui n'existe pas déjà ou s'il veut distinguer un matériau en particulier d'autres matériaux similaires.

Le niveau utilisé dépend de la complexité du travail et de la façon dont le designer d'intérieur veut exploiter le devis directeur. Ainsi, si on n'utilise aucun enduit haute performance dans le projet, il est beaucoup plus facile de simplement omettre cette section dans le dossier d'appel d'offres que de modifier une section Peintures et enduits plus générale incluant les enduits haute performance.

En plus d'établir ces 16 divisions, le système du *Répertoire normatif* suggère d'inclure d'autres renseignements au début du dossier d'appel d'offres, comme les exigences contractuelles et les exigences de l'appel d'offres. Voir la figure 8.3 à la page 140.

Le *Répertoire normatif* établit également un mode d'organisation normalisée pour chacune des sections, composé de trois parties : 1. Généralités, 2. Produits et 3. Exécution (voir la figure 8.4 à la page 142). Toutes les sections comportent ces trois parties, mais leur contenu varie selon le type de matériau ou de produit décrit.

La partie 1 établit la portée générale de la section et son contenu, les pièces à soumettre (documents et échantillons), les exigences d'assurance de la qualité, les garanties, les conditions du projet et les exigences relatives au transport, à la manutention et à l'entreposage des matériaux.

---

1. Il existe une nouvelle mise à jour du *Répertoire normatif*, qui comporte maintenant plus d'une trentaine de sections. Pour plus de renseignements à ce sujet, consulter le site Internet *www.spex.ca*.

La partie 2 spécifie en détail les matériaux et produits eux-mêmes, notamment les fabricants acceptables (le cas échéant), les données concernant la fabrication et l'assemblage, l'information concernant le contrôle de la qualité et la performance, etc.

La partie 3 indique comment les produits et matériaux doivent être installés, posés ou mis en œuvre. Cette partie décrit également l'examen et la préparation préalables à l'installation, le contrôle de la qualité au chantier et l'ajustement, le nettoyage ainsi que la protection de l'ouvrage fini.

La figure 8.4 à la page 142 montre la structure normalisée des sections et toutes les rubriques qu'elles peuvent contenir. Il revient au rédacteur du devis de sélectionner les rubriques appropriées selon le produit ou le matériau spécifié.

4 Guide de rédaction du devis d'exécution

Bien qu'il serve à communiquer des renseignements techniques, le devis d'exécution est aussi un document juridique; il doit donc être complet, précis et sans ambiguïté. La langue utilisée doit être simple et claire. Voici quelques règles importantes :

- Bien connaître le contenu des normes et des méthodes d'essai auxquelles on fait référence et savoir quelles portions de ces normes ou méthodes s'appliquent au projet. S'assurer de faire référence aux éditions les plus récentes.
- Ne pas inscrire à la fois les résultats attendus et les méthodes proposées pour y arriver, car il pourrait y avoir contradiction entre les deux. Ainsi, si l'on spécifie qu'un tapis doit satisfaire à certains critères d'essai et que l'on indique ensuite un tapis en particulier qui ne répond à ces critères, le devis d'exécution est impossible à respecter.
- Ne pas inclure des normes ou des critères impossibles à mesurer. Par exemple, une expression comme « travail de première classe » peut être sujette à toutes sortes d'interprétations.
- Éviter les clauses disculpatoires. Il s'agit d'expressions très générales qui tentent de faire porter la responsabilité à l'entrepreneur ou à une autre partie. En voici un exemple : « l'entrepreneur est entièrement responsable de... ». À moins qu'il s'agisse d'une clause dont la formulation est généralement acceptée ou appropriée dans le contexte du devis d'exécution, les avis juridiques tendent à désapprouver de telles clauses, surtout lorsqu'elles favorisent l'auteur du contrat.
- Éviter les mots ou les expressions ambiguës. La combinaison *et/ou*, notamment, manque de clarté et devrait être remplacée par l'un ou l'autre de ces mots. L'abréviation *etc.*, qui est très vague, peut laisser entendre qu'elle inclut un élément non voulu. Le mot *tout* peut laisser croire que l'entrepreneur peut faire un choix. On peut l'utiliser si c'est le cas mais, habituellement, ce ne l'est pas.

- Viser la concision. Il est possible de rédiger le devis dans un style télégraphique, en omettant des mots comme *tout, le, la, les, un, une* et *des* et en utilisant l'infinitif.
- Se limiter à une idée principale par paragraphe. En plus de faciliter la lecture et la compréhension, cela permet de modifier le devis d'exécution plus facilement.

5 COORDINATION AVEC LES DESSINS D'EXÉCUTION

Le devis d'exécution et les dessins d'exécution se complètent mutuellement. Ils doivent donc être produits et vérifiés de façon à éviter les exigences contradictoires, les duplications, les omissions et les erreurs. Plusieurs éléments nécessitent une attention particulière.

Premièrement, le devis d'exécution doit être complet : il doit spécifier toutes les exigences relatives à l'ensemble des matériaux et des ouvrages à construire figurant sur les dessins. Il peut être utile, pour assurer l'exhaustivité, que le rédacteur du devis et le directeur du projet ou le designer principal se servent de la même liste de contrôle.

Deuxièmement, la terminologie doit être uniforme dans le devis et les dessins. Si le devis d'exécution fait référence aux *panneaux de plâtre*, le même terme doit figurer dans les dessins.

Troisièmement, les dimensions doivent être indiquées dans un seul document. Généralement, les dimensions figurent sur les dessins, et les normes applicables aux matériaux et composantes ayant ces dimensions sont spécifiées dans le devis.

Quatrièmement, dans la plupart des cas, les méthodes d'installation ou les qualités des matériaux ne devraient pas être mentionnées dans les notes des dessins, mais plutôt dans le devis. Toutefois, s'il s'agit d'un petit projet nécessitant peu de construction et pour lequel on ne monte pas un dossier d'appel d'offres, certains designers d'intérieur décrivent les matériaux et les méthodes d'installation en détail sur les dessins.

Même si le devis d'exécution et les dessins sont complémentaires, il est important de veiller soigneusement à l'exactitude du texte du devis. En cas de conflit entre les dessins et le devis, les tribunaux ont statué que c'est le devis qui l'emporte et qui a priorité sur les dessins.

INFORMATIONS PRÉLIMINAIRES
00001 Page titre du projet
00005 Page d'attestation
00007 Page des sceaux
00010 Table des matières
00015 Liste des dessins
00020 Liste de tableaux

EXIGENCES DE SOUMISSION
00100 Sollicitation de soumission
00200 Instructions aux soumissionnaires
00300 Renseignements disponibles aux soumissionnaires
00400 Formulaires de soumission et annexes
00490 Addenda de soumission

EXIGENCES CONTRACTUELLES
00500 Contrat
00600 Cautionnements et certificats
00700 Conditions générales
00800 Conditions supplémentaires
00900 Addenda et modifications

AMÉNAGEMENTS ET ESPACES
Aménagement et espaces

SYSTÈMES ET ASSEMBLAGES
Systèmes et assemblages

DIVISION 1 - EXIGENCES GÉNÉRALES
01100 Sommaire
01200 Prix et modalités de paiement
01300 Exigences administratives
01400 Exigences de qualité
01500 Aménagements et mesure de contrôle provisoires
01600 Exigences concernant les produits
01700 Exigences d'exécution
01800 Exploitation de l'installation
01900 Désaffectation d'installation

DIVISION 2 - TRAVAUX D'EMPLACEMENT
02050 Matériaux et méthodes de base des travaux d'emplacement
02100 Restauration environnementale de l'emplacement
02200 Préparation de l'emplacement
02300 Terrassement
02400 Creusage de tunnel, forage et vérinage
02450 Fondations et éléments portants
02500 Services publics
02600 Drainage et confinement
02700 Couches de base, ballasts, revêtements de chaussée et accessoires
02800 Aménagement extérieur et accessoires d'aménagement
02900 Plantations
02950 Restauration et réhabilitation d'emplacement

DIVISION 3 - BÉTON
03050 Matériaux et méthodes de base relatifs au béton
03100 Coffrages et accessoires à béton
03200 Armatures à béton
03300 Béton coulé en place
03400 Éléments de béton préfabriqués
03500 Platelages et sous-finition cimentaire
03600 Coulis
03700 Béton de masse
03900 Réparation et nettoyage de béton

DIVISION 4 - MAÇONNERIE
04050 Matériaux et méthodes de base relatifs à la maçonnerie
04200 Éléments de maçonnerie
04400 Pierre
04500 Maçonnerie réfractaire
04600 Maçonnerie anticorrosion
04700 Similimaçonnerie
04800 Assemblages de maçonnerie
04900 Réfection et nettoyage de maçonnerie

DIVISION 5 - MÉTAUX
05050 Matériaux et méthodes de base relatifs au métal
05100 Charpentes métalliques
05200 Poutrelles métalliques
05300 Platelage métallique
05400 Charpentes métalliques en éléments profilés à froid
05500 Métaux ouvrés
05600 Pièces métalliques d'ouvrage hydraulique
05650 Rails de chemin de fer et accessoires
05700 Métal ornemental
05800 Joints de dilatation
05900 Restauration et nettoyage de métal

DIVISION 6 - BOIS ET PLASTIQUES
06050 Matériaux et méthodes de base relatifs au bois et au plastique
06100 Charpenterie
06200 Menuiserie
06400 Ébénisterie
06500 Éléments structuraux en plastique
06600 Plastiques ouvrés
06900 Restauration et nettoyage de bois et de plastique

DIVISION 7 - ISOLATION THERMIQUE ET ÉTANCHÉITÉ
07050 Matériaux et méthodes de base en isolation thermique et en étanchéité
07100 Hydrofugation et imperméabilisation
07200 Isolation thermique
07300 Bardeaux, tuiles de revêtements de toit
07400 Panneaux de couverture et de revêtement mural
07500 Couverture à membrane
07600 Solins, contre-solins et métal en feuilles
07700 Articles spéciaux et accessoires de toit
07800 Protection contre le feu et la fumée
07900 Obturateurs de joint

DIVISION 8 - PORTES ET FENÊTRES
08050 Matériaux et méthodes de base relatifs aux portes et fenêtres
08100 Portes et cadres métalliques
08200 Portes de bois et de plastique
08300 Portes à usage particulier
08400 Entrées et devantures
08500 Fenêtres
08600 Lanterneaux
08700 Quincaillerie
08800 Vitrage
08900 Murs-rideaux vitrés

DIVISION 9 - FINITIONS
09050 Matériaux et méthodes de base des finitions
09100 Assemblages à support métallique
09200 Plâtre et plaques de plâtre
09300 Carrelages
09400 Terrazzo
09500 Plafonds
09600 Revêtements de sol
09700 Finitions de mur
09800 Traitement acoustique
09900 Peintures et enduits

DIVISION 10 - PRODUITS SPÉCIAUX
10100 Tableaux d'affichage
10150 Compartiments et isoloirs
10200 Persiennes et évents
10240 Grilles et grillages
10250 Murs de service
10260 Protecteurs de mur et d'angle
10270 Planchers surélevés
10290 Contrôle de la vermine
10300 Foyers et poêles
10340 Articles spéciaux d'extérieur préfabriqués
10350 Mâts de drapeau
10400 Dispositifs d'identification
10450 Dispositifs de contrôle de la circulation piétonne
10500 Casiers

10520 Matériel de lutte contre l'incendie
10530 Abris divers
10550 Matériel de service postal
10600 Cloisons
10670 Rayonnages d'entreposage
10700 Dispositifs de protection extérieure
10750 Articles spéciaux de téléphonie
10800 Accessoires de toilette, de bain et de buanderie
10880 Balances
10900 Accessoires de garde-robe et de placard

DIVISION 11 - ÉQUIPEMENT

11010 Matériel d'entretien
11020 Équipement de sécurité et de chambre forte
11030 Équipement de caissier et de service
11040 Équipement liturgique
11050 Équipement de bibliothèque
11060 Équipement de scène et de théâtre
11070 Équipement de musique
11080 Équipement de réception et d'inscription
11090 Équipement de consigne
11100 Équipement commercial
11110 Équipement commercial de buanderie et de nettoyage à sec
11120 Distributeurs automatiques
11130 Équipement audiovisuel
11140 Équipements de station-service
11150 Équipement de parc de stationnement
11160 Équipement de quai de chargement
11170 Équipement de manutention des déchets solides
11190 Équipement de détention
11200 Équipement d'alimentation et de traitement d'eau
11280 Vannes et robinetterie hydrauliques
11300 Équipement d'évacuation et de traitement des eaux usées
11400 Équipement de service alimentaire
11450 Équipement résidentiel
11460 Unités combinées de cuisine
11470 Équipement de chambre noire
11480 Équipement de sport, de loisirs et de thérapie
11500 Équipement industriel et de procédé
11600 Équipement de laboratoire
11650 Équipement de planétarium
11660 Équipement d'observatoire
11680 Équipement de bureau
11700 Équipement médical
11780 Équipement de morgue
11850 Équipement de navigation
11870 Équipement agricole
11900 Équipement d'exposition

DIVISION 12 - AMEUBLEMENT ET DÉCORATION

12050 Tissus
12100 Objets d'art
12300 Armoires et comptoirs usinés
12400 Ameublements, décoration et accessoires
12500 Mobilier
12600 Sièges multiples
12700 Mobilier de systèmes
12800 Plantes d'intérieur et jardinières
12900 Restauration et réparation d'ameublement et d'accessoires de décoration
13160 Aquariums
13165 Équipement de parc aquatique
13170 Bains et piscines
13175 Patinoires
13185 Chenils et abris pour animaux
13190 Incinérateurs construits sur place
13200 Réservoirs de stockage
13220 Drains et matériaux filtrants
13230 Couvercles et accessoires de digesteur
13240 Systèmes d'oxygénation
13260 Systèmes de conditionnement des boues
13280 Élimination de produits dangereux
13400 Instrumentation de mesure et de commande
13500 Instruments enregistreurs
13550 Instrumentation de commande de moyen de transport
13600 Équipement d'énergie solaire et éolienne
13700 Accès et surveillance de sécurité
13800 Commande et automation de bâtiment
13850 Détection et alarme
13900 Extinction d'incendie

DIVISION 14 - SYSTÈMES TRANSPORTEURS

14100 Monte-plats
14200 Ascenseurs et monte-charge
14300 Escaliers et trottoirs mobiles
14400 Appareils élévateurs
14500 Manutention de matériau
14600 Palans et grues
14700 Plaques tournantes
14800 Échafaudages
14900 Moyens de transport

DIVISION 15 - MÉCANIQUE

15050 Matériaux et méthodes de base relatifs à la mécanique
15100 Tuyauterie de services du bâtiment
15200 Tuyauterie de procédé
15300 Tuyauterie de protection incendie
15400 Appareils et équipement de plomberie
15500 Générateurs de chaleur
15600 Équipement de réfrigération
15700 Équipement de chauffage, ventilation, et de conditionnement d'air
15800 Distribution d'air
15900 Instrumentation et régulation de CVCA
15950 Essai, réglage et équilibrage

DIVISION 16 - ÉLECTRICITÉ

16050 Matériaux et méthodes de base en électricité
16100 Méthodes de câblage
16200 Énergie électrique
16300 Réseau de transport et de distribution
16400 Réseaux de distribution très basse tension
16500 Éclairage
16700 Communications
16800 Son et vidéo

Les numéros et les titres présentés dans cette figure sont tirés du *Répertoire normatif (Master Format^MC)* et du *Répertoire des sections (Section Format^MC)* parus en 1998 et servent à illustrer le principe des divisions du *Répertoire normatif*. Pour une information plus à jour sur les nouvelles divisions et sections, le designer d'intérieur devra se référer à l'édition la plus récente du *Répertoire normatif* (consulter le *www.spex.ca*).

8.3
Divisions et sections du *Répertoire normatif (MasterFormat^MC)*

Partie 1 - Généralités	Partie 2 - Produits	Partie 3 - Exécution
SOMMAIRE DES TRAVAUX Contenu de la section Produits fournis mais non installés Produits installés mais non fournis Lots à prix fixés d'avance par le maître de l'ouvrage Prix unitaire Procédures de mesurage Procédures de paiement Solutions de rechange NORMES DE RÉFÉRENCE DÉFINITIONS DESCRIPTION DU SYSTÈME Exigences de conception Exigences de performance PIÈCES À SOUMETTRE Données sur les produits Dessins d'atelier Échantillons Assurance de qualité/Examen des pièces présentées Données de conception, rapports d'essais Certificats Instructions du fabricant Rapports de chantier du fabricant Déclaration de qualification Pièces à soumettre à la clôture du contrat ASSURANCE DE LA QUALITÉ Qualification Exigences de la réglementation Attestation Échantillons à pied d'œuvre Prototype Réunions préalables TRANSPORT, MANUTENTION, ENTREPOSAGE Emballage, expédition, manutention et déchargement Acceptation Entreposage et protection Gestion et évacuation des déchets CONDITIONS DE L'EMPLACEMENT Conditions de mise en œuvre Conditions existantes CALENDRIER DES TRAVAUX ORDONNANCEMENT GARANTIE Garanties spéciales DÉMARRAGE DE SYSTÈME INSTRUCTIONS AU MAÎTRE DE L'OUVRAGE MISE EN SERVICE ENTRETIEN Matériaux de rechange Service d'entretien	FABRICANTS PRODUITS EXISTANTS MATÉRIAUX/PRODUITS ÉLÉMENTS MANUFACTURÉS ÉQUIPEMENTS COMPOSANTS ACCESSOIRES DOSAGE/MÉLANGE/MALAXAGE FABRICATION/ASSEMBLAGE/FAÇONNAGE Assemblage en atelier Tolérances de fabrication FINITION Apprêt en atelier Finition en atelier CONTRÔLE DE LA QUALITÉ À LA SOURCE Essais, inspection Vérification de la performance	INSTALLATEURS EXAMEN Vérification des conditions à pied d'œuvre PRÉPARATION Protection Préparation de la surface MONTAGE INSTALLATION/POSE APPLICATION CONSTRUCTION Techniques spéciales Rapports avec d'autres ouvrages Ordonnancement Tolérances à pied d'œuvre RÉPARATION/RESTAURATION RÉINSTALLATION CONTRÔLE DE LA QUALITÉ À PIED D'ŒUVRE Essais à pied d'œuvre Inspection Services du fabricant à pied d'œuvre AJUSTEMENT NETTOYAGE DÉMONSTRATION PROTECTION LISTES ET TABLEAUX

Traduction de Michel L. Saint-Pierre, tirée de *Devis d'exécution du bâtiment*, Montréal, Modulo, p. 40. Les numéros et les titres utilisés dans cette figure sont tirés du *Répertoire normatif* (*MasterFormat*MC) (édition de 1998) et du *Répertoire des sections* (*SectionFormat*MC).

8.4
Présentation normalisée des sections du *Répertoire normatif*

6 DEVIS D'AMEUBLEMENT

Même si le système du *Répertoire normatif* (*MasterFormat*[MC]) prévoit une division pour l'ameublement (division 12), on rédige, pour la plupart des projets de design d'intérieur, des devis distincts pour la construction d'une part, et pour l'ameublement, les accessoires et l'équipement (AAE) d'autre part. Cette distinction s'explique par le fait que les modes de spécification des matériaux, l'attribution des contrats aux entrepreneurs et les phases propres au chantier de construction n'ont rien à voir avec les modes de spécification du mobilier, son achat, sa livraison et son installation.

Le mode de spécification et de commande du mobilier varie selon la taille du projet et les méthodes de travail particulières du bureau de design d'intérieur. Les responsabilités du client, du designer d'intérieur, du fournisseur de meubles et des autres parties sont décrites dans le contrat type entre le designer d'intérieur et le client. Ce contrat et ces responsabilités sont traités plus en détail aux chapitres 9 et 20.

Par exemple, de nombreux designers d'intérieur choisissent l'ameublement pour leur client et assument la responsabilité de rédiger les bons de commande et de coordonner la livraison et l'installation. Dans un tel cas, on ne rédige pas de devis d'ameublement. Le mobilier approuvé par le client est inscrit sur le bon de commande envoyé au fournisseur. Cette façon de faire est la plus courante pour les projets résidentiels.

Dans le cas de projets commerciaux et de certains projets résidentiels, le designer d'intérieur peut choisir le mobilier mais confier la commande, l'installation et la facturation à un ou plusieurs fournisseurs en fonction des besoins du client. Les fournisseurs traitent alors directement avec le client et assument toutes les responsabilités.

Pour les projets commerciaux de grande envergure qui exigent un prix ferme d'un ou de plusieurs fournisseurs soumissionnaires, il est nécessaire de rédiger un devis d'ameublement énonçant clairement les exigences du client. Ce devis spécifie non seulement chacun des éléments en détail, mais indique également les exigences de soumission, les responsabilités, les méthodes d'installation et les modes de facturation. La figure 8.5 montre une page des conditions générales d'un devis d'ameublement et la figure 8.6 l'inscription d'un élément de mobilier à la section technique du devis d'ameublement.

d. Si, dans le mois qui suit l'envoi d'un bon de commande, le marchand n'a pas reçu d'accusé de réception écrit de l'usine, il doit communiquer avec l'usine pour obtenir un accusé de réception écrit.

e. Si le designer d'intérieur en fait la demande un mois avant la livraison ou l'emménagement, le marchand doit communiquer avec tous les fabricants pour confirmer toutes les dates prévues d'expédition et de livraison. De plus, une telle vérification auprès de l'usine doit se poursuivre au moins une fois par semaine jusqu'à l'installation des biens. Cette clause a pour but d'assurer une connaissance complète de l'état de l'ameublement.

f. Le marchand doit indiquer le temps nécessaire pour l'installation, en supposant qu'il dispose de toute la marchandise au même moment pour respecter le calendrier d'emménagement du client.

g. Si le designer d'intérieur est obligé de participer à des travaux nécessaires d'installation qui sont déjà prévus au contrat d'exécution de l'entrepreneur, ce travail sera calculé au tarif horaire et le montant total sera déduit de la facture finale présentée par l'entrepreneur.

2.07 MEUBLES ENDOMMAGÉS

a. En cas de dommages aux marchandises durant le transport, le soumissionnaire est responsable d'effectuer des réparations immédiates à la satisfaction du designer d'intérieur ou, si nécessaire, de remplacer les éléments endommagés par des marchandises neuves du fabricant en respectant l'échéance d'installation. Si cela est impossible en raison de la date de livraison du fabricant, le designer d'intérieur doit en être informé sans délai.

b. Le ou les soumissionnaires retenus sont responsables de toutes les réclamations auprès du fabricant en cas de défaut de fabrication et auprès du transporteur en cas de dommage durant le transport ou le camionnage.

2.08 NETTOYAGE

Aucune accumulation de matériaux d'emballage n'est permise sur le site du projet. Les débris doivent être enlevés chaque jour. Une fois les travaux terminés dans une zone prête pour l'inspection, les protections temporaires doivent être enlevées et la zone laissée propre et prête pour l'utilisation par le propriétaire.

8.5
Exemples de conditions générales pouvant être incluses dans un devis d'ameublement

Réf. au plan Ameublement	Description	Quantité	Coût unitaire	Coût total
LO-1	DESIGN JOUR ET NUIT Article : Canapé trois places Coronado n° 05-103 OOY Dimensions : 83 1/8" L x 36 5/8"P x 30 3/4" H Rembourrage : Jack Lenor Larsen Doria 1 1 Henna Laine 137 cm L Étiquette : Réception Date de livraison :	2		

8.6
Exemple de devis d'ameublement

QUESTIONS

1. Quel est le meilleur moyen de s'assurer que le fini d'un nouvel élément d'ébénisterie correspond à celui de l'ébénisterie existante dans un projet de rénovation ?

   1. Indiquer sur les dessins et dans le devis d'exécution que le nouvel élément doit correspondre aux éléments existants
   2. Demander au client de trouver le fini utilisé pour l'élément existant et l'inscrire au devis
   3. Rechercher le fabricant et la couleur du fini existant et indiquer ces renseignements dans le devis
   4. Demander à l'entrepreneur en peinture de chercher quel fini a été utilisé sur l'élément existant et inclure ces renseignements dans le tableau des finis

2. Si un client veut obtenir la soumission la plus concurrentielle possible tout en ayant l'assurance que le produit sera acceptable, quel mode de spécification doit-on utiliser ?

   1. Mode de spécification ouvert
   2. Mode de spécification par référence à une norme
   3. Mode de spécification fondé sur les résultats
   4. Spécification prescriptive non exclusive

3. Dans l'extrait de devis ci-dessous, quel élément fait l'objet d'une spécification par critère de performance ?

   1. Les profilés porteurs
   2. Les câbles de suspension
   3. Les dispositifs d'ancrage
   4. Les profilés de fourrure

4. Où trouverait-on les instructions relatives à l'application d'un revêtement mural en vinyle ?

   1. Dans la Partie 1 de la section 09720, Revêtements muraux
   2. Dans la Partie 2 de la section 09720, Revêtements muraux
   3. Dans la Partie 3 de la section 09720, Revêtements muraux
   4. Dans un tableau des revêtements à la fin de la section 09720, Revêtements muraux

1. Quel est le meilleur moyen de s'assurer que le fini d'un nouvel élément d'ébénisterie correspond à celui de l'ébénisterie existante dans un projet de rénovation?

    1. Indiquer sur les dessins et dans le devis d'exécution que le nouvel élément doit correspondre aux éléments existants
    2. Demander au client de trouver le fini utilisé pour l'élément existant et l'inscrire au devis
    3. Rechercher le fabricant et la couleur du fini existant et indiquer ces renseignements dans le devis
    4. Demander à l'entrepreneur en peinture de chercher quel fini a été utilisé sur l'élément existant et inclure ces renseignements dans le tableau des finis

2. Si un client veut obtenir la soumission la plus concurrentielle possible tout en ayant l'assurance que le produit sera acceptable, quel mode de spécification doit-on utiliser?

    1. Mode de spécification ouvert
    2. Mode de spécification par référence à une norme
    3. Mode de spécification fondé sur les résultats
    4. Spécification prescriptive non exclusive

3. Dans l'extrait de devis ci-dessous, quel élément fait l'objet d'une spécification par critère de performance?

    1. Les profilés porteurs
    2. Les câbles de suspension
    3. Les dispositifs d'ancrage
    4. Les profilés de fourrure

4. Où trouverait-on les instructions relatives à l'application d'un revêtement mural en vinyle?

    1. Dans la Partie 1 de la section 09720, Revêtements muraux
    2. Dans la Partie 2 de la section 09720, Revêtements muraux
    3. Dans la Partie 3 de la section 09720, Revêtements muraux
    4. Dans un tableau des revêtements à la fin de la section 09720, Revêtements muraux

10. Que signifient les expressions *équivalents acceptables*, *produits équivalents approuvés* et *produit de substitution approuvé* dans un devis ?

    1. Que le client doit accepter l'utilisation d'un produit sélectionné par l'entrepreneur
    2. Que l'entrepreneur peut proposer une substitution, mais doit la faire approuver auparavant par le designer d'intérieur
    3. Que l'entrepreneur peut proposer une substitution s'il est certain que le produit proposé offre la même qualité que celui indiqué au devis d'exécution
    4. Que le designer d'intérieur et le client peuvent autoriser un produit de substitution s'ils ont l'impression que le produit substitué est meilleur que celui indiqué au devis

9

Documents contractuels et procédures d'appel d'offres

Les documents contractuels comprennent la convention entre le maître de l'ouvrage et l'entrepreneur, les conditions générales du contrat, les conditions supplémentaires (le cas échéant), les dessins d'exécution, le devis d'exécution, les addendas (pour les modifications données avant la conclusion du contrat), tout autre document spécifiquement mentionné dans la convention et les modifications qui interviennent après la conclusion du contrat avec l'entrepreneur. Ces dernières modifications prennent généralement la forme d'un avenant de modification, une entente signée entre le maître de l'ouvrage et l'entrepreneur, ou d'une directive de modification donnée par le professionnel à l'entrepreneur. Les modifications peuvent aussi prendre la forme d'une interprétation écrite donnée par le designer d'intérieur ou d'une note écrite indiquant une modification mineure au travail.

Les dessins et le devis d'exécution ont été traités dans les chapitres précédents. Nous verrons les avenants et directives de modification au chapitre 22. Le présent chapitre décrit les principales modalités des autres documents contractuels ainsi que les procédures d'appel d'offres et les documents reliés. Notons cependant que les documents d'appel d'offres ne font pas partie des documents contractuels, même s'ils sont souvent intégrés au cahier des charges. Reportez-vous au chapitre 20 pour en savoir plus sur la convention entre le maître de l'ouvrage et le designer.

Comme le designer d'intérieur peut offrir une gamme très étendue de services, allant du choix de l'ameublement et des accessoires pour une salle de séjour résidentielle jusqu'à la conception d'un aménagement intérieur et l'installation d'ameublement pour le siège social d'une grande entreprise, le type et la complexité des documents contractuels varient beaucoup. Ce chapitre décrit les conventions entre le maître de l'ouvrage et l'entrepreneur pour des projets de moyenne ou de grande envergure.

❶ MODES DE RÉALISATION DES PROJETS DE DESIGN D'INTÉRIEUR

L'exécution d'un projet de design d'intérieur peut se dérouler de différentes façons. Le type de projet, son envergure et sa complexité, ainsi que les responsabilités précises du designer d'intérieur déterminent quels types de documents contractuels devront être utilisés.

Dans le plus simple des cas, le maître de l'ouvrage embauche le designer d'intérieur pour effectuer un travail d'envergure limitée, comme le choix de finis et de meubles. Le designer d'intérieur travaille alors en vertu d'une lettre d'entente avec le maître de l'ouvrage, effectue le travail de design et prépare le devis d'ameublement et la spécification des finis, qui sont remis aux différents fournisseurs et entrepreneurs. Le maître de l'ouvrage engage lui-même ces entrepreneurs pour faire exécuter le travail. Dans certaines situations, le designer d'intérieur peut aussi acheter les meubles pour le client. Ce mode de réalisation est celui de beaucoup de projets résidentiels.

Dans les projets plus complexes et de plus grande envergure, le designer d'intérieur peut agir comme conseiller principal du maître de l'ouvrage et collaborer avec d'autres professionnels tels architectes, ingénieurs en structure, ingénieurs en électricité et ingénieurs en mécanique pour préparer les dessins et le devis d'exécution. Les grands projets peuvent comprendre, en plus de la construction intérieure, l'ameublement, les accessoires et l'équipement (AAE). Le designer d'intérieur effectue le travail de design et prépare les dessins et le devis d'exécution dans les limites de ce qui est permis par les lois de l'État ou de la province et la réglementation du code du bâtiment local et, selon les besoins du projet, d'autres professionnels interviennent dans leur domaine de compétence particulier. Ce mode de réalisation est celui de nombreux projets commerciaux.

Dans d'autres cas encore, le designer d'intérieur agit à titre de conseiller auprès de l'architecte d'un projet ou travaille en collaboration avec ce dernier, mais en vertu d'un contrat distinct avec le maître de l'ouvrage. Dans de telles circonstances, l'architecte est responsable de la construction intérieure, et le designer d'intérieur est responsable uniquement de l'ameublement, des accessoires et de l'équipement. Ce mode de réalisation est courant pour les projets commerciaux lorsque l'envergure de l'ouvrage à construire et les lois locales exigent que certains dessins soient préparés et scellés par un architecte.

Que le designer d'intérieur travaille seul ou en collaboration avec un architecte, les projets de design d'intérieur qui comportent à la fois de la construction et de l'ameublement sont habituellement effectués en vertu de deux contrats, l'un relatif à l'ouvrage à construire et l'autre relatif à l'ameublement, aux accessoires et à l'équipement (AAE).

2 CONVENTION ENTRE LE MAÎTRE DE L'OUVRAGE ET L'ENTREPRENEUR

Même si le maître de l'ouvrage conclut des conventions distinctes avec un ou plusieurs entrepreneurs pour les travaux de construction et l'AAE, le designer d'intérieur doit être au courant des différentes modalités de ces conventions. La convention entre le maître de l'ouvrage et l'entrepreneur peut être rédigée par l'avocat du designer d'intérieur, fournie par le maître de l'ouvrage ou fondée sur un contrat type.

Rappelons que s'il y a deux contrats, l'un pour la construction et l'autre pour l'AAE, il y a deux entrepreneurs. L'un d'eux est l'entrepreneur en construction, qui effectue les travaux de construction intérieure comme les cloisons, les portes, l'éclairage, les finis et tout autre élément inclus dans le devis d'exécution. L'autre est l'entrepreneur AAE, qui est habituellement un marchand de meubles, parfois un fabricant de meubles ou un autre professionnel du design. Il est approprié pour le client de convenir avec chacun des entrepreneurs retenus une entente particulière décrivant la nature et la portée des droits et obligations qui incombent aux parties.

Habituellement, les contrats AAE couvrent uniquement les biens meubles comme les meubles, les électroménagers, les tapis, les lampes et les accessoires. Il peut y avoir plus d'un contrat AAE. Dans le cas de petits projets ou de projets incluant de l'ameublement ainsi que des finis spéciaux, les contrats AAE peuvent couvrir certains finis appliqués, mais ces finis sont généralement inclus dans le contrat de construction.

Aux États-Unis, l'American Institute of Architects (AIA) et l'American Society of Interior Designers (ASID) ont élaboré deux formulaires types de convention sous les titres de *Standard Form of Agreement Between Owner and Contractor for Furniture, Furnishings and Equipment* (Formulaire type de convention entre le maître de l'ouvrage et l'entrepreneur pour l'ameublement, les accessoires et l'équipement) et de *Abbreviated Form of Agreement Between Owner and Contractor for Furniture, Furnishings and Equipment Where the Basis of Payment Is a Stipulated Sum* (Formulaire abrégé de convention entre le maître de l'ouvrage et l'entrepreneur pour l'ameublement, les accessoires et l'équipement – contrat à forfait). Ces documents portent respectivement les numéros A171 et A177 et leurs principales clauses sont décrites ci-dessous. Comme au Québec, il n'existe pas de contrat type pour les travaux de design d'intérieur, beaucoup de designers d'intérieur utilisent le formulaire du contrat à forfait CCDC – 2, qu'ils modifient au besoin, selon leurs ententes avec les clients. Le designer québécois qui passe l'examen du NCIDQ doit se familiariser avec les clauses les plus importantes des contrats types américains, qui sont expliquées dans le présent chapitre. Soulignons que ces clauses sont semblables à celles du CCDC – 2 et que les contrats canadiens et américains, bien qu'ils ne soient pas identiques, respectent généralement la même logique. Les différences majeures sont signalées dans les sections qui suivent.

Ⓐ Énumération des documents contractuels

Le premier article du contrat type AIA/ASID précise que les documents contractuels comprennent la convention, les conditions du contrat (conditions générales, supplémentaires et autres), les dessins, les tableaux et le devis d'exécution, tous les addenda et toutes les modifications données après la conclusion du contrat. Il fait référence à un article ultérieur contenant une liste détaillée de tous les documents. Cet article a pour but d'inclure tous les autres documents par référence. Dans le formulaire type CCDC- 2, la liste des documents contractuels figure à l'article A-3 de la convention entre le maître de l'ouvrage et l'entrepreneur.

Ⓑ Clauses de base

Certaines clauses sont communes à tous les contrats, notamment la description de l'ouvrage, la date de début et d'achèvement substantiel de l'ouvrage, et le montant du marché. Ces clauses figurent dans plusieurs articles des documents AIA/ASID et du CCDC-2.

Le terme d'« ouvrage » inclut normalement ce qui est décrit dans les documents contractuels, en particulier dans les dessins et le devis d'exécution. Les exclusions peuvent être décrites dans la convention entre le maître de l'ouvrage et l'entrepreneur et dans les autres documents contractuels lorsqu'elles sont désignées comme étant la responsabilité d'autres parties.

La date de début des travaux est importante, car c'est à partir de ce moment que la date d'achèvement est établie. Cette date peut être la date précise mentionnée dans la convention, comme c'est le cas dans CCDC – 2, ou la date à laquelle l'entrepreneur reçoit du maître de l'ouvrage ou du professionnel une notification à cet effet.

La date d'achèvement substantiel est exprimée soit comme une date précise, soit comme le nombre de jours civils à partir de la date de début. On entend par *achèvement substantiel* l'étape à laquelle l'ouvrage ou une portion désignée de celui-ci est suffisamment avancé selon les documents contractuels pour que le maître de l'ouvrage puisse occuper ou utiliser les lieux même s'il reste encore quelques éléments mineurs à terminer ou à corriger. La date d'achèvement peut être prolongée conformément aux conditions générales lorsque les circonstances échappent au contrôle de l'entrepreneur. De manière à favoriser l'accomplissement de l'ouvrage dans les délais, la convention peut comporter une *clause pénale*, qui sanctionne le défaut de l'entrepreneur d'agir dans les délais et qui précise à l'avance l'indemnité due au maître de l'ouvrage pour chaque jour de retard dû à l'inexécution fautive de l'entrepreneur. En vertu d'une telle clause, il suffit au maître de l'ouvrage de démontrer l'inexécution fautive de l'entrepreneur pour avoir droit à l'indemnité prévue au contrat. Le montant de l'indemnité prévue par une clause pénale représente généralement les dommages escomptés par le maître de l'ouvrage par suite du retard dans l'exécution des travaux (par exemple, les augmentations des dépenses, les honoraires professionnels, les salaires, les primes d'assurance et autres frais d'administration, la perte de revenus, etc.).

Pour compenser ce qui peut être perçu comme un accroissement de la responsabilité de l'entrepreneur, la clause pénale peut être jumelée à une *clause de prime* selon laquelle l'entrepreneur reçoit une somme en cas d'achèvement avant la date prévue. Cette somme correspond habituellement aux économies réelles que le maître de l'ouvrage pourra faire si l'ouvrage est terminé plus rapidement que prévu.

Le montant du marché, c'est-à-dire le prix du contrat, indique la rémunération que l'entrepreneur recevra pour l'exécution de l'ouvrage.

Ⓒ Paiements d'acomptes

Après avoir reçu les demandes de paiement présentées par l'entrepreneur, le maître de l'ouvrage effectue des paiements périodiques, habituellement une fois par mois, à l'entrepreneur. La convention entre le maître de l'ouvrage et l'entrepreneur définit les modalités de ces paiements.

Dans les formulaires standards de l'AIA/ASID et du CCDC, l'acompte à payer pour une période donnée correspond au pourcentage de l'ouvrage achevé et aux produits livrés à l'emplacement de l'ouvrage, mais non encore incorporés à l'ouvrage, moins les sommes déjà payées. Un certain pourcentage de chaque paiement, habituellement 10 %, est retenu jusqu'au parachèvement de l'ouvrage pour protéger le maître de l'ouvrage contre l'éventualité d'un travail incomplet ou défectueux de la part de l'entrepreneur et, donc, garantir que l'ouvrage sera complété conformément aux documents contractuels. Ce pourcentage porte le nom de *retenue*.

Pour être payé, l'entrepreneur doit présenter au designer d'intérieur une demande de paiement énumérant le travail achevé et les produits livrés. Le designer d'intérieur examine la demande, en vérifie l'exactitude et recommande au maître de l'ouvrage de faire le paiement. Ce dernier paye alors l'entrepreneur. Si une partie du travail fait l'objet d'un litige, le designer d'intérieur peut choisir de ne pas certifier le paiement de l'ensemble ou d'une partie du montant jusqu'à ce que le problème soit résolu.

❸ CONDITIONS GÉNÉRALES DU CONTRAT ENTRE LE MAÎTRE DE L'OUVRAGE ET L'ENTREPRENEUR

Le document *General Conditions of the Contract for Furniture, Furnishings and Equipment* (Conditions générales du contrat pour l'ameublement, les accessoires et l'équipement), soit le formulaire AIA/ASID A271, est l'un des plus importants dans l'ensemble des documents contractuels. Il est inclus par référence spécifique dans la convention entre le maître de l'ouvrage et le designer d'intérieur ainsi que dans la convention entre le maître de l'ouvrage et l'entrepreneur.

Il est important de bien lire la version originale de ce document avant de se présenter à l'examen du NCIDQ. La présente section traite des principaux articles de ce document. Les *Conditions générales* comprennent entre autres des clauses portant sur les définitions et la signature du contrat, les sous-traitants, les assurances, la résiliation du contrat et diverses autres clauses que nous n'aborderons pas ici. Précisons que les Clauses générales du CCDC sont semblables et portent sur les mêmes sujets.

L' *Abbreviated Form of Agreement Between Owner and Contractor...* (formulaire A177) contient une version réduite des conditions générales pour les projets dont l'envergure ne requiert pas un document distinct de Conditions générales.

La présente section traite des clauses des Conditions générales qui sont similaires dans les contrats de construction et les contrats AAE de l'AIA/ASID. Cependant, aux États-Unis, le designer d'intérieur qui, en plus d'établir le devis d'ameublement, vend du mobilier et des accessoires à ses clients, doit aussi se familiariser avec une loi appelée *Uniform Commercial Code* (UCC). L'article 2 de l'UCC, qui régit la vente des biens, est particulièrement important. L'UCC s'applique dans tous les États américains, sauf celui de la Louisiane, qui n'a adopté que certaines sections de ce code. Le formulaire AIA/ASID A271 reconnaît les normes commerciales établies par l'UCC et en utilise certains termes normalisés. Précisons qu'au Canada, la vente de biens est de compétence provinciale. Au Québec c'est le Code civil qui la régit. S'il s'agit de la vente d'un bien entre un commerçant et un consommateur, la *Loi sur la protection du consommateur* s'applique aussi.

Ⓐ L'Uniform Commercial Code (UCC)

L'UCC a été rédigé pour établir des règles cohérentes régissant le commerce aux États-Unis. Sa réglementation porte sur l'achat, la vente et d'autres types de transactions relatives aux biens meubles. L'UCC porte sur les contrats de vente, la responsabilité du fait du produit, les garanties, la propriété (titre) et le risque.

Aux États-Unis, en l'absence de clauses spécifiques dans le contrat, ce sont les clauses de l'UCC qui régissent l'achat et la vente d'ameublement et d'autres biens dans le cadre d'un projet de design d'intérieur. Les Conditions générales du contrat AAE de l'AIA/ASID ont été rédigées en fonction des normes commerciales de l'UCC. Dans certains cas, l'UCC peut avoir préséance sur le contrat. Dans d'autres cas, les lois de certains États peuvent l'emporter sur certaines clauses de l'UCC. Le designer d'intérieur qui pratique aux É.-U. doit donc connaître les clauses de l'UCC ainsi que les lois de l'État où il est établi s'il agit à titre de revendeur d'ameublement.

C'est l'entrepreneur qui, dans un contrat AAE, est responsable de commander, de livrer et d'installer les biens décrits au contrat. Souvent, il doit aussi entreposer les biens entre le moment où ils lui sont livrés et celui de leur installation.

L'entrepreneur AAE prépare des bons de commande en fonction du devis d'ameublement rédigé par le designer d'intérieur. Il y a des bons de commande distincts pour chaque fabricant ou chaque fournisseur de biens dans le projet. À partir des bons de commande, le fabricant prépare des accusés de réception qui sont examinés par l'entrepreneur AAE avant la fabrication ou l'exécution de la commande. Une facture est envoyée à l'entrepreneur concurremment à l'expédition des biens.

Aux États-Unis, la livraison des biens est régie par l'UCC ainsi que par l'Interstate Commerce Commission (ICC). L'ameublement et les accessoires peuvent être expédiés par transporteur public (ou transporteur général), transporteur à forfait ou transporteur privé. Les transporteurs publics offrent leurs services au public. Les transporteurs à forfait offrent leurs services uniquement à certaines entreprises avec lesquelles ils choisissent de traiter. Les transporteurs privés possèdent et exploitent leurs propres camions pour déplacer leurs propres marchandises. Si on a recours à un transporteur public, celui-ci est responsable des biens qu'il expédie. Si on a recours à un transporteur privé, la responsabilité de l'ameublement revient généralement à celui qui en est le propriétaire. Le titre de propriété de l'ameublement détermine habituellement qui est responsable des dommages ou des pertes. Au Québec, le Code civil précise que le vendeur est tenu de livrer le bien dans l'état où il se trouve au moment de l'achat et ne fait aucune distinction entre les transporteurs.

L'UCC prévoit plusieurs façons d'expédier l'ameublement et les accessoires, et de répartir le risque entre le vendeur et l'acheteur. Dans tous les cas, on utilise l'expression *franco bord* (F.O.B. – en anglais *free on board*) ou *franco à bord* (F.A.B.). Cette expression signifie que le fabricant paie le chargement des biens dans un camion ou à bord d'un train. L'acronyme F.A.B. est suivi du mot usine ou du mot destination. L'expression « F.A.B. usine » signifie que le titre de propriété est transféré à l'usine, que l'acheteur (l'entrepreneur AAE) paie les frais de transport et que le fabricant n'est pas responsable des pertes ou des dommages subis durant le transport. On parle souvent dans ce cas de contrat « F.A.B. origine ». L'expression « F.A.B. destination », quant à elle, signifie que le vendeur (le fabricant) est responsable de l'expédition et du recouvrement des dommages ou des pertes subis durant le transport. On parle alors souvent de contrat « F.A.B. destination ». L'expression « vente départ, port payé » signifie que l'entrepreneur AAE est propriétaire des meubles, mais que le fabricant paie les frais de transport.

Généralement, c'est l'entrepreneur AAE ou le fournisseur de meubles qui s'occupe de tous les détails relatifs à l'expédition, mais le designer d'intérieur doit être au courant de ces modalités afin d'être en mesure de s'assurer que son client est protégé contre les pertes subies durant le transport et l'entreposage, et que tous les coûts ont été prévus au budget.

Le processus se termine avec l'installation. Selon les Conditions générales du contrat AAE de l'AIA/ASID, le maître de l'ouvrage est responsable de l'inspection de l'ameublement et des autres biens à l'emplacement du projet. Les responsabilités du designer n'incluent *pas* la réception, l'inspection et l'acceptation au nom du maître de l'ouvrage. C'est à ce dernier qu'il revient d'inspecter les biens, et une telle inspection n'est pas considérée comme définitive.

Ⓑ Rôle et responsabilités du designer d'intérieur

L'article 2 des Conditions générales du contrat AAE de l'AIA/ASID énonce les rôles et responsabilités du designer d'intérieur dans l'administration du contrat. Le chapitre 20 en traite quelques-uns en détail, mais les tâches habituellement effectuées par le designer d'intérieur sont décrites ici.

Le designer d'intérieur représente le maître de l'ouvrage, le conseille et peut agir en son nom selon ce qui est précisé dans les documents contractuels. Le designer d'intérieur aide le maître de l'ouvrage à coordonner les horaires de livraison et d'installation, mais il n'est *pas* responsable des actions ou omissions de l'entrepreneur ou des fournisseurs dans l'exécution de leurs tâches.

Le designer d'intérieur visite l'emplacement du projet au besoin afin de se tenir bien informé de la progression des travaux et de déterminer si, de manière générale, ils avancent conformément aux échéanciers et directives prévus dans les documents contractuels. Le designer d'intérieur tient le maître de l'ouvrage au courant du déroulement et de la qualité des travaux, mais il n'est pas tenu de faire des inspections exhaustives ou continues. Au Canada, dans certains contrats, le designer peut préciser le nombre de *visites de chantier* qu'il prévoit faire. Le contrat de l'AIA/ASID stipule que le designer d'intérieur n'a pas d'autorité ou de responsabilité à l'égard des moyens, méthodes ou processus de construction, ni à l'égard des achats, de l'expédition, de la livraison ou de l'installation. Le designer d'intérieur n'est pas responsable non plus des mesures de sécurité ni des actions ou omissions de l'entrepreneur, des sous-traitants ou des fournisseurs. Cela s'applique également à celui qui est désigné comme *le professionnel* dans le contrat à forfait CCDC - 2.

Aux États-Unis, en vertu du contrat type de l'AIA/ASID, le designer d'intérieur peut recommander au maître de l'ouvrage de rejeter le travail non conforme aux clauses des documents contractuels. Il a également l'autorité d'exiger des inspections spéciales ou des essais du travail effectué. Le designer d'intérieur, cependant, n'a pas l'autorité de rejeter le travail non conforme, d'arrêter les travaux ni de résilier le contrat au nom du maître de l'ouvrage. En tout état de cause, les actions ou l'autorité du designer d'intérieur ne créent aucune obligation ni responsabilité envers l'entrepreneur, les sous-traitants ou d'autres parties.

Le designer d'intérieur examine les dessins d'atelier et les autres documents soumis seulement dans le but d'en vérifier la conformité avec le concept de design exprimé dans les documents contractuels.

Il prépare les avenants et directives de modification et peut autoriser des changements mineurs aux travaux qui n'entraînent pas de rajustement du montant du marché ni de la date d'achèvement, et qui s'harmonisent avec l'intention des documents contractuels.

Le designer d'intérieur interprète les questions relatives aux exigences des documents contractuels et à l'exécution des travaux et prend des décisions à ce sujet si le maître de l'ouvrage ou l'entrepreneur lui en font la demande. Si l'interprétation du designer d'intérieur n'est pas acceptable, les Conditions générales du contrat de l'AIA/ASID contiennent des clauses d'arbitrage. Les décisions du designer d'intérieur relativement aux questions d'esthétique sont définitives si elles sont compatibles avec l'intention des documents contractuels.

Le designer d'intérieur effectue également une dernière inspection pour déterminer les dates d'achèvement substantiel et de parachèvement et produit un certificat de paiement final.

(C) Devoirs, droits et obligations du maître de l'ouvrage

L'article 3 du contrat de l'AIA/ASID précise les devoirs, droits et obligations du maître de l'ouvrage, notamment la responsabilité qu'il a de fournir des preuves, à la demande de l'entrepreneur, démontrant qu'il a pris les dispositions financières qui lui permettront de remplir ses obligations contractuelles, autrement dit de payer l'entrepreneur. Dans le contrat à forfait CCDC– 2, c'est à la clause 5.1.1 que l'on définit cette obligation du maître de l'ouvrage.

En vertu du contrat de l'AIA/ASID, le maître de l'ouvrage doit fournir tous les dessins décrivant les caractéristiques physiques du travail et doit fournir, sans frais, trois exemplaires des dessins et des autres documents nécessaires à la réalisation du projet. De plus, le maître de l'ouvrage doit assurer : 1) l'accès au chantier à des heures raisonnables; 2) l'espace adéquat pour recevoir et entreposer les matériaux, l'ameublement et l'équipement; et 3) des services publics temporaires à l'emplacement ainsi que les transports verticaux nécessaires à l'exécution de l'ouvrage. On trouve des dispositions semblables dans le CCDC – 2.

Si l'entrepreneur fait défaut de respecter ses obligations, par exemple en omettant de corriger un travail non conforme aux documents contractuels ou en persistant à effectuer un travail non conforme, le contrat de l'AIA/ASID prévoit que le maître de l'ouvrage peut ordonner à l'entrepreneur de mettre fin aux travaux jusqu'à ce que l'entrepreneur ait remédié à la situation.

Le maître de l'ouvrage a le droit de terminer les travaux si l'entrepreneur ne corrige pas les défaillances qui lui ont été signalées. L'entrepreneur dispose de sept jours à compter de la réception d'un avis écrit de la part du maître de l'ouvrage pour commencer à remédier aux défaillances (ce délai est de cinq jours ouvrables dans le CCDC – 2).

(D) Rôle et responsabilités de l'entrepreneur

L'entrepreneur est seul responsable des moyens, méthodes, techniques et procédures de fabrication, de livraison et d'installation ainsi que de la coordination de toutes les parties des travaux. Cela inclut la visite et l'inspection des lieux avant l'expédition et l'installation pour confirmer que tout est prêt pour le début des travaux. L'entrepreneur doit signaler tous les problèmes au maître de l'ouvrage et au professionnel. L'entrepreneur est également responsable auprès du maître de l'ouvrage des actions et omissions de tous les sous-traitants et autres personnes liées à lui par contrat.

L'entrepreneur n'est pas responsable de s'assurer que les documents contractuels sont conformes aux codes du bâtiment, aux ordonnances et autres réglementations. Toutefois, si l'entrepreneur remarque un écart, il doit en avertir le designer d'intérieur par écrit. Si l'entrepreneur n'avertit pas le designer d'intérieur et effectue sciemment des travaux non conformes à la réglementation, il assume l'entière responsabilité de ces travaux ainsi que les coûts relatifs aux travaux nécessaires pour corriger la situation.

L'entrepreneur a également l'obligation de fournir un calendrier au maître de l'ouvrage et au designer, à titre informatif, de le tenir à jour et de le respecter. L'entrepreneur doit coopérer avec le maître de l'ouvrage et le designer d'intérieur pour coordonner son calendrier avec celui d'autres entrepreneurs sur le chantier.

Les Conditions générales du contrat de l'AIA/ASID et du CCDC - 2 incluent également une section sur l'indemnisation. Une indemnité assure une protection contre une perte ou un dommage et la clause d'indemnisation vise à protéger le maître de l'ouvrage et le designer d'intérieur en cas de blessures dues à la négligence de l'entrepreneur ou de ses fournisseurs et sous-traitants. Cette clause vise également à protéger le maître de l'ouvrage et l'architecte contre les réclamations pour dommages matériels à la propriété autres que ceux concernant l'ouvrage comme tel. Cette section sur l'indemnisation stipule que, dans la mesure où la loi le permet, l'entrepreneur doit indemniser et mettre à couvert le maître de l'ouvrage, le designer d'intérieur et leurs agents et employés de tous dommages, réclamations et dépenses résultant de l'exécution de l'ouvrage. Toutefois, cette clause ne dégage aucunement le designer d'intérieur de ses responsabilités en cas d'erreurs dans les dessins, le devis d'exécution ou l'administration du contrat.

Ⓔ Travaux effectués par le maître de l'ouvrage ou des entrepreneurs distincts

Le maître de l'ouvrage a le droit d'effectuer des travaux dans le cadre du projet en faisant appel à sa propre main-d'œuvre ou de conclure des contrats distincts avec d'autres entrepreneurs pour certains travaux. En revanche, il a l'obligation d'assurer la coordination des activités et travaux de ses propres entrepreneurs avec les travaux relatifs au projet et d'assumer les mêmes obligations et droits que n'importe quel autre entrepreneur. Cette clause est particulièrement importante pour les travaux intérieurs, car la construction et l'AAE font habituellement l'objet de contrats distincts.

(F) Installation

L'article 7 du formulaire AIA/ASID A271 précise les marches à suivre et responsabilités relatives à l'installation de l'ameublement, des accessoires et de l'équipement. Selon cet article, le maître de l'ouvrage doit :

- Fournir des lieux adéquats pour la livraison, le déchargement, l'entreposage temporaire et l'entreposage de l'ameublement et de l'équipement.
- Veiller à ce que les aires de livraison et d'entreposage temporaire ainsi que le parcours emprunté pour livrer l'ameublement soient dégagés de tout obstacle ou autres activités qui pourraient nuire à l'entrepreneur.
- Fournir à l'entrepreneur un calendrier définitif pour l'utilisation des installations de déchargement et des ascenseurs.
- Inspecter les articles livrés dès réception à seule fin d'identifier les matériaux, l'ameublement et l'équipement et de vérifier les quantités. Il importe de noter que cette inspection n'est pas considérée comme définitive ou comme une acceptation ou une prise de possession des articles livrés, même s'ils ont été payés en partie. En cas de dommage, le maître de l'ouvrage doit avertir l'entrepreneur et lui laisser la possibilité de corriger la situation. S'il découvre ultérieurement qu'un travail ou un meuble est défectueux ou non conforme aux documents contractuels, le maître de l'ouvrage peut révoquer son acceptation.
- Respecter les dates critiques convenues dans le calendrier des travaux présenté par l'entrepreneur. Si le maître de l'ouvrage néglige de remplir ses obligations dans les délais prévus, il devient responsable des coûts ou des pénalités subis par l'entrepreneur.
- Protéger contre les pertes ou les dommages l'ameublement et l'équipement entreposé à l'emplacement du projet entre la date de livraison et celle de l'acceptation définitive.

De son côté, l'entrepreneur assume les responsabilités suivantes en matière d'installation :

- Choisir le parcours emprunté sur les lieux du projet pour la livraison, du point de livraison à l'emplacement définitif. Le maître de l'ouvrage ou le designer peuvent toutefois présenter des objections raisonnables au parcours choisi.
- Informer le maître de l'ouvrage de l'équipement ou des services spéciaux nécessaires pour assurer la livraison et l'installation adéquates de l'ameublement et de l'équipement.
- Effectuer toutes les coupes, ajustages et retouches nécessaires pour mener à bien le travail et ne pas modifier le travail d'autres personnes sans d'abord obtenir le consentement écrit du maître de l'ouvrage.
- Fournir la main-d'œuvre et les moyens et méthodes d'installation conformément aux conditions de travail ayant cours à l'emplacement des travaux.

Ⓖ Délai d'exécution du contrat

Le délai d'exécution du contrat avec l'entrepreneur s'étend de la date de début établie dans la convention à la date d'achèvement substantiel, incluant les prolongations accordées. L'entrepreneur est censé procéder sans tarder, avec une main-d'œuvre adéquate et mener le travail à bien dans le temps qui lui est imparti. Le délai d'exécution du contrat peut être prolongé par des directives de modification en cas de retards échappant au contrôle de l'entrepreneur, comme des actions ou omissions de la part du maître de l'ouvrage ou du designer d'intérieur, des conflits de travail, un incendie, des blessures inévitables ou des délais de transport.

Ⓗ Paiements d'acomptes

L'article 10 du contrat AIA/ASID A 271 précise les modalités de paiement à l'entrepreneur. L'entrepreneur présente chaque mois une demande de paiement d'acompte fondée sur le pourcentage de travail effectué. Le designer d'intérieur vérifie cette demande et remet un certificat de paiement au maître de l'ouvrage ou décide de ne pas produire un tel certificat pour une raison valable. Les Conditions générales énoncent clairement que l'entrepreneur garantit que le titre de propriété relatif à l'ouvrage, aux matériaux, à l'ameublement et à l'équipement couverts par une demande de paiement passe au maître de l'ouvrage et que ce titre de propriété est libre de tout privilège ou hypothèque. Le chapitre 22 du présent manuel décrit en détail la marche à suivre que doit respecter le designer d'intérieur relativement aux paiements d'acomptes.

Ⓘ Protection des personnes et des biens

L'entrepreneur a l'entière responsabilité de la sécurité sur le chantier et des mesures de protection contre les dommages aux personnes ou aux biens. Cela comprend les employés de l'entrepreneur, les autres personnes affectées par l'ouvrage, l'ouvrage lui-même, l'ameublement, les accessoires et l'équipement, ainsi que les propriétés adjacentes. Si l'ouvrage subit des dommages en raison d'une protection inadéquate, l'entrepreneur doit les réparer ou les corriger. Par contre, l'entrepreneur n'est pas responsable des dommages causés par des actions ou omissions du maître de l'ouvrage ou du designer d'intérieur.

Ⓙ Avenants et directives de modification

Les Conditions générales autorisent les modifications à l'ouvrage après la conclusion du contrat. Ces modifications sont généralement dues à des conditions imprévues ou des demandes du maître de l'ouvrage. Ces changements sont apportés en vertu de *directives de modification ou d'avenants de modification (ou avenants au marché)* qui sont fondés sur la convention écrite entre le maître de l'ouvrage, l'entrepreneur et le designer d'intérieur concernant l'envergure d'une modification, son coût et ses répercussions sur le calendrier. Il faut toujours préparer un avenant de modification écrit lorsque le prix du contrat ou son délai d'exécution sont affectés, et il faut le faire signer par le maître de l'ouvrage, l'entrepreneur et le designer d'intérieur. Le designer d'intérieur peut apporter des modifications mineures si elles n'ont pas de répercussions sur le prix du contrat ni le délai d'exécution du contrat. Les avenants de modification sont traités en détail au chapitre 22 et la figure 22.3 reproduit un modèle d'avenant.

(K) Couverture et travaux défectueux

Si les documents contractuels énoncent que certaines portions de l'ouvrage doivent être inspectées ou approuvées par le designer d'intérieur avant d'être recouvertes et que l'entrepreneur les recouvre avant cette inspection, l'entrepreneur doit les découvrir sans frais supplémentaires à la demande du designer d'intérieur. Si le contrat ne mentionne pas spécifiquement qu'un élément doit être inspecté avant d'être recouvert et si l'ouvrage est conforme aux documents contractuels, le designer d'intérieur peut demander qu'on le découvre, mais le maître de l'ouvrage doit en assumer les frais en vertu d'un avenant de modification. Si l'ouvrage découvert est non conforme, l'entrepreneur devient responsable des frais supplémentaires.

L'entrepreneur doit remplacer ou refaire tout élément d'ouvrage refusé par le designer d'intérieur comme non conforme aux exigences des documents contractuels. L'entrepreneur doit assumer les frais de telles rectifications, y compris les essais, les inspections et la rémunération des services du designer en rapport avec ces rectifications.

Le maître de l'ouvrage a la possibilité d'accepter un ouvrage non conforme. Comme cela implique une modification du contrat, il faut préparer un avenant de modification écrit et, s'il y a lieu, réduire le prix du contrat.

4 CONDITIONS SUPPLÉMENTAIRES DU CONTRAT

Étant donné la nature particulière des projets de construction et d'ameublement en design d'intérieur, un document type couvrant les Conditions générales du contrat pour l'ameublement, les accessoires et l'équipement ne peut pas couvrir toutes les situations. Chaque projet doit être personnalisé en fonction des différents clients, de la réglementation gouvernementale et des lois locales. Les renseignements propres à chaque projet peuvent être inclus dans l'une ou l'autre des sections suivantes : dans les exigences de soumission, s'ils ont trait à l'appel d'offres; dans la convention entre le maître de l'ouvrage et l'entrepreneur, s'ils sont de nature contractuelle; dans les conditions supplémentaires, s'ils modifient les Conditions générales; ou dans la Division 1 (Exigences générales) du devis d'exécution. Ainsi, les limites de couverture des assurances et les autres exigences relatives aux garanties et cautionnements sont très spécifiques à chaque client et dépendent du type de projet. Elles sont souvent placées dans les Conditions supplémentaires.

L'AIA et l'ASID ont publié conjointement le formulaire A571, *Guide for Interiors Supplementary Conditions* (Guide des conditions supplémentaires – contrats de design d'intérieur), qui indique le genre de modifications habituellement nécessaires.

Il faut préciser que bon nombre de clients ont leur propre formulaire type de conditions générales ainsi que leurs propres exigences en ce qui concerne les modifications. Le designer d'intérieur doit donc utiliser le formulaire le plus approprié. De toute façon, les modifications aux conditions générales ou supplémentaires ne devraient être apportées qu'avec l'aide d'un conseiller juridique (comme pour n'importe quel autre contrat).

5 Procédures d'appel d'offres

Il y a deux façons d'obtenir des propositions de prix et d'attribuer un contrat entre maître de l'ouvrage et entrepreneur. Dans le cas d'un *contrat de gré à gré*, le maître de l'ouvrage (avec l'aide éventuelle du designer d'intérieur) sélectionne un entrepreneur pour effectuer les travaux et demande à cet entrepreneur d'examiner les dessins pour préparer une proposition de prix. L'entrepreneur peut être choisi en fonction d'une relation de travail antérieure, de la recommandation d'autres personnes ou les deux. Dans le cas d'un *contrat par appel d'offres*, le designer d'intérieur (et d'autres professionnels au besoin) préparent les dessins et le devis d'exécution et les envoient à plusieurs entrepreneurs généraux qui présentent une soumission pour l'ouvrage défini dans les documents contractuels. Le maître de l'ouvrage (encore une fois, avec l'aide du designer d'intérieur) sélectionne un entrepreneur en fonction du prix, de l'expérience, du calendrier et d'autres critères. Ajoutons que l'appel d'offres peut être public ou sur invitation.

De nombreux clients privilégient l'appel d'offres pour la construction et, dans la mesure du possible, pour l'ameublement et les accessoires, car ce processus leur permet habituellement d'obtenir le meilleur prix. Quand le client est un organisme public, généralement, l'appel d'offres est obligatoire. Toutefois, cet appel d'offres doit respecter des directives clairement établies pour protéger le maître de l'ouvrage contre les entrepreneurs de mauvaise réputation et les pratiques de soumission douteuses. Avec les années, les procédures d'appel d'offres ont généralement fait l'objet d'une uniformisation et sont codifiées dans les documents de diverses associations spécialisées. Toutes les personnes qui participent au processus en connaissent les règles et savent à quoi s'en tenir. Cette section décrit les procédures et documents d'appel d'offres habituels. Aux États-Unis, le document AIA A771, *Instructions to Interiors Bidders* (Instructions aux soumissionnaires – contrat de design d'intérieur), explique l'ensemble des procédures reliées à l'appel d'offres. Au Canada on peut se référer au *Manuel canadien de pratique de l'architecture.*

Ⓐ Préqualification des soumissionnaires

L'appel d'offres peut être ouvert à tous les entrepreneurs (appel d'offres public) ou limité à une liste d'entrepreneurs qualifiés au préalable par le maître de l'ouvrage (appel d'offres sur invitation). La préqualification permet de sélectionner uniquement les entrepreneurs qui satisfont à certaines normes de fiabilité, d'expérience, de stabilité financière et de performance. Il est normal que le client qui envisage la construction d'un siège social de un million de dollars ne veuille pas perdre de temps à analyser la soumission d'un entrepreneur de petites résidences. Une fois ces normes établies, le client peut plus facilement analyser les différentes soumissions en fonction du prix, de la main-d'œuvre ou de la date d'achèvement.

La préqualification est habituellement fondée sur les renseignements que fournissent les entrepreneurs quant à leurs qualifications financières, leur main-d'œuvre, leur expérience, leurs références, la taille de leur entreprise, leur capacité à obtenir des cautionnements et les compétences qui les rendent particulièrement aptes à réaliser le projet. Dans le cas des travaux publics, lorsque la préqualification est autorisée, elle est généralement fondée sur l'actif et la taille de l'entreprise.

Ⓑ L'avis d'appel d'offres

Il y a deux façons d'obtenir des soumissions pour un projet. La première, l'appel d'offres public, consiste à publier un avis dans les journaux et les publications spécialisées. L'avis indique le nom et l'emplacement du projet, et invite les entrepreneurs à soumissionner. L'avis décrit brièvement le projet, indique la date de clôture de l'appel d'offres ainsi que l'heure et le lieu de réception des soumissions, la méthode d'obtention des documents, les conditions de soumission et les autres renseignements pertinents. Il est obligatoire de faire paraître un avis d'appel d'offres public pour la grande majorité des travaux publics, et on en fait paraître aussi pour bon nombre de projets privés.

Si l'appel d'offres est fait sur invitation, on envoie une invitation à soumissionner aux soumissionnaires qui ont été qualifiés au préalable. Cette invitation contient les mêmes renseignements que l'avis mentionné plus haut. Même s'il y a préqualification, le nombre de soumissionnaires doit être suffisant pour stimuler une certaine concurrence au niveau des prix. Quand l'ameublement et les accessoires font l'objet d'un appel d'offres pour un projet privé, il y a habituellement préqualification, car seuls quelques marchands peuvent soumissionner pour les mêmes meubles et le designer d'intérieur les connaît déjà.

Ⓒ Distribution des documents d'appel d'offres

Généralement, les documents d'appel d'offres sont disponibles au bureau du designer d'intérieur. Les entrepreneurs intéressés reçoivent les documents nécessaires, soit les dessins, le devis d'exécution, les documents d'appel d'offres, les formulaires de soumission et toute autre pièce essentielle. Il est d'usage courant de demander aux entrepreneurs de verser un dépôt pour chaque jeu de documents qu'il reçoit. Ce dépôt lui est remis lorsqu'il rend les documents en bon état après la période d'appel d'offres. Dans certains cas, les documents sont prêtés sans qu'un dépôt soit exigé. L'entrepreneur peut acheter des jeux de documents supplémentaires au-delà d'un certain nombre. Dans la plupart des grandes villes, les documents sont également mis à la disposition des entrepreneurs, des sous-traitants et de leurs fournisseurs dans une salle de consultation.

Ⓓ Substitutions

Pendant la préparation des soumissions, de nombreux entrepreneurs demandent de pouvoir substituer certains des matériaux inscrits au devis d'exécution. Le plus souvent, cela se produit dans les cas où le devis utilise un mode de spécification très restrictif ou lorsqu'il n'existe qu'un nombre très limité de fabricants acceptables. Les conditions régissant de telles substitutions et les procédures d'analyse des soumissions doivent être clairement définies dans les instructions aux soumissionnaires.

En général, les soumissionnaires sont tenus de présenter les demandes d'approbation de produits de substitution au moins dix jours avant l'ouverture des soumissions. Ces demandes doivent comporter le nom du matériau ou de l'équipement pour lequel on propose une substitution ainsi que des renseignements complets sur le produit proposé en remplacement. Le fardeau de la preuve quant au mérite du produit de remplacement repose sur le soumissionnaire. Le designer d'intérieur analyse la demande et peut soit la rejeter soit l'approuver. En cas d'approbation, le designer d'intérieur prépare un addenda à ce sujet et l'envoie à tous les soumissionnaires au moins quatre jours ouvrables avant la clôture de l'appel d'offres.

Ⓔ Variantes

Les documents d'appel d'offres peuvent demander à l'entrepreneur de donner un prix pour une solution technique différente, appelée *variante*, par rapport à la soumission de base. Il peut s'agir d'un changement dans les matériaux ou dans le niveau de qualité d'un matériau, de la suppression d'une certaine composante ou de l'ajout de certains éléments de construction. Par exemple, la soumission de base peut prévoir du tapis comme revêtement de sol dans une pièce, et la variante consisterait à remplacer le tapis par un parquet de bois.

L'inclusion de variantes permet au maître de l'ouvrage de modifier le coût du projet après avoir reçu les soumissions en faisant varier la quantité ou la qualité de certaines portions des travaux. Elles lui permettent aussi de sélectionner certaines options en fonction de prix fermes et non d'estimations préliminaires.

Les variantes sont désignées comme des *ajouts* si elles augmentent la soumission de base ou comme des *suppressions* si elles réduisent le montant de base. Comme les variantes exigent davantage de temps de la part du designer d'intérieur et des soumissionnaires, elles doivent être utilisées avec prudence et ne devraient pas remplacer une estimation consciencieuse des coûts d'un concept qui s'intègre raisonnablement dans le budget prévu au départ.

Au cours de l'analyse des soumissions, les variantes sélectionnées doivent permettre d'arriver au meilleur prix. Elles ne doivent pas être utilisées pour favoriser un soumissionnaire au détriment des autres.

(F) Prix unitaires

Les *prix unitaires* sont des coûts fixes pour certaines portions de l'ouvrage fondés sur des unités de mesure telles que le pied linéaire ou le pied carré du matériau installé. Quand on demande aux entrepreneurs d'inclure des prix unitaires, on les indique sur le formulaire de soumission. Ils permettent au maître de l'ouvrage de déterminer certains changements au contrat. Ainsi, on peut demander le coût au mètre carré d'un parquet mosaïque si on ne sait pas encore quelle superficie de sol recevra ce revêtement au moment de l'appel d'offres. De cette manière, même si on ne connaît pas le coût total, on peut quand même comparer les prix unitaires des soumissionnaires.

Si on a utilisé des prix unitaires et que l'on supprime une portion de l'ouvrage, le montant du crédit obtenu est généralement inférieur au prix d'une quantité additionnelle du même élément, à cause de l'inflation, notamment. Il est important de prévoir des espaces dans le formulaire de soumission pour les montants ajoutés et supprimés, s'il y a lieu.

(G) Addendas

Un *addenda* est un document écrit ou graphique préparé par le designer d'intérieur avant l'exécution du contrat. Il décrit une modification ou une interprétation des documents d'appel d'offres sous forme d'ajouts, de suppressions, d'éclaircissements ou de corrections. Durant le processus d'appel d'offres, il surgit toujours des questions auxquelles il faut répondre, et il peut arriver que l'on découvre des erreurs. Le maître de l'ouvrage ou le designer d'intérieur apportent alors les modifications ou les clarifications nécessaires aux documents contractuels par l'entremise de l'addenda, qui est publié pendant la période d'appel d'offres. La figure 9.1 montre un exemple d'addenda. Il est préférable de ne pas publier d'addenda plus tard que quatre ou cinq jours ouvrables avant la clôture de l'appel d'offres (le *Manuel canadien de pratique de l'architecture* précise quatre jours) pour donner le temps aux soumissionnaires d'étudier le document et de modifier leur proposition en conséquence.

Intérieurs par ABC inc.
2776, av. Ashley Nord

Addenda n° 2
page 1 de 1

Projet n° : 9042

Date : Le 27 juillet 2006

Projet : Siège social de Transport global

Les informations qui suivent complètent (ou remplacent, selon le cas) les documents du dossier d'appel d'offres émis le 20 juillet 2006.

Le présent addenda s'incorpore aux documents contractuels, en fonction desquels il doit être interprété et avec lesquels il doit être coordonné. Le coût de tout ce qui y est mentionné s'ajoute au prix du contrat. Les révisions qui suivent remplacent l'information contenue dans les dessins et le devis, dans la mesure indiquée, et s'y incorporent. Les soumissionnaires doivent accuser réception de cet addenda en indiquant le numéro et la date dans leur soumission, faute de quoi celle-ci pourrait être rejetée.

Dessins :

Détail 5, feuille A-6 : La largeur de l'armoire de rangement devrait être de 1'-9" plutôt que 2'-0".

Devis :

Devis section 06400, page 06400-3 : Le placage de chêne sur quartier est remplacé par du placage de chêne sur dosse.

Instructions aux soumissionnaires, page 1 :

La date de clôture de l'appel d'offres est désormais le mardi 12 août 2006, à 16 h.

9.1
Addenda – Exemple utilisant le formulaire type proposé par le *Manuel canadien de pratique de l'architecture.* Ce formulaire est reproduit à des fins pédagogiques, avec l'autorisation de l'Institut royal d'architecture du Canada.

(H) Séance d'information à l'intention des soumissionnaires

Pour certains projets, il est avantageux de tenir une séance d'information à l'intention des soumissionnaires. Cette séance réunit le designer d'intérieur, le maître de l'ouvrage, l'architecte (le cas échéant), les ingénieurs et les soumissionnaires. Elle permet aux entrepreneurs soumissionnaires de poser des questions, et au designer d'intérieur et au maître de l'ouvrage d'insister sur les aspects le plus importants du projet. Dans le cas de projets de très grande envergure, on peut organiser des séances d'information distinctes pour les soumissionnaires sous-traitants selon leur spécialité : mécanique, électricité, etc. Durant ces séances, le designer d'intérieur doit demander à quelqu'un de prendre des notes détaillées sur les questions abordées. Une copie de ces notes doit être envoyée à tous les soumissionnaires, qu'ils aient participé ou non à la séance d'information.

(I) Analyse des soumissions et attribution du contrat

Le designer d'intérieur peut aider le maître de l'ouvrage à analyser les soumissions, c'est-à-dire non seulement à repérer le marché le plus avantageux, mais aussi à étudier les prix des variantes, examiner les substitutions, les listes de sous-traitants proposés, les déclarations de qualification et les autres renseignements exigés dans les instructions aux soumissionnaires. Le maître de l'ouvrage a le droit de rejeter n'importe quelle soumission (ou même de les rejeter toutes), de rejeter les soumissions qui ne sont pas accompagnées des cautionnements ou des autres documents exigés, et de rejeter toute soumission non conforme pour une raison ou une autre.

Si toutes les soumissions dépassent le budget prévu et que la convention entre le maître de l'ouvrage et le designer d'intérieur fixe une limite aux coûts de construction, le maître de l'ouvrage a quatre possibilités :

1. Lancer un nouvel appel d'offres
   (ou renégocier le contrat s'il s'agit d'un contrat de gré à gré)
2. Autoriser une augmentation des coûts de construction et lancer le projet
3. Travailler avec le designer d'intérieur à revoir l'envergure du projet
   afin de réduire les coûts
4. Abandonner le projet

Un nouvel appel d'offres suscite rarement une réduction appréciable des coûts, à moins que le marché évolue rapidement. Si le projet est revu, la modification des documents par le designer d'intérieur peut être effectuée aux frais du maître de l'ouvrage, à moins que des clauses contractuelles déterminent la responsabilité de chacun en pareil cas. Les variantes ont notamment pour avantage de permettre de supprimer ou de substituer des matériaux ou des éléments de construction afin de réduire le coût du projet si les soumissions sont trop élevées.

6 Documents d'appel d'offres

Les documents d'appel d'offres sont habituellement préparés par le designer d'intérieur à l'aide de formulaires types ou de formulaires fournis par le maître de l'ouvrage. Beaucoup de grands clients commerciaux ont élaboré leurs propres formulaires et procédures, dont le contenu est généralement similaire à celui des formulaires types. Les documents d'appel d'offres sont habituellement inclus dans le cahier des charges mais, sur le plan juridique, ils ne font pas partie des documents contractuels.

Voici les principaux documents d'appel d'offres :

- Avis d'appel d'offres ou invitation à soumissionner
- Instructions aux soumissionnaires
- Formulaires de soumission et annexes
- Formulaires de garantie de soumission
- Exigences relatives à un cautionnement d'exécution, s'il y a lieu
- Exigences relatives à un cautionnement de paiement de la main-d'œuvre et des matériaux, s'il y a lieu

On y ajoute parfois aussi divers documents comme les déclarations de qualification, un formulaire d'énumération des sous-traitants, les exigences de certificats d'assurance et de conformité aux lois et réglementations applicables (comme les lois d'égalité d'accès à l'emploi), et toute autre information pouvant être mise à la disposition des soumissionnaires, comme les dessins relatifs à une construction existante.

La documentation remise aux soumissionnaires inclut également les documents contractuels, soit les dessins, le devis d'exécution, les conditions générales et supplémentaires du contrat, les addenda publiés pendant la période d'appel d'offres et le formulaire de convention entre le maître de l'ouvrage et l'entrepreneur.

Ⓐ Avis d'appel d'offres

Comme nous l'avons déjà mentionné, un appel d'offres public exige qu'un avis soit publié dans un ou plusieurs journaux et publications spécialisées. Si on a recours à l'appel d'offres sur invitation, on envoie une invitation à soumissionner à une liste de soumissionnaires préqualifiés. Pour certains projets, le designer d'intérieur peut simplement téléphoner aux entrepreneurs figurant sur la liste de préqualification et leur demander s'ils sont intéressés à soumissionner. L'avis ou l'invitation à soumissionner est également reproduit et inclus dans le cahier des charges avec les autres documents d'appel d'offres.

Ⓑ Instructions aux soumissionnaires

Les instructions aux soumissionnaires définissent les procédures et exigences que les soumissionnaires doivent respecter pour présenter leur soumission, la façon dont les soumissions seront évaluées ainsi que les pièces à soumettre par le soumissionnaire retenu. Aux États-Unis, on utilise le document AIA A771. Au Canada et au Québec, le *Manuel canadien de pratique de l'architecture* indique les formulaires à utiliser selon le genre de contrat. D'autres organismes publient également des formulaires similaires. Les instructions aux soumissionnaires incluent normalement les éléments suivants :

- **Déclaration du soumissionnaire.** En présentant sa soumission, le soumissionnaire déclare avoir lu et compris les documents, étudié les plans et devis d'exécution, et visité l'emplacement pour se familiariser avec les conditions dans lesquelles l'ouvrage sera exécuté.
- **Documents de soumission.** Lieu où on peut se procurer les documents, types de garanties exigées et marche à suivre par l'entrepreneur et les sous-traitants en cas d'erreur ou d'incohérence dans les documents contractuels. Dans un tel cas, ils doivent présenter au designer une demande d'éclaircissement par écrit au moins sept jours avant l'ouverture des soumissions. Le designer d'intérieur publie alors un addenda à l'intention de tous les soumissionnaires.
- **Substitution de produits.** Marche à suivre pour proposer des substitutions de produits et les faire évaluer. Aucune substitution ne doit être étudiée après l'attribution du contrat, à moins d'une raison valable.

- **Procédures de soumission.** Marche à suivre pour remplir les formulaires de soumission, types de cautionnements devant accompagner la soumission, présentation de la soumission et modalités de modification ou de retrait d'une soumission. Les soumissions sont normalement présentées dans des enveloppes cachetées portant le nom du destinataire ainsi que le nom du projet et le nom du soumissionnaire.
- **Analyse des soumissions.** Détails relatifs à l'ouverture et à l'analyse des soumissions, incluant les motifs justifiant le rejet d'une soumission, la façon dont elles seront analysées et les conditions d'attribution du contrat. Les soumissions peuvent être ouvertes en public ou en privé mais, pour les projets gouvernementaux, elles doivent être ouvertes en public.
- **Cautionnements.** Définition des cautionnements exigés et de la période au cours de laquelle ils doivent être livrés. Le coût des cautionnements est inclus dans le prix que présente le soumissionnaire.

Ⓒ Formulaires de soumission

Tous les soumissionnaires devraient inscrire les renseignements demandés sur un formulaire type de façon à assurer l'uniformité des soumissions et en faciliter l'analyse. La figure 9.2 illustre un formulaire type. Le formulaire de soumission doit contenir un espace pour le prix de base, le prix des variantes (le cas échéant), les prix unitaires (le cas échéant) et le nombre de jours civils ou de jours ouvrables prévus pour la réalisation de l'ouvrage. Il faut aussi prévoir un espace dans lequel le soumissionnaire peut accuser réception des addenda éventuels. Le formulaire de soumission doit être signé par une personne ayant l'autorité légale d'engager l'entrepreneur auprès du maître de l'ouvrage.

Ⓓ Cautionnement ou garantie de soumission

La garantie de soumission garantit au maître de l'ouvrage que le soumissionnaire retenu conclura un contrat avec lui. Le maître de l'ouvrage peut ne pas l'exiger pour les petits contrats de design d'intérieur, et y renonce parfois dans les projets de grande envergure. Il revient au maître de l'ouvrage de décider si une garantie de soumission est nécessaire. Cette garantie peut prendre la forme d'un chèque visé, d'une traite bancaire ou d'un *cautionnement de soumission.* Si le soumissionnaire retenu ne conclut pas de contrat, la garantie de soumission peut être retenue et compenser la différence entre la soumission la plus basse et la deuxième soumission la plus basse. Le montant de la garantie est soit un prix fixe soit un pourcentage de la soumission, et équivaut habituellement à 5 % du coût estimé des travaux ou de la soumission.

FORMULAIRE DE SOUMISSION

Nous avons reçu les documents intitulés

« ____ »,

en date du ____________________, préparés par Intérieurs ABC inc.

Nous avons également reçu le ou les addenda numéro(s) ____________________________

et en avons inclus les modalités dans cette soumission. Nous avons examiné les documents ainsi que l'emplacement et nous proposons de fournir l'ensemble de la main-d'œuvre, des matériaux, de l'équipement et du transport, en stricte conformité avec les documents pour mener à bien le projet contre le montant de :

____ dollars,

(______________________ $), montant désigné comme la soumission de base.

Les frais généraux, le profit, les taxes et les frais de transport doivent être inclus dans le montant de la soumission de base.

VARIANTES

VARIANTE n° 1, ajouter/supprimer : ______________________________ $

VARIANTE n° 2, ajouter/supprimer : ______________________________ $

VARIANTE n° 3, ajouter/supprimer : ______________________________ $

VARIANTE n° 4, ajouter/supprimer : ______________________________ $

Encercler ajouter ou supprimer, selon le cas.

Les variantes sont détaillées dans la section 01005 du devis d'exécution.

Les prix unitaires seront exigés au moment de la soumission et devront être annexés au formulaire de soumission. Le prix unitaire s'entend du prix par unité de mesure des matériaux et de la main-d'œuvre qui fournit l'élément, plus les frais généraux et le profit. Ventilez la main-d'œuvre et les matériaux dans chaque cas.

Si la soumission du soussigné est retenue, dans les trente (30) jours suivant la date d'ouverture des soumissions ou en tout temps par la suite avant le retrait de la présente soumission, le soussigné convient de signer un contrat sous forme des présents documents, de fournir les cautionnements nécessaires ainsi que les certificats d'assurance exigés dans les documents du dossier contractuel et d'exécuter l'ouvrage exigé contre rémunération calculée selon le montant de la présente soumission.

Date d'achèvement : le soussigné convient, s'il obtient le contrat, d'amorcer l'ouvrage immédiatement après avoir reçu un ordre de démarrage des travaux et d'achever l'ouvrage au plus tard le :

______________________________.

Dénomination de l'entreprise : ____

Téléphone : ______________________________ Date : ________________________

Signature : ______________________________

Nom (en car. d'imprimerie) : ____________________

Titre : ______________________________

9.2
Formulaire de soumission

Ⓔ Cautionnements d'exécution

Le *cautionnement d'exécution* est l'engagement que prend une compagnie de cautionnement d'assumer le coût d'achèvement de travaux dans le cas où l'entrepreneur faillirait à ses obligations. Si cela se produit, la compagnie de cautionnement peut embaucher un autre entrepreneur ou elle peut simplement fournir des fonds supplémentaires à l'entrepreneur en défaut pour lui permettre d'achever le travail.

Les cautionnements d'exécution sont généralement obligatoires pour les travaux publics et recommandés pour les travaux privés. Le montant du cautionnement d'exécution est un pourcentage du prix du contrat (environ 3 %) et est payé par le maître de l'ouvrage puisqu'il est inclus dans le montant total du marché. Le designer d'intérieur ou le maître de l'ouvrage doit s'assurer que le cautionnement a été rédigé par une compagnie de cautionnement autorisée à servir de caution dans l'État ou la province où l'ouvrage sera exécuté.

Ⓕ Cautionnements de paiement de la main-d'œuvre et des matériaux

Bien que le cautionnement d'exécution garantisse l'achèvement du projet, il ne garantit pas le paiement de la main-d'œuvre et des matériaux. Le non-paiement des sous-traitants et des fournisseurs pourrait donner lieu à l'inscription d'hypothèques légales sur le bien ou à l'introduction de poursuites civiles en dommages-intérêts. C'est donc pour protéger le maître de l'ouvrage contre ces deux types de problèmes qu'on exige habituellement un *cautionnement de paiement de la main-d'œuvre et des matériaux* en plus d'un cautionnement d'exécution.

QUESTIONS

1. Lequel des documents suivants ne fait *pas* partie des documents contractuels?

    1. L'addenda
    2. Le formulaire de soumission
    3. Le devis d'exécution
    4. La convention entre le maître de l'ouvrage et l'entrepreneur

2. Deux semaines avant la date de clôture de l'appel d'offres pour un gros projet de restaurant, un des entrepreneurs demande s'il peut proposer un prix pour un type de carreau acoustique qui n'est pas indiqué dans le devis d'exécution. À titre de designer d'intérieur responsable du projet, que devez-vous faire?

    1. Avertir l'entrepreneur qu'il doit joindre à sa soumission des renseignements attestant que le produit qu'il propose est équivalent à celui indiqué dans le devis d'exécution
    2. Dire à l'entrepreneur de consulter le maître de l'ouvrage, qui prendra la décision définitive, puis en informer les autres soumissionnaires
    3. Dire à l'entrepreneur de demander l'approbation par écrit
    4. Publier un addenda indiquant qu'un des entrepreneurs a demandé la permission de proposer un prix pour un autre produit acceptable et que tous les entrepreneurs peuvent aussi le faire

3. Quelle serait la meilleure méthode de sélection d'un entrepreneur pour un client désireux d'obtenir le meilleur prix possible pour un projet complexe de réaménagement d'un centre informatique?

    1. Indiquer les exigences du projet dans un avis d'appel d'offres publié dans les journaux et les publications spécialisées de la localité
    2. Sélectionner un entrepreneur qualifié et négocier un coût fixe en fonction des dessins et du devis d'exécution
    3. Négocier le prix le plus bas possible avec un entrepreneur puis lancer un appel d'offres pour le projet si ce premier prix négocié dépasse le budget du client
    4. Préparer une liste d'entrepreneurs expérimentés dans ce type de projet et les inviter à soumissionner

4. Pendant les travaux de construction, l'entrepreneur remarque qu'une main courante n'est pas conforme au code du bâtiment local. Quelle mesure le designer d'intérieur peut-il raisonnablement attendre de la part de l'entrepreneur ?

    1. L'entrepreneur devrait avertir le designer d'intérieur par écrit de cet écart.
    2. L'entrepreneur devrait corriger la situation et présenter une directive de modification pour le travail supplémentaire.
    3. L'entrepreneur devrait construire la main courante selon les documents contractuels, car la conformité au code du bâtiment est une responsabilité du designer d'intérieur.
    4. L'entrepreneur devrait mentionner le problème au designer d'intérieur et lui suggérer une façon d'y remédier.

5. Parmi les actions suivantes, laquelle est interdite au designer d'intérieur en vertu des conditions générales du contrat AAE de l'AIA/ASID ?

    1. Préparer des directives de modification et autoriser des modifications mineures à l'ouvrage
    2. Déterminer la date d'achèvement substantiel
    3. Rejeter tout ouvrage non conforme aux exigences des dessins
    4. Exiger qu'une inspection spéciale soit effectuée pour déterminer si l'ouvrage est conforme au devis d'exécution

6. Quel document le maître de l'ouvrage peut-il exiger de l'entrepreneur pour éviter l'inscription d'hypothèques légales sur le bien par les créanciers ?

    1. Un cautionnement de soumission
    2. Une garantie de soumission
    3. Un cautionnement d'exécution
    4. Un cautionnement de paiement de la main-d'œuvre et des matériaux

7. À titre de designer d'intérieur pour l'ameublement intérieur d'un grand hôpital public financé par des fonds publics, vous avez aidé l'administration municipale à préparer les documents d'appel d'offres. À l'ouverture des soumissions présentées par cinq entrepreneurs qualifiés, les soumissions dépassent toutes le budget approuvé, de 4 % à 10 % selon le cas. Que devez-vous faire ?

   1. Recommander à la Ville d'accepter la soumission la plus basse et d'obtenir les 4 % qui manquent d'autres sources
   2. Commencer à étudier des façons de réduire l'envergure du projet pour qu'il respecte le budget établi
   3. Suggérer de lancer un nouvel appel d'offres, étant donné que la soumission la plus basse est très proche du budget établi
   4. Attendre que la Ville vous indique ce qu'elle attend de vous

8. Quel formulaire type comprend les renseignements contractuels relatifs au droit du maître de l'ouvrage d'exécuter des travaux distincts du contrat de construction principal ?

   1. Les instructions aux soumissionnaires
   2. La convention entre le maître de l'ouvrage et l'entrepreneur
   3. Les conditions générales du contrat
   4. Les conditions supplémentaires du contrat

9. Dans quelles circonstances le maître de l'ouvrage doit-il présenter à l'entrepreneur une preuve de ses ressources financières lui permettant de mener à bien le projet conformément aux Conditions générales du contrat de l'AIA/ASID ?

   1. Lorsque l'entrepreneur en fait la demande
   2. S'il s'agit d'un projet public
   3. À la demande de l'entrepreneur si le projet fait l'objet de soumissions concurrentielles
   4. Le maître de l'ouvrage n'est pas tenu de présenter une telle preuve

10. Le designer d'intérieur peut travailler à un projet résidentiel en vertu de différents types d'ententes. Parmi celles qui suivent, laquelle ne serait *pas* appropriée ?

   1. Une lettre d'entente
   2. Une série de bons de commande dont les modalités sont imprimées au verso
   3. Un formulaire type de contrat de l'AIA/ASID
   4. Un contrat rédigé par l'avocat du designer d'intérieur

10

Ameublement, accessoires et équipement

On désigne par ameublement, accessoires et équipement (AAE) les composantes intérieures autoportantes qui ne sont pas inhérentes à la construction et qui sont généralement achetées en vertu d'un contrat distinct. Parfois, l'équipement de bureau, les rayonnages d'entreposage, le mobilier bancaire et d'autres éléments intégrés devant être coordonnés avec les travaux de construction sont sélectionnés et inscrits au devis par le designer d'intérieur, tandis que la construction elle-même est sous la responsabilité d'un architecte. Habituellement, l'AAE constitue un poste séparé dans le budget du client et est acheté en vertu d'un contrat distinct, car le mode de spécification, de même que la marche à suivre pour l'achat et l'installation, ne sont pas les mêmes pour les éléments de mobilier que pour les éléments de construction.

1 Sélection du mobilier

Le mobilier se classe en trois catégories de base : préfabriqué, fait sur mesure et intégré. On achète le mobilier préfabriqué en choisissant des articles parmi la ligne de produits d'un fabricant. On peut habituellement spécifier le type et la couleur du tissu ainsi que la finition du bois, mais on est limité à ce qui est offert sur le marché. Malgré ces limites, il existe tout de même un très vaste choix de styles et de types de meubles préfabriqués, de différentes qualités et dans différentes gammes de prix. L'achat de mobilier préfabriqué permet au designer d'intérieur et à son client d'examiner chaque meuble, de le toucher, de s'y asseoir et d'avoir une bonne idée de ses caractéristiques avant de l'acheter. Il y a de nombreux autres avantages à choisir du mobilier préfabriqué, notamment le fait que le coût est connu, que les meubles sont sous garantie et que la qualité peut être évaluée d'après le produit fini.

Le mobilier fabriqué sur mesure permet au designer et au client d'obtenir exactement ce qu'ils désirent, mais c'est au designer d'intérieur que revient la responsabilité de concevoir correctement les différents éléments, de les faire fabriquer et de veiller à leur qualité. Habituellement, le délai de fabrication d'un meuble sur mesure est plus long et son coût plus élevé que ceux d'un meuble préfabriqué comparable. Certains meubles comme les chaises sont tellement difficiles à concevoir qu'ils sont rarement fabriqués sur mesure pour un seul projet. Par contre, les tables de conférence, les rangements et d'autres meubles du même genre peuvent être conçus et construits comme des éléments d'ébénisterie.

Le mobilier intégré est fait sur mesure mais, comme son nom l'indique, il devient un élément de l'architecture du projet. Ce type de mobilier permet habituellement d'utiliser l'espace de façon plus efficace et coûte souvent moins cher que le mobilier préfabriqué pour la même fonction. De plus, son design s'harmonise généralement mieux avec l'architecture d'ensemble. En revanche, le mobilier intégré est évidemment moins polyvalent : il est plus difficile de le changer au gré de l'évolution des styles ou des changements d'utilisation de la pièce.

Ⓐ Les types de meubles

Les meubles se divisent en groupes distincts selon leur fonction. Voici une liste des principaux critères dont le designer d'intérieur doit tenir compte pour chaque type de meuble :

Sièges. Les sièges doivent convenir à l'usage prévu, être confortables, s'adapter à une grande variété de dimensions et de types anatomiques, êtres solides et à fini durable. Comme aucun siège ne peut remplir tous ces critères, il existe des milliers de styles de chaises, de canapés, de tabourets ou de fauteuils. Une chaise de bureau utilisée huit heures par jour diffère considérablement d'une chaise de salle d'attente. De façon générale, le mobilier, en plus d'être confortable et fonctionnel, doit s'agencer au concept global du design.

Quel que soit l'usage que l'on fera d'une chaise ou d'un canapé, certains critères communs à tous les sièges doivent être évalués au moment de l'achat ou du design. Nous les avons vus au chapitre 3. Bien entendu, tous ces critères ne s'appliquent pas à toutes les situations. La qualité du support lombaire, par exemple, n'est pas nécessairement un critère d'évaluation pour une chaise utilisée seulement de façon occasionnelle.

Tables. Les tables les plus courantes sont les tables de salle à manger, les tables de conférence, les plans de travail et les tables d'appoint. Le designer d'intérieur doit tenir compte de plusieurs facteurs dans le choix d'une table : des dimensions appropriées à la fonction, un piétement robuste, une surface durable possédant une couleur et une texture dont la réflectivité convient aux tâches à accomplir. Pour les tables de salle à manger et de conférence, il est important de prévoir suffisamment d'espace pour le nombre prévu d'utilisateurs, soit de 24″ à 30″ (600 à 750) par personne sur le pourtour de la table.

Postes de travail. Les postes de travail se composent de meubles distincts ou de composantes permettant de créer un plan de travail et un espace de rangement. Lorsque plusieurs composantes peuvent s'agencer de différentes façons pour créer un ou plusieurs postes de travail modulaires, on parle de mobilier modulaire, de mobilier-système ou de système de mobilier.

Le poste de travail le plus courant est le bureau traditionnel dont la base comporte des tiroirs. Parmi les variantes, on trouve le bureau avec retour ou bahut latéral ou encore avec bahut séparé et placé à l'arrière.

Rangements. Dans tous les projets, il est nécessaire d'inclure des rangements. Le design de ces éléments doit donc faire l'objet du même soin que n'importe quel autre élément de mobilier. Les paramètres à prendre en compte sont les types et les dimensions des objets à ranger, l'emplacement du rangement, la fréquence à laquelle l'utilisateur aura accès aux éléments rangés et la visibilité souhaitée.

Lits. La plupart des lits se composent d'un matelas ou d'un ensemble matelas et sommier installé sur une structure qui peut être une simple plateforme ou un cadre avec tête et pied. Parmi les autres types de lits, mentionnons les futons, les lits d'eau, les lits superposés, les lits gigognes et les canapés-lits. Il existe aussi des lits escamotables qui se replient dans un rangement mural, utiles lorsque l'espace est très réduit. Le lit peut comporter une tête de lit avec ou sans rangement ou éclairage intégré, être surmonté d'un baldaquin ou être simplement agencé avec des tables de chevet.

Mobiliers-système On entend par mobilier-système ou système de mobilier, un ensemble de composantes modulaires conçues pour s'agencer de différentes façons afin de créer des postes de travail. La plupart du temps, ces systèmes se composent de cloisons amovibles servant à séparer les postes de travail et à définir les espaces, de plans de travail, d'unités de rangement et de dispositifs d'éclairage et de gestion du câblage.

Il existe des centaines de systèmes de mobilier offerts par différents fabricants, mais on peut généralement les classer en trois catégories principales. Dans la première, le système comporte des panneaux autonomes et des meubles conventionnels. Dans la deuxième, le système comprend des panneaux de différentes longueurs et hauteurs pouvant être joints les uns aux autres et auxquels sont suspendus des plans de travail et des unités de rangement. Enfin, dans la troisième catégorie, le système comprend des postes de travail autonomes en forme de L ou de U incluant plan de travail, rangement et toute autre composante nécessaire. Habituellement, dans ce type de systèmes, les éléments de rangement sont assez hauts pour servir d'écran visuel. Les systèmes de la deuxième et de la troisième catégorie comportent habituellement un éclairage individuel et parfois un éclairage d'ambiance. Ils peuvent également inclure le câblage d'électricité et de télécommunication

Les systèmes de mobilier sont appropriés dans les aménagements à aire ouverte et dans les espaces dont la disposition doit offrir une grande souplesse. Ils permettent d'utiliser l'espace de façon plus efficace qu'un aménagement en bureaux privés et peuvent accommoder une grande diversité de besoins particuliers si l'on fait un choix judicieux parmi les composantes offertes au catalogue du fabricant.

(B) Critères de sélection

Le mobilier doit satisfaire à une foule de besoins. En premier lieu, il doit convenir aux fonctions auxquelles il est destiné. Ainsi, les tables utilisées dans les salles de classe d'une école élémentaire diffèrent sensiblement par leur taille, leur apparence et leur construction de la table de la salle du conseil d'une grande entreprise. Parmi les critères fonctionnels à prendre en considération, on peut mentionner l'usage du meuble, ses utilisateurs, le fait qu'il doive être ajustable ou pas, les exigences en matière de fini, la durabilité et la taille.

Comme les utilisateurs ont un contact direct avec le mobilier, le confort est un autre facteur essentiel. Les chaises, surtout, doivent être choisies avec soin, en fonction de leur usage et de leur effet sur le corps humain. Une chaise utilisée pendant de longues périodes par différentes personnes doit être réglable. Les tables, les armoires de rangement, les lits et les autres meubles doivent aussi être sélectionnés en fonction de leur taille, de leur facilité d'utilisation et de leur sécurité.

Le mobilier constitue également un important élément de design. Chaque meuble, en plus de posséder ses propres caractéristiques esthétiques, influe sur l'apparence de ce qui l'entoure. Il doit donc être compatible avec la taille, la forme et l'aspect général de l'espace environnant. Il faut tenir compte notamment de l'échelle, de la couleur, de la ligne, de la forme, de la texture et du toucher des différents éléments de mobilier.

La qualité doit être considérée comme un aspect pratique. Compte tenu du prix, la qualité sélectionnée dépend de l'utilisation du meuble, du type d'utilisateur, de l'entretien prévu et de la durée de vie envisagée.

Le fini est un critère de sélection étroitement lié à plusieurs autres facteurs. Il détermine l'effet esthétique du mobilier, sa durabilité, son entretien et son inflammabilité.

Enfin, le choix du mobilier est toujours une question de budget. Il faut tenir compte à la fois du coût du cycle de vie (c'est-à-dire du coût total d'utilisation) et du coût initial. Un meuble haut de gamme et bien construit est sans doute plus cher à l'achat, mais il devrait durer plus longtemps et exiger moins d'entretien qu'un meuble bas de gamme.

2 Sélection des tissus d'ameublement

La sélection des tissus qui recouvrent les meubles rembourrés détermine leur apparence, leur durabilité et leur sécurité. Comme le même meuble peut être recouvert d'une grande variété de tissus, le designer d'intérieur doit savoir ce qui existe sur le marché et bien connaître les types de tissus d'ameublement appropriés aux divers usages. Cette remarque s'applique à tous les projets, que l'on choisisse parmi les tissus offerts par un fabricant ou que l'on aide le client à commander un tissu sur mesure.

Ⓐ Types et caractéristiques des tissus

Les fibres utilisées dans les tissus d'ameublement se divisent en deux grandes catégories : les fibres naturelles et les fibres synthétiques. Les fibres naturelles se subdivisent en fibres cellulosiques et fibres protéiques. Les fibres cellulosiques comme le coton et le lin sont produites par des plantes, tandis que les fibres protéiques comme la laine proviennent de source animale. On trouvera ci-dessous une liste des fibres les plus couramment utilisées.

La laine. Produite à partir de la toison du mouton, la laine est l'une des meilleures fibres naturelles que l'on puisse utiliser en design d'intérieur, y compris pour les tapis. Même si chaque fibre individuelle est relativement faible, le fil offre une excellente résilience. La résilience est particulièrement importante pour les rideaux et les meubles rembourrés, car elle signifie que les plis s'effacent facilement. La laine offre également une excellente élasticité et résiste bien à l'usure. Elle est aussi résistante aux taches et se nettoie facilement. La laine brûle si elle est exposée à une flamme, mais elle est auto-extinguible. Par contre, la laine est chère et elle est extensible, de sorte que sa stabilité dimensionnelle (son aptitude à garder sa forme) n'est pas aussi bonne que celle d'autres tissus.

Le coton. Le coton est une fibre cellulosique provenant des poils de la graine du cotonnier. Il est relativement bon marché et offre une bonne solidité à la rupture et une assez bonne résistance à l'abrasion. En revanche, le coton offre peu de résilience et d'extensibilité, et il se détériore s'il est exposé longtemps à la lumière solaire. Il brûle facilement et est sujet à la moisissure.

Le lin. La toile de lin est produite à partir des fibres du lin. Il s'agit d'une fibre libérienne, ce qui signifie qu'elle provient de la tige de la plante, tout comme le jute, la ramie et le chanvre. Le lin est rarement utilisé en ameublement, car il manque de résilience et de souplesse, et est sensible à l'abrasion. De plus, il est difficile à teindre. La toile de lin est le plus souvent une toile d'étoupe, c'est-à-dire qu'elle est faite de fibres courtes. Ces fibres ont une bonne stabilité dimensionnelle et résistent à la décoloration; c'est pourquoi le lin convient bien aux rideaux et aux revêtements muraux.

La soie. La soie provient des fibres filées par les larves du ver à soie. Elle est très solide, et sa résilience et sa souplesse sont bonnes. Le fini et le lustre de la soie sont généralement très prisés, mais la soie coûte très cher et elle se détériore au soleil.

La rayonne. La rayonne est une fibre cellulosique régénérée. Elle résiste très mal au soleil et offre peu de résilience. Elle a une haute absorptivité, une faible résistance à l'eau et à l'humidité, et elle est inflammable. Elle est rarement utilisée en ameublement.

L'acétate. L'acétate est une fibre cellulosique régénérée, composée de cellulose, d'acide acétique et d'autres produits chimiques. Bien que peu coûteux, l'acétate est toutefois inflammable et résiste mal à l'usure. Tout comme la rayonne, à l'état pur, il résiste peu à la lumière solaire. Une variante, le triacétate, est de composition similaire, mais contient une proportion plus élevée d'acétate par rapport à la cellulose, ce qui améliore la résistance à l'usure, réduit l'inflammabilité et augmente la résistance à la lumière solaire.

Le nylon. Le nylon est l'une des fibres synthétiques les plus populaires. Il est exceptionnellement solide et offre une résilience et une élasticité élevées. Le nylon résiste à plusieurs produits chimiques, à l'eau et aux micro-organismes. Les premiers nylons ne résistaient pas au soleil et avaient une apparence brillante, mais on a corrigé ces problèmes en ajustant les formules chimiques. Le nylon est souvent mélangé avec d'autres fibres synthétiques ou naturelles pour produire des textiles qui combinent les avantages des différentes fibres.

L'acrylique. L'acrylique remplace souvent la laine en raison de son apparence. Sa solidité et sa résilience sont modérément bonnes; il est très résistant à la lumière solaire, mais il peut être inflammable. Les modacryliques ont des propriétés similaires, mais résistent mieux à la chaleur et aux flammes.

L'oléfine. L'oléfine est une fibre bon marché hautement résistante aux produits chimiques, à la moisissure et aux micro-organismes. Elle est très résiliente et non absorbante. Ses qualités la rendent utile dans la fabrication des tapis et des endos de tapis, mais sa faible résistance au soleil, à la chaleur et aux flammes en font une fibre contre-indiquée en ameublement.

Le polyester. Le polyester présente plusieurs des qualités recherchées comme une bonne résilience et une bonne élasticité, une haute résistance aux solvants et autres produits chimiques, et une bonne résistance à la lumière solaire. Son inflammabilité pourrait le déclasser, mais il peut être traité pour être plus résistant aux flammes. En revanche, il a tendance à absorber et à retenir les substances huileuses.

Ⓑ Sélection des tissus

La sélection du tissu approprié pour un meuble est une question d'équilibre entre les exigences fonctionnelles et esthétiques, d'une part, et le coût et la disponibilité, d'autre part. Le tissu qui convient le mieux à une salle d'attente d'hôpital est bien différent de celui qui sera le plus approprié pour un bureau privé. Voici quelques-uns des critères importants dans le choix d'un tissu d'ameublement :

La durabilité. La durabilité d'un tissu comprend sa résistance à l'abrasion, à la décoloration, aux taches et autres épreuves mécaniques ainsi que sa nettoyabilité. La résistance à l'abrasion est le facteur de durabilité le plus important pour un meuble rembourré. Elle dépend du type de fibre, de la fabrication du fil, de la façon dont le tissu est posé sur le meuble, du support du tissu et du rembourrage. Dans la plupart des cas, les meubles rembourrés les plus durables utilisent des fibres solides et souples comme le nylon ou la laine, dans des tissus épais, à fil frisé et au tissage serré, ainsi que des rembourrages relativement moelleux pour permettre au tissu d'épouser les mouvements.

Les problèmes les plus communs des tissus d'ameublement sont le fil tiré, le peluchage et le boulochage. Le fil tiré se produit lorsqu'une portion de fil est extraite de l'armure du tissu - c'est-à-dire l'entrecroisement des fils de trame et des fils de chaîne -, souvent par un objet pointu. Le peluchage se produit lorsque de petites fibres se détachent du fil à la surface du tissu. Le boulochage est causé par les peluches qui forment de petites boules.

L'inflammabilité. L'inflammabilité est l'un des facteurs les plus importants dans le choix d'un tissu d'ameublement, surtout dans les lieux publics comme les salles d'attente, les hôpitaux et les salles de spectacle. Certains tissus sont plus résistants à la flamme que d'autres, mais presque tous les tissus peuvent être traités à l'aide de produits chimiques ignifugeants, ce qui les rend plus résistants à l'inflammation et à la combustibilité. La plupart des États et provinces et les organismes fédéraux ont mis au point des normes d'inflammabilité pour l'ameublement. Ces normes sont traitées plus loin, à la section 3.

La stabilité dimensionnelle. Cette caractéristique désigne l'aptitude d'un tissu à conserver sa forme et à s'adapter à un coussin sans se déformer, plisser, s'étirer ou se déchirer. Un tissu doit avoir assez de résilience pour retrouver sa forme initiale après avoir été déformé par l'utilisation. Il est donc crucial de choisir tissu et coussin en fonction l'un de l'autre et d'éviter, par exemple, d'utiliser un coussin admettant une déformation plus importante que ce que le tissu peut supporter.

Un tissu posé sur une grande surface de rembourrage peut s'étirer ou glisser s'il n'est pas suffisamment stable. Bien souvent, le tissu est fixé au coussin par des boutons, des capitons ou des tubes. Voir la figure 10.1. Le bouton fixe le tissu au coussin à l'aide d'un fil légèrement tendu. Il en va de même pour le capiton, sauf que le bouton est cousu serré dans le coussin, ce qui crée un pli profond à la surface. Le tube fixe le tissu au coussin en sections parallèles.

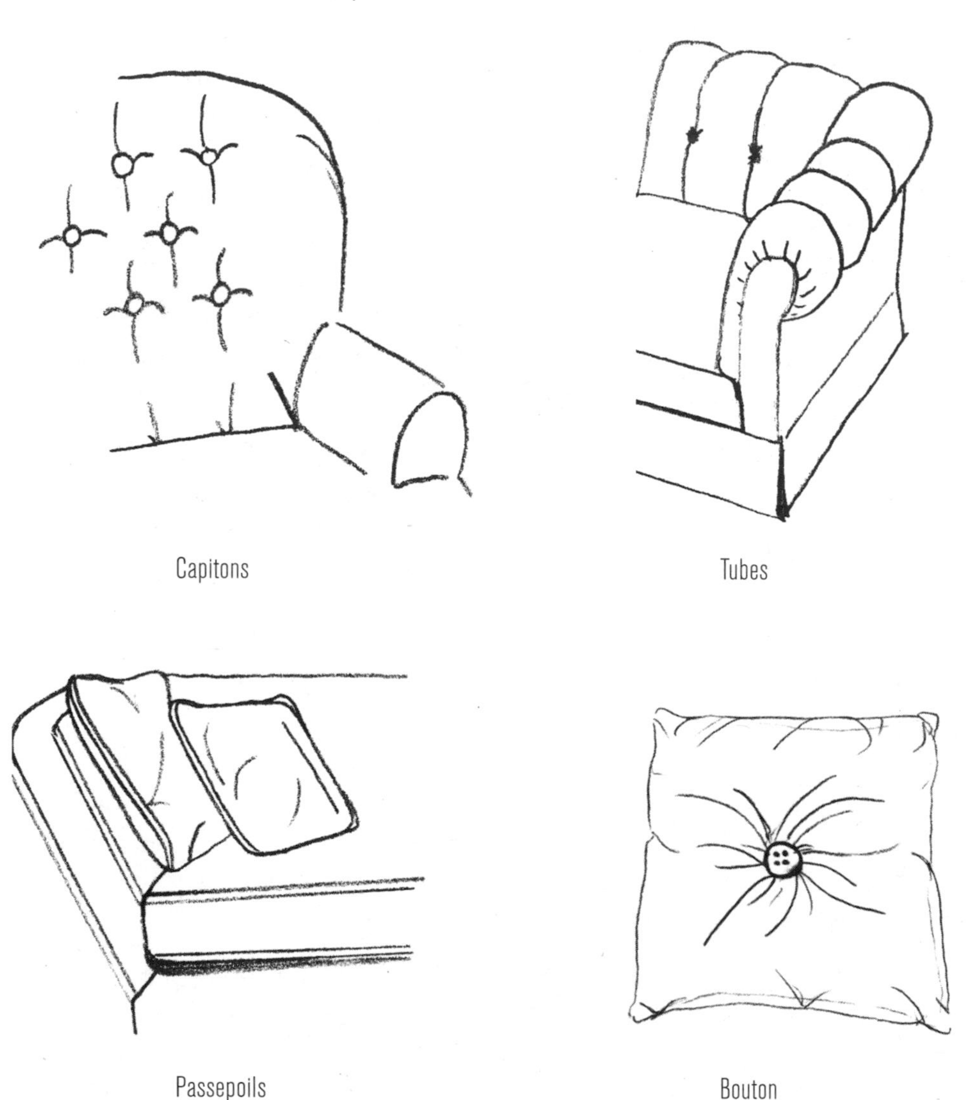

10.1
Capitons, tubes, passepoils et bouton

L'entretien. Comme le tissu d'ameublement est soumis à une forte usure, il doit être sélectionné en fonction de l'utilisation qui en sera faite. Il faut aussi tenir compte d'un programme continu d'entretien périodique.

L'apparence. Un meuble élégant et bien choisi peut être gâché par un tissu dont la couleur, la texture ou le motif ne sont pas appropriés. Le designer d'intérieur doit tenir compte des autres matériaux utilisés dans le meuble, dans les meubles adjacents ainsi que dans l'espace environnant.

L'échelle. La notion d'échelle s'applique ici à l'importance de la texture et du motif d'un tissu par rapport au meuble et à l'espace dans lequel il s'insère. Par exemple, dans une pièce spacieuse, un grand canapé n'aura pas l'air hors d'échelle même s'il est recouvert d'un tissu à gros motifs voyants et au tissage fortement texturé, ce qui ne serait pas le cas dans une petite pièce.

Le confort. Les utilisateurs d'un espace intérieur entrent en contact avec le mobilier plus qu'avec tout autre élément de cet espace. C'est pourquoi le confort d'un meuble doit correspondre à l'usage qui en est fait et aux exigences ergonomiques. Une chaise de salle d'attente n'a pas besoin d'être aussi confortable qu'une chaise de bureau. Les tissus et les coussins ont une incidence sur le confort par leur porosité, leur résilience, leur texture de surface et leur fini. Un tissu très poreux peut « respirer » et est plus confortable pour les sièges utilisés pendant de longues périodes, particulièrement lorsque la température et l'humidité sont élevées. De même, les tissus lisses sont plus confortables que ceux dont la texture ou le fini sont rêches.

Le toucher. Le toucher est la sensation que procure un tissu sur la peau. Dans certains cas, il convient de choisir un tissu lisse comme le satin alors que dans d'autres, un tissu rêche peut être approprié. Le choix peut être uniquement une question de goût ou être plutôt une question pratique. Dans un restaurant, par exemple, les clients auront plus de difficultés à se glisser sur une banquette recouverte d'un tissu rêche et très texturé que sur une banquette en cuir.

Ⓒ Rembourrage et assemblage

Le rembourrage et l'assemblage d'un meuble déterminent son confort, sa résistance à l'usure et son inflammabilité. Les matériaux les plus couramment utilisés pour le rembourrage sont le feutre de coton, le feutre de polyester, la mousse de polyuréthane, la mousse de latex, les fibres caoutchoutées et les fibres effilochées. Ces matériaux peuvent être utilisés seuls ou avec une garniture à ressorts.

Comme l'inflammabilité d'un meuble rembourré dépend autant du matériau de rembourrage que du tissu de recouvrement, il est aussi important de choisir la rembourrure avec soin. Le plastique alvéolaire non traité présente un risque d'incendie particulièrement élevé. On compte parmi ces plastiques les types de mousse suivants : polyuréthane, polystyrène, polyéthylène, polypropylène, PVC et ABS, acétate, époxy, phénolique, urée, silicone et mousse de latex. Le feutre de cellulose non traité, comme le feutre de coton, peut être dangereux s'il doit résister à l'inflammation par cigarette. Il vaut mieux choisir un feutre de polyester si la résistance au feu est une priorité. Voici, par ordre décroissant, une liste des matériaux de rembourrage résistants à la flamme et à l'inflammation par cigarette :

- Néoprène et mousse de polyuréthanne ignifugée
- Feutre de polyester
- Mousse de polyuréthane résistante à la combustion lente et ininflammable
- Feutre de cellulose résistant à la combustion lente et ininflammable
- Feutre de fibres mixtes
- Mousse de polyuréthane non traitée
- Feutre de cellulose
- Mousse de latex (rarement utilisée)

La résistance à la combustion lente, qu'on appelle aussi résistance à l'inflammation par cigarette, est un des facteurs les plus importants en sécurité incendie des meubles rembourrés. Cette résistance dépend du tissu de recouvrement, du rembourrage et de la construction du siège. Les risques d'incendie d'un meuble rembourré sont accrus par le capitonnage ou tout autre traitement décoratif des sièges ou accoudoirs, car une cigarette échappée peut s'y loger. Il faut également éviter les passepoils et les autres types d'assemblage similaires sur les surfaces où des cigarettes peuvent tomber. Le passepoil est un cordon recouvert de tissu cousu à même la couture de rembourrage soit en guise d'ornement ou pour solidifier l'assemblage. Voir la figure 10.1. Il est préférable d'utiliser l'alignement horizontal des fils de chaîne, une technique qui permet de poser le tissu sur un meuble de façon à éviter les coutures verticales. Ce type d'assemblage permet aussi de disposer à l'horizontale un tissu rayé à la verticale. En plus de préciser des assemblages sans couture, le devis devrait indiquer que dossiers et assises des banquettes et autres fauteuils doivent être distancés d'au moins 1″ (250) pour qu'une cigarette ne puisse pas se loger entre les deux.

Deux autres mesures permettent d'assurer une plus grande sécurité des meubles rembourrés. Premièrement, on peut en réduire l'inflammabilité en traitant le rembourrage à l'aide de différents produits chimiques. Le feutre de coton et la mousse de polyuréthane peuvent tous deux être traités pour offrir une résistance accrue à la combustion lente et à la propagation des flammes. Deuxièmement, on peut utiliser une doublure coupe-feu entre le tissu et la rembourrure afin de créer une barrière qui ralentit ou empêche la propagation de la chaleur et des flammes.

Le matériau de rembourrage n'a pas qu'une incidence sur le confort d'un meuble; il peut aussi déterminer sa résistance à l'usure. Pour le rembourrage de mousse, on tient compte de trois critères de performance.

Le premier critère est la *densité* ou masse par unité de volume. On l'exprime normalement en livres au pied cube (soit lb/pi^3 ou en kilogramme au mètre cube, kg/m^3). Plus la densité est grande, meilleur est le soutien. Par contre, une mousse à haute densité ne donne pas nécessairement un coussin ferme.

Le second critère mesure la fermeté et porte le nom de *facteur d'indentation* ou *degré de fermeté* (en anglais *indentation load factor* [ILD] ou *indentation force deflection* [IFD]). Pour déterminer le facteur d'indentation d'un coussin, on pousse une plaque de métal de 8″ (200) de diamètre dans un échantillon de mousse de 4″ (100) d'épaisseur. Le nombre de livres nécessaires pour comprimer la mousse de 1″ (ou de 25 %) est le facteur d'indentation. Par exemple, un facteur d'indentation de 35 signifie qu'il a fallu 35 livres pour comprimer la mousse sur 25 % de son épaisseur. Donc, plus le facteur d'indentation est élevé, plus la mousse est ferme. Les mousses dont le facteur d'indentation est de 25 ou moins sont considérées comme moelleuses, celles dont le facteur d'indentation se situe entre 25 et 50 sont considérées comme étant fermes, et celle dont le facteur d'indentation est au-delà de 50 comme très fermes.

Le troisième critère est le *facteur de compression*. Il s'agit du rapport entre la force nécessaire pour comprimer un échantillon de mousse jusqu'à 65 % de son épaisseur initiale et la force nécessaire pour le comprimer jusqu'à 25 % de son épaisseur initiale (le facteur d'indentation normal). Plus le facteur de compression est élevé, plus la mousse est capable de supporter de poids. Généralement, il faut choisir des ratios élevés (sièges fermes) allant de 2,25 à 4 pour les fauteuils médicaux, institutionnels et de salles de réunion. Des coussins de fermeté moyenne dont le facteur de compression varie entre 2 et 2,5 conviennent pour les sièges peu ou modérément utilisés, tandis que les coussins moelleux dont le ratio est inférieur à 2 doivent être réservés aux dossiers de chaises et de banquettes.

Enfin, le rembourrage a aussi un effet sur la résistance à l'usure. Des coussins fermes offrent un meilleur support et conviennent mieux dans de nombreuses situations, mais un rembourrage moelleux permet au tissu de jouer et de résister à l'abrasion provoquée par une utilisation normale. Le tissu subit une abrasion rapide lorsqu'il est très tendu sur des coins pointus ou retenu par des passepoils, un problème qui peut être atténué par un choix de coussins approprié.

3 Normes

A Normes d'inflammabilité

Aux États-Unis, de nombreuses méthodes d'essai ont été mises au point pour établir les normes d'inflammabilité des meubles rembourrés et des tissus d'ameublement. Ces normes varient toutefois d'un État à l'autre et le designer d'intérieur doit se familiariser avec toutes. Elles définissent les limites d'inflammabilité d'un tissu selon l'une ou l'ensemble des caractéristiques suivantes : résistance à l'inflammation, étanchéité aux flammes, résistance à la combustion lente, prévention du dégagement de fumée, prévention de la chaleur contribuant à la propagation du feu et prévention de l'émission de gaz toxiques. Les normes décrites plus bas sont celles qui sont communément utilisées aux États-Unis. Reportez-vous au chapitre 17 pour une description d'autres essais d'inflammabilité concernant notamment les tapis et les revêtements de sol, et pour un tableau résumant les essais couramment appliqués à l'ameublement, aux finis et à la construction en design d'intérieur.

Tout designer d'intérieur passant l'examen du NCIDQ doit s'être familiarisé avec ces normes. Précisons qu'au Canada, il n'existe aucune méthode d'essai normalisée permettant d'évaluer la tenue au feu des meubles rembourrés. Dans ce domaine, on utilise les normes américaines. Il existe toutefois une norme d'essai normalisée pour la résistance des matelas à la combustion. Les règlements basés sur cette norme ont été adoptés en application de la *Loi sur les produits dangereux*[1].

- *Essai de combustion verticale*

  Titre complet : *Standard Methods of Fire Tests for Flame-Resistant Textiles and Films*

  Organisme et numéro de l'essai : NFPA 701

  Résumé : Cette norme établit deux méthodes d'essai visant à tester l'inflammabilité des rideaux et autres habillages de fenêtre.

  Description : Cette norme définit deux méthodes d'essai qui servent à évaluer la propagation des flammes au-delà de la zone exposée à une source d'inflammation. Le premier essai permet d'évaluer la réaction des tissus pesant moins de 21 onces/verge carrée individuellement et en composés multicouches. Le deuxième essai est destiné aux tissus pesant plus de 21 onces/verge carrée comme les doublures en tissu opaque, les auvents, les bannières, les tentes et autres structures architecturales en tissu. Ces essais conviennent aux tissus exposés à l'air des deux côtés. L'échantillon de

---

1. Source : http ://irc.nrc-cnrc.gc.cacbd/cbd243f.html. La norme concernant la résistance des matelas à la combustion est CAN2-4.2-M77.

tissu doit subir l'essai avec succès. L'essai équivalent est UL 214, *Test for Flame Propagation of Fabrics and Films.*

- Essai de résistance à l'inflammation par cigarette des composantes de meubles

  Titre complet : *Standard Methods of Tests and Classification System for Cigarette Ignition Resistance of Components of Upholstered Furniture*

  Organisme et numéro de l'essai : NFPA 260

  Résumé : Cette norme teste séparément la résistance des composantes des meubles rembourrés aux flammes et à l'inflammation par cigarette.

  Description : Cette méthode d'essai normalisée, qui porte également le nom de CAL TB 117 (*State of California Technical Bulletin* 117), teste la résistance à l'inflammation par cigarette et à la flamme de chacune des composantes (tissus et rembourrage) des meubles rembourrés. Une foule de caractéristiques sont testées séparément pour différents matériaux de rembourrage, comme les perles de polystyrène expansé, les matériaux alvéolaires, les plumes, les fibres non artificielles ou artificielles. Cet essai est aussi similaire à l'essai ASTM E 1353.

- *Essai de résistance à l'inflammation par cigarette des composites de meubles*

  Titre complet : *Standard Test Method for Cigarette Ignition Resistance of Mock-Up Upholstered Furniture Assemblies*

  Organisme et numéro de l'essai : NFPA 261

  Résumé : Cette méthode d'essai normalisée teste la résistance d'une maquette de coussin de siège (incluant la mousse, le coupe-feu et le tissu) à une cigarette allumée.

  Description : Cette méthode d'essai, similaire à l'essai CAL TB 116 et à l'essai X5.7 de la Business and Institutional Furniture Manufacturers Association (BIFMA), permet d'évaluer la résistance à l'inflammation par cigarette des meubles rembourrés à partir d'une maquette. Elle détermine la réaction d'un matériau composite (coussin et housse) à une cigarette allumée. La maquette comporte des surfaces verticales et horizontales formant des angles de 90 degrés. L'essai est non concluant si le coussin prend feu ou si un résidu charbonneux d'une longueur supérieure à 2" (50) se forme. Cet essai n'est pas conçu pour mesurer la performance d'un meuble rembourré exposé à une flamme nue. La norme BIFMA classe les tissus en quatre classes, de A à D, la classe A étant la plus résistante à la combustion lente.

- *Essai sur un fauteuil complet*

  Titre complet : *Standard Method of Test for Fire Characteristics of Upholstered Furniture Exposed to Flaming Ignition Source*

  Organisme et numéro de l'essai : NFPA 266

  Résumé : Cette méthode d'essai évalue l'effet d'une flamme nue sur un échantillon de chaise.

  Description : Cet essai, similaire à l'essai CAL TB 133, évalue la réaction d'un échantillon de meuble à une flamme nue. Durant l'essai, plusieurs mesures sont effectuées, notamment le dégagement de chaleur et de fumée, la quantité totale de chaleur et de fumée dégagée, la concentration des oxydes de carbone, etc. La mesure la plus importante est le dégagement de chaleur, qui quantifie l'intensité de l'incendie produit. Il s'agit d'un des essais les plus exigeants pour l'ameublement et, aux États-Unis, il est obligatoire dans de nombreux États.

(B) Normes de résistance à l'usure et normes de durabilité

Comme pour l'inflammabilité, différentes méthodes d'essais permettent de mesurer la résistance à l'usure des tissus. La résistance à l'abrasion est mesurée grâce aux essais de Wyzenbeek et de Taber. La méthode de Wyzenbeek consiste à frotter un échantillon de tissu plusieurs milliers de fois dans les deux sens au moyen d'un rouleau recouvert de tissu ou d'un treillis métallique. Le tissu est considéré de qualité s'il peut résister à 15 000 frottements dans les deux sens. L'essai de Taber consiste à monter un tissu sur une plateforme et à l'exposer à l'action de deux meules abrasives. La cote qu'obtient le tissu correspond au nombre de révolutions qu'il peut supporter sans qu'aucun fil ne se rompe.

La décoloration est mesurée dans une machine appelée fadéomètre qui expose le tissu à la lumière ultraviolette à des taux d'humidité précis. Cela permet de mesurer la perte de couleur à des intervalles de 20 heures. Pour la plupart des tissus, une exposition de 80 heures sans perte de couleur est considérée comme minimale. Un autre essai de décoloration classe les tissus selon une échelle internationale allant de 1 à 8, la cote 4 étant passable et les cotes 5 et 6 étant souhaitables.

D'autres normes mesurent la durabilité du mobilier commercial. Ainsi, la Business and Institutional Furniture Manufacturers Association (BIFMA) a élaboré plusieurs normes pour le mobilier de bureau. Ces normes portent notamment sur les chaises de bureau (ANSI/BIFMA X5.1), les classeurs latéraux (ANSI/BIFMA X5.2), les classeurs verticaux (ANSI/BIFMA X5.3), les fauteuils et banquettes (ANSI/BIFMA X5.4), les produits de bureau (ANSI/BIFMA X5.5) et les systèmes de panneaux (ANSI/BIFMA X5.6).

QUESTIONS

1. Lequel de ces tissus conserverait la plus belle apparence pendant le plus longtemps sur des fauteuils de théâtre?

   1. Le vinyle
   2. Un mélange de laine et de nylon
   3. Un mélange d'acrylique et d'acétate
   4. Un mélange de coton et de rayonne

2. Quel type de rembourrage serait le meilleur pour une salle d'attente d'hôpital?

   1. Une mousse à haute densité
   2. Un feutre de coton
   3. Une mousse ignifugée ayant un faible facteur d'indentation
   4. Un polyuréthane à faible densité

3. Quels sont, par ordre d'importance, les critères de sélection des tables d'une bibliothèque de collège?

   1. L'inflammabilité, le design et le confort
   2. Le fini, l'inflammabilité et le design
   3. La durabilité, le coût et le design
   4. La qualité, le confort et le fini

4. Quel type d'assemblage est *le moins* approprié pour des fauteuils sur lesquels on risque d'échapper des cigarettes?

   1. Les tubes
   2. Le capitonnage à boutons
   3. L'alignement horizontal des fils de chaîne
   4. Le passepoil

5. À quelle méthode d'essai devrait être soumis un tissu fabriqué sur mesure et destiné aux sièges de la réception d'un centre de loisirs?

   1. L'inflammabilité et le fadéomètre
   2. Les essais de Wyzenbeek et de décoloration
   3. Les essais de Taber et de Wyzenbeek
   4. Le facteur d'indentation et l'essai de Taber

6. De quelle façon pouvez-vous modifier un rideau pour réduire les risques en cas d'incendie ?

   1. Réduire la longueur du tissu
   2. Utiliser un tissu ajouré
   3. Accroître la quantité de tissu
   4. Utiliser un tissu mélangé

7. Un tissu de classe A...

   1. ne carbonise pas.
   2. ne s'enflamme pas.
   3. ne donne pas lieu à une combustion lente.
   4. ne dégage pas de fumée.

8. Qu'est-ce qui a le plus d'effet sur l'inflammabilité d'un meuble rembourré ?

   1. Le type d'ignifugeant chimique utilisé
   2. Le rembourrage et le tissu de recouvrement
   3. Le tissu de recouvrement et la doublure coupe-feu
   4. Le tissu de recouvrement

9. Quel serait le tissu *le moins* approprié pour recouvrir des canapés dans un solarium ?

   1. Le polyester
   2. Le modacrylique
   3. La rayonne
   4. L'acrylique

10. Quel est le meilleur moyen d'éviter qu'un tissu ne glisse sur un coussin ?

    1. Spécifier un tissu épais bien tendu sur le coussin
    2. Spécifier un coussin en mousse à haute densité doté d'une doublure
    3. Spécifer des coins arrondis et des passepoils
    4. Spécifier des tubes

11. À quoi la norme NFPA 701 s'applique-t-elle?

    1. Aux revêtements muraux
    2. Aux tissus
    3. Aux rideaux
    4. Aux revêtements de sol

12. Un tissu ignifugé est un tissu qui...

    1. ne s'enflamme pas.
    2. ne brûle pas.
    3. contribue à empêcher le dégagement de fumée.
    4. contribue peu à propager les flammes.

11

Construction intérieure

❶ Cloisons

Les cloisons sont les éléments à construire les plus courants en design d'intérieur résidentiel et commercial. Cette section porte sur trois des matériaux les plus fréquemment utilisés pour les construire : les panneaux de placoplâtre, le plâtre sur lattis et la maçonnerie. Les cloisons en placoplâtre sont les plus répandues. Le plâtre sur lattis est rarement utilisé pour les murs ordinaires, mais s'avère essentiel dans certains projets. Quant à la maçonnerie, le designer d'intérieur peut y avoir recours dans des situations spéciales.

Ⓐ Placoplâtre

Le panneau de placoplâtre se compose d'une couche de plâtre comprise entre deux couches de papier épais ou d'un autre matériau. Ces panneaux sont façonnés en usine en plaques de dimensions standards prêtes à être posées à sec sur une charpente. En raison de ses nombreux avantages, le placoplâtre est le matériau le plus couramment utilisé pour la construction des cloisons dans les projets résidentiels et commerciaux.

Parmi les avantages du placoplâtre, mentionnons l'installation rapide, aisée et économique, la résistance au feu, l'utilisation possible dans le contrôle acoustique, la disponibilité et la polyvalence. Enfin, ajoutons que le placoplâtre est facile à finir et à décorer, ainsi qu'à percer pour l'installation de portes et d'autres types d'ouvertures.

Les panneaux de placoplâtre se présentent généralement en plaques de 4′ (1200) de largeur sur 8′, 10′, 12′ et 14′ de longueur (2400, 3000, 3600 et 4200). Un fabricant produit des panneaux de 4′- 6″ (1372) de largeur qui permettent de réduire le nombre de joints dans la finition de cloisons de 9′ (2743) de hauteur quand les panneaux sont posés à l'horizontale. Les épaisseurs varient de 1/4″ à 5/8″ (6 à 16). Il existe également des panneaux spéciaux de 1″ (25) d'épaisseur sur 2′ (600) de largeur pour les vides techniques verticaux. Enfin, un produit spécial de 3/4″ (19) d'épaisseur offre un degré de résistance au feu de 2 h, ce qui permet de construire une cloison résistante au feu en une seule couche.

L'épaisseur utilisée dépend de l'application particulière, de l'espacement de la charpente et des exigences du code du bâtiment. La plupart des constructions commerciales utilisent des panneaux de placoplâtre d'une épaisseur de 5/8" (16). Les panneaux de 1/2" (12) d'épaisseur sont les plus courants dans les projets résidentiels et dans certains projets commerciaux, notamment pour les murs avec revêtement posé sur fourrures. Les panneaux de 1/4" (6) servent à former des surfaces incurvées ou sont posés sur des murs et plafonds existants. Quant aux panneaux de 3/8" (10), on les utilise dans certaines constructions à deux couches ou lorsque les panneaux sont posés par-dessus des murs déjà finis dans les projets de réfection. La construction à deux couches permet d'accroître la résistance au feu ou de rehausser le contrôle acoustique entre deux pièces.

Les panneaux de placoplâtre sont aussi offerts avec différents types de bords. Les plus communs ont des bords amincis du côté face sur la plus longue dimension et des bords à angle droit aux extrémités. Les bords amincis permettent d'appliquer un joint en bande et de la pâte à joints sans créer de gonflement. On utilise les panneaux avec bords à angle droit pour la couche de base des applications à deux couches, pour les travaux de revêtement ou pour les travaux dont l'apparence compte peu.

Il existe aussi des panneaux de type X pour les cloisons résistantes au feu, des panneaux avec pare-vapeur, des panneaux hydrofuges qu'on installe derrière les carreaux de céramique et dans des lieux modérément humides, des panneaux de base pour les applications à deux couches ainsi que des panneaux portant un revêtement décoratif en vinyle. On trouve également des produits recyclés.

Les panneaux de placoplâtre sont fixés à l'aide de clous ou de vis à la charpente de bois ou de métal, ou avec du mastic lorsqu'on les applique sur des murs lisses, de béton gâché sec ou de maçonnerie, ou encore sur d'autres panneaux de plâtre. On finit les joints en intercalant un ruban de papier ou de fibre de verre entre des couches de pâte à joints qu'on laisse sécher. On ajoute des couches supplémentaires de pâte à joints et on ponce après chaque application pour lisser la surface. On peut appliquer différents types de finis texturés ou laisser la surface lisse pour y appliquer du papier peint ou un autre type de revêtement mural.

Pour construire une cloison, les panneaux de placoplâtre sont posés sur des montants en bois ou en métal. On utilise souvent des montants en bois de 2" x 4" ou de 2" x 6" dans les constructions résidentielles, tandis qu'on privilégie la charpente métallique dans les constructions commerciales parce qu'elle est non combustible et plus facile à installer. La charpente de métal se compose de montants en acier de calibre léger, fixés à des lisses (profilées en C) au plancher et au plafond. Voir la figure 11.1.

Les montants en métal se présentent en épaisseurs standards de 1 5/8", 2", 3 5/8", 4" et 6" (41, 64, 92, 102 et 152). Les montants standards sont de petit calibre, mais des calibres plus gros sont également disponibles pour les cloisons élevées ou les structures plus complexes. On a recours à des profilés en oméga pour la charpente des plafonds et pour les fourrures des murs de béton ou de maçonnerie dont la surface est inégale, ou encore lorsqu'il faut accroître la profondeur pour les prises électriques ou l'isolation. On peut aussi utiliser des fourrures en bois de dimensions nominales de 1" x 2" (25 x51) dans certaines situations. Pour améliorer les caractéristiques acoustiques d'un mur, on installe des barres résilientes qui permettent un certain jeu entre les panneaux de placoplâtre et la charpente et on isole les cavités entre les montants.

L'épaisseur des montants est fonction de la hauteur de la cloison, du calibre du métal des montants, du nombre de couches de panneaux à poser et de l'espacement entre les montants. La dimension la plus courante est de 2 1/2" (64), car elle suffit pour les cloisons de hauteur normale et les cloisons dalle à dalle, et elle laisse assez d'espace pour les boîtiers électriques et les petits tuyaux. Les montants en métal sont normalement espacés de 16" ou de 24" centre à centre (c. à c.) – l'espacement le plus petit est utilisé dans les constructions résidentielles et le plus grand dans les constructions commerciales. On pose habituellement des panneaux de placoplâtre de 1/2" (13) d'épaisseur dans les constructions résidentielles et de 5/8" (16) dans les constructions commerciales.

Comme les bords des panneaux de placoplâtre sont bruts, on doit les recouvrir d'un renfort lorsqu'ils sont exposés. Il peut s'agir d'un renfort d'angle, posé sur tous les angles extérieurs exposés, ou de divers autres types de renforts comme ceux qui sont illustrés à la figure 11.2.

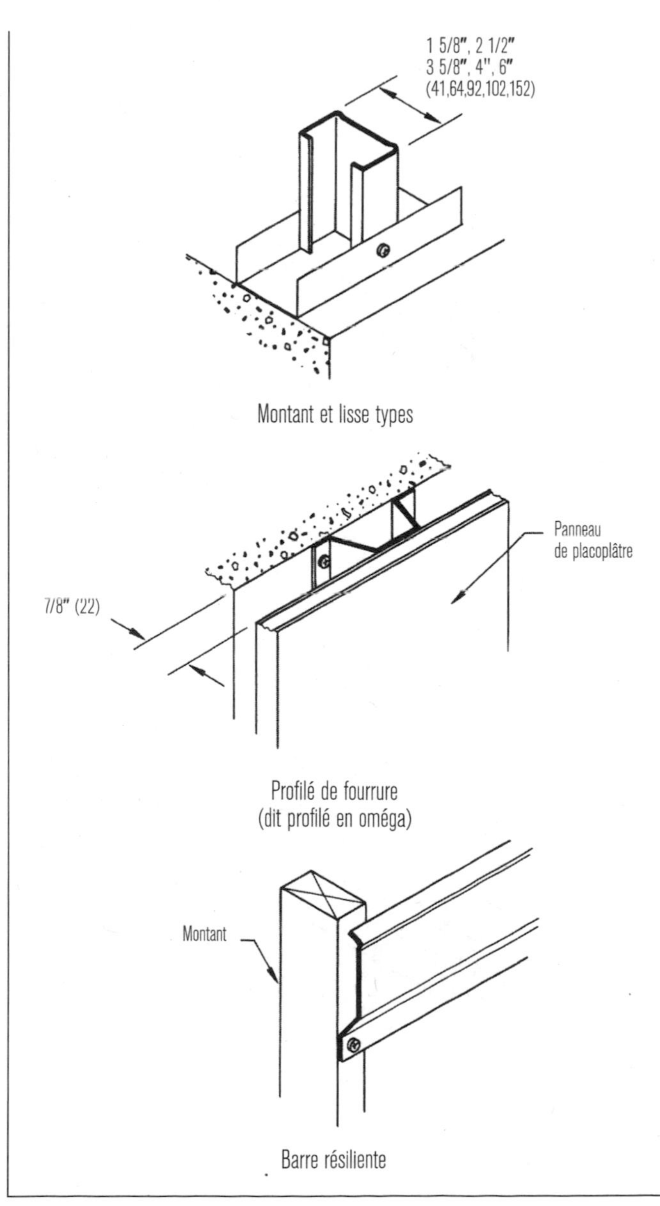

11.1
Charpente pour panneaux de placoplâtre

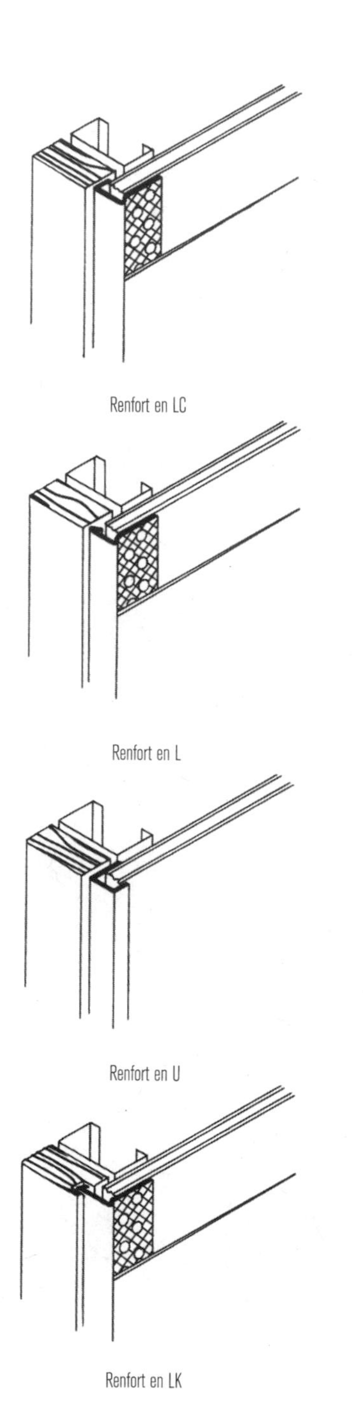

11.2
Renforts pour panneaux de placoplâtre

- **Renfort en LC.** bordure exigeant une finition de pâte à joints.
- **Renfort en L.** bordure sans bride arrière; peut être posée après l'installation des panneaux de placoplâtre; exige une finition de pâte à joints.
- **Renfort en LK.** bordure qui convient à différentes épaisseurs de panneaux de plâtre dans un montant rainuré (avec une petite encoche); exige une finition de pâte à joints.
- **Renfort en U.** bordure qui n'exige pas de finition de pâte à joints, mais qui laisse une bordure de métal visible; on l'appelle aussi renfort en J.

La figure 11.3 illustre les trois types de cloisons en placoplâtre les plus courantes. La première à gauche est la cloison standard à charpente de bois qu'on trouve dans la construction résidentielle. Elle est généralement faite de montants en bois de 2" x 4" espacés de 16" (406) c. à c. et couverts d'une seule couche de panneaux de placoplâtre de 1/2" (13) de chaque côté. La cloison du centre et celle de droite sont à charpente de métal et sont typiques en construction commerciale.

Habituellement, en construction commerciale, on utilise des montants en métal de 2 1/2" ou 3 5/8" (64 ou 92) distancés de 24" (610) c. à c. Là où le système métrique est utilisé, l'espacement entre les montants est de 400 mm ou de 600 mm pour accommoder les panneaux fabriqués en dimensions métriques. Dans les projets commerciaux, la cloison standard est élevée jusqu'au plafond suspendu, tandis que la cloison dalle à dalle est réservée aux projets nécessitant une barrière classée résistante au feu ou un contrôle acoustique. En ajoutant des couches additionnelles de panneaux de placoplâtre de type X, on peut obtenir un degré de résistance au feu de 2 h, 3 h ou 4 h. Une cloison dalle à dalle dotée d'une seule épaisseur de panneaux de type X de 5/8" (16) de chaque côté offre une résistance au feu de 1 h; deux épaisseurs de chaque côté offrent une résistance au feu de 2 h. On utilise également les panneaux de placoplâtre pour les plafonds et pour protéger les colonnes, les escaliers et les cages d'ascenseur contre le feu.

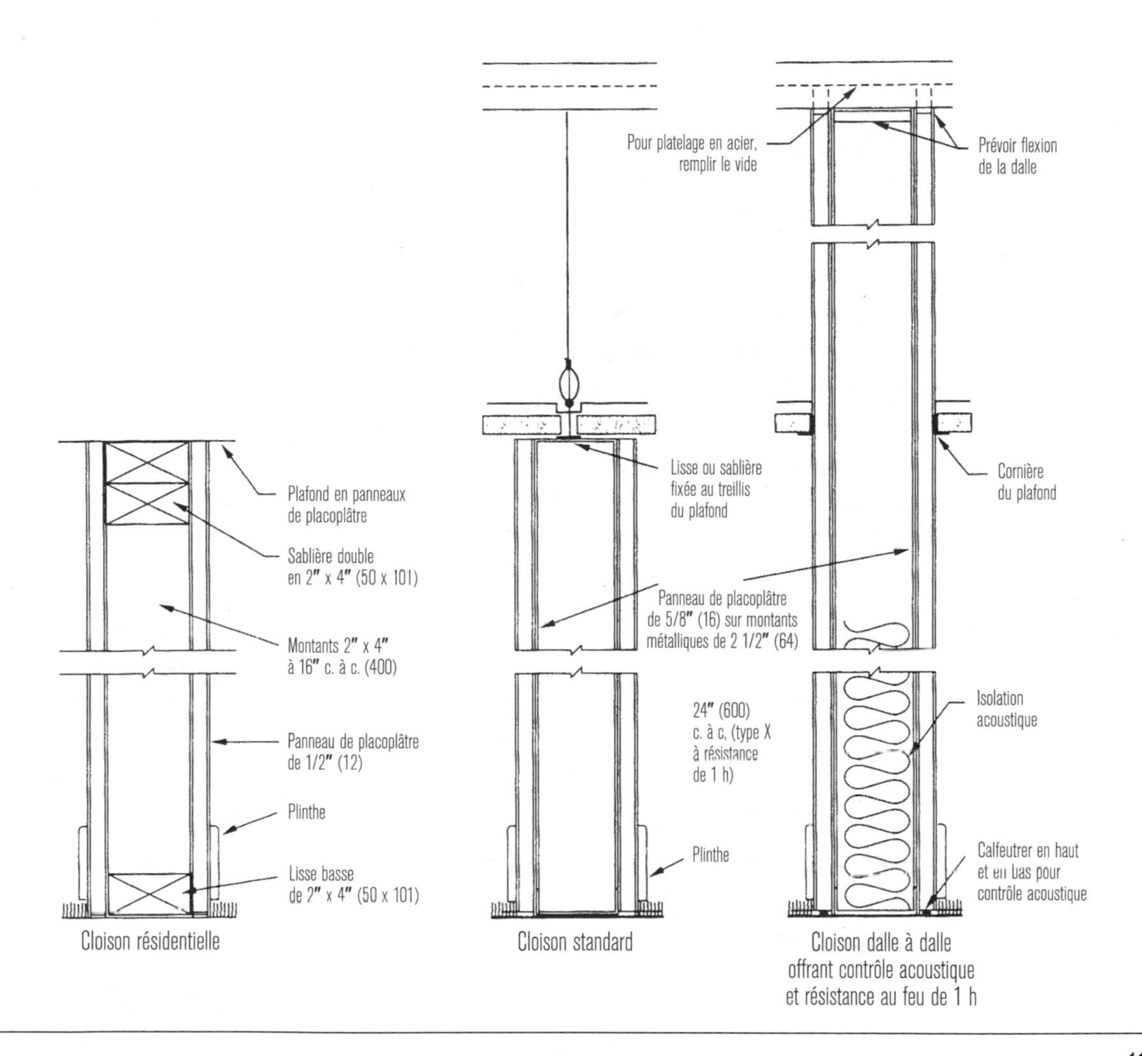

11.3
Cloisons en panneaux de placoplâtre

(B) Plâtre sur lattis

Le plâtre est un matériau de finition fait de divers types de matériaux cimentaires, de granulat fin et d'eau. On l'applique en une, deux ou trois couches sur différentes bases pour obtenir une surface lisse et nivelée. Le plâtre désigne divers types de matériaux de finition intérieure, tandis que le stuc désigne un type d'enduit à base de ciment Portland généralement utilisé pour l'extérieur.

Le plâtre se compose de gypse, de chaux, d'eau, de granulats de sable et de vermiculite ou de perlite. La vermiculite et la perlite produisent un enduit léger et résistant au feu. Le plâtre de gypse convient à la plupart des constructions intérieures. Toutefois, dans certains cas, d'autres types d'enduits sont plus appropriés. Le ciment Keene, par exemple, est un enduit offrant une résistance élevée à l'abrasion et à la pénétration de l'eau. On s'en sert dans les zones humides ou pour les murs sujets aux éraflures et autres mauvais traitements. Il faut appliquer une couche de base en plâtre de ciment Portland avant d'appliquer du ciment Keene ou des carreaux de céramique.

Il existe deux méthodes courantes de plâtrage. La méthode traditionnelle consiste à utiliser un lattis de métal. Fixé à des montants en bois ou en métal, ce lattis sert de base pour le plâtre. La première couche de plâtre, appelée couche éraflée, est appliquée sur le lattis et en recouvre bien les nervures, de façon à être bien fixée. Cette couche d'accrochage est ensuite suivie de la couche de fond ou corps d'enduit qui sert à niveler la surface. Enfin, la couche de finition assure le nivellement définitif de la surface et lui donne la texture voulue. La couche d'accrochage est d'environ 1/4″ à 1/2″ (6 à 13) d'épaisseur, la couche de fond d'environ 1/4″ (6) et la couche de finition d'environ 1/8″ (3). Si l'on applique deux couches de plâtre, la couche d'accrochage et la couche de fond sont combinées.

L'autre méthode de plâtrage fait appel au lattis de plâtre plutôt qu'au lattis de métal. Il s'agit de panneaux de plâtre spécialement conçus pour l'application du plâtre de revêtement. Le lattis de plâtre est offert en panneaux de 16″ x 48″ (400 x 1200), que l'on fixe horizontalement aux montants, ou en panneaux de 48″ x 96″ (1200 x 2400). On applique une ou deux couches minces de revêtement de plâtre sur ces panneaux. Le revêtement de plâtre coûte moins cher en main-d'œuvre puisqu'une seule couche suffit, mais il offre quand même certains des avantages du plâtre : une surface résistante et durable qui peut être finie dans toutes sortes de textures.

Comme pour les panneaux de placoplâtre, les rives de la surface plâtrée doivent être recouvertes de renforts. Ces renforts servent aussi d'arrêts et aident le plâtrier à maintenir l'épaisseur voulue.

De façon générale, les systèmes de panneaux de placoplâtre ont largement supplanté le plâtre sur lattis, car ils coûtent moins cher et leur montage est plus rapide. Néanmoins, le plâtre est encore utilisé pour obtenir des surfaces courbes, dures et résistantes à l'abrasion. Le plâtre doit aussi servir de base aux carreaux de céramique dans les endroits où le taux d'humidité est élevé comme les douches publiques ou les saunas. Les ornements et les moulures en plâtre sont aussi utilisés dans les travaux de restauration.

Ⓒ Maçonnerie

Le terme maçonnerie est un générique qui désigne la brique, les blocs de béton, les blocs de verre, les briques d'argile, les carreaux de terre cuite et les carreaux de plâtre. Dans la plupart des cas, les matériaux de maçonnerie font partie de la conception architecturale du bâtiment et relèvent du travail de l'architecte. Il peut cependant arriver que le designer d'intérieur ait à prévoir un mur non porteur en maçonnerie, le plus souvent en blocs de béton ou en blocs de verre. Par exemple, dans un projet de rénovation, il peut être nécessaire de reproduire un mur existant en blocs de béton ou en briques.

Les blocs de béton sont habituellement employés à l'intérieur pour construire des cloisons non porteuses solides, durables et résistantes au feu. Dans les établissements institutionnels comme les écoles ou les dortoirs de collège, où les cloisons sont fortement sollicitées, les blocs de béton peuvent être un choix judicieux. En revanche, ils sont lourds comparativement aux panneaux de placoplâtre, et leur surface de finition est généralement considérée comme peu attrayante. Le designer d'intérieur qui souhaite les utiliser doit consulter l'architecte ou l'ingénieur en structure pour s'assurer que le plancher peut en supporter le poids.

Les blocs de béton sont faits de ciment, d'eau et de différents types de granulats, incluant le gravier, le schiste expansé ou l'ardoise, les scories expansées ou la ponce et la cendrée calcaire. Ils sont creux et leur taille est fondée sur un module nominal de 4″ (100) dont les dimensions réelles sont réduites de 3/8″ (9) pour les joints de mortier. L'un des formats les plus courants est celui de 8″ x 8″ x 16″ (203 x 203 x 406), dont les dimensions réelles sont de 7 5/8″ x 7 5/8″ x 15 7/8″ (194 x 194 x 397). Les épaisseurs nominales habituelles sont de 4″, 6″, 8″ et 12″ (100, 152, 203 et 304), mais on fabrique des blocs de béton de formes et de dimensions variées pour des usages particuliers.

Les blocs de verre sont fabriqués en modules creux dont les faces sont claires, texturées ou à motifs. Ils constituent un bon choix en design d'intérieur quand il faut combiner transmission de la lumière, intimité et sécurité.

L'épaisseur nominale des blocs de verre est de 4″ (100) et on les fabrique en dimensions de 6″ x 6″ (152 x 152), 8″ x 8″ (203 x 203), 12″ x 12″ (304 x 304) et 4″ x 8″ (100 x 203). Les murs en blocs de verre sont montés selon un appareil en damier (dont les joints sont alignés et non croisés) avec du mortier et une armature de joint horizontale et verticale. Étant donné le coefficient de dilatation du verre et la possibilité de fléchissement de la structure du plancher, il faut prévoir des joints de dilatation au périmètre des murs en blocs de verre. Des blocs de béton et des blocs de verre modulaires sont également disponibles.

Comme un panneau mural intérieur en blocs de verre ne peut pas être porteur, il ne doit pas couvrir plus de 250 pi^2 (23 m^2) dans le cas d'un mur non supporté, ni s'étendre sur plus de 25′ (7620) dans toutes directions. Chaque panneau doit être soutenu par une structure appropriée à l'horizontale et à la verticale, et dotée de joints de dilatation aux points d'appui structurel.

11.4
Composantes d'une porte

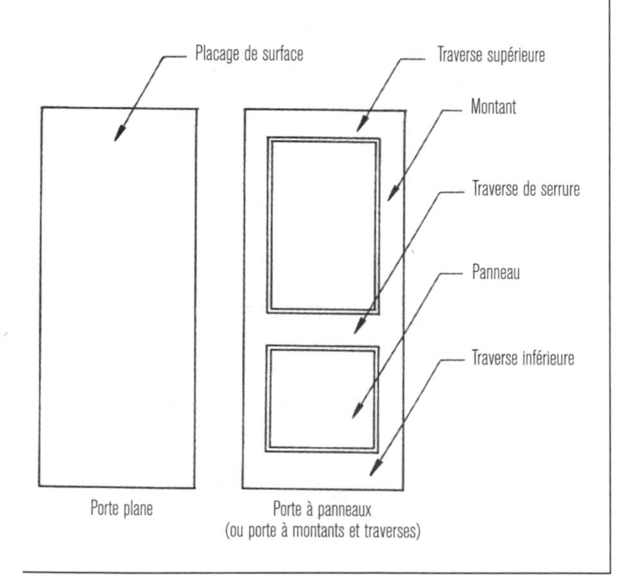

11.5
Types de portes en bois

2 PORTES ET VITRAGES INTÉRIEURS

Les portes et les vitrages constituent deux moyens de contrôle sélectif des ouvertures entre les pièces. Les portes se présentent dans une foule de types et de matériaux répondant à des besoins fonctionnels divers. Les vitrages permettent de bloquer le passage et le son, mais ils laissent passer la lumière et ne bloquent pas la vue.

Un assemblage porte se compose de trois éléments essentiels : la porte, son cadre (le bâti) et la quincaillerie. Chacun de ces éléments doit être coordonné avec les autres et convenir aux fonctions de la porte ainsi qu'à l'objectif du design.

La figure 11.4 illustre les composantes d'une porte. Pour distinguer les deux montants (ou jambages), on nomme celui sur lequel les charnières sont installées le montant charnier et celui qui porte les serrures le montant battant (ou de battement).

Ⓐ Portes et cadres de portes en bois

Les portes en bois sont celles qu'on utilise le plus souvent en construction résidentielle et commerciale. Elles sont offertes dans des styles, des modes d'ouverture, des tailles et des finitions très variés.

La figure 11.5 illustre les deux types de portes en bois les plus courants. Le choix du type de porte dépend des besoins fonctionnels de l'embrasure ainsi que de l'apparence esthétique recherchée. Ainsi, une porte à panneaux ne convient pas pour une embrasure dans une cloison résistante au feu, car ce type de porte n'offre pas un degré de résistance au feu suffisant.

Les portes sont également classées selon leur mode d'ouverture. Le type le plus courant, la porte battante, est attaché au cadre de porte par des charnières ou des pivots. Les portes battantes sont faciles à installer et conviennent à une circulation intense. De plus, elles sont les seules portes acceptables pour une sortie de secours. Les portes coulissantes encloisonnées sont suspendues à un rail de guidage et sont utiles dans les espaces restreints. Elles sont cependant difficiles à manœuvrer et ne devraient être installées que là où il y a peu de circulation. Les portes coulissantes doubles (ou portes coulissantes en dérivation) sont également suspendues à un rail de guidage et ne servent que pour les rangements. Les portes pliantes servent aussi surtout pour les rangements. Contrairement aux portes coulissantes doubles, qui ne dégagent que la moitié de l'embrasure, les portes pliantes donnent un plein accès à l'espace de rangement. Enfin, les portes accordéon (qui comportent plusieurs battants) sont souvent utilisées pour subdiviser un vaste espace ou pour fermer une ouverture très large.

Les portes planes sont faites d'un placage mince et uni rapporté sur divers types d'âmes. Ces portes sont soit à âme creuse, soit à âme pleine. Les portes à âme creuse comportent de une à trois couches de placage de part et d'autre d'un intérieur alvéolaire. Le cadre est fait de blocs de bois massif, ceux-ci étant plus gros là où se trouve le loquet. Les portes à âme creuse conviennent à une utilisation occasionnelle et aux budgets limités. Elles n'offrent aucune résistance au feu.

L'âme des portes à âme pleine varie selon les exigences fonctionnelles de la porte. Il peut s'agir de panneaux de particules, de blocs de bois massif collés ou de composants minéraux, dans le cas des portes résistantes au feu. Les portes à âme pleine sont utilisées pour leurs propriétés de résistance au feu, de barrière acoustique, de sécurité et de durabilité. Elles offrent un degré de résistance au feu de 20, 45 ou 90 minutes.

Le parement des portes en bois est fait de n'importe quelle essence de bois dur en placage déroulé, sur dosse, sur quartier ou sur faux quartier (méthodes de tranchage du placage que nous verrons plus loin dans ce chapitre). Il existe aussi des parements de bois dur à peindre et d'autres recouverts de plastique stratifié.

Les portes à panneaux sont faites de montants et traverses de bois massif encadrant différents types de panneaux. Le nombre de panneaux peut varier et les panneaux peuvent être plats ou en relief.

Les portes en bois peuvent être fabriquées sur mesure dans n'importe quelles dimensions, mais les largeurs standards sont de 2'-0", 2'-4", 2'-6", 2'-8" et 3'-0" (600, 700, 750, 800 et 900). Les hauteurs standards sont de 6'-8" et 7'-0" (2050 et 2100), mais il existe aussi des portes plus hautes souvent utilisées en construction commerciale. L'épaisseur des portes à âme creuse est 1 3/8" (34,9) et celle des portes à âme pleine de 1 3/4" (44,4).

Les cadres des portes en bois sont faits en bois, en acier (métal à âme creuse, traité dans la section suivante) et en aluminium. La figure 11.6 illustre un cadre en bois typique, installé dans une cloison commerciale à montants en métal, mais la construction est similaire pour un mur à charpente de bois. L'arrêt et le chambranle illustrés sont rectangulaires, mais il existe plusieurs autres profils de boiserie qui sont fréquemment utilisés.

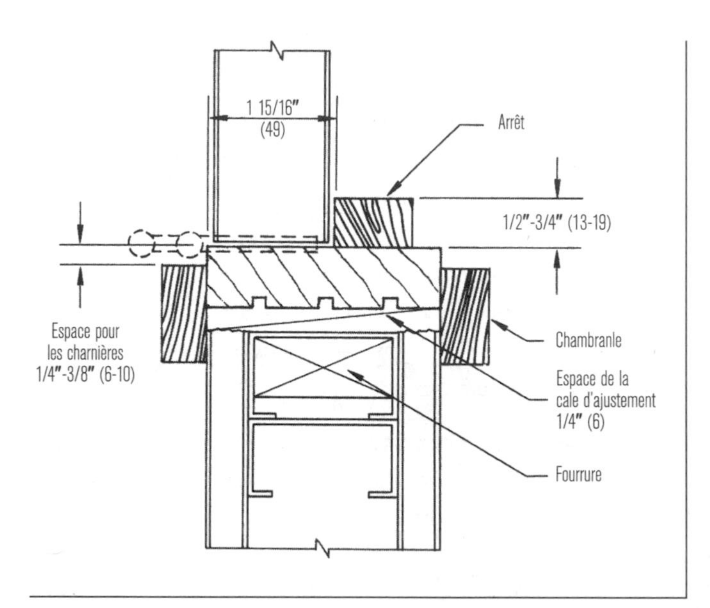

11.6
Cadre de porte en bois typique

Le choix d'un cadre pour une porte en bois dépend de l'apparence recherchée, du type de cloison dans lequel se situe l'ouverture, du degré de résistance au feu exigé, de sécurité et de durabilité. Par exemple, il existe des cadres en bois pour des portes offrant un degré de résistance au feu de 20, 30 et 45 minutes, mais pour obtenir un degré de résistance au feu de 1 h, la porte doit être installée dans un bâti en métal.

Ⓑ Portes et cadres de portes en métal

Les portes et cadres de portes en métal (souvent appelées métal à âme creuse) sont rarement utilisés en construction résidentielle. En revanche, on les utilise beaucoup en construction commerciale en raison de leurs caractéristiques de durabilité, de sécurité et de résistance au feu.

Les trois types les plus courants de portes en métal sont les portes planes, les portes vitrées et les portes à persiennes. Les portes planes offrent une surface unie et lisse des deux côtés, les portes vitrées contiennent un ou plusieurs panneaux vitrés et les portes à persiennes comportent une ouverture dotée de lamelles en métal assurant la ventilation. Il existe aussi des portes à panneaux en acier dont l'âme est isolée, qui ressemblent aux portes à panneaux en bois et qui offrent économie d'énergie, durabilité et apparence traditionnelle en construction résidentielle.

Les portes en métal peuvent être faites en acier, en acier inoxydable, en aluminium et en bronze, mais on peut aussi en faire fabriquer sur commande dans d'autres matériaux. Le matériau le plus courant est l'acier recouvert de peinture. Les faces des portes d'acier sont faites de tôle d'acier laminée à froid. On utilise de l'acier de calibre 18 (1,067) pour les portes légères, mais l'acier de calibre 16 (1,346) est le plus fréquent. L'acier de plus gros calibre est réservé aux besoins spéciaux. La face d'acier est fixée à une âme qui peut être faite en papier kraft alvéolaire, en membrures d'acier, en panneau dur ou en d'autres matériaux. Les rives sont faites de profilés en acier et les emplacements destinés à la quincaillerie sont renforcés avec de l'acier de gros calibre. Au besoin, ces portes sont dotées de laine minérale ou d'autres matériaux à des fins d'insonorisation.

Même si les portes en métal peuvent pratiquement être fabriquées en n'importe quelles dimensions, les largeurs standards sont de 2'-0", 2'-4", 2 '-6", 2'-8", 3'-0", 3'-4", 3'-6", 3'-8" et 4'-0" (600, 700, 750, 800, 900, 1000, 1050, 1100 et 1200). Les hauteurs standards sont de 6'-8", 7'-0" et 8'-0" (2050, 2100 et 2400). L'épaisseur standard est de 1 3/4" (44,4).

Les cadres en acier servent aussi bien pour les portes en acier que pour les portes en bois et sont faits de tôle d'acier pliée selon la forme nécessaire pour installer la porte. La figure 11.7, qui illustre deux des profils de cadres les plus courants, indique certaines des dimensions standards et les termes désignant les différentes parties. Divers types d'ancrages sont utilisés pour fixer le cadre à la cloison. Lorsque le degré de résistance au feu doit être supérieur à 20 minutes, on utilise presque exclusivement des cadres en métal.

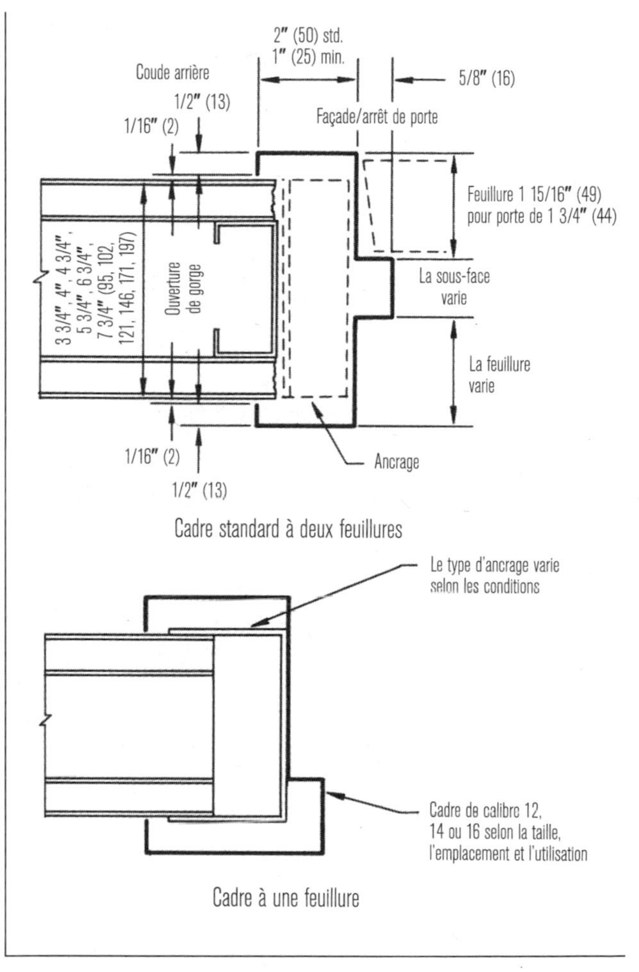

11.7
Cadres de portes standards en acier

Ⓒ Quincaillerie

- **Charnières.** Les charnières sont les pièces de quincaillerie les plus utilisées pour fixer une porte à son cadre. Elles se composent de deux lames (ou platines) dont l'une comporte un nombre pair de charnons et l'autre un nombre impair. Les charnons sont reliés par une fiche (ou broche). Ensemble, les charnons et la fiche forment le palier (ou nœud) de la charnière, qui est fini par un embout.

  La charnière mortaisée est la plus courante. Ses deux lames sont mortaisées dans le cadre et le chant de la porte, de sorte que la charnière affleure à la surface du cadre et de la porte. Il existe d'autres types de charnières qui peuvent aussi être fixées sur le plat de la porte, le cadre ou les deux.

  Il existe aussi des charnières spéciales. On a recours aux charnières à palier déporté (ou à double articulation) lorsqu'il n'y a pas d'espace pour que le palier dépasse de la boiserie de la porte. Le palier est déporté de façon qu'une des lames puisse être mortaisée dans le cadre. Les charnières contre-coudées ont une forme spéciale qui permet à la porte de battre à 90 ou à 95 degrés, de sorte que l'ouverture est pleinement accessible. Lorsqu'une porte montée sur des charnières mortaisées s'ouvre à 90 degrés, la largeur de l'ouverture est diminuée de l'épaisseur de la porte.

Les charnières peuvent être dotées ou non d'un roulement à billes; ceux-ci existent en trois poids. Le poids et la fréquence d'utilisation de la porte déterminent le type de charnières à utiliser. Les portes peu utilisées, comme celles d'une résidence, sont équipées de charnières de poids standard sans roulement à billes. La plupart des portes commerciales exigent des charnières de poids standard à roulement à billes. Les portes fréquemment utilisées, comme les portes d'entrée des immeubles de bureaux, des théâtres, etc., exigent des charnières lourdes à roulement à billes. De plus, il faut installer des charnières à roulement à billes sur les assemblages de portes coupe-feu et sur toutes les portes comportant un ferme-porte.

Le nombre de charnières est déterminé par la hauteur de la porte et on le désigne habituellement en paires, c'est-à-dire par groupe de deux charnières. Les portes dont la hauteur atteint 60" (1525) exigent deux charnières (une paire). Les portes dont la hauteur varie entre 60" et 90" (1525 et 2290) exigent trois charnières (1 1/2 paire), et celles dont la hauteur se situe entre 90" et 120" (2290 et 3048) exigent quatre charnières (2 paires).

- **Loquets et serrures.** Les loquets et serrures sont des dispositifs qui permettent d'actionner la porte, de la maintenir en position fermée ou de la verrouiller. Le loquet permet simplement de maintenir la porte en position fermée, sans la verrouiller. Il comporte un pêne en biseau, une pièce mobile montée dans le chant de la porte, qui s'insère dans une gâche montée dans le cadre pour retenir la porte. La serrure comporte un mécanisme spécial permettant de verrouiller la porte à l'aide d'une clé ou d'un tourniquet. Les divers types de poignées, de béquilles ou de plaques offrent la surface de préhension qui permet d'ouvrir la porte.

Les serrures les plus courantes sont la serrure cylindrique, la serrure à mortaise et la serrure préassemblée. Ces serrures sont illustrées à la figure 11.8.

La serrure cylindrique s'installe facilement dans des trous percés dans la porte et est relativement bon marché. Elle existe en modèles à sûreté minimale (la moins chère), standard et extra robuste. C'est la serrure la plus courante en construction résidentielle, mais on l'utilise aussi dans certains projets commerciaux.

La serrure à mortaise s'installe dans une ouverture mortaisée pratiquée dans la porte. Elle est généralement plus sûre qu'une serrure cylindrique et offre beaucoup de possibilités de verrouillage.

La serrure préassemblée possède, comme son nom l'indique, un mécanisme préassemblé, logé dans un boîtier rectangulaire qui s'insère dans une entaille pratiquée dans le chant de la porte. Pour cette raison, cette serrure est plus facile à installer que la serrure à mortaise.

Tous les types de loquets et de serrures sont munis d'un bouton (plus souvent désignée au Québec comme une poignée) ou d'une béquille (qu'on appelle aussi couramment un bec-de-cane) permettant de faire fonctionner le loquet. Dans la plupart des cas, il faut installer des béquilles pour répondre aux normes d'accessibilité pour personnes à mobilité réduite.

- **Pivots.** Les pivots permettent de suspendre une porte quand il est préférable de dissimuler les charnières ou lorsque le design ne prévoit pas de cadre, ce qui rend impossible l'installation de charnières. Les pivots peuvent être centrés ou décentrés et sont montés dans le plancher et dans le linteau au-dessus de la porte. Pour une porte lourde ou de grandes dimensions dont le pivot est décentré, il faut souvent prévoir un pivot intermédiaire. Les pivots centrés permettent à la porte de battre dans les deux sens et peuvent être complètement cachés. Les pivots décentrés permettent à la porte de battre à 180 degrés, au besoin.

- **Ferme-porte.** Le ferme-porte est un dispositif qui ferme automatiquement la porte. Il contrôle également la distance d'ouverture de la porte et sert donc à protéger la porte elle-même et la

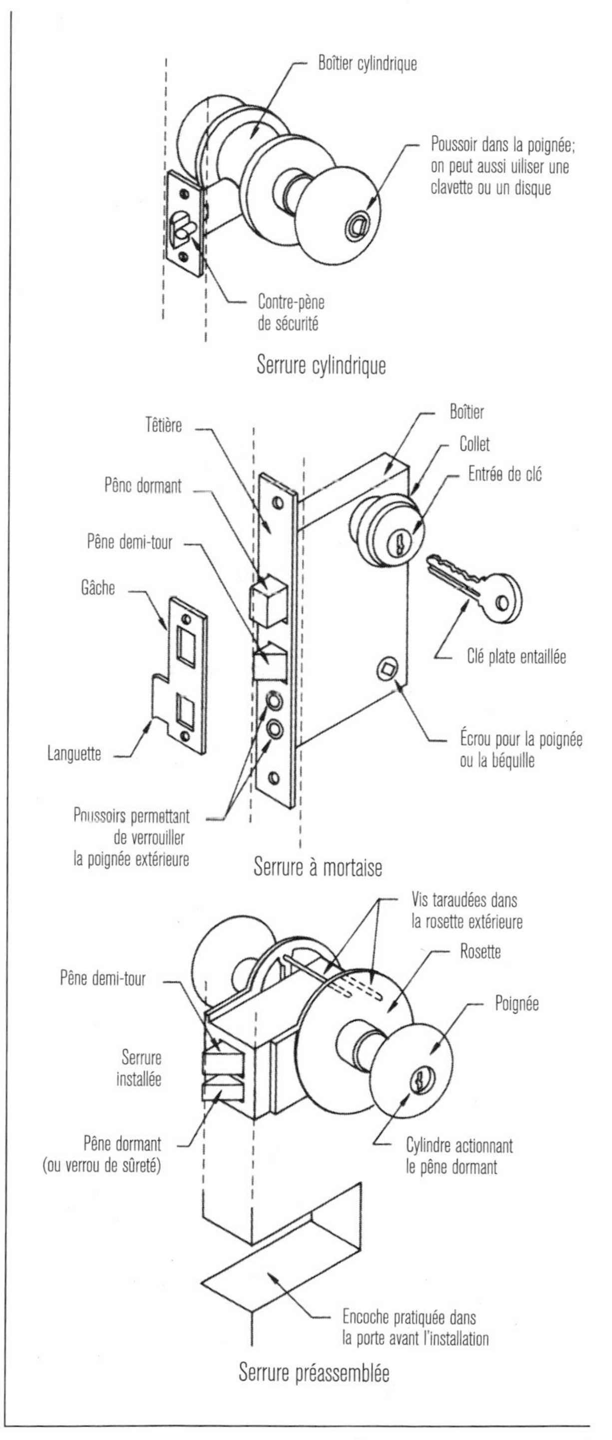

11.8
Types de serrures

construction qui l'entoure. Ce dispositif peut être monté sur le plat de la porte, du côté à pousser ou à tirer, ou dans le linteau. Il peut être dissimulé dans le cadre ou dans la porte. Il peut également être intégré aux pivots montés dans le plancher ou dans le plafond, qu'ils soient centrés ou décentrés. Les portes résistantes au feu doivent être munies d'un ferme-porte.

- **Barre antipanique.** Ce type de fermeture est installé là où le code du bâtiment l'exige pour permettre à un grand nombre de personnes d'évacuer en cas d'urgence. Des barres de poussée sur toute la largeur de la porte actionnent des tiges verticales qui dégagent des loquets au haut et au bas de la porte. Ces tiges verticales peuvent être montées sur le plat de la porte ou dissimulées dans la porte.

- **Butoirs de porte.** Il faut prévoir un moyen d'empêcher la porte d'endommager ce qui l'entoure. Les dispositifs de fermeture le font jusqu'à un certain point, mais les butoirs au sol ou au mur sont beaucoup plus efficaces. Il s'agit de petits dispositifs métalliques portant un embout en caoutchouc. Les cadres de porte en métal comportent aussi des amortisseurs de son, qui sont de petits coussins en caoutchouc montés sur l'arrêt de porte pour amortir le bruit quand la porte se referme.

- **Battements.** On appelle battements les membres verticaux installés au milieu d'une porte à deux vantaux pour étanchéifier l'ouverture, former l'arrêt de porte ou assurer une meilleure sécurité lorsque les deux vantaux sont fermés. Le battement peut être fixé à l'un des deux vantaux ou peut être un élément distinct contre lequel les deux vantaux se ferment. Pour une porte de sortie obligatoire dont l'un des vantaux est doté d'un battement, il faut prévoir un mécanisme qui coordonne la séquence de fermeture des vantaux de façon à éviter que le vantail avec battement se ferme en premier et empêche la fermeture de l'autre.

- **Plaques de porte et poignées à tirer.** Ces éléments sont destinés aux portes qui n'ont pas besoin de s'enclencher. Ils sont d'usage courant sur les portes des toilettes publiques et des cuisines commerciales.

- **Bas de porte automatique.** Ce dispositif, placé au bas de la porte – sur le plat ou en mortaise –, permet de bloquer la lumière ou le son. Lorsque la porte est ouverte, il se soulève et lorsque la porte se ferme, un poussoir frappe le chambranle et le fait descendre contre le plancher.

- **Coupe-bise.** Le coupe-bise est fixé au chant ou sur le plat de la porte pour former un joint étanche contre la fumée, la lumière et le son. Les portes coupe-feu doivent être dotées de coupe-bise résistants au feu. D'autres types de coupe-bise, en néoprène, en feutre, en métal ou en vinyle, sont utilisés pour créer une barrière acoustique entre deux pièces.

- **Seuils.** On pose un seuil sous une porte lorsqu'il y a raccord entre deux revêtements de sol, lorsqu'un bas de porte automatique exige une surface dure ou lorsqu'il y a une légère différence de niveau dans le plancher.

- **Finis de la quincaillerie.** La quincaillerie de porte est offerte dans une vaste gamme de finis dont le choix est essentiellement une question d'apparence. Le fini peut être donné au métal de fabrication de la pièce de quincaillerie, ou la pièce peut être plaquée. Il existe cinq métaux de fabrication de base : l'acier, l'acier inoxydable, le bronze, le laiton et l'aluminium. Les portes résistantes au feu doivent être montées sur des charnières en acier ou en acier inoxydable.

(D) Vitrage intérieur

- **Le vitrage** désigne la pose de verre dans un cadre (ou un châssis) ainsi que l'installation de ce cadre. Différents types de verre peuvent être utilisés à l'intérieur. En voici quelques-uns :

  - **Verre flotté.** Le verre flotté (verre recuit) est le verre standard utilisé pour les fenêtres ordinaires et toutes les autres applications n'exigeant pas une solidité accrue ni d'autres propriétés. À l'intérieur, on l'installe dans les petites ouvertures ou lorsqu'une vitre de sécurité n'est pas requise.

  - **Verre trempé.** Le verre trempé est produit en soumettant le verre recuit à un traitement thermique spécial. Il est environ quatre fois plus solide que le verre recuit de même épaisseur. Outre sa solidité supérieure, le verre trempé est considéré comme un verre de sécurité et peut donc être installé dans les endroits dangereux (voir section suivante). S'il se casse, il tombe en milliers de petits morceaux plutôt qu'en tessons dangereux. Le verre trempé utilisé à l'intérieur est habituellement d'une épaisseur de 1/4" (6).

  - **Verre feuilleté.** Le verre feuilleté se compose de deux couches de verre ou plus liées par une couche intermédiaire en résine butyral-polyvinylique. Lorsque le verre feuilleté se casse, la couche intermédiaire retient les morceaux ensemble. Ce type de verre est utilisé pour les vitrages qui doivent offrir une très grande solidité ou un contrôle acoustique. Il peut être à l'épreuve des balles et assurer une excellente protection contre les bris criminels ou accidentels. Tout comme le verre trempé, il est considéré comme un verre de sécurité et peut être installé dans les endroits dangereux.

  - **Verre armé.** Le verre armé intègre un treillis métallique en son centre. Sa surface peut être lisse ou texturée. Le verre armé est surtout utilisé dans les assemblages de portes coupe-feu, car la plupart des codes du bâtiment l'exigent. Le verre armé ne peut pas être trempé et n'est pas considéré comme du verre de sécurité pour les endroits dangereux.

- **Verre à motif.** Ce verre spécialisé est fabriqué en faisant passer du verre fondu entre deux rouleaux portant le motif voulu, sur une face ou sur les deux. Ce verre est translucide et non opaque; son degré de translucidité dépendant du type et de la profondeur du motif.
- **Vitrage résistant au feu.** Outre le verre armé, il existe trois types de verre à vitrage dont le degré de résistance au feu varie de 30 à 90 minutes. Le premier est une céramique transparente, le deuxième, un verre trempé spécial (résistance maximale de 30 minutes) et le troisième est fait de deux ou trois feuilles de verre séparées par du gel transparent. En présence de flammes, le gel mousse et forme un écran thermique. À chacun de ces types de verre correspondent différentes normes relatives à la résistance au feu, à la surface maximale et aux exigences de conception. Certains de ces types de verre ne peuvent pas être installés dans les endroits dangereux.

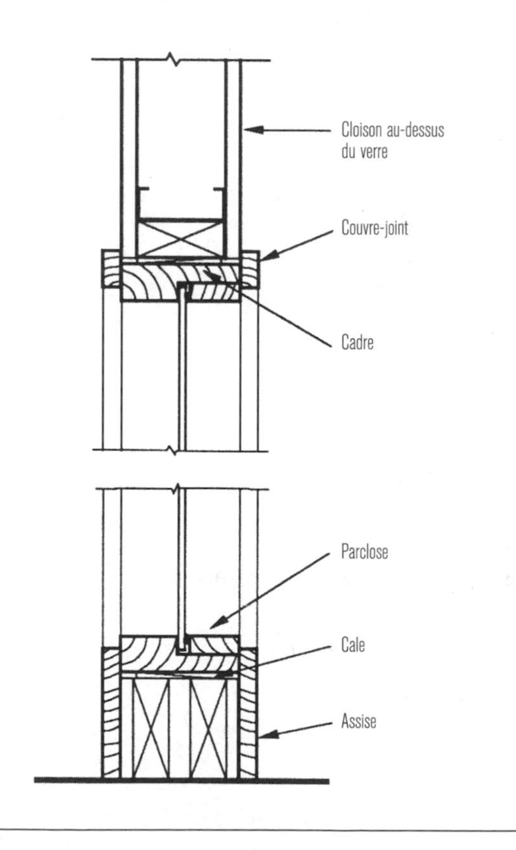

11.9
Installation de vitrage – méthode traditionnelle

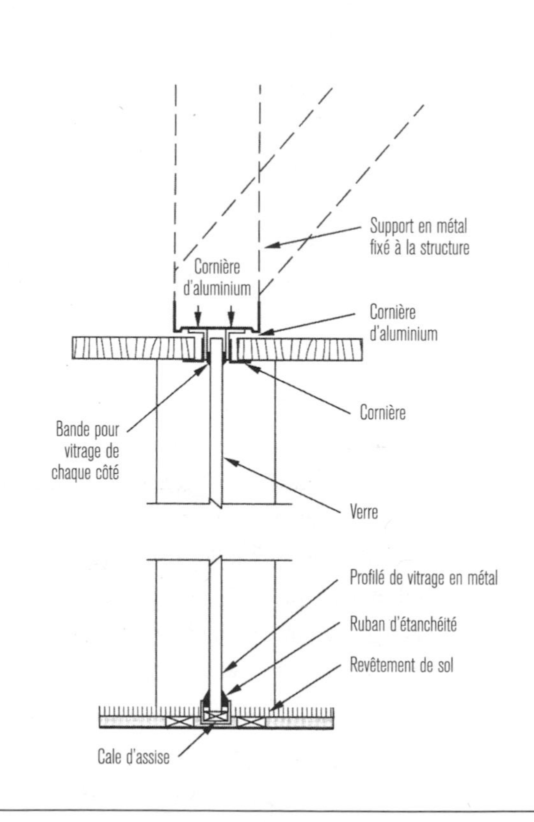

11.10
Installation de vitrage sans cadre

Le vitrage intérieur peut être installé dans des cadres en bois ou en acier. Les figures 11.9 et 11.10 montrent deux méthodes d'installation courantes. Dans la méthode conventionnelle, comme celle qui est illustrée à la figure 11.9, on maintient le verre en place au moyen de parcloses, qui sont des moulures en bois ou des profilés métalliques. Le verre peut aussi être simplement retenu en haut et en bas par le cadre et posé bord à bord sur les côtés, comme le montre la figure 11.11. L'écart entre les vitres adjacentes peut alors être laissé ouvert ou rempli par un joint de silicone.

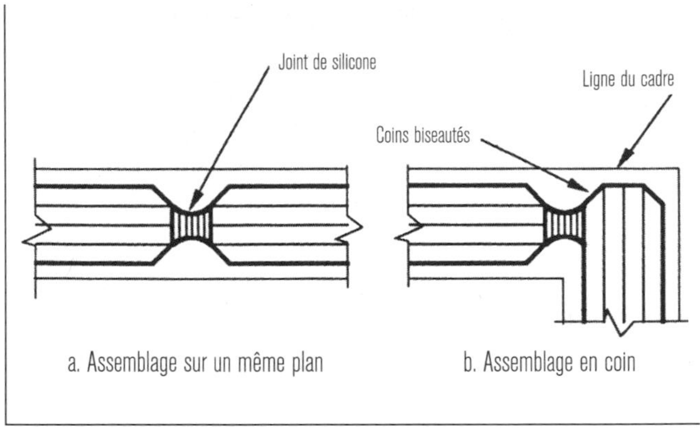

11.11
Installation de vitrage bord à bord

Outre les portes en bois ou en métal contenant des panneaux de verre, il existe aussi des portes tout en verre. Il s'agit de verre trempé, habituellement de 1/2" ou 3/4" (13 ou 19) d'épaisseur, pouvant comporter des traverses supérieures et inférieures en métal et une poignée quelconque. Il n'y a pas de montants de part et d'autre de la porte. Les traverses en métal permettent de monter la porte sur des pivots dans le seuil et le linteau et d'installer une serrure cylindrique. Lorsqu'il n'y a pas de traverses, des plaques métalliques cachent les pivots.

Ⓔ Exigences réglementaires s'appliquant au vitrage

Les codes du bâtiment réglementent principalement les restrictions touchant le verre utilisé dans les assemblages de portes coupe-feu et le verre de sécurité installé dans les endroits dangereux où il peut être sujet à un impact humain.

Le *Uniform Building Code* (UBC), l'*International Building Code* (IBC) et les autres codes aux États-Unis et au Canada restreignent la quantité et le type de verre dans les corridors devant avoir un degré de résistance au feu de 1 h. L'UBC exige que les ouvertures vitrées soient protégées par du verre armé de 1/4" (6), monté dans des cadres en acier, ou par un vitrage résistant au feu approuvé. La surface vitrée ne peut pas dépasser 25 % du mur qui sépare une pièce d'un corridor.

Pour éviter les blessures, les codes exigent l'installation de verre de sécurité dans les endroits dangereux, c'est-à-dire ceux qui sont sujets à un impact humain comme les portes, les cabines de douche ou les alcôves de baignoire et certains emplacements dans les murs. La figure 11.12 est un dessin composite montrant les différents endroits où l'UBC exige du verre de sécurité. Les exigences exactes sont données dans ces deux sources : American National Standards Institute ANSI Z97.1, *Performance Specifications and Methods of Test for Safety Glazing Material*

Used in Buildings, et Code of Federal Regulations, 16 CFR Partie 1201, *Safety Standard for Architectural Glazing Materials.* Le verre trempé ou feuilleté est considéré comme du verre de sécurité. Le *Code national du bâtiment* du Canada est un peu moins prescriptif. Il exige du verre trempé ou feuilleté dans les portes, les cabines de douche et les cloisons vitrées dont la largeur excède 20″ (500).

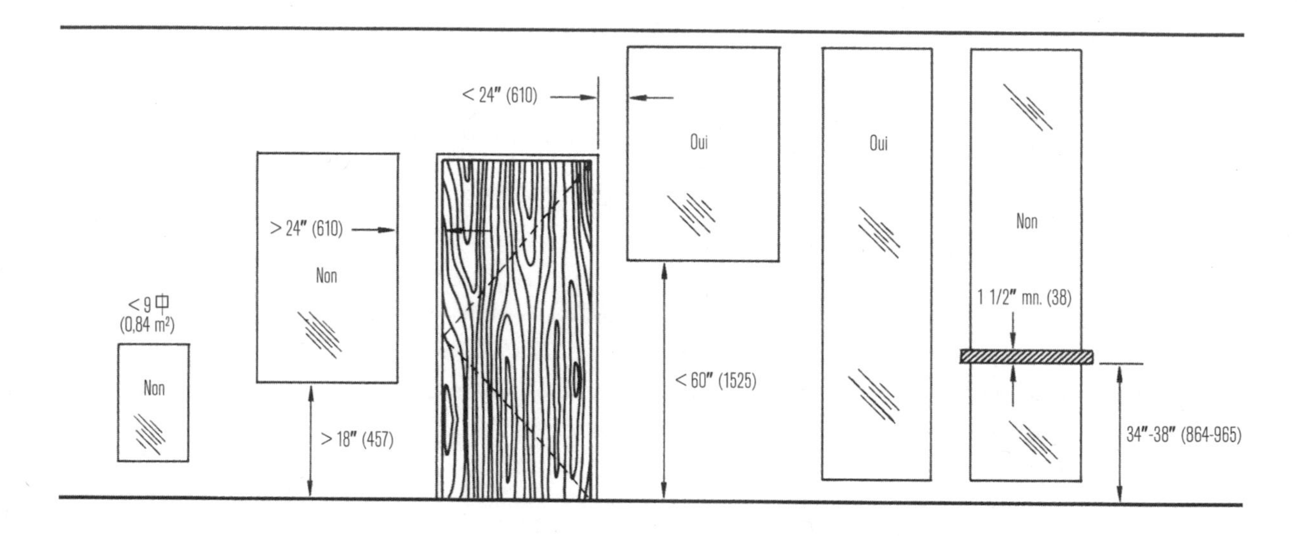

11.12
Emplacements où un vitrage de sécurité est requis

Ⓕ Exigences réglementaires s'appliquant aux portes et cadres de portes

Quand un code du bâtiment exige qu'une cloison soit résistante au feu, toutes les ouvertures de cette cloison (comme les portes, les ouvertures vitrées, les conduites et les persiennes) doivent également être résistantes au feu. Une ouverture protégée est considérée comme un assemblage, car elle inclut toutes les composantes mais, dans le cas des portes, on parle simplement de portes résistantes au feu ou, dans l'IBC, d'un *assemblage porte coupe-feu*.

Une *porte résistante au feu* désigne un assemblage porte qui a été mis à l'essai par un laboratoire indépendant afin d'assurer qu'il peut supporter une certaine température sans défaillance pendant une durée déterminée. L'assemblage porte comprend la porte elle-même, le cadre de porte et la quincaillerie installée sur la porte, sur le cadre ou sur les deux. Le degré de résistance au feu est exprimé en heures (ou en minutes) et certaines portes reçoivent aussi une désignation alphabétique. Le degré de résistance exigé pour une porte dépend du degré de résistance au feu du mur ou de la cloison où se trouve cette porte et de l'usage prévu du mur ou de la cloison. Vous trouverez dans le chapitre 18, au tableau 18.1, la classification des portes coupe-feu généralement utilisées en design d'intérieur. Remarquez que la catégorie A des Underwriters Laboratories (UL) correspond au degré de résistance au feu le plus élevé, tandis que la catégorie S correspond au degré de résistance au feu le plus faible pour les portes classifiées.

Dans la plupart des projets commerciaux en design d'intérieur, on exige une porte classée S 20 minutes dans un corridor de sortie à degré de résistance au feu de 1 h ou là où un assemblage étanche à la fumée et aux courants d'air est nécessaire; on exige une porte classée 3/4 h dans une séparation des types d'usages à degré de résistance de 1 h ou dans une cage d'escalier de sortie à degré de résistance de 1 h. Dans les immeubles à plusieurs étages, il faut utiliser une porte à degré de résistance de 1 1/2 h dans une cage d'escalier de sortie à degré de résistance de 2 h.

Certains codes, comme l'UBC et l'IBC, exigent également qu'une porte à degré de résistance de 20 minutes (1/3 h) constitue un assemblage étanche à la fumée et aux courants d'air, ce qui signifie que la garniture d'étanchéité doit être posée sur les deux chambranles et le linteau de façon à empêcher la fumée de passer lorsque la porte est fermée. Ce type de porte doit être de catégorie S.

On peut utiliser des portes en bois ou des portes en métal à âme creuse dans les assemblages portes coupe-feu. Certains types de portes en bois peuvent résister au feu jusqu'à 1 1/2 h, mais les cadres en bois ne peuvent entrer que dans les assemblages portes à degré de résistance de 20 minutes. En optant pour des portes en métal à âme creuse, on obtient des degrés de résistance au feu supérieurs à 1 1/2 h pour les portes et supérieurs à 30 minutes pour les cadres. Certains codes autorisent les cadres en aluminium dans les assemblages portes offrant un degré de résistance de 45 minutes.

Comme les dispositions varient d'un code à l'autre, il faut vérifier les exigences précises du code en vigueur. Consultez le chapitre 18 pour de plus amples renseignements sur les exigences réglementaires s'appliquant aux assemblages destinés aux ouvertures.

Essais pour les portes classées résistantes au feu. Deux essais standards sont principalement utilisés pour classer les portes coupe-feu. La norme d'essai NFPA 80, *Standard for Fire Doors and Windows*, porte sur la construction et l'installation des portes coupe-feu, alors que la norme d'essai NFPA 252, *Standard Methods for Fire Tests of Door Assemblies*, permet de tester les portes coupe-feu. La norme UL 10B est une désignation à peu près équivalente aux normes d'essai NFPA.

Étiquettes et listes. Lorsqu'on installe un assemblage porte, la porte, le cadre de porte et le dispositif de fermeture doivent porter une étiquette, et le reste de la quincaillerie doit aussi porter une étiquette ou être homologué. L'*étiquette* est une marque d'identification permanente, fixée sur la porte ou le cadre de porte par l'organisme d'essai, qui indique que l'élément est conforme aux normes UL pour les portes coupe-feu ainsi qu'à la norme NFPA 80 de la National Fire Protection Association, qui régit l'installation des portes coupe-feu. Un dispositif homologué est un produit figurant sur une liste des produits déclarés conformes aux normes applicables pour les assemblages portes coupe-feu (incluant NFPA 80) ou qui a été testé et jugé convenable pour une application spécifique.

3 Plafonds

On utilise de nombreux matériaux et différentes techniques pour construire les plafonds. La plupart des plafonds résidentiels sont en panneaux de placoplâtre fixés directement aux solives de plancher ou de plafond. Dans la plupart des constructions commerciales, le plafond constitue généralement un système distinct de la structure, construit à l'aide d'un système de suspension avec des carreaux insonorisants, des panneaux de placoplâtre ou du plâtre sur lattis. Cela permet d'obtenir une surface de plafond plane à laquelle on peut fixer les cloisons, les luminaires et les traitements acoustiques, tandis que le vide au-dessus du plafond peut recevoir les systèmes mécaniques, le câblage et d'autres équipements de services et devient alors un plénum.

(A) Plafonds en placoplâtre

En construction résidentielle, on construit les plafonds en panneaux de placoplâtre en vissant ou en clouant ces panneaux directement aux solives de plafond. Le câblage ou les conduites de ventilation sont dissimulés entre les solives. S'il faut de l'espace additionnel sous les solives, on ajoute une ossature en bois sur laquelle on pose les panneaux.

Comme les constructions commerciales exigent habituellement qu'il y ait un vide au-dessus du plafond pour la tuyauterie, les conduites électriques, les systèmes de gaines CVCA et les canalisations des extincteurs automatiques, les plafonds en panneaux de placoplâtre sont appliqués sur un treillis de suspension. La figure 11.13 illustre ce type de construction : des membrures en acier de 1 1/2″ (38), distancés de 4′-0″ (1220) c. à c. sont suspendus au plancher porteur du dessus. Des tés transversaux en métal placés à 16″ ou 24″ (406 ou 610) c. à c. sont ensuite fixés aux membrures, puis les panneaux de placoplâtre sont vissés aux tés. Il faut prévoir des panneaux d'accès pour permettre d'atteindre les valves, boîtes de jonction, registres coupe-feu et autres dispositifs logés dans le vide du plafond.

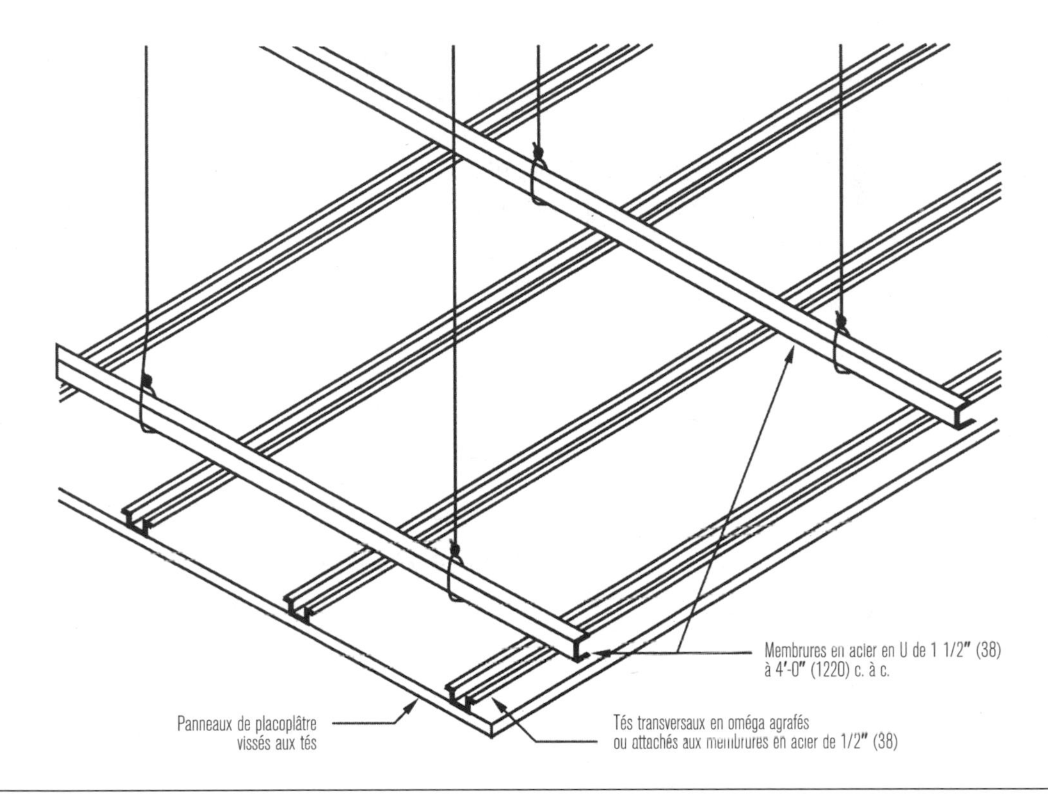

11.13
Plafond suspendu en panneaux de placoplâtre

(B) Plafonds acoustiques suspendus

Les plafonds acoustiques suspendus se composent de minces carreaux de fibre de bois, de fibre métallique ou de fibre de verre, insérés dans un treillis en métal qui est retenu par des fils de suspension (ou suspentes) à la structure du dessus. Ces carreaux sont perforés ou fissurés de différentes façons pour absorber le son. Il faut toutefois préciser que ces plafonds n'empêchent pas vraiment la transmission du son.

Les carreaux insonorisants et les treillis de suspension en métal sont disponibles dans une grande variété de tailles et de configurations. Le type le plus courant est le plafond à système de suspension apparent dans lequel les carreaux sont simplement retenus par des tés renversés apparents. Voir la figure 11.14 (a). Le plafond à système de suspension en retrait est une variante de ce système et utilise des carreaux à feuillure, comme l'illustre la figure 11.14 (b). Il existe enfin des plafonds à système de suspension dissimulé. Ces systèmes utilisent habituellement des carreaux de 1' x 1' (300 x 300), dans la rive desquels on pratique une fente. Voir la figure 11.14 (c). Quel que soit le type de plafond, les carreaux du périmètre de la pièce sont soutenus par une cornière, qui soutient également les luminaires montés près du mur.

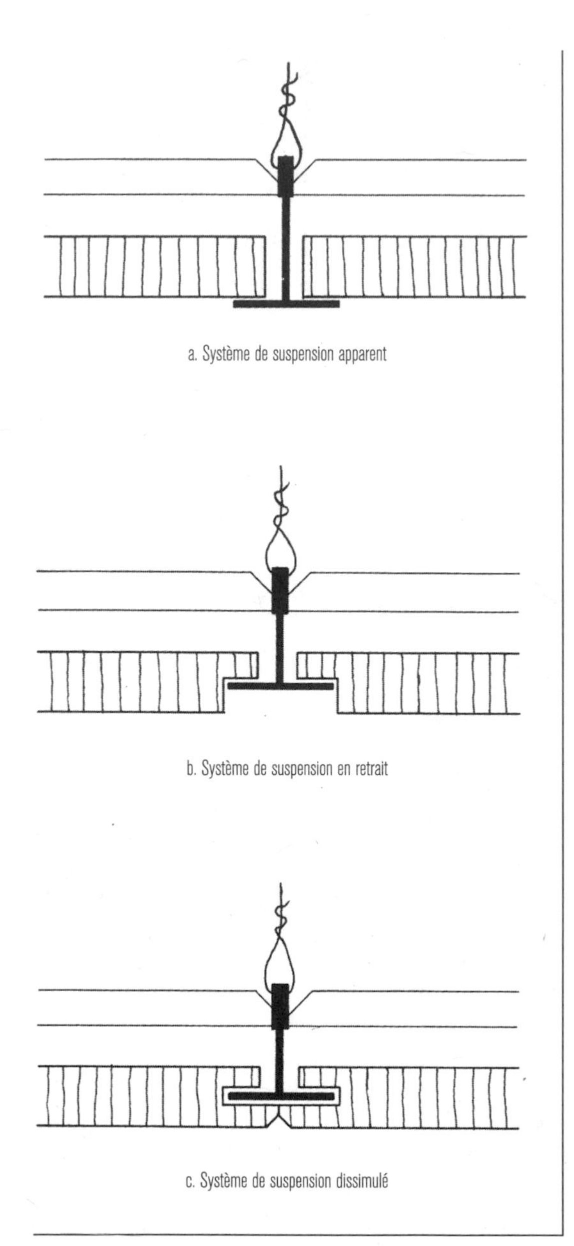
a. Système de suspension apparent

b. Système de suspension en retrait

c. Système de suspension dissimulé

11.14
Systèmes de plafond acoustique

Les dimensions les plus courantes pour les plafonds acoustiques suspendus sont de 2′ x 2′, 1′ x 2′, 2′ x 4′ (600 x 600, 300 x 600, 600 x 1200), et de 20″ x 60″ (508 x 1524). Ce système de 20″ x 60″ (508 x 1524) est utilisé dans les immeubles conçus selon un module de 5′ (1524). Cela permet d'installer les cloisons le long des lignes modulaires de 5′ (1524) sans interférer avec les luminaires spéciaux de 20″ x 48″ (508 x 1219) installés au centre d'un module.

Il existe d'autres types de plafonds suspendus ayant des propriétés acoustiques, notamment les plafonds à lamelles métalliques, à treillis de bois et les matelas insonorisants recouverts de tissu. Tous ces systèmes visent le même objectif : créer des plafonds avec vide accessible qui absorbent le son plutôt que de le réfléchir (comme le fait un plafond en panneaux de placoplâtre) afin de réduire le bruit dans un espace.

Comme les plafonds ont plusieurs autres fonctions que le contrôle acoustique dans les constructions contemporaines, il est important de tenir compte de nombreux éléments dans le choix et la spécification des systèmes de plafond. Mentionnons notamment les luminaires encastrés, les systèmes de gaines, les canalisations pour extincteurs automatiques, les haut-parleurs d'alarme-incendie, les détecteurs de fumée et autres équipements de ce genre, de même que les cache-tringles et autres dispositifs encastrés.

Bien souvent, en construction commerciale, le vide au-dessus du plafond suspendu sert de plénum ou de chambre de répartition d'air. Des grilles de retour d'air sont installées dans le treillis et l'air de retour franchit ces grilles, puis le vide au-dessus du plafond pour se diriger ensuite vers une conduite ou une prise de retour d'air centrale reliée au système CVCA. Dans un tel cas, les codes du bâtiment exigent qu'aucun matériau combustible ne soit placé au-dessus du plafond et que tous les câbles de plastique passent dans des conduites en métal. Certains codes permettent que les câbles téléphoniques, informatiques, d'éclairage de faible tension et de systèmes de signalisation soient à nu s'il s'agit de câbles dont le calibre est approuvé pour un plénum.

Les plafonds suspendus peuvent être classés selon leur degré de résistance au feu. S'ils sont résistants au feu, cela signifie qu'ils font partie d'un assemblage plancher-plafond ou toit-plafond offrant un certain degré de résistance au feu. Les systèmes de plafond à eux seuls ne peuvent pas empêcher la propagation des flammes d'un étage à l'autre. Les plafonds acoustiques résistants au feu se composent de carreaux de type minéral et de treillis résistants au feu comportant des pinces à ressort pour maintenir les panneaux en place et des fentes de dilatation permettant au treillis de se dilater sous l'action de la chaleur.

Ⓒ Plafonds en plâtre sur lattis

Les plafonds en plâtre sur lattis font appel à la même technique de construction que les cloisons en plâtre sur lattis. En construction résidentielle, le plafond en plâtre traditionnel est constitué d'un lattis de métal fixé aux solives de plafond et recouvert de trois couches de plâtre. Comme la cloison, le plafond en plâtre sur lattis peut être fini en une variété de textures. En construction commerciale, on suspend un treillis à la structure, comme pour un plafond en panneaux de plâtre, mais on attache à ce treillis un lattis métallique sur lequel on applique le plâtre. On peut aussi utiliser un lattis de plâtre et y appliquer une mince couche de plâtre de revêtement.

Tout comme les cloisons, les plafonds en plâtre sur lattis coûtent plus cher que les plafonds en panneaux de placoplâtre et sont plus difficiles à construire. En revanche, il est facile de leur donner des courbes concaves ou convexes, ce qui permet de créer des formes plus complexes. On peut aussi appliquer sur ces plafonds des formes ou des moulages ornementaux en plâtre.

Ⓓ Plafonds intégrés

Les plafonds intégrés sont des systèmes de plafonds suspendus spécialement conçus pour recevoir des carreaux insonorisants, des luminaires, des grilles d'alimentation et de retour d'air, des extincteurs automatiques et des ancrages de cloisons. Il existe des systèmes offerts par divers fabricants, qui ont tous leurs propres caractéristiques et sont tous destinés à ces applications commerciales où l'on doit changer fréquemment les cloisons, les luminaires et les autres éléments reliés au plafond.

4 Ébénisterie

L'ébénisterie désigne tous les éléments en bois fabriqués en usine ou en atelier et servant à la finition intérieure. Cela comprend les armoires, les lambris, les portes et cadres sur mesure, les rayonnages, les meubles sur mesure et les boiseries et moulures intérieures spéciales. Ces éléments en bois sont de grande qualité, car ils sont fabriqués en usine ou en atelier dans des conditions soigneusement contrôlées à l'aide d'outils spéciaux et de techniques de finition qui ne peuvent pas être reproduites sur le chantier. Notons que même si l'on distingue parfois les travaux de menuiserie – qui ne requièrent pas d'habiletés particulières – et ceux d'ébénisterie – comprenant les armoires, les lambris et les moulures décoratives faites sur mesure –, nous privilégions dans le présent chapitre le terme d'ébénisterie car on y met l'accent sur les travaux de finition qui demandent une certaine adresse.

De nombreux aspects de la fabrication des armoires et autres éléments en bois ont été normalisés aux États-Unis par l'Architectural Woodwork Institute et sont décrits de façon très détaillée dans les normes *Architectural Woodwork Quality Standards, Guide Specifications* et *Quality Certification Program*. Il existe trois qualités de produits de bois : supérieure, ordinaire et économique.

Reportez-vous au chapitre 7 pour de plus amples renseignements sur les dessins d'ébénisterie.

(A) Bois de construction et bois de placage

De nombreuses essences de bois sont utilisées pour la construction en bois massif ou le placage. Il peut s'agir d'essences locales ou exotiques dont la disponibilité et les prix varient énormément. Étant donné la rareté de nombreux bois durs, la plupart des ouvrages en bois sont en bois de placage. Un placage est une mince tranche de bois coupée dans une bille (voir la section suivante) et collée sur un panneau de particules ou de contreplaqué, normalement de 3/4″ (19) d'épaisseur. Les éléments en bois massif, en revanche, sont plus épais.

(B) Méthodes de sciage du bois massif

La façon dont le bois est scié détermine l'apparence du grain. Le bois massif peut être scié selon trois méthodes : le sciage sur dosse, le sciage sur quartier et le sciage sur faux-quartier. Ces trois méthodes sont illustrées à la figure 11.15.

Le *sciage sur dosse* exploite au mieux la bille et est le moins cher des trois. Comme la bille est sciée à différents angles par rapport au grain du bois, le sciage sur dosse produit une surface au dessin en A caractéristique, illustré à la figure 11.15.

Le *sciage sur quartier* consiste à couper la bille en quartiers, puis à scier ces quartiers perpendiculairement à la ligne du diamètre. Comme la bille est sciée presque perpendiculairement au grain, le motif résultant est plus uniformément vertical. Les planches sciées sur quartier ont moins tendance à gauchir et à se voiler, elles subissent moins de retrait en largeur, retiennent mieux la peinture et présentent moins de défauts que les planches sciées sur dosse.

Le *sciage sur faux-quartier* produit un grain encore plus uniforme, car toutes les coupes sont effectuées parallèlement au rayon de la bille. Comme la bille doit être déplacée après chaque coupe et qu'il y a beaucoup de pertes, le sciage sur faux-quartier coûte plus cher que le sciage sur quartier et est rarement utilisé.

Étant donné la rareté de certaines essences de bois et le coût de certaines coupes, toutes les essences ne sont pas disponibles dans toutes les coupes. Il vaut donc mieux vérifier si l'essence est offerte dans la coupe désirée avant de rédiger son devis.

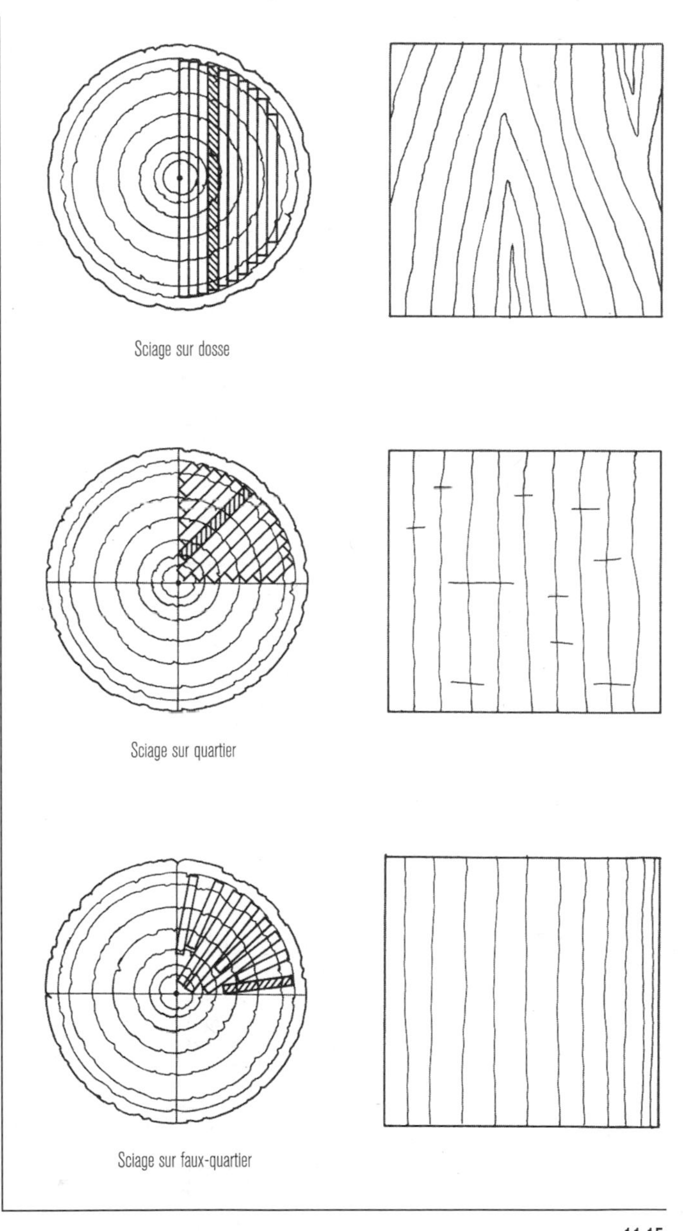

11.15
Méthodes de sciage

Ⓒ Méthodes de tranchage des placages

Tout comme pour le bois massif, la manière dont le placage est tranché dans la bille modifie l'apparence du produit fini. Il existe cinq méthodes principales de tranchage du placage, illustrées à la figure 11.16. Le tranchage sur dosse et le tranchage sur quartier sont similaires au sciage équivalent du bois massif, mais les pièces produites sont beaucoup plus minces. Le tranchage sur quartier donne un motif à fil plus droit que le tranchage sur dosse, car la lame attaque les cercles de croissance à un angle d'environ 90 degrés.

Le *déroulage* ou *débit lamellaire*, consiste à monter la bille sur une dérouleuse, contre la lame, qui pèle une couche continue de placage. Cela donne un grain très prononcé souvent peu désirable dans les finitions de bonne qualité, même si cette méthode est celle qui engendre le moins de perte.

Le *tranchage semi-déroulé* est similaire au précédent, mais la bille est coupée en deux et le placage est coupé en travers des cercles de croissance. Cela donne un grain prononcé ayant les caractéristiques du tranchage déroulé et du tranchage sur dosse.

Le *tranchage sur faux-quartier* consiste à débiter la bille en quartiers et à trancher ces quartiers à un angle de 15 degrés par rapport aux cercles de croissance. Comme le tranchage sur quartier, le tranchage sur faux-quartier donne un motif à droit fil et est couramment utilisé pour le chêne afin d'éliminer les marques perpendiculaires au sens du grain. Ces marques dans le chêne sont produites par les rayons médullaires, des cellules disposées radialement entre le cœur de l'arbre et sa circonférence.

Comme la largeur de la feuille de placage est limitée par le diamètre de la bille ou de la portion de bille dont elle est tirée, il faut mettre plusieurs feuilles de placage l'une contre l'autre sur un panneau pour obtenir une pièce ayant la dimension voulue. Chaque feuille de placage provient de la même bille, qui porte le nom de *quartelot*.

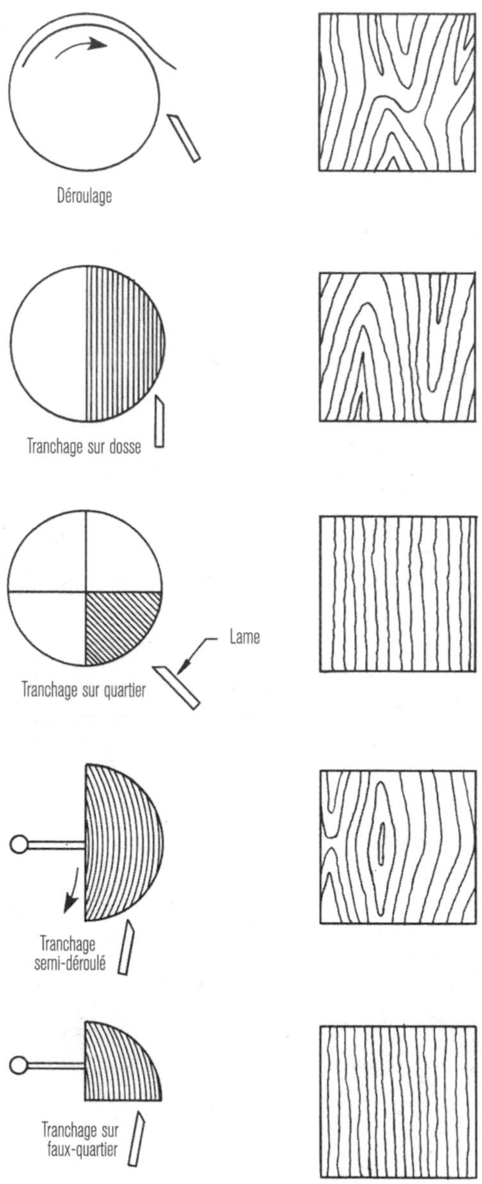

11.16
Méthodes de tranchage du placage

Ⓓ Assemblages de bois

Divers assemblage sont utilisés dans les ouvrages d'ébénisterie pour en accroître la solidité et en améliorer l'apparence en éliminant les attaches mécaniques. Grâce aux adhésifs à haute performance, la plupart des éléments fabriqués en usine ne nécessitent ni vis ni autres attaches mécaniques apparentes. Par contre, pour installer ces éléments sur place, il faut souvent recourir au clouage dissimulé ou à un autre mode de fixation non apparent afin de maintenir un aspect raffiné. La figure 11.17 illustre les assemblages de bois courants.

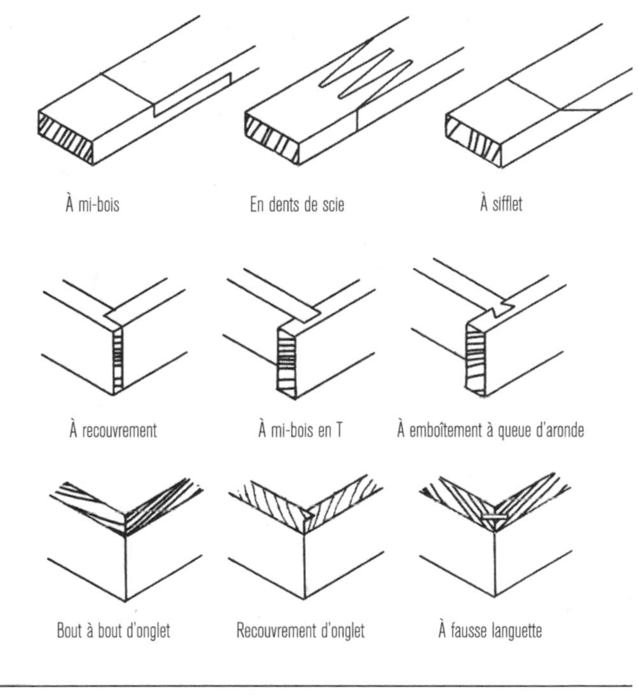

11.17
Assemblages de bois

Ⓔ Armoires

Les armoires sur mesure sont entièrement construites en atelier et simplement mises en place et fixées sur le chantier. Les portes d'armoires et les façades de tiroirs peuvent être montées de diverses façons, mais la construction de la plupart des bâtis d'armoire est relativement standard, comme nous l'avons vu au chapitre 7 et comme l'illustrent les figures 7.20 et 7.21.

Pour les armoires au sol et les armoires murales, il existe quatre méthodes fondamentales de montage des portes et des façades de tiroirs : montage affleuré, montage à recouvrement affleuré, montage à recouvrement avec joint apparent et montage à recouvrement avec rebord. Elles sont illustrées à la figure 11.18.

En montage affleuré (figure 11.18, a), la façade de tiroir ou la porte est installée au même niveau que la pièce de façade. L'ajustement des portes et des tiroirs exige beaucoup de soin et de frais. Bien souvent, les portes et les tiroirs peuvent se déformer, ce qui rend inégal l'espacement entre les différents éléments et peut provoquer un frottement des portes et tiroirs contre le bâti.

Dans le montage à recouvrement affleuré (figure 11.18, b), la porte ou le tiroir recouvre le bâti de l'armoire (il n'y a pas de pièce de façade). Les portes ou tiroirs adjacents sont juste assez espacés pour pouvoir jouer sans se toucher, habituellement de 1/8" (3) ou moins. Seuls les portes et les tiroirs sont visibles, et ils affleurent tous les uns avec les autres. Les armoires assemblées de cette façon sont souvent désignées sous le nom d'armoires européennes.

a. Montage affleuré

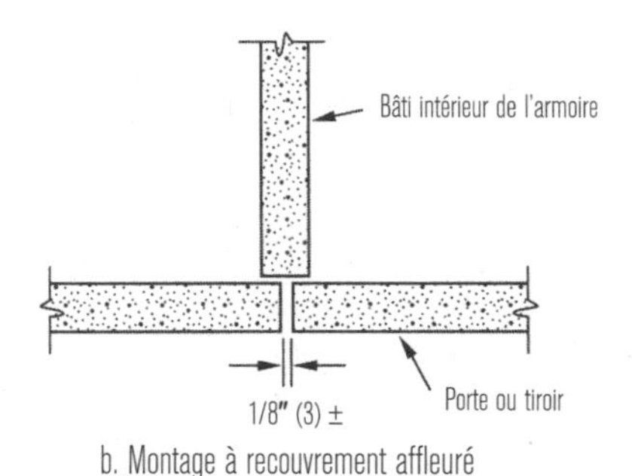

b. Montage à recouvrement affleuré

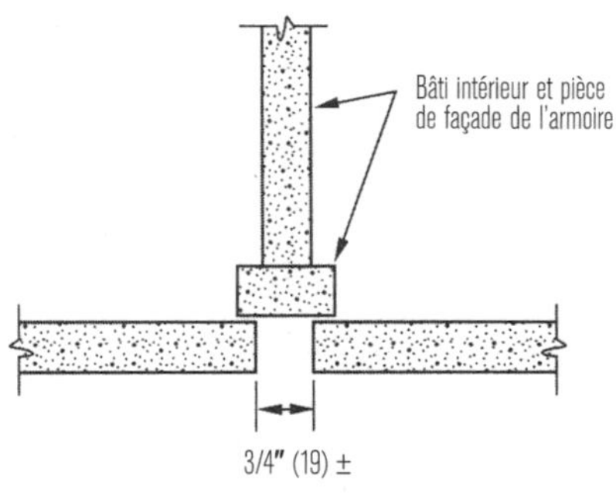

c. Montage à recouvrement avec joint apparent

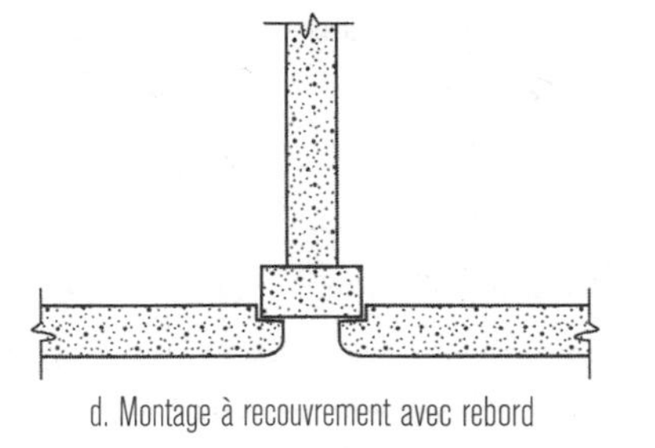
d. Montage à recouvrement avec rebord

11.18
Montage des portes d'armoire

Les deux types de montage suivants sont des variantes de (a). Dans le montage à recouvrement avec joint apparent (figure 11.18, c), les portes et tiroirs adjacents sont suffisamment espacés pour que l'on voie la pièce de façade. Le designer d'intérieur ou le fabricant détermine à son gré la largeur de l'écart, compte tenu de la largeur du bâti. Un tel montage est souvent moins cher que le montage affleuré, car les petits défauts d'alignement et les petites déformations se remarquent moins. Le montage à recouvrement avec joint apparent est la méthode la plus traditionnelle de construction des armoires.

Enfin, le montage à recouvrement avec rebord est illustré à la figure 11.18 (d). Dans ce cas, une partie de la porte ou du tiroir dépasse du bâti et couvre le joint entre les deux pièces.

Que ce soit pour des armoires murales, des armoires au sol ou des plans de travail, il faut installer un bord à chantourner, comme le montrent les figures 7.20 et 7.21. Le bord à chantourner permet à l'installateur de faire coïncider parfaitement le bord de l'armoire ou du plan de travail avec un mur qui n'est peut-être pas parfaitement droit. Il peut s'agir d'un morceau de bois distinct inséré entre l'armoire et le mur. On peut aussi prévoir un bâti légèrement trop grand de façon à le chantourner sur place.

(F) Lambrissage

Le lambrissage consiste à recouvrir les murs et cloisons de panneaux de bois plans ou en relief. Le lambris est fait de minces couches de placage collées à un panneau de particules ou de contreplaqué. Les panneaux en relief sont les plus traditionnels; leur construction et leurs composantes sont illustrées à la figure 11.19. Les panneaux plans présentent une surface uniforme et lisse. Leur construction et leur installation sont décrites ci-dessous.

Outre la méthode de tranchage du placage, différentes méthodes d'agencement des feuilles et panneaux de placage dans une pièce déterminent l'apparence du lambris. Les trois facteurs déterminants, par ordre croissant d'importance, sont l'agencement des feuilles de placage adjacentes, l'agencement des placages sur un même panneau et l'agencement des panneaux dans une pièce.

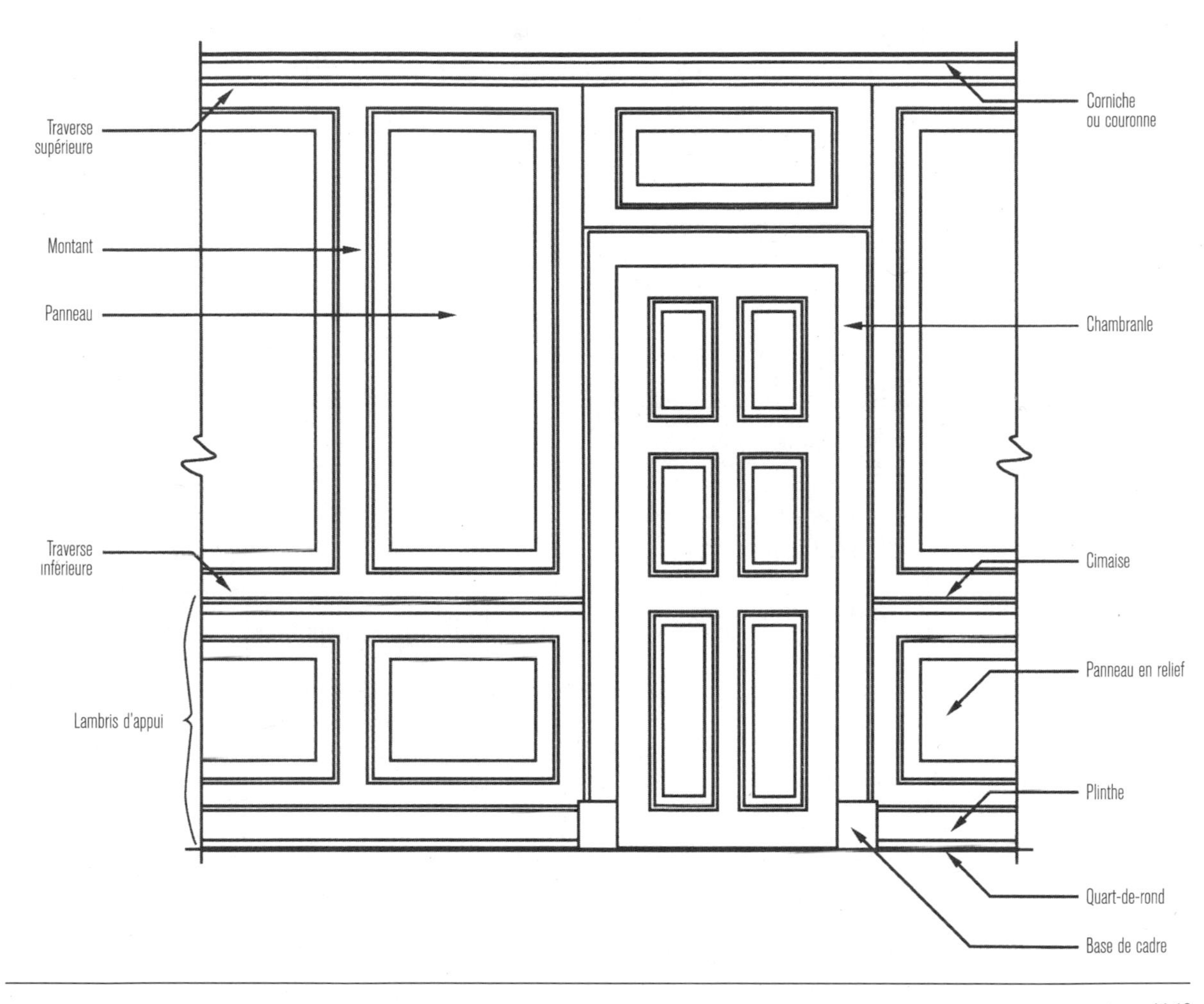

11.19
Lambrissage traditionnel en relief

L'agencement des feuilles de placage peut se faire de trois manières, comme le montre la figure 11.20. *L'agencement retourné* est le plus courant. À mesure que les feuilles de placage sont sciées, une feuille sur deux est retournée pour que les feuilles adjacentes aient un grain d'apparence symétrique. Dans *l'agencement à plat*, les feuilles successives sont placées côte à côte dans le même sens. *L'agencement aléatoire* consiste à placer les placages au hasard en utilisant des placages provenant de différents quartelots.

La feuille de placage doit être collée sur un panneau rigide, habituellement un panneau de particules de 3/4″ (19), pour pouvoir être installée. La méthode utilisée pour coller les feuilles est un autre critère à considérer au devis. Dans le cas d'un agencement retourné, les feuilles de placage peuvent être agencées sur un panneau de trois façons, illustrées à la figure 11.21. L'agencement en continu fait simplement alterner des placages retournés, sans égard à leur

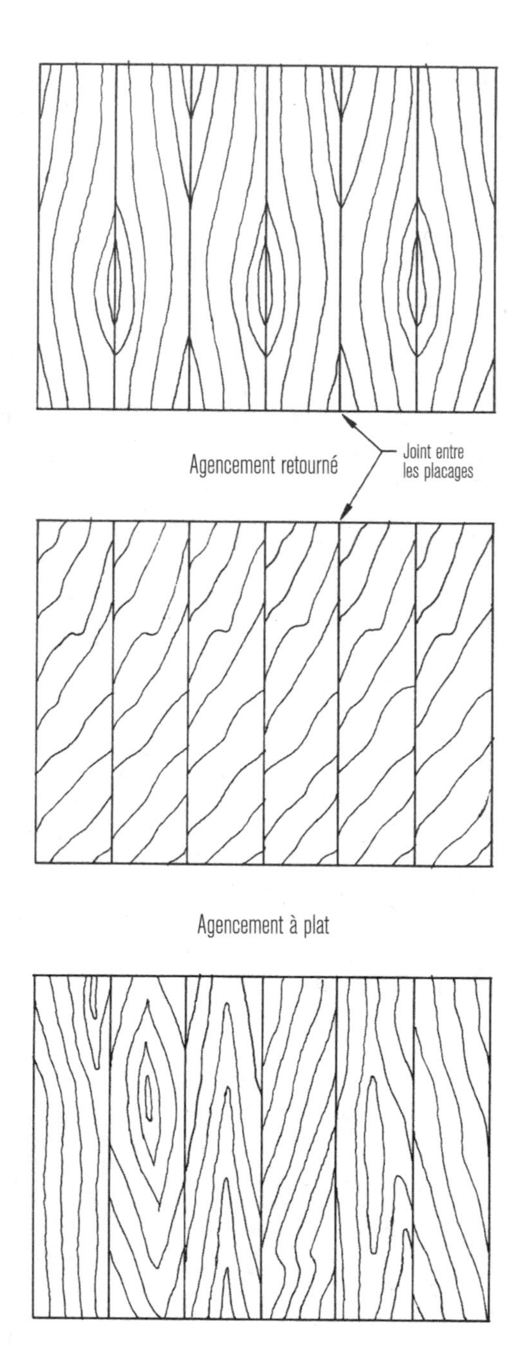

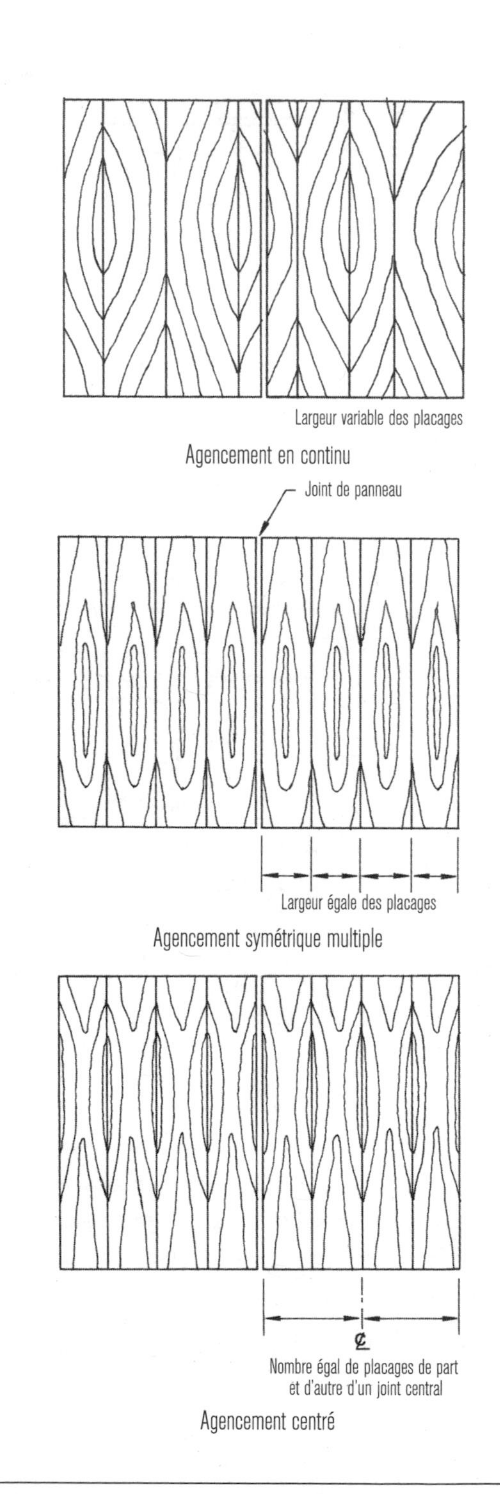

11.20
Agencement du placage

11.21
Agencement des panneaux de placage

largeur ni au nombre de feuilles nécessaires pour remplir un panneau. Toute portion inutilisée de la dernière feuille d'un panneau est posée en premier sur le panneau suivant. L'agencement symétrique multiple est réalisé à l'aide de feuilles de placage de largeur égale sur chaque panneau. Enfin, dans l'agencement centré, on utilise un nombre pair de feuilles de placage de largeur uniforme de façon qu'un des joints coïncide avec le centre du panneau.

Il existe trois façons d'assembler les panneaux dans une pièce pour la lambrisser. La figure 11.22 montre trois murs d'une pièce comme s'ils étaient dépliés et posés à plat. Le *raccord à fil régulier* est le moins cher. Des panneaux préusinés, mesurant normalement 4′ (1200) de largeur sur 8′ ou 10′ (2400 ou 3000) de longueur, sont assemblés à partir d'un même quartelot pouvant produire entre 6 et 12 panneaux. Ils sont taillés sur place pour s'ajuster aux portes, fenêtres et autres obstacles, ce qui diminue quelque peu la continuité du grain.

La deuxième méthode, appelée *raccord à fil répété*, exploite des panneaux de largeur uniforme fabriqués pour un projet en particulier et dont les feuilles de placage sont posées l'une à la suite de l'autre. La continuité du grain diminue modérément si certains panneaux doivent être taillés pour s'ajuster aux portes et autres obstacles.

La troisième méthode, la plus dispendieuse, est le *raccord à dimensions*. Dans ce cas, les panneaux sont fabriqués sur mesure, selon les dimensions de la pièce pour s'ajuster à chaque obstacle sans interrompre la continuité du grain. Des placages provenant du même quartelot sont aussi agencés sur le plat des portes, des meubles et des autres surfaces à lambrisser.

La pose des lambris peut se faire de différentes façons, selon la finition désirée, comme le montre la figure 7.23. Les panneaux peuvent être installés au mur à l'aide de tasseaux de bois ou d'agrafes en Z en acier ou en aluminium, comme nous l'avons vu au chapitre 7 et comme l'illustre la figure 7.24.

Ⓖ Matériaux stratifiés

L'un des matériaux de finition les plus couramment utilisés en ébénisterie est le *plastique stratifié haute pression*. Le stratifié est une mince feuille constituée de plusieurs couches de papier kraft imprégnées de résines phénoliques sur laquelle on superpose une feuille colorée ou à motifs recouverte d'une couche de résine de mélamine. Le tout est placé dans une presse à chaud sous haute pression, ce qui fusionne les diverses couches. Les stratifiés servent à la finition des comptoirs, des cloisons, des armoires, des rayonnages et des meubles.

Comme les stratifiés sont très minces, ils doivent être collés sur un substrat comme le contreplaqué ou le panneau de particules (ou aggloméré). Les feuilles de plus petites dimensions peuvent être collées directement sur du bois massif. Il existe plusieurs types de substrats pour les stratifiés : panneaux de particules, panneaux de fibres à densité moyenne (ou panneau

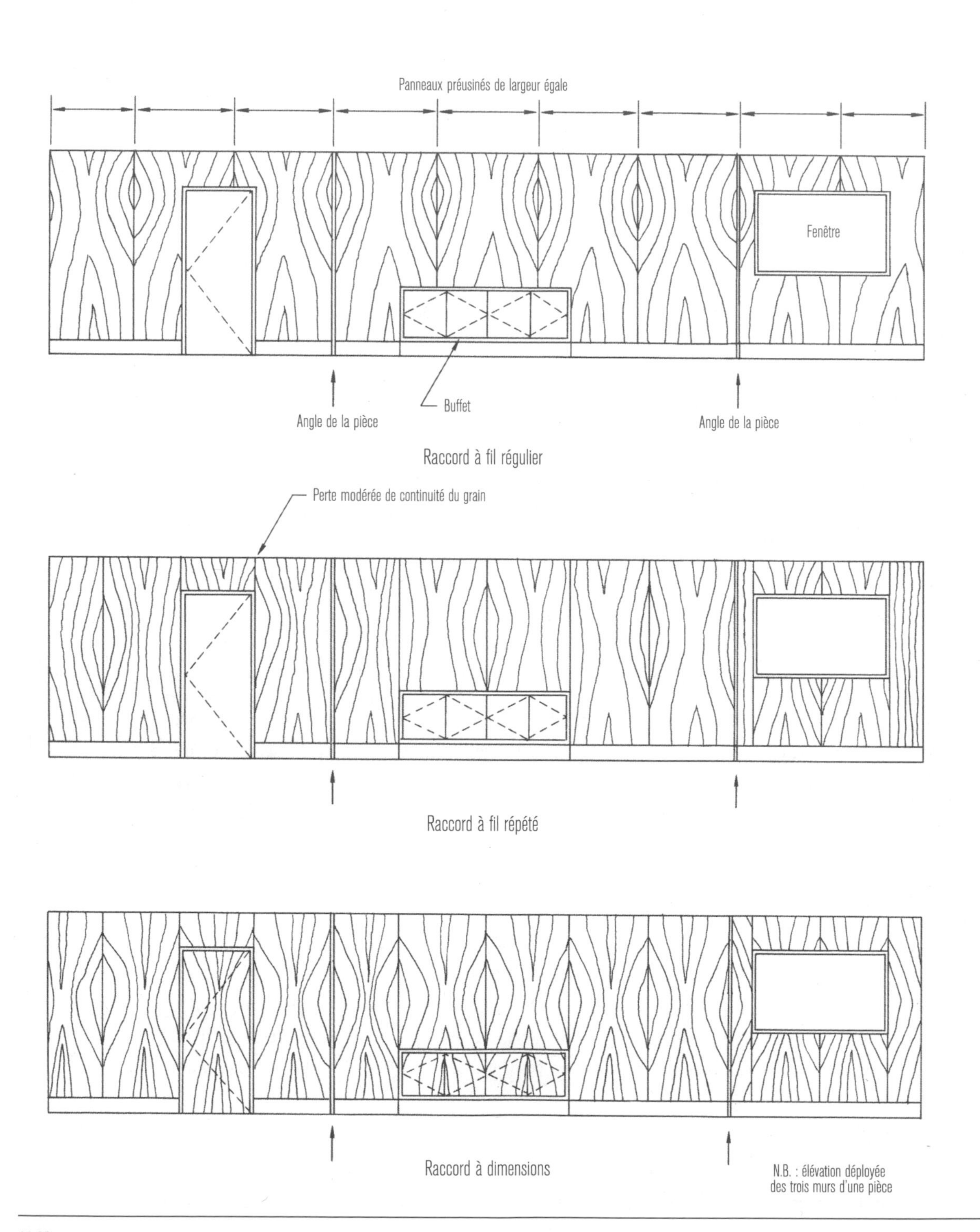

11.22
Raccord des panneaux dans une pièce

MDF), panneaux de fibres durs et contreplaqués à plis. Les panneaux de particules de 45 livres de densité sont les plus utilisés, car ils offrent une bonne stabilité dimensionnelle, présentent une surface lisse pour le stratifié, résistent bien aux impacts, peuvent recevoir des vis et sont suffisamment solides pour la construction de panneaux et d'armoires. Ces dernières années, on s'est inquiété des émanations de formaldéhyde que libèrent les panneaux de particules. Précisons que les techniques de fabrication les plus récentes ont rendu ces émanations négligeables (0,3 partie par million ou moins). De plus, la couche de stratifié scelle les panneaux, ce qui permet d'éviter la plupart des émanations à long terme.

Les panneaux MDF sont aussi beaucoup utilisés comme substrats des stratifiés. On les fabrique en réduisant des fibres de bois en filaments très fins qui sont ensuite mélangés à de la colle et comprimés à très haute pression. Ces panneaux mesurent normalement 4′ x 8′ (1220 x 2400) et leur épaisseur varie entre 1/4″ et 1 1/4″ (6 et 32). On peut aussi les mouler sur des longueurs variant de 16′ à 24′ (4877 à 7315).

Les panneaux MDF ont une surface beaucoup plus lisse que les panneaux de particules, ce qui réduit le risque de transférer des irrégularités au stratifié et convient donc mieux aux finis brillants. Par contre, les panneaux MDF coûtent plus cher que les panneaux de particules et ils ne retiennent pas aussi bien certains types de vis.

Outre leur utilisation comme substrats des stratifiés, les panneaux MDF entrent dans la fabrication des rayonnages, moulures, meubles et planchers lamellés. Leur composition dense et lisse autorise le perçage et le toupillage, et donne à la peinture un fini sans défaut. Ils ont une bonne stabilité dimensionnelle : ils ne gauchissent pas, ne se fissurent pas et ne se voilent pas. Les panneaux MDF non traités offrent la même résistance au feu que le contreplaqué, mais il existe aussi des panneaux MDF résistants au feu.

Les deux derniers types de substrats des stratifiés sont les panneaux durs et le contreplaqué à plis, mais on les utilise beaucoup moins que les deux précédents. Tout comme les panneaux de particules, les panneaux durs offrent une surface lisse, mais ils posent parfois des problèmes de collage. Le contreplaqué à plis est sujet au gauchissement et à d'autres problèmes et n'est donc pas recommandé à l'intérieur.

Le stratifié est offert en plusieurs types et épaisseurs, le plus courant étant le stratifié d'usage général, dont l'épaisseur est de 0,050″ (1,27). On l'utilise aussi bien à la verticale qu'à l'horizontale. On fabrique aussi un stratifié postformable de 0,040″ (1,0) qui peut être chauffé et courbé sur un petit rayon. Le stratifié d'usage général, plus mince (0,028″ [0,71] d'épaisseur), est réservé aux applications verticales, qui sont moins sujettes à l'usure et aux impacts que les surfaces horizontales. Il existe également des stratifiés réservés à des usages spécialisés : feuilles de tension et fonds d'armoire, produits à surface ignifugée, produits résistants aux agents chimiques, produits antistatiques et produits à revêtement métallique.

Lorsqu'on applique un stratifié sur des panneaux de grande surface, il faut prévoir une feuille de tension pour empêcher l'absorption d'humidité et assurer l'équilibre de la structure en évitant le gauchissement des panneaux.

Ⓗ Teneur en humidité et retrait

Étant donné que les produits de bois sont sujets au retrait et au gonflement selon les variations de l'humidité ambiante, les assemblages de bois doivent être prévus pour accommoder de tels mouvements sans pour autant subir de stress indu. Le retrait et le gonflement ne posent pas autant de problèmes pour les pièces préusinées que pour les assemblages réalisés sur le chantier, car les méthodes de fabrication en usine se sont améliorées, et le bois massif et le placage peuvent être séchés ou acclimatés à une région ainsi qu'à son taux d'humidité moyen.

Il existe néanmoins des directives générales qu'il vaut mieux respecter. Dans une bonne partie des États-Unis, en Ontario et au Québec, la teneur en humidité optimale des assemblages en bois d'intérieur se situe entre 5 et 10 %. L'humidité relative nécessaire pour maintenir cette teneur optimale varie entre 25 et 55 %. Dans le climat humide des côtes du sud des États-Unis, de Terre-Neuve et des provinces côtières du Canada, la teneur en humidité optimale se situe entre 8 et 13 %, tandis que dans le sud-ouest des États-Unis, en Alberta, en Saskatchewan et au Manitoba, ces valeurs sont plutôt de 4 à 9 %. Ces valeurs doivent être employées pour spécifier la teneur en humidité maximale admissible des éléments d'ébénisterie.

Ⓘ Finis des assemblages de bois

Les assemblages de bois peuvent être finis en usine ou sur le chantier. Comme la finition en usine permet d'exercer un meilleur contrôle, c'est celle qui est privilégiée. Parmi les finis transparents, on compte les finis à l'huile, la gomme-laque, le vernis-laque et le vernis. Les finis à l'huile s'appliquent facilement et sont très lustrés, mais leur durée de vie est courte et ils ont tendance à noircir avec le temps. La gomme-laque et le vernis-laque s'écaillent et finissent par noircir.

Il existe aussi d'autres finis transparents très résistants comme le polyuréthane. Ils sont plus durables et ne noircissent pas avec le temps, mais ils coûtent plus cher. Ils sont offerts en fini lustré ou mat.

Avant d'appliquer le fini, on peut teindre le bois pour en modifier la couleur. Il existe des teintures à base d'eau et d'autres à base de solvant. Les teintures à base d'eau donnent une couleur uniforme, mais elles font ressortir le grain du bois. Les teintures à base de solvant sèchent rapidement et ne font pas ressortir le grain du bois, mais elles sont moins uniformes.

Dans le cas de bois à grain grossier comme le chêne, l'acajou et le teck, il est préférable d'appliquer un bouche-pores avant la finition pour obtenir une apparence plus uniforme. Pour les assemblages de bois préusinés, l'American Woodwork Institute a défini 13 méthodes de finition standards se répartissant en finis transparents et opaques.

(J) Matériaux à surface solide

Les matériaux à surface solide ou matériaux pleins (comme le Corian, le Silstone ou l'Avonite) sont des matériaux homogènes à base de polymères. Il sont fabriqués à partir de deux ingrédients : une charge minérale et un liant à base de résine qui peut être de l'acrylique ou du polyester ou un mélange des deux. On peut y ajouter différentes couleurs et mouchetures ainsi que des pigments et des granules du produit lui-même. Ces matériaux peuvent être moulés en feuilles épaisses ou prendre différentes formes comme celle d'un lavabo, par exemple. On les utilise fréquemment pour les comptoirs de cuisine et de salle de bain, les cloisons de toilettes publiques, les bars et tous les autres endroits où on pourrait aussi avoir recours à des stratifiés à haute pression.

Les matériaux à surface solide sont offerts dans une vaste gamme de couleurs et de motifs. L'épaisseur standard des comptoirs est de 3/4" (19), mais certains produits plus récents et moins chers sont offerts en 1/2" (13) d'épaisseur. Comme la couleur est uniforme dans toute l'épaisseur du produit, les égratignures, les traces de coup, les taches et autres petits dommages peuvent être poncés ou nettoyés avec un nettoyant ménager abrasif. Pour les comptoirs, ces matériaux remplacent souvent la pierre, car ils sont moins lourds et imitent bien le matériau naturel.

Les matériaux à surface solide sont faciles à travailler et à installer avec les outils ordinaires. Les rives peuvent être toupillées pour obtenir des effets décoratifs. Pour abouter deux pièces, on utilise un mélange de colle époxyde ou le matériau sous forme liquide afin de dissimuler le joint.

(K) Résistance au feu des éléments d'ébénisterie

Même si les exigences réglementaires s'appliquant aux éléments de menuiserie et d'ébénisterie varient légèrement d'un bout à l'autre des États-Unis et du Canada, elles présentent de nombreuses similitudes. Reportez-vous au chapitre 17 pour de plus amples renseignements sur les codes modèles et un exposé plus détaillé sur les types de bâtiments et les usages.

En général, la plupart des codes modèles réglementent l'utilisation du bois pour la finition des murs et des plafonds, mais ne réglementent pas l'utilisation du bois dans les meubles, les armoires, les boiseries et les armoires intégrées.

La *finition intérieure* est définie dans l'UBC (ainsi que dans l'IBC et d'autres codes modèles) comme la finition des murs et des plafonds (incluant le lambrissage, la pose de panneaux ou d'autres finis appliqués à des fins de structure ou de décoration, de correction acoustique, d'isolation de la surface ou à d'autres fins similaires). Ces exigences ne s'appliquent pas aux moulures, c'est-à-dire aux couronnes, cimaises, plinthes et mains courantes. Elles ne s'appliquent pas non plus aux portes et à leurs cadres, aux fenêtres et à leurs cadres, ni aux matériaux qui ont moins de 1/28" (0,91) d'épaisseur et qui sont collés sur la surface des murs ou des plafonds.

Comme nous le verrons au chapitre 17, les codes précisent la classe (cote de propagation des flammes) du matériau de finition (A, B ou C) selon l'usage, l'emplacement du bâtiment et la présence ou l'absence d'extincteurs automatiques.

La plupart des essences de bois non ignifugées ont une cote de propagation des flammes inférieure à 200 (classe C) et, dans certains cas, inférieure à 75 (classe B). Elles conviennent donc pour les chambres, les espaces clos et certains corridors ne comportant aucune particularité.

Les codes modèles ne réglementent pas l'utilisation du bois pour les meubles ordinaires ni pour les armoires et rayonnages intégrés, car ils sont considérés comme des meubles fixes. Les boiseries non plus ne sont pas réglementées par le *Uniform Building Code*, l'*International Building Code* et le *Standard Building Code*. Dans le *BOCA National Building Code* et le *Life Safety Code*, les boiseries sont définies comme une finition n'excédant pas 10 % de la surface totale du plafond et des murs d'une pièce. Le *BOCA National Building Code* et le *Life Safety Code* autorisent une cote maximale de propagation des flammes de 200 pour les boiseries, quelle que soit leur application. Les boiseries ne sont pas réglementées dans le *Code national du bâtiment* du Canada si leur cote de propagation des flammes est inférieure à 150 et si leur étendue n'excède pas 10 % de la surface du mur ou du plafond.

La réglementation la plus stricte pour l'utilisation de bois en finition intérieure s'applique au lambrissage des murs et des plafonds. Le lambris doit respecter la limite maximale de propagation des flammes du code en vigueur selon le type et l'usage. Toutefois, comme les codes ne réglementent pas les finis dont l'épaisseur est inférieure à 1/28" (0,91), tout placage plus mince ayant une cote de propagation des flammes, quelle qu'elle soit, peut être utilisé s'il est posé sur un matériau ignifugé comme le panneau de particules.

Les stratifiés décoratifs à haute pression utilisés en lambris ne sont pas soumis à la réglementation s'ils ont moins de 1/28" (0,91) d'épaisseur. Cependant, ils doivent être appliqués sur un substrat (habituellement un panneau de particules) ignifugé. Les stratifiés utilisés à la verticale ont 0,028" (0,71) d'épaisseur et n'exigent donc aucun traitement. Dans le cas des stratifiés plus épais, si la cote de propagation des flammes est un facteur important, on peut utiliser un stratifié résistant au feu sur un substrat qui a été ignifugé au moyen de l'adhésif approprié.

Les fourrures à l'extérieur d'une cloison lambrissée doivent également être ignifugées. De plus, certains codes peuvent exiger que les fourrures à l'intérieur des cloisons soient elles aussi ignifugées.

(L) Préoccupations environnementales

Les préoccupations soulevées par le déboisement des forêts tropicales humides amènent de nombreux designers d'intérieur à réévaluer comment ils intègrent les éléments en bois à leurs projets. Comme le problème est très complexe, qu'il touche l'économie, la politique et la culture des pays producteurs tout en mettant en jeu certains facteurs de l'économie mondiale, le fait d'éviter d'utiliser les essences de bois menacées n'aura sans doute que peu d'incidence sur le phénomène, d'autant plus que l'ébénisterie architecturale n'en consomme qu'une faible portion.

Beaucoup d'associations de design et d'ameublement soutiennent que l'exploitation et le développement économique d'un pays ne sont pas nécessairement incompatibles avec la conservation si le bois provient de plantations ou d'agrosylvicultures gérées selon la logique du rendement soutenu. Malheureusement, moins de 1% du bois commercial provient actuellement de telles exploitations.

D'ici à ce que nous en sachions plus sur la question et qu'un plus grand nombre de pays et de fournisseurs de bois aient adopté la méthode du rendement soutenu, le designer d'intérieur a deux choix : sélectionner des essences de bois dont il est démontré qu'elles proviennent de forêts à rendement soutenu ou concentrer ses choix parmi les centaines d'essences locales qui existent en abondance. Le marché offre aussi de nombreux produits de remplacement comme le Composite Wood, qu'on fabrique en lamifiant des placages naturels ou teints provenant d'essences répandues ou à croissance rapide pour en faire une « bille » artificielle. Cette bille composite est ensuite tranchée pour produire toutes sortes de placages décoratifs.

5 Les systèmes de sécurité

Les systèmes de sécurité comprennent divers dispositifs permettant de détecter les intrusions, de prévenir les effractions, de contrôler l'accès aux zones protégées et d'avertir en cas d'effraction ou d'urgence.

Il existe plusieurs types de détecteurs d'intrusion. Les détecteurs de mouvement et les détecteurs de chaleur perçoivent la présence d'une personne dans leur rayon d'action. Les faisceaux de micro-ondes ou les détecteurs infrarouges déclenchent un circuit en cas d'interruption de leur faisceau. Les détecteurs de pression perçoivent le poids de l'intrus sur le plancher ou une autre surface. D'autres types de systèmes peuvent être installés sur les vitres, dans les embrasures de porte ou ailleurs dans un bâtiment pour déclencher une alarme si quelqu'un franchit une ouverture sans autorisation.

En cas d'effraction ou d'urgence, les systèmes d'alarme peuvent déclencher une alarme sonore, transmettre un signal à un poste de surveillance ou avertir automatiquement un service de sécurité central par téléphone.

Outre les serrures mécaniques traditionnelles, plusieurs dispositifs permettent de contrôler l'accès aux zones protégées. Une serrure de porte peut, par exemple, être reliée à un lecteur de carte magnétique qui déverrouille la porte lorsqu'on y glisse une carte plastifiée portant une bande magnétique encodée. Les claviers numériques fonctionnement de façon similaire et permettent de déverrouiller une porte en entrant le code numérique approprié. Ces deux types de systèmes sont généralement reliés à une centrale de surveillance qui enregistre, au moment du déverrouillage, le lieu de l'entrée et la personne qui entre. De nouveaux dispositifs d'identification à l'épreuve des faux sont mis au point pour détecter les caractéristiques biologiques individuelles comme la rétine ou la paume de la main.

QUESTIONS

1. Dans quel cas utiliseriez-vous une porte en métal à âme creuse de 1 3/4″ (44,4) d'épaisseur?

   1. Si la porte doit offrir une résistance au feu de plus de 90 minutes, ainsi qu'une sécurité et une durabilité élevées
   2. Si la porte doit offrir un degré de résistance au feu supérieur à 1 h ou doit avoir un cadre en métal
   3. S'il est prévu que la porte sera soumise à une utilisation intense et si l'ouverture doit être à l'épreuve de la fumée
   4. S'il est prévu que la porte recevra une maintenance minimale tout en étant soumise à une utilisation intense

2. Quel type de serrure est *le plus* approprié pour un immeuble à bureaux?

   1. Une serrure cylindrique
   2. Une serrure préassemblée
   3. Un lecteur de carte magnétique
   4. Une serrure à mortaise

3. Dans quel emplacement n'exige-t-on *pas* de verre de sécurité?

   1. Dans les fenêtres latérales dont l'appui est à plus de 18″ (457) au-dessus du plancher
   2. Dans les fenêtres vitrées placées à côté d'une porte en bois massif
   3. Dans les portes de douche
   4. Dans les panneaux de vitre pleine hauteur placés à plus de 12″ (305) d'une porte

4. Quel type de cloison la coupe ci-dessous représente-t-elle?

   1. Panneaux de placoplâtre sur montants en bois de 2″ x 4″
   2. Lambris sur montants en bois de 2″ x 4″
   3. Panneaux de placoplâtre sur montants en métal de 2″ x 3″
   4. Deux couches de placoplâtre sur montants en métal de 2″ x 3″

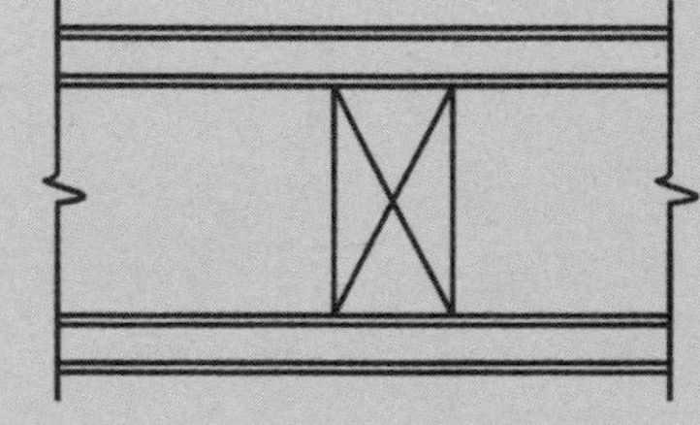

5. Quel type de plafond serait *le plus* approprié dans un grand projet de réfection commerciale exigeant un plafond acoustique décoratif et un accès au plénum ?

   1. Intégré
   2. À lamelles métalliques
   3. En panneaux de placoplâtre
   4. À système de suspension dissimulé

6. À quoi sert une parclose ?

   1. À sceller l'écart entre deux vitres posées bord à bord
   2. À caler la vitre dans son cadre
   3. À tenir la vitre en place
   4. À supporter le poids de la vitre et à en séparer le bord du cadre inférieur

7. Quelle méthode de tranchage du placage choisiriez-vous pour obtenir le grain le plus droit possible dans la plupart des essences de bois ?

   1. Semi-déroulé
   2. Sur quartier
   3. Sur dosse
   4. Déroulé

8. Si un client désire enlever une partie d'une cloison qui pourrait, selon vous, être porteuse, que devez-vous faire ?

   1. Demander à un ingénieur en structure ou à un architecte d'examiner la situation et de faire des recommandations
   2. Allez voir au grenier si le mur soutient des poutres ou des solives
   3. Demander au client les dessins de structure de l'immeuble et les examiner
   4. Vérifier la stabilité structurelle en frappant légèrement sur le mur et en déterminant sa position par rapport au centre de l'immeuble

9. Pour concevoir le cadre de la porte d'une salle de conférence dont il est essentiel de protéger l'intimité, lequel des éléments suivants sera probablement *le moins* nécessaire ?

   1. Un bas de porte automatique
   2. Un ferme-porte robuste et silencieux
   3. Une garniture d'étanchéité en néoprène
   4. Une porte à âme pleine

10. Dans la construction d'une cloison, à quoi servent les barres résilientes ?

   1. À accroître l'épaisseur de la cloison
   2. À accroître les propriétés acoustiques de la cloison
   3. À accroître la solidité de la cloison
   4. À former une base convenable permettant de fixer des panneaux de plâtre sur la maçonnerie

11. Quelle cote UL de résistance au feu devez-vous choisir pour la porte d'une cage d'escalier devant offrir un degré de résistance au feu de 2 h ?

   1. A
   2. B
   3. C
   4. S

12. Quel est le type de verre le plus sûr dans une cloison vitrée adjacente à une porte ?

   1. Céramique
   2. Armé
   3. Flotté
   4. Trempé

13. Quelle construction devez-vous prévoir pour enclore un corridor offrant un degré de résistance au feu de 1 h ?

   1. Des panneaux de placoplâtre de type X de 1/2" (13) sur des montants en métal de 3 5/8" (92)
   2. Des panneaux de placoplâtre de type X de 5/8" (16) sur des montants en métal de 3 5/8" (92)
   3. Deux couches de panneaux de placoplâtre de type X de 1/2" (13) sur des montants en métal de 2 1/2" (64)
   4. Des panneaux de placoplâtre de 3/4" (19) sur des montants en métal de 3 5/8" (92)

14. Lequel des éléments suivants doit avoir une cote de résistance au feu minimale de classe III (ou C) ?

   1. Les rayonnages de bibliothèque
   2. Les lambris
   3. Les armoires au sol intégrées
   4. Les boiseries de portes et de fenêtres

15. Lequel des éléments suivants n'est *pas* exigé dans une porte devant offrir un degré de résistance au feu de 1 h ?

    1. Un dispositif de fermeture
    2. Un cadre en métal
    3. Des charnières à roulement à billes
    4. De la quincaillerie antipanique

12 Finis

❶ Les revêtements de sol

Cette section décrit quelques méthodes de construction des revêtements de sol nécessitant plusieurs couches de matériaux sur un plancher porteur, ainsi que la pose des revêtements qui sont simplement appliqués sur un sol fini comme les carreaux de vinyle ou le tapis.

Ⓐ Les parquets

Il existe quatre grands types de parquets. Le *parquet à lames* est le plus fréquemment utilisé. Il se compose de minces lames de bois formant un assemblage à rainure et languette, de 3/8″ à 25/32″ (10 à 20) d'épaisseur et de longueur variable. La plupart des lames à parquet ont 2 1/4″ (57) de largeur, mais il existe aussi des lames de 1 1/2″ (38).

Le *parquet à planches* se compose de planches qui ont la même épaisseur que les lames, mais dont la largeur varie entre 3 1/4″ et 8″ (83 et 203). On s'en sert pour obtenir un effet différent ou pour imiter le planchéiage traditionnel.

Le *parquet préassemblé* est composé d'éléments préassemblés qui se présentent sous trois formes. Les *panneaux à lames massives préassemblées* sont constitués de lames ordinaires assemblées les unes aux autres et retenues par des languettes d'acier ou de bois. Les *carreaux lamellés* (ou panneaux stratifiés) sont constitués par stratification entrecroisée de trois à cinq feuilles de placage L'épaisseur de ces deux types d'éléments préassemblés varie entre 3/8″ et 25/32″ (10 et 20). Le *parquet mosaïque* est fait de carreaux composés de plusieurs lamelles assemblées en usine pour former différents motifs. Ces carreaux peuvent être préfinis ou non. Le parquet mosaïque est habituellement vendu en carreaux de 12″ (300) de côté et de 5/16″ (8) d'épaisseur, et est habituellement posé à l'aide de mastic. Le parquet mosaïque est le parquet le plus facile et le moins coûteux à installer, et celui qui se prête le mieux à une grande variété de motifs.

Le quatrième type de parquet est le *pavage en bois de bout*. Il est réalisé à l'aide de pièces de bois massif de 2 1/4" à 4" (57 à 102) d'épaisseur, mises bout à bout. Ce pavage en bois est très durable et résiste aux huiles, aux produits chimiques légers et à l'indentation. On l'utilise souvent dans les bâtiments industriels.

Les parquets en bois sont classés différemment des autres produits du bois. Les règles de classement sont définies par différentes associations spécialisées telles que la National Oak Flooring Manufacturers' Association et la Maple Flooring Manufacturers' Association. Les parquets en chêne non finis sont classés en quatre catégories : *clear* (net), *select* (de choix), *No 1 Common* (n°1 commun) et *No 2 Common* (n° 2 commun). La catégorie « net » est la plus belle et offre la couleur la plus uniforme. Le sciage sur dosse est standard, mais le sciage sur quartier est également disponible sur commande spéciale. La longueur des pièces est de 1'-3" (381) et plus, et la longueur moyenne se situe à 3'-9" (1143). Le hêtre, le bouleau et l'érable sont offerts dans les trois premières catégories ainsi qu'en certaines catégories mixtes.

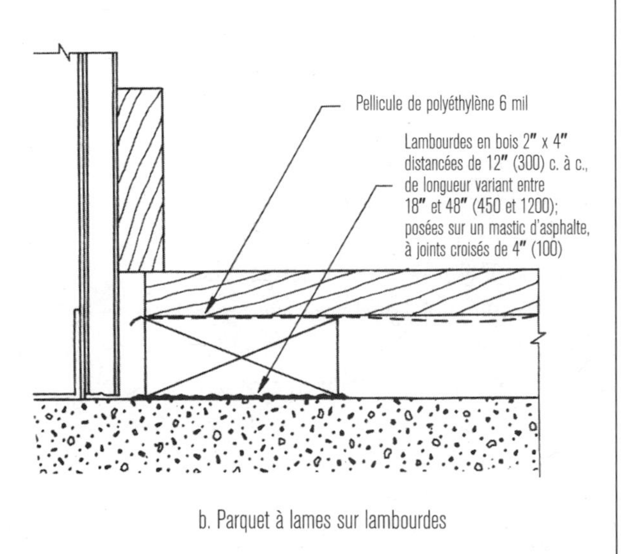

a. Parquet à lames sur contreplaqué

b. Parquet à lames sur lambourdes

12.1
Pose des parquets

Le parquet en bambou offre une solution de rechange environnementale au parquet en bois dur traditionnel. Le bambou est une plante graminée – et non un arbre – à croissance rapide. On peut en faire la culture dans des forêts spécialement aménagées à cette fin et impropres à d'autres types de culture. Les parquets de bambou sont offerts en lames de 1/2" (13) et de 3/4" (19) d'épaisseur et d'environ 3" (76) de largeur. Certains fabricants offrent des lames plus larges. Ces lames à rainures et languettes peuvent s'installer comme les lames en bois ordinaires ou être collées.

Le palmier constitue un autre choix écologique. Ce type de bois est cultivé comme un sous-produit dans les plantations de cocotiers. Le parquet en palmier est offert en lames d'une épaisseur de 3/4" et d'une largeur de 3", à rainure et languette. Le palmier est plus dur que le chêne ou l'érable et vendu en lames préfinies dans des coloris allant de l'acajou foncé à l'acajou moyen.

Les parquets doivent être posés sur une base clouable appropriée. Étant donné que le bois gonfle à l'humidité, il faut empêcher l'humidité de s'infiltrer par le sol et prévoir de l'espace pour la dilatation du parquet fini. Les lames à parquet se posent par clouage dissimulé dans la languette.

La figure 12.1 illustre les deux méthodes de pose d'un parquet sur un sous-plancher en béton dans une construction commerciale. Dans la figure 12.1 (a), une feuille de contreplaqué de 3/4" (19) est fixée au béton pour constituer la base clouable. On peut appliquer d'abord une pellicule de polyéthylène pour prévenir les problèmes d'humidité. Dans la figure 12.1 (b), le parquet est posé sur des lambourdes. Cette méthode de pose donne non seulement un plancher plus souple et plus confortable au pied, mais elle crée une cavité par laquelle l'excès d'humidité peut s'échapper. Dans les deux cas, on laisse un dégagement d'environ 3/8" à 3/4" (10 à 19) au périmètre du parquet en prévision de sa dilatation. Ce dégagement est dissimulé par la plinthe en bois.

La figure 12.2 illustre la méthode typique de pose sur une charpente de bois avec un sous-plancher en contreplaqué ou en panneaux de particules, comme dans la plupart des constructions résidentielles. On peut installer une couche de feutre bitumé de 15 livres pour éviter les craquements et tenir lieu de pare-vapeur. Il existe également des semelles résilientes qui peuvent remplacer les lambourdes dans la pose des parquets à lames. Ces semelles permettent de donner encore plus de souplesse au parquet et sont souvent utilisées dans les salles de danse et les gymnases.

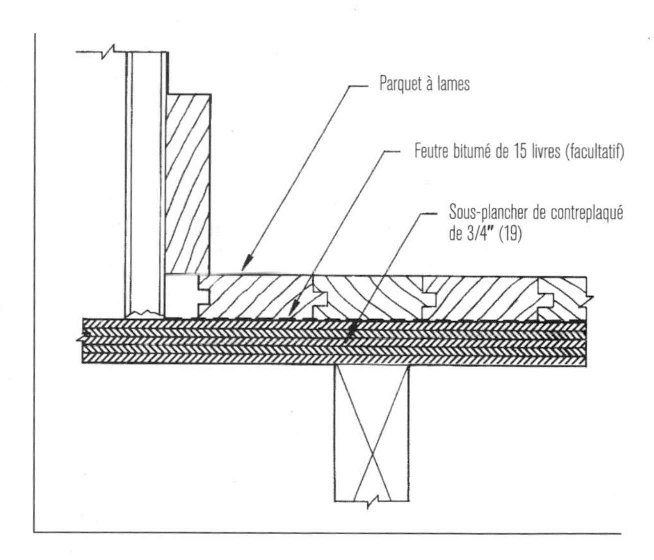

12.2
Parquet sur une charpente de bois

Ⓑ Les revêtements de sol en pierre

Cinq types de pierre sont communément utilisés en construction intérieure pour le revêtement des sols et des murs : le granit, le marbre, la pierre calcaire, l'ardoise et le grès.

- Le **granit** est une roche ignée dont les grains sont visibles. Il existe en toutes sortes de couleurs comme le gris, le beige, le blanc, le rose, le rouge, le bleu, le vert et le noir. Il peut être fini de différentes façons pour un usage intérieur. Le polissage le fait briller comme un miroir et lui donne un reflet prononcé. Le fini mat est sans reflet. Le granit adouci présente une surface mate, lisse et sans égratignures. Le granit égrisé porte de faibles marques ou rayures. Enfin, le granit à fini flammé est plus ou moins rugueux selon la structure du grain de la pierre.

- Le **marbre** est une roche métamorphique formée par des couches de coquillages qui, sous l'action de la chaleur et de la pression, forment des grains cristallins de calcite ou de dolomite. Tout comme le granit, le marbre existe dans une foule de couleurs et de motifs allant du blanc pur et uniforme aux verts et aux rouges vifs fortement veinés. Le marbre poli brillant est le plus lisse, et sa surface brillante met en valeur la couleur et l'aspect de la pierre. Le marbre à fini mat possède une surface satinée ayant peu ou pas de brillance. Le traitement abrasif donne un fini brut, non réfléchissant, approprié pour les surfaces antidérapantes telles que les bandes abrasives des marches d'escaliers. Le fini par ponçage humide produit une surface lisse qui convient elle aussi aux planchers antidérapants.

- La **pierre calcaire** est généralement utilisée à l'extérieur, mais un certain type de pierre calcaire, le travertin, est souvent installé comme revêtement de sol intérieur. Le travertin est naturellement parsemé de trous qui doivent être comblés avec une résine époxyde (qui peut être colorée pour se confondre avec la pierre). Le travertin est de couleur pâle et crémeuse, et il est généralement poli.
- L'**ardoise** est une roche métamorphique à grain fin qui se subdivise facilement en plaques minces, ce qui en fait un matériau idéal pour le revêtement des sols et de toitures. Il existe de l'ardoise grise, noire, verte, brune et rouge foncé. L'ardoise à surface clivée naturelle est telle qu'elle a été extraite, c'est-à-dire rugueuse et comportant des variations d'épaisseur d'environ 1/8″ (3). L'ardoise à surface poncée présente une surface lisse avec un grain léger. L'ardoise est aussi offerte en fini semi-poli, sans brillance.
- Le **grès** est une roche sédimentaire composée de sable et d'autres substances. Lorsqu'elle est clivée, elle se présente en dalle et sa surface est naturellement rugueuse. La dalle de grès peut être utilisée telle quelle avec ses bords irréguliers ou être sciée en blocs rectangulaires ou carrés.

Il existe plusieurs méthodes de pose des revêtements de sol en pierre. Les deux principales sont la pose sur lit mince et la pose sur lit épais. La première méthode consiste à poser des pierres d'épaisseur uniforme sur un sous-plancher à l'aide d'un mortier spécial ou d'un adhésif appliqué en couche mince (environ 1/8″ [3]). La pose sur lit épais exige l'application d'une couche de mortier variant entre 3/4″ et 1 1/4″ (19 et 32) d'épaisseur sur un sous-plancher préparé adéquatement et dimensionnellement stable. On peut poser la pierre sur le mortier encore humide ou bien laisser sécher le mortier, puis poser la pierre sur une autre couche mince de mortier à séchage rapide.

La pose sur lit épais donne généralement de meilleurs résultats et elle s'impose lorsque le sous-plancher est inégal ou lorsque l'épaisseur de la pierre est variable, comme dans le cas de l'ardoise ou du grès. La pose sur lit mince coûte moins cher, ajoute moins de charge au plancher et s'effectue plus rapidement. Elle convient aux revêtements de pierre minces et d'épaisseur uniforme, en construction résidentielle ou commerciale.

La figure 12.3 illustre les diverses méthodes de pose d'un revêtement de sol en pierre. Dans la pose sur lit épais, le lit de mortier peut adhérer au sous-plancher ou en être séparé par une membrane de rupture. L'ajout d'un treillis d'armature dans le lit de mortier permet de séparer structurellement le plancher fini du sous-plancher. En cas de fléchissement ou de déplacement du sous-plancher, le revêtement de sol en pierre est ainsi protégé contre les fissures, car il n'adhère pas au plancher porteur. La pose sur lit mince peut se faire sur un sous-plancher en béton ou en bois.

Les pierres d'un revêtement de sol peuvent être posées avec des joints plus ou moins espacés. Si les joints sont espacés, il faut les remplir de coulis ou d'un mélange de ciment Portland et de sable dont le coloris s'harmonise avec la pierre. Il existe plusieurs types de coulis qui résistent aux produits chimiques, aux champignons et à la moisissure. On trouve aussi un coulis au latex qui offre une certaine flexibilité lorsqu'on prévoit une dilatation du plancher.

Quel que soit le type de pierre utilisé, il faut tenir compte de la charge additionnelle que la pierre et le mortier ajoutent au plancher, de l'épaisseur supplémentaire nécessaire et du fini le plus approprié. La plupart des pierres minces (de 1/4" à 3/8" [6 à 10]), posées sur lit mince ou à l'aide d'un adhésif, n'ajoutent pas une charge significative au plancher. Par contre, les planchers posés sur lit épais sont très lourds et nécessitent une épaisseur supplémentaire de 1 1/2" à 2 1/2" (38 à 64) au-dessus du sous-plancher. On doit alors faire vérifier la capacité portante par un ingénieur en structure.

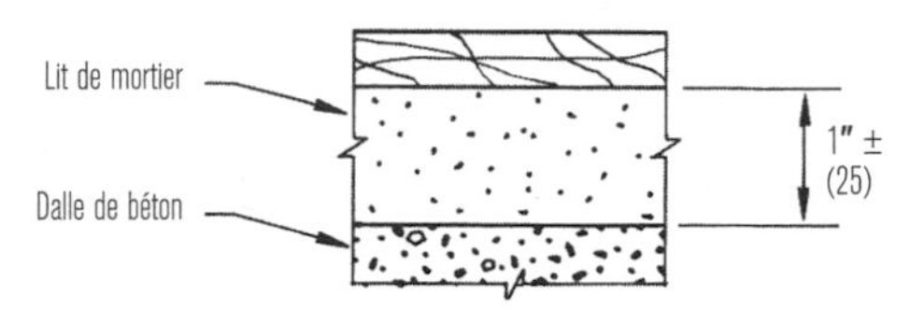

a. Lit de mortier accroché au sous-plancher de béton

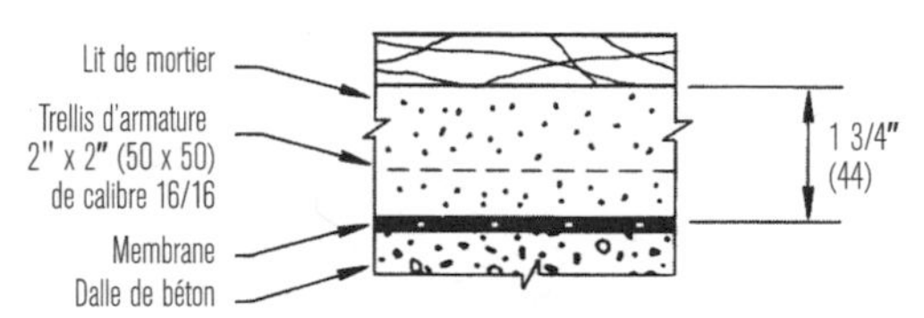

b. Lit de mortier séparé du sous-plancher de béton

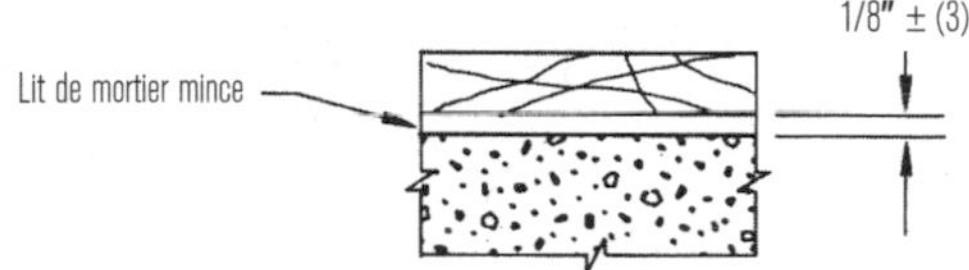

c. Lit de mortier mince sur sous-plancher de béton

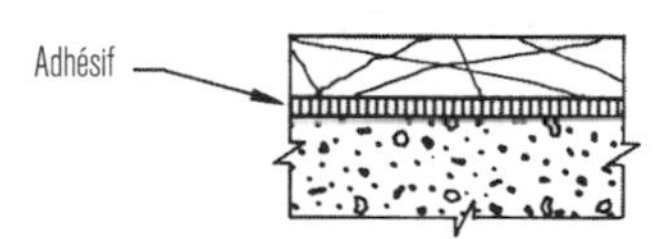

d. Adhésif sur sous-plancher de béton

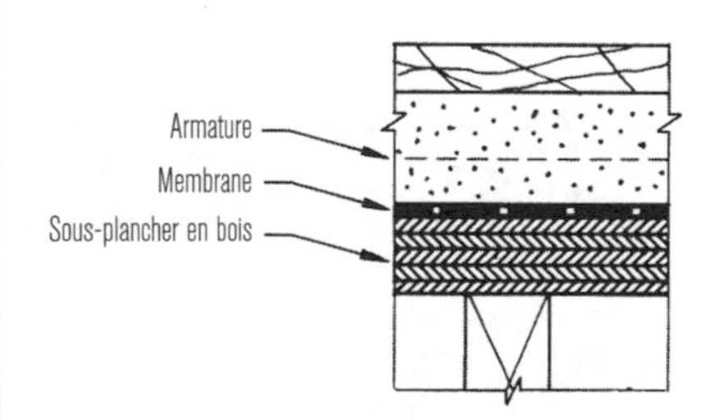

e. Lit de mortier séparé du sous-plancher en bois

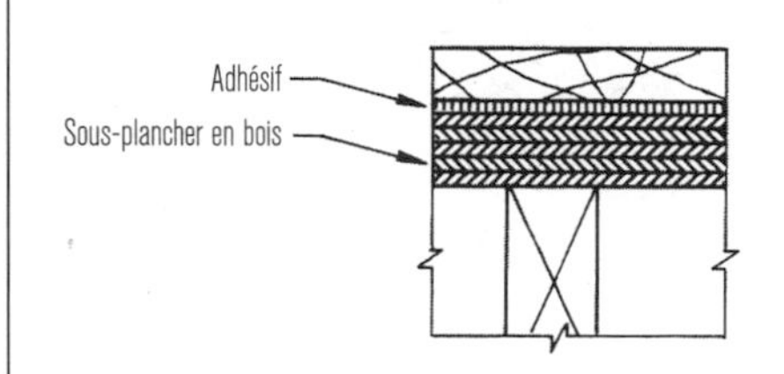

f. Adhésif sur sous-plancher en bois

12.3
Méthodes de pose d'un revêtement de sol en pierre

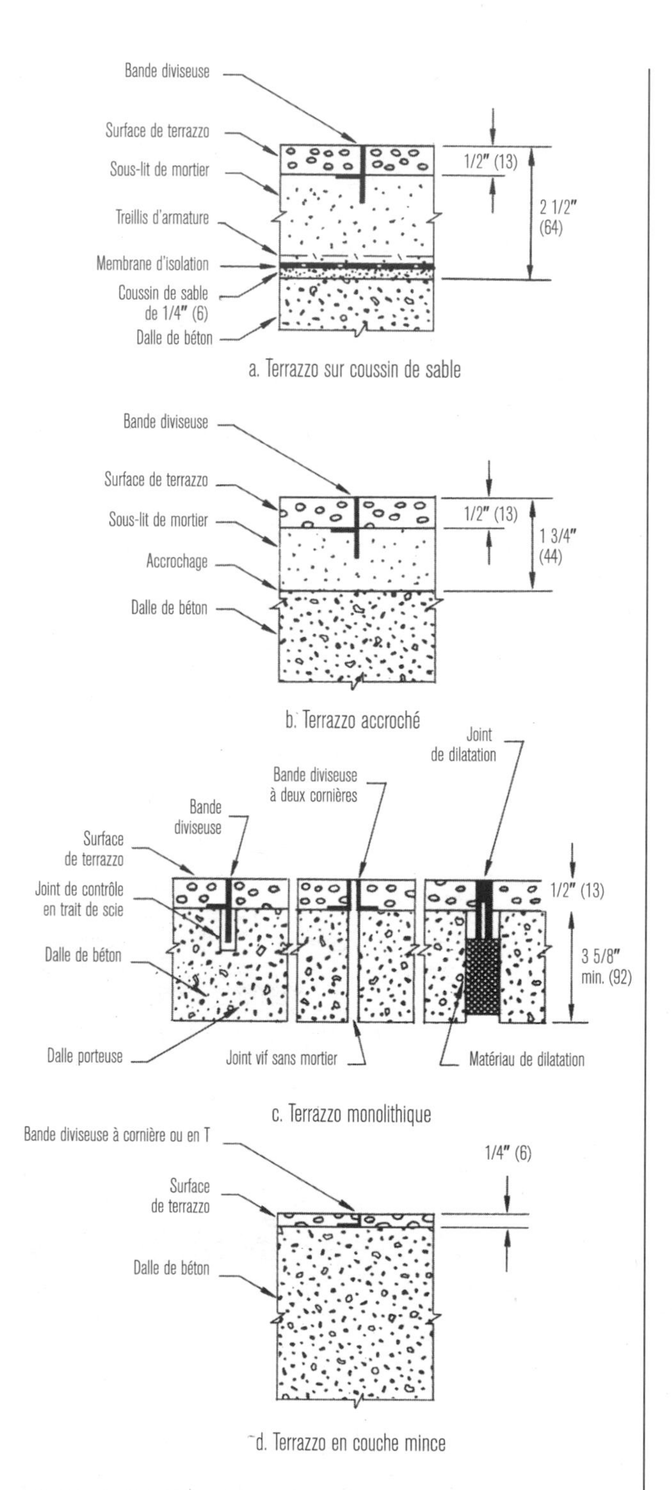

12.4
Méthodes de pose du terrazzo

Il est préférable d'éviter les finis polis brillants pour les planchers qui peuvent être mouillés ou les marches, étant donné les risques de dérapage. Le flammage pour le granit ou le traitement abrasif pour le marbre conviennent mieux dans de tels cas et sont d'ailleurs exigés par la réglementation pour certaines applications.

Ⓒ Le terrazzo

Le terrazzo est un matériau composite coulé sur place ou préfabriqué qu'on utilise pour le revêtement des sols, des murs et des escaliers. Il se compose d'éclats de marbre, de quartz, de granit ou d'autres pierres incorporés à une matrice à base de ciment, de produits chimiques ou des deux. Ce mélange est ensuite coulé, séché, aplani et poli pour produire une surface lisse.

Les avantages du terrazzo sont la durabilité, la résistance à l'eau, la facilité de nettoyage, la résistance au feu et un vaste choix de motifs et de couleurs. Le nombre de finis est illimité et dépend de la combinaison des éclats et de la couleur du liant.

On trouve quatre types principaux de terrazzo. Le terrazzo standard est le plus commun et se compose de petits éclats d'au plus 3/8" (10). Le terrazzo vénitien contient des éclats de plus de 3/8" (10). Le terrazzo palladien combine de minces plaques de marbre fracturées au hasard et de plus petits éclats de terrazzo standard entre ces plaques. Il y a aussi le terrazzo rustique, dans lequel la matrice est abaissée de façon à exposer les éclats.

Le terrazzo peut revêtir les murs et le sol. La figure 12.4 illustre plusieurs méthodes courantes de pose sur le sol. La méthode sur coussin de sable (a) est la meilleure pour éviter les fissures du terrazzo, car le revêtement est isolé de la dalle porteuse par une membrane, comme on le fait pour la pierre dans l'une des méthodes de pose sur lit épais. Comme la couche de pose est armée, le système de terrazzo peut bouger indépendamment de la structure. Si on ne prévoit ni mouvement ni fléchissement du plancher, le terrazzo peut être accroché (b). Lorsque l'épaisseur de l'installation pose problème, on peut avoir recours à la méthode monolithique (c) ou à la pose en couche mince (d).

Le terrazzo est généralement passé à la meule 80 grains pour lui donner une surface lisse ou à la meule 24 grains, ce qui lui donne une surface plus rugueuse et texturée. Le terrazzo rustique expose une partie de la pierre car la matrice est lavée avant séchage. Habituellement, ce fini ne convient pas aux revêtements de sol intérieurs.

(D) Les revêtements de sol souples

Le terme *revêtements de sol souples* est un générique qui désigne plusieurs types de matériaux composites fabriqués à partir de résines, de fibres, de plastifiants ou d'enduits divers. Ces matériaux sont formés en feuilles ou en carreaux sous l'action de la chaleur et de la pression. On les applique avec du mastic sur un sous-plancher de béton, de contreplaqué ou sur toute couche de pose lisse. Certains revêtements souples ne peuvent être posés sous le niveau du sol, alors que d'autres peuvent être installés n'importe où. Les types de revêtement souples les plus couramment utilisés sont le vinyle, le caoutchouc et le liège.

- Les **revêtements de sol en vinyle** comprennent les revêtements en vinyle homogène et en vinyle composé, les carreaux de vinyle et les feuilles de vinyle. Il s'agit de bons revêtements de sol, durables, souples et résistants à l'indentation, à l'abrasion, à la graisse, à l'eau, aux alcalis et à certains acides. Le vinyle est offert dans une foule de couleurs et de motifs, il ne coûte pas cher et s'installe facilement. On peut le poser sous le niveau du sol, au niveau du sol ou au-dessus du niveau du sol, sur une surface propre, sèche et lisse. Les carreaux de vinyle ont généralement 12" (300) de côté, mais en trouve aussi des carreaux de 9" (225). Leur épaisseur est de 1/16" ou 1/8" (2 ou 3), mais il vaut mieux choisir des carreaux de 1/8" (3) pour les planchers commerciaux et pour les planchers résidentiels de bonne qualité. Les feuilles de vinyle se présentent en rouleaux de 6', 9' ou 12' (1800, 2700 ou 3600) de largeur. Elles sont légèrement plus difficiles à installer, mais présentent un moins grand nombre de raccords.
- Les **revêtements de sol en caoutchouc**, fabriqués en caoutchouc synthétique, offrent une excellente résistance à la déformation en charge et donnent un plancher silencieux, souple et offrant beaucoup de confort. Par contre, le caoutchouc résiste mal à l'huile et à la graisse. Les revêtements en caoutchouc présentent une surface lisse ou une surface à relief permettant d'éviter le dérapage ou l'abrasion excessive car l'eau et la saleté s'accumulent sous la surface d'usure. Les revêtements de sol en caoutchouc se vendent en carreaux ou en feuilles d'épaisseurs diverses.

- Les **revêtements de sol en liège** sont offerts en carreaux et sont utilisés dans les endroits où un contrôle acoustique ou une plus grande élasticité sont nécessaires. Toutefois, certains types de revêtements de liège ne résistent pas aux taches, à la décoloration, à l'humidité, aux lourdes charges ou à la circulation piétonne intense. On ajoute habituellement des résines au liège pour en améliorer la durabilité et en faciliter l'entretien. En général, le liège ne devrait être posé que sur des planchers au-dessus du niveau du sol, mais on peut installer certains produits sous le niveau du sol en respectant les instructions du fabricant.
- Le **linoléum** se compose d'huile de lin oxydée, de farine de bois, de pigments et de liants appliqués sur un dossier de jute ou de feutre bituminé. Le linoléum peut être monochrome, ou comporter des motifs multicolores dans la masse. Il offre une très bonne résistance à l'abrasion et à la graisse, mais une résistance limitée aux alcalis. Son épaisseur est habituellement de 0,10″ (2,5), mais certains fabricants offrent d'autres épaisseurs. Comme il est composé de matières naturelles, il se range parmi les produits écologiques. Notons qu'avant de spécifier la pose de linoléum sur une dalle de béton, on doit s'assurer que le taux d'humidité de la dalle permet le collage du matériau.

Ⓔ Les tapis

Le tapis est l'un des revêtements de sol les plus courants. Bien choisi, il est attrayant, durable, silencieux, facile à poser et il exige moins d'entretien que bon nombre d'autres revêtements de sol. Nous utilisons ici le terme tapis comme un générique désignant tous les revêtements de sol textile. Toutefois, le mot *tapis* désigne plus spécifiquement un revêtement qui est étendu sur le plancher sans y être fixé et qui n'en recouvre pas toute la surface, alors que la *moquette* est un tapis qui couvre le plancher d'un mur à l'autre et est collé ou cloué. La moquette se vend aussi en carreaux. Le terme *carpette* désigne un petit tapis.

Les carreaux de moquette ont habituellement 18″ (450) de côté et sont appliqués au plancher à l'aide d'un fixateur. Comme ils sont modulaires, les carreaux endommagés ou usés peuvent être remplacés sans qu'il soit nécessaire de changer tout le revêtement de sol. On les installe généralement dans les lieux commerciaux où la disposition des salles change souvent, là où l'entretien pourrait être difficile ou lorsqu'un câblage électrique ou téléphonique doit passer sous le revêtement de sol.

Les fibres. Plusieurs fibres et combinaisons de fibres entrent dans la fabrication des tapis. Ce sont, principalement, la laine, le nylon, l'acrylique, le modacrylique, le polyester et l'oléfine.

La laine est naturelle et est sans doute la meilleure fibre pour les tapis. En plus d'être durable et souple, elle résiste bien à l'usure, offre une belle apparence, résiste à la flamme et est relativement facile à nettoyer et à entretenir. La laine est toutefois l'une des fibres les plus chères.

Le nylon est une fibre économique, très solide et résistante à l'usure. Le nylon résiste également très bien aux taches ainsi qu'à l'écrasement, il se teint en toutes sortes de couleurs et se nettoie facilement. Certains nylons étaient électrostatiques et trop brillants, mais on a remédié à ces problèmes en améliorant la construction de la fibre et en la mélangeant à d'autres fibres. En raison de ses nombreux avantages, et notamment de son coût peu élevé, le nylon est la fibre la plus utilisée dans la confection de tapis résidentiels et commerciaux.

L'acrylique résiste modérément à l'abrasion, mais il offre une apparence plus proche de la laine que le nylon. Tout comme le nylon, il se teint en toutes sortes de couleurs, résiste bien à l'écrasement et est facile à entretenir. Le modacrylique est une version modifiée de l'acrylique.

La fibre de polyester est fabriquée à partir de polymères synthétiques et offre une haute résistance à l'abrasion et une bonne résistance à l'écrasement. Le polyester se nettoie facilement, il résiste à la moisissure et ne coûte pas cher. Il est parfois mélangé avec le nylon.

L'oléfine (polypropylène) entre surtout dans la confection des tapis intérieurs-extérieurs et remplace parfois le jute dans les dossiers (qu'on appelle aussi trames) de tapis. L'oléfine est très durable, elle résiste aux taches et se nettoie facilement. En revanche, c'est la moins belle des fibres artificielles et son point de fusion est bas.

Les procédés de fabrication. Un tapis peut être tissé, touffeté, aiguilleté ou collé. Il peut aussi être tricoté ou touffeté sur mesure, ce qui est toutefois moins fréquent.

La méthode de fabrication traditionnelle des tapis est le tissage, qui consiste à entrelacer des fils de chaîne et des fils de trame. Le tissage produit des tapis très attrayants et durables, mais c'est le mode de fabrication automatique le plus coûteux. Comme l'illustre la figure 12.5, il existe trois méthodes principales de tissage.

Les tapis Wilton (a) sont produits sur un métier à tisser Jacquard qui permet de créer des motifs complexes et de produire des surfaces de différentes textures comme le velours coupé uni, le velours bouclé uni, le velours coupé-bouclé et le velours à boucles de hauteurs variées. Comme des brins

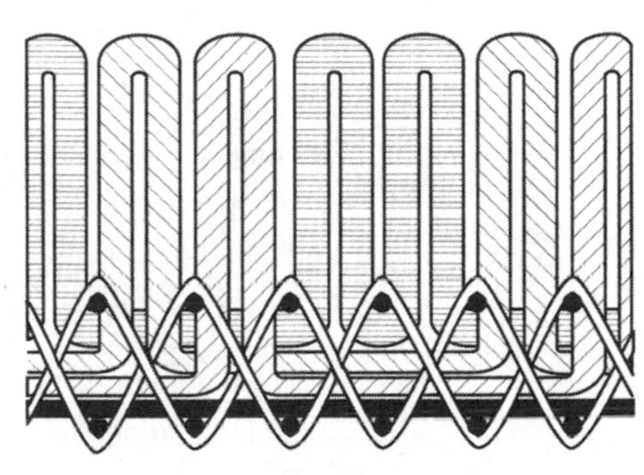

a. Tapis Wilton

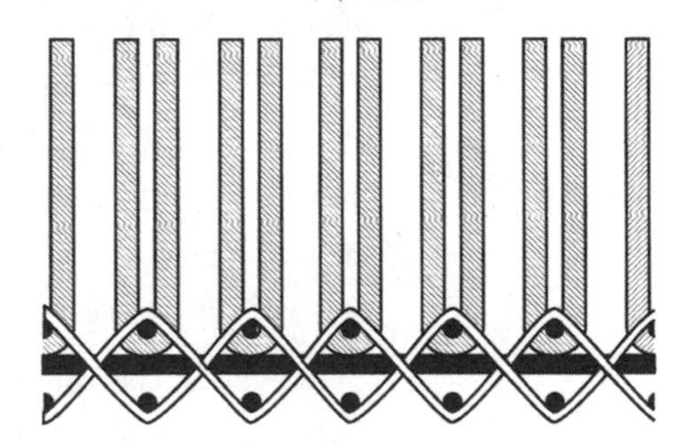

b. Tapis velours

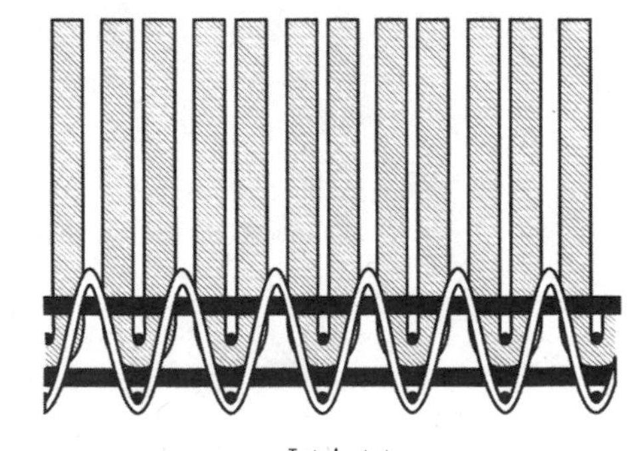

c. Tapis Axminster

12.5
Méthodes de tissage des tapis

de différentes couleurs passent sous la trame du tapis et ne sont tirés que lorsqu'ils font partie du motif, les tapis Wilton sont généralement plus épais et plus chers que les autres tapis tissés de même poids.

Les tapis velours (b) sont ceux dont le tissage est le plus simple; tous les brins de velours sont visibles à la surface du tapis, contrairement au tissage Wilton. Ces tapis sont généralement monochromes, mais on peut aussi les fabriquer avec des brins multicolores et leur donner différentes textures comme le velours coupé uni, le velours bouclé, le velours coupé, le velours bouclé en relief et le velours coupé-bouclé.

Les tapis Axminster (c) sont faits sur des métiers à tisser Jacquard modifiés qui présentent des rangées successives de fils de couleur déterminées selon le motif désiré. Cette méthode de tissage permet de produire des tapis aux couleurs variées et aux motifs allant du géométrique au floral. Contrairement au procédé Wilton, la plupart des fils formant le velours sont visibles à la surface. Le tapis présente une texture de velours coupé et un dossier fortement côtelé.

Le touffetage consiste à faire passer les fils de velours à travers le dossier à l'aide d'une rangée d'aiguilles, un peu comme avec une machine à coudre. Une fois que l'aiguille a piqué le dossier, le fil est retenu tandis que l'aiguille fait le point suivant. La boucle reste telle quelle dans le cas d'un tapis bouclé ou est coupée pour produire un velours coupé uni. Comme le touffetage est rapide et relativement peu coûteux, la plupart des tapis sont fabriqués de cette façon.

La fabrication d'un tapis aiguilleté est similaire à celle d'un tapis touffeté, sauf que les fibres sont tirées à travers le dossier à l'aide d'aiguilles à barbes. Ce procédé de fabrication donne un tapis dont les variations de texture sont assez limitées et il ne représente qu'un petit pourcentage du marché.

Les tapis collés sont réalisés par fusion des brins de velours dans un dossier de vinyle liquide. Lorsque le vinyle durcit, les touffes sont fixées pour de bon dans le dossier. Ce procédé est utilisé surtout pour les carreaux de moquette.

L'apparence et la durabilité d'un tapis dépendent de la quantité de fils constituant le velours dans une surface donnée, de leur densité et de leur hauteur. Le *pas* d'un tapis tissé est le nombre de brins de fils sur une largeur de 27" (686). Un pas de 216 signifie que le tapis comporte 8 brins par pouce (216 divisé par 27). Dans le cas d'un tapis touffeté, cette mesure porte le nom de *jauge* et elle désigne également le nombre de brins de fil par pouce, mais dénombrés sur toute la largeur de la moquette. Des jauges de 5/64, 1/10 et 1/8 sont courantes dans les tapis ordinaires. Une jauge de 1/8 indique que le tapis comporte 8 brins par pouce. Pour convertir la jauge en pas, il faut multiplier les brins par pouce par 27. Ainsi, une jauge de 1/10 est l'équivalent de 270, soit 10 brins par pouce multiplié par 27. Le nombre de *points par pouce* correspond au nombre de touffes de fils par pouce, cette fois dans le sens de la longueur. Plus le pas ou la jauge et le nombre de points par pouce sont élevés, plus le tapis est dense. L'*épaisseur du velours* désigne la hauteur des fibres à partir de la surface du dossier. Généralement, plus les fibres sont courtes et serrées, plus le tapis est durable et coûteux.

Dossier et thibaude. Le dossier d'un tapis sert à retenir les brins de velours et confère solidité et stabilité dimensionnelle au tapis. Dans le cas de tapis tissés et tricotés, les brins de velours et ceux du dossier sont combinés durant le processus de fabrication. La plupart des tapis tissés ont un dossier en polypropylène, mais on trouve aussi des dossiers en jute, en coton et en polyester. On fabrique les tapis touffetés en faisant passer les brins à travers une étoffe de support en polypropylène ou en jute. On applique ensuite un dossier secondaire, habituellement en latex.

La thibaude, parfois appelée sous-tapis, est un élément important dans la pose. La thibaude n'est pas toujours nécessaire (par exemple, on n'en a pas besoin si le tapis est collé directement au sol), mais elle prolonge la durée de vie du tapis, en rehausse la souplesse et le confort, contribue à absorber le son et à amortir le bruit d'impact. Les thibaudes sont généralement en feutre, en caoutchouc-mousse, en uréthane ou en polyester.

Pose. Il existe deux méthodes de pose du tapis : le collage ou la pose tendue sur baguettes à griffes. Le collage consiste à fixer le tapis au plancher à l'aide d'un adhésif. Le tapis peut être posé sur une thibaude ou à même le plancher. La pose tendue exige la fixation de baguettes à griffes au périmètre de la pièce. Ces baguettes comportent des pointes orientées vers le mur. Le tapis est tendu sur ces baguettes qui le maintiennent en place. La thibaude est agrafée au parquet ou collée sur la dalle de béton après l'installation des baguettes.

Inflammabilité. Tous les tapis vendus aux États-Unis doivent satisfaire aux exigences de la norme ASTM D 2859, plus connue sous le nom d'essai à la pastille de méthénamine. Cet essai mesure la réaction d'un échantillon de tapis à une pastille de méthénamine en flammes. Les tapis pour lesquels l'essai n'est pas concluant ne peuvent pas être vendus aux États-Unis. Cet essai portait auparavant le nom de DOC FF-1 et est parfois désigné par son numéro du *Code of Federal Regulations*, 16 CFR 1630. Vous trouverez une description de cet essai au chapitre 17.

Selon l'*International Building Code* (IBC), les tapis doivent aussi satisfaire aux exigences de l'essai au panneau radiant (*Flooring Radiant Panel Test*), ASTM E 648, dans certaines conditions. Cet essai est également décrit en détail au chapitre 17. En vertu de l'IBC, les tapis qui ne correspondent pas à la Classe I ou à la Classe II selon l'essai au panneau radiant doivent satisfaire aux exigences de l'essai à la pastille de méthénamine.

Ⓕ Les carreaux

Les carreaux faits d'argile ou de mélanges à base d'argile constituent un autre type de revêtement pour les murs et les sols. Les deux principaux types de carreaux sont les carreaux de céramique et les carreaux de carrière. Ils ont notamment pour avantages la durabilité, la résistance à l'eau (s'ils sont émaillés), la facilité d'installation et de nettoyage, un vaste choix de couleurs, de tailles et de motifs, la résistance au feu, la résistance à la décoloration et la possibilité de stocker la chaleur pour un chauffage solaire passif.

Les **carreaux de céramique** sont des matériaux de revêtement relativement minces, compte tenu de leur surface. Ils sont faits d'argile ou d'un mélange d'argile et d'autres matériaux, et peuvent être émaillés sur l'une des faces. Ils sont cuits à une température suffisamment élevée pour leur conférer des propriétés et des caractéristiques précises. Les **carreaux de carrière** peuvent aussi être émaillés, ont une surface minimale de 6 po^2 (3 870 mm^2) et sont fabriqués en argile ou en schiste selon un procédé d'extrusion.

Les carreaux les plus courants sont les carreaux de revêtement mural émaillés, les carreaux non émaillés, les carreaux de céramique à mosaïque, les carreaux de pavage, les carreaux de carrière (émaillés ou non), les carreaux abrasifs et les carreaux antistatiques.

Les **carreaux à mosaïque** sont fabriqués selon un procédé de pressage ou d'extrusion et ont une épaisseur de 1/4" à 3/8" (6 à 10) et une surface inférieure à 6 po^2 (3 870 mm^2). Le pressage consiste à former les carreaux dans de grandes presses à partir d'une argile relativement sèche, tandis que l'extrusion a recours à des machines qui taillent les carreaux dans une argile plus humide et plus malléable extrudée dans un moule.

Aux États-Unis, les carreaux sont classés selon leur taille : ceux dont la surface est inférieure à 6 po^2 (3 870 mm^2) sont considérés comme des carreaux à mosaïque, ceux dont la surface est supérieure à 6 po^2 sont considérés comme des carreaux de revêtement mural. Les carreaux de carrière ont moins de 6 po^2, sont émaillés ou non et fabriqués par extrusion. Les carreaux de pavage ont plus de 6 po^2, peuvent être émaillés ou non, et sont fabriqués par pressage.

Les carreaux sont également classés selon leur résistance à l'eau. Les carreaux non vitrifiés ont un taux d'absorption d'eau supérieur à 7,0 %. Les carreaux imperméables ont un taux d'absorption d'eau inférieur ou égal à 0,5 %. Les carreaux semi-vitrifiés se classent entre les carreaux non vitrifiés et les carreaux imperméables.

Les carreaux importés ne sont pas classés de la même façon. Les fabricants européens les classent plutôt selon la méthode de production (pressage ou extrusion), le degré d'absorption d'eau et le fini, et selon qu'ils sont émaillés ou non.

Les classifications de résistance à l'abrasion des carreaux sont les suivantes : Groupe I – Résidentiel léger, Groupe II – Résidentiel modéré, Groupe III – Résidentiel maximal et Groupe IV – Commercial (le taux de résistance à l'abrasion le plus élevé).

Ⓖ Les revêtements stratifiés pour le sol

Les revêtements stratifiés pour le sol sont une variante des plastiques stratifiés. Ils se composent d'une chape d'usure transparente qui est appliquée sur une feuille imprimée décorative que l'on a recouverte de mélamine et qui repose sur des couches de base en papier kraft imprégné de résines phénoliques. Ces couches de matériaux sont stratifiées sous l'action de la chaleur et de la pression sur des panneaux de fibres dont l'autre face est recouverte d'une feuille résistante à l'eau.

L'imprimé décoratif peut imiter le bois naturel, les carreaux de céramique ou la pierre, il peut être monochrome ou inclure des images de qualité photographique. Les revêtements stratifiés pour le sol se présentent en planches (similaires aux lames à parquet, mais un peu plus larges), en carreaux ou en blocs rectangulaires. Leur épaisseur est d'environ 5/16" (8). On les pose normalement sur une sous-couche de caoutchouc-mousse en collant les rives, qui sont à rainure et languette. Il faut normalement ajouter un pare-vapeur lorsqu'on les pose sur une dalle de béton.

Les revêtements stratifiés pour le sol sont solides, durables, résistants aux taches et relativement faciles à poser. Ils gagnent en popularité dans les projets où l'on cherche un revêtement de sol moins cher. Ces revêtements peuvent s'installer à peu près n'importe où, mais ne sont pas recommandés pour les salles de bain et tous les endroits où ils peuvent être mis en contact avec l'eau.

Ⓗ Les revêtements de sol sans joints

Les revêtements de sol sans joints se composent d'une base de résine, de liants et de matériaux décoratifs et sont appliqués sous forme pâteuse ou fluide. Une fois séchés, ils forment une surface dure et sans joints. Selon le type de base et de composantes, ces revêtements sont soit coulés soit étendus sur un sous-plancher. Certains produits se nivellent d'eux-mêmes, d'autres doivent être nivelés. Certains revêtements, comme le terrazzo époxyde, doivent être poncés après le séchage pour produire une surface lisse.

Les revêtements de sol sans joints sont hautement performants et s'installent dans des endroits exigeant des caractéristiques spéciales comme une dureté extrême, une résistance exceptionnelle aux taches et aux produits chimiques, une excellente résistance à l'eau, une propreté impeccable et une grande facilité d'entretien. On les utilise dans les milieux industriels, dans les cuisines commerciales et les usines de préparation d'aliments, les manufactures, les salles blanches (c'est-à-dire stériles ou à atmosphère contrôlée), les laboratoires, les hôpitaux, les établissements correctionnels et les stationnements.

Les nombreux matériaux qui entrent dans la composition de ces revêtements sont généralement divisés en produits thermodurcissables et produits thermoplastiques. Les bases thermodurcissables les plus courantes comportent deux parties d'époxy, deux parties de polyuréthane, du polychloroprène (néoprène) et deux parties de polyester. Il existe également des mélanges à une partie, mais ils sont de moindre qualité que les mélanges à deux parties.

Les produits à l'acrylique et au mastic comptent parmi les revêtements de sol thermoplastiques courants. Les produits au mastic se composent d'une émulsion de bitume, de ciment Portland et de divers types de sable ou de pierre. On trouve également divers mélanges exclusifs sur le marché.

Les revêtements de sol sans joints s'appliquent en couches de 1/16" à 1/2" (2 à 13), selon le type de produit. Les produits au mastic s'appliquent en couches allant jusqu'à 1 1/2" (38). Ces revêtements sont étendus sur un sous-plancher approprié en béton ou en bois, et relevés sur la base des murs pour former une plinthe à gorge intégrée.

2 LES REVÊTEMENTS MURAUX

(A) La peinture

Le terme peinture est un générique qui désigne l'application en couches minces d'enduits de composition diverse afin de protéger et d'embellir les surfaces. Ces enduits se composent d'un milieu liquide et de pigments qui déterminent la couleur, le lustre et l'opacité. Le milieu liquide comprend une partie non volatile appelée liant et une partie volatile appelée solvant ou diluant. Une fois secs, le liant et les pigments forment le feuil, c'est-à-dire le film ou la pellicule de l'enduit. Les solvants et les diluants ont pour fonction de dissoudre le liant et, ainsi, d'ajuster la viscosité de l'enduit de façon à en permettre l'application. Après l'application, ils s'évaporent et laissent un feuil sec sur la surface. Il y a trois types de pigments, soit les pigments de couleur, les pigments de charge et les pigments fonctionnels (par exemple, les anti-corrosifs). Le pigment de couleur le plus utilisé est le bioxyde de titane, qui est blanc.

Les peintures se divisent essentiellement en produits à base de solvants et en produits à base d'eau. Dans les produits à base de solvants, le liant est dissous dans des solvants organiques (c'est-à-dire qui contiennent du carbone dans leur structure). Dans les produits à base d'eau, le liant est en émulsion ou dispersé dans l'eau.

Les enduits clairs à base de solvant comprennent le vernis, les laques, la gomme-laque et l'uréthane modifié à l'huile. Les teintures sont des enduits légèrement pigmentés qui colorent la surface d'un matériau sans l'opacifier. Les teintures s'appliquent surtout sur le bois. On ne peut appliquer les enduits clairs qu'à l'intérieur. Les enduits extérieurs doivent comporter une certaine quantité de pigments pour bien protéger les surfaces.

Le liant des peintures à l'huile est une huile siccative. Traditionnellement, il s'agissait d'huile de lin, mais on a aussi eu recours à d'autres huiles organiques. Aujourd'hui, on utilise des résines alkydes synthétiques. Les peintures à l'alkyde sont durables, mais elles dégagent une forte odeur à l'application et doivent être nettoyées à l'aide de solvants comme l'essence minérale. En outre, elles ne peuvent pas être appliquées sur des surfaces humides ou pouvant absorber la vapeur d'eau.

Les peintures au latex sont des émulsions à base d'eau et leur liant est soit un polymère d'acrylique, soit un copolymère de vinyle-acrylique. Le latex acrylique est considéré de meilleure qualité que le latex vinylique. Ces deux enduits conviennent autant à l'intérieur qu'à l'extérieur et se diluent dans l'eau.

Pour obtenir des finis plus durables, on utilise un liant de type ester d'époxyde, car il confère à l'enduit une résistance à la corrosion, à l'abrasion et aux produits chimiques. De plus, il adhère solidement au béton, au métal et au bois.

Les peintures à l'uréthane offrent une très grande résistance à l'abrasion, à la graisse, à l'alcool, à l'eau et aux carburants. On y a souvent recours pour les planchers en bois et les enduits antigraffitis.

Pour réussir l'application d'un enduit, il faut non seulement le choisir correctement, mais aussi bien préparer la surface à peindre ou à enduire, utiliser la bonne couche de fond ou d'apprêt et la bonne méthode d'application. Les surfaces doivent être propres, sèches et exemptes de gras, d'huile ou de tout autre corps étranger. L'application peut se faire au pinceau, au rouleau ou par vaporisation. La quantité d'enduit à appliquer pour chaque couche est normalement désignée par l'épaisseur du feuil frais ou du feuil sec. Cette dimension est exprimée en millièmes de pouce ou en microns. L'enduit doit être appliqué par temps sec, à une température se situant entre 13 et 29 °C ou selon les indications du fabricant.

La plupart des peintures permettent d'obtenir différentes brillances du fini, appelées lustres. Les peintures lustre et semi-lustre (qu'on appelle aussi, selon les fabricants, lustrée, semi-lustrée, brillante, semi-brillante ou émail) sont faciles à laver et ont un fini luisant, mais elles ont tendance à mettre en évidence les défauts de la surface sur laquelle elles sont appliquées. Les peintures au fini peu luisant (qui sont dites mates, satin, satinées, velours ou veloutées) sont aussi relativement faciles à laver. Le type de lustre est déterminé par la quantité de lumière réfléchie par une surface selon une méthode d'essai standard.

Le designer d'intérieur doit tenir compte de deux facteurs importants pour l'environnement et la sécurité quand il recommande l'application ou l'enlèvement d'une peinture : la présence de plomb et les composés organiques volatils (COV).

Le contenu en plomb d'une peinture peut poser problème dans les maisons et installations non récentes. Dans de nombreux projets de réfection, la peinture existante doit être enlevée.

Si l'immeuble a été construit avant 1978, il peut s'agir de peinture contenant du plomb. Cette peinture est dangereuse si elle s'écaille ou si elle est réduite en poussière durant les travaux de construction ou ingérée par des enfants ou d'autres occupants.

Selon les lois fédérales américaine et canadienne, toute personne chargée d'enlever de la peinture contenant du plomb doit être certifiée. La peinture au plomb doit être enlevée dans certains immeubles résidentiels et dans les installations occupées par des enfants. Ce travail doit être fait par une compagnie certifiée utilisant des méthodes approuvées d'enlèvement et de mise au rebut, ce qui peut augmenter considérablement les coûts. Parfois, il suffit de couvrir le mur d'une nouvelle couche de panneaux de placoplâtre ou simplement de le repeindre. Le designer d'intérieur qui soupçonne la présence de peinture au plomb doit en informer son client et lui suggérer de faire tester la peinture par un conseiller qualifié qui pourra recommander la méthode d'enlèvement appropriée.

Les composés organiques volatils sont des solvants hydrocarburés qui entrent dans la composition de la peinture, de la teinture et d'autres produits. Ils sont dégagés dans l'air durant l'application de l'enduit et réagissent avec les oxydes nitreux et la lumière du soleil pour former de l'ozone et d'autres polluants. Conformément au *Clean Air Act* de 1972, l'Environmental Protection Agency (EPA) des États-Unis a passé une réglementation en 1999 qui oblige à réduire la quantité de COV dans la peinture et les autres enduits. Au Canada, un projet de loi semblable a été déposé en 2005 et on prévoit son adoption finale vers la fin de 2006. La réduction exigée dépend du type d'enduit et de lustre. Par exemple, selon la réglementation de l'EPA, les enduits intérieurs et extérieurs non mats doivent maintenant compter au plus 380 grammes par litre de COV. Certains États ou territoires, comme la Californie, ont adopté une réglementation encore plus sévère.

Pour la plupart des projets d'aménagement intérieur, il est facile d'utiliser des peintures conformes à la réglementation sur les COV, car le designer d'intérieur peut exiger des produits à base d'eau qui sont généralement écologiques. Les fabricants offrent aujourd'hui des peintures mates et non mates à base d'eau dans une multitude de couleurs, de même que des teintures, vernis et autres enduits pour les planchers.

(B) Le papier peint

Le papier peint est offert dans une foule de couleurs, de motifs, de textures et de matériaux et s'applique directement sur des cloisons de plâtre ou de placoplâtre. Le papier peint se vend généralement en rouleaux de 20 1/2″ (520) de largeur et de 21′ (6,4 m) de longueur. Notons qu'on le trouve aussi en d'autres dimensions, tout dépendant du fournisseur. Il peut être fait entièrement de papier ou encore de papier doublé de coton ou d'un autre matériau. Il existe aussi des rouleaux doubles ou triples. Avant de poser le papier peint, il est nécessaire de préparer la surface correctement et d'appliquer un apprêt sur le mur afin de sceller la surface contre les alcalis et de réduire l'absorption de la colle ou de l'adhésif utilisé.

Ⓒ Le revêtement mural de vinyle

Le revêtement mural de vinyle offre un fini durable, résistant à l'abrasion, facile à nettoyer et répondant à la plupart des exigences d'inflammabilité. Il est offert dans une gamme de couleurs et de motifs. D'ordinaire, le revêtement vinyle se présente en rouleaux de 52" ou 54" (1320 ou 1372) de largeur et de 30 verges (27432) de longueur.

Les revêtements de vinyle se classent en trois catégories : type I (léger), type II (moyen) et type III (fort). Le grammage du vinyle mural de type I est de 7 à 13 onces par verge carrée (237 à 440 g/m^2), celui du type II, de 13 à 22 onces par verge carrée (440 à 745 g/m^2) et celui du type III est supérieur à 22 onces par verge carrée (745 g/m^2). Le type I convient aux applications résidentielles et le type II aux applications commerciales et institutionnelles. Le type III s'utilise dans les endroits où une résistance accrue est nécessaire comme les corridors publics, les zones de service alimentaire et les hôpitaux.

Ⓓ Le revêtement mural en tissu

Plusieurs types de tissus peuvent être utilisés pour le revêtement des murs : la laine, la soie et les fibres synthétiques, sous réserve des restrictions relatives à la propagation des flammes. Si le tissu est suffisamment épais, on peut l'appliquer directement sur le mur à l'aide d'adhésifs. Parfois, on double le tissu avec du papier ou un autre tissu pour éviter de l'endommager avec l'adhésif et pour en rehausser la stabilité dimensionnelle. On peut aussi tendre le tissu sur un cadre pour former un panneau mural que l'on installe ensuite au mur. Différents fabricants offrent aussi des systèmes de revêtement mural constitué de panneaux tendus de tissu extensible. Lorsque le tissu recouvre une épaisse bourre en fibre de verre, on obtient un panneau acoustique (voir section suivante). Quelle que soit la méthode de pose d'un revêtement mural en tissu, ce dernier doit être conforme aux normes d'inflammabilité en étant résistant aux flammes ou ignifugé.

Ⓔ Les panneaux acoustiques

On peut acheter ou construire des panneaux acoustiques pour les espaces qui nécessitent un contrôle acoustique plus grand que celui que peuvent procurer un plafond acoustique et une moquette. Ces panneaux sont garnis d'une matière insonorisante comme la fibre de verre et recouverts d'un matériau perméable comme un tissu extensible. La bourre insonorisante doit avoir au moins 1" (25) d'épaisseur pour être efficace.

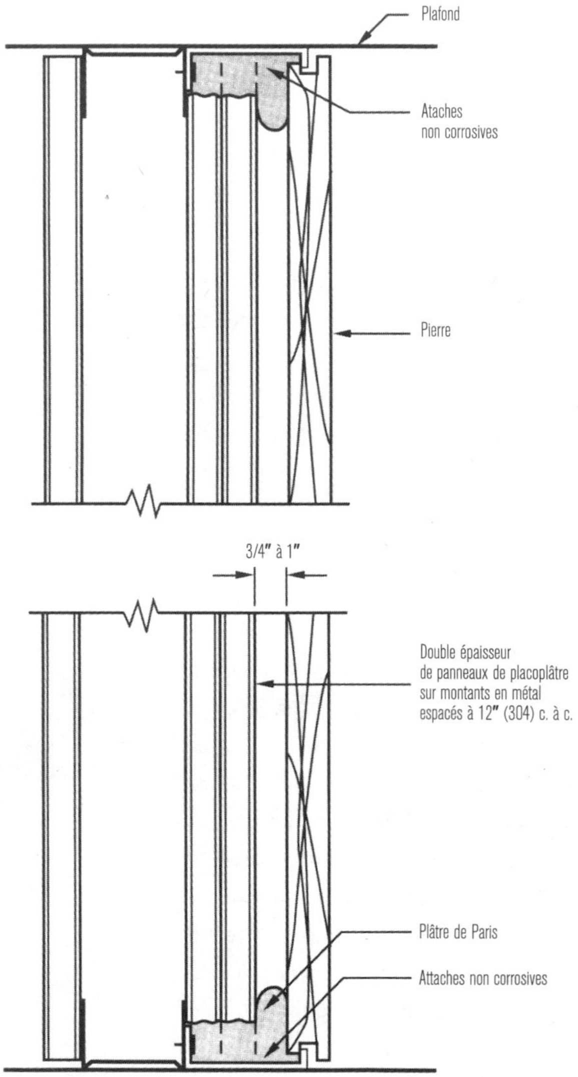

Plafond
Atàches non corrosives
Pierre
3/4" à 1"
Double épaisseur de panneaux de placoplâtre sur montants en métal espacés à 12" (304) c. à c.
Plâtre de Paris
Attaches non corrosives

12.6
Revêtement de pierre sur lit épais

Ⓕ La pierre

La pierre, qu'elle soit en dalles épaisses ou en feuilles minces, peut aussi servir de revêtement mural. Selon la méthode de pose traditionnelle, on fixe des dalles d'environ 3/4" (19) d'épaisseur à un substrat en maçonnerie ou en panneaux de plâtre avec des attaches ou des fils en acier inoxydable. Voir la figure 12.6. Ces attaches sont ancrées dans le substrat et retiennent la pierre en s'insérant dans des trous ménagés à l'arrière des dalles ou dans des fentes pratiquées sur le côté de celles-ci. Des amas de plâtre de Paris, appelés points de fixation, sont posés entre le substrat et chaque pierre ancrée, de façon à retenir la pierre et à permettre de l'aligner avec précision avant le séchage. Dans les pièces à plafond de hauteur normale, les pierres reposent sur le plancher et les ancrages ne servent qu'à les retenir. Les joints peuvent être laissés ouverts, remplis de mastic ou comblés à l'aide de mortier en ciment Portland non salissant.

Comme la technologie permet maintenant de tailler la pierre et de la laminer sur divers types de supports, les carreaux de pierre minces remplacent de plus en plus les dalles épaisses traditionnelles. Ces carreaux d'environ 3/8" (10) d'épaisseur sont généralement offerts en 1' x 1' ou 1' x 2' (305 x 305 ou 305 x 610), bien que des fabricants offrent d'autres tailles et épaisseurs. Bien souvent, ces carreaux de pierre sont simplement appliqués au mastic sur un substrat approprié. Certains fabricants fournissent des agrafes spéciales pour les retenir au mur.

Vous trouverez au chapitre 17 les exigences d'inflammabilité relatives à l'ensemble des revêtements muraux.

❸ HABILLAGES DE FENÊTRE

L'habillage de fenêtre sert à rehausser l'apparence des fenêtres, à contrôler la lumière, à protéger l'intimité, à réduire les gains et les pertes de chaleur, à bloquer les vues indésirables et à réduire la réflexion acoustique d'un espace. Il peut aussi servir à unifier ou à masquer un groupe d'ouvertures mal agencé ou indésirable. Comme il domine l'espace intérieur, l'habillage de fenêtre doit être choisi et conçu en fonction du type de fenêtre qu'il recouvre et être adapté à la conception d'ensemble de la pièce.

On distingue trois grandes catégories d'habillage de fenêtre : les stores, les rideaux et draperies et les panneaux rigides. Il existe une foule de variantes dans chacune de ces catégories, comme le montre la figure 12.7.

- **Stores à enroulement.** Ces stores se composent d'une toile nroulée sur un rouleau à ressort. Ils se ferment normalement de haut en bas, mais on peut aussi les installer de telle sorte qu'un cordon monté sur une poulie permette de les dérouler de bas en haut. Ils ne coûtent pas cher et peuvent être couverts d'un tissu décoratif. Ces stores bloquent complètement la vue lorsqu'ils sont fermés et peuvent nuire à la ventilation. Ils bloquent également la lumière, à moins d'être fabriqués dans un matériau translucide.

- **Stores bateau (ou stores romains).** Ces stores se remontent à l'aide d'un cordon et forment des plis en accordéon.

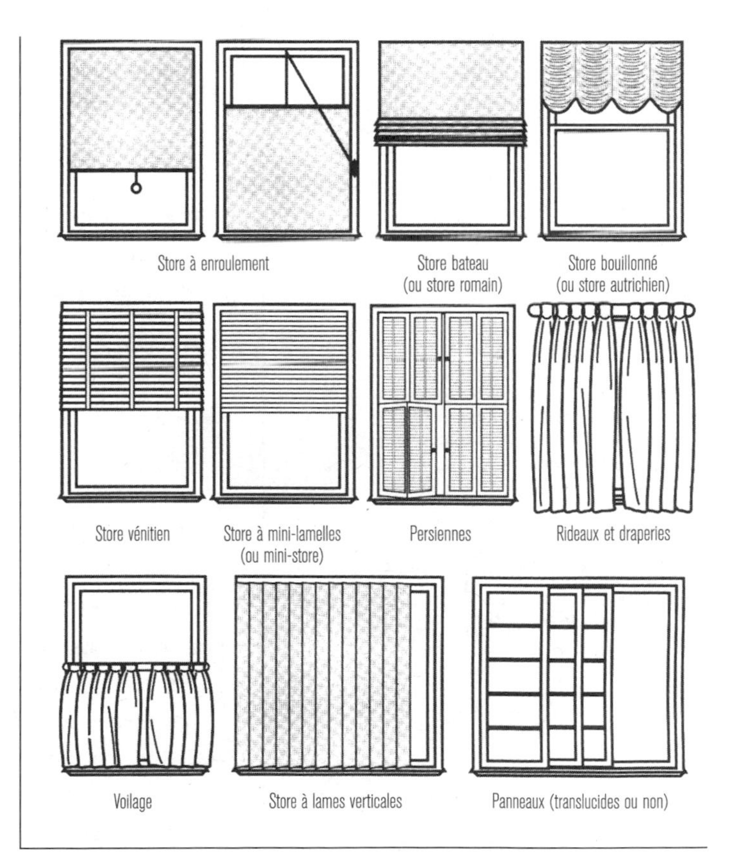

12.7
Habillages de fenêtre

Plis pincés (ou français)

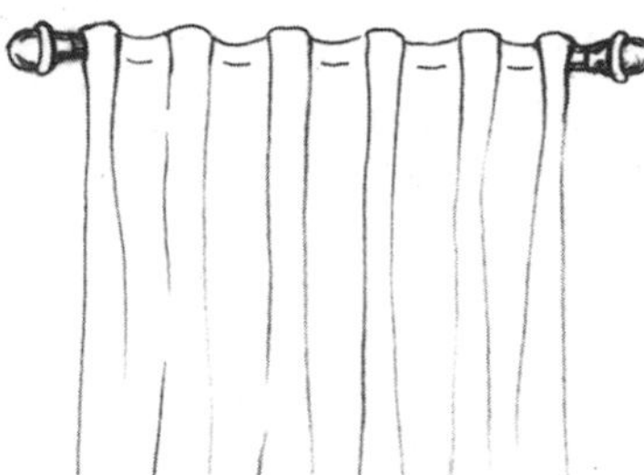

Plis ronds (ou tubes)

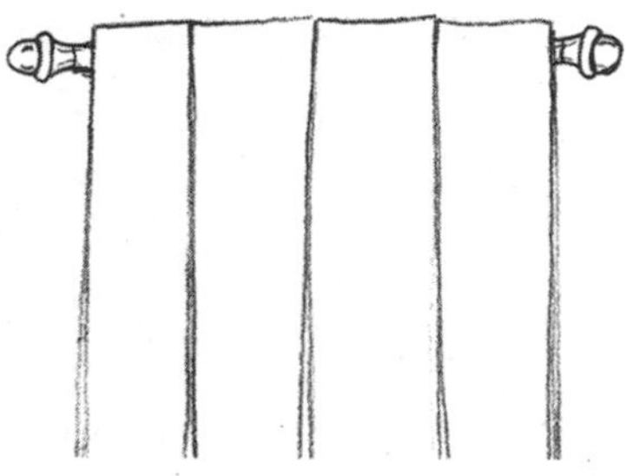

Plis droits (ou plats)

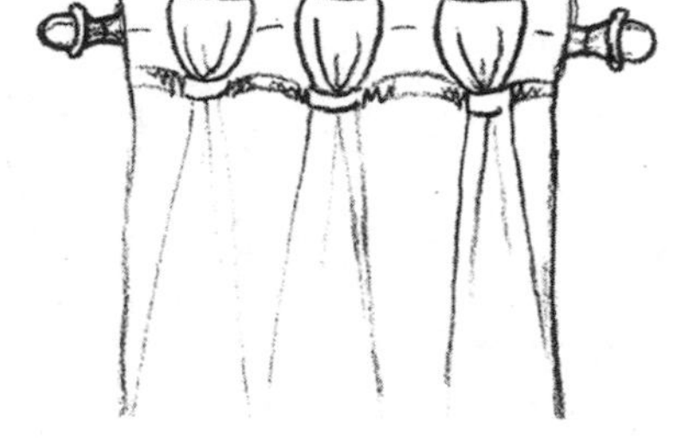
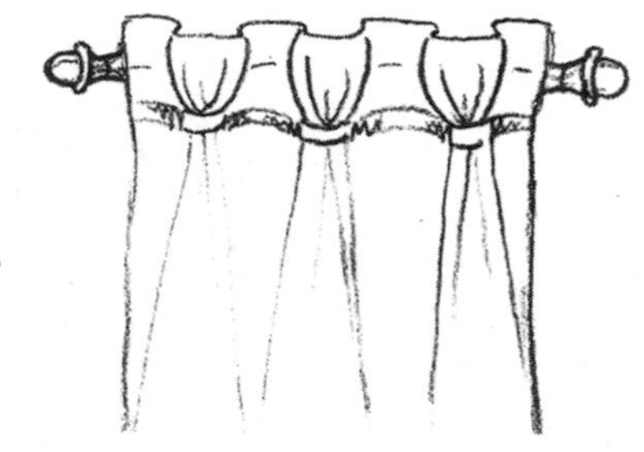

Plis en accordéon (ou froncés)

12.8
Les types de plis

- **Stores bouillonnés (ou stores autrichiens).** Ces stores fonctionnent comme les stores bateau mais sont faits de plusieurs panneaux de tissus taillés et cousus de façon à former des festons.
- **Stores vénitiens.** Les stores vénitiens traditionnels comportent des lames horizontales offertes en plusieurs largeurs, fabriquées en bois, en aluminium ou en plastique et dont l'angle peut être réglé au moyen d'un cordon. Un autre cordon permet également de le remonter à différents niveaux.
- **Stores à mini-lamelles horizontales.** Les stores à mini-lamelles horizontales sont aussi faits de lamelles en aluminium, mais celles-ci n'ont que 1/2" à 1" (13 à 25) de largeur. Une baguette de plastique permet de régler l'angle des lames. Ces stores peuvent être remontés de façon à exposer la surface entière de la fenêtre.
- **Stores à lames verticales.** Les stores à lames verticales (ou stores verticaux) sont suspendus à une tringle. Leurs lames pivotent dans les deux sens et s'ouvrent vers le côté. Ces stores sont offerts dans toutes sortes de matériaux (principalement le plastique) et dans une variété de largeurs et de couleurs.
- **Rideaux et draperies.** Les rideaux comptent parmi les habillages de fenêtre les plus courants dans les intérieurs résidentiels et commerciaux. Les rideaux désignent tous les habillages de fenêtres suspendus à des tringles permettant de les ouvrir et de les fermer. Ils peuvent être utilisés seuls ou par-dessus un voilage. Dans ce dernier cas, on les désigne alors sous les termes de draperies, tentures ou doubles-rideaux. Les rideaux sont souvent retenus de chaque côté par des embrasses. Ils peuvent aussi être drapés de diverses façons sur une tringle ou des crochets et prendre diverses formes : nœuds, festons, etc. Les rideaux peuvent être faits dans divers tissus. Pour les têtes des rideaux, on adopte plusieurs types de plissage dont les plus courants sont les plis pincés (ou plis français), les plis droits (ou plis plats), les plis ronds (ou plis tubes) et les plis en accordéon (ou plis froncés).

La longueur des rideaux est variable : ils peuvent s'arrêter sous le cadre de fenêtre ou toucher le sol. Le designer d'intérieur peut recommander des doubles-rideaux à doublure opaque ou cache-soleil. L'inflammabilité est le critère principal dans le choix des rideaux destinés à des applications résidentielles, commerciales ou institutionnelles et l'emporte sur tout autre critère tel que la durabilité, la résistance à la décoloration et le style.

- **Voilages.** Les voilages sont des rideaux faits d'un tissu léger qui laisse filtrer la lumière. Pour cette raison, ils sont généralement suspendus plus près de la vitre et ne sont pas destinés à être ouverts.
- **Persiennes.** Les persiennes sont des panneaux garnis de languettes rigides, habituellement en bois, montées sur des charnières permettant de les ouvrir et de les fermer. Chaque panneau comporte des lames horizontales orientables permettant de doser la lumière. Les persiennes de type « plantation » sont similaires, mais leurs lames sont plus larges.
- **Panneaux.** Il existe des panneaux de plusieurs types. Translucides, ils laissent filtrer la lumière et permettent une vue diffuse. Ils peuvent être fabriqués avec différents types de plastique, du tissu diaphane, du verre dépoli ou même du papier, comme dans le cas des cloisons japonaises (*shoji*). Il peuvent être fixes ou coulissants.
- **Grilles.** Les grilles servent à modifier une lumière trop vive ou à atténuer une vue indésirable tout en préservant un certain contact visuel entre l'intérieur et l'extérieur. Les grilles peuvent être faites de n'importe quel matériau durable comme le bois ou le métal et peuvent être fixes ou amovibles. On peut aussi installer des grilles décoratives en métal par mesure de sécurité.

Il existe un type de fenêtre parfois difficile à habiller : la fenêtre jalousie. Elle comporte des lames de verre horizontales d'environ 3" à 4" (76 à 102) de largeur qui pivotent vers l'extérieur pour assurer la ventilation. Lorsque la fenêtre est fermée, le bas de chaque lame recouvre la lame inférieure pour empêcher l'infiltration d'eau. Comme il est impossible de fermer complètement ces fenêtres à vitrage simple, on n'en voit presque plus et uniquement dans les zones de climat chaud.

QUESTIONS

1. Si un client vous demande de choisir un revêtement mural de vinyle pour la salle familiale de sa résidence, quelle catégorie allez-vous recommander ?

   1. Type I
   2. Type II
   3. Type III
   4. Type IV

2. Quel mode de fabrication choisiriez-vous pour la conception d'un tapis sur mesure au motif complexe et au velours à boucles de hauteur variée ?

   1. Touffeté
   2. Axminster
   3. Wilton
   4. Velours

3. Vous avez opté pour un revêtement de sol en pierre dans le hall d'entrée d'un restaurant. Lequel de ces revêtements sera *le plus* fonctionnel ?

   1. Le granit à fini flammé
   2. Le marbre à fini mat
   3. Le travertin
   4. Le granit à fini brillant

4. Quel type de parquet pourrait s'installer facilement et coûterait *le moins cher* dans le salon d'une résidence ?

   1. Le parquet à lames massives préassemblées
   2. Le parquet à lames
   3. Le parquet mosaïque
   4. Le parquet à planches

5. Lequel des choix ci-dessous serait *le moins* judicieux pour la pose d'une moquette dans des chambres d'hôtel dont le sous-plancher est en béton ?

   1. Une moquette en nylon tendue sur une thibaude de caoutchouc-mousse
   2. Une moquette en polyester tendue sur une thibaude de feutre
   3. Une moquette en acrylique collée directement sur la dalle
   4. Une moquette en laine collée directement sur la dalle

6. Quel habillage de fenêtre en tissu n'est habituellement pas destiné à être ouvert?

   1. Le voilage
   2. Le store bouillonné (autrichien)
   3. Le store à lames verticales
   4. Les rideaux

7. À quoi sert l'élément de construction A dans ce dessin d'un plancher en bois?

   1. À réduire les craquements
   2. À empêcher les produits chimiques du sous-plancher de contaminer le bois
   3. À agir comme pare-vapeur
   4. À rehausser la souplesse du plancher

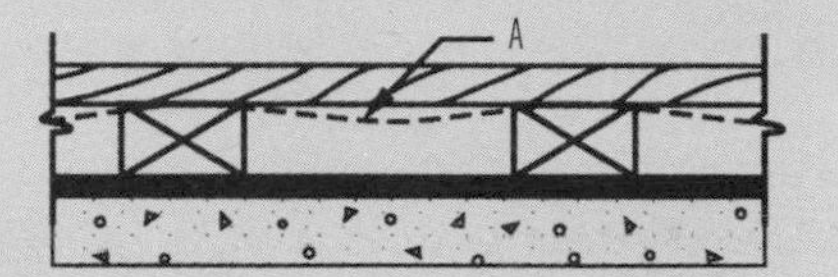

8. Vos services ont été retenus pour le design d'intérieur d'un immeuble en cours de planification par un architecte avec qui vous coordonnez votre travail. Vous prévoyez un plancher d'ardoise sur un sous-plancher en béton au deuxième étage de l'immeuble. Quel sera le type de pose idéal?

   1. Une pose sur lit épais avec membrane
   2. Une pose sur lit de mortier épais accroché au sous-plancher
   3. Un lit de mortier de 1/2″ (12) sur lequel la pierre est posée à l'aide d'un mortier sec
   4. Une pose sur lit mince standard

9. Quel type de revêtement souple pour le sol conviendrait le mieux à une cuisine commerciale?

   1. Des carreaux de vinyle de 1/8″ (3) de qualité commerciale
   2. Du vinyle en feuille
   3. Un revêtement de sol en liège très résistant
   4. Du caoutchouc en feuille

10. Si un vendeur vous dit que le pas d'un tapis est de 216, cela signifie...

   1. que l'épaisseur du velours atteint presque 1/4″ (6).
   2. que le tapis compte 8 brins par pouce.
   3. que le tapis a une jauge de 1/6.
   4. que ce nombre de points par pouce est de qualité commerciale.

13

Éclairage

❶ Notions d'éclairage

La lumière se définit comme un rayonnement énergétique perceptible par la vue. La lumière visible est une forme de radiation électromagnétique dont la longueur d'onde varie entre environ 400 nanomètres (10^{-9} mètres), dans le cas de la lumière violette, et environ 700 nanomètres, pour la lumière rouge. La lumière blanche est produite par une source émettant des quantités à peu près égales d'énergie sur toute la largeur du spectre visible.

Ⓐ Définitions

Plusieurs notions relatives à l'éclairement et à la luminance sont liées entre elles. La figure 13.1 illustre certaines de ces notions.

L'**intensité lumineuse** est la densité du flux lumineux par unité d'angle solide dans une direction donnée. Elle est approximativement égale au flux lumineux horizontal d'une chandelle ordinaire. Elle s'exprime, dans le système SI (métrique), en *candelas* (cd).

Le **flux lumineux** est la quantité totale de lumière émise par une source dans toutes les directions. Il s'exprime en *lumens* (lm). Le lumen est le flux lumineux émis dans l'angle solide

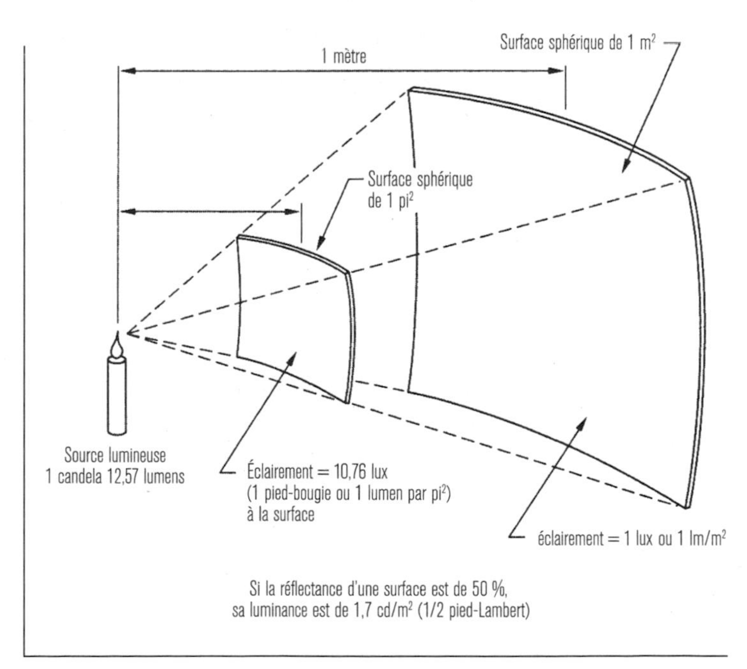

13.1
Source lumineuse et éclairement

d'un stéradian (sr) par une source ponctuelle uniforme ayant une intensité d'une candela. (Par stéradian, on entend l'angle solide qui, ayant son sommet au centre d'une sphère, découpe, sur la surface de cette sphère, une aire égale à celle d'un carré dont la longueur des côtés est égale au rayon de la sphère.) Dans une sphère de rayon de 1 pied, une surface de 1 pied^2 sous-tend un angle de 1 stéradian. Comme la surface d'une sphère de rayon de 1 pied est de 4 π, une source lumineuse de 1 candela produit 12,57 lumens.

L'**éclairement** est la densité du flux lumineux incident par unité d'aire. Dans le système anglais, l'éclairement s'exprime en pied-bougie (*footcandle*). En unités SI, l'éclairement s'exprime en *lux* (lx) ou en lumens par mètre carré (lm/m^2)

La **luminance** (on précise la luminance lumineuse qui se distingue de la luminance énergétique) est l'intensité lumineuse d'une source lumineuse dans une direction donnée, divisée par l'aire apparente de cette source dans cette même direction. Dans le système SI, la luminance s'exprime en candelas par mètre carré (cd/m^2) ou *nit*. Dans le système impérial, elle s'exprimait en *pied-Lambert*, équivalant à une intensité lumineuse de $1/\pi$ par pied^2. La luminance tient compte des propriétés de réflexion et de transmission des matériaux et de la direction dans laquelle on les perçoit. Ainsi, 100 lux éclairant une surface de 1 mètre carré dont le facteur de réflexion est de 50 % produisent une luminance de 50 candelas par mètre carré. (Dans le système impérial, 100 pieds-bougies éclairant une surface dont le facteur de réflexion est de 50 % produisent une luminance de 50 pieds-Lambert.) La luminance lumineuse porte parfois le nom de *brillance*, mais la brillance inclut la sensation physiologique d'adaptation de l'œil, tandis que la luminance est l'état mesurable de la luminosité d'un objet.

Ⓑ Niveaux d'éclairage

Un bon design d'éclairage prévoit à la fois la quantité et la qualité nécessaires de lumière pour effectuer une tâche. Nous verrons les questions de quantité dans la présente section et les questions de qualité au point C. Différentes tâches exécutées dans des conditions différentes exigent divers niveaux d'éclairement. Les variables en cause sont la nature même de la tâche, l'âge de la personne qui l'effectue, les facteurs de réflectance de la pièce ainsi que la rapidité et la précision nécessaires à l'exécution de la tâche.

L'Illuminating Engineering Society of North America (IESNA) a mis au point une méthode permettant de déterminer les niveaux d'éclairement (exprimés en pieds-bougies) adéquats à certaines situations de design particulières. Cette méthode attribue une catégorie d'éclairement à diverses zones et activités. Ces catégories vont de A à I, A correspondant aux valeurs d'éclairage général les plus faibles dans des zones non critiques et I correspondant aux exigences des tâches spécialisées et difficiles sur le plan visuel. Ces catégories, de concert avec d'autres variables comme l'âge, les facteurs de réflectance des surfaces et l'importance de la tâche, permettent d'établir les niveaux d'éclairement adéquats pour les aires de travail et l'éclairage de fond.

À des fins d'économie d'énergie, la plupart des codes du bâtiment exigent que le designer d'intérieur élabore un budget énergétique tenant compte du type d'immeuble sur lequel porte le projet et qu'il conçoive les systèmes d'éclairage en fonction de ce budget. La plupart du temps, cela signifie que les aires de travail reçoivent le niveau d'éclairement recommandé et que l'éclairement de fond (la luminosité ambiante) correspond environ au tiers de l'éclairement des aires de travail. De plus, les zones de moindre importance comme les corridors reçoivent habituellement une lumière moins intense que la luminosité ambiante.

Ⓒ Qualité de la lumière

La qualité de la lumière est tout aussi importante que sa quantité. Les principaux facteurs à prendre en compte sont l'éblouissement, le contraste, l'uniformité et la couleur.

Il y a deux types d'éblouissement : l'éblouissement direct et l'éblouissement réfléchi ou indirect. L'éblouissement direct résulte de la présence d'une source lumineuse dans le champ de vision qui cause un inconfort visuel et interfère avec la vision nécessaire pour accomplir la tâche. Les sources lumineuses, même visibles, ne causent pas toutes des problèmes d'éblouissement direct. L'importance du problème dépend de la luminosité de la source, de sa position, de la luminosité ambiante et de l'adaptation de l'œil à l'environnement.

Le facteur de probabilité du confort visuel (PCV) a été élaboré pour évaluer l'éblouissement direct. Ce facteur correspond au pourcentage de personnes qui, lorsqu'elles regardent dans une direction précise à partir d'un point précis, trouvent la situation acceptable en termes d'éblouissement. Comme les calculs qu'il faut faire pour établir ce facteur sont complexes, bon nombre de fabricants utilisent un calcul simplifié et peuvent ainsi indiquer le facteur PCV de leurs appareils d'éclairage dans certaines conditions d'utilisation.

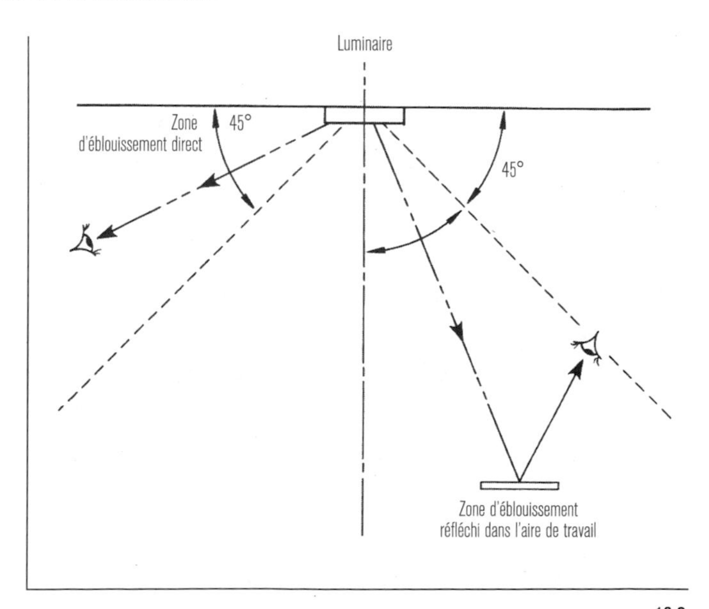

13.2
Zones d'éblouissement

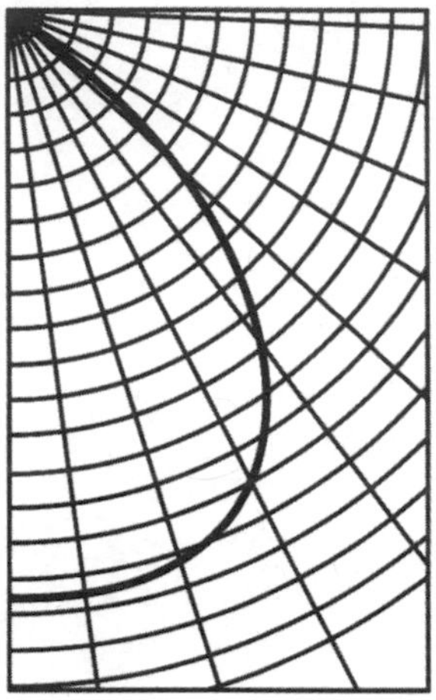

La plupart du temps, la zone critique d'éblouissement direct se situe au-dessus d'un angle de 45 degrés à partir de la source lumineuse. Voir la figure 13.2. En effet, le champ de vision d'une personne qui regarde droit devant elle inclut une zone d'approximativement 45 degrés au-dessus de l'horizontale. On peut résoudre de nombreux problèmes d'éblouissement direct grâce à des luminaires placés à un angle déflecteur de 45 degrés ou en déplaçant les luminaires en dehors du champ de vision problématique. Pour déterminer la quantité de lumière émise par un luminaire à un angle donné, on peut consulter son diagramme de répartition de l'intensité lumineuse (voir figure 13.3), une courbe qui montre le flux lumineux d'un luminaire à différents angles.

13.3
Diagramme de répartition de l'intensité lumineuse

Le deuxième type d'éblouissement, l'éblouissement réfléchi, se produit lorsqu'une surface reflète la lumière d'une source lumineuse dans le champ de vision de la personne qui la regarde. Si l'éblouissement interfère avec la tâche visuelle, on dit qu'il crée des réflexions voilantes. L'éblouissement réfléchi a pour effet de réduire le contraste entre l'aire de travail et son arrière-plan. Par exemple, une forte lumière projetée sur une feuille de papier comportant un texte écrit à la mine peut être reflétée par le graphite, ce qui rend le texte presque aussi brillant que le papier et, donc, illisible.

Les réflexions voilantes sont le résultat d'une interaction complexe entre la source lumineuse et la brillance, la position de l'aire de travail, le facteur de réflexion de l'aire de travail et la position de l'œil. L'une des solutions les plus simples à ce problème consiste à déplacer l'aire de travail ou la source lumineuse selon un angle qui est facile à calculer, puisque l'angle d'incidence de la lumière est égal à son angle de réflexion. Cette solution n'est toutefois pas toujours applicable en design d'intérieur, car l'usage qui sera fait de la pièce et l'emplacement exact des meubles ne sont pas toujours connus. On peut aussi contourner le problème en prévoyant un éclairage d'ambiance général et un éclairage d'appoint que l'utilisateur d'un poste de travail pourra déplacer à son gré.

Le *contraste* correspond à la différence de luminosité entre un point précis et l'aire environnante. Le contraste étant essentiel à la perception visuelle, il joue beaucoup sur la qualité de l'environnement. Le texte imprimé sur une feuille de papier n'est visible que parce qu'il contraste avec la luminosité du papier. En revanche, un contraste trop prononcé peut être nuisible. Il est, par exemple, difficile de discerner les détails d'un petit objet foncé placé devant un arrière-plan très lumineux, car l'œil s'adapte à l'intense luminosité du fond et ne peut pas laisser entrer suffisamment de lumière pour percevoir l'objet foncé. L'adaptation de l'œil résulte de l'ouverture et de la fermeture de l'iris, mais une adaptation excessive fatigue l'œil.

Dans la plupart des situations, le contraste maximal entre l'aire de travail et l'arrière-plan immédiat (par exemple, entre une feuille de papier et la surface du bureau) devrait être de 3 pour 1, celui entre l'aire de travail et l'aire environnante proche de 5 pour 1, et, enfin, celui entre l'aire de travail et l'aire environnante éloignée de 10 pour 1.

L'uniformité de l'éclairage joue sur la perception qu'on a du confort d'une pièce. Une uniformité complète n'est habituellement pas souhaitable, sauf pour certaines tâches comme le dessin ou le travail sur machine-outil. Une certaine proportion d'ombre et de pénombre donne du relief et de l'intérêt à un espace.

La couleur de l'éclairage résulte de l'interaction entre la couleur de la source lumineuse (lampe ou lumière du jour) et la couleur des objets qui reflètent la lumière. Il s'agit d'un phénomène complexe qui influe sur le confort des occupants et leur perception de l'environnement. Nous verrons les couleurs des sources lumineuses dans la section suivante et l'utilisation de la couleur dans le design de l'éclairage un peu plus loin dans ce chapitre.

2 LES SOURCES LUMINEUSES

On doit d'abord distinguer la lumière naturelle, dont la principale est la lumière du jour, de la lumière artificielle, que l'on produit au moyen de luminaires. Lorsque l'on considère les sources lumineuses dans une pièce, il peut donc s'agir d'une fenêtre ou d'une autre ouverture, ou encore d'un luminaire. Il existe trois types de sources lumineuses artificielles : les lampes à incandescence, les tubes fluorescents et les lampes à décharge de haute intensité (DHI). Parmi les critères de sélection d'un luminaire, on doit considérer entre autres son indice de rendu des couleurs, son coût initial, son coût d'exploitation, son rendement, sa taille, sa durée de vie et la possibilité d'en varier l'intensité. Le rendement (qu'on appelle aussi l'efficacité lumineuse) d'une source de lumière est le rapport entre le flux lumineux qu'émet cette source et l'énergie totale qu'elle consomme. Le rendement se mesure en lumens par watt. Il s'agit d'une mesure importante, car elle évalue l'efficacité énergétique d'une source lumineuse. La quantité de chaleur dégagée par la source lumineuse représente aussi un facteur important, car la chaleur perdue doit être évacuée ou éliminée par le système de climatisation de l'air, ce qui alourdit le bilan énergétique du bâtiment. Le tableau 13.1 présente un aperçu des sources lumineuses les plus courantes. La température de couleur (exprimée en Kelvin, K) et l'indice de rendu des couleurs (IRC) présentés dans ce tableau seront expliqués dans la section 4 plus loin.

Type de lampe	Rendement (lumens par watt)	Température de couleur (K)	IRC	Durée de vie approx. (heures)
À incandescence	5 - 20	2 700 - 2 800	100	750 - 4 000
Tungstène-halogène	18 - 22	3 000 - 3 100	100	1 000 - 4 000
Fluorescente (T12 et T8)	65 - 105	2 700 - 7 500	55 - 98	6 000 - 24 000
Fluorescente (T5)	95 - 105	3 000 - 4 100	75 - 95	6 000 - 16 000
Fluorescente compacte	25 - 48	2 700 - 4 100	82	10 000
À vapeur de mercure	20 - 60	5 500 - 5 900	15 - 52	14 000 - 25 000
Aux halogénures métalliques	35 - 95	3 200 - 4 300	65 - 85	5 000 - 20 000
À sodium à haute pression	80 - 140	1 800 - 2 800	22 - 70	10 000 - 24 000

N.B. : Les valeurs indiquées dans ce tableau sont approximatives et ne sont présentées qu'à titre d'exemples. Les caractéristiques peuvent différer selon le type de lampe et le fabricant.

Tableau 13.1
Caractéristiques de certaines sources lumineuses courantes

Ⓐ Lampes à incandescence

Une lampe à incandescence se compose d'un filament de tungstène placé dans une ampoule scellée contenant un gaz inerte. Lorsque le courant passe dans la lampe, il chauffe le filament à son point d'incandescence; le filament dégage alors de la lumière. Il existe des lampes à incandescence de formes, de tailles et de puissances variées. La figure 13.4 illustre les formes d'ampoules les plus courantes. Les lampes à incandescence sont désignées par une lettre représentant leur forme (elle-même désignée en anglais), suivie d'un chiffre indiquant leur diamètre le plus large en huitièmes de pouce. Ainsi, une lampe R-38 est un réflecteur (*reflector*) dont le diamètre est de 4 3/4" (38/8 = 4 3/4).

Vous devriez vous familiariser avec les caractéristiques des différents réflecteurs, soit les ampoules de type R, ER, PAR et MR-16. L'ampoule R est un réflecteur standard et son faisceau est étalé. Le réflecteur elliptique ER projette plus efficacement la lumière, car son faisceau lumineux est plus concentré que celui du réflecteur R. Le réflecteur aluminisé parabolique PAR rend parallèles les rayons de la source de lumière puisque qu'il est une parabole et que le filament se trouve au foyer de cette parabole. Les réflecteurs PAR et R se présentent sous forme de réflecteurs à faisceau large et de projecteurs. L'ampoule de type MR-16 est un réflecteur multifacette à basse tension. L'étalement du faisceau lumineux de l'ampoule MR-16 peut varier de très étroit à moyen. En général, cependant, dans les quatre types de réflecteurs, on considère le faisceau du MR-16 comme étant le plus étroit et celui du PAR comme étant le deuxième plus étroit.

Les lampes à incandescence sont bon marché et compactes, et se prêtent bien à la variation d'intensité au moyen du gradateur (qu'on appelle aussi variateur). On peut les allumer et les éteindre à répétition sans abréger leur durée de vie et elles produisent une lumière chaude. De plus, leur flux lumineux se règle facilement au moyen de réflecteurs et de lentilles. Par contre, elles ont une durée de vie courte, n'offrent pas un très bon rendement et dégagent beaucoup de chaleur. Ces deux dernières caractéristiques n'en font pas des choix appropriés pour les grandes installations à bon rendement énergétique. Ainsi, une lampe de 150 watts produit moins de 20 lumens par watt, tandis qu'une lampe fluorescente blanc froid de 40 watts a un rendement d'environ 80 lumens par watt et dégage beaucoup moins de chaleur.

Dans une lampe tungstène-halogène, la lumière est également produite par l'incandescence du filament, mais l'ampoule contient en plus du gaz inerte et une petite quantité d'un halogène comme l'iode ou le brome. Quand la lampe fonctionne, l'halogène se vaporise et fait en sorte que le tungstène évaporé se dépose à nouveau sur le filament plutôt que sur la paroi de l'ampoule, comme dans les lampes à incandescence ordinaires. Cela prolonge la durée de vie de l'ampoule, diminue la dépréciation de flux lumineux au fil du temps et donne une couleur plus uniforme à la lumière. Comme le filament se consume à une pression et une température élevées, l'ampoule est en quartz et est beaucoup plus petite que celle des lampes à incandescence ordinaires. Les lampes à halogène sont aussi désignées par le terme quartz halogène et existent en modèles à tension ordinaire (120 volts) ou à basse tension.

Parmi leurs nombreux avantages, les lampes à halogène sont plus efficaces que les lampes à incandescence ordinaires, elles sont compactes, et leur température de fonctionnement plus élevée produit plus de lumière dans la partie bleue du spectre, ce qui donne une lumière plus blanche. En revanche, comme elles fonctionnent à des températures et à des pressions élevées, ces lampes ont tendance à exploser en cas de défaillance. C'est pourquoi elles sont recouvertes d'une seconde ampoule ou protégées par une plaque de verre ou une grille.

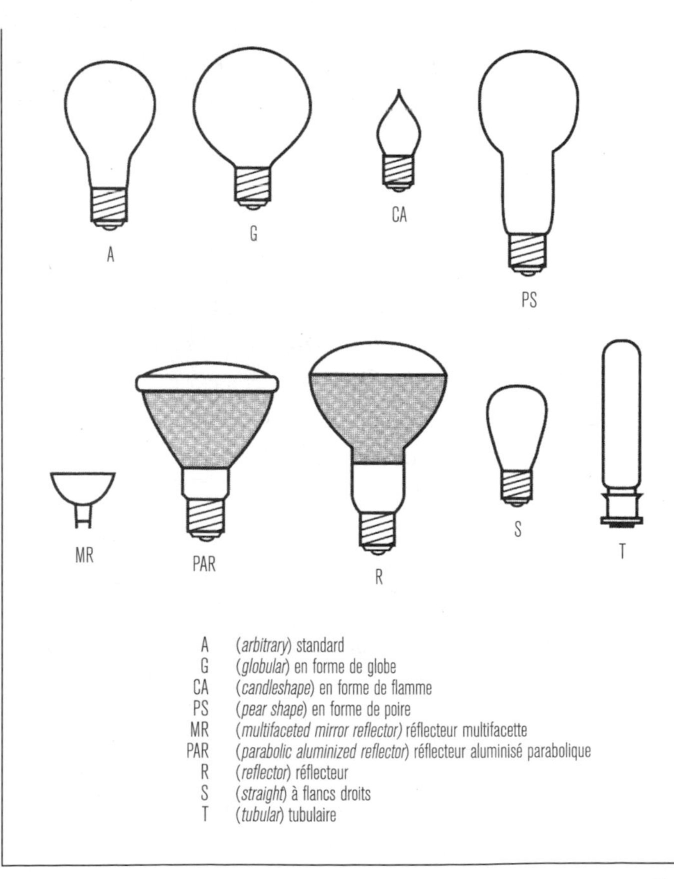

13.4
Formes des lampes (ampoules) à incandescence

Les lampes à incandescence à basse tension sont soit de type tungstène-halogène, soit à filament standard. Comme leur nom l'indique, ces lampes fonctionnent à une tension inférieure à 120 volts, habituellement 12 volts. Par contre, leur ampérage est plus élevé, ce qui signifie que leur filament doit être plus épais pour porter le courant additionnel. Ce filament plus épais est aussi plus compact, ce qui donne des lampes plus petites, dont le faisceau se règle plus facilement.

En raison de ces caractéristiques, les lampes à basse tension conviennent aux endroits nécessitant de petits luminaires ou un faisceau étroit. Les lampes à basse tension sont éconergétiques pour l'éclairage de petits objets ou l'éclairage à distance de gros objets. Leur principal inconvénient est qu'elles nécessitent un transformateur pour réduire la tension du réseau. Pour cette raison, les luminaires à basse tension sont plus encombrants et coûtent plus cher.

Ⓑ Tubes fluorescents

Les tubes fluorescents contiennent un mélange de gaz inerte et de vapeur de mercure à basse pression. Lorsque l'appareil est mis sous tension, un arc au mercure se forme et crée une lumière ultraviolette. Cette lumière invisible frappe à son tour l'ampoule tubulaire qui est recouverte à l'intérieur de phosphore, ce qui provoque la fluorescence du phosphore et produit une lumière visible. On trouve trois types de tubes fluorescents : à amorçage à chaud, à allumage rapide et à allumage instantané, selon le circuit utilisé. Les appareils à amorçage à chaud ont été supplantés par les appareils à allumage rapide. Tous les appareils fluorescents comportent un ballast, un dispositif qui fournit les tensions appropriées pour l'allumage et le fonctionnement de l'appareil et maintient l'ampleur du courant.

Les tubes plus courants sont habituellement linéaires, mais on trouve aussi des tubes en U et des tubes circulaires. Les fluorescents sont désignés par leur type, leur puissance nominale, leur diamètre, leur couleur et leur type d'allumage. Par exemple, la désignation F40T12WW/RS décrit un appareil fluorescent (F pour *fluorescent*), de 40 watts, tubulaire (T pour *tubular*), ayant un diamètre de 12/8 de pouce (soit 1 1/2" [38]), de couleur blanc chaud (WW pour *warm white*), à allumage rapide (RS pour *rapid start*). Rappelons que le diamètre est donné en huitièmes de pouce : un tube T8 a donc 1" de diamètre. Les tubes fluorescents sont offerts en différentes longueurs. Ceux de 4' (1200) sont les plus courants, mais il existe aussi des tubes de 2', 3' et 8' (609, 914 et 2438). Il existe aussi des fluorescents compacts comportant un adapteur pour les douilles de tubes à incandescence ordinaires.

On a longtemps considéré l'éclairage fluorescent comme étant trop froid. En fait, les fluorescents sont offerts dans une large gamme de températures de couleur, allant du blanc froid (lumière du jour), dont la température de couleur atteint 6 500 K, jusqu'au blanc chaud de luxe, dont la température de couleur se situe à 2 800 K et dont le spectre contient une forte proportion de rouge. Nous verrons les désignations des températures de couleur un peu plus loin dans ce chapitre.

Les tubes fluorescents ordinaires offrent un excellent rendement (entre 55 et 80 lumens par watt), ils ne coûtent pas cher, ils durent longtemps et sont offerts dans plusieurs températures de couleur. Ils peuvent être utilisés avec un gradateur, mais ce type de gradateur coûte plus cher que celui pour lampes à incandescence. Comme les tubes fluorescents sont généralement de grande dimension, il est plus difficile de les régler avec précision. Ils conviennent donc mieux à l'éclairement général. De nos jours, bon nombre de tubes fluorescents standards T12 sont remplacés par des tubes T8 et T5, plus petits et de puissance nominale moindre, alors que les lampes à incandescence sont remplacées par des fluorescents compacts. Dans les deux cas, ces choix permettent d'économiser de l'énergie en obtenant le même niveau d'éclairement pour une puissance consommée inférieure (en watts). D'ailleurs, on fabrique de moins en moins les anciens tubes T12.

Les tubes T8 et T5 (donc de 1″ [25] et de 5/8″ [16]) sont devenus populaires en raison d'un rendement supérieur et d'un meilleur rendu des couleurs, des avantages que l'on doit à l'utilisation de phosphores du groupe des terres rares. Un tube T8 à ballast magnétique produit jusqu'à 80 lumens par watt, alors qu'un T8 à ballast électronique produit jusqu'à 105 lumens par watt. Un appareil T5 produit entre 95 et 105 lumens par watt. Les indices de rendu des couleurs (voir plus loin la section 4) varient entre 70 et 98 pour les tubes T8. Les tubes à plus petit diamètre peuvent convenir à des luminaires moins encombrants et autorisent un réglage plus précis du flux lumineux.

Les appareils fluorescents compacts (CF pour *compact fluorescent*) sont des tubes T4 ou T5 en forme de U qui ne comportent de broches qu'à une seule extrémité. Ces tubes peuvent prendre diverses configurations à deux, trois ou quatre boucles. En plus de permettre une économie d'énergie, ces appareils ont une durée de vie beaucoup plus longue (10 000 heures) que les lampes à incandescence ordinaires. La plupart des fluorescents compacts sont conçus pour des luminaires spécifiques, mais certains sont munis d'un ballast intégré et d'un culot à vis standard, compatible avec les douilles des lampadaires et lampes ordinaires.

Ⓒ Lampes à décharge de haute intensité

Les lampes à décharge de haute intensité (DHI) produisent de la lumière en faisant passer une décharge électrique dans un gaz ou une vapeur à haute pression. Les lampes à vapeur de mercure, les lampes aux halogénures métalliques et les lampes à vapeur de sodium à haute pression sont toutes des lampes DHI.

Dans la lampe à vapeur de mercure, un arc électrique traverse une vapeur de mercure à haute pression, ce qui engendre la production de lumière ultraviolette et de lumière visible, surtout dans la bande spectrale bleu-vert. Pour améliorer le rendu des couleurs, divers phosphores peuvent être appliqués à l'intérieur de la lampe afin d'accentuer la production de lumière dans les bandes jaune et rouge. Les lampes à vapeur de mercure durent longtemps, mais offrent un mauvais rendu des couleurs. On les utilise généralement pour l'éclairage extérieur et dans certaines applications industrielles comme les entrepôts.

Les lampes aux halogénures métalliques ressemblent aux lampes à vapeur de mercure, sauf qu'elles comportent un tube à arc contenant des halogénures, ce qui permet d'améliorer le rendement et le rendu des couleurs, mais réduit la durée de vie. Les lampes aux halogénures métalliques sont, parmi les lampes DHI, celles qui possèdent le plus de caractéristiques avantageuses. Leur indice de rendu des couleurs varie entre 60 et 90, elles offrent un bon rendement et durent relativement longtemps. Leur principal inconvénient est l'importante variation de leur température de couleur, qui devient de plus en plus apparente au fil du temps. Comme toutes les lampes DHI, les lampes aux halogénures métalliques comportent une ampoule externe qui protège le tube à arc et absorbe les rayons ultraviolets dangereux. Il y a trois types d'ampoules : claires, phosphorées et dépolies. On privilégie les ampoules claires là où un contrôle optique est nécessaire, compte tenu de la précision des tâches à exécuter. Les ampoules phosphorées offrent un meilleur rendu des couleurs. Quant aux ampoules dépolies, on les réserve aux plafonniers encastrés installés dans des plafonds bas.

Les lampes à vapeur de sodium à haute pression produisent de la lumière en faisant passer un arc électrique dans une vapeur de sodium chaude. Le tube à arc doit être fait de céramique spéciale pour résister à l'attaque du sodium chaud. Les lampes à vapeur de sodium à haute pression ont un rendement de 80 à 140 lumens par watt, ce qui les range parmi les lampes les plus efficaces sur le marché. Leur durée de vie est extrêmement longue, soit environ 10 000 heures pour les lampes à IRC amélioré et jusqu'à 24 000 heures pour les autres. Malheureusement, les lampes à vapeur de sodium à haute pression ordinaires produisent une lumière très jaune. Les lampes dont l'IRC a été corrigé (c'est-à-dire donc l'IRC peut atteindre jusqu'à 70) sont acceptables pour certaines applications à l'intérieur.

Les lampes DHI offrent de nombreux avantages, mais il faut du temps pour les rallumer. La lampe doit d'abord se refroidir, puis elle prend du temps à se réchauffer. Les lampes à vapeur de mercure prennent environ 10 minutes à se rallumer, les lampes aux halogénures métalliques, de 10 à 20 minutes et les lampes au sodium à haute pression, environ une minute, ce qui peut être un désavantage en cas de panne de courant.

En plus de ces trois principaux types de lampes, on trouve les tubes au néon et les lampes à cathode froide. Les tubes au néon peuvent prendre un nombre illimité de formes et servent à la fabrication des enseignes et à l'éclairage d'accentuation spécialisé. Ils peuvent produire toutes sortes de couleurs selon les gaz utilisés dans le tube. De la même façon, les lampes à cathode froide peuvent être fabriquées sur mesure en tubes longs et minces. Elles sont plus efficaces que les tubes au néon, légèrement plus grosses (environ 1" [25] de diamètre) et peuvent produire plusieurs tons de blanc en plus d'un grand nombre de couleurs.

3 TYPES D'ÉCLAIRAGE

Les installations d'éclairage sont classées selon le système utilisé pour éclairer l'espace et selon le montage des luminaires.

(A) Les systèmes d'éclairage

Les termes direct, semi-direct, direct-indirect, diffus général, semi-indirect et indirect peuvent désigner le mode d'éclairage d'un luminaire en particulier ou le système d'éclairage privilégié dans l'ensemble d'une installation. Voir la figure 13.5.

Le système d'éclairage direct dirige l'ensemble du flux lumineux sur l'aire de travail. Un luminaire fluorescent encastré est un exemple d'éclairage direct. Le système d'éclairage semi-direct dirige la majeure partie de la lumière vers le bas et une plus petite proportion vers le plafond. Le luminaire doit donc être posé au plafond ou suspendu. Le système direct-indirect distribue la lumière à peu près également vers le haut et vers le bas. Enfin, les systèmes indirect et semi-indirect dirigent toute ou presque toute la lumière vers le plafond qui la réfléchit pour éclairer la pièce.

Le système combinant lumière ambiante et éclairage d'appoint est très courant dans les applications commerciales. Ce système fournit une lumière d'ambiance générale et un éclairage direct pour chaque poste de travail ou pour toutes les aires où cela est nécessaire. Cet éclairage d'appoint est produit au moyen de lampes de bureau ou de projecteurs orientés, ou encore au moyen de luminaires supplémentaires placés près des aires de travail exigeant plus d'éclairage. Outre l'efficacité énergétique et l'adaptation aux besoins de chacun, ce système contribue à la création de milieux de travail plus agréables.

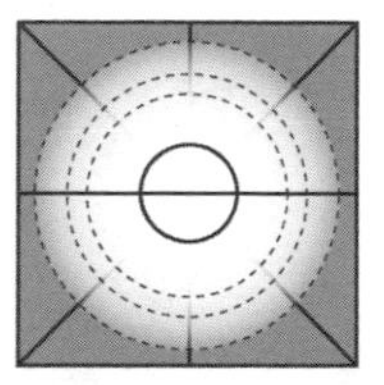

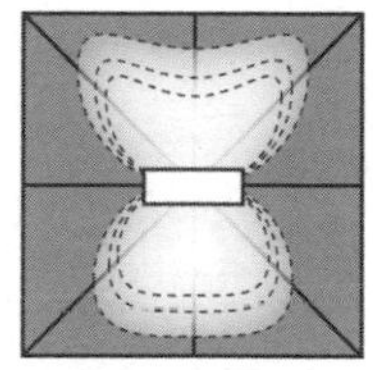

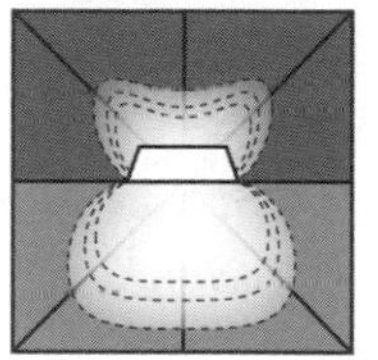

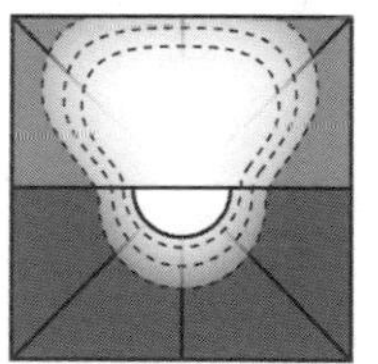

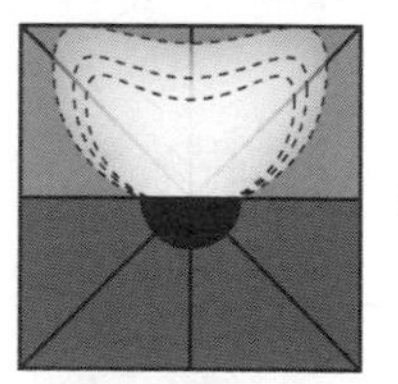

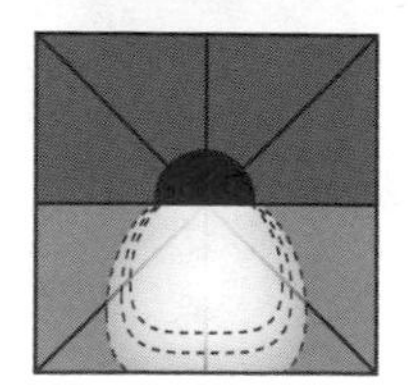

13.5
Systèmes d'éclairage

Ⓑ Les types d'appareils d'éclairage

- **Les plafonniers.** Les plafonniers sont les luminaires que l'on utilise le plus fréquemment en design d'intérieur résidentiel et commercial. Comme leur nom l'indique, ces luminaires sont directement fixés à la surface finie du plafond et projettent l'ensemble du flux lumineux dans l'espace. Les plafonniers conviennent quand le plafond ne permet pas d'installer des luminaires encastrés ou quand les luminaires sont ajoutés après la construction du plafond. On trouve des plafonniers avec lampes à incandescence, avec des tubes fluorescents ou des lampes DHI ainsi que divers types d'éclairages sur rail.

- **Les encastrés.** Ces luminaires sont très répandus dans les installations résidentielles et commerciales. En éclairage résidentiel, il s'agit habituellement de petits spots à incandescence qu'on peut loger dans l'espace limité entre les solives de plancher ou de plafond. Dans les installations commerciales, on utilise un éclairage à incandescence encastré ainsi que des chemins lumineux (*troffers*) encastrés dans des systèmes de plafond acoustique suspendu. Lorsque toute la structure du plafond est destinée à l'éclairage, on parle de plafond lumineux. Les luminaires à incandescence encastrés peuvent être des projecteurs ordinaires pour un éclairage général ou des projecteurs à éclairage mural qui orientent la lumière dans une seule direction. On peut aussi encastrer d'étroits luminaires fluorescents en continu près d'un mur de façon à en éclairer la surface uniformément.

- **Les suspensions.** Tous les luminaires suspendus au plafond sont appelés des suspensions. Il peut s'agir de luminaires directs à incandescence ou de fluorescents, de diffuseurs, de systèmes indirects, de lustres ou d'autres types de luminaires spécialisés. Tous les systèmes d'éclairage indirects doivent être suspendus (sauf dans le cas d'une applique murale éclairant vers le plafond). Le luminaire doit être placé suffisamment bas par rapport au plafond pour permettre à la lumière de s'étaler adéquatement sur les surfaces de la pièce afin d'être reflétée. Les suspensions sont aussi utiles lorsque le designer d'intérieur veut rapprocher la source lumineuse de l'aire de travail dans une pièce dont le plafond est haut. Certaines suspensions spéciales sont utilisées uniquement à des fins esthétiques (on les désigne alors sous le terme de lustres).

- **Les appliques.** Les appliques peuvent fournir un éclairage indirect, direct-indirect, ou direct. Pour un éclairage général, on utilise des appliques qui dirigent toute ou presque toute la lumière vers le plafond. Souvent, les appliques servent aussi d'éléments décoratifs. Divers types de luminaires en applique, réglables ou non, peuvent aussi servir à l'éclairage d'appoint. C'est le cas, par exemple, des lampes de chevet murales. Un éclairage en applique peut aussi être monté en corniche près du plafond et illuminer indirectement le plafond ou le mur selon l'orientation de la corniche.

- **Les luminaires intégrés à des meubles.** On trouve souvent des luminaires intégrés aux meubles dans les systèmes combinant lumière d'ambiance et éclairage d'appoint. Ils peuvent être intégrés au-dessus de chaque plan de travail, ou installés sur le dessus des meubles pour fournir un éclairage vers le haut (qui peut aussi être fourni par des luminaires sur pied). Les luminaires intégrés sont fréquemment utilisés dans les étagères et les box de bibliothèque.
- **Les lampadaires.** Les lampadaires sont offerts dans une grande variété de styles et de tailles, et ils peuvent même être conçus et fabriqués sur mesure. Les lampadaires qui dirigent la plus grande partie du flux lumineux vers le plafond portent le nom de *torchères*. Dans les systèmes d'éclairage combinant lumière d'ambiance et éclairage d'appoint, on peut employer des éléments autoportants contenant des lampes à puissance élevée qui illuminent indirectement le plafond.
- **Les lampes et luminaires décoratifs.** On compte parmi les lampes et luminaires décoratifs les lampes de table, les lampes de lecture et les luminaires destinés uniquement à des fins esthétiques. Des centaines de fabricants proposent ces luminaires dans un nombre presque illimité de styles et de modèles.

4 Le design de l'éclairage

L'éclairage est à la fois un art et une science. Du point de vue pratique, le designer d'intérieur doit prévoir suffisamment de lumière pour que les utilisateurs puissent exécuter leurs tâches sans éblouissement ni inconfort, tandis que, du point de vue esthétique, il doit utiliser l'éclairage de manière à rehausser le design d'intérieur. L'éclairage doit également être conçu dans une optique d'économie d'énergie et de préservation de la santé des occupants.

(A) Couleur de la lumière

Outre les problèmes d'éblouissement et de contraste mentionnés précédemment, la couleur des sources lumineuses joue un rôle important dans la qualité globale de n'importe quel design d'éclairage. La couleur perçue d'un objet dépend à la fois de la couleur de cet objet et de la couleur de la lumière qui l'éclaire. Un objet bleu, par exemple, devient plus gris sous une lumière incandescente, alors qu'il est mis en valeur à la lumière du jour.

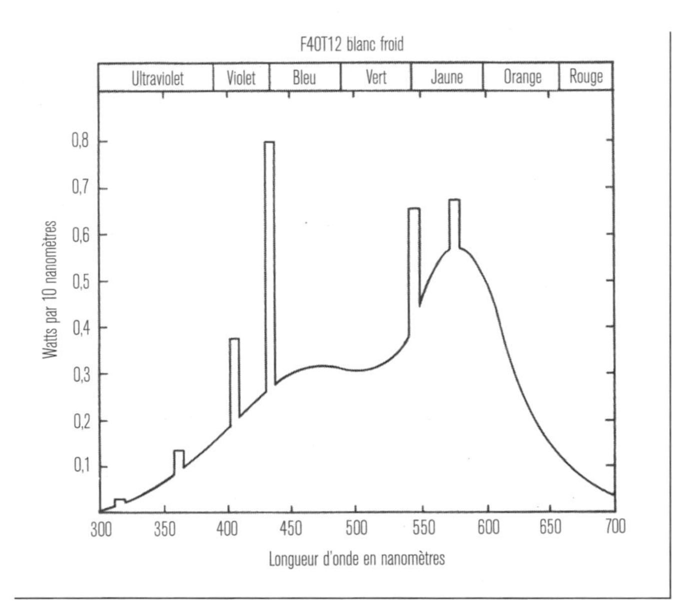

13.6
Courbe de répartition spectrale

Chaque lampe a sa propre répartition spectrale. Il s'agit d'une mesure de l'énergie produite à différentes longueurs d'onde ou couleurs. La figure 13.6 illustre une courbe de répartition spectrale. Dans cet exemple, il s'agit d'une courbe discontinue, typique des lampes fluorescentes et DHI, c'est-à-dire une courbe présentant des pics en certains points. La lumière du jour et la lumière incandescente ont une courbe de répartition spectrale continue.

On attribue aux sources lumineuses un nombre correspondant à leur couleur dominante en fonction de la température, en Kelvin, à laquelle un corps noir devrait être chauffé pour produire cette couleur. Techniquement, seules les lampes à incandescence peuvent porter une désignation de température de couleur, mais on indique souvent une température de couleur apparente pour décrire la blancheur des lampes fluorescentes et d'autres sources lumineuses. Toutefois, bien qu'une source lumineuse à répartition spectrale discontinue puisse avoir la même température de couleur apparente qu'une source à répartition spectrale continue, ces deux sources lumineuses rendent les couleurs très différemment. Le tableau 13.2 présente les températures de couleur de certaines sources lumineuses courantes. On observe que plus la température de couleur est basse, plus la lumière est chaude; à mesure que la température augmente, la lumière devient de plus en plus bleue et blanche.

On attribue aussi un indice de rendu des couleurs (IRC) aux différentes sources lumineuses. Cet indice compare le rendu des couleurs d'une source lumineuse donnée à celui d'une source lumineuse de référence, de chromaticité similaire et dont l'IRC est de 100. Cet indice est un chiffre entre 1 et 100 (la lumière solaire du midi a un indice de rendu de couleurs de 100) et, dans bien des cas, la source de référence ressemble beaucoup à une lampe à incandescence ordinaire. Pour la plupart des applications intérieures, les températures de couleur se situent entre 2 700 K et 5 000 K. La température de couleur dépend de l'aspect général souhaité ainsi que des couleurs des revêtements et des meubles. Dans la plupart des bureaux, on choisit des lampes fonctionnant à environ 3 500 K. Généralement, le designer d'intérieur doit inscrire au devis d'exécution que la température de couleur devrait être à peu près la même pour toutes les lampes installées dans un même espace.

Il est important de connaître les caractéristiques chromatiques des sources lumineuses entrant dans un design d'éclairage, car la couleur de la lumière influe sur la couleur des finis, des meubles et des différents objets d'une pièce. Par exemple, une lampe produisant une forte proportion de lumière bleue et violette donnera aux tons chauds de rouge un aspect grisâtre et délavé. Dans tous les cas où l'apparence des couleurs compte, il est de première importance de choisir les finis et les matériaux sous l'éclairage qui sera celui de la pièce.

Source	Température de couleur en Kelvin
Ciel bleu brumeux	9 000
Ciel couvert	7 500
Lampe à incandescence de 60 watts	2 790
Lampe à incandescence de 150 watts	2 800
Lampe tungstène-halogène	3 000
Lampe fluorescente blanc froid	4 300
Lampe fluorescente blanc chaud	3 100
Lampe fluorescente blanc froid de luxe	4 100
Lampe fluorescente lumière du jour	6 500
Lampe DHI aux halogénures métalliques	3 600 – 4 200

Tableau 13.2
Tableau de correspondance des températures de couleur pour différentes sources lumineuses courantes

Ⓑ Le processus de design de l'éclairage

Dans cette section, nous verrons les facteurs les plus importants à prendre en considération dans le design d'un éclairage, ainsi que l'une des méthodes que l'on peut suivre pour le réaliser.

La première étape consiste à déterminer la fonction de l'espace et les tâches visuelles qui y seront exécutées. Il faut donc établir les niveaux d'éclairage nécessaires (en pieds-bougies ou en lumens par pied carré), vérifier si l'espace est destiné à un seul ou à de multiples usages, et voir si des conditions spéciales dictent une solution d'éclairage en particulier. Ainsi, une salle où il y aura des ordinateurs exige un soin particulier pour éviter les reflets sur les écrans. Un système d'éclairage indirect assorti d'un éclairage d'appoint réglable pour les postes de travail pourrait convenir dans un tel cas. Il faut également tenir compte des facteurs existants pouvant influer sur le design comme la quantité de lumière du jour entrant dans la pièce, la hauteur du plafond, la construction du plafond, la taille de la pièce et toute autre variable importante.

Le système d'éclairage doit aussi mettre en valeur le caractère et la fonction de l'espace. L'éclairage d'une salle de lecture dans une bibliothèque ne sera pas du tout le même que celui d'une boîte de nuit. Le caractère d'un espace dépend non seulement du niveau d'éclairage, mais aussi des types et des styles d'appareils d'éclairage choisis. Il faut aussi songer au degré d'uniformité de l'éclairage, au réglage du flux lumineux, aux luminaires fixes par rapport aux luminaires portatifs et à la visibilité des sources lumineuses.

On peut ensuite déterminer quels types de lampes on utilisera, qu'il s'agisse de lampes à incandescence, de lampes fluorescentes, de lampes à DHI ou d'une combinaison de divers types de lampes. Cette décision repose sur le rendu des couleurs que l'on souhaite obtenir, sur le budget global (coût initial et coût du cycle de vie) et sur le type de réglage nécessaire. Par exemple, si on désire un éclairage par projecteurs, il faudra probablement choisir des lampes à incandescence.

Le choix des luminaires se fera concurremment à celui des types de lampes. Il exige à la fois de solides connaissances techniques et un bon sens de l'esthétique. On doit, bien entendu, choisir des luminaires qui permettent d'éviter l'éblouissement, présentent un bon rapport qualité-prix, s'ajustent aux besoins et conviennent à la structure de la pièce. Les appareils d'éclairage doivent également être adaptés au design d'ensemble et fournir la qualité d'éclairage nécessaire aux tâches visuelles. Dans la plupart des projets, il faut opter pour une variété de luminaires. Par exemple, dans un magasin de détail, on pourra utiliser des lampes fluorescentes directes ou indirectes pour l'éclairage général, des projecteurs à faisceau mural à incandescence pour souligner les surfaces verticales, un éclairage sur rail réglable pour mettre en valeur certaines zones et des luminaires de table pour éclairer certains plans de travail.

Enfin, on détermine le nombre et l'emplacement des luminaires. Ces décisions sont essentiellement fondées sur le niveau d'éclairement nécessaire et sur les tâches à effectuer. En design résidentiel et dans certains projets de design commercial, le nombre de luminaires peut être estimé par expérience ou selon des règles empiriques qui font correspondre le nombre de luminaires à la surface utile. Le designer d'intérieur peut avoir recours aux conseils de l'ingénieur spécialisé en éclairage du distributeur pour l'aider à calculer le nombre d'appareils requis dans des situations particulières ou complexes.

Dans les installations de grandes dimensions, on doit utiliser la méthode « des cavités zonales » mise au point par l'IESNA pour déterminer le nombre et l'emplacement des luminaires. Voir la figure 13.7. Cette méthode, qui divise une pièce en trois zones - zone de plafond, zone utile et zone de plancher –, permet de déterminer le nombre de luminaires nécessaires pour produire un niveau d'éclairement donné en tenant compte du flux lumineux produit par les lampes, du coefficient d'utilisation (CU) des luminaires et des facteurs de perte de lumière (FPL). Le CU est le rapport entre le flux lumineux atteignant un plan de travail et le flux lumineux total d'un luminaire, compte tenu des réflectances des surfaces. Les FPL se divisent en facteurs de perte de lumière récupérables (FPLR), soit ceux qui ont trait à l'affaiblissement des ampoules ou à l'affaiblissement des luminaires dû à la saleté, et en facteurs de perte de lumière non récupérables (FPLNR), soit les pertes de flux lumineux permanents. Tous ces facteurs entrent dans une équation permettant de calculer le nombre de luminaires. Il est peu probable que vous ayez à faire de tels calculs durant l'examen du NCIDQ. Vous devez néanmoins connaître les facteurs qui influent sur le niveau d'éclairement.

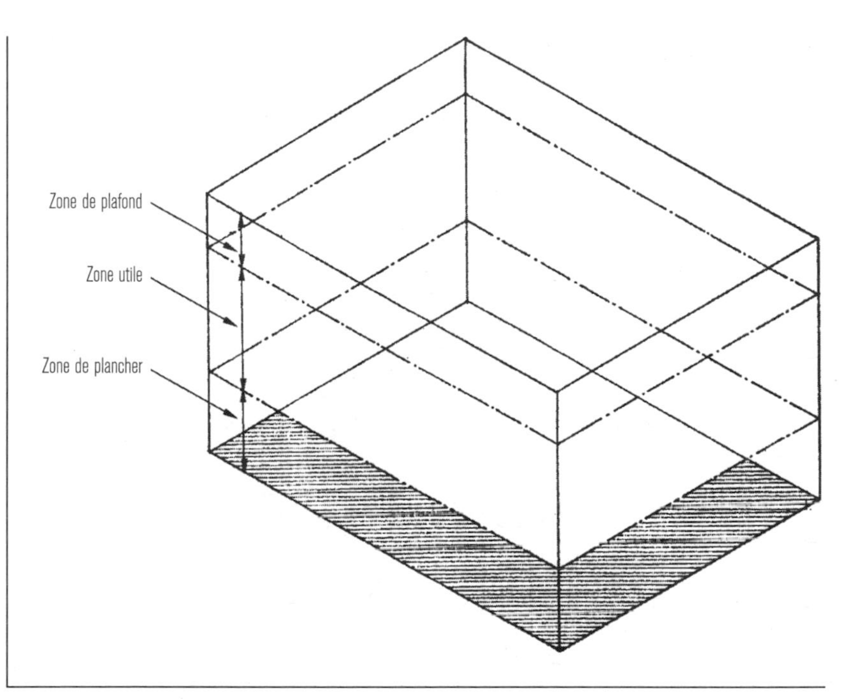

13.7
Méthode des cavités zonales

Il ne suffit pas de déterminer le nombre de luminaires nécessaires pour obtenir un niveau d'éclairement donné sur un plan de travail. Il se peut aussi qu'un éclairage additionnel soit nécessaire pour atténuer l'effet de murs foncés, pour corriger la déperdition d'éclairage due à des cloisons entièrement vitrées, ou encore pour mettre en valeur certaines zones et donner de l'intérêt et du contraste à l'ensemble du design.

Ⓒ Plans de plafond réfléchi

Une fois arrêté, le design d'éclairage est indiqué sur un plan de plafond réfléchi. Comme nous l'avons vu précédemment, ce plan est dessiné dans la même orientation et à la même échelle que le plan d'étage. Il montre non seulement la construction du plafond et l'emplacement des diffuseurs d'air, des détecteurs de fumée et des autres mécanismes logés dans le plafond, mais aussi l'emplacement de tous les luminaires encastrés. En construction résidentielle et dans certains projets commerciaux, les interrupteurs peuvent également figurer sur ce plan, comme l'illustre la figure 13.8. Dans les projets commerciaux de grande envergure, il arrive que le designer d'intérieur dessine un plan de plafond réfléchi montrant uniquement l'emplacement des luminaires, alors que l'ingénieur en électricité prépare un plan montrant les interrupteurs et les circuits. Voir la figure 7.6. Pour une description plus détaillée du plan de plafond réfléchi, on peut se reporter au chapitre 7.

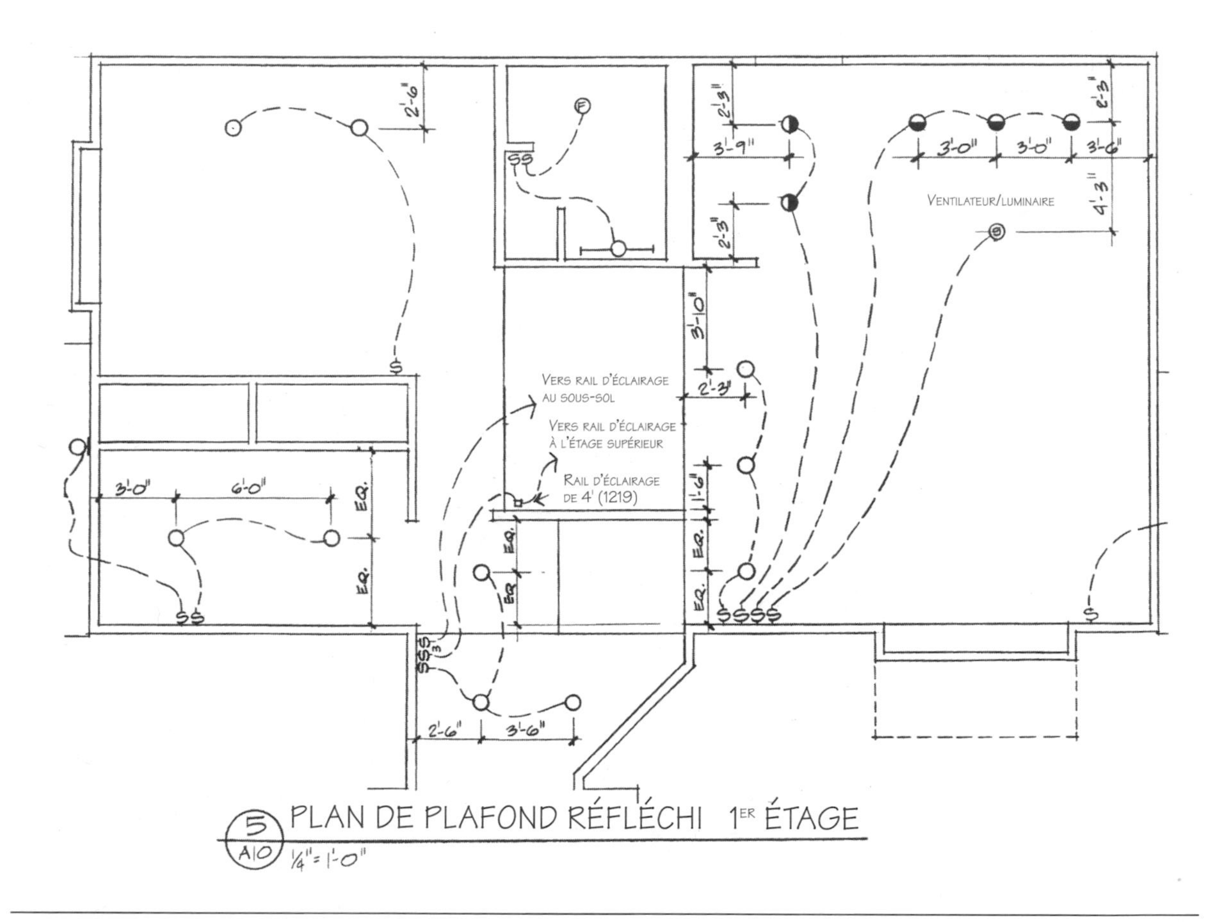

13.8
Indication des interrupteurs sur un plan de plafond réfléchi

Ⓓ Circuits et interrupteurs

Le designer d'intérieur doit aussi indiquer où se trouveront les interrupteurs des appareils d'éclairage dans un espace. Cette décision dépend de plusieurs facteurs : la fonction de l'éclairage, la nécessité de réglage individuel, l'emplacement le plus logique des interrupteurs, les besoins en conservation d'énergie et la charge électrique maximale admissible pour chacun des circuits.

Un seul interrupteur contrôlant tous les luminaires peut suffire dans un espace, tout dépendant de la fonction de cet espace. Par contre, dans une salle de conférence, il peut être nécessaire de prévoir plusieurs circuits et interrupteurs de façon que les utilisateurs puissent éteindre certains luminaires seulement. Des interrupteurs multiples peuvent aussi permettre une économie d'énergie, puisqu'ils permettent aux utilisateurs de n'allumer que les appareils dont ils ont besoin.

En général, les interrupteurs devraient être situés à l'intérieur d'une pièce et près de la porte de manière que les utilisateurs puissent facilement allumer les luminaires en entrant et les éteindre en sortant. Dans une très grande pièce comportant plusieurs portes, on peut installer des interrupteurs à deux ou à trois voies qui permettent d'allumer ou d'éteindre un même luminaire à partir de trois ou de quatre endroits.

La planification des circuits d'éclairage dépend également du type de contrôle que l'on souhaite donner aux utilisateurs. De nombreux luminaires reliés à un gradateur exigent chacun un circuit exclusif. Les lampes à incandescence et les fluorescents peuvent tous deux être utilisés avec des gradateurs, mais les gradateurs pour fluorescents, en plus de coûter plus cher, doivent être associés à des luminaires spéciaux qui ne clignotent pas quand on en varie l'intensité. Dans certaines installations commerciales, les lampes à incandescence doivent être raccordées à des circuits distincts des lampes fluorescentes, car les lampes à incandescence sont branchées sur des circuits de 120 volts, tandis que les fluorescents sont branchés sur des circuits de 277 volts. Ces derniers sont souvent utilisés dans les grandes installations commerciales en raison de leur efficacité supérieure. Les luminaires peuvent aussi être mis sous tension par des commutateurs à relais à basse tension, par des minuteries automatiques ou être reliés à des détecteurs de mouvements.

Enfin, le nombre d'interrupteurs dépend des limites de charge électrique. Cette limite est déterminée par l'ingénieur en électricité ou, dans le cas d'un petit projet, par l'entrepreneur électricien. Les codes de l'électricité limitent la puissance totale en watts pouvant être reliée à un circuit, de sorte qu'un grand espace comportant de nombreux luminaires doit compter plusieurs interrupteurs sur plusieurs circuits.

(E) Lumière du jour

Bien souvent, l'éclairage fourni par la lumière du jour complète ou remplace l'éclairage artificiel à certains moments de la journée. Même si c'est l'architecture d'un immeuble qui détermine jusqu'à quel point on peut utiliser la lumière du jour, le designer d'intérieur doit prévoir l'emplacement des cloisons et choisir un système de mobilier, des couleurs et des finis qui ne nuiront pas à l'utilisation de la lumière du jour. Par exemple, dans un espace éclairé par une claire-voie, les cloisons et le mobilier doivent être aussi bas que possible pour ne pas nuire à l'entrée de lumière. (Une claire-voie est une surface vitrée entre deux niveaux de toiture.)

(F) Économie d'énergie

L'éclairage compte pour une bonne part de la consommation d'énergie des immeubles commerciaux. Le designer d'intérieur peut mettre en œuvre diverses stratégies pour maintenir cette consommation à son plus bas : utiliser la lumière du jour au maximum, choisir des appareils d'éclairage à haut rendement, réduire l'éclairage ambiant inutile, fournir un éclairage d'appoint uniquement là où c'est nécessaire, et choisir des surfaces à haute réflectance pour les plafonds, les murs et les planchers afin de réduire le nombre total de luminaires nécessaires pour éclairer l'espace. En outre, en travaillant avec un designer d'éclairage ou un ingénieur en électricité compétent, on peut avoir recours à d'autres solutions techniques comme la commutation automatique ou les luminaires à reprise d'air. La commutation automatique éteint automatiquement les luminaires dans une pièce restée vide après un certain temps alors que les luminaires à reprise d'air poussent l'air expulsé au-dessus des lampes pour les empêcher de chauffer et améliorer leur rendement.

La plupart des codes du bâtiment imposent une limite à l'énergie consommée pour l'éclairage dans les bâtiments commerciaux. Cette limite est déterminée, pour chaque type de bâtiment, au moyen d'une méthode mise au point par l'IESNA que le designer d'intérieur doit respecter pour ne pas dépasser le budget total d'énergie. Cette méthode, centrée sur l'économie d'énergie, laisse une certaine marge de manœuvre pour la conception. Le wattage autorisé varie selon le type d'immeuble mais, en général, on considère souvent le chiffre de 2,3 watts par pied carré comme un maximum.

Ⓖ Éclairage de sécurité

Le *Uniform Building Code*, le *National Electrical Code* et le *Life Safety Code* des États-Unis ainsi que la plupart des codes du bâtiment au Canada comportent des dispositions relatives à l'éclairage de sécurité des immeubles commerciaux. Comme les exigences diffèrent légèrement d'un territoire à l'autre, il faut vérifier la réglementation locale en vigueur. De façon générale, toutefois, tous les codes exigent qu'en cas de panne d'électricité, l'éclairage soit suffisant pour permettre aux occupants d'évacuer l'immeuble en toute sécurité.

L'éclairage de sécurité est obligatoire dans les escaliers et les corridors d'issue ainsi que dans certains types de bâtiments comme les établissements de réunion, les établissements d'enseignement, les établissements industriels à risque et tout autre endroit où le nombre d'occupants dépasse un certain seuil. Le niveau d'éclairement minimal exigé est habituellement de 1 pied-bougie, soit 1 lumen par pied carré, au niveau du plancher. Dans bien des cas, il est également obligatoire d'indiquer la sortie par des panneaux lumineux. De tels panneaux doivent être installés à chaque porte de sortie et à chaque porte menant vers une issue. De plus, des panneaux de signalisation doivent indiquer clairement les issues à chaque changement d'orientation d'un corridor et à chaque intersection avec un autre corridor. Dans tout bâtiment existant, les architectes ont généralement prévu des circuits d'éclairage de sécurité, ce qui veut dire que tout projet de réfection majeure doit inclure les branchements appropriés à ces circuits de sécurité.

QUESTIONS

1. Qui est responsable du design définitif du système d'éclairage et des interrupteurs dans un projet de design d'intérieur commercial ?

   1. Le designer d'intérieur
   2. L'architecte
   3. L'ingénieur en électricité
   4. L'entrepreneur en électricité

2. Vous aménagez l'intérieur d'une bijouterie dans un centre commercial chic. Quel type de lampe sera le plus approprié pour éclairer les comptoirs-vitrines ?

   1. Des lampes au quartz PAR 75 W
   2. Des lampes au quartz R 150 W
   3. Des lampes T 15 W
   4. Des lampes MR-16 90 W

3. Quelle est la désignation courante de l'ampoule identifiée par un X ci-dessous ?

   1. CA
   2. G
   3. A
   4. T

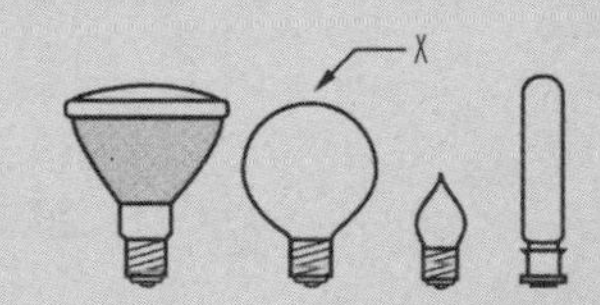

4. Dans le système impérial, quelle est l'unité utilisée pour mesurer et décrire la luminance d'une source d'éblouissement ?

   1. Le pied-bougie
   2. Le pied-Lambert
   3. La candela
   4. Le lumen

5. L'un des problèmes d'éclairage les plus fréquents dans une salle de dessin traditionnelle est...

   1. la réflexion voilante.
   2. l'éblouissement direct.
   3. le confort visuel.
   4. le contraste excessif.

6. Après avoir étudié les plans d'un grand espace de bureaux dont vous avez fait le design, le service des permis et inspection constate que vous avez dépassé le budget d'éclairage. Si l'éclairage que vous avez conçu est composé à 80 % de lampes fluorescentes et à 20 % de lampes à incandescence, quel est le *meilleur* moyen de *corriger* votre design ?

   1. Réduire le nombre de luminaires en les espaçant davantage
   2. Remplacer toutes les lampes à incandescence par des lampes fluorescentes
   3. Modifier le concept pour adopter un système combinant lumière d'ambiance et éclairage d'appoint
   4. Étudier la possibilité d'utiliser des lampes à meilleur rendement

7. Laquelle des sources ci-dessous serait *la plus appropriée* pour éclairer l'entrepôt d'un grand concessionnaire de meubles ?

   1. Des lampes à sodium à haute pression
   2. Des tubes fluorescents blanc froid de luxe
   3. Des lampes aux halogénures métalliques
   4. Des lampes à vapeur de mercure

8. Pour quelle raison utilise-t-on *généralement* des plafonniers ?

   1. On veut obtenir un éclairage vers le haut et un certain éclairage latéral
   2. Il n'y a pas assez d'espace au-dessus du plafond
   3. Ces luminaires sont plus faciles et moins coûteux à installer
   4. Ces luminaires constituent des éléments décoratifs

9. Quel est le critère *le plus important* dans l'éclairage d'une salle d'exposition de tissus ?

   1. Le facteur de probabilité du confort visuel
   2. L'indice de rendu des couleurs
   3. Le coefficient d'utilisation
   4. La température de couleur apparente

10. Quelle approche du design d'éclairage *conviendrait le mieux* pour une pièce où les occupants travaillent à la fois à l'ordinateur et sur des plans de travail traditionnels ?

    1. Un éclairage d'ambiance indirect et des lampes d'appoint individuelles à chaque poste de travail
    2. Des projecteurs au-dessus des postes de travail et des luminaires d'éclairage indirect au-dessus des terminaux
    3. Des chemins lumineux encastrés à faible brillance contrôlés par des gradateurs et un éclairage d'appoint aux plans de travail
    4. Un système d'éclairage direct-indirect contrôlé depuis chaque poste de travail

14

Systèmes mécaniques, systèmes électriques et structure

Ce chapitre présente les systèmes mécaniques, les systèmes électriques et les éléments de structure que vous devez connaître. On entend par systèmes mécaniques le chauffage et la climatisation, la plomberie ainsi que la protection incendie. Les systèmes électriques comprennent l'énergie électrique, l'éclairage, ainsi que le système téléphonique et les autres systèmes de communication. (Reportez-vous au chapitre 13 pour ce qui est de l'éclairage.) Le présent chapitre aborde aussi la conception des escaliers. Dans l'examen du NCIDQ, les escaliers sont souvent désignés comme les circulations verticales.

Le designer d'intérieur n'est pas responsable de la conception ni de la production des dessins d'exécution pour la structure et les systèmes électriques et mécaniques. Néanmoins, il doit pouvoir coordonner son travail avec celui des ingénieurs-conseils, savoir comment lire leurs dessins techniques et être en mesure de proposer des solutions de design qui tiennent compte de ces systèmes. L'emplacement d'une chute à déchets, par exemple, peut limiter la zone dans laquelle il planifie une nouvelle salle de bain. Dans certains projets, le designer d'intérieur peut recommander l'ouverture d'un plancher pour ajouter un nouvel escalier, mais il doit d'abord savoir si la structure le permet.

1 Chauffage, ventilation et conditionnement de l'air (CVCA)

Le sigle CVCA signifie *chauffage, ventilation et conditionnement de l'air* et inclut tous les systèmes utilisés à cette fin. Parfois, le même système remplit toutes ces fonctions, parfois deux systèmes ou plus servent à chauffer et à refroidir un immeuble.

(A) Types de systèmes CVCA

Les systèmes CVCA sont souvent classés d'après le fluide utilisé pour chauffer ou refroidir. Les deux principales méthodes de chauffage et de refroidissement utilisent l'air ou l'eau, bien qu'au Québec et dans d'autres régions on utilise surtout l'électricité. Certains systèmes combinent différents fluides.

Les systèmes tout air assurent le refroidissement et le chauffage des espaces uniquement au moyen d'air conditionné, transporté dans des conduits d'approvisionnement et de reprise. Un bon exemple d'un tel système est le chauffage à air pulsé résidentiel. Une unité de chauffage au mazout ou au gaz chauffe l'air qui est ensuite distribué dans l'ensemble de la maison par un système de conduits. Dans chaque pièce, des conduits de reprise aspirent l'air refroidi et le renvoient vers l'unité de chauffage où il est chauffé de nouveau. Au besoin, un climatiseur peut être relié au même système de conduits pour fournir de l'air refroidi et déshumidifié.

Dans les immeubles commerciaux, on trouve différents systèmes comme les systèmes à volume d'air variable (VAV), les systèmes à double gaine et à grande vitesse, les systèmes à volume d'air constant (VAC) avec réchauffage et les systèmes multizone. Tous ces systèmes nécessitent des conduits d'approvisionnement, des registres et des grilles de reprise d'air dans tous les espaces. Les registres servent à modifier la direction et le débit de l'air qui circule dans les conduits d'approvisionnement. Bien souvent, il n'y a pas de conduits séparés pour l'air repris; on installe simplement des grilles dans le plafond suspendu pour le recueillir. Le système mécanique aspire l'air repris vers un point de collecte centralisé à partir duquel il est acheminé par des conduits vers l'installation de chauffage de l'immeuble.

Le caisson de distribution ou la chambre de répartition d'air d'un système à air s'appelle le *plénum*. (Il ne faut pas confondre ce terme avec le terme anglais *plenum* qui désigne le vide au-dessus d'un plafond suspendu.) Lorsque des cloisons ignifugées s'élèvent au-delà du plafond suspendu, il faut prévoir des conduits d'approvisionnement et des ouvertures de reprise. Des registres coupe-feu à fermeture automatique doivent obligatoirement être installés à tous les endroits où les conduits traversent un mur coupe-feu.

Les registres d'approvisionnement sont souvent reliés au système principal de conduits par des gaines flexibles, dont l'emplacement peut être modifié si un autre élément doit être installé au même endroit dans le plafond. Comme, dans les constructions commerciales, les grilles de reprise d'air ne sont habituellement pas reliées aux conduits, il est possible de les déplacer dans la mesure où la circulation générale de l'air est maintenue. Il faut consulter l'ingénieur en mécanique pour déterminer jusqu'à quel point les registres peuvent être déplacés.

Les systèmes de chauffage tout eau comportent dans chaque espace un serpentin appelé *convecteur* où circule l'eau chaude. L'eau chaude réchauffe les ailettes du serpentin et l'air est réchauffé en passant sur les ailettes. L'air peut circuler par convexion, comme c'est le cas dans la plupart des plinthes chauffantes résidentielles dotées de tubes à ailettes, ou être poussé par un ventilateur.

Il existe aussi des systèmes mixtes, dits air-eau, qui ont recours à un réseau de conduits pour fournir de l'air frais, mais qui utilisent l'eau pour chauffer ou refroidir l'air avant de le distribuer dans la pièce. On les appelle des systèmes de réchauffe terminal. D'autres installations utilisent un système de chauffage à l'eau et un système distinct de conduits pour la ventilation et le refroidissement. Dans les régions où le chauffage à l'électricité est économique, on peut installer des panneaux de chauffage rayonnants dans les murs ou un système de câbles chauffants dans les plafonds ou les planchers. On utilise parfois des panneaux électriques dans les endroits où il faut éviter les courants d'air.

Ⓑ Exigences relatives aux systèmes CVCA

Le designer d'intérieur doit connaître les principales caractéristiques des systèmes CVCA pour pouvoir prendre des décisions judicieuses quant à la planification ou au réaménagement de l'espace et à la conception et l'aménagement des plafonds.

Conduits, canalisations et caissons de mélange. Dans les constructions résidentielles, les petits conduits et canalisations de plomberie passent habituellement entre les montants des murs ou les solives des planchers. Il peut arriver que des conduits horizontaux doivent courir sous les solives de plancher dans une maison; il faut alors construire une retombée de plafond ou un plafond surbaissé pour les cacher.

En construction commerciale, les conduits horizontaux courent normalement au-dessus du plafond suspendu et les conduits verticaux dans leur propre saignée ou *chasse* (c'est-à-dire dans un espace ménagé à cet effet). Les gros conduits horizontaux peuvent occuper presque tout le vide au-dessus d'un plafond suspendu, ce qui peut rendre difficile, voire impossible, la pose de luminaires encastrés, particulièrement les projecteurs à incandescence de tension standard, qui peuvent être assez gros. Il est parfois possible de remplacer ces projecteurs par des luminaires à basse tension ou à faible encombrement.

Le designer d'intérieur doit également tenir compte de l'emplacement des caissons de mélange (ou *plénums*) logés eux aussi dans le vide au-dessus du plafond. Le caisson de mélange règle le débit ou la température de l'air distribué dans un espace à partir des canalisations d'approvisionnement principales, réduit la vélocité de l'air et atténue le bruit. Des canalisations provenant des thermostats sont reliées aux caissons de mélange. Dans les systèmes à volume d'air variable, le caisson, appelé caisson VAV, permet de varier le débit de l'air. Un conduit d'arrivée et un ou plusieurs conduits de sortie sont reliés à des registres montés dans le plafond. Habituellement, les caissons VAV sont placés au-dessus du plafond de l'espace qu'ils desservent ou à proximité. Dans les systèmes à double conduit, ce caisson mélange l'air frais et l'air chaud provenant de deux conduits distincts et répartit l'air mélangé vers les conduits qui desservent différentes pièces. Dans les systèmes à réchauffe terminal, le caisson contient un serpentin d'eau chaude qui réchauffe le flux d'air. On les reconnaît facilement aux conduits de circulation d'air et aux tuyaux de cuivre qui s'y rendent.

Selon le type et la capacité du système, la taille des caissons de mélange peut varier de 6" à 18" en hauteur, de 24" à 60" en longueur, et de 14" à 66" en largeur (152 à 457 en hauteur, 610 à 1525 en longueur, et de 356 à 1676 en largeur). Les caissons de mélange nuisent parfois à la disposition des luminaires et d'autres éléments encastrés au plafond, mais il est souvent très coûteux et très difficile de les déplacer étant donné leur taille et leurs connexions avec les systèmes de conduits et de thermostats.

Le designer d'intérieur doit donc vérifier la taille et l'emplacement des conduits, caissons de mélange et canalisations avant de choisir l'emplacement des luminaires ou des autres éléments encastrés au plafond. Il peut trouver ces renseignements en examinant les plans CVCA (voir figure 14.3), en consultant l'ingénieur en mécanique responsable du projet ou en allant vérifier lui-même sur le chantier. Il faut se rappeler cependant que la construction réelle n'est presque jamais parfaitement conforme aux dessins et que, par conséquent, l'inspection visuelle de l'espace au-dessus du plafond est le meilleur moyen de confirmer l'emplacement des différents systèmes CVCA, de plomberie, d'électricité et de protection incendie. Si l'on songe à déplacer le matériel ou les canalisations CVCA, il est important de voir avec l'ingénieur en mécanique, l'entrepreneur et le client quelles en seront les répercussions sur les coûts, l'échéancier, le chauffage et la climatisation.

Dans certaines constructions commerciales, des planchers surélevés ou des faux-planchers faits de panneaux distincts posés sur des piliers courts reposent sur le plancher porteur. Ces planchers surélevés permettent de faire passer les câblages d'électricité, de communication et d'informatique, mais ils peuvent aussi recevoir certains types de conduits CVCA desservant des postes de travail individuels.

En construction commerciale, ces petites canalisations peuvent être logées dans les cloisons standards, mais les grosses canalisations doivent être placées dans des murs plus profonds ou dans des murs de service. Un mur de service se compose de deux séries de montants séparés de quelques pouces, de façon à créer juste assez d'espace pour dissimuler la canalisation ou le conduit le plus large. Seul le côté fini de chaque série de montants porte un revêtement mural. Dans les bâtiments commerciaux, on construit de tels murs de service entre des salles de toilettes adossées l'une à l'autre, car elles exigent un très grand nombre de canalisations de plomberie et des supports de sanitaires. (Un support de sanitaire est un cadre d'acier boulonné au plancher à l'intérieur d'une châsse et destiné à porter le poids d'une cuvette murale.)

Vides de plafond. En construction commerciale, si l'air repris circule dans le vide de plafond, les codes du bâtiment interdisent la présence de matériaux combustibles (comme le bois) ou de câbles à nu dans cet espace. Toutefois, il existe des câbles téléphoniques et de communication ignifuges (recouverts de téflon, par exemple) qui sont acceptés et qui permettent d'éviter d'utiliser des conduits en acier. Certains codes peuvent exiger que des divisions ignifuges soient installées afin de limiter la propagation horizontale du feu et de la fumée. Normalement, ces divisions sont simplement le prolongement de cloisons ignifuges.

Accès. Les codes du bâtiment (et le bon sens) exigent de prévoir l'accès à certaines composantes des systèmes électriques et mécaniques, notamment aux soupapes, clapets, registres coupe-feu, serpentins, équipements mécaniques, boîtes de jonction électriques, boîtes de jonction de communication et autres dispositifs similaires. Si ces composantes se trouvent au-dessus d'un plafond acoustique suspendu, il suffit de retirer un carreau insonorisant pour y avoir accès. Dans le cas de plafonds ou de cloisons en placoplâtre, il faut prévoir des trappes d'accès pour tout élément nécessitant une inspection, un réglage ou une réparation. Une trappe d'accès est habituellement une petite porte en acier avec cadre qui s'ouvre au moyen d'un tourniquet ou d'une clé. Certaines trappes d'accès sont résistantes au feu.

Thermostats. L'ingénieur en mécanique détermine normalement l'emplacement des thermostats de façon à les éloigner des murs extérieurs, des sources de chaleur et de toute autre source qui pourrait nuire à leur fonctionnement. Ils sont habituellement placés à 48" (1220) au-dessus du sol, mais il faut aussi tenir compte de l'emplacement des interrupteurs et des autres dispositifs muraux de contrôle. L'emplacement des thermostats doit aussi être calculé en fonction des distances d'extension maximales admissibles pour l'accessibilité universelle, ce qui peut les ramener à une hauteur de 44" (1118) en cas d'obstruction horizontale.

Coordination avec d'autres éléments installés au plafond. Le designer d'intérieur doit coordonner l'emplacement des diffuseurs d'air et des grilles de reprise avec les autres éléments installés au plafond comme les luminaires, les gicleurs, les détecteurs de fumée, les haut-parleurs, etc., pour que le plafond soit bien aménagé et fonctionnel. Il doit quand même consulter l'ingénieur en mécanique afin de s'assurer que les dispositifs d'approvisionnement et de reprise d'air ne nuiront pas au fonctionnement du système CVCA.

Habillage de fenêtre. L'habillage de fenêtre peut avoir une incidence sur la charge de chauffage et de climatisation d'un espace et peut interférer avec les diffuseurs d'air ou d'autres unités de chauffage placés près des fenêtres. Dans les projets commerciaux, le designer d'intérieur doit donc demander à l'ingénieur en mécanique ou à l'architecte de vérifier si le type d'habillage de fenêtre qu'il propose, sa taille et son installation peuvent présenter un problème pour le système CVCA. Dans une construction commerciale, par exemple, il doit y avoir un espace d'au moins 2" (51) entre la vitre et l'habillage de fenêtre pour éviter une accumulation excessive de chaleur pouvant faire craqueler ou casser le verre. La figure 14.1 montre les autres distances à respecter.

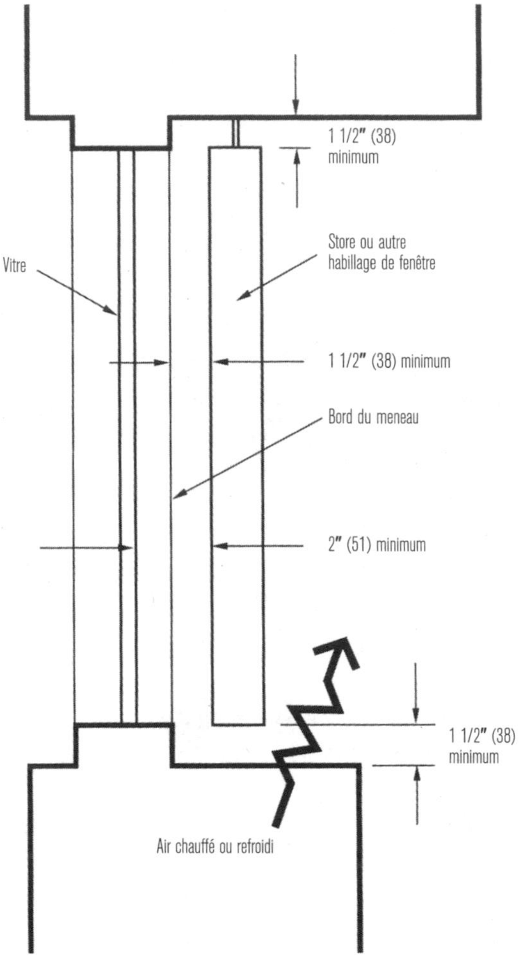

14.1
Dégagements minimaux entre l'habillage de fenêtre et le vitrage

Planification de l'espace et disposition des meubles. En construction résidentielle, l'emplacement des conduits et des registres peut s'avérer inadéquat en cas de rénovation majeure. Il faut consulter un entrepreneur mécanicien ou un ingénieur en mécanique pour vérifier si la capacité de l'unité de chauffage ou de la chaudière existante est suffisante, compte tenu du réaménagement ou de l'agrandissement de l'espace et afin de déterminer de quelle façon les conduits et registres peuvent être déplacés, s'il y a lieu.

En construction commerciale, la plupart des systèmes CVCA sont conçus indépendamment des cloisons et de la disposition des meubles. Toutefois, dans certains cas, certaines zones CVCA sont conçues en fonction d'une disposition particulière et pourraient ne pas convenir au réaménagement prévu. Le designer d'intérieur doit tenir compte de l'emplacement des grilles de soufflage, des plinthes chauffantes et d'autres appareils qui peuvent déterminer l'emplacement des meubles et des ouvrages d'ébénisterie intégrés.

Insonorisation. Les systèmes électriques et mécaniques posent souvent des problèmes d'insonorisation, surtout dans les espaces où les conduits, convecteurs et canalisations longent sur toute sa longueur un mur extérieur où viennent se joindre des cloisons à intervalles réguliers. Dans certains cas, des ouvrages spéciaux peuvent être nécessaires pour créer un écran sonore continu autour du plancher et du plafond, au-dessus du plafond et le long des murs de périmètre. Tous les joints entre les panneaux de revêtement mural et les espaces destinés aux conduits doivent alors être obturés avec un produit acoustique.

L'intersection d'une cloison avec un mur extérieur comportant un convecteur près du plancher pose souvent problème. Les ouvertures dans le convecteur qui permettent à l'air chaud de circuler laissent aussi passer le son de l'autre côté de la cloison. Il faut donc remédier à la situation soit en séparant le convecteur et les canalisations (solution coûteuse et difficile à mettre en œuvre), soit en scellant l'intérieur du convecteur tout en laissant passer la canalisation d'eau chaude en continu. La figure 14.2 illustre l'une des nombreuses façons de traiter ce problème.

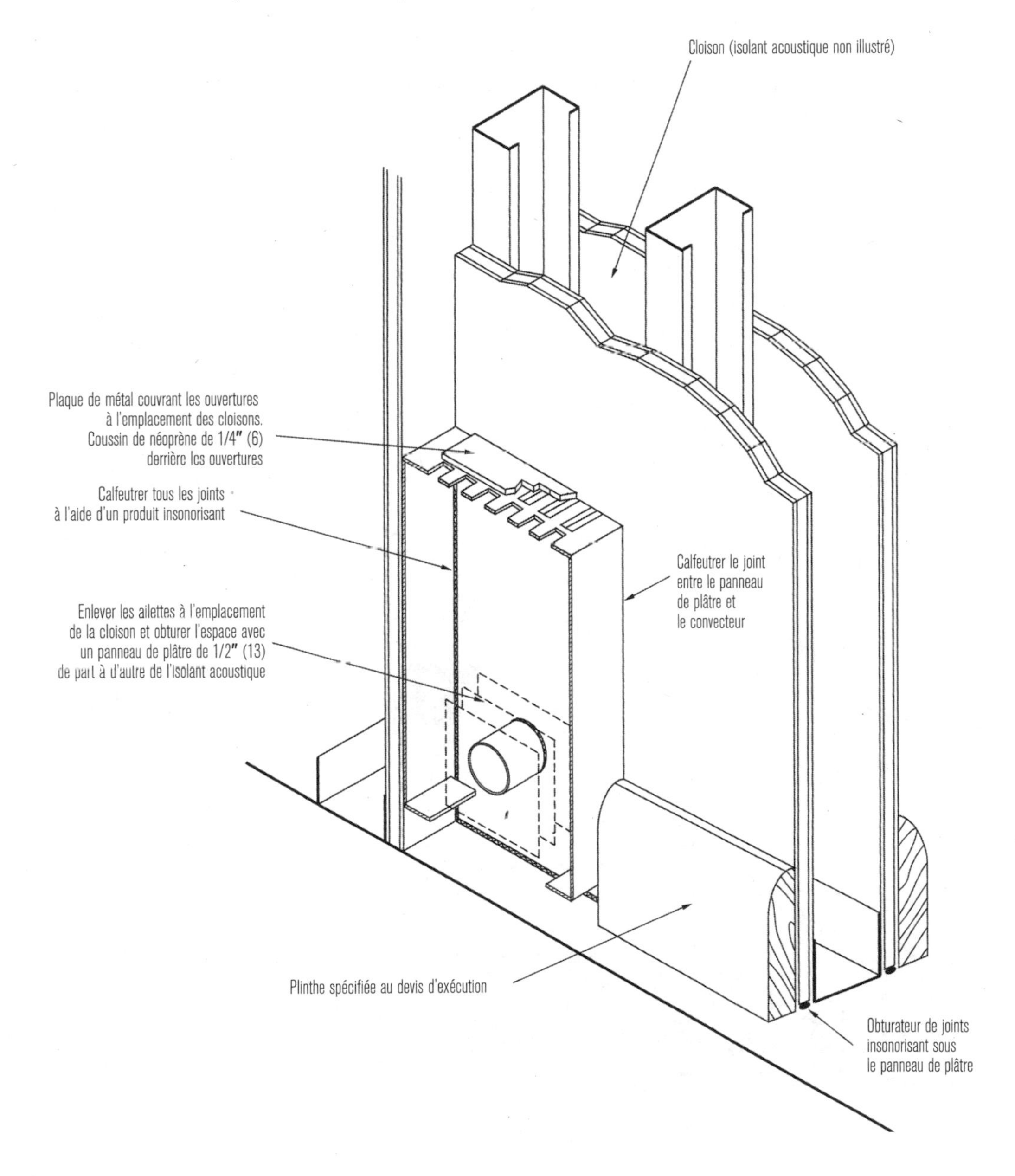

14.2
Détail de l'insonorisation d'un convecteur

© Les plans CVCA

Le designer d'intérieur doit se familiariser avec les principaux éléments des plans CVCA de façon à être en mesure d'examiner les dessins pour vérifier la situation existante et coordonner son aménagement avec le travail de l'ingénieur en mécanique. Sur les dessins CVCA, les canalisations et les conduits sont généralement représentés par une ligne simple. La figure 14.3 montre une partie d'un plan mécanique typique pour un bâtiment commercial. Observez que les conduits sont représentés par une ligne suivie de deux chiffres (comme 18 x 12). Le premier chiffre indique la largeur du conduit et le second, sa hauteur.

La figure 7.18 montre quelques-uns des symboles utilisés dans les dessins mécaniques que vous devez connaître.

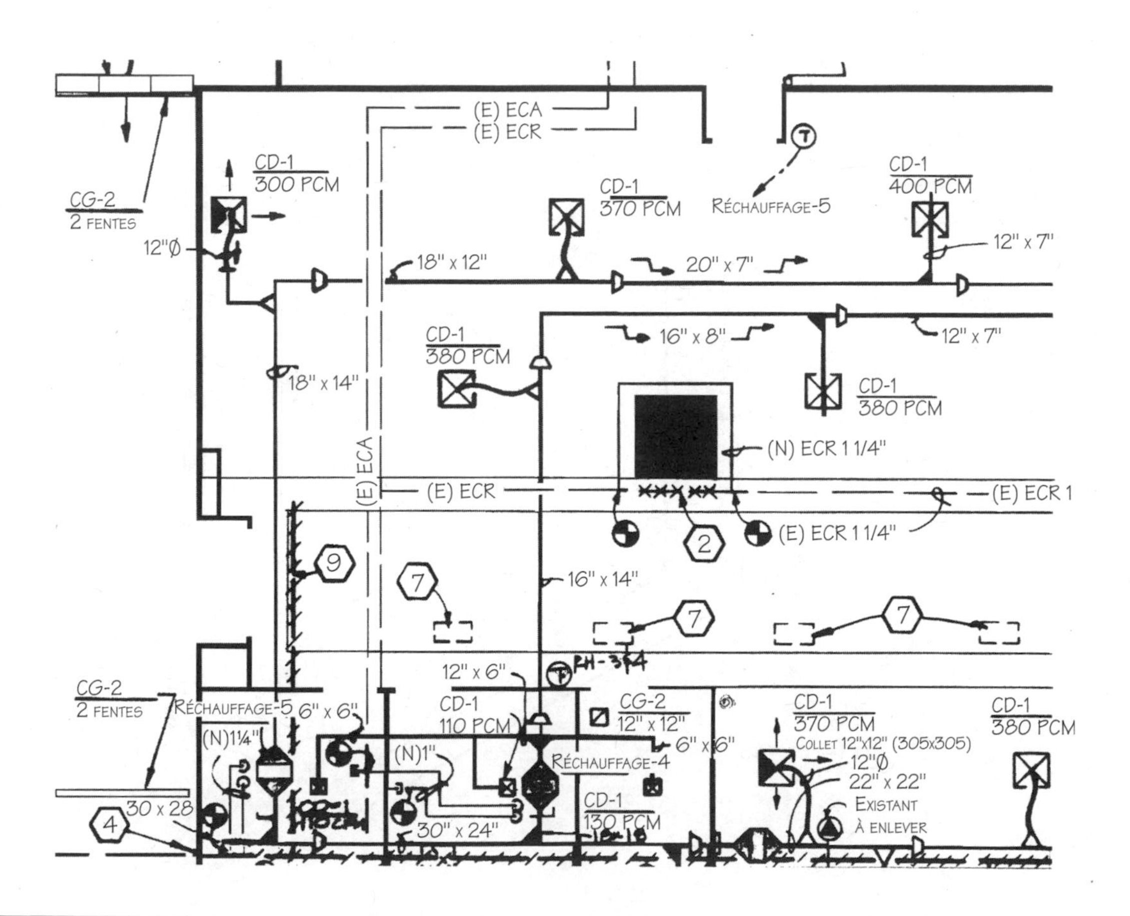

14.3
Portion d'un plan CVCA

2 SYSTÈMES ÉLECTRIQUES

(A) Exigences des systèmes électriques

Les systèmes électriques fournissent l'énergie nécessaire à l'éclairage, à l'équipement fixe et aux diverses prises alimentant les appareils électriques. Comme pour l'éclairage, c'est l'ingénieur en électricité ou l'entrepreneur électricien qui conçoit et détermine les circuits, le câblage et les autres aspects techniques des systèmes électriques. Le designer d'intérieur, pour sa part, est souvent appelé à indiquer schématiquement l'emplacement des prises de courant et des interrupteurs, les endroits où des pièces d'équipement fixes nécessitent une alimentation et l'apparence des plaques et autres dispositifs électriques visibles. Le designer d'intérieur doit également comprendre les rudiments de l'alimentation en énergie électrique.

Plusieurs types de conducteurs peuvent alimenter un immeuble en électricité. Ils s'étendent des boîtes de disjoncteurs jusqu'à chaque interrupteur, luminaire et prise de courant. Le câble gainé non métallique, connu sous l'appellation commerciale Romex, se compose d'au moins deux conducteurs isolés au plastique et d'un fil de mise à la terre entourés d'une gaine en plastique à l'épreuve de l'humidité. Ce type de câble peut être utilisé dans les bâtiments résidentiels à ossature de bois et les immeubles de trois étages ou moins, du moment qu'il est utilisé avec des montants de bois et est protégé contre les bris en étant dissimulé dans les murs et les plafonds.

Le câble armé flexible, connu sous l'appellation commerciale BX, se compose d'au moins deux conducteurs isolés au plastique logés dans une gaine d'acier flexible enroulée en hélice. On s'en sert souvent pour les travaux de réfection, car on peut le tirer au travers des murs existants. Dans les espaces commerciaux, on l'utilise pour relier des luminaires qu'on veut déplacer dans un plafond acoustique suspendu.

En construction commerciale et dans les grandes constructions résidentielles multifamiliales, chaque conducteur isolé au plastique doit être placé dans un tube protecteur ou un autre type de conduit approuvé. Ces tubes soutiennent et protègent les câbles, servent de mise à la terre et protègent la construction environnante contre le feu en cas de surchauffe ou de court-circuit du câble.

Le système de câblage sous tapis est relativement nouveau. Il s'agit d'un câble gainé mince et plat qui peut être dissimulé sous un tapis. Ce type de câble peut desservir des circuits de 120 volts et des lignes téléphoniques, mais il doit être posé sous des carreaux de moquette pour être facilement accessible.

Les connexions et branchements au système électrique doivent se faire au moyen de boîtes de jonction. Il s'agit de boîtes en acier ou en plastique approuvé dans lesquelles les branchements des câbles sont protégés. Dans le cas d'un interrupteur simple et de prises de courant doubles, ces boîtes mesurent environ 2" x 4" (51 x 102). Il existe aussi des boîtes de 4" x 4" (102 x 102) qui peuvent être reliées en série pour desservir plus de deux interrupteurs ou prises de courant doubles. Il faut également utiliser des boîtes de jonction pour relier des luminaires au système électrique.

Les codes du bâtiment précisent toutes les exigences relatives au système électrique, notamment l'emplacement des prises de courant. En construction résidentielle, les prises de courant ne doivent pas être espacées de plus de 12' (3600), et il doit y avoir une prise de courant double sur chaque mur contre lequel des meubles peuvent être placés, de façon que les cordons d'alimentation des lampes et autres appareils ne passent pas devant les ouvertures de porte.

Dans de nombreux projets commerciaux, des prises de courant spéciales doivent être reliées à leur propre circuit. C'est ce qu'on appelle des circuits séparés ou *spécialisés* qui protègent les appareils électriques sensibles (comme les ordinateurs) contre divers types d'interférence électrique. Ces circuits doivent être clairement indiqués sur le plan et les exigences électriques précises de l'équipement doivent être transmises à l'ingénieur en électricité. Les circuits qui exigent une tension supérieure à 120 volts doivent également être identifiés, notamment pour les prises de courant des cuisinières électriques, des sécheuses, des gros photocopieurs et d'autres équipements spéciaux.

Outre la protection offerte par les disjoncteurs du tableau de distribution – qui se déclenchent en cas de surcharge d'un circuit –, le câblage électrique est également protégé de deux autres façons. La première est la mise à la terre, offerte par un fil distinct des deux conducteurs d'électricité. La mise à la terre d'un système électrique évite les secousses dangereuses au cas où une personne toucherait un appareil en court-circuit en même temps qu'une voie de mise à la terre comme une canalisation d'eau. Le fil de mise à la terre offre une voie de dérivation au courant produit.

Un défaut de mise à la terre peut cependant créer d'autres problèmes, car le courant nécessaire pour déclencher un disjoncteur est élevé et de petites fuites de courant peuvent se répéter sans qu'on s'en aperçoive jusqu'à ce que quelqu'un reçoive une secousse dangereuse ou qu'un incendie se déclare. Les disjoncteurs différentiels (DFI) sont des dispositifs qui détectent les petites fuites de courant et qui coupent le courant vers le circuit ou l'appareil. Ils constituent le deuxième mode de protection du câblage. Ces disjoncteurs peuvent faire partie du panneau de distribution ou être installés comme une prise de courant. Ils sont obligatoires pour les prises de courant extérieures ou dans les salles de bain, les sous-sols, les cuisines et les autres endroits mentionnés dans le *National Electric Code* ou les autres codes d'électricité.

Ⓑ Exigences des systèmes téléphoniques et de communication

Les systèmes téléphoniques et de communication figurent habituellement sur le même plan que l'électricité. Le designer d'intérieur est responsable d'indiquer l'emplacement d'appareils tels que les téléphones, les systèmes d'interphone, les haut-parleurs de diffusion publique, les avertisseurs et les ordinateurs. Comme pour les prises de courant, la conception des circuits, la dimension des câbles et les connexions au tableau de distribution sont déterminées par l'ingénieur en électricité ou l'entrepreneur responsable de l'installation des appareils.

Comme les systèmes téléphoniques et de communication utilisent une faible tension, les exigences relatives aux conduits et aux autres protections ne sont pas aussi strictes que pour l'alimentation à haute tension. Dans bien des cas, on prévoit une boîte de prise de courant dans le mur et le câble passe à l'intérieur des murs et des plafonds sans tube protecteur. En revanche, certaines constructions commerciales exigent que tous les câbles soient placés dans des tubes protecteurs pour éviter qu'ils s'enflamment ou dégagent des vapeurs toxiques en cas d'incendie. Il existe des câbles spéciaux pour vide de plafond qui ne nécessitent pas de tubes protecteurs, mais qui coûtent plus cher que les câbles standards.

Ⓒ Plans des systèmes électriques

Le designer d'intérieur peut indiquer les prises de courant, de téléphone et de communication sur différents plans. En construction résidentielle, ces prises figurent souvent sur le plan d'étage, car leur installation est relativement simple. Dans les projets commerciaux pour lesquels les plans d'étage fourmillent déjà d'autres renseignements, on dessine souvent un plan d'électricité distinct. Ce plan indique l'emplacement des prises de courant, ainsi que les distances et dimensions exactes au besoin. Les prises de courant peuvent aussi figurer sur le plan d'ameublement, car leur emplacement est souvent déterminé en fonction de la disposition des postes de travail, des fauteuils ou d'autres meubles. Le plan d'électricité sommaire préparé par le designer d'intérieur sert ensuite à l'ingénieur en électricité à dessiner le véritable plan d'électricité. Celui-ci contient les renseignements détaillés sur les circuits, la dimension des câbles, des conduits, les tableaux de distribution et toutes les autres données nécessaires à l'entrepreneur électricien. La figure 7.1 illustre un plan d'électricité sommaire dessiné par un designer d'intérieur. La figure 7.2 montre le plan correspondant de l'ingénieur en électricité. Comme dans les plans mécaniques, on utilise des symboles conventionnels qui représentent ici les principaux dispositifs électriques. Pour les symboles les plus courants, voir la figure 7.17.

3 Plomberie

Le designer d'intérieur est souvent appelé à indiquer l'emplacement des appareils de plomberie dans les nouvelles constructions ou les bâtiments existants. Comme les travaux de plomberie peuvent coûter assez cher et imposer des limites à la planification de l'espace, il est important que le designer comprenne bien les principes de base de la plomberie et qu'il sache comment coordonner son travail avec les services de l'immeuble.

(A) Exigences des systèmes de plomberie

Les systèmes de plomberie comprennent deux composantes essentielles : l'alimentation en eau et l'évacuation des eaux usées. L'alimentation en eau inclut les réseaux d'eau froide et d'eau chaude. Dans toutes les installations de plomberie, résidentielles ou commerciales, l'eau est fournie sous pression aux différents appareils de plomberie. Pour cette raison et parce que les canalisations de plomberie sont généralement de petites dimensions, il est relativement facile de loger les canalisations devant alimenter un appareil dans des châsses murales, des structures de plafond ou d'autres types de noyau de service, même si l'appareil en question se trouve à une certaine distance de la source d'alimentation principale. La figure 14.4 est une représentation schématique d'un système d'alimentation en eau.

Les systèmes d'évacuation posent un problème plus difficile, car ils fonctionnent par gravité, c'est-à-dire que les tuyaux d'évacuation doivent être inclinés vers le bas pour transporter les eaux usées. De plus, ces systèmes nécessitent des tuyaux d'évent. La figure 14.5 est une représentation schématique d'un système d'évacuation et de réseaux d'évents typique. Vous devez vous familiariser avec ses nombreuses composantes, à commencer par les différents appareils.

La première composante raccordée à l'appareil est le siphon. À quelques exceptions près, tous les appareils sont munis d'un siphon conçu pour retenir une certaine quantité d'eau empêchant les gaz du réseau d'égouts de pénétrer dans l'immeuble. On ne trouve pas de siphon distinct quand l'appareil en intègre déjà un (c'est le cas des toilettes), ou lorsque deux ou trois appareils adjacents sont raccordés (comme un évier de cuisine à deux cuves).

Les siphons sont raccordés au tuyau d'évacuation ainsi qu'aux tuyaux d'évent. Les tuyaux d'évent, qui sont raccordés au système d'évacuation en différents endroits et sont ouverts à l'air extérieur, ont deux fonctions. Premièrement, ils permettent aux gaz d'égout de s'échapper au lieu de traverser la garde d'eau dans les siphons. Deuxièmement, ils permettent à la pression de s'équilibrer dans le système de façon que les eaux usées n'aspirent pas la garde d'eau dans les siphons.

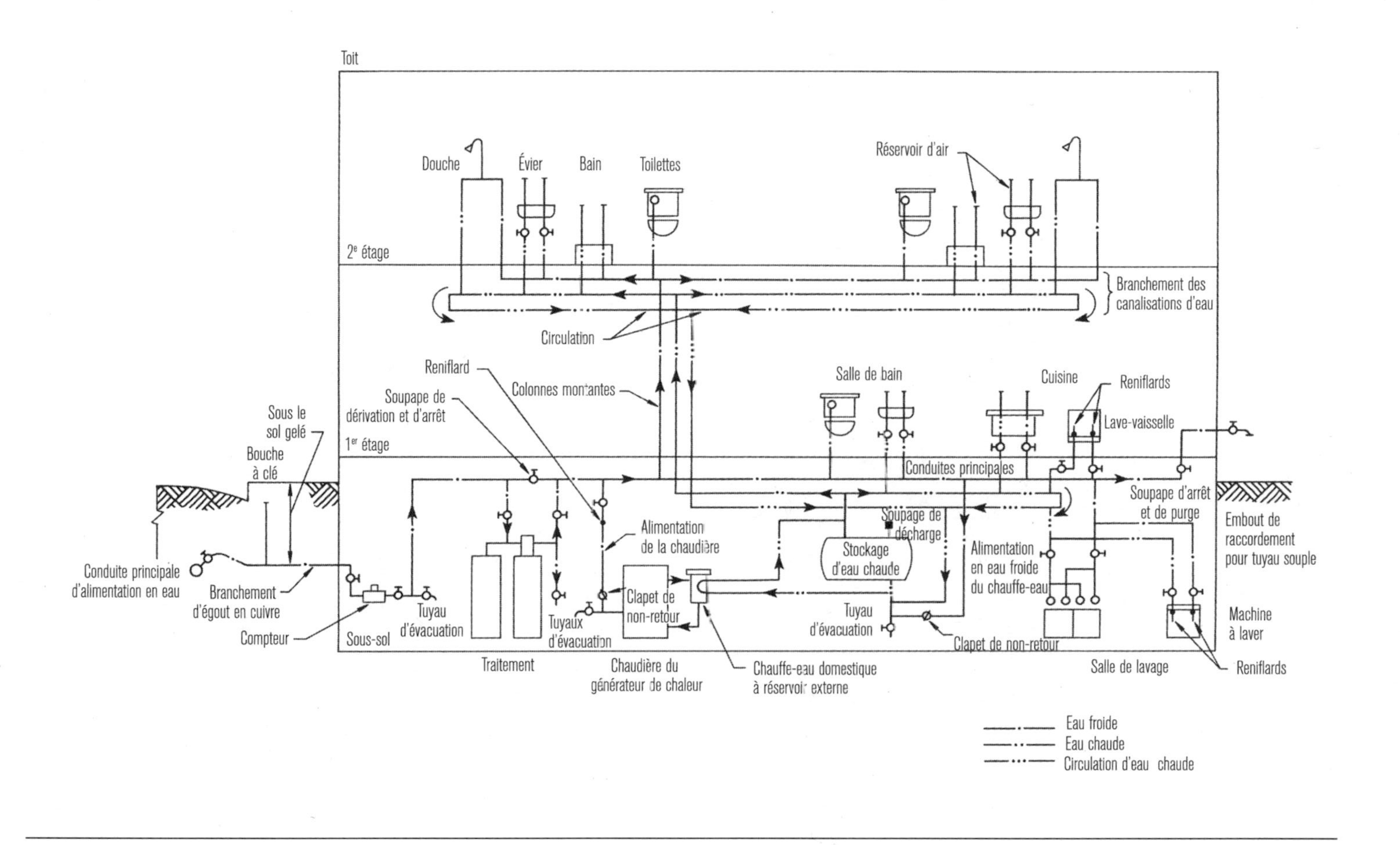

14.4
Système d'alimentation en eau

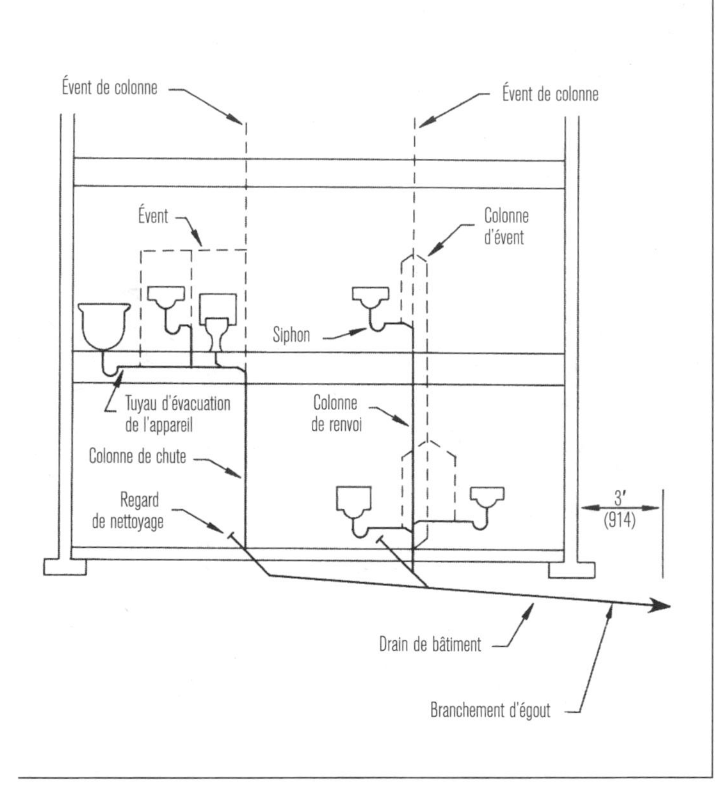

14.5
Système d'évacuation et d'évents

À partir des siphons, les eaux usées circulent dans des branchements d'évacuation jusqu'à une colonne verticale. Si cette colonne transporte les eaux usées des toilettes, elle porte le nom de *colonne de chute*. Si elle transporte les eaux usées autres que celles des toilettes et urinoirs, elle porte le nom de *colonne de renvoi*.

Les évents de chaque appareil sont raccordés de deux façons au-dessus des appareils. Si l'évent est raccordé à une colonne de chute ou à une colonne de renvoi au-dessus de l'appareil le plus élevé dans le système, la portion du tuyau située au-dessus de ce point devient un *évent de colonne*. Celui-ci se prolonge jusqu'à l'air libre à travers le toit. Dans les immeubles à plusieurs étages, un tuyau distinct sert à la ventilation. Il porte le nom de *colonne d'évent* et se prolonge jusqu'à l'air libre à travers le toit ou est raccordé à la colonne de ventilation primaire au-dessus de l'appareil le plus élevé.

(B) Emplacement des appareils de plomberie

En raison du coût de la plomberie et de la nécessité d'incliner les tuyaux d'évacuation, les appareils de plomberie doivent être placés à proximité des canalisations existantes, soit les canalisations horizontales ou les colonnes montantes qui vont d'un étage à l'autre. Les canalisations d'évacuation doivent être inclinées de 1/4" par pied (6 /300) ou de 1/8" par pied (3 /300) pour les canalisations de plus de 3" (76). S'il faut dissimuler une canalisation dans un plancher, la pente et la taille de la canalisation elle-même limitent la distance admissible entre un appareil et le branchement à la colonne montante.

Dans les immeubles commerciaux, l'essentiel de la plomberie est concentré dans un même noyau de services, près du centre de la structure, et dessert les toilettes, les fontaines et les autres appareils similaires. Parfois, on installe en plus des colonnes de plomberie pour desservir les éviers et toilettes privées. Il s'agit habituellement de zones situées à proximité d'une colonne de structure et qui logent des tuyaux d'alimentation en eau froide et en eau chaude ainsi que des colonnes de chute ou de renvoi. Les différents locataires peuvent se raccorder plus facilement à ces canalisations qu'au noyau central de plomberie.

Quand d'importants travaux de plomberie sont nécessaires, il arrive que les canalisations prévues ne puissent pas se loger à l'intérieur des cloisons standards. Les colonnes de chute des toilettes, par exemple, exigent des canalisations de 4" (102) de diamètre, mais dont le diamètre extérieur réel est légèrement supérieur. Dans un tel cas, il faut construire une châsse ou un mur de service à l'aide de deux séries de montants espacés suffisamment pour loger les canalisations.

Ⓒ Plans de plomberie

Tout comme les plans CVCA, les plans de plomberie sont dessinés par l'ingénieur en mécanique et représentent les canalisations et autres composantes au moyen de schémas simplifiés et de symboles conventionnels. Les symboles que vous devez connaître sont illustrés à la figure 7.16.

4 Protection incendie

Les extincteurs automatiques à eau constituent le système de protection incendie le plus courant. Les nouvelles constructions sont généralement équipées de tels systèmes d'extincteurs qui consistent en un réseau de canalisations distinctes, alimentées par une conduite principale et reliées à des gicleurs automatiques à chaque étage.

Dans la plupart des cas, les gicleurs sont la partie la plus visible de ces systèmes. Il existe des gicleurs de différents types : encastrés, vers le haut, vers le bas et mural. Les gicleurs encastrés ont un capot lisse affleurant au plafond. En cas d'incendie, le capot tombe, le gicleur descend et est activé. Les gicleurs vers le haut sont installés sur des canalisations visibles lorsque les plafonds sont élevés et non finis. Les gicleurs vers le bas sont traditionnels pour les plafonds finis, mais dépassent de quelques millimètres sous le plafond. Les gicleurs muraux sont installés dans des corridors et des espaces étroits où une seule rangée de gicleurs suffit. On peut aussi relier les gicleurs muraux horizontaux aux canalisations de plomberie qui se trouvent dans les murs plutôt qu'au plafond, ce qui peut être fort utile dans les travaux de rénovation.

Le designer d'intérieur ne conçoit pas les systèmes d'extincteurs automatiques à eau, mais doit évidemment coordonner l'emplacement des gicleurs avec celui des autres éléments installés au plafond. De plus, les canalisations des extincteurs au-dessus du plafond occupent un espace qui peut nuire aux luminaires encastrés et à d'autres éléments.

Le design et l'installation des extincteurs automatiques à eau sont régis par le code du bâtiment local, qui fait souvent référence à la norme publiée aux États-Unis par la National Fire Protection Association, NFPA-13. Cette norme classe les risques d'incendie dans les immeubles en trois groupes : risque faible, risque usuel et risque très élevé. C'est entre autres le type de risque qui détermine l'espacement entre les extincteurs automatiques.

On attribue, par exemple, un risque faible aux résidences, aux bureaux, aux hôpitaux, aux écoles et aux restaurants. Dans ces types d'établissements, il faut prévoir un extincteur automatique par surface de 200 pi² (18,6 m²) ou par surface de 225 pi² (20,9 m²) si le système est conçu selon certaines méthodes. Pour les faux-plafonds à claire-voie en solives de bois, la surface diminue à 130 pi² (12,1 m²). Pour une surface de 225 pi² (20,9 m²), l'espacement maximal entre les gicleurs doit être de 15′ (4,6 m), et la distance maximale par rapport à un mur doit être équivalente à la moitié de cet espacement. En tenant compte des limites imposées par les codes du bâtiment, le designer d'intérieur peut travailler avec l'ingénieur ou avec l'entrepreneur en protection incendie pour coordonner l'emplacement des gicleurs avec les autres éléments installés au plafond.

Si l'eau risque d'endommager le contenu d'une pièce, par exemple dans une salle informatique, on peut utiliser un système d'extinction au halon. Lorsque le système est déclenché, le halon qui se libère étouffe l'incendie tout en permettant aux occupants de respirer.

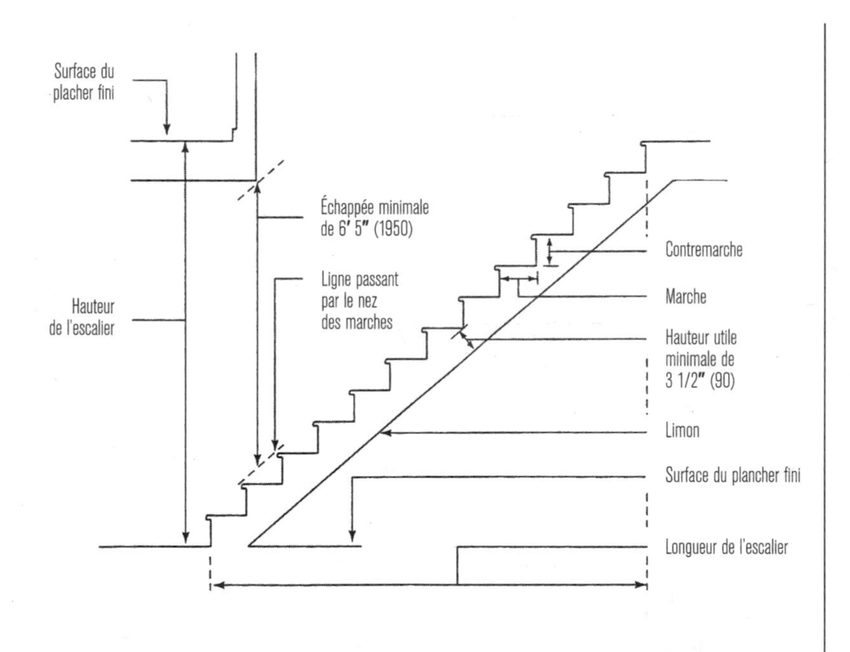

14.6
Parties d'un escalier. Adapté de la figure 103 de *Construction de maison à ossature de bois – Canada, 2005*. Tous droits réservés. Reproduit avec le consentement de la Société canadienne d'hypothèques et de logement (SCHL).

5 Les circulations verticales

Les circulations verticales incluent les escaliers ordinaires, les escaliers mécaniques et les ascenseurs. La conception des escaliers incombe généralement à l'architecte, mais il peut arriver que le designer d'intérieur doive s'en occuper. Dans certains projets résidentiels, on peut avoir à refaire ou à rénover un escalier. Le designer d'intérieur doit donc en connaître les principes de base. Dans les projets où l'on installe ou rénove des ascenseurs, le designer d'intérieur peut avoir à s'occuper de la finition intérieure des cabines, des entrées aux différents étages ou du système de signalisation (boutons d'appel et flèches lumineuses). Comme l'examen du NCIDQ ne porte que sur les escaliers ordinaires, nous n'aborderons que cet aspect dans la présente section.

Quel que soit le design d'un escalier, il doit toujours comporter certains éléments de base qui en assurent la sécurité et la facilité d'utilisation. Ces éléments sont illustrés à la figure 14.6. Les codes du bâtiment imposent certaines restrictions relativement à l'échappée et à l'étendue des escaliers d'issue ainsi qu'au design des mains courantes et des paliers. Ces éléments sont traités en détail au chapitre 18.

Outre les termes illustrés à la figure 14.6, vous devez connaître quelques autres définitions. La *marche* est l'élément horizontal qui, associé à l'élément vertical qu'est la contremarche, permet de se déplacer en hauteur. L'*escalier* comporte deux contremarches ou plus. La *volée* est une série de deux contremarches ou plus entre deux étages ou paliers. (Notons qu'au Québec, le CNB définit une volée comme devant comporter *trois* contremarches ou plus.) Le *palier* est la surface plane immédiatement adjacente au haut ou au bas d'une volée d'escalier. Les paliers doivent avoir la même largeur que l'escalier qu'ils jouxtent.

Notons que l'International Building Code (IBC) ne définit pas ce qu'est une marche, mais qu'il définit l'escalier comme une ou plusieurs contremarches. Dans certaines régions des États-Unis, l'adoption de l'IBC pourrait donc entraîner des changements de design. En effet, un degré d'une seule marche exigera dorénavant des mains courantes de chaque côté, contrairement à ce qu'exige le Uniform Building Code (UBC). Reportez-vous aux chapitres 17 et 18 pour de plus amples renseignements sur les exigences des codes du bâtiment.

La première décision que doit prendre le designer d'intérieur touche la configuration de base ou le plan de l'escalier, c'est-à-dire la disposition des marches entre deux niveaux. Les configurations les plus courantes sont l'escalier droit, l'escalier en L et l'escalier en U. La disposition exacte des marches dépend de l'espace disponible, de l'endroit où l'escalier commence et de celui où il se termine, de la distance d'un niveau à l'autre, de préoccupations esthétiques et des exigences du code.

La figure 14.7 illustre trois autres types d'escaliers : l'escalier tournant, l'escalier circulaire et l'escalier à vis. Ces trois types d'escaliers ont des marches rayonnantes, c'est-à-dire qui ont une forme trapézoïdale, plus large d'un côté que de l'autre. En plan, l'escalier circulaire forme un arc de cercle. L'arc de cercle intérieur, c'est-à-dire le plus petit, doit correspondre au moins au double de la largeur totale de l'escalier, sinon on considère qu'il s'agit d'un escalier tournant. Les escaliers à vis se composent de marches rayonnantes entourant une colonne de soutien centrale. Ces trois types d'escaliers ne peuvent servir d'escaliers d'issue que dans les résidences privées ou s'ils sont des escaliers privés dans des immeubles d'appartements, de copropriétés ou

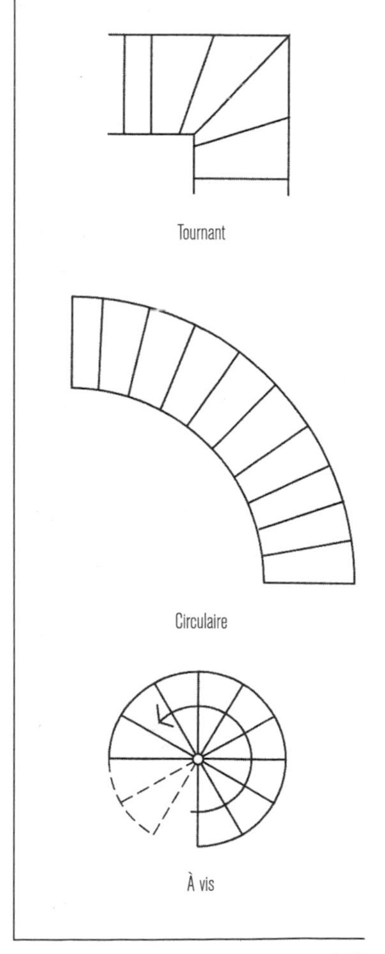

14.7
Autres types d'escaliers

d'autres immeubles du genre, et ce, uniquement à condition de respecter certaines exigences particulières dont il sera question au chapitre 18. Dans l'IBC, ces escaliers sont également autorisés s'ils ne sont *pas* des escaliers obligatoires.

La deuxième décision que doit prendre le designer d'intérieur touche les dimensions des marches et contremarches. Pour assurer le confort et la sécurité des utilisateurs, ces deux dimensions sont interreliées et fondées sur la foulée normale d'un adulte. Plus la contremarche (CM) est basse, plus la marche (M) est profonde pour maintenir une certaine corrélation. Généralement, on détermine la hauteur des contremarches en premier lieu, de façon que toutes les contremarches entre deux étages soient identiques, à l'intérieur des limites minimales et maximales que permet le code. On calcule ensuite la profondeur des marches. Il y a plusieurs formules de calcul, mais la plus courante est la suivante : 2 CM + M = 25″ (635)

Ainsi, si les contremarches ont 6 1/2″ (165), on calcule la profondeur de la marche comme suit :

2 CM + M = 25″
(2 x 6,5″) + M = 25″
M = 25″ – (2 x 6,5″)
M = 25″ – 13″
M = 12″

Le plus souvent, la combinaison d'une contremarche de 7″ (178) et d'une marche de 11″ (279) est conforme à l'IBC, qui limite les contremarches à 7″ (178) pour la plupart des escaliers (à 7,75″ [197] pour les escaliers résidentiels). La profondeur minimale de la marche selon l'IBC est de 11″ (279) (ou de 10″ [254] pour les escaliers résidentiels). S'il faut modifier la hauteur des contremarches pour égaliser un escalier dans un espace fixe, il convient de choisir une dimension entre 6″ et 7″ (152 et 178).

Les autres facteurs à prendre en compte dans la conception d'un escalier sont le nez de marche, qui se prolonge normalement d'environ 1″ (25) au-delà de la marche, et la main courante, comme l'illustre la figure 18.9. Pour que l'escalier respecte les normes de la conception sans obstacles, ces deux éléments doivent obéir à des exigences précises (voir chapitres 18 et 19).

6 Éléments de structure

En plus de connaître les systèmes électriques et mécaniques et les circulations verticales, le designer d'intérieur doit avoir une bonne connaissance des éléments de structure et doit être en mesure de lire les plans de l'architecte s'il veut prendre des décisions éclairées. La section qui suit comporte quelques notions de base sur les éléments de structure.

Ⓐ La représentation des éléments de structure dans les dessins

En général, les éléments structuraux portants d'une construction ne s'enlèvent pas et ne se déplacent qu'au prix de beaucoup de travail et à grands frais. Le designer d'intérieur doit pouvoir les reconnaître sur les plans et les coupes afin de bien planifier l'espace et de disposer intelligemment les cloisons et autres éléments intérieurs. La figure 14.8 montre les conventions et symboles qu'on utilise couramment pour représenter les divers éléments de structure dans les dessins.

Parfois, le même symbole peut représenter des éléments différents selon que le dessin est en plan ou en coupe. Ainsi, le symbole en forme de I dans la figure 14.8 représente une colonne en acier sur un plan d'étage, mais – dans une version qui peut être légèrement modifiée –, il représente une poutre dans une coupe verticale.

Ⓑ Murs porteurs et non porteurs

Les murs porteurs supportent des charges. Parmi celles-ci, on compte des charges statiques, comme le poids de la structure elle-même, et des surcharges, comme le poids des personnes, des meubles ou de la neige. Comme les murs porteurs supportent la structure, ils ne peuvent pas être enlevés et on ne peut y pratiquer d'ouvertures – telles que portes ou fenêtres – que si ces ouvertures sont surmontées d'un linteau ou d'une poutre pouvant supporter la charge.

Le designer d'intérieur doit être en mesure de distinguer les murs porteurs, soit en se servant des dessins de l'architecte, soit par sa simple observation. En cas de doute, il faut consulter un architecte ou un ingénieur en structure avant de prévoir des modifications.

En construction résidentielle, les murs extérieurs sont habituellement porteurs et certaines cloisons intérieures peuvent également être porteuses. Les murs extérieurs du premier étage d'une maison de deux étages sont presque toujours porteurs.

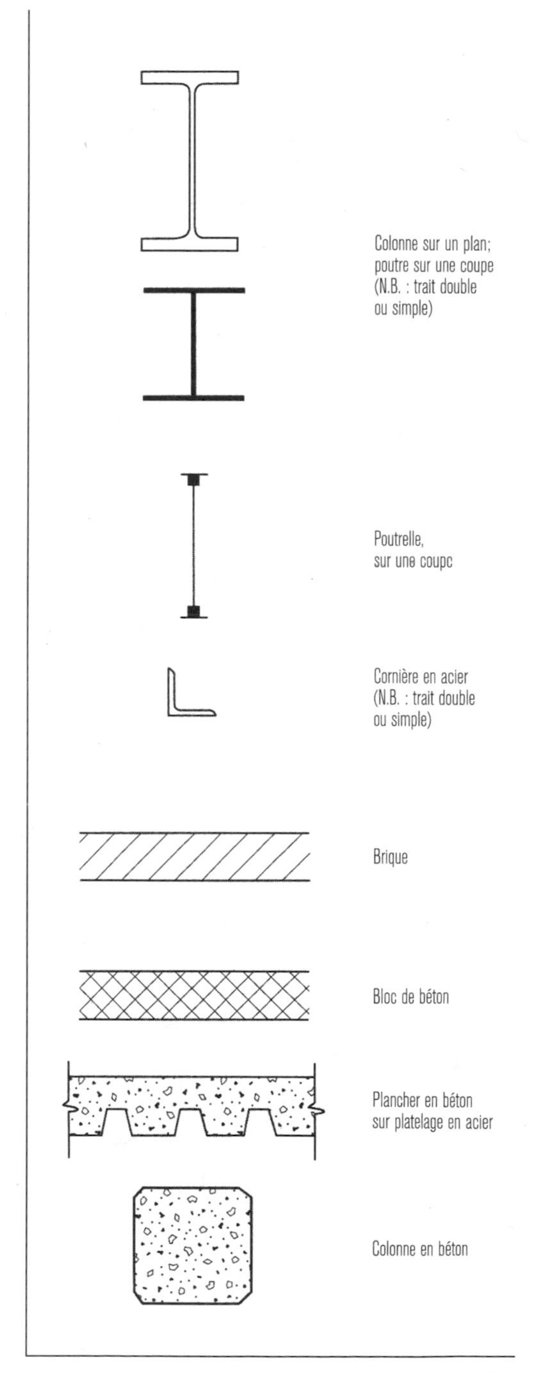

14.8
Symboles utilisés pour représenter les éléments de structure

S'il faut pratiquer une ouverture de taille modérée dans un tel mur (par exemple, une porte), il est relativement simple d'installer des montants supplémentaires et un linteau double.

En construction commerciale, il y a moins de murs porteurs. En effet, la plupart des bâtiments commerciaux sont des structures à colonnes et à poutres revêtues de matériaux non porteurs. Les murs du noyau central d'un gratte-ciel sont presque toujours des éléments de structure et ne peuvent pas être percés, sauf pour de petites ouvertures destinées aux canalisations. Dans les petits immeubles commerciaux, les murs en béton et de nombreux murs en maçonnerie sont porteurs.

En cas de doute, avant de pratiquer une ouverture dans un mur, le designer d'intérieur doit toujours consulter un ingénieur en structure pour vérifier si ce mur est porteur.

Ⓒ Surcharge des planchers

Comme nous venons de le voir, la surcharge que doit supporter un bâtiment comprend le poids des personnes, des meubles et d'autres éléments mobiles. Tous les bâtiments sont conçus pour admettre une certaine surcharge. Par exemple, la structure des planchers résidentiels est conçue pour une surcharge de 40 lb par pi^2 (195 kg/m^2), tandis que les bureaux sont conçus pour une surcharge de 50 lb par pi^2 (244 kg/m^2). Lorsqu'on réaménage un espace qui sera destiné à un autre usage que celui pour lequel il a été construit et que la surcharge du plancher augmente (à cause de l'installation d'un nouvel équipement lourd, de bibliothèques ou de classeurs, par exemple), il faut consulter un ingénieur en structure pour s'assurer que le plancher peut porter la charge additionnelle et, dans le cas contraire, pour faire renforcer la structure.

Ⓓ Construction des planchers

Lors de la construction des planchers, en plus de tenir compte de la surcharge admissible maximale, on doit considérer les limites au nombre et au type d'ouvertures possibles. Ces ouvertures vont de celles qui permettent de loger des éléments mineurs comme les conduits électriques ou des éléments majeurs comme un escalier. La plupart des planchers des immeubles commerciaux sont construits en béton coulé sur place, en béton préfabriqué ou en béton sur platelage d'acier. La figure 14.9 illustre les éléments structuraux (c'est-à-dire les dalles) de béton coulé sur place.

On peut pratiquer de petites ouvertures dans les planchers en béton coulé sur place, par exemple pour des boîtiers électriques au sol. Toutefois, on ne doit pratiquer aucune ouverture au point d'intersection des poteaux avec le plancher ou vis-à-vis des poutres. Les ouvertures de plus grandes dimensions se pratiquent le plus facilement dans les planchers en dalles-champignons plates ou en dalles-champignons avec ressauts. La structure de ces planchers exige quand même un renfort autour des grandes ouvertures, qui doivent être planifiées par un ingénieur en structure.

On peut couper les nervures des planchers en dalles à caisson pour y pratiquer de grandes ouvertures comme celles des cages d'escaliers, mais il s'agit d'une tâche ardue et cela oblige à renforcer la structure autour de l'ouverture.

Le béton préfabriqué se présente sous la forme de pièces fabriquées en usine. Des câbles en acier à haute résistance sont tendus dans les formes de préfabrication avant que le béton soit coulé. Quand le béton atteint une certaine résistance, les câbles sont relâchés et la contrainte est ainsi transférée au béton, qui est alors dit *précontraint* par prétension. Ces pièces sont ensuite expédiées au chantier où elles sont mises en place. Les planchers en béton préfabriqué peuvent être montés à l'aide de divers types de dalles, les T simples, les T doubles (les plus courantes) et les dalles évidées (figure 14.10). Les poteaux et poutres peuvent également être préfabriqués.

Comme la nervure d'une dalle en T est longue et contient des câbles de précontrainte, il ne faut pas la couper, de sorte que les ouvertures d'un plancher fabriqué avec de telles dalles doivent se limiter aux zones entre les nervures. Dans le cas des dalles évidées, de petites ouvertures peuvent être pratiquées dans les pleins, mais pas dans les sections où se trouvent les câbles de précontrainte.

On trouve aussi des éléments structuraux en béton précontraint, mais cette fois par post-tension. Dans ce type de béton, les câbles de l'acier d'armature (appelés *tendons*) sont tendus après le durcissement du béton. Comme les dalles sont contraintes sous haute pression et conservent cette contrainte durant toute la vie de l'immeuble, elles ne peuvent pas être coupées.

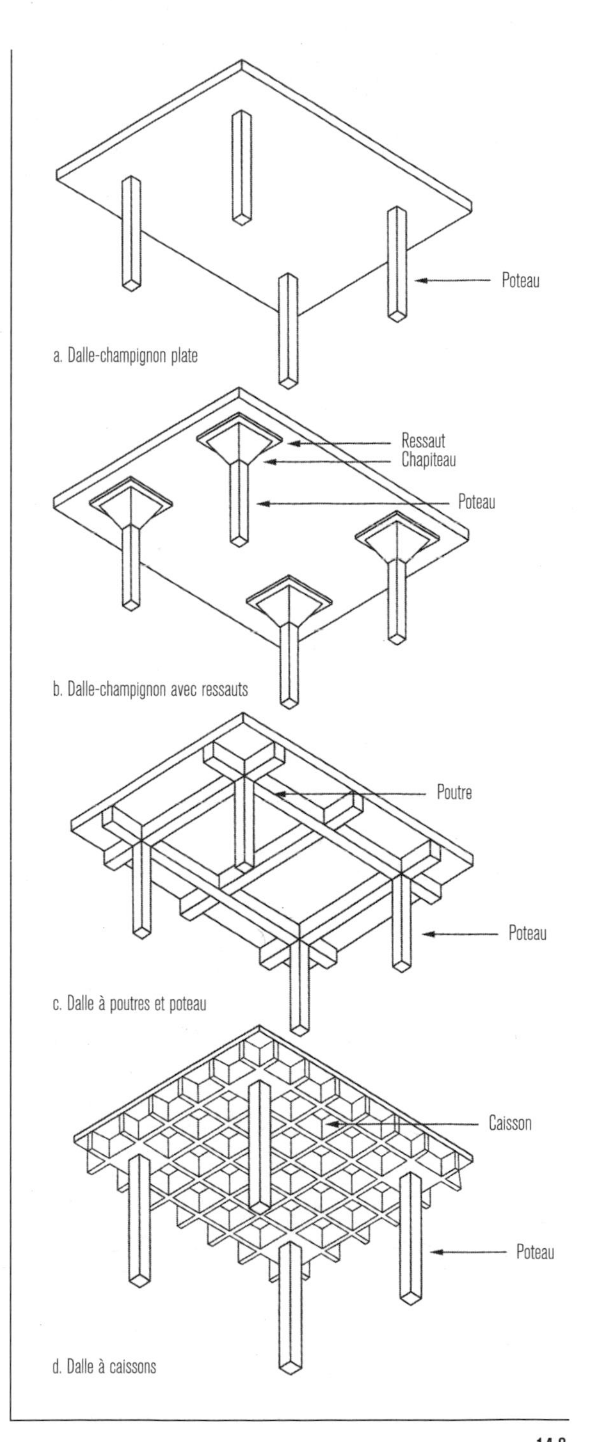

14.9
Éléments structuraux en béton

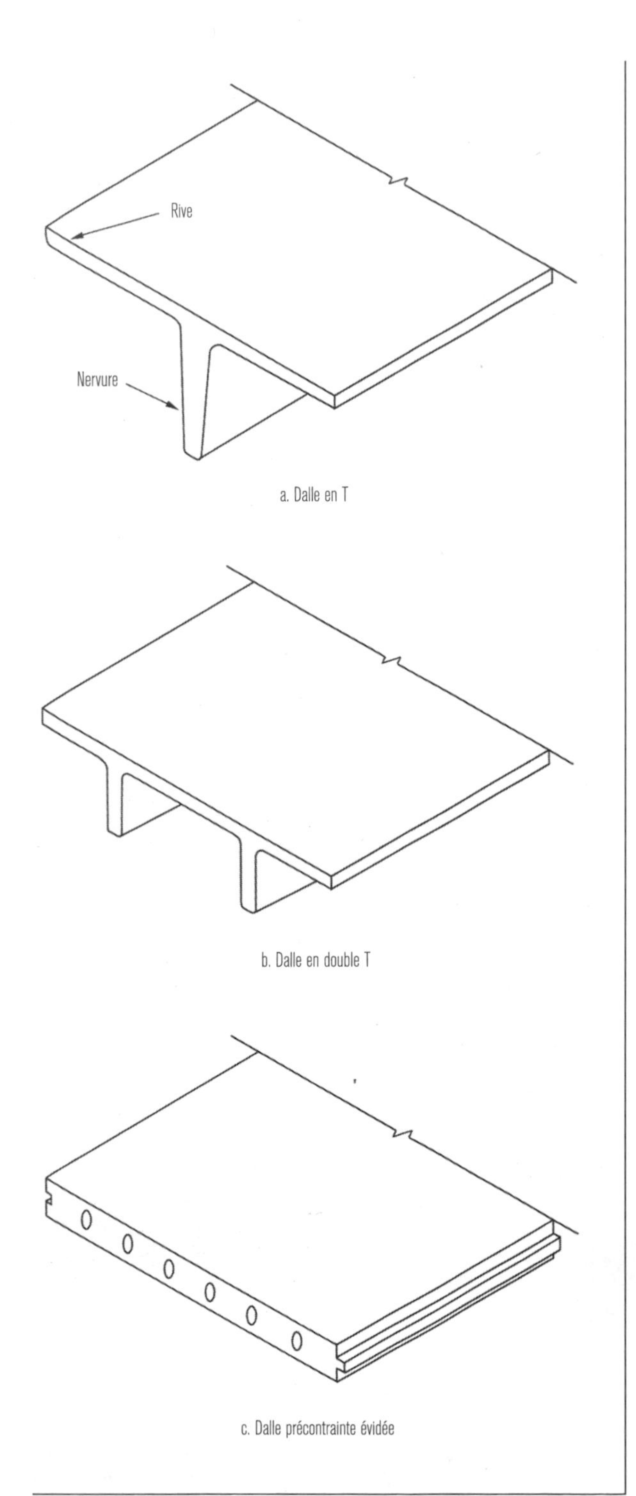

14.10
Dalles en béton préfabriqué

L'un des modes d'assemblage les plus courants pour les planchers et les plafonds est le béton sur platelage d'acier. Des tôles en acier nervurées, soutenues par des poutres et des poteaux en acier constituent la plateforme de travail, c'est-à-dire le coffrage, et forment la structure. Le béton est coulé sur le platelage et nivelé de façon à produire un plancher brut. Étant donné la nature d'une telle structure, il est relativement facile d'y percer des ouvertures de petites ou de moyennes dimensions pour des conduits, des systèmes de gaines, etc. Si des ouvertures plus importantes sont nécessaires pour des cages d'escaliers ou d'ascenseurs, on peut ajouter des cornières ou des poutres en acier pour renforcer les rives autour des ouvertures.

Ⓔ Autres forces agissant sur les structures

Tous les immeubles « bougent » dans une certaine mesure. Ce mouvement peut être causé par la contraction des matériaux (comme le bois), la compression des matériaux au fil du temps, le fléchissement des matériaux sous la surcharge (comme les planchers), le tassement ou le gonflement des sols et les tremblements de terre. Il peut aussi s'agir d'un déplacement latéral provoqué par le vent, ou encore par la dilatation et la contraction qu'entraînent les écarts de température.

Toute construction intérieure doit tenir compte des mouvements éventuels d'une structure. En construction commerciale, par exemple, les cloisons intérieures qui sont fixées aux planchers porteurs du dessus et au périmètre de l'immeuble doivent être dotées de joints de dilatation. Ces joints autorisent un léger mouvement de l'immeuble sans qu'aucune pression ne s'exerce sur les cloisons. Sans ces joints de dilatation, les cloisons fixées de manière rigide à la structure peuvent fléchir et craquer. La figure 14.11 illustre un type de joint de dilatation qui protège une cloison contre le fléchissement du plancher au-dessus.

Des joints de dilatation du même genre doivent être installés dans les gratte-ciel où les cloisons ou d'autres éléments de construction intérieure sont fixés aux meneaux des fenêtres des murs de périmètre afin de contreventer l'immeuble.

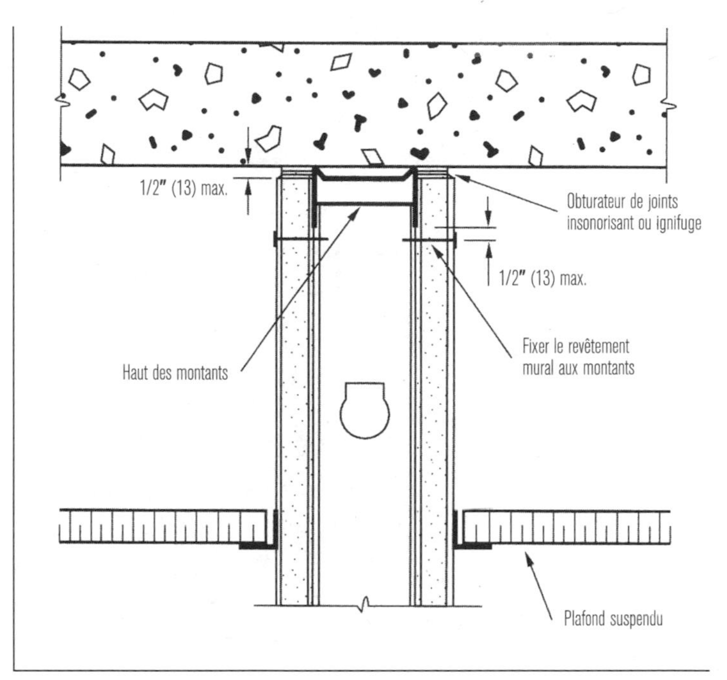

14.11 Joints de dilatation sous un plancher porteur

Ⓕ Degrés de résistance au feu

Comme nous le verrons au chapitre 17, les codes classent tous les bâtiments selon le degré de résistance au feu de leurs principales composantes comme les éléments de structure, les murs extérieurs, les cages et les cloisons permanentes. En construction commerciale, l'ossature du bâtiment peut être protégée par une construction offrant une résistance au feu de 1 h à 3 h. Le degré de résistance au feu et la méthode de protection relèvent de la conception initiale de l'architecte. Cependant, il peut arriver que le designer d'intérieur ait à remplacer un revêtement existant. Il doit alors s'assurer que le nouveau revêtement offre le même degré de résistance au feu que l'ancien. C'est le cas par exemple lorsqu'on change l'habillage d'une colonne ou d'une poutre, ou quand on doit revêtir une nouvelle cage d'escalier ou de monte-charge.

QUESTIONS

1. Le dispositif qui contrôle le débit d'air et sa répartition dans un système CVCA s'appelle...

   1. un convecteur.
   2. une grille.
   3. un registre.
   4. un conduit.

2. Quel type de système serait le meilleur dans un bureau à aires ouvertes, c'est-à-dire qui permettrait de contrôler le chauffage et la climatisation à chaque poste de travail ?

   1. Un système tout air
   2. Un système tout eau
   3. Des panneaux de chauffage rayonnants
   4. Un système à l'air et à l'eau

3. Qu'est-ce qui est interdit dans un vide de plafond où il y a reprise d'air ?

   1. Les registres coupe-feu
   2. Les câbles électriques
   3. Les canalisations d'alimentation en eau
   4. Les pièces en bois

4. Si vous travaillez en collaboration avec un ingénieur en électricité, quel renseignement êtes-vous *le plus susceptible* d'inscrire sur votre plan d'électricité ?

   1. L'emplacement des interrupteurs
   2. Les prises de courant spécialisées
   3. La taille des conduits
   4. L'emplacement des haut-parleurs

5. Quel type de gicleur devrait être installé dans un faux-plafond à claire-voie décoratif en bois suspendu au plancher porteur du dessus ?

   1. Vers le haut
   2. Vers le bas
   3. Mural
   4. Encastré

6. Dans le diagramme ci-dessous, comment s'appelle la partie d'escalier désignée par la flèche A ?

   1. La contremarche
   2. La marche
   3. Le nez de marche
   4. L'étendue

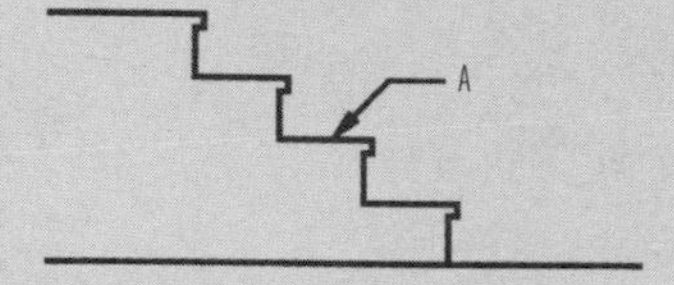

7. Pour le designer d'intérieur qui propose un nouvel habillage de fenêtre et un nouveau système de tringles dans un immeuble, quelle vérification parmi les suivantes est *la moins* importante à faire ?

   1. Demander à l'ingénieur en électricité si le nouveau facteur de réflexion de la lumière est nuisible
   2. S'assurer que le propriétaire ne se soucie pas de l'apparence extérieure de l'immeuble
   3. Vérifier si l'ingénieur en mécanique a des objections
   4. S'assurer auprès de l'architecte que le nouvel habillage de fenêtre ne nuira pas au chauffage des vitres

8. Que représente le symbole ci-dessous ?

   1. Un éclairage direct encastré
   2. Un éclairage d'issue suspendu
   3. Une prise téléphonique au sol
   4. Un avertisseur d'alarme incendie

9. Quelle serait la *meilleure* combinaison de dimensions pour un escalier donnant accès à une chambre-mezzanine dans un appartement où l'espace est restreint et la dimension entre les deux planchers est de 9′-4″ (2800) ?

   1. Contremarche de 7″ (178), marche de 11″ (279)
   2. Contremarche de 7″ (178), marche de 9″ (228)
   3. Contremarche de 8″ (203), marche de 9″ (228)
   4. Contremarche de 8″ (203), marche de 10″ (254)

10. Lequel des éléments suivants n'est *pas* autorisé dans un faux-plancher à panneaux amovibles ?

    1. Le câblage informatique
    2. La plomberie
    3. Le système CVCA
    4. Le câblage électrique

11. Dans le vide au-dessus d'un plafond suspendu, comment empêche-t-on la propagation horizontale de l'incendie ?

    1. Par l'installation de système d'extincteurs automatiques à eau
    2. En utilisant des divisions résistantes au feu
    3. En utilisant des matériaux en fibre de verre
    4. En installant des registres coupe-feu

12. Que représente le symbole ci-dessous dans un plan d'étage ?

    |—|

    1. Une colonne
    2. Une ferme
    3. Une poutre
    4. Une poutrelle

13. Selon l'UBC, combien de contremarches faut-il pour constituer une volée dans un immeuble non résidentiel ?

    1. 1
    2. 2
    3. 3
    4. 12

14. Laquelle de ces dalles ne peut *pas* être percée pour une cage d'escalier ?

    1. La dalle en béton armé
    2. La dalle à poteaux et à poutres
    3. La dalle à caissons
    4. La dalle en béton précontraint par post-tension

15. Qui devez-vous consulter pour déterminer où placer les rayonnages dans une bibliothèque ?

    1. L'ingénieur en mécanique
    2. Le responsable de l'aménagement de la bibliothèque
    3. L'ingénieur en structure
    4. Le concepteur de la protection incendie

16. Si tous les éléments ci-dessous sont présents, qu'est-ce qui doit être modifié pour insonoriser un bureau placé au périmètre d'un bâtiment ?

    1. Les carreaux insonorisants
    2. Les panneaux de plâtre
    3. Le convecteur
    4. L'isolant

15
Acoustique

L'acoustique peut avoir une grande incidence sur la qualité globale d'un design d'intérieur. Les espaces trop bruyants ou trop réverbérants nuisent à la concentration des occupants et peuvent même devenir inutilisables. À l'opposé, les auditoriums ou les salles de classe où le son ne se transmet pas bien s'avèrent tout aussi inadéquats. Le designer d'intérieur peut contrôler la qualité acoustique d'une pièce par la planification de l'espace, le design des murs et du plafond et le choix des finis. Dans la plupart des cas, une bonne connaissance des principes de base de l'acoustique l'aidera à faire des choix judicieux. Pour les projets de design plus complexes, comme une salle de concert ou un studio d'enregistrement, on devra retenir les services d'un acousticien qualifié.

1 Notions d'acoustique

(A) Qualités du son

Le son possède trois caractéristiques de base, soit la vitesse de propagation, la fréquence et l'intensité. La vitesse de propagation dépend du médium dans lequel le son se propage et de la température de ce médium. La fréquence est reliée à la hauteur d'un son : celle des sons aigus est plus élevée que celle des sons graves. Elle est équivalente au nombre de vibrations par seconde et se mesure en hertz (Hz). Un Hz est égal à une oscillation par seconde. L'intensité est la qualité de l'énergie acoustique mesurée en watts. La perception que l'on a de la puissance du son s'appelle l'intensité subjective.

(B) Intensité sonore

L'oreille humaine perçoit une vaste plage d'intensité acoustique, allant d'environ 10^{-16} watts par centimètre carré à 10^{-3} watts par centimètre carré. Pour cette raison et parce que la sensation d'audition est proportionnelle au logarithme de l'intensité de la source, les descriptions et calculs acoustiques se fondent sur le décibel (dB). Cette unité de mesure met en rapport l'intensité acoustique réelle et l'expérience qu'en ont les humains, donc l'intensité subjective. Par définition, 0 dB correspond au seuil de l'audition humaine, et 130 dB au seuil de la douleur. Le tableau 15.1 indique différentes intensités acoustiques courantes et l'évaluation subjective qui y correspond.

La perception du changement d'intensité du son est aussi subjective, mais le tableau 15.2 contient quelques repères courants qui sont utiles pour évaluer les effets de l'augmentation ou de la diminution du nombre de décibels dans différents aménagements intérieurs. Ce tableau permet de constater qu'il serait inutile, par exemple, d'engager des frais pour modifier l'indice de transmission du son (ITS, défini plus loin dans ce chapitre) d'une cloison de 3 dB, car le changement serait à peine perceptible.

IS (dB)	Son	Intensité subjective	Intensité (W/cm^2)
140	Décollage d'un avion à réaction		
130	Coup de feu	Seuil de la douleur	10^{-3}
120	Groupe rock, sirène à 100′ (3048)	Assourdissant	10^{-4}
110	Motocyclette qui accélère	Le son est ressenti	10^{-5}
100	Klaxon d'automobile à 10′ (304)	Difficulté à entendre une conversation	10^{-6}
90	Bruit intense de circulation, robot culinaire	Très fort	10^{-7}
80	Bureau bruyant, usine moyennement bruyante	Difficulté à utiliser le téléphone	10^{-8}
70	Bruit moyen de circulation, machine à écrire peu bruyante, radio à volume moyen	Fort	10^{-9}
60	Bureau moyennement bruyant, résidence bruyante	Fond sonore habituel	10^{-10}
50	Conversation moyenne, radio à faible volume	Modéré	10^{-11}
40	Maison silencieuse, bureau privé	Remarquablement silencieux	10^{-12}
30	Conversation à voix basse	Faible	10^{-13}
20	Chuchotement		10^{-14}
10	Bruissement de feuilles, salle insonorisée	Très faible	10^{-15}
0	Seuil de l'audition		10^{-16}

Tableau 15.1
Intensité sonore et intensité subjective

Changement de l'intensité sonore en dB	Sensation subjective
1	Presque imperceptible
3	Tout juste perceptible
5	Clairement perceptible
6	Perceptible lorsque la distance par rapport à la source dans un champ libre est doublée ou réduite de moitié
10	Intensité deux fois plus ou deux fois moins élevée
18	Intensité beaucoup plus ou beaucoup moins élevée
20	Intensité quatre fois plus ou quatre fois moins élevée

Tableau 15.2
Sensation subjective du changement d'intensité en décibels

Ⓒ Sensibilité humaine au son

Bien que la réaction humaine au son soit subjective et varie en fonction de l'âge, de la physiologie, du bruit ambiant et d'autres facteurs, il est utile de connaître les règles ci-dessous.

- Une personne jeune et en santé peut entendre les sons compris entre 20 et 20 000 Hz environ et est surtout sensible aux fréquences variant entre 3 000 et 4 000 Hz. La parole comprend des sons variant entre 125 et 8 000 Hz, dont la plupart se situent entre 200 et 5 000 Hz.
- L'oreille humaine est moins sensible aux basses fréquences qu'aux fréquences moyennes et élevées pour des sons dont l'intensité est égale.
- La plupart des sources sonores courantes contiennent de l'énergie dans une grande gamme de fréquences. Étant donné que la fréquence est une variable importante dans la transmission et l'absorption du son, il faut en tenir compte dans la conception acoustique. Pour simplifier, les mesures et les analyses reposent souvent sur huit bandes d'octave de fréquences désignées par leur fréquence centrale.

2 Transmission du son

La réduction du bruit (défini comme un son indésirable) pose deux problèmes fondamentaux : empêcher ou diminuer la transmission du son d'un espace à un autre et réduire le bruit à l'intérieur même d'un espace. La présente section porte sur la transmission du son, alors que la section 3 décrit les principes de base de l'absorption du son, principal moyen de réduire le bruit à l'intérieur d'un espace.

(A) Perte de transmission et réduction du bruit

La transmission de sons indésirables d'un espace à un autre est un problème courant. La transmission du son au travers d'une cloison est principalement retardée par la masse de cette cloison. La raideur ou la rigidité de la cloison a également de l'importance. À poids égal au pied carré, la cloison la moins rigide laissera moins passer le son.

Deux notions importantes jouent un rôle dans la réduction du bruit : la perte de transmission et la réduction réelle du bruit transmis entre deux espaces. La perte de transmission ne tient compte que du son absorbé par la cloison. La réduction du bruit dépend non seulement de la perte de transmission, mais aussi de la surface de la cloison séparant les deux espaces et de l'absorption des surfaces de la salle « silencieuse » (ou « réceptrice », celle qui « reçoit » le bruit). La réduction du bruit est fonction de l'augmentation de la perte de transmission qui caractérise la cloison, de l'augmentation de l'absorption dans la salle « silencieuse », de la diminution de la surface du mur commun entre les deux pièces, ou d'une combinaison de ces trois facteurs.

Pour simplifier le choix des éléments de construction des murs et d'autres composantes d'un bâtiment, la perte de transmission d'une construction est évaluée par un chiffre, appelé *indice de transmission du son* (ITS). En théorie, plus cet indice est élevé, plus l'isolation acoustique de la construction est efficace. Le tableau 15.3 présente quelques ITS et leur effet sur l'audition.

ITS	Effet sur l'audition
25	Une conversation normale s'entend clairement à travers l'écran
30	Une conversation à voix haute s'entend et se comprend assez bien; une conversation normale s'entend, mais se comprend à peine
35	Une conversation à voix haute n'est pas intelligible, mais peut s'entendre
42-45	Une conversation à voix haute s'entend à peine; une conversation normale ne s'entend pas
46-50	Une conversation à voix haute est inaudible; les autres sons forts s'entendent à peine ou sont inaudibles

Tableau 15.3
Indices de transmission du son (ITS) et leur effet sur l'audition

Les ITS représentent la perte de transmission idéale à travers un matériau dans des conditions de laboratoire. Dans la réalité, les cloisons, sols et autres composantes des bâtiments sont rarement construits avec la qualité qu'offriraient des conditions de laboratoire. En outre, toute rupture du matériau telles que fissures, prises de courant, portes, etc., diminuent considérablement la réduction du bruit.

Dans les situations plus critiques, la perte de transmission et le choix des matériaux doivent être calculés en fonction des différentes fréquences plutôt que de la seule valeur moyenne de l'ITS. Certains matériaux comportent un « trou » acoustique, c'est-à-dire qu'ils bloquent une certaine plage de fréquences, alors qu'ils en laissent passer d'autres. Toutefois, le seul ITS est suffisant à des fins de design préliminaire.

Ⓑ Courbes de critères du bruit

Dans tous les espaces normalement occupés, il existe un certain bruit de fond ou bruit ambiant. Il ne s'agit pas d'un bruit indésirable, car ce bruit ambiant permet d'éviter la sensation de vide et permet de masquer d'autres sons. En revanche, la quantité acceptable de bruit de fond varie selon le type d'espace et la fréquence sonore. Ainsi, on tolère généralement moins bien un bruit ambiant dans une chambre à coucher que dans un hall public et, à un niveau élevé, l'oreille humaine tolère mieux les sons à basse fréquence que ceux à haute fréquence.

Ces variables ont été intégrées dans une série de courbes de critères du bruit qui mettent en corrélation la fréquence en huit bandes d'octave (exprimées en Hz) et l'intensité du bruit (en dB). Voir la figure 15.1. Ces courbes s'accompagnent de critères de bruit pour différents types d'espaces et dans différentes conditions d'écoute (le tableau 15.4 en donne un échantillon représentatif). Les courbes de critères du bruit peuvent être utilisées à trois fins : connaître l'intensité maximale de bruit ambiant continu admissible dans un espace, établir le minimum de bruit souhaitable pour masquer certains sons et évaluer la qualité sonore d'un espace.

Type d'espace	Critère de bruit (dB)
Salles de concert, salles d'opéra, studios d'enregistrement	15-20
Chambres à coucher, appartements, hôpitaux	20-30
Bureaux privés, petites salles de conférence	30-35
Grands bureaux, magasins de détail, restaurants	35-40
Halls, salles de dessin, postes de travail en laboratoire	40-45
Cuisines, salles informatiques, ateliers de maintenance courante	45-55

Tableau 15.4
Critères de bruit selon le type d'espace

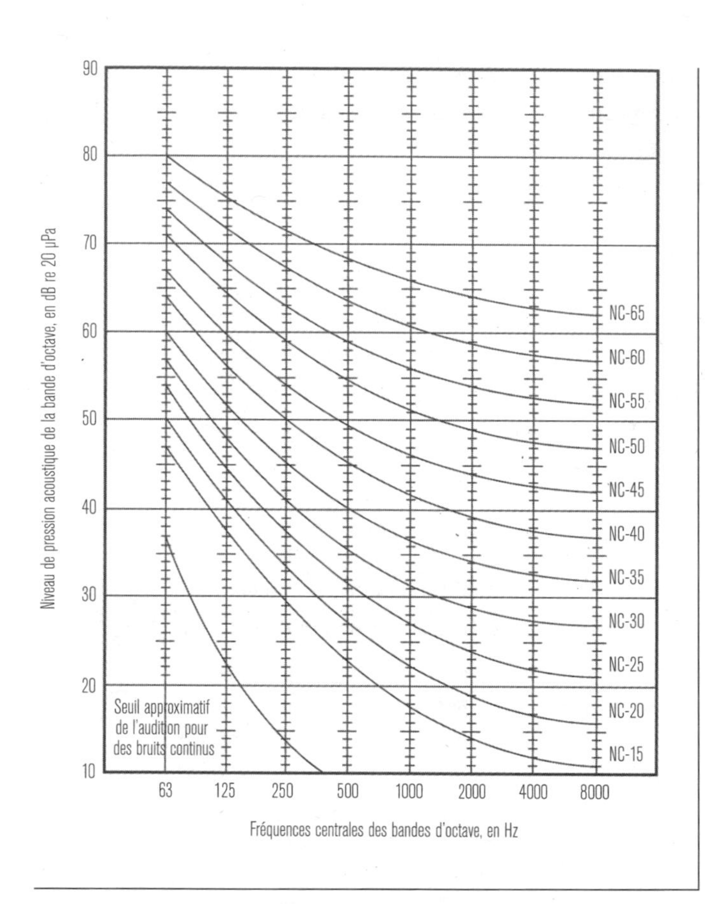

15.1
Courbes de critères du bruit

❷ ABSORPTION DU SON

Le contrôle de la transmission du son n'est qu'un des éléments d'une bonne conception sonore. En effet, pour atténuer le bruit dans un espace, il faut également prévoir une bonne absorption du son. Bien entendu, le bruit peut être réduit à la source même, mais cela n'est pas toujours possible. L'absorption du son permet donc de contrôler la réflexion acoustique non voulue (bruit), d'améliorer la confidentialité des conversations et d'accroître ou de diminuer la réverbération.

Ⓐ Principes de base

L'absorption d'un matériau est définie par le coefficient d'absorption, *a*, qui est le rapport entre l'intensité sonore absorbée par le matériau et l'intensité sonore totale atteignant le matériau. L'absorption maximale possible est donc de 1, dans un espace libre. En général, un matériau ayant un coefficient d'absorption inférieur à 0,2 est considéré comme réfléchissant, alors qu'un matériau ayant un coefficient supérieur à 0,2 est considéré comme insonorisant. Ce coefficient est indiqué dans la documentation technique des fabricants.

Le coefficient d'absorption varie selon la fréquence du son car certains matériaux absorbent mieux certaines fréquences que d'autres. Dans les situations critiques, on doit effectuer des vérifications pour toutes les fréquences mais, en général, on peut utiliser le *coefficient de réduction du bruit* (souvent abrégé en NRC pour *noise reduction coefficient*). Ce coefficient correspond à la moyenne des facteurs d'absorption d'un matériau aux fréquences de 250, 500, 1 000 et 2 000 Hz, arrondie au multiple de 0,05. Le tableau 15.6 montre quelques coefficients NRC typiques.

MATÉRIAU	NRC
Carreau de vinyle sur béton	0,05
Parquet à lames	0,10
Tapis à fibres de1/2" sur béton	0,05
Mur en panneaux de placoplâtre	0,50
Panneau mural en fibre de verre 1" recouvert de tissu	0,80
Panneau de contreplaqué	0,15
Carreau insonorisant de 5/8" suspendu	0,60
Carreau insonorisant de 1" suspendu	0,90

Tableau 15.6
Coefficient de réduction du bruit (NRC)

(B) Réduction du bruit dans un espace

L'absorption totale d'un matériau dépend de son coefficient d'absorption et de sa surface. Comme la plupart des pièces comportent différents matériaux ayant différentes surfaces, l'absorption totale d'une pièce est la somme des différents coefficients d'absorption de chaque matériau. Des formules complexes permettent de calculer la réduction du bruit dans les projets plus spécialisés, mais pour la plupart des aménagements intérieurs, on peut s'appuyer sur les règles générales suivantes :

- Il est préférable d'éviter les surfaces dures et réfléchissantes sur les murs, le sol et le plafond. L'espace sera trop réverbérant et trop bruyant.
- Le coefficient d'absorption moyen d'une pièce devrait être de 0,20 ou plus. Habituellement, un coefficient d'absorption moyen supérieur à 0,50 n'est ni souhaitable, ni justifiable du point de vue budgétaire. Le coefficient d'absorption des grandes pièces peut être moindre, tandis que celui des pièces petites et bruyantes doit être plus élevé.
- Chaque fois que l'on double le coefficient d'absorption d'une pièce, la réduction de bruit qui en résulte n'est que de 3 dB, donc à peine perceptible. Pour que le changement soit notable, il faut au moins tripler le coefficient d'absorption moyen d'une pièce et, ainsi, réduire le bruit de 5 dB.
- Les matériaux insonorisants peuvent être posés au mur ou au plafond, mais le traitement du plafond s'avère plus efficace dans les grandes pièces, alors que le traitement des murs est plus efficace dans les petites.

Ⓒ Réverbération

La réverbération est la réflexion multiple d'un son par des surfaces dures. Il s'agit d'un facteur important de la conception acoustique, car il influe sur l'intelligibilité de la parole et la qualité de la musique. Techniquement, le temps de réverbération est le nombre de secondes nécessaire pour que l'intensité acoustique d'un son diminue de 60 dB après l'arrêt de l'émission. La réverbération est désirable si elle convient à l'usage d'un espace. Par exemple, le temps de réverbération recommandé pour la parole est de 0,3 à 0,6 secondes dans les bureaux et les petites pièces, et de 1,5 à 1,8 secondes dans les auditoriums. On peut contrôler la réverbération en modifiant la quantité de finis insonorisants ou réfléchissants dans un espace.

❹ Insonorisation

Cette section examine les différentes stratégies d'insonorisation que le designer d'intérieur peut utiliser dans ses projets.

Ⓐ Insonorisation d'une pièce

On peut insonoriser une pièce de trois façons : en réduisant le volume de la source sonore, en modifiant le coefficient d'absorption moyen et en ajoutant un bruit ambiant discret pour masquer les sons indésirables.

Il n'est pas toujours possible de réduire le volume de la source de bruit, qu'il s'agisse d'un appareil fixe, de personnes ou d'autres types de situations. Par contre, si le bruit indésirable provient de l'extérieur ou d'une pièce adjacente, la perte de transmission des murs extérieurs peut être améliorée. Si le bruit provient d'une machine, il est souvent possible d'isoler cette machine ou de la modifier pour la rendre plus silencieuse.

On peut aussi réduire le bruit en modifiant le facteur d'absorption de l'espace, mais on ne peut pas indéfiniment ajouter des matériaux insonorisants. Cette méthode convient surtout aux pièces contenant une grande proportion de surfaces dures et réfléchissantes.

Dans la plupart des cas, l'ajout d'un bruit masquant discret est souhaitable, car il permet de masquer le bruit indésirable. Rappelons qu'il y a toujours un certain bruit de fond ou bruit ambiant. Ce bruit de fond peut provenir du bourdonnement des systèmes CVCA, des divers équipements de bureau, de la circulation, des conversations ou d'autres sources. Par exemple, dans un bureau, si l'intensité sonore est de 75 dB d'un côté d'une cloison dont l'ITS est de 45 et que le bruit de fond de l'autre côté de cette cloison est de 35 dB, le bruit traversant la cloison ne sera pas audible (en théorie). Voir la figure 15.2. Si le bruit de fond est réduit à 25 dB, les sons deviendront perceptibles.

Ce phénomène permet d'introduire un son soigneusement contrôlé dans un espace plutôt que de compter uniquement sur un bruit de fond aléatoire. On crée alors ce qu'on appelle un *bruit blanc* ou *bruit large bande* en installant au plafond des haut-parleurs reliés à un générateur sonore qui produit un son continu et imperceptible à certains niveaux du spectre de fréquences. Le générateur sonore peut être réglé de manière à produire les fréquences et les niveaux sonores qui permettront précisément de masquer les sons indésirables. On a souvent recours au bruit blanc dans les bureaux à aire ouverte pour assurer une certaine confidentialité des conversations et masquer le bruit des divers équipements et appareils.

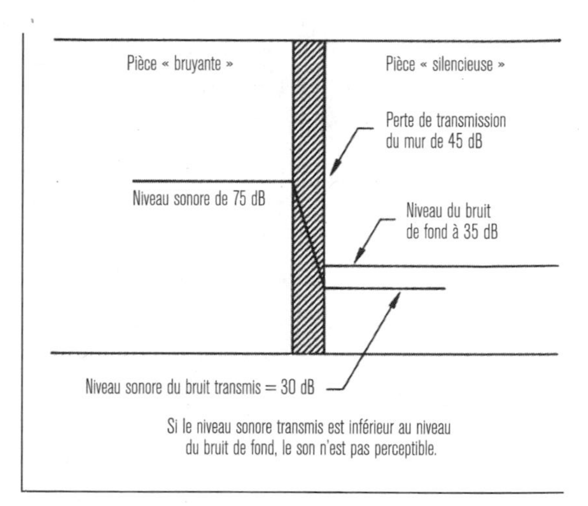

15.2
Réduction du bruit

Ⓑ Réduction de la transmission du son

Le contrôle de la transmission du son à travers un écran est essentiellement fonction de la masse de cet écran et, dans une moindre mesure, de sa rigidité. Les murs et les sols ont généralement un ITS. La documentation des fabricants, les laboratoires d'essai et les documents de référence indiquent habituellement l'ITS à différentes fréquences. Plus l'ITS est élevé, plus le matériau ou l'assemblage en question réduit efficacement la transmission du son.

Plusieurs méthodes permettent de construire une cloison insonorisée. Elles sont illustrées schématiquement à la figure 15.3. La première technique consiste simplement à augmenter la masse de la cloison, soit en la construisant à l'aide d'un matériau lourd, comme de la maçonnerie, soit en utilisant plus d'une couche de panneaux de placoplâtre. Les cloisons dont l'ITS est élevé sont habituellement constituées de deux couches de panneaux de placoplâtre d'un ou des deux côtés. La deuxième technique consiste à sceller le vide entre les montants avec un isolant. L'isolant absorbe le son transmis à travers la première couche de la cloison (il en réduit l'énergie) avant qu'il n'atteigne l'autre couche. Enfin, on peut aussi poser des barres résilientes d'un côté de la cloison. En raison de leur forme, ces barres ne touchent les montant qu'en partie, de sorte que le panneau de placoplâtre peut « jouer » et atténuer le son qui l'atteint plutôt que de le transmettre à l'ossature.

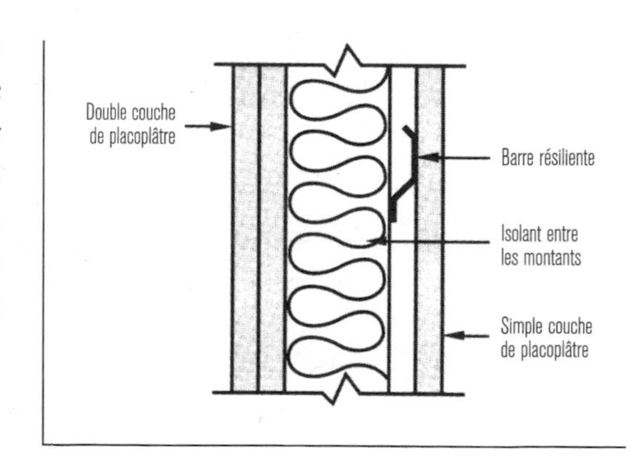

15.3
Cloison insonorisée

Outre le mode de construction, d'autres variables jouent un rôle crucial dans le contrôle de la transmission du son. Il est aussi important d'obturer toutes les fissures d'un écran. Les joints au sol, au plafond et à l'intersection des murs doivent être calfeutrés. Il est préférable d'éviter les ouvertures, mais si cela s'avère impossible, il faut également combler les joints autour de ces ouvertures. Les prises de courant, par exemple, ne doivent pas être disposées en vis-à-vis l'une de l'autre, mais plutôt en quinconce et les joints autour de ces prises doivent être comblés. Les canalisations, conduits et autres installations du genre laissent passer les sons aériens ainsi que les vibrations mécaniques et ne doivent pas être fixés de manière rigide à l'écran. Les ouvertures autour de ces conduits et canalisations doivent être obturées et calfeutrées.

Il faut éviter tout élément de construction dont l'ITS est inférieur à celui de l'écran ou prévoir un traitement spécial, sans quoi le coefficient global de l'écran s'en trouvera diminué. Les portes installées dans un mur bien insonorisé posent souvent un problème qui peut être réglé de différentes façons. Sur l'ensemble du pourtour, les joints doivent être recouverts d'un coupe-bise insonorisant autour du chambranle et du linteau, et l'ensemble doit comporter un seuil ou un bas de porte automatique. Comme on l'a vu au chapitre 11, le bas de porte automatique est un dispositif qui se soulève quand la porte est ouverte et descend contre le plancher quand la porte est fermée. La porte elle-même doit être aussi lourde que possible, de préférence en bois et à âme pleine. Souvent, on installe deux portes séparées par un petit espace.

Les parois vitrées intérieures peuvent être conçues avec du verre feuilleté dans un cadre résilient. Le verre feuilleté a davantage de masse, et la couche intermédiaire en plastique améliore les caractéristiques d'atténuation des sons de l'écran. Pour améliorer encore plus la perte de transmission, on peut installer deux couches de verre ou plus séparées par un ou des vides.

Les voies de transmission latérales du bruit comme les conduits de climatisation, les vides de plafond et les corridors doivent être éliminés ou traités adéquatement.

Ⓒ Confidentialité des conversations

Dans la plupart des projets, l'insonorisation n'a pas pour objectif d'éliminer tous les sons ou de concevoir une pièce où l'acoustique est parfaite pour la musique, mais d'assurer aux occupants une certaine protection de la confidentialité tout en leur permettant de parler à voix haute, normalement. Bien souvent, on considère que cette confidentialité des conversations est atteinte quand ceux qui se trouvent à l'extérieur de la pièce peuvent entendre les voix en bruit de fond sans pour autant comprendre ce qui est dit. Il s'agit d'une exigence très fréquente dans les bureaux à aire ouverte.

Dans les espaces divisés par des cloisons pleine hauteur, la confidentialité des conversations est assurée par la perte de transmission des cloisons et, dans une moindre mesure, par l'utilisation judicieuse des surfaces insonorisantes. Dans les bureaux à aire ouverte, elle est plus difficile à réaliser. Cinq facteurs sont alors déterminants. Ils doivent tous être présents pour que l'on puisse qualifier l'acoustique d'optimale.

1. Le plafond doit être hautement insonorisant. L'idéal consiste à créer un « ciel dégagé » de façon que les sons ne soient pas réfléchis ailleurs dans l'espace.

2. L'espace doit comporter des cloisons qui réduisent la transmission du son d'un espace aux espaces adjacents. Chaque cloison doit comporter une surface insonorisante minimisant la réflexion du son appliquée sur une membrane solide (appelée en anglais *septum).*

3. Les autres surfaces, comme le sol, les meubles, les fenêtres et les luminaires, doivent être conçues ou disposées de façon à minimiser la réflexion du son. Une fenêtre, par exemple, peut permettre au son de se réfléchir au-dessus d'une cloison à mi-hauteur.

4. Si possible, les zones d'activité doivent être distancées afin de bénéficier de l'atténuation normale du son avec la distance.

5. L'espace doit être doté d'un système de bruit masquant adéquat. S'il y a suffisamment de surfaces insonorisantes, le bruit masquant absorbe tous les sons, et pas uniquement les sons indésirables. Il faut alors réintroduire un bruit de fond pour maintenir un bon équilibre entre le son des conversations et le bruit masquant.

(D) Contrôle du bruit d'impact

Le bruit d'impact, résultant de l'impact entre un objet et une surface, peut se produire sur n'importe quel type de surface, mais concerne surtout les assemblages plancher-plafond. Il est habituellement causé par l'impact des pas sur le sol, le déplacement d'un meuble ou la chute d'un objet.

Le bruit d'impact est quantifié par l'*indice d'isolation au bruit d'impact* (IIBI), chiffre qui désigne la capacité d'un assemblage plancher-plafond à empêcher la transmission d'un bruit d'impact. Plus l'IIBI est élevé, plus l'assemblage en question réduit efficacement la transmission du bruit d'impact dans la bande de fréquences testée.

Le meilleur moyen d'accroître l'IIBI d'un sol est d'y installer un tapis ou de la moquette. On peut aussi installer un plafond suspendu insonorisant à l'étage inférieur, poser un revêtement de sol « flottant » sur des semelles résilientes au-dessus du plancher porteur, ou installer un matériau insonorisant (isolant) entre le plancher et le plafond fini en dessous.

Ⓔ Plan de la pièce et concepts d'organisation spatiale

La performance acoustique d'un ensemble ou d'une pièce peut être affectée par la disposition du plan d'étage ainsi que par la taille et la forme d'une pièce. En plus de concevoir les murs et les sols de façon à absorber le son et à en retarder la transmission, le designer d'intérieur doit tenir compte des règles énumérées ci-dessous afin de minimiser les problèmes liés à l'acoustique dans un aménagement intérieur.

- Regrouper les espaces utilisés aux mêmes fins. Il vaut mieux, par exemple, prévoir des chambres à coucher adjacentes que d'en placer une près d'un endroit bruyant comme la cuisine.
- Prévoir, dans la mesure du possible, des espaces tampons tels que placards et couloirs pour séparer les espaces bruyants. On peut, par exemple, adosser les placards au mur mitoyen entre deux chambres à coucher.
- Décaler les portes dans les corridors et les couloirs afin d'éviter de créer une voie directe de transmission du son.
- Dans la mesure du possible, disposer les meubles et autres objets pouvant être sources de bruit à distance des murs mitoyens.
- Réduire au minimum la surface du mur mitoyen entre deux pièces où l'on désire réduire la transmission du son.
- Éviter un plan dont la forme réfléchit ou focalise le son. Les couloirs surmontés d'une voûte en berceau et les pièces circulaires, par exemple, produisent des sons focalisés indésirables. Les pièces qui focalisent le son peuvent également empêcher les réflexions du son qui seraient utiles.

Ⓕ Propriétés acoustiques des plafonds

Comme les plafonds jouent un rôle important dans le contrôle acoustique d'une pièce, plusieurs méthodes ont été mises au point pour en évaluer les propriétés acoustiques. Trois de ces méthodes peuvent être utilisées pour l'ensemble des plafonds, et deux sont utilisées pour mesurer le niveau de confidentialité des entretiens dans les bureaux à aire ouverte, où les plafonds ne représentent qu'un aspect de la qualité acoustique.

L'une des mesures les plus importantes pour déterminer les propriétés acoustiques d'un plafond est le coefficient de réduction du bruit (NRC), brièvement décrit dans la section précédente. Comme indiqué plus haut, le NRC correspond à la moyenne des facteurs d'absorption du son d'un matériau aux fréquences de 250, 500, 1 000 et 2 000 Hz, arrondie au multiple de 0,05. Ce coefficient peut aller de 0 (aucune absorption du son) à 1,0 (absorption totale du son). Les carreaux de plafonds acoustiques se rangent entre 0,65 et 0,90. Dans les bureaux à aire ouverte, un coefficient NRC de 0,85 ou plus est généralement recommandé.

Un coefficient proche du NRC est le coefficient d'absorption de la fréquence vocale (en anglais *speech range absorption* ou SRA). Ce coefficient, également indiqué par un chiffre, s'applique aux fréquences de 500, 1000, 2000 et 4000 Hz, soit les fréquences vocales ou conversationnelles. Pour cette raison, il peut constituer un meilleur indice pour l'évaluation et le choix de carreaux de plafonds.

La troisième mesure d'évaluation des propriétés acoustiques des plafonds est l'indice d'affaiblissement sonore des plafonds (en anglais *ceiling attenuation class* ou CAC). Il s'agit d'une mesure qui quantifie la perte de transmission à travers des carreaux de plafonds entre deux pièces où il n'y a pas de murs ou de barrière sonore au-dessus du plafond suspendu. Cette mesure, qui est exprimée en décibels, est semblable à l'indice de transmission du son (ITS) décrit précédemment. La plupart des carreaux acoustiques pour plafonds ont un CAC situé entre 30 et 35 dB, ce qui est la mesure minimale d'efficacité. Reportez-vous au tableau 15.3 pour l'ITS et l'effet sur l'audition. On peut améliorer l'indice CAC d'un plafond en utilisant des carreaux composites avec endos de placoplâtre.

Les deux méthodes utilisées pour mesurer la confidentialité des conversations sont la catégorie de netteté (*articulation class* ou AC) et l'indice de netteté (*articulation index* ou AI). Ces deux mesures tiennent compte de plusieurs facteurs en plus des propriétés des carreaux acoustiques et s'appliquent à une plage de fréquences plus grande.

La catégorie de netteté (AC) est un indice cumulatif qui indique l'efficacité d'un plafond à absorber le son se propageant au-dessus de cloisons basses. Il s'agit d'un indice pondéré à partir des niveaux d'atténuation acoustique obtenue dans 15 fréquences différentes allant de 200 à 5000 Hz et comportant des facteurs pondérés plus élevés dans les fréquences représentant la voix. La norme d'essai utilisée pour déterminer cet indice utilise un plafond de 9′ de hauteur (2743) et des cloisons de bureaux standards de 60″ de hauteur (1524).

L'indice de netteté (AI) est une mesure encore plus fiable de la confidentialité des conversations. L'indice AI mesure la performance de tous les éléments d'une configuration acoustique particulière, y compris les plafonds, les différentes cloisons, les meubles, les appareils d'éclairage, les systèmes de masquage du bruit de fond (bruit blanc) et le bruit ambiant des systèmes CVCA. L'indice AI prévoit les niveaux d'intelligibilité de la voix pour un groupe d'interlocuteurs et d'auditeurs. Le résultat de l'essai qui permet de mesurer l'AI est un chiffre allant de 0,00, qui représente la confidentialité absolue, à 1,00, qui représente l'absence totale de confidentialité soit une situation où chaque mot prononcé est intelligible. La confidentialité des conversations désigne une situation où les paroles ne sont pas intelligibles et correspond généralement à un AI inférieur à 0,05. Une confidentialité normale des entretiens indique une situation où un effort concentré est nécessaire à l'intelligibilité des paroles et correspond à un AI se situant entre 0,05 et 0,20. La confidentialité des conversations est considérée insuffisante quand l'AI est au-dessus de 0,30.

QUESTIONS

1. Quels indices sont *les plus* importants dans l'évaluation de la qualité acoustique d'un assemblage sol-plafond ?

   1. ITS et NRC
   2. IIBI et ITS
   3. Critères de bruit et IIBI
   4. NRC et IIBI

2. Si le fournisseur d'un matériau vous dit que l'ajout de son produit dans un mur en augmenterait l'isolation acoustique (ITS) d'un peu plus de 3 dB entre deux pièces pour lesquelles l'isolation acoustique est cruciale, comment devriez-vous réagir ?

   1. Déterminer quel serait le coût additionnel et décider d'utiliser ou non le produit
   2. Le remercier et lui expliquer que vous n'utiliserez probablement pas son produit car la réduction du bruit qu'il permet ne justifie pas le travail ni le coût
   3. Inscrire le produit au devis d'exécution à condition qu'il ne modifie pas le coût de construction de plus de 5 %
   4. Demander si certaines modifications pourraient porter la réduction du bruit à 6 dB, et dire que, dans ce cas, le produit pourrait vous intéresser

3. À l'étape préliminaire du design d'intérieur, quelle méthode *ne devrait pas* être utilisée pour réduire les problèmes éventuels de bruit dans une pièce dont les dimensions et la forme exactes ne sont pas encore déterminées ?

   1. Concevoir la pièce pour qu'elle ait la plus grande surface de plafond possible
   2. Prévoir des matériaux insonorisants pour les murs de la pièce
   3. Étudier des façons d'accroître la perte de transmission des cloisons de la pièce
   4. Réduire la longueur du mur séparant la pièce d'autres endroits plus bruyants

4. Contre quel problème l'assemblage ci-dessous offrirait-il la *meilleure* insonorisation ?

   1. Le bruit d'impact
   2. La transmission du son de la pièce A à la pièce B
   3. La transmission du son de la pièce B à la pièce A
   4. La vibration mécanique

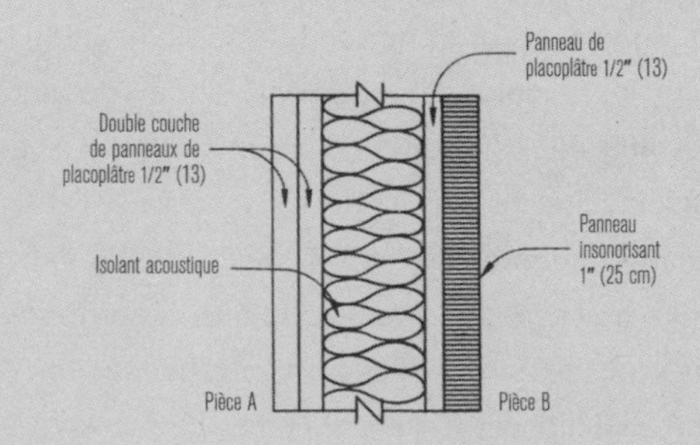

5. Lequel des énoncés suivants est *le plus* exact?

   1. Un son de 50 dB est deux fois plus fort qu'un son de 25 dB.
   2. L'un des objectifs souhaitables de la conception acoustique est d'éliminer tout bruit de fond.
   3. Une réduction du bruit de 7 dB dans une pièce est clairement perceptible.
   4. Un bon matériau insonorisant absorbe les sons de toutes les fréquences également.

6. Pour concevoir le cadre de la porte d'une salle de conférence où il est essentiel de protéger la confidentialité des conversations, lequel des éléments suivants serait *le moins* nécessaire?

   1. Un bas de porte automatique
   2. Un dispositif de fermeture silencieux à haut rendement
   3. Une garniture d'étanchéité en néoprène
   4. Une porte à âme pleine

7. Pourquoi garnit-on d'isolant des cloisons intérieures?

   1. Pour empêcher la transmission de la chaleur d'un côté à l'autre
   2. Pour accroître la solidité du mur
   3. Pour améliorer les caractéristiques acoustiques du mur
   4. Pour accroître la résistance du mur au feu

8. Sur lequel des aspects suivants le remplacement d'un plafond en panneaux de placoplâtre par des carreaux insonorisants aurait-il *le plus* d'effet?

   1. La réverbération
   2. La transmission du son
   3. La diminution de décibels
   4. L'indice d'isolation au bruit d'impact

9. Dans une petite salle de conférence, il vaudrait mieux éviter...

   1. un système d'amplification sonore.
   2. un plafond en voûte.
   3. un tapis.
   4. des murs parallèles.

10. Lequel des énoncés suivants est faux?

    1. La réduction du bruit augmente si la perte de transmission du son augmente dans le mur qui sépare deux pièces.
    2. La rigidité d'un mur peut affecter la réduction du bruit.
    3. Pour améliorer la réduction du bruit, il faut placer des matériaux insonorisants des deux côtés d'un mur.
    4. Une augmentation de la surface du mur séparant deux pièces est nuisible à la réduction du bruit.

16

Communication graphique

Pour réussir l'examen du NCIDQ, vous devez avoir une bonne connaissance des principales méthodes de communication graphique et être en mesure de les utiliser pour présenter votre solution à un problème. Pour passer la partie pratique de l'examen, vous devez être capable de dessiner un plan d'étage et un plan de plafond réfléchi, et vous devez bien connaître les coupes et les élévations. Rappelez-vous cependant que vos dessins ne seront pas évalués du point de vue de votre habileté technique, mais plutôt de celui de votre aptitude à communiquer des solutions.

Ce chapitre décrit les quatre principaux types de dessin dont le designer d'intérieur se sert. Reportez-vous au chapitre 7 pour en savoir plus sur les dessins d'exécution et les symboles graphiques conventionnels.

1 Dessins orthographiques

Le plan d'étage, l'élévation et la coupe sont parmi les dessins orthographiques les plus courants. Ces dessins utilisent une projection orthographique pour présenter un objet tridimensionnel en deux dimensions. Ils conviennent parfaitement à la communication sur support papier ou électronique, car de multiples vues orthographiques permettent de décrire précisément et complètement même les objets les plus complexes.

Une projection orthographique (ou orthogonale) présente un objet comme si l'angle de vision était simultanément perpendiculaire à chaque point de la surface de l'objet. On peut comprendre ce dont il s'agit en imaginant que chaque face importante de l'objet est projetée sur un plan transparent parallèle à la surface de cet objet, comme l'illustre la figure 16.1.

Dans une projection orthogonale, tous les éléments sont illustrés dans leurs relations véritables les uns par rapport aux autres, et l'échelle et les proportions sont les mêmes pour les vues multiples du même objet. Il n'y a pas de distorsion des lignes et des plans, qui sont parallèles au plan sur lequel la vue est projetée. Toutefois, une ligne ou un plan en diagonale est illustré en raccourci. Ainsi, dans la figure16.1, la vue du dessus du bâtiment montre la largeur du toit en raccourci, tandis que la longueur est à l'échelle. Si l'on mesure la longueur de la ligne qui va de l'avant-toit jusqu'au faîte du toit dans la vue de dessus, elle est plus courte que la ligne réelle illustrée dans la vue de profil.

La plupart du temps, les dessins orthogonaux sont tracés à l'échelle, c'est-à-dire qu'une unité de mesure y est utilisée pour représenter une autre unité de mesure plus grande. Par exemple, un plan d'étage est souvent dessiné de telle sorte qu'un quart de pouce y représente un pied. Cela est indiqué par la mention 1/4″ = 1′-0″ (1:50). L'échelle permet de représenter sur papier des objets de grande dimension et détermine la quantité de détails illustrés. Plus l'échelle est grande, plus l'objet est proche, ce qui permet de voir davantage de détails. Une échelle de 3″ = 1′-0″ (1:5) convient pour montrer des détails de construction très complexes, tandis qu'une échelle plus petite comme 1/8″ = 1″-0″ (1:100) suffit pour la plupart des plans d'étage.

Les dessins orthogonaux les plus courants sont le plan d'étage, le plan de plafond réfléchi, l'élévation et la coupe. La projection orthogonale sert également de base à certains types de dessins tridimensionnels comme les dessins axonométriques, les élévations obliques et les coupes en perspective à un point de fuite.

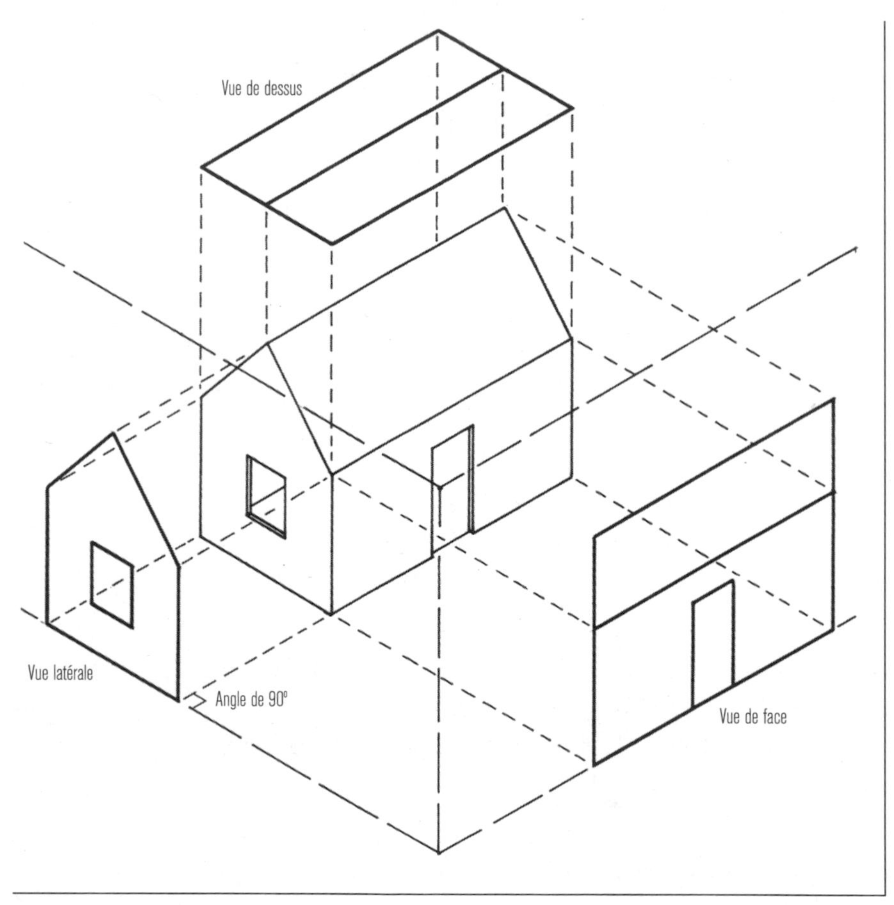

16.1
Projection orthogonale

Ⓐ Le plan

Le plan est une vue orthographique d'un objet établie à partir d'un point situé directement au-dessus de cet objet. En architecture et en design d'intérieur, le plan le plus commun est le plan d'étage qui, à strictement parler, est une coupe. La théorie sous-jacente au plan d'étage est qu'une coupe horizontale est pratiquée dans un bâtiment (ou une portion de bâtiment) à environ 5′ (1500) au-dessus du sol. En imaginant que l'on supprime la partie supérieure (voir la figure 16.2), tout ce qui reste est ce qui figure sur le plan. La hauteur à laquelle la coupe est pratiquée permet d'illustrer les fenêtres, les portes et les autres ouvertures.

Un plan de toiture est une vue qui montre le dessus d'un bâtiment. Si on y ajoute une partie du terrain sur lequel le bâtiment est construit, l'aménagement paysager, les voies piétonnières, les rues, allées ainsi que les limites de la propriété, ce dessin devient un plan d'implantation.

Bien entendu, un plan d'étage résulte de certains compromis par rapport à la stricte théorie. Ainsi, une coupe montrerait tous les matériaux de construction à l'intérieur des murs, mais ces derniers sont habituellement représentés par deux lignes parallèles. Bien souvent, les murs sont rendus au moyen d'un motif qui est une convention graphique permettant de caractériser le type de construction, ou par un trait noir. De plus, toutes les ouvertures sont illustrées, même celles dont le bord inférieur se situerait plus haut que la coupe théorique à 5′. D'autres éléments de construction situés eux aussi au-dessus de la ligne de coupe théorique sont également illustrés, comme les armoires de cuisine, les variations dans la hauteur des plafonds et les rayonnages. Ces éléments sont représentés par des traits pointillés pour signifier qu'ils sont au-dessus de la ligne de coupe.

Diverses variantes du plan d'étage permettent de communiquer différents types de renseignements. Le plan d'étage en couleurs montrant l'ameublement, les revêtements de sol et les ombres portées peut être utilisé pour la présentation au client, alors que le plan d'exécution montre des données très différentes, utiles à l'entrepreneur. Les divers types de plans sont traités en détail au chapitre 7.

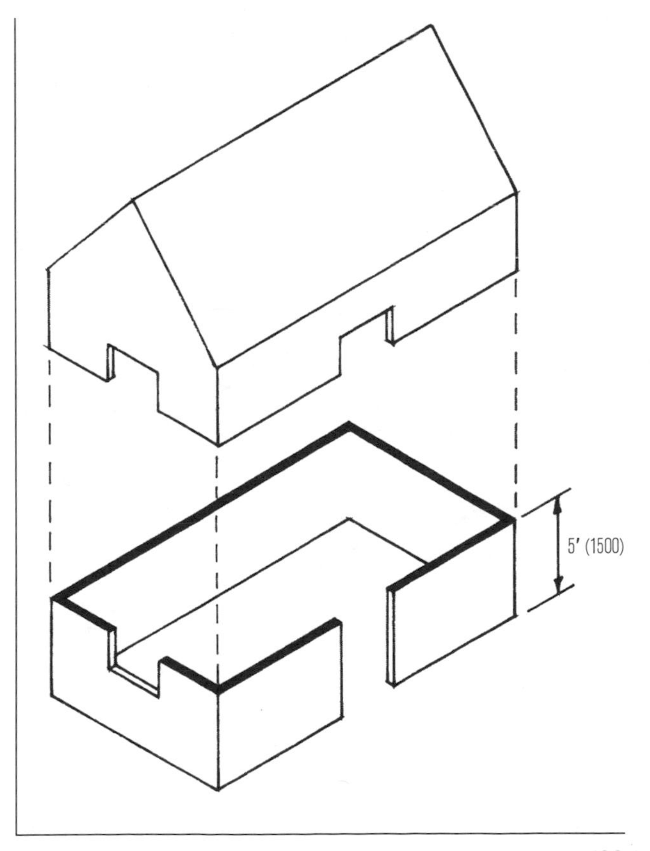

16.2
Coupe permettant d'obtenir un plan d'étage

Ⓑ Le plan de plafond réfléchi

Comme l'illustre la figure 16.3, le plan de plafond réfléchi est une vue orthographique du plafond d'une pièce ou d'un bâtiment comme s'il était reflété dans un miroir posé sur le sol. Autrement dit, c'est comme si tous les points du plafond étaient projetés à travers le toit sur un plan transparent se trouvant au-dessus du bâtiment. Cette vue est très importante, et il faut se rappeler que l'orientation du plan de plafond réfléchi est identique à celle du plan d'étage. Ainsi, si le nord du bâtiment correspond au haut de la feuille sur le plan d'étage, il doit également correspondre au haut de la feuille sur le plan de plafond réfléchi.

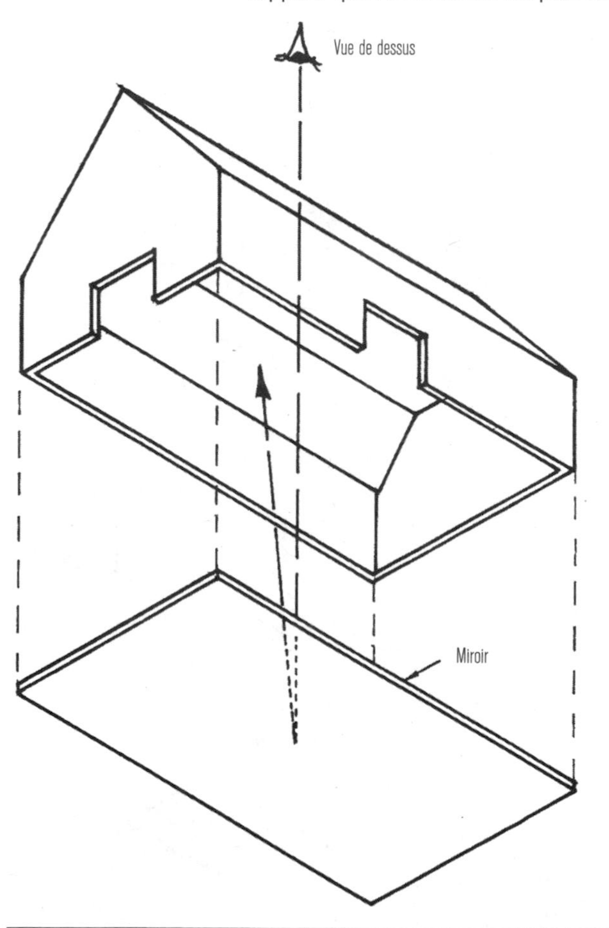

16.3
Théorie du plan de plafond réfléchi

Le plan de plafond réfléchi est aussi le produit d'une coupe, mais le point de vue est orienté vers le haut plutôt que vers le bas. En théorie, le plan de plafond réfléchi ne montre que les éléments de construction qui ont trait à la projection du plafond ainsi qu'au plafond même et aux objets qui s'y trouvent. Par conséquent, les murs qui s'élèvent jusqu'au plafond ou au-dessus de celui-ci sont dessinés, mais les murs bas ne le sont pas. Par exemple, le cadre d'une porte de 7′ (2133) dans une pièce où le plafond atteint une hauteur de 8′ (2438) ne figure pas sur un tel plan. Dans ce cas, le mur au-dessus de la porte est dessiné en continu puisqu'il touche le plafond à cet endroit.

Dans la pratique, toutefois, on tolère certains écarts par rapport à la théorie. Ainsi, les ouvertures des portes sont parfois dessinées pour aider l'entrepreneur à mieux s'orienter. Certains éléments qui ne touchent pas réellement le plafond, comme les armoires, peuvent aussi figurer sur un plan de plafond réfléchi s'il est utile de montrer leur relation avec certains éléments de la construction du plafond.

Ⓒ L'élévation

Comme le plan n'indique que deux dimensions, longueur et largeur, il faut habituellement dessiner aussi des élévations. L'élévation est une vue orthographique du côté d'un objet. L'élévation intérieure montre la longueur et la hauteur des murs d'une pièce. La figure 16.4 montre deux élévations intérieures du bâtiment présenté à la figure 16.1. En plus de préciser les dimensions verticales, une élévation peut aussi indiquer les types de matériaux et de finis utilisés dans une pièce et leurs limites exactes, détails qu'on ne peut décrire adéquatement dans d'autres dessins.

Comme l'élévation est souvent dessinée à une échelle légèrement plus grande que le plan d'étage, certaines dimensions horizontales peuvent également être précisées s'il n'y a pas suffisamment d'espace sur le plan ou si la construction est complexe. C'est la raison pour laquelle des détails comme l'espacement des joints entre des panneaux muraux ou la largeur des armoires figurent habituellement sur les élévations intérieures plutôt que sur le plan. Notons que dans l'élévation du mur longitudinal de la figure 16.4, le mur d'angle du plafond est illustré en raccourci, car ce dessin est une projection orthographique.

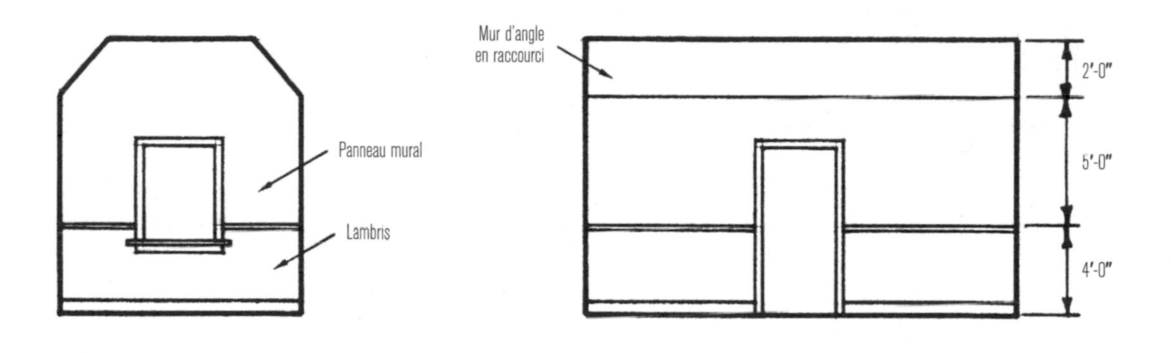

16.4
Élévations

Ⓓ La coupe

Tout comme le plan d'étage, la coupe offre une vue orthographique d'un objet qui a été coupé et dont on a prélevé une « tranche ». La coupe peut offrir une vue à travers l'ensemble d'un bâtiment, comme l'illustre la figure 16.5 (a), ou à travers un tout petit élément de construction tel que le rebord d'un plan de travail, comme à la figure 16.5 (b). La coupe correspond normalement à une tranche verticale d'un objet, mais elle peut aussi être pratiquée à l'horizontale (comme dans le cas du plan) ou à n'importe quel angle qui permet de montrer un détail d'assemblage ou de construction.

La coupe est un dessin extrêmement utile, car en plus de montrer la dimension verticale, elle transmet des renseignements relatifs à la construction qu'il est impossible de décrire dans le plan ou dans les élévations. Les architectes utilisent souvent la coupe d'un bâtiment, comme l'illustre la figure 16.5 (a), pour montrer la configuration d'ensemble d'une structure, alors qu'en design d'intérieur on utilise plus souvent des coupes à plus grande échelle de murs, de boiseries, de cadres de porte et d'autres détails. Étant donné que les coupes illustrent habituellement des renseignements de construction complexes à une échelle relativement grande, elles portent souvent le nom de détails. La plupart des détails d'un jeu de dessins sont des coupes de différentes natures.

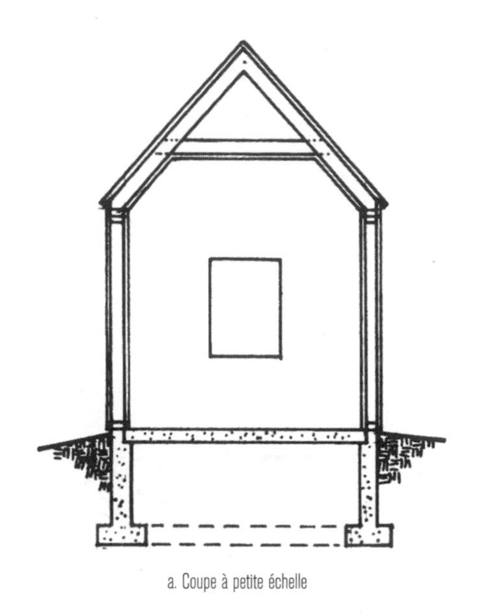

a. Coupe à petite échelle

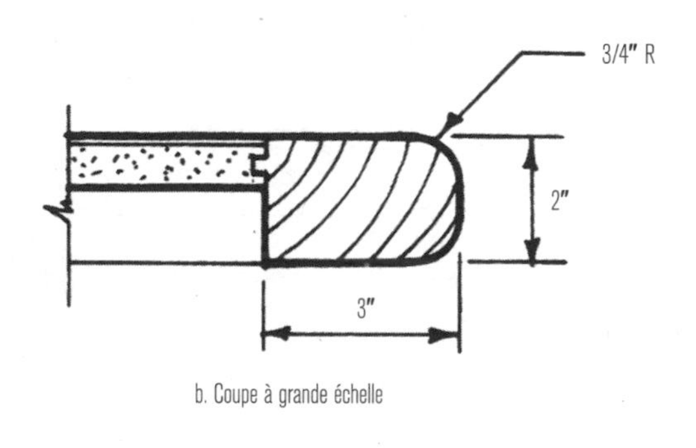

b. Coupe à grande échelle

16.5
Coupes

La coupe montre les pleins et les vides. Comme il peut s'agir de dessins très complexes, on a recours à certaines conventions graphiques pour éviter la confusion. Dans les pleins, les matériaux sont souvent rendus à l'aide de symboles conventionnels, comme l'illustre la figure 16.5 (b). Les vides sont laissés en blanc et les lignes séparant les pleins des vides sont très épaisses. On les appelle lignes contours. Pour illustrer la relation entre les matériaux inclus dans la coupe et la construction adjacente, on représente au moyen de lignes fines les éléments qui se trouvent derrière la coupe.

2 Le dessin isométrique

Le dessin axonométrique offre une vue où l'objet est incliné par rapport au tableau, ce qui fait que les trois principaux axes sont raccourcis. Il y a trois types d'axonométrie : l'isométrie, la dimétrie et la trimétrie.

Le dessin isométrique offre donc une vue tridimensionnelle dans laquelle l'objet représenté est incliné par rapport au tableau (par opposition au dessin orthographique, où il est parallèle au tableau). Dans une isométrie, comme dans un dessin orthographique, toutes les lignes de projection qui vont de l'objet au tableau sont parallèles mais, ici, elles sont aussi obliques par rapport au tableau. Les trois principaux axes de l'objet forment des angles égaux avec le tableau ou la surface du dessin. En pratique, cela signifie que l'axe vertical de l'objet est vertical sur le papier et que les deux axes horizontaux forment des angles de 30 degrés par rapport à l'axe horizontal du papier. Les longueurs des trois axes principaux sont dessinées à la même échelle. Ces principes sont illustrés au moyen d'un simple cube à la figure 16.6.

L'isométrie est simple et rapide à dessiner et peut être tracée à n'importe quelle échelle. En revanche, comme le plan horizontal est un parallélogramme, les plans d'étage et autres plans doivent être refaits à un angle de 30 degrés. On établit ensuite la troisième dimension en prolongeant simplement les points à la verticale. On dessine les lignes diagonales en projetant leurs extrémités à partir de la grille tridimensionnelle de base et en les reliant. Voir la figure 16.7.

Les dessins isométriques peuvent servir à illustrer des bâtiments, des espaces intérieurs (en omettant le dessus et les deux côtés), des détails, des boiseries, des meubles ou n'importe quel autre objet. On peut illustrer des détails complexes en dessinant une coupe dans l'un des plans, puis en prolongeant le reste de l'objet au moyen de lignes tracées à un angle quelconque, mais perpendiculaires à la coupe.

Dans le dessin isométrique, les lignes de projection forment des angles égaux avec le tableau. Dans le dessin dimétrique, deux des principaux axes sont raccourcis également, alors que dans le dessin trimétrique, les trois axes sont raccourcis.

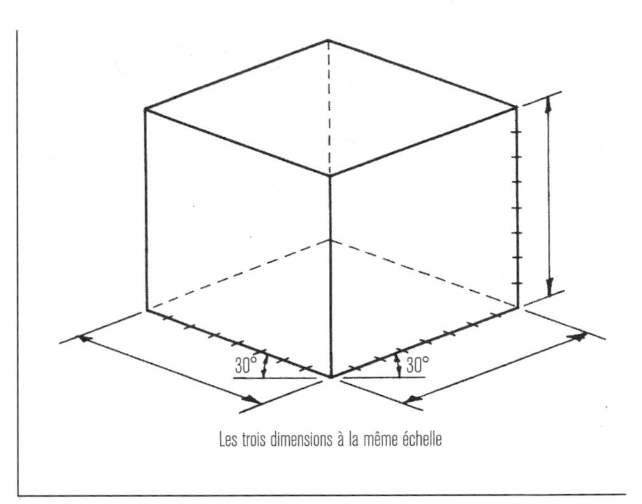

16.6
Principes du dessin isométrique

Bien que les trois types de dessins axonométriques puissent être créés au moyen de techniques conventionnelles de dessin et de projections précises, on utilise, par commodité, des méthodes simplifiées pour pouvoir tracer le dessin plus rapidement. Comme les angles et les longueurs raccourcies d'une projection dimétrique sont difficiles à évaluer avec exactitude, on utilise, par commodité, un angle donné – de 15 degrés par exemple – pour deux des axes, et on dessine le troisième à la verticale. Les lignes verticales sont dessinées à l'échelle, alors ques les deux axes raccourcis sont dessinés à l'échelle arbitraire de trois quarts.

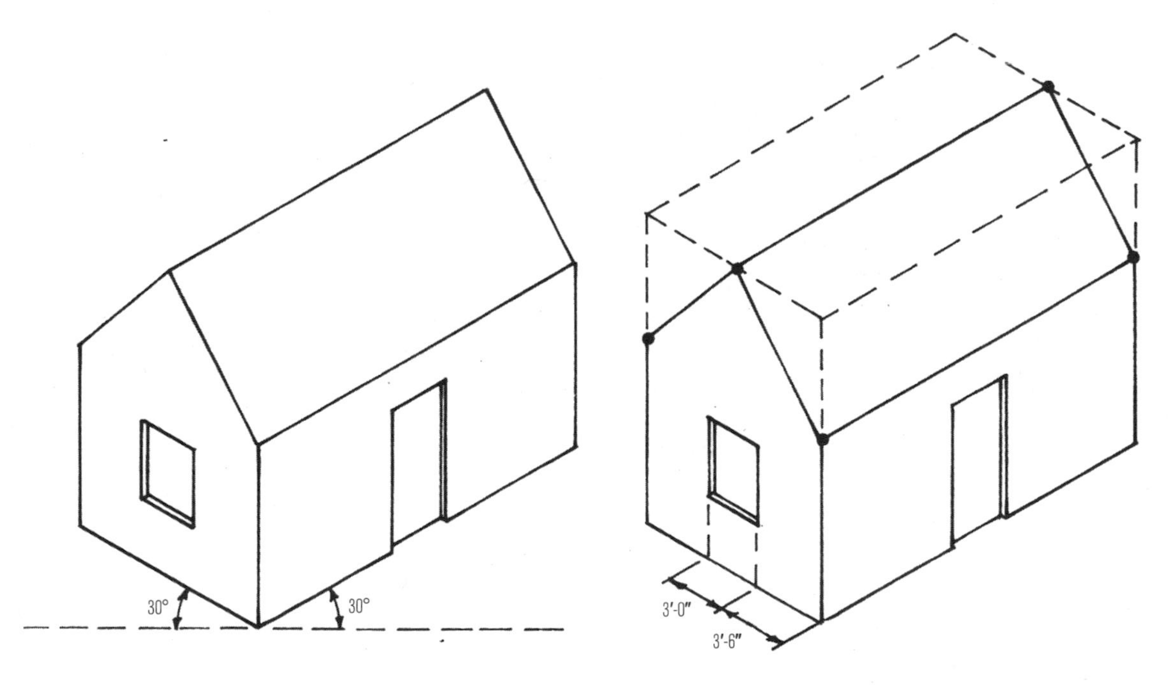

16.7
Dessin isométrique

❸ LE DESSIN OBLIQUE

Le dessin oblique offre une vue tridimensionnelle dans laquelle l'un des plans de l'objet est parallèle au tableau, tandis que le troisième axe est oblique par rapport au tableau. Le dessin oblique montre l'un des plans de l'objet (en deux dimensions) selon sa forme et l'échelle à laquelle il est dessiné, alors que la troisième dimension est illustrée par des lignes dessinées à un angle fixe par rapport au tableau. La figure 16.8 montre un plan oblique et une élévation oblique.

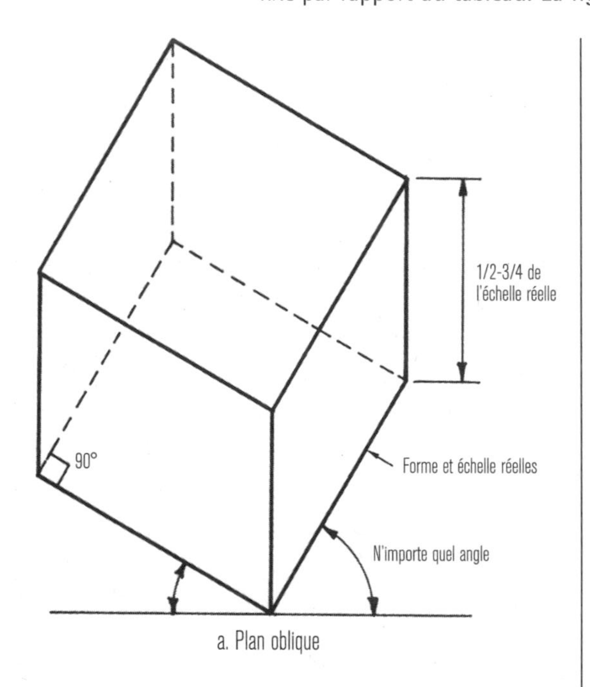

a. Plan oblique

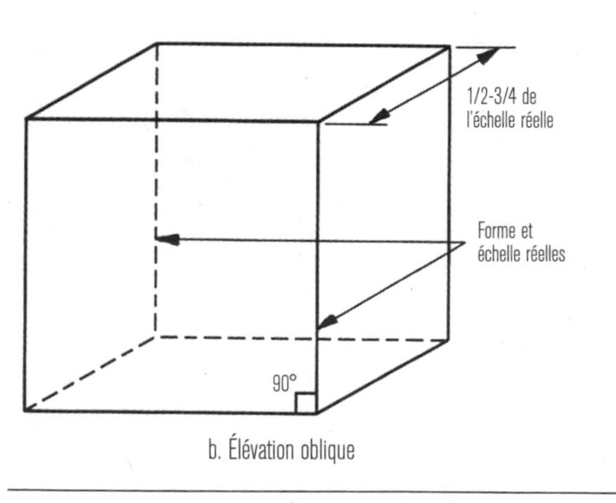

b. Élévation oblique

16.8
Principes du dessin oblique

L'avantage du dessin oblique est qu'un plan d'étage orthographique peut en constituer le point de départ sans aucune retouche. Il suffit d'incliner le plan à l'angle voulu. La troisième dimension est créée en projetant les lignes verticales. Toutefois, si la troisième dimension est à la même échelle que la forme véritable, l'objet a souvent l'air déformé (c'est-à-dire plus haut ou plus large qu'il ne l'est en réalité). Pour compenser, la troisième dimension est habituellement dessinée à la moitié ou aux trois-quarts de l'échelle du plan réel. Tout comme dans les dessins isométriques, on dessine les lignes diagonales dans la dimension à échelle réduite en déterminant l'emplacement de leurs extrémités par projection sur un ou plusieurs des trois axes principaux. Voir la figure 16.9. On crée une vue intérieure en omettant les plans de dessus et de devant (ou uniquement celui de dessus) ou en supprimant certaines portions de ces plans.

Le plan peut être incliné à n'importe quel angle, du moment que les murs forment entre eux un angle de 90 degrés. Comme dans les dessins isométriques, il est plus commode d'incliner le plan à 30, 60 ou 45 degrés (l'angle entre une ligne horizontale et le mur).

❹ La perspective

Le dessin en perspective offre la représentation en deux dimensions la plus précise d'un objet tridimensionnel. Ce type de dessin repose en effet sur le principe de la convergence selon lequel la taille apparente des objets diminue à mesure que ceux-ci s'éloignent de l'œil. La convergence explique également pourquoi des lignes parallèles ne nous apparaissent pas comme telles et semblent plutôt converger vers un point imaginaire situé à distance.

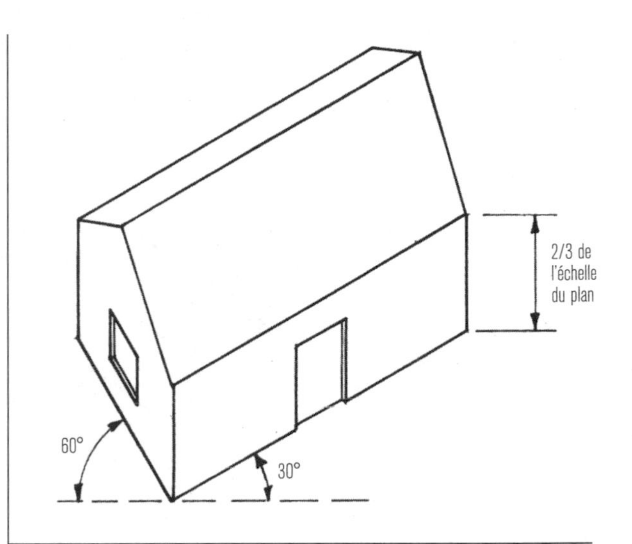

16.9
Dessin oblique

Dans la perspective à un point de fuite, le point de vue est perpendiculaire à l'un des plans de l'objet. Toutes les lignes verticales sont dessinées à la verticale, et toutes les lignes perpendiculaires à la ligne de vision sont dessinées à l'horizontale. Les lignes parallèles à la ligne de vision convergent vers le point de fuite qui sert à créer le dessin. Voir la figure 16.10.

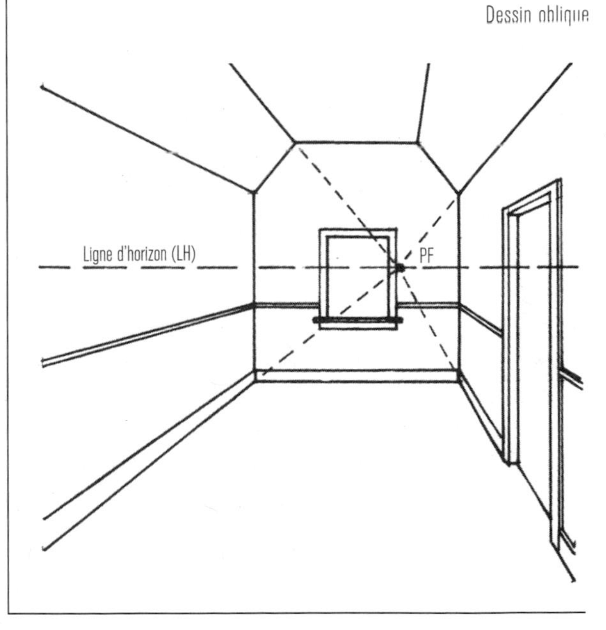

16.10
Perspective à un point de fuite

Dans la perspective à deux points de fuite, le point de vue est au niveau de l'œil et n'est perpendiculaire à aucun plan de l'objet. Même si vous n'avez pas à produire un dessin en perspective durant l'examen du NCIDQ, vous devez comprendre la théorie du dessin en perspective, son utilité et en connaître les termes les plus courants. La description offerte ici est très succincte. Si vous ne maîtrisez pas bien la théorie du dessin en perspective, vous avez avantage à consulter d'autres ouvrages sur le sujet avant l'examen.

La figure 16.11 montre quelques-uns des éléments de base d'une perspective à deux points de fuite. Pour construire une perspective, on pose d'abord un plan à l'angle qui convient sur la planche à dessin. L'angle choisi détermine quelle proportion des deux côtés de l'objet sera illustrée. On trace ensuite une ligne horizontale à l'arrière de ce plan. Cette ligne représente le plan du tableau (PT), soit le plan vertical imaginaire sur lequel tous les points de l'objet sont projetés pour créer une image en deux dimensions. Dans une vue en plan, évidemment, le tableau est représenté par une simple ligne.

Dans la figure 16.11, le tableau touche le coin arrière du plan, mais on peut le déplacer quelque peu vers l'avant ou l'arrière pour diminuer ou accroître le format de la perspective. Par exemple, en éloignant le tableau du plan, on change la position des projetantes à partir du point de vue (PV), ce qui élargit la perspective lorsqu'on la dessine.

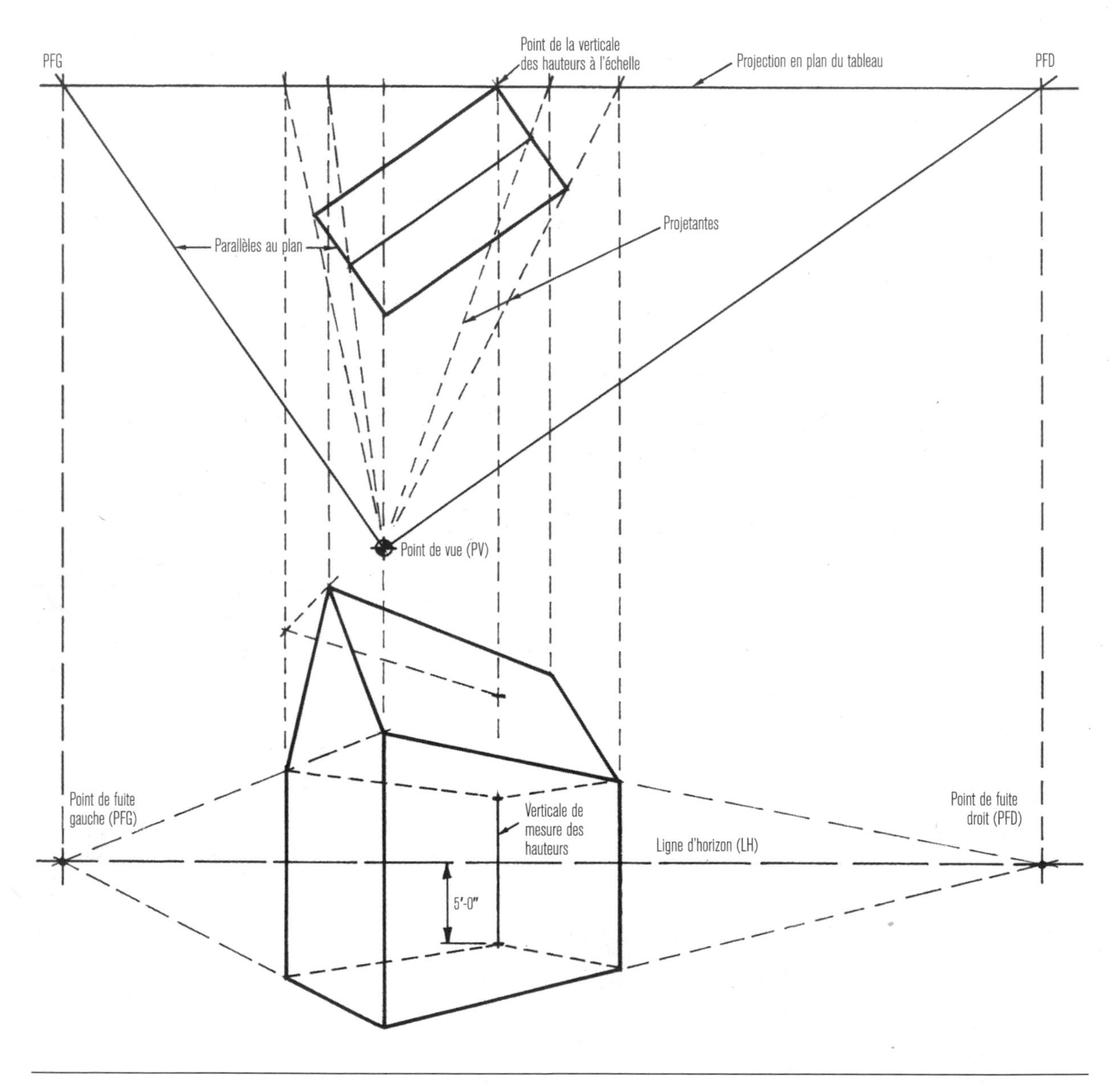

16.11
Perspective à deux points de fuite

On choisit ensuite un point de vue (PV). À partir de ce point de vue, on trace une ligne vers la gauche et une ligne vers la droite en parallèle avec les deux principales séries de lignes parallèles de l'objet en plan. Comme ces lignes sont parallèles à l'objet en plan, elles serviront à déterminer les points de fuite, c'est-à-dire les points imaginaires vers lesquels, à distance, les lignes de l'objet semblent converger. Là où le tableau et les projetantes arrivent à intersection, des lignes verticales partant du tableau sont projetées vers le bas.

On trace ensuite une ligne horizontale sur toute la largeur du papier à un point quelconque en dessous de l'objet en plan. Il s'agit de la ligne d'horizon (LH) qui représente l'endroit où la terre et le ciel se rencontrent comme dans l'univers tridimensionnel réel. Les points où la ligne d'horizon croise les deux lignes verticales projetées vers le bas deviennent les points de fuite de la perspective : le point de fuite gauche (PFG) et le point de fuite droit (PFD). Parfois, ces points sont simplement désignés par les lettres PF.

Là où le tableau touche le dessin du plan, une ligne verticale est projetée vers le bas jusqu'à la ligne d'horizon. Il s'agit de la verticale de mesure des hauteurs à l'échelle ou, plus simplement, de la ligne d'échelle, la seule ligne dans un dessin en perspective à partir de laquelle les dimensions verticales peuvent être mesurées précisément. Toutes les autres dimensions verticales doivent être déterminées à partir de l'échelle graduée de cette ligne et de l'un des points de fuite pour projeter une ligne vers une autre partie du dessin afin de préciser la hauteur d'un élément.

À partir de là, on peut mesurer la hauteur du coin de l'immeuble sur la verticale principale qui croise la ligne d'horizon. Dans la plupart des perspectives, on suppose que la ligne d'horizon se situe au niveau des yeux, soit à environ 5'- 0" ou 5'-6" (1500 ou 1700) au-dessus du sol. On détermine le point inférieur de la verticale principale (niveau du sol de l'objet) en mesurant 5' (1500) vers le bas à partir de la ligne d'horizon. Si le mur s'élève à 9' (2700), le point supérieur de la ligne d'échelle est déterminé en mesurant 4' (1200) au-dessus de la ligne d'horizon.

On se sert des extrémités de la ligne d'échelle et des points de fuite pour dessiner les deux bords arrière de l'objet. Pour déterminer la distance de projection, on dessine des lignes de vision qui partent du point de vue, touchent le bord de l'objet à gauche et à droite et se prolongent jusqu'au tableau. Des lignes projetées à la verticale vers le bas à partir de ces points d'intersection permettent ensuite de situer les coins de l'objet dans la vue en perspective. Tous les autres points des plans horizontaux sont projetés de la même façon. Les dimensions verticales sont mesurées à partir de la ligne d'échelle et projetées à partir d'un des deux points de fuite le long des surfaces de l'objet jusqu'à ce qu'elles croisent les lignes verticales appropriées, projetées à partir du tableau.

QUESTIONS

1. Comment s'appelle un dessin montrant le dessus d'un bâtiment et ce qui l'entoure ?

    1. Un plan d'étage
    2. Un plan d'implantation
    3. Un plan de toiture
    4. Une coupe horizontale

2. Qu'est-ce qui caractérise un dessin isométrique ?

    1. Tous les axes sont dessinés à la même échelle.
    2. On peut facilement créer une vue tridimensionnelle en inclinant un plan d'étage dont on prolongera les lignes verticales.
    3. Les projetantes sont perpendiculaires au tableau.
    4. Il montre une vue résultant d'une coupe à environ 5' (1500) au-dessus du sol.

3. Les dessins orthographiques présentent des vues non réelles des objets surtout parce que...

    1. plus d'un dessin est nécessaire pour décrire l'objet.
    2. le point de vue est directement en face de chacun des points de l'objet.
    3. il faut imaginer un plan transparent.
    4. certains plans peuvent être présentés en raccourci.

4. Que signifie PV dans un dessin en perspective ?

    1. Perspective véritable
    2. Point variable
    3. Plan virtuel
    4. Point de vue

5. Pourquoi la perspective est-elle le meilleur dessin à présenter à un client ?

    1. C'est la méthode de rendu la plus rapide.
    2. Elle montre le plus précisément les dimensions verticales par rapport à l'observateur.
    3. Elle correspond le plus à la perception que l'on a de l'espace et des objets.
    4. Elle offre le plus vaste choix de points de vue.

17

Codes du bâtiment

Les codes du bâtiment rassemblent les principales réglementations régissant la conception et la construction de bâtiments, ce qui inclut la planification, la construction comme telle et le design d'intérieur. L'examen du NCIDQ accorde beaucoup d'importance à la connaissance des codes du bâtiment et des règles concernant l'accessibilité des personnes à mobilité réduite et la conception sans obstacles. Beaucoup de questions à choix multiples portent sur les codes et la partie pratique de l'examen teste votre aptitude à appliquer les exigences réglementaires.

Bien que les codes du bâtiment varient d'un endroit à l'autre en Amérique du Nord, et que vous connaissiez probablement davantage un code modèle en particulier, vous devez posséder certaines notions de base. Dans la partie pratique de l'examen, l'énoncé du problème précise les exigences réglementaires dont votre solution doit tenir compte. Cela permet donc d'évaluer objectivement l'ensemble des candidats, quelles que soient leurs connaissances et la région où ils travaillent.

Ce chapitre et le suivant portent sur les exigences générales des codes du bâtiment. Le chapitre 19 résume les exigences relatives à l'accessibilité des personnes à mobilité réduite. Rappelons que le chapitre 10 décrit les essais et les normes d'inflammabilité pour les tissus de revêtement des meubles et les habillages de fenêtre.

1 Dispositions administratives

A Fondement juridique des codes

Aux États-Unis, les codes du bâtiment sont adoptés et imposés par les autorités locales, soit à l'échelon municipal, soit à l'échelon du comté ou du district dans les régions à faible densité de population. Au Canada, la réglementation est de compétence provinciale ou territoriale. Les codes constituent des lois au même titre que les autres réglementations locales. Dans certaines régions, le code du bâtiment s'applique avant même que l'on entame le chantier, dès le processus de délivrance des permis, ce qui oblige les constructeurs à soumettre leurs plans et devis d'exécution à une vérification et à une approbation préalables. Pendant la construction, l'organisme responsable de l'application du code effectue des inspections pour vérifier que la construction se déroule selon les plans approuvés. Toutefois, il incombe au professionnel du design de s'assurer que le projet respecte tous les codes applicables. Notons par ailleurs que, depuis quelques années, cela n'est plus le cas au Québec, où le professionnel (architecte ou designer) et l'entrepreneur sont conjointement responsables de la conformité au code. L'inspection est faite après réalisation des travaux et, s'il y a non-conformité, ceux-ci doivent être repris.

Ⓑ Codes modèles

Chaque territoire peut rédiger son propre code du bâtiment mais, dans la plupart des cas, la loi fait référence à un code modèle qui est adopté *de facto*. Le code modèle est le fruit du travail d'un groupe d'experts compétents dans le domaine, sans référence à une région en particulier. En adoptant un code modèle, une ville, un comté, un district ou une province se donne un code du bâtiment complet et fonctionnel, tout en évitant les difficultés et les frais liés à la rédaction d'un tel document. Si certaines dispositions doivent être ajoutées ou modifiées pour répondre aux exigences propres à une municipalité, le code est promulgué avec des modifications. Même lorsqu'une ville rédige son propre code, elle s'inspire habituellement d'un code modèle.

Aux États-Unis, traditionnellement, trois codes modèles ont été utilisés dans la plupart des États. Il s'agit du *Uniform Building Code* (UBC), utilisé dans l'ouest et le centre du pays, du *BOCA National Building Code*, utilisé dans le nord-est, et du *Standard Building Code* (SBC), utilisé dans une bonne partie du sud-est. Quelques États ont leur propre code. Au Canada, le code modèle est le Code national du bâtiment du Canada (CNB). Des codes auxiliaires régissent la plomberie, l'électricité, le logement, la sécurité-incendie et d'autres domaines particuliers de la construction.

Les trois groupes de rédacteurs de codes modèles aux États-Unis ont travaillé ensemble pour former l'International Code Council (ICC) et ont publié, en 2000, l'*International Building Code* (IBC). L'ICC publie également une famille de codes incluant l'*International Residential Code*, l'*International Plumbing Code* et l'*International Mechanical Code*. L'IBC a pour but d'uniformiser les pratiques d'un bout à l'autre des États-Unis et dans d'autres pays, afin de remplacer un jour les trois autres codes modèles.

Au Canada, c'est la Commission canadienne des codes du bâtiment et de prévention des incendies (CCCBPI) qui est chargée de la rédaction et de la mise à jour des codes modèles, dont la publication est assurée par le Conseil national de recherches du Canada (CNRC). En plus du CNB, les principaux codes sont le *Code national de prévention des incendies du Canada* (CNPI), le *Code canadien de la plomberie* (CCP), le *Code canadien de construction d'habitations* (CCCH) et le *Code canadien de construction des bâtiments agricoles* (CCCBA). Au Québec, c'est le *Code de construction du Québec* et le *Code national du bâtiment 1995 (modifié)* qui sont en vigueur.

Aux États-Unis, la plupart des États utilisent le *Uniform Building Code* (UBC) et les renseignements fournis dans ce chapitre et dans le chapitre suivant sont fondés sur ce code. Comme il y a beaucoup de similitudes entre les trois codes modèles, l'*International Building Code* et le CNB dans de nombreux domaines, une bonne connaissance des notions de base de l'UBC vous permettra de réussir l'examen du NCIDQ. Bien entendu, dans la réalité, le designer d'intérieur doit se conformer au code en vigueur dans la région où il pratique.

À mesure que d'autres territoires adopteront l'IBC, l'examen du NCIDQ sera modifié en fonction des différences entre ce dernier et les autres codes modèles. Quoi qu'il en soit, l'examen porte sur les *principes* des codes et de la sécurité des personnes, plutôt que sur les règles précises que l'on peut vérifier en consultant un code en particulier.

Ⓒ Compléments aux codes du bâtiment

Outre le code du bâtiment, des codes auxiliaires régissent certains aspects de la construction. Aux États-Unis, à l'exception du code de l'électricité, ces codes sont publiés par les mêmes groupes qui rédigent les codes modèles. Par exemple, en plus de l'UBC, l'International Conference of Building Officials publie le *Uniform Mechanical Code* et le *Uniform Plumbing Code*. Tous ces groupes utilisent comme code de l'électricité le *National Electrical Code* publié par la National Fire Protection Association (NFPA).

Les codes modèles s'inspirent beaucoup des normes de l'industrie élaborées par les associations professionnelles (comme la Gypsum Association), les organismes gouvernementaux, les organismes de normalisation comme l'American Society for Testing and Materials (ASTM), la NFPA et les groupes d'approbation de normes comme l'American National Standards Institute (ANSI). Ces normes sont incluses dans les codes du bâtiment par une référence à leur titre, leur numéro et leur version la plus récente. Par exemple, la plupart des codes adoptent par référence la norme nationale américaine ICC/ANSI A117.1-1998, *Accessible and Usable Buildings and Facilities*. Cette norme a été élaborée par l'International Code Council à partir des normes d'accessibilité ANSI antérieures et a été approuvée par l'ANSI.

Certaines lois et réglementations en vigueur dans un pays peuvent également avoir une incidence sur la construction et le design d'intérieur. Par exemple, la loi fédérale américaine intitulée *Americans with Disabilities Act* (ADA) contient des dispositions qui obligent à rendre les bâtiments accessibles aux personnes handicapées. Même si elle ressemble beaucoup à la norme ICC/ANSI A117.1, l'ADA n'est ni un code ni une norme, mais bien une loi concernant les droits de la personne. Les designers d'intérieur doivent cependant respecter ses dispositions dans le design de toute installation régie par la loi.

Certains organismes gouvernementaux peuvent également réglementer un aspect précis de la construction. C'est le cas par exemple des exigences sur le vitrage de sécurité publiées par la Commission américaine de la sécurité des produits de consommation (CPSC).

Le designer d'intérieur doit aussi respecter les lois et réglementations des États, provinces ou localités. Les codes locaux, par exemple, peuvent contenir des amendements au code modèle en vigueur. Habituellement, de tels amendements ont trait à des préoccupations ou à des besoins propres à une région ou sont des dispositions apportant des solutions à des problèmes spécifiques dont les codes modèles ne tiennent pas compte. Les réglementations locales peuvent aussi contenir des exigences imposées par les organismes qui régissent les hôpitaux, les prisons, les centres de soins, les restaurants, les écoles et d'autres établissements similaires ainsi que les règles des services d'incendie locaux.

2 NORMES D'ESSAI

Tous les matériaux et assemblages homologués qui sont mentionnés dans les codes du bâtiment doivent avoir été soumis aux essais effectués par des organismes approuvés, selon des procédures d'essais normalisées. Il existe des centaines de normes d'essai pour les matériaux et assemblages. La présente section ne mentionne que les plus courantes d'entre elles.

(A) Organismes d'essai

N'importe quel laboratoire d'essai agréé peut mettre à l'essai des matériaux de construction, à condition de suivre les procédures normalisées. L'American Society for Testing and Materials publie des milliers de normes d'essai qui précisent, par exemple, comment doivent être montés les appareils servant à un essai, la préparation des matériaux en vue de l'essai, la durée de l'essai ainsi que d'autres exigences. Les fabricants indiquent dans leur documentation les essais qui ont été concluants pour leurs produits.

L'un des organismes d'essai américains bien connus est l'Underwriters Laboratories (UL). Au Canada, l'organisme équivalent est l'Underwriters Laboratories of Canada/Laboratoires des assureurs du Canada (ULC). L'une des activités des laboratoires UL consiste à élaborer des normes et à tester la sécurité des produits. Lorsque les essais obligatoires sont concluants pour un produit, celui-ci reçoit une marque UL. Il existe plusieurs marques UL, ayant chacune leur propre signification. Lorsqu'un produit complet a fait l'objet d'essais concluants, il est certifié. Cela signifie que le produit a réussi l'essai de sécurité et qu'il est fabriqué conformément au programme de suivi UL. Un tel produit reçoit une marque de certification.

Il existe également une marque de classification. Cette marque signifie que des échantillons du produit ont été mis à l'essai pour certaines utilisations seulement. Tout produit portant cette marque doit aussi porter une déclaration indiquant les conditions dans lesquelles il a été mis à l'essai. Cela permet aux inspecteurs de chantiers ou à d'autres personnes de déterminer si le produit est utilisé correctement.

Les normes d'essai UL sont couramment utilisées pour vérifier les portes et les fenêtres. Par exemple, les assemblages portes coupe-feu doivent subir des essais conformes à UL 10B, *Fire Tests of Door Assemblies*, et porter une marque UL. Les degrés de résistance au feu des portes sont traités au chapitre 18. La norme d'essai UL 263, *Fire Tests for Building Construction and Materials*, est similaire à l'essai ASTM E-119 et s'applique aux essais des cloisons, des éléments de sol, des revêtements de colonne et à d'autres éléments de construction similaires.

Les résultats des essais UL et les produits qui sont certifiés figurent dans le répertoire UL *Building Materials Directory*.

Ⓑ Types d'essai

Les essais de résistance au feu des matériaux entrant dans les composantes de design d'intérieur se subdivisent en deux grandes catégories : ceux qui évaluent l'aptitude d'un assemblage à empêcher le passage des flammes et de la fumée d'un espace à un autre, et ceux qui évaluent le degré d'inflammabilité d'un matériau de finition. La section qui suit décrit des normes des deux types.

L'un des essais le plus courant de résistance au feu dans la première catégorie est l'essai ASTM E-119, qui porte sur la résistance au feu des matériaux et des éléments de construction. Cet essai consiste à construire un échantillon de mur ou d'assemblage mur-plafond dans le laboratoire et à allumer un incendie type d'un côté de l'échantillon. Des détecteurs mesurent la chaleur et d'autres aspects pendant que se déroule l'essai. Dans certains cas, un jet d'eau provenant d'un tuyau d'incendie type est projeté sur l'assemblage pour voir comment il réagit aux efforts de lutte contre l'incendie. Cet essai évalue l'aptitude d'un assemblage à empêcher le passage des flammes, de la chaleur et des gaz chauds. La norme d'essai NFPA 252, portant sur la résistance au feu des assemblages portes, est similaire.

Les essais d'inflammabilité des matériaux de construction et de finition sont plus nombreux. Ces essais déterminent : 1) si un matériau est inflammable et, le cas échéant, s'il brûle simplement au contact de la chaleur ou s'il alimente la combustion; 2) le degré d'inflammabilité (la vitesse de propagation des flammes); 3) la quantité de fumée et de gaz toxiques qui se dégagent du matériau enflammé.

La norme d'essai ASTM E-84, qui a trait à la combustion en surface des matériaux de construction, est une des normes de résistance au feu les plus courantes. Elle porte aussi le nom d'*essai en tunnel Steiner* et évalue les caractéristiques de combustion en surface d'un échantillon de fini intérieur ou d'un autre matériau de construction placé dans un tunnel comportant une flamme contrôlée à l'une des extrémités. Le résultat principal de cet essai est l'indice de propagation des flammes du matériau, exprimé comparativement à celui d'une plaque d'amiante-ciment (dont l'indice est de zéro) et à celui d'un revêtement de sol en chêne rouge (dont l'indice est arbitrairement établi à 100).

L'essai en tunnel Steiner, utile pour les matériaux entrant dans la fabrication des murs et des plafonds, ne convient pas pour les tapis, car l'échantillon est placé au plafond de l'enceinte d'essai – ce qui ne correspondrait pas à la réalité pour un tapis. L'essai au panneau radiant de revêtement de sol, NFPA 253 et ASTM E-648, teste un échantillon de tapis en position horizontale normale et mesure la propagation des flammes dans un corridor ou une issue subissant l'effet d'un incendie pleinement développé dans un espace adjacent. Les résultats de l'essai sont exprimés en watts par centimètre carré (W/cm^2); plus le chiffre est élevé, plus le matériau résiste à la propagation des flammes.

L'essai au panneau radiant définit deux catégories de matériaux de revêtement de sol. Ceux de la catégorie I ont un flux radiant critique d'au moins 0,45 W/cm^2 alors que ceux de la catégorie II ont un flux radiant critique d'au moins 0,22 W/cm^2. Habituellement, les revêtements de la catégorie I sont ceux que l'on exige dans les corridors et les issues des hôpitaux, des centres de soins et des établissements de détention, alors que ceux de la catégorie II sont généralement exigés dans les corridors et les issues des autres types de bâtiments, sauf les habitations unifamiliales et bifamiliales. L'UBC ne précise aucun flux radiant critique pour les revêtements de sol, mais l'IBC en précise un pour les revêtements comportant des textiles ou des fibres. L'UBC exclut spécifiquement les revêtements de sol traditionnels comme le bois, le vinyle, le linoléum et le terrazzo. Il autorise également l'utilisation de matériaux de catégorie II dans les immeubles équipés de gicleurs d'incendie, où des matériaux de catégorie I seraient normalement exigés.

L'inflammabilité des tapis peut également faire l'objet de l'essai à la pastille de méthénamine, ASTM D 2859, qui est obligatoire pour tous les tapis vendus aux États-Unis. Dans un cube à l'abri des courants d'air, on place l'échantillon de tapis qui est retenu par une plaque de métal percée d'un orifice de 8" (203) de diamètre. Une pastille de méthénamine à durée déterminée est posée au centre de l'orifice et allumée. Si l'échantillon brûle jusqu'à moins de 1" (25) du bord de l'orifice, il échoue le test.

L'essai de densité en chambre à fumée (NFPA 258 et ASTM E662) mesure la fumée dégagée par des matériaux solides en flammes ou en combustion lente. Le résultat est une mesure de la densité optique sur une échelle de 0 à 800. Bon nombre de codes exigent un indice de densité égal ou inférieur à 450 pour les matériaux de finition. La norme d'essai ASTM E-84 peut également permettre d'établir un indice d'émission de fumée.

L'essai de l'angle mural (ou essai de coin) NFPA 265 est parfois exigé en plus ou au lieu de l'essai ASTM E 84 pour les finis intérieurs. Cet essai détermine la contribution des revêtements muraux et de plafonds au développement d'un incendie dans une pièce. Il tente de simuler les conditions réelles en testant le matériau dans l'angle d'une pièce de dimensions normales. Cet essai a été mis au point pour remplacer l'essai en tunnel Steiner E 84. Il consiste à poser un revêtement mural en textile sur trois côtés d'une pièce de 8′ x 12′ x 8′ (2440 x 3660 x 2440). Une source d'allumage est placée dans la pièce et dégage une chaleur de 40 kW pendant cinq minutes puis de 150 kW pendant dix minutes. L'essai est concluant si : 1) les flammes ne se propagent pas au plafond durant l'exposition à la chaleur de 40 kW; 2) d'autres conditions sont remplies durant l'exposition à la chaleur de 150 kW, notamment aucun embrasement généralisé et aucune propagation des flammes jusqu'au bord extérieur du mur de 8′ x 12′ (2440 x 3660).

Ⓒ Indices

On attribue au matériau qui a été mis à l'essai un indice fondé sur son comportement pendant l'essai. Dans le cas de l'essai ASTM E-84, les matériaux peuvent entrer dans trois catégories selon leurs caractéristiques de propagation des flammes. Ces catégories et les indices de propagation des flammes qui y correspondent sont indiqués ci-dessous.

Catégorie	Indice de propagation des flammes
(A) I	0-25
(B) II	26-75
(C) III	76-200

Les matériaux de catégorie A offrent la meilleure résistance au feu. La documentation accompagnant un matériau indique généralement son indice de propagation des flammes soit par une catégorie (chiffre romain ou lettre), soit par une valeur numérique. Les codes du bâtiment prescrivent l'indice de propagation minimal ou maximal exigé pour les différents usages dans des zones précises d'un bâtiment. Par exemple, le tableau 17.1 présente l'indice maximal de propagation des flammes autorisé en vertu du code UBC pour trois zones d'un bâtiment selon les usages. Dans certains cas, le code du bâtiment autorise l'utilisation de matériaux de finition de catégorie immédiatement inférieure si le bâtiment est équipé d'un système de gicleurs d'incendie approuvé. Cependant, cela peut ne pas s'appliquer à certaines zones critiques comme les issues verticales fermées ou à certains usages.

Types d'usage*	Issues verticales protégées	Autres issues	Pièces ou zones
A	I	II	II
E	I	II	III
I	I	I	II
H	I	II	III
B, F, M et S	I	II	III
R-1	I	II	III
R-3	III	III	III
U	Aucune restriction		

* pour l'explication des types d'usage, voir page 351.

Tableau 17.1
Catégorie de matériau selon le type d'usage

L'IBC comporte un tableau semblable à celui ci-dessus, sauf qu'il utilise des lettres plutôt que des chiffres romains pour désigner les catégories et qu'il inclut les différentes exigences pour les immeubles équipés ou non de gicleurs d'incendie. Ce tableau définit aussi les exigences pour trois zones d'un bâtiment, mais les restrictions les plus sévères concernent les issues verticales *et* les voies d'issue. Certaines restrictions un peu moins sévères s'appliquent aux corridors menant à des issues et aux autres issues, et les restrictions les moins sévères s'appliquent aux pièces et aux espaces fermés. Reportez-vous au chapitre 18 pour en savoir plus sur les moyens d'évacuation.

Les assemblages testés selon la norme d'essai ASTM E-119 recoivent un indice attribué en fonction du nombre d'heures pendant lequel l'assemblage peut résister à un feu expérimental sans défaillance. Ces indices ou degrés de résistance au feu sont de 1 heure, 2 heures, 3 heures et 4 heures (1 h, 2 h, 3 h et 4 h); il existe également des indices de 20 minutes, 30 minutes et 45 minutes (20 min, 30 min, 45 min) pour les portes et les autres assemblages de portes et de fenêtres. Les designers d'intérieur doivent tenir compte de ces indices pour les cloisons permanentes, les cages d'escaliers ou d'ascenseurs, les constructions de planchers ou de plafonds ainsi que les portes et les ouvertures vitrées.

Par exemple, si le code du bâtiment local exige que la cloison séparant un corridor d'issue de l'espace d'un locataire soit un élément fonctionnel offrant un degré de résistance au feu de 1 h, le designer d'intérieur doit élaborer un projet et un devis répondant aux exigences d'une construction offrant une heure de résistance au feu. Les codes du bâtiment contiennent habituellement des tableaux montrant les types de construction correspondant aux différents degrés de résistance. Les assemblages répondant aux normes sont également mentionnés dans le *Building Materials Directory* des UL, dans la documentation des fabricants et dans d'autres sources de référence. Le chapitre 11 décrit la construction de cloisons en panneaux de placoplâtre résistantes au feu, mais les cloisons en maçonnerie et en plâtre sur lattis peuvent aussi recevoir des cotes de résistance au feu.

D'autres normes d'essai ont leur propre échelle de classification, mais le principe reste le même. Un matériau est mis à l'essai, puis reçoit un indice, et le code du bâtiment ou un organisme gouvernemental énonce les indices minimaux exigés dans certaines situations. Le designer d'intérieur doit inscrire au devis d'exécution des produits correspondant à ces exigences minimales.

Le tableau 17.2 offre un aperçu des différentes normes d'essai qui s'appliquent aux éléments de construction intérieure ainsi qu'aux meubles et aux finis.

Numéro de la norme d'essai	Objet	Nom courant
	Revêtements de sol	
NFPA 253 (ASTM E 648)	Tapis, revêtements de sol souples et autres revêtements de sol dans les corridors	Essai au panneau radiant
ASTM D 2859	Moquettes et tapis	Essai à la pastille de méthénamine
	Construction de sol/plafond	
ASTM E 119	Indice de résistance au feu des murs, structures et assemblages de sol	Essai de murs et d'assemblages de sol et de plafond
	Finis muraux	
ASTM E 84	Indice de propagation des flammes des finis	Essai en tunnel Steiner
NFPA 265	Contribution des finis muraux au développement de l'incendie dans une maquette en vraie grandeur	Essai de l'angle mural
NFPA 258	Fumée dégagée par des matériaux solides enflammés et en combustion lente	Essai en chambre à fumée
	Construction de mur	
ASTM E 119	Indice de résistance au feu des murs, structures et assemblages de sol	Essai de murs et d'assemblages de sol et de plafond
	Plafonds	
ASTM E 84	Indice de propagation des flammes des finis	Essai en tunnel Steiner
	Portes/ouvertures vitrées	
UL 10B	Essai d'endurance des portes exposées à la flamme et au transfert de chaleur	Essais de résistance au feu d'assemblages portes
ASTM E 163	Endurance du vitrage exposé pendant 45 minutes à la flamme et au transfert de chaleur	Essais de résistance au feu d'assemblages fenêtres

Tableau 17.2 a)
Aperçu des normes d'essai de résistance au feu et d'inflammabilité des éléments de construction

Numéro de la norme d'essai	Objet	Nom courant
	Meubles	
NFPA 260 (CAL TB 117)	Tissu et rembourrage des meubles rembourrés testés séparément	Essai de résistance à l'allumage par cigarette des composantes de meubles
NFPA 261 (CAL TB 116)	Maquette de coussin incluant mousse, doublure et tissu	Essai de résistance à l'allumage par cigarette des composites de meubles
NFPA 266 (CAL TB 133)	Échantillon de chaise exposé à une flamme nue	Essai d'un fauteuil complet
	Habillages de fenêtre	
NFPA 701	Draperies, rideaux et autres habillages de fenêtres ainsi que bannières, auvents et autres structures en tissu	Essai d'allumage vertical

Tableau 17.2 b)
Aperçu des normes d'essai de résistance au feu et d'inflammabilité des meubles et finis

3 Exigences des codes selon les types de bâtiments et les usages

Les principaux codes modèles ainsi que les codes régionaux classent les bâtiments et les parties de bâtiment selon leur usage. Les exigences relatives à la sécurité incendie et à l'accessibilité des personnes à mobilité réduite sont différentes selon qu'il s'agit d'un centre de soins, d'un restaurant, d'une résidence privée ou d'une école. Notons que les lettres qui permettent de désigner les types de bâtiments et d'usages peuvent varier d'un code à l'autre.

(A) Types d'usages

Le principe qui sous-tend le classement des usages est que certains des usages que l'on peut faire d'un bâtiment sont plus dangereux que d'autres et que certains occupants ont plus de difficultés que d'autres à évacuer un lieu. Par exemple, un bâtiment dans lequel on utilise des liquides inflammables comporte plus de danger pour les occupants qu'une résidence unifamiliale. De la même façon, les patients d'un centre de soins auront plus de difficulté à évacuer un immeuble que de jeunes écoliers ayant participé à des exercices d'évacuation. Le *Uniform Building Code* classe les usages en dix grands groupes[1] :

1. Voir aussi, dans le CNB, le tableau 3.1.2.1.

A *Assembly* – Établissements de réunion
B *Business* – Établissements d'affaires (bureaux et services)
E *Educational* – Établissements éducatifs
F *Factory and Industrial* – Établissements industriels
H *Hazardous* – Établissements industriels à risques
I *Institutional* – Établissements de soins et de détention
M *Mercantile* – Établissements commerciaux (vente de marchandises)
R *Residential* – Habitations
S *Storage* – Lieux destinés à l'entreposage
U *Utility* – Bâtiments et ouvrages des services publics

Certaines de ces classifications se répartissent ensuite en *divisions* permettant de distinguer les degrés relatifs de danger de certains usages. Par exemple, dans le groupe des habitations, la division R-1 inclut les hôtels et les immeubles résidentiels tandis que la division R-3 inclut les habitations individuelles.

Dans la version 2000 de l'IBC, des changements importants ont été apportés aux groupes d'usages. Ainsi, le nombre d'occupants dans les usages de type A n'est plus un facteur déterminant. Dans le groupe R, les appartements, les résidences d'étudiants et les condominiums ont été retirés de la division R-1 et font maintenant partie d'une nouvelle division R-2. Une nouvelle division R-4 a été créée pour les établissements de soins et les centres d'accueil comptant entre 5 et 16 résidents. D'autres changements ont été apportés, mais le principe reste le même pour tous les codes modèles : les exigences relatives à la sécurité-incendie et à la sécurité des personnes varient selon les différents usages.

Il est important de connaître le classement d'un bâtiment selon l'usage pour déterminer certaines autres exigences du code du bâtiment (comme la superficie maximale, le nombre d'étages autorisés et la proximité à d'autres structures) qui ont une incidence sur la conception architecturale. Pour le designer d'intérieur, le type d'usage détermine le calcul de la densité d'occupation, les finis intérieurs, les exigences de ventilation et d'hygiène ainsi que d'autres restrictions spécifiques. La densité d'occupation est un facteur particulièrement important qui est traité en détail au chapitre 18.

Ⓑ Séparation des usages

Lorsqu'un bâtiment est destiné à deux usages ou plus, on parle d'usage mixte. Cette situation est fréquente dans les projets d'architecture et de design d'intérieur. Par exemple, le design d'un vaste espace de bureau peut combiner des espaces de bureaux adjacents à un auditorium prévu pour des cours de formation qui sera, lui, classé comme un établissement de réunion. Un designer d'intérieur peut aussi concevoir un nouvel espace destiné à un certain usage à côté d'un espace existant destiné à un autre usage. Les sections destinées à chacun des usages doivent alors être séparées par des cloisons dont le degré de résistance au feu (exprimé en heures) est déterminé par le code en vigueur.

Dans l'UBC et l'IBC, les séparations des usages sont indiquées dans un tableau qui précise le degré de résistance au feu en heures (de 1 heure à 4 heures).

4 Classification par type de construction

Tous les bâtiments sont aussi classés en cinq grands types de construction selon la résistance au feu de certaines de leurs composantes. Dans l'IBC, ces composantes comprennent l'ossature, les murs porteurs intérieurs et extérieurs ainsi que la construction des étages et de la toiture. Dans l'UBC, ces composantes incluent aussi les cages d'escaliers et d'ascenseurs, les cloisons permanentes, les portes extérieures et les fenêtres. Les cinq types de construction sont désignés par des chiffres romains, soit I, II, III, IV et V. Les immeubles de type I sont ceux qui offrent la meilleure résistance au feu, tandis que les immeubles de type V sont ceux qui offrent la moins bonne résistance au feu. Par exemple, l'ossature d'un immeuble de type I doit avoir un degré de résistance au feu de 3 h, tandis que l'ossature d'un immeuble de type III doit avoir un degré de résistance au feu de 1 h seulement.

L'UBC définit neuf types secondaires portant des noms comme type II – résistant au feu, type II–1 heure, et type II-N. L'IBC compte également neuf types secondaires indiqués par le suffixe A ou B ajouté au chiffre romain (sauf pour le type IV), ce qui donne les types I-A, I-B, II-A, II-B, III-A, III-B, IV, V-A et V-B.

La conception des bâtiments en conformité avec une certaine classification vise à protéger les éléments structuraux contre le feu et l'effondrement. Ce classement selon le type, tout comme celui selon l'usage, détermine aussi certaines restrictions quant à la superficie et à la hauteur des bâtiments. Ainsi, pour les bâtiments de type I, quel que soit l'usage (à l'exception de certains usages dangereux), superficie et hauteur sont illimitées, tandis que pour les bâtiments de type V, la superficie est limitée à quelques milliers de pieds carrés et la hauteur ne peut dépasser un ou deux étages, selon l'usage. Ces restrictions de hauteur et de superficie en fonction du type de construction *et* de l'usage tiennent compte du fait que la lutte contre l'incendie, l'évacuation et le sauvetage sont plus difficiles dans des bâtiments de grande superficie et à plusieurs étages. Elles prennent également en compte le fait que la sécurité d'un bâtiment dépend du type et de la quantité de combustibles nécessaires à l'usage de ce bâtiment.

Le type de construction est déterminé par plusieurs variables, qui sont interreliées. La plupart d'entre elles sont déterminées au moment de la conception par l'architecte. Tout bâtiment existant est donc déjà classé selon le type de construction. Pour connaître le type de construction d'un bâtiment auquel il travaille, le designer d'intérieur peut consulter les autorités locales en matière de construction ou l'architecte, s'il s'agit d'une construction récente ou encore en chantier.

Il est important pour le designer d'intérieur de connaître le classement d'un bâtiment selon le type de construction si des changements majeurs y sont apportés. Par exemple, si l'usage d'un immeuble ou d'une partie d'immeuble passe de B (établissement d'affaires) à A (établissement de réunion), le designer d'intérieur doit connaître le type de construction pour s'assurer que la superficie permise n'est pas dépassée. En cas de dépassement, il peut être nécessaire de construire un mur coupe-feu ou d'ajouter des gicleurs d'incendie. De plus, le type de construction peut avoir une incidence sur le degré de résistance au feu exigé pour les revêtements des éléments structuraux, des assemblages de sol et de plafond ainsi que les ouvertures pratiquées dans les murs. Dans une rénovation, par exemple, le degré de résistance au feu d'une poutre enchâssée peut être modifié par la nouvelle construction et le designer d'intérieur doit alors indiquer les réparations ou la construction nécessaires pour maintenir le degré de résistance au feu initial de l'assemblage.

5 NORMES DE RÉSISTANCE AU FEU DES MATÉRIAUX ET DES FINIS

Aucun bâtiment ne résiste parfaitement au feu, mais il existe des degrés de résistance au feu. C'est pourquoi les codes du bâtiment imposent des exigences qui se regroupent sous deux grandes catégories : celles ayant trait aux caractéristiques de combustion en surface des matériaux de finition et celles ayant trait à la résistance au feu des matériaux et assemblages de construction.

Dans la première grande catégorie, chaque couche de matériau de finition doit correspondre à un degré de résistance donné et ne peut être utilisée que dans certaines zones. La norme d'essai la plus couramment utilisée pour déterminer la résistance au feu des matériaux est ASTM E-84, soit l'essai en tunnel Steiner, traité à la section 2, plus haut. Les réglementations de cette catégorie visent à contrôler la vitesse de propagation des flammes à la surface des matériaux et à limiter la quantité de matières combustibles dans un bâtiment.

Parmi les matériaux de finition dont les caractéristiques de combustion en surface sont testées et évaluées, mentionnons les lambris, les panneaux, les revêtements muraux épais ou les autres finis appliqués structurellement ou à des fins de décoration, les panneaux acoustiques, les isolants de surface ou autres revêtements similaires. Dans la plupart des cas, les restrictions ne s'appliquent pas aux boiseries telles que cimaises, plinthes et mains courantes, ni aux portes et fenêtres ou à leurs cadres, ni aux matériaux de moins de 1/28" (0,9) d'épaisseur collés à la surface des murs ou des plafonds.

Dans la deuxième catégorie, le code du bâtiment spécifie le degré de résistance au feu qu'un matériau ou un assemblage de construction doit posséder. Par exemple, on exige souvent que les corridors de sortie aient un degré de résistance au feu d'au moins 1 h et que les assemblages portes dans ces corridors aient un degré de résistance au feu d'au moins 45 min. Nous avons vu plus haut les normes d'essai utilisées pour évaluer ces matériaux.

Il est important de se rappeler que de nombreux matériaux ne constituent pas en eux-mêmes des coupe-feu; c'est l'assemblage dont ils font partie qui offre un certain degré de résistance au feu. Un plafond suspendu ayant un degré de résistance au feu de 1 h, par exemple, doit intégrer des carreaux résistants au feu, mais c'est l'assemblage formé par les carreaux, le système de suspension et la charpente du plafond qui possède un degré de résistance au feu de 1 h. De même, une cloison ayant un degré de résistance au feu de 1 h peut se composer d'une couche de panneaux de placoplâtre de type X de 5/8" (16) fixés aux deux côtés d'un montant de bois ou de métal selon certaines conditions. Un seul panneau de placoplâtre pris isolément ne peut pas avoir un degré de résistance au feu, sauf dans certains cas spéciaux en vertu desquels l'IBC autorise le calcul du degré de résistance au feu d'un assemblage en bois à partir des degrés de résistance au feu de chacune de ses composantes.

6 Détection et extinction de l'incendie

Les systèmes de détection, d'alarme et d'extinction de l'incendie sont devenus des éléments importants des dispositifs de protection et de sécurité-incendie dans les bâtiments. Presque tous les bâtiments doivent être équipés d'un système de détection quelconque, ne serait-ce que d'un simple détecteur de fumée comme celui que l'on trouve dans la plupart des résidences. Les bâtiments destinés à d'autres usages, comme les immeubles et les hôtels, doivent être équipés de systèmes de détection et d'alarme perfectionnés, y compris d'appareils de communication à chaque étage pour permettre aux pompiers de communiquer entre eux et avec les occupants en cas d'urgence.

Le terme « système de protection incendie » sert à décrire tout dispositif ou système conçu et installé pour réaliser une ou plusieurs des fonctions suivantes : détecter, contrôler ou éteindre un incendie, ou encore alerter les occupants ou les services d'incendie. La plupart de ces systèmes sont automatiques, ce qui signifie qu'ils réagissent en cas d'urgence sans intervention humaine et sont activés par la détection de l'un ou de plusieurs des éléments suivants :

- fumée ou autres produits de la combustion;
- augmentation de la température au-delà d'un seuil prédéterminé;
- vitesse d'augmentation de la température égale à une vitesse prédéterminée.

Dans les grands immeubles ou les ensembles, un système complet de protection incendie peut comprendre des détecteurs de fumée et de chaleur, des extincteurs automatiques à eau, d'autres systèmes d'extinction (au halon, par exemple), des extincteurs d'incendie portatifs, des conduites d'incendie, des systèmes de contrôle de la fumée et des conduits d'évacuation de fumée et de chaleur.

Les gicleurs d'incendie font partie des systèmes d'extinction à eau les plus courants et sont exigés dans presque tous les nouveaux immeubles et hôtels. On les trouve également dans de plus en plus de bâtiments commerciaux. L'une des principales innovations de l'IBC est qu'il exige des gicleurs d'incendie dans certains types d'usages où l'UBC n'en exigeait pas et qu'il associe certains avantages à l'utilisation de tels extincteurs. Ainsi, dans les bâtiments à usage A, B, E, F, M, S ou U où il n'y a pas de gicleurs d'incendie, les corridors doivent être cotés d'un degré de résistance au feu de 1 h. Dans les mêmes bâtiments équipés de gicleurs d'incendie, les corridors n'ont pas besoin d'être cotés pour la résistance au feu. Le nouveau code vise donc à inciter les designers d'intérieur, les promoteurs et les entrepreneurs à installer des systèmes de gicleurs d'incendie.

L'ingénieur en mécanique ou l'entrepreneur en protection incendie sont responsables de concevoir et de disposer le système de gicleurs d'incendie, mais le designer d'intérieur doit être au courant des exigences relatives à ces systèmes, surtout en ce qui concerne l'espacement entre les gicleurs et les types de gicleurs offerts sur le marché.

La NFPA a élaboré des normes de conception des systèmes d'extincteurs automatiques à eau que respectent la plupart des régies du bâtiment. Il s'agit des normes NFPA-13 pour les bâtiments commerciaux et NFPA-13R pour les constructions résidentielles. Les codes modèles et l'IBC exigent le respect de ces normes NFPA.

D'après la norme NFPA-13, les bâtiments classés selon l'usage sont ensuite répartis en bâtiments à risque faible, moyen ou élevé. Dans les bâtiments à risque faible comme les bureaux, les magasins et les restaurants, on doit prévoir un gicleur pour chaque 225 pi^2 (21 m^2) de surface de plancher (si le système est de conception hydraulique) et l'espacement maximal entre les gicleurs doit être de 15′ (4572). Chaque pièce, même les placards, doit être équipée d'au moins un gicleur. Aucun gicleur ne peut se trouver à plus de 7′-6″ (2286) d'un mur. En présence d'obstructions telles que poutres enchâssées sous le niveau du plafond, la norme impose une distance minimale entre le gicleur et l'obstruction, en fonction de la distance entre l'obstruction et le plafond. La norme impose également un espacement minimal entre les gicleurs et le dessus des rayonnages ou d'autres obstructions installées au sol.

Il existe plusieurs types de gicleurs dont l'utilisation dépend des objectifs de design et du type de plafond. Nous les avons vus au chapitre 14. Dans les intérieurs, on privilégie souvent les gicleurs recouverts d'un capot blanc lisse et affleurant au plafond, car ils sont plus discrets. Il existe aussi des têtes de gicleurs semi-encastrées et des gicleurs vers le bas.

7 Autres réglementations

Outre les dispositions déjà mentionnées, les codes modèles réglementent de nombreux autres aspects de la construction, notamment l'utilisation et le design structurel de différents matériaux, l'excavation, la démolition ainsi que la construction des ascenseurs. En plus des codes modèles, certains codes municipaux, régionaux, provinciaux et fédéraux réglementent les projets. Ainsi, certains États ou provinces ont leur propre code relatif à l'inflammabilité des tissus d'ameublement et d'autres matériaux de finition intérieure. Nous verrons les exigences spécifiques à l'évacuation et aux normes d'accessibilité dans les deux chapitres suivants. Voici d'autres réglementations que vous devez connaître.

(A) Vitrage

L'utilisation du vitrage est réglementée dans les endroits dangereux comme les portes, les portes de douche, les ouvertures vitrées adjacentes à des portes et tout autre lieu où une chute accidentelle dans un panneau de verre est possible. Dans de tels endroits, l'utilisation du verre de sécurité, c'est-à-dire du verre trempé, ou feuilleté est obligatoire. Le vitrage de sécurité est traité en détail au chapitre 11.

Ⓑ Systèmes de plomberie

Les codes modèles précisent de façon détaillée les exigences en matière de conception des systèmes de plomberie et du nombre d'appareils sanitaires selon l'usage du bâtiment. Dans la plupart des cas, c'est à l'ingénieur en mécanique ou à l'architecte qu'il revient de se conformer à ces exigences, mais le designer d'intérieur doit aussi les connaître, car il peut être responsable de la rénovation des toilettes dans un immeuble commercial, par exemple. Dans un tel cas, il lui sera utile de connaître le nombre d'appareils exigés dès qu'il entamera son design préliminaire. L'UBC précise le nombre minimal de cuvettes, de lavabos, de fontaines et d'autres appareils obligatoires dans un bâtiment selon l'usage et le nombre d'occupants. Il fait également référence au *Plumbing Code* pour les exigences détaillées.

Ⓒ Niveau de bruit

Un code du bâtiment peut exiger que les assemblages mur et sol-plafond entre différentes unités d'habitation ou, dans les cas d'un hôtel, entre les différentes chambres et entre celles-ci et les espaces publics soient isolés de façon à contrôler la transmission du bruit. Le cas échéant, le code spécifie l'indice de transmission du son (ITS) minimal pour les murs ou l'indice d'isolation au bruit d'impact (IIBI) minimal pour les sols. Il faut donc spécifier les éléments de construction qui répondent à ces exigences. Reportez-vous au chapitre 15 pour de plus amples renseignements sur l'acoustique.

QUESTIONS

1. Le nombre minimal d'appareils sanitaires exigés dans un projet de rénovation est déterminé par le nombre d'occupants et...

    1. les exigences d'accessibilité.
    2. le type de bâtiment.
    3. le type d'usage.
    4. la superficie.

2. Quel essai évalue le plus précisément la sécurité d'un système de cloisons ?

    1. ASTM E-84, norme d'essai des caractéristiques de combustion en surface des matériaux de construction
    2. L'essai en tunnel Steiner
    3. L'essai de l'angle mural
    4. ASTM E-119, norme d'essai de résistance au feu des matériaux et éléments de construction

3. Vous aménagez l'intérieur d'une bibliothèque dans laquelle vous prévoyez installer des rayonnages en hauteur. Si l'on suppose que ce projet se situe dans une ville qui a adopté le *Uniform Building Code*, dans quel document trouverez-vous les exigences relatives à l'espace minimal autorisé entre le dessus des rayonnages et les gicleurs installés au plafond ?

    1. IBC
    2. *Uniform Mechanical Code*
    3. NFPA-13
    4. UPC

4. Dans quel type de zones ou d'éléments les normes de propagation des flammes sont-elles les plus restrictives ?

    1. Les issues protégées
    2. Le sol des corridors
    3. Les accès à l'issue
    4. Les espaces encloisonnés

5. Quel degré de résistance au feu les corridors d'issue doivent-ils avoir ?

   1. 30 min
   2. 45 min
   3. 1 h
   4. 2 h

6. Dans le choix de finis conformes aux normes relatives à la propagation des flammes pour des cloisons intérieures, quel est le facteur *le plus* important ?

   1. Le classement du bâtiment selon l'usage et la zone du bâtiment où les finis seront posés
   2. La présence ou l'absence de gicleurs d'incendie dans le bâtiment et le type de construction
   3. Le fait que la cloison soit ou ne soit pas une séparation coupe-feu et le degré de résistance au feu de l'assemblage de la cloison
   4. Le degré de résistance au feu de la cloison et le type de construction

7. Aux États-Unis, la majorité des codes du bâtiment sont établis par...

   1. des lois fédérales.
   2. des agences de rédaction de codes modèles.
   3. les gouvernements des États.
   4. les autorités locales.

8. L'ASTM est...

   1. un groupe établissant des codes modèles.
   2. un organisme de rédaction de normes de l'industrie.
   3. un laboratoire d'essai.
   4. une agence fédérale de rédaction de codes.

9. Au début d'un projet de design qui sera réalisé dans un bâtiment à usages multiples, de quels renseignements avez-vous besoin ?

   1. Le type de bâtiment, les usages adjacents et la présence ou l'absence de gicleurs d'incendie
   2. Les usages adjacents, la classification de la zone de feu et les exigences d'accessibilité
   3. Le type de bâtiment, la classification de la zone de feu et les exigences d'accessibilité
   4. La présence ou l'absence de gicleurs d'incendie, la classification de la zone de feu et les usages adjacents

10. Vous cherchez à déterminer le revêtement mural *le plus acceptable* pour un projet. À quel essai doit-il avoir été soumis ?

    1. L'essai de l'angle mural
    2. L'essai en chambre à fumée
    3. L'essai en tunnel Steiner
    4. L'essai d'allumage vertical

11. Dans quel type de bâtiment les exigences relatives à la résistance au feu sont-elles *les moins* restrictives ?

    1. Type I
    2. Type II
    3. Type III
    4. Type IV

12. Quel type de verre devez-vous choisir pour une ouverture vitrée répondant aux exigences de vitrage de sécurité dans un endroit dangereux ?

    1. Du verre trempé ou feuilleté
    2. Du verre trempé ou armé
    3. Du verre durci ou armé
    4. Du verre feuilleté ou armé

13. Quel essai est le plus fréquemment utilisé pour évaluer les tapis aux États-Unis ?

    1. L'essai au panneau radiant de revêtement de sol
    2. L'essai en tunnel Steiner
    3. L'essai à la pastille de méthénamine
    4. Les essais de résistance au feu des matériaux et éléments de construction

14. Si un matériau ne brûle pas, il est considéré comme étant...

    1. ignifuge.
    2. résistant au feu.
    3. ininflammable.
    4. incombustible.

15. Dans un immeuble équipé d'un système d'extincteurs automatiques à eau, combien de gicleurs doit-il y avoir dans une pièce mesurant 20′ x 25′ (6100 x 7620) ?

    1. 2
    2. 3
    3. 4
    4. 6

18

Les issues

Toutes les exigences qui concernent les systèmes d'évacuation et leurs composantes principales, les issues, font partie des réglementations les plus importantes des codes du bâtiment. Vous devez être au courant des principales règles et des principes qui les sous-tendent et connaître les normes les plus courantes pour les corridors, les portes et les escaliers. Compte tenu du nombre de codes modèles en vigueur aux États-Unis et au Canada, et du fait que de nombreux pays sont en voie d'adopter l'*International Building Code* (IBC) de 2000, l'examen du NCIDQ vérifie vos connaissances des principes d'évacuation qui sont communs à tous les codes. L'examen porte donc moins sur les règles et dimensions précises que l'on peut facilement vérifier dans un code ou un autre, mais plus sur l'importance de prévoir des systèmes d'évacuation sûrs.

Dans la partie pratique de l'examen, vous devrez répondre à des questions à choix multiple sur l'évacuation et vous devrez appliquer certaines exigences réglementaires. L'examen vous indique les exigences réglementaires précises que vous devez intégrer à votre solution de design. Dans ce chapitre, les exemples de principes énoncés dans les codes sont tirés du chapitre 10 du *Uniform Building Code* (UBC) de 1997. Ses dispositions quant aux issues sont très similaires à celles des autres codes modèles. Dans certains cas, ce chapitre mentionne aussi les dispositions de la version 2000 de l'IBC.

1 Systèmes d'évacuation

L'UBC, l'IBC et les autres codes définissent *un moyen d'évacuation* comme un trajet vertical ou horizontal continu et sans obstruction permettant l'évacuation d'un point quelconque d'un bâtiment ou d'une structure vers une voie publique. Un moyen d'évacuation comporte trois composantes : l'accès à l'issue, l'issue et le dégagement de l'issue vers l'extérieur. Ces trois composantes doivent mener à une voie publique, que l'on définit comme une rue, une allée ou une surface similaire, à ciel ouvert, affectée en permanence à l'usage public et dont la largeur libre est d'au moins 10′ (3000). Voir la figure 18.1.

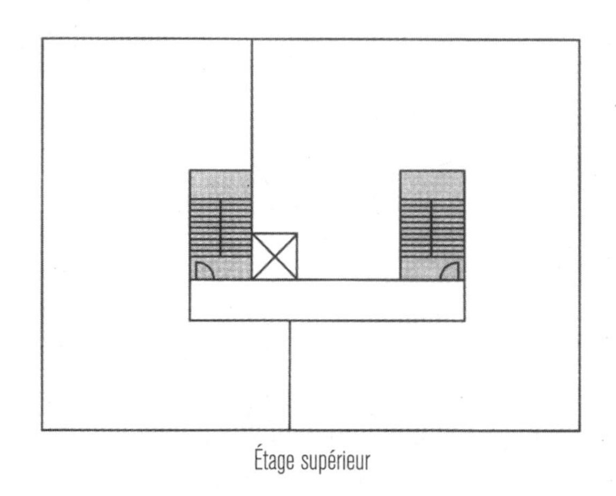

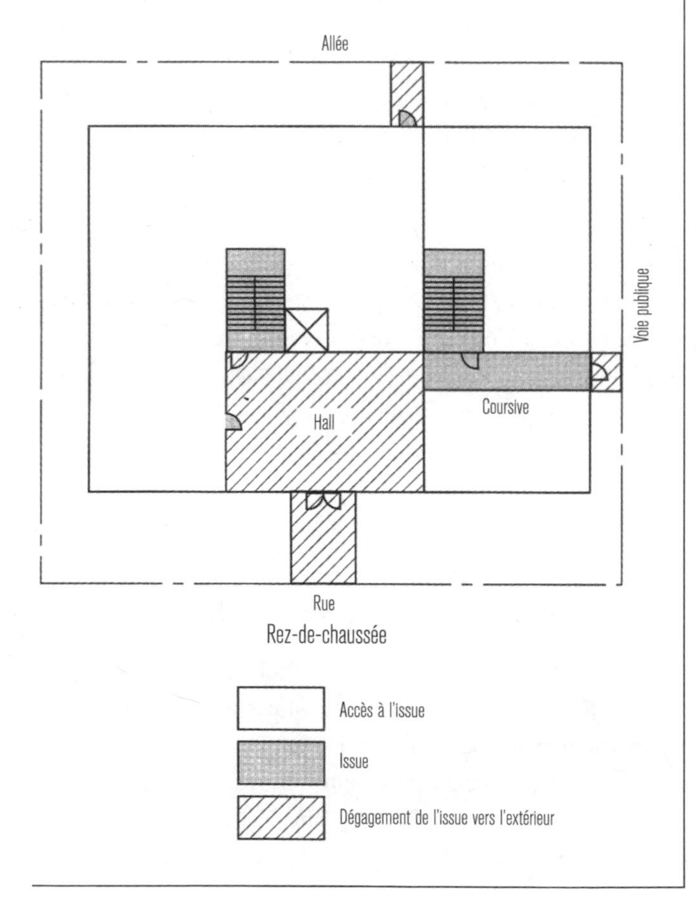

18.1
Système d'évacuation

L'accès à l'issue est le chemin ou le passage qui mène à une issue. Les zones d'accès à une issue peuvent être protégées ou non selon les exigences que définit le code pour un usage et un type de bâtiment en particulier. Il peut s'agir de pièces, d'espaces, d'allées, de pièces intermédiaires, de halls, de corridors, de rampes d'accès ou de vestibules. En théorie, l'accès à l'issue ne constitue pas un trajet protégé. Dans la version 2000 de l'IBC, les corridors offrant une résistance au feu sont aussi considérés comme des accès aux issues. Les accès aux issues sont les zones d'un bâtiment où la distance d'évacuation est mesurée et réglementée (voir la section 3 du présent chapitre).

L'issue est la partie du système d'évacuation qui offre une voie d'évacuation protégée entre l'accès à l'issue et le dégagement de l'issue vers l'extérieur. Les issues sont entièrement encloses et séparées de tous les autres espaces intérieurs par une construction résistante au feu et munie d'ouvertures protégées (portes, verre, etc.). Les issues peuvent être de simples portes de sortie donnant sur l'extérieur ou encore des cages d'escaliers, des coursives et des corridors. Dans la version 2000 de l'IBC, les issues peuvent aussi inclure les escaliers et les rampes de sortie situés à l'extérieur. Tout dépendant de la hauteur du bâtiment, du type de construction et de la longueur de la coursive, les issues doivent offrir un degré de résistance au feu de 1 h ou de 2 h.

Le dégagement de l'issue vers l'extérieur est la partie du système d'évacuation qui se trouve entre l'issue et la voie publique. Ce dégagement se trouve habituellement au-delà des murs extérieurs et peut être un balcon, un escalier ou une aire à découvert. Dans certains cas, il peut aussi s'agir du hall d'un immeuble si l'un des escaliers d'issue y débouche et que certaines autres conditions sont remplies, notamment que la porte de sortie donnant sur le hall soit clairement visible, que l'espace de dégagement soit protégé par des gicleurs d'incendie et que toute la zone de dégagement soit séparée des zones inférieures par une construction offrant le même degré de résistance au feu que l'issue enclose elle-même. Notons également que, dans la version 2000 de l'IBC, les escaliers et les rampes extérieurs sont considérés comme des issues et non comme des dégagements d'issues vers l'extérieur.

2 DENSITÉ D'OCCUPATION ET NOMBRE D'ISSUES

La densité d'occupation est le nombre de personnes pouvant occuper un bâtiment ou une partie de bâtiment, d'après le code du bâtiment. Ce nombre varie en fonction de l'usage, comme nous l'avons vu au chapitre 17, et ne sera pas le même pour un établissement de réunion, d'affaires ou d'enseignement. Il suppose que le nombre d'occupants est plus grand dans certains usages et que le dispositif d'évacuation doit être prévu en conséquence. Un auditorium, par exemple, devra être doté d'un plus grand nombre d'issues qu'un espace de bureau pour que les occupants puissent l'évacuer en toute sécurité.

On calcule la densité d'occupation en divisant l'aire de plancher affectée à un usage particulier par l'aire par occupant permise pour cet usage dans le code. Dans l'UBC, l'aire par occupant figure dans le tableau 10-A, qui inclut également les autres situations imposant la présence de deux issues[1]. Voir la figure 18.2. Les aires par occupant vont de 3 pi² (0,28 m²) pour les salles d'attente jusqu'à 500 pi² (46,5 m²) pour les entrepôts. Ces chiffres signifient que, pour estimer le nombre d'issues nécessaires, on suppose qu'une personne occupe, en moyenne, le nombre indiqué de pieds carrés. Le calcul de la densité d'occupation présume que toutes les portions de l'immeuble sont occupées en même temps. Dans un bâtiment à usage mixte, on calcule l'aire par occupant pour chacun des usages, puis on additionne.

Tous les codes du bâtiment contiennent des tableaux similaires à celui qui est reproduit à la figure 18.2, bien que les aires par occupant diffèrent de l'un à l'autre. De plus, la version 2000 de l'IBC précise que l'aire de plancher utilisée dans le calcul doit être l'aire brute et non l'aire nette pour la plupart des usages. Cela veut dire qu'il faut inclure l'épaisseur des murs, les corridors, les placards, les escaliers et les autres éléments similaires d'un espace de location pour en calculer l'aire de plancher. Ajoutons que le tableau de la version 2000 de l'IBC ne comporte plus la colonne indiquant la densité d'occupation à partir de laquelle deux issues sont nécessaires (la colonne médiane dans la figure 18.2). Cette exigence se retrouve dans une autre section du code et varie selon l'usage du bâtiment et la densité d'occupation. Dans les espaces contenant des sièges fixes, comme les auditoriums, la densité d'occupation correspond au nombre de sièges fixes.

1. Voir aussi, dans le CNB, les tableaux 3.4.2.1.A., « Critères pour une issue (aire de plancher qui n'est pas entièrement protégée par gicleur) », et 3.4.2.1.B., « Critères pour une issue (aire de plancher entièrement protégée par gicleurs). »

TABLE 10-A—MINIMUM EGRESS REQUIREMENTS[1]

USE[2]	MINIMUM OF TWO EXITS OTHER THAN ELEVATORS ARE REQUIRED WHERE NUMBER OF OCCUPANTS IS AT LEAST	OCCUPANT LOAD FACTOR[3] (square feet) × 0.0929 for m²
1. Aircraft hangars (no repair)	10	500
2. Auction rooms	30	7
3. Assembly areas, concentrated use (without fixed seats) Auditoriums Churches and chapels Dance floors Lobby accessory to assembly occupancy Lodge rooms Reviewing stands Stadiums	50	7
Waiting area	50	3
4. Assembly areas, less-concentrated use Conference rooms Dining rooms Drinking establishments Exhibit rooms Gymnasiums Lounges Stages	50	15
5. Bowling alley (assume no occupant load for bowling lanes)	50	4
6. Children's homes and homes for the aged	6	80
7. Classrooms	50	20
8. Congregate residences	10	200
9. Courtrooms	50	40
10. Dormitories	10	50
11. Dwellings	10	300
12. Exercising rooms	50	50
13. Garage, parking	30	200
14. Hospitals and sanitariums— Health-care center	10	80
Nursing homes Sleeping rooms	6	80
Treatment rooms	10	80
15. Hotels and apartments	10	200
16. Kitchen—commercial	30	200
17. Library reading room	50	50
18. Locker rooms	30	50

(Continued)

TABLE 10-A—MINIMUM EGRESS REQUIREMENTS[1]—(Continued)

USE[2]	MINIMUM OF TWO EXITS OTHER THAN ELEVATORS ARE REQUIRED WHERE NUMBER OF OCCUPANTS IS AT LEAST	OCCUPANT LOAD FACTOR[3] (square feet) × 0.0929 for m²
19. Malls (see Chapter 4)	—	—
20. Manufacturing areas	30	200
21. Mechanical equipment room	30	300
22. Nurseries for children (day care)	7	35
23. Offices	30	100
24. School shops and vocational rooms	50	50
25. Skating rinks	50	50 on the skating area; 15 on the deck
26. Storage and stock rooms	30	300
27. Stores—retail sales rooms Basements and ground floor	50	30
Upper floors	50	60
28. Swimming pools	50	50 for the pool area; 15 on the deck
29. Warehouses	30	500
30. All others	50	100

[1]Access to, and egress from, buildings for persons with disabilities shall be provided as specified in Chapter 11.
[2]For additional provisions on number of exits from Groups H and I Occupancies and from rooms containing fuel-fired equipment or cellulose nitrate, see Sections 1018, 1019 and 1020, respectively.
[3]This table shall not be used to determine working space requirements per person.
[4]Occupant load based on five persons for each alley, including 15 feet (4572 mm) of runway.

18.2
Exigences d'évacuation de l'UBC

Exemple A

Quelle est la densité d'occupation de la salle à manger d'un restaurant dont l'aire de plancher est de 2 500 pi^2 ?

Dans la figure 18.2, les salles à manger (*dining rooms*) sont indiquées sous *Assembly areas, less-concentrated use* (zones de réunion, à concentration moindre) et l'aire par occupant qui y correspond est de 15 pi^2. En divisant 2 500 pi^2 par 15 pi^2, on obtient la densité d'occupation de 167 personnes (166,67 arrondi).

Exemple B

Quelle est la densité d'occupation d'un espace de bureau dont la zone principale a une aire de plancher de 3 700 pi^2 et qui comporte en plus deux salles de cours de 1 200 pi^2 chacune ?

L'aire par occupant d'un bureau est de 100 pi^2 (voir ligne 23, *offices*). En divisant 3 700 pi^2 par 100 pi^2, on obtient 37 personnes. Les salles de cours ont une aire par occupant de 20 pi^2 (ligne 7, *Classrooms*). Deux salles de cours de 1 200 pi^2 chacune donnent une aire de plancher totale de 2 400 pi^2. En divisant 2 400 pi^2 par 20 pi^2, on obtient une densité d'occupation de 120 personnes pour les salles de cours. La densité d'occupation totale est donc de 37 plus 120, soit 157 personnes.

Le nombre d'issues dans un espace, un groupe d'espaces ou l'ensemble d'un bâtiment est déterminé d'après la densité d'occupation. Bien entendu, tout bâtiment ou toute partie de bâtiment doit comporter au moins une issue. Lorsque le nombre d'occupants d'un usage dépasse un certain nombre indiqué dans le code du bâtiment (comme ici dans la deuxième colonne de la figure 18.2), il faut alors prévoir au moins deux issues. Le principe sous-jacent à cette règle est qu'il doit y avoir une autre façon d'évacuer une pièce, une suite de pièces ou un immeuble si l'une des issues est bloquée. Les zones situées au-dessus du rez-de-chaussée doivent toujours comporter au moins deux issues si la densité d'occupation est égale ou supérieure à 10 personnes, bien qu'il existe certaines exceptions pour les immeubles résidentiels. Enfin, on doit prévoir trois issues pour une densité d'occupation de 501 à 1 000 personnes, et quatre issues pour une densité d'occupation supérieure à 1 001 personnes.

Des changements ont été apportés aux dispositions de l'IBC de 2000 exigeant deux issues dans certains sous-sols et certains usages en fonction de la distance maximale d'évacuation. L'IBC comporte également une nouvelle disposition appelée « l'itinéraire commun de circulation » (*common path of travel*). C'est ainsi que l'on désigne l'itinéraire que les occupants doivent parcourir avant d'atteindre deux voies d'accès à deux issues séparées (voir la figure 18.3). Même dans les cas où la densité d'occupation ne justifie pas la présence de deux issues, il faut en prévoir deux dans tous les usages sauf H-1, H-2 et H-3 (établissements industriels à risque) si l'itinéraire commun de circulation est d'une longueur de plus de 75′ (32 m) ou de plus de 100′ (30480) pour certains usages et dans certaines conditions.

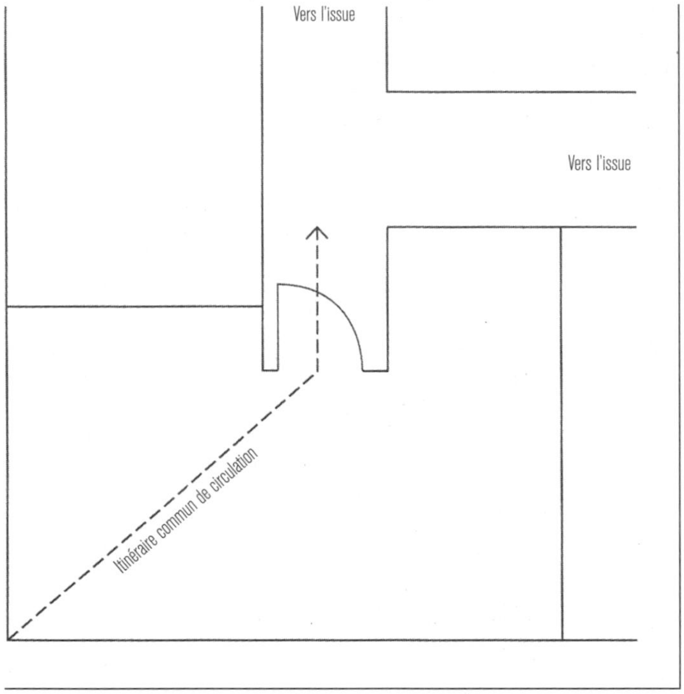

Il est bon de se rappeler que, malgré les différences entre les codes, le nombre obligatoire d'issues dépend principalement de l'usage de l'immeuble et de la densité d'occupation.

Dans l'exemple A, la salle à manger du restaurant doit avoir deux issues, car le nombre de 167 personnes dépasse le chiffre 50 indiqué à la figure 18.2. Dans l'exemple B, l'aire de plancher totale des bureaux et des salles de cours exige deux issues. De plus, chaque salle de cours doit aussi être dotée de deux issues puisque la densité d'occupation est de 60 (1200 pi^2 divisés par 20 pi^2). Comme ce chiffre est supérieur aux 50 occupants indiqués dans la deuxième colonne du tableau, il faut obligatoirement prévoir deux issues.

18.3
Itinéraire commun de circulation

3 Disposition et largeur des issues

(A) Disposition des issues

Une fois que l'on connaît le nombre d'issues nécessaires pour chaque pièce, espace ou groupe de pièces, il faut déterminer la disposition et la largeur de ces issues. Dans les espaces comportant deux issues, la distance en ligne droite entre deux issues doit être égale à au moins la moitié de la longueur de la diagonale maximale de la zone ou du bâtiment desservi (voir la figure 18.4). Cette règle a pour but d'assurer assez de distance entre les deux issues pour qu'un incendie ou une autre situation d'urgence ne puisse bloquer les deux à la fois.

Dans les espaces comportant trois issues ou plus, la distance en ligne droite entre deux de ces issues doit être égale à au moins la moitié de la longueur de la diagonale maximale de la zone ou de l'immeuble desservi. Les issues additionnelles doivent être suffisamment éloignées l'une de l'autre pour que si l'une est bloquée, les autres demeurent accessibles.

Dans l'IBC, la distance séparant les issues est réduite au tiers de la diagonale maximale de la pièce ou de la zone desservie si l'immeuble est entièrement protégé par un système de gicleurs d'incendie.

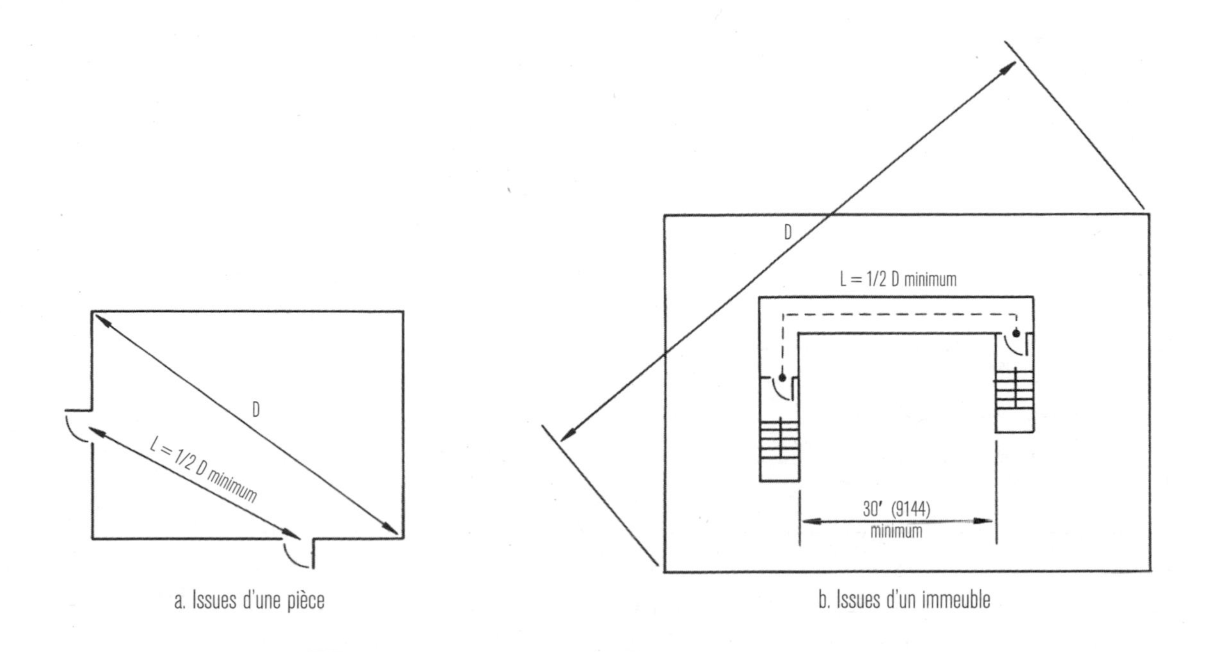

a. Issues d'une pièce

b. Issues d'un immeuble

18.4
Distances minimales entre les issues

Ⓑ Distance d'évacuation maximale

La distance d'évacuation (*travel distance* ou *exit access travel distance* dans l'IBC) est la distance qu'un occupant doit parcourir à partir du point le plus éloigné des portions occupées de l'accès à l'issue jusqu'à l'entrée de l'issue la plus proche. Une fois que la personne a atteint l'entrée de l'issue, le code ne tient plus compte de la distance. Comme les accès aux issues ne sont pas des zones protégées, les codes limitent la distance à parcourir avant d'atteindre un lieu sûr. Les distances d'évacuation maximales sont déterminées en fonction de l'usage du bâtiment et de la présence ou de l'absence de gicleurs d'incendie. Les vieux codes modèles et la version 2000 de l'IBC contiennent des dispositions spéciales qui réduisent les distances d'évacuation maximales dans certains usages ou certaines situations comme les mails, les atriums, les établissements d'enseignement et de réunion et les établissements industriels à risques.

Dans l'UBC, les distances d'évacuation maximales sont de 200' (60960) dans un bâtiment sans gicleurs d'incendie et de 250' (76200) dans un immeuble équipé de gicleurs d'incendie (voir la figure 18.5). Ces distances peuvent s'allonger de 100' (30480) au maximum si cet ajout correspond à la dernière portion du trajet d'évacuation à parcourir et qu'il est entièrement situé dans un corridor d'issue présentant un degré de résistance au feu de 1 h. Même si l'IBC ne tient pas compte de ce prolongement possible de 100' dans les corridors résistant au feu, un tableau tenant compte des bâtiments protégés ou non par des gicleurs d'incendie indique à peu près les mêmes limites pour la plupart des usages. Ainsi, dans l'IBC, la distance d'évacuation maximale dans

a. Issue d'une pièce ou d'un espace

A à B : maximum 150′ (47,5 m), sans gicleurs
maximum 200′ (61 m), avec gicleurs

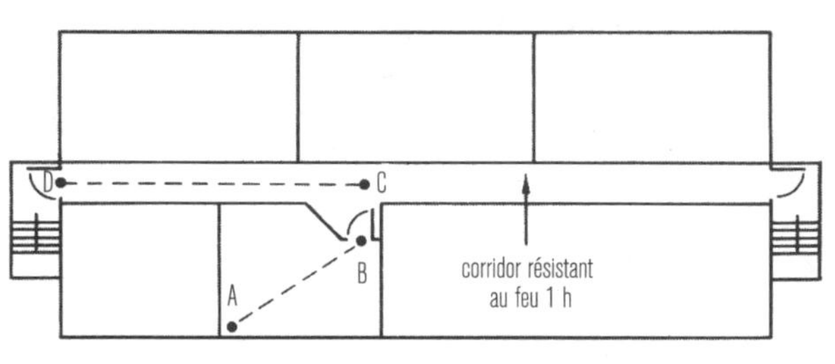

b. Issue d'un bâtiment

A à B : maximum 150′ (47,5 m), sans gicleurs
maximum 200′ (61 m), avec gicleurs
C à D : maximum 100′ (30,5 m)

18.5
Distances jusqu'aux issues

un immeuble d'usage B protégé par des gicleurs d'incendie est de 300′ (91440). C'est la distance qui sépare le point A du point D dans la figure 18.5 (b). Certaines dispositions de l'IBC autorisent des prolongements, mais l'essentiel est de savoir ce qu'on entend par distance d'évacuation, et de se rappeler que la distance d'évacuation maximale dépend de la présence ou de l'absence de gicleurs d'incendie ainsi que de l'usage du bâtiment.

Les distances d'évacuation maximales ne feront sans doute pas l'objet de la partie pratique de l'examen, mais certaines questions à choix multiple pourraient porter sur ce sujet.

Ⓒ Issues passant par des pièces contiguës

La plupart des codes permettent qu'une pièce ait une issue donnant sur une autre pièce si cette dernière offre une voie d'évacuation directe et non obstruée vers un corridor d'issue ou une autre issue, à condition que les distances d'évacuation indiquées plus haut soient respectées. Toutefois, il n'est pas permis que l'issue donne sur une cuisine, une pièce de rangement, des toilettes, un placard ou un espace utilisé à des fins similaires. Dans l'UBC, les halls d'entrée et les réceptions construits selon les exigences applicables aux corridors d'issue (c'est-à-dire avec des murs offrant un degré de résistance au feu de 1 h comme nous le verrons dans la section suivante) ne sont pas considérés comme des pièces contiguës, et peuvent donc faire partie des trajets d'évacuation.

L'IBC diffère quelque peu de l'UBC en ce qui concerne les unités d'habitation. L'IBC ne permet pas que l'issue d'une chambre à coucher donne sur une autre chambre à coucher ou des toilettes. Dans la partie pratique de l'examen, vous devrez planifier les espaces résidentiels de telle sorte que les toilettes, les cuisines et les chambres à coucher donnent sur un corridor interne menant vers un corridor d'issue ou une issue.

Ⓓ Largeur des issues

Dans l'UBC, pour presque tous les usages, la largeur minimale d'une issue, exprimée en pouces, se calcule en multipliant la charge d'occupation par le facteur de 0,3 pour les escaliers et par le facteur de 0,2 pour les autres issues. Il y a quelques exceptions pour les établissements de soins ou de détention et les établissements industriels à risques. Si les mesures sont en système métrique, on multiplie par 25,4. Cette largeur minimale doit ensuite être répartie à peu près également entre les différentes issues. Par exemple, toujours en utilisant l'exemple B de la page 367, la charge d'occupation de 157 multipliée par 0,2 donne 31,4″ (797). Un corridor desservant cette pièce doit donc avoir au moins cette largeur. Par contre, comme nous le verrons à la section suivante, la largeur minimale d'un corridor est de 44″ (1118). Quant aux portes, étant donné qu'il doit y avoir deux issues dans cet exemple, la largeur totale obligatoire est facilement atteinte par deux portes de 3′ chacune (914), ce qui donne une largeur totale de 72″ (1829).

La plupart du temps, étant donné les superficies que l'on utilise généralement dans l'examen du NCIDQ pour les établissements d'affaires, les habitations et certains établissements d'enseignement, il suffit de prévoir pour les deux issues des portes d'au moins 3′ (914) de largeur. Par contre, si le programme porte sur un établissement de réunion (où l'aire par occupant permise est très faible) ou sur un très grand espace, il est préférable de calculer précisément la largeur exigée.

Une bonne façon de vérifier que vous avez satisfait aux exigences réglementaires consiste à diviser la largeur totale des issues (par exemple 6′ pour deux portes de 3′) par 0,2 (ou par 0,3 pour les escaliers). En système métrique, on divise par 5,08 et 7,62 respectivement. Cela donne une densité d'occupation maximale de 360 personnes desservies par ces deux issues. Si la densité d'occupation est supérieure, vous devez ajouter une autre porte. Pour les corridors, prenez l'habitude d'utiliser des corridors d'au moins 5′ (1500) de largeur dans les établissements commerciaux. Cette largeur se prête bien à une utilisation fonctionnelle et convient à une charge d'occupation de 300 personnes (60 pouces divisés par 0,2). S'il y a peu d'espace et peu de circulation, vous pouvez envisager des corridors de 4′ (1219) de largeur.

L'IBC et les autres codes utilisent des méthodes similaires pour calculer la largeur totale des issues. Un des changements majeurs de l'IBC, cependant, est la réduction des facteurs par lesquels on multiplie la charge d'occupation si l'immeuble est entièrement protégé par des gicleurs. Ainsi, dans les usages autres que H-1, H-2, H-3, H-4 (établissements industriels à risques) et I-2 (hôpitaux et établissements de soin), le facteur est de 0,2 au lieu de 0,3 pour les escaliers, et de 0,15 au lieu de 0,2 pour les autres issues. Il est important de noter que, dans l'IBC, on entend par largeur de la porte la largeur libre. Une porte de 36″ (914), par exemple, offre une largeur libre d'environ 33″ (838) si on soustrait de la largeur totale l'épaisseur de la porte ouverte à 90 degrés et la largeur de l'arrêt de porte. Notez que les facteurs 0,2, 0,3 et autres sont exprimés en pouces par personne. En système métrique, il faut multiplier par 25,4.

④ CORRIDORS D'ISSUE

L'UBC définit un corridor d'issue comme la partie de l'accès à l'issue menant vers l'issue. Un corridor d'issue a pour but d'offrir un moyen d'évacuation sûr à partir d'une pièce ou d'un espace vers une issue ou vers une autre voie d'évacuation réglementaire, comme un escalier. Lorsqu'il y a deux issues, les corridors doivent être aménagés de telle sorte qu'il soit possible de circuler dans deux directions jusqu'à une issue. Si l'un des trajets d'évacuation est bloqué, les occupants peuvent alors emprunter l'autre. Les corridors offrant une seule voie d'issue (*dead-end corridors*) sont limités à une longueur maximale de 20′ (6096) dans l'UBC[2]. Notons toutefois que, dans la partie pratique de l'examen, il est préférable de planifier l'espace de manière à éviter complètement ce type de corridor.

La largeur minimale en pieds d'un corridor est déterminée (comme nous l'avons vu) en multipliant la densité d'occupation par 0,2 ou par un autre facteur indiqué dans le code. Toutefois, la largeur minimale absolue pour la plupart des usages est de 44″ (1118) si le corridor dessert 50 personnes ou plus. Si la densité d'occupation est inférieure à 50 personnes, la largeur minimale est de 36″ (914).

L'UBC exige pour certains usages, surtout les établissements d'enseignement, de soins ou de détention, des corridors plus larges. Dans les écoles, par exemple, la largeur des corridors doit être supérieure de 2′ (610) à la largeur calculée selon le chapitre 10 du code, mais ne jamais être inférieure à 6′ (1829).

Dans la plupart des situations présentées dans l'examen du NCIDQ, il faut prévoir des corridors de 5′ (1500) de largeur, si possible, pour les programmes commerciaux. Cette dimension répond à la plupart des exigences relatives aux moyens d'évacuation et aux normes de la conception sans obstacles tout en laissant amplement d'espace pour la circulation générale.

Un corridor d'issue ne doit pas être obstrué par des saillies, mais on permet une saillie maximale de 7″ (178) pour les mains courantes et les portes ouvertes, et une saillie maximale de 1 1/2″ (38) de chaque côté pour tout autre détail comme les boiseries.

À quelques exceptions près, les corridors desservant 10 personnes et plus dans les usages R-1 et I (hôtels, établissements de soins et de détention), et desservant 30 personnes et plus dans les autres usages doivent être construits de façon à offrir un degré de résistance au feu de 1 h. Cette norme s'applique aux murs et aux plafonds. Si tous les plafonds de l'étage offrent un degré de résistance au feu de 1 h, les murs du corridor peuvent se terminer au plafond suspendu. Sinon, ils doivent se prolonger jusqu'au plancher de l'étage supérieur ou au toit résistant au feu.

---

2. Dans le CNB, voir les distances de parcours.

Toute porte située dans un corridor offrant un degré de résistance au feu de 1 h doit elle-même résister au feu pendant au moins 20 minutes et comporter des joints d'étanchéité contre la fumée et les courants d'air. La porte doit également être maintenue en position fermée par un ferme-porte ou se fermer automatiquement dès le déclenchement d'un détecteur de fumée. La porte et le cadre de porte doivent porter la marque d'une agence d'essai approuvée, comme les Underwriters Laboratories (UL). Au Canada et au Québec, ils portent une marque ULC.

Les murs d'un corridor offrant un degré de résistance au feu de 1 h peuvent comporter du verre uniquement s'il s'agit de verre classé et homologué offrant une résistance au feu de 45 min et si la surface totale de verre n'excède pas 25 % de la surface du mur de la pièce qu'il sépare du corridor. Si une conduite traverse un corridor résistant au feu, elle doit être munie d'un registre coupe-feu qui se ferme automatiquement en cas d'incendie.

Dans la version 2000 de l'IBC, la définition du corridor d'issue précise qu'il s'agit d'une composante de l'accès à l'issue offrant une voie d'évacuation vers l'issue. Un tableau indique dans quel cas un corridor doit offrir un degré de résistance au feu selon l'usage, la densité d'occupation et la présence ou l'absence de gicleurs d'incendie. Tous les bâtiments résidentiels (R) doivent être dotés d'un corridor offrant un degré de résistance au feu de 1 h si la charge d'occupation est supérieure à 10 personnes, et tous les établissements de soins ou de détention (I) doivent être dotés d'un corridor offrant un degré de résistance au feu de 1 h quel que soit le nombre d'occupants. Dans les immeubles d'usages A, B, E, F, I-1, I-3, M, S et U protégés par des gicleurs d'incendie, aucune exigence en matière de résistance au feu ne s'applique aux corridors.

En ce qui concerne les corridors n'offrant qu'une seule voie d'issue, l'IBC maintient la limite de 20' (6096), mais permet des corridors à une seule voie d'issue de 50' (15240) dans les immeubles d'usage B et F si l'immeuble au complet est protégé par un système de gicleurs. De plus, la longueur d'un corridor à une seule voie d'issue n'est pas limitée si elle est inférieure à 2,5 fois la largeur la plus étroite de ce corridor.

5 PORTES

Les dispositions des codes relatives aux moyens d'évacuation s'appliquent aux portes d'issue desservant une zone dont la densité d'occupation est de 10 personnes ou plus. Les portes d'issue doivent être munies de charnières à pivot ou de charnières latérales et doivent s'ouvrir dans le sens de l'issue lorsqu'elles desservent des zones dangereuses ou une densité d'occupation de 50 personnes ou plus. Cela permet d'éviter que la porte ne se coince lorsque des gens en proie à la panique essaient de sortir. Il est important de s'assurer que toutes les portes d'issue obligatoires – c'est-à-dire les portes desservant des espaces dont la densité d'occupation est élevée, les portes d'escalier et les portes de corridors donnant sur d'autres voies d'évacuation – battent dans le

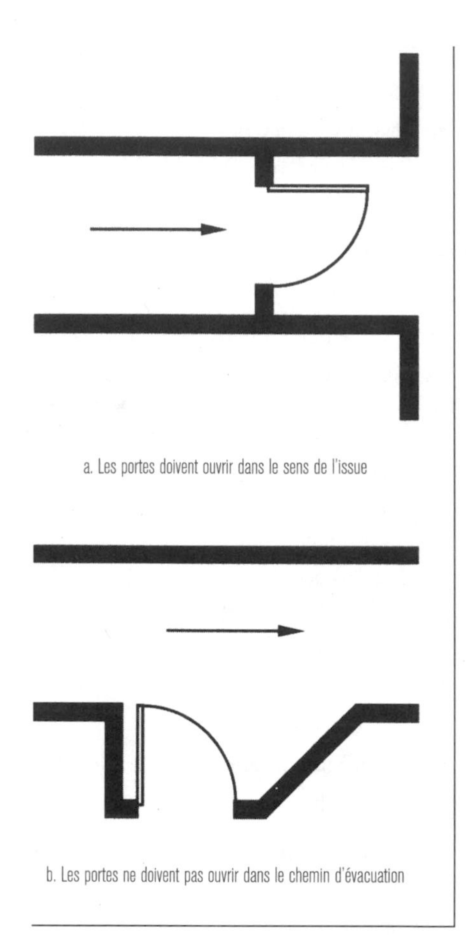

18.6
Ouverture des portes d'issue

bon sens (voir la figure 18.6). De plus, les portes ne doivent pas s'ouvrir dans un axe de circulation obligatoire, comme un corridor. Dans bien des cas, il est nécessaire d'installer en retrait les portes qui ouvrent dans des corridors (voir figure 18.6).

Les portes d'issue doivent avoir au minimum 3′ (914) de largeur et 6′-8″ (2032) de hauteur. La largeur maximale est de 4′ (1220). Les portes d'issue doivent être facilement manœuvrables de l'intérieur par n'importe quel utilisateur. Certains établissements d'enseignement et de réunion exigent une fermeture antipanique, qui permet que le loquet se dégage grâce à une simple pression sur une barre plutôt que par le mouvement rotatif d'un bouton ou d'un bec-de-cane. La force maximale nécessaire pour déclencher l'ouverture de la porte, la mettre en mouvement et l'ouvrir complètement est également réglementée, que la porte soit équipée ou non d'un ferme-porte.

La plupart des dispositions de l'IBC sont semblables à celles des autres codes modèles, mais les exigences relatives à la largeur minimale y sont présentées différemment. Dans l'IBC, la largeur minimale d'une porte d'issue doit correspondre au calcul effectué en fonction de la densité d'occupation, mais elle ne peut, en aucun cas, être inférieure à 32″ (813; largeur nette) lorsqu'elle est ouverte à 90 degrés. En pratique, cela signifie qu'il faut prévoir une porte de 36″ (914), compte tenu de la largeur de l'arrêt de porte et de l'épaisseur du battant en position ouverte. Il existe, par ailleurs, de nombreuses exceptions à cette largeur minimale.

Le degré de résistance au feu d'une porte d'issue doit être compatible avec celui du mur dans lequel elle est installée. Ce degré de résistance au feu s'exprime, lui aussi, en heures. Ainsi, une cloison offrant un degré de résistance au feu de 2 h, par exemple, doit être équipée d'un assemblage porte offrant un degré de résistance au feu de 1 1/2 h (soit une porte de classe B aux États-Unis). Cela signifie que la porte et le cadre doivent avoir subi les essais d'un laboratoire approuvé et doivent porter une étiquette métallique certifiant qu'elles satisfont aux exigences de la classe en question. Dans un mur de corridor offrant un degré de résistance au feu de 1 h, il faut prévoir des joints d'étanchéité contre la fumée et les courants d'air offrant un degré de résistance au feu d'au moins 20 min. Le tableau 18.1 présente sommairement les types de porte généralement utilisés en construction intérieure, mais le code du bâtiment local précise le type exact de porte à utiliser dans chaque situation particulière. Notons qu'il y a dans ce tableau deux portes de classe B, l'une offrant un degré de résistance au feu de 1 h et l'autre de 1 1/2 h.

Les portes d'issue doivent être munies de ferme-portes automatiques, et toute la quincaillerie doit avoir subi des essais et être approuvée pour les issues de secours. En position fermée, ces portes doivent être étanches à la fumée et aux courants d'air. Le vitrage des portes d'issue doit être en verre armé et la surface totale de verre permise est limitée en fonction du degré de résistance au feu de la porte.

Généralement, les portes tournantes, coulissantes ou basculantes ne sont pas considérées comme des portes d'issue réglementaires. Les portes à fonctionnement motorisé et les portes tournantes sont parfois permises si elles satisfont certaines exigences. Ainsi, les vantaux des portes tournantes doivent céder sous des pressions opposées et ces portes doivent avoir un diamètre d'au moins 6′-6″ (1981). Au moins une porte réglementaire doit également se trouver à moins de 10′ (3050) de la porte tournante.

Reportez-vous au chapitre 11 pour de plus amples renseignements sur les exigences relatives aux portes coupe-feu.

Résistance au feu	Classe	Type de porte	Type de cadre	Utilisation
20 min	S	En bois ou en métal à âme creuse	En bois ou en métal à âme creuse	Portes de corridor dans des cloisons offrant un degré de résistance de 1 h
3/4 h	C	En bois ou en métal à âme creuse	En métal à âme creuse	Portes de corridor et d'issue offrant un degré de résistance de 1 h
1 h	B	En métal à âme creuse	En métal à âme creuse	Escaliers dans bâtiments de faible hauteur et corridors de dégagement
1 1/2 h	B	En métal à âme creuse	En métal à âme creuse	Cages d'escaliers offrant un degré de résistance de 2 h
3 h	A	En métal à âme creuse	En métal à âme creuse	Murs offrant un degré de résistance de 3 h ou de 4 h

Tableau 18.1
Classification des portes coupe-feu

6 Escaliers d'issue

La largeur minimale d'un escalier d'issue desservant 50 personnes ou plus est de 44″ (1118), ou doit correspondre au résultat obtenu en multipliant la densité d'occupation par 0,3 ou par un autre facteur, comme nous l'avons vu précédemment. La largeur minimale d'un escalier desservant 49 personnes et moins est de 36″ (914). Les mains courantes en saillie peuvent entamer cette largeur de 3 1/2″ (89) de chaque côté (voir figure 18.7).

Les contremarches ne peuvent s'élever à moins de 4″ (102) et à plus de 7″ (178) de hauteur, alors que les marches doivent avoir au moins 11″ (279) de profondeur. Dans les escaliers répondant aux normes d'accessibilité, les contremarches ne doivent pas s'élever à plus de 7″ et la forme du

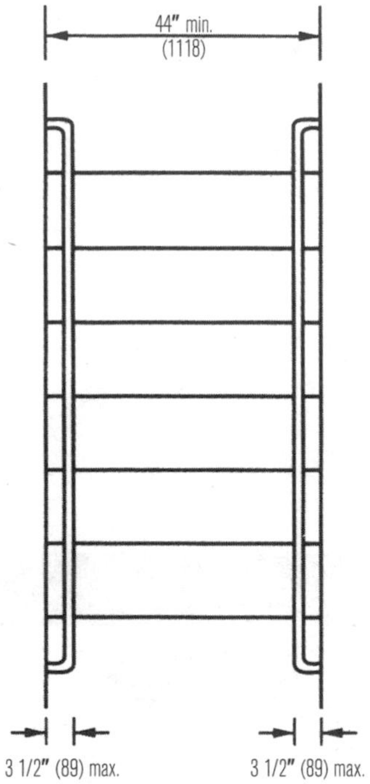

18.7
Largeur des escaliers

nez de marche est aussi réglementée (voir les indications du chapitre 19). Pour assurer qu'un escalier est réglementaire, on détermine d'abord la contremarche ou la marche nécessaire, puis on calcule l'autre dimension à l'aide de la formule présentée au chapitre 14. Pour les escaliers des immeubles résidentiels et les escaliers privés desservant moins de 10 personnes, les règles sont plus permissives : la hauteur de la contremarche peut aller jusqu'à 8" (203) et la marche doit avoir au moins 9" de profondeur. Dans l'IBC, la contremarche peut être de 7 3/4" (197) et la marche de 10" (254).

Les escaliers tournants, circulaires et à vis peuvent servir d'issues dans les usages R-3 (habitations unifamiliales et bifamiliales) ainsi que d'escaliers privés dans les usages R-1 (hôtels) uniquement s'ils satisfont à certaines exigences.

Des paliers doivent être aménagés en haut et en bas de chaque volée de marche. La dimension minimale d'un palier dans le sens de l'issue doit être au moins égale à la largeur de l'escalier, et d'au plus 44" (1118) – ou d'au plus 48" (1219) selon l'IBC s'il s'agit d'un escalier à limons droits.

Il faut prévoir des mains courantes des deux côtés de l'escalier, comme l'illustre la figure 18.9. Les escaliers dont la largeur est inférieure à 44" (1118) ou les escaliers des immeubles résidentiels peuvent être équipés d'une seule main courante. Les escaliers dont la largeur dépasse 288" (2235) doivent comporter une main courante intermédiaire pour chaque section additionnelle de 88". Le haut de la main courante doit se situer entre 34" et 38" (864 et 965) au-dessus du nez de marche et la main courante doit se prolonger d'au moins 12" (305) au-delà de la contremarche inférieure et de la même distance au-delà de la contremarche supérieure. Les extrémités de la main courante doivent se ramener vers le mur ou se terminer par un pilastre. Un pilastre est un poteau placé au début, à la fin et à chaque changement de direction d'un escalier. La main courante comme telle (la partie que l'on empoigne) doit avoir une section transversale d'au moins 1 1/2" (38) et d'au plus 2" (51). Il doit y avoir un dégagement d'au moins 1 1/2" (38) entre le mur et la main courante.

La version 2000 de l'IBC exige des mains courantes de chaque côté d'un escalier, peu importe sa largeur. Les escaliers de couloir pleine largeur, ceux des immeubles résidentiels et les escaliers à vis font exception à cette règle. Toutes les parties d'un escalier d'issue doivent se trouver à 30" ou moins d'une main courante. Cela signifie que la distance maximale entre les mains courantes est de 60" (1520) et non de 88" (2235) comme dans l'UBC.

Ajoutons, comme nous l'avons précisé au chapitre 14, que, dans l'IBC, l'escalier est défini comme une construction comportant au moins une contremarche, ce qui signifie qu'il faut prévoir une main courante même pour une marche unique, sauf pour les terrasses, les patios et les passerelles, les marches uniques aux portes d'entrée des bâtiments à usage R-3 (habitations unifamiliales et bifamiliales) et les marches uniques dans les unités d'habitation des groupes d'usages R-2 et R-3.

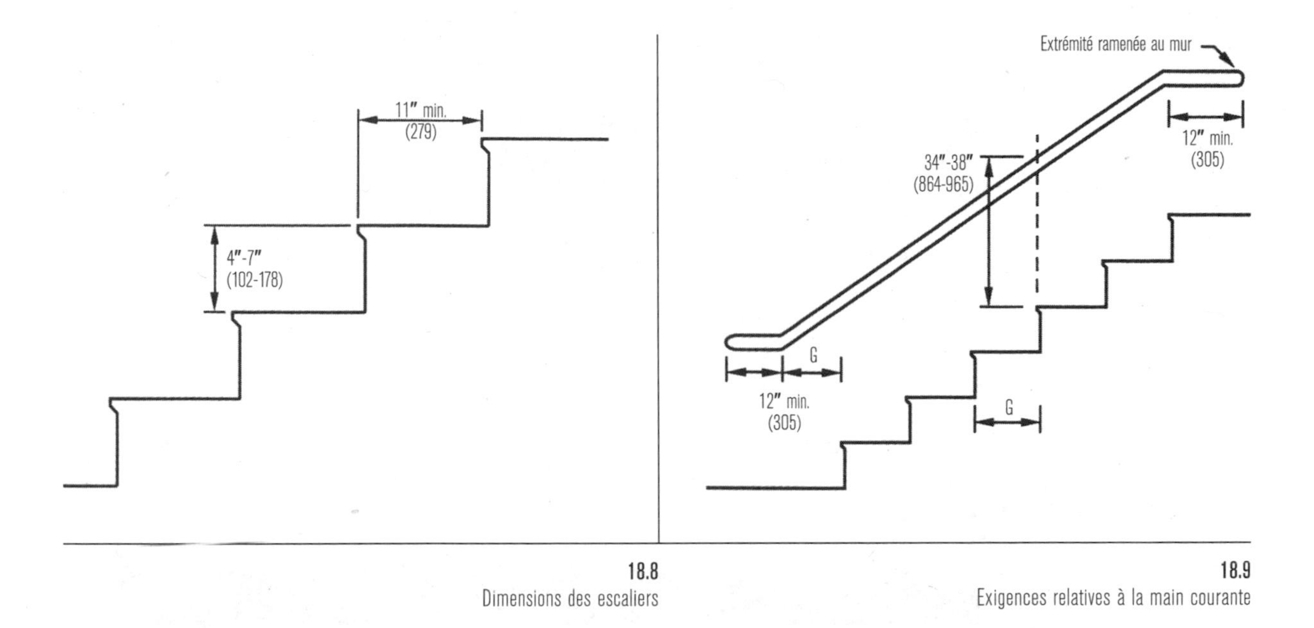

18.8
Dimensions des escaliers

18.9
Exigences relatives à la main courante

7 ISSUES RÉSIDENTIELLES

Les exigences relatives aux issues dans les immeubles d'habitation et les maisons unifamiliales ne sont pas aussi restrictives que celles qui visent les bâtiments commerciaux. Une seule issue est exigée à partir du sous-sol ou du deuxième étage d'une maison. Toutefois, les sous-sols et les chambres à coucher doivent être munis d'une fenêtre d'évacuation dont l'ouverture minimale est de 5,7 pi^2 (0,53 m^2) et dont le seuil se situe à 44" (1220) ou moins au-dessus du sol. La hauteur de passage d'une telle fenêtre doit être d'au moins 24" (610) et sa largeur de passage d'au moins 20" (608).

Contrairement à ce qui est le cas pour la plupart des bâtiments commerciaux, les issues des immeubles résidentiels et des maisons peuvent passer par les cuisines, les pièces de rangement et autres espaces similaires. Comme la densité d'occupation est inférieure à 50 personnes, les corridors peuvent être d'une largeur minimale de 36" (914), bien que dans certains cas cela soit insuffisant pour répondre aux normes de la conception sans obstacles. De plus, comme la charge d'occupation est aussi inférieure à 10 personnes, les portes peuvent s'ouvrir vers l'intérieur des pièces de façon à ne pas bloquer les corridors.

Les portes des maisons peuvent être équipées de pênes dormants ou d'autres dispositifs de verrouillage similaires, pourvu que ces derniers puissent s'ouvrir de l'intérieur sans clé ni outil et qu'ils soient installés à une hauteur maximale de 48" (1220) au-dessus du sol. Ces portes peuvent aussi être équipées de boutons plutôt que de becs-de-cane, car elles ne doivent pas nécessairement répondre aux normes de la conception sans obstacles.

QUESTIONS

1. D'après l'UBC, dans les immeubles protégés par des gicleurs d'incendie, la longueur des corridors à une seule voie d'issue est limitée à un maximum de...

   1. 10′ (3048).
   2. 20′ (6096).
   3. 40′ (12192).
   4. 50′ (15240).

2. Le tableau abrégé ci-dessous indique l'aire par occupant permise pour différents types d'usages. Calculez la densité d'occupation totale d'un restaurant situé au rez-de-chaussée qui comprend une salle à manger de 3 500 pi², une cuisine de 1 000 pi² carrés et un bar de 1 200 pi².

Utilisation	Aire par occupant
Zones de réunion, à concentration élevée (sans sièges fixes) auditoriums pistes de danse pavillons	7
Zones de réunion, à concentration moindre salles de conférence salles à manger débits de boisson salles d'exposition bars salons scènes	15
Hôtels et appartements	200
Cuisines commerciales	200
Bureaux	100
Magasins, rez-de-chaussée	30

   1. 202
   2. 318
   3. 380
   4. 410

3. En vous référant à l'UBC, vous avez calculé que les issues d'un magasin doivent avoir une largeur totale de 8′-6″. Quelle combinaison de largeurs de porte répondrait à la plupart des exigences relatives aux issues?

   1. Une porte de 36″ installée à distance de deux portes de 34″
   2. Deux portes de 32″ installées à distance d'une porte de 38″
   3. Trois portes de 36″ installées à distance les unes des autres
   4. Trois portes de 34″ installées à distance les unes des autres

4. Dans un espace de bureau de 60 000 pi² d'un seul étage, quel serait le principal souci en planification de l'espace?

   1. Les corridors à une seule issue
   2. La largeur des corridors
   3. Les issues horizontales
   4. Les distances d'évacuation

5. Une cliente vous confie le design d'une nouvelle entrée pour son bureau situé dans un ancien immeuble que l'on rénove pour le rendre conforme à la version 2000 de l'IBC. Son entrée actuelle consiste en une paire de portes en verre montées sur des pivots au sol. À quels changements doit-elle s'attendre?

   1. Des joints d'étanchéité contre la fumée devront être installés autour des portes en verre.
   2. Les portes en verre devront être remplacées par des portes pleines.
   3. L'une des portes devra être enlevée.
   4. Les pivots au sol devront être remplacés par des charnières.

6. Lequel des énoncés suivants au sujet des assemblages portes coupe-feu est *incorrect*?

   1. Ces portes peuvent être montées sur des charnières ou sur des pivots résistant au feu.
   2. Dans certaines circonstances, un ferme-porte n'est pas nécessaire.
   3. La porte et le cadre doivent porter une étiquette indiquant leur résistance au feu.
   4. La surface en verre est limitée en fonction de la résistance au feu de la porte.

7. D'après l'UBC, la largeur minimale d'un escalier exigeant une main courante des deux côtés est de...

   1. 36″ (914).
   2. 42″ (1067).
   3. 44″ (1117).
   4. 60″ (1524).

8. Les issues ne doivent *jamais* passer par...

   1. des cuisines.
   2. des entrées.
   3. des salles de réception.
   4. des halls.

9. Parmi les facteurs suivants, quel est le plus important dans le calcul du nombre d'issues exigé pour une pièce ou un espace donné?

   1. La distance entre l'issue de la pièce et l'issue de l'immeuble
   2. Les largeurs des issues
   3. L'aire par personne permise
   4. L'usage

10. Les trois parties d'un système d'évacuation sont...

    1. la voie publique, l'issue et l'accès à l'issue.
    2. l'enceinte de l'issue, le dégagement de l'issue vers l'extérieur et l'issue.
    3. le corridor, l'accès à l'issue et la voie publique.
    4. l'issue, le dégagement de l'issue vers l'extérieur et l'accès à l'issue.

11. Les issues sont toujours...

    1. protégées par une construction résistant au feu.
    2. limitées en longueur.
    3. des corridors ou des escaliers.
    4. obligatoires dans les immeubles sans gicleurs.

12. Quels sont les deux facteurs qui déterminent habituellement si une pièce ou une zone doit avoir au moins deux issues ?

    1. L'usage et la distance d'évacuation
    2. La charge d'occupation et l'usage
    3. La distance d'évacuation et la charge d'occupation
    4. Le facteur de largeur des issues et l'usage

13. Vous planifiez l'espace pour un locataire occupant un étage au complet dans un immeuble en hauteur. Quelles sont les deux choses que vous devez savoir pour déterminer la distance d'évacuation maximale ?

    1. Le type de bâtiment et la hauteur de l'immeuble
    2. La classification selon l'usage et s'il s'agit d'une issue ou d'un accès à l'issue
    3. La présence ou l'absence de gicleurs d'incendie et l'usage de l'immeuble
    4. Le type de bâtiment et la présence ou l'absence de gicleurs d'incendie

14. Lequel des énoncés suivants à propos des corridors d'issue est *incorrect* ?

    1. La construction des corridors doit les rendre résistants au feu.
    2. Les corridors font partie de l'accès à l'issue.
    3. Les corridors doivent servir uniquement à l'évacuation.
    4. Les corridors sont inclus dans le calcul de la distance d'évacuation.

19

Normes d'accessibilité et règles de conception sans obstacles

Tous les designers d'intérieur doivent se familiariser avec les règles de conception sans obstacles, qui ont pour objectif de rendre les lieux accessibles aux personnes handicapées. Ces règles constituent une facette importante de l'examen du NCIDQ. Dans la partie objective de l'examen, vous aurez à démontrer vos connaissances des normes et exigences de la conception sans obstacles et, dans la partie pratique, votre aptitude à appliquer la réglementation. Aux États-Unis, de nombreux codes modèles et lois fédérales ou d'État définissent les exigences relatives à l'accessibilité. Ces codes présentent entre eux certaines différences, mais la réglementation établie par la loi intitulée *Americans with Disabilities Act* ou ADA (Loi sur les citoyens américains handicapés) a aujourd'hui préséance. Cette loi fédérale exige notamment que tous les établissements commerciaux et publics soient accessibles aux personnes ayant un handicap physique ou sensoriel. Même si l'ADA n'est pas un code du bâtiment national et même si son application ne fait pas l'objet d'inspections, les propriétaires de bâtiments et d'immeubles doivent la respecter, sans quoi ils s'exposent à des poursuites. De la même façon, les designers d'intérieur sont tenus de concevoir des aménagements qui respectent les exigences de l'ADA.

L'ADA est une loi complexe en quatre parties qui porte sur les droits de la personne. La partie III, *Public Accommodations and Commercial Facilities* (Installations publiques et établissements commerciaux), est celle qui touche le plus les designers d'intérieur. Les normes en matière de conception et de design se trouvent principalement dans les *ADA Accessibility Guidelines* ou ADAAG (Directives en matière d'accessibilité de l'ADA), qui constituent l'annexe A de 28 CFR 36, règlement du *Code of Federal Regulations* qui met en œuvre la partie III de la loi. Lorsque les designers d'intérieur mentionnent l'ADA, ils font habituellement référence aux règles de conception contenues dans l'ADAAG.

D'autres lois et réglementations locales et fédérales portent aussi sur l'accessibilité. Ainsi, l'ADA ne couvre pas les résidences unifamiliales ni les logements collectifs. Aux États-Unis, les logements collectifs sont principalement régis par la loi fédérale intitulée *Fair Housing Act* et par les lois de plusieurs États. Dans certains cas, les *Uniform Federal Accessibility Standards* (Normes fédérales uniformisées d'accessibilité) s'appliquent aux immeubles fédéraux. Bien que toutes ces réglementations présentent des différences, elles suivent la plupart des règles établies dans la norme ICC/ANSI A117.1-1998, *Accessible and Usable Buildings and Facilities* (Établissements et installations accessibles et utilisables). Au Canada, les exigences minimales en matière d'accessibilité sont énoncées dans la norme CAN/CSA B651-95 à laquelle se réfèrent certains codes et pouvoirs de réglementation. Cette norme contient des directives très semblables à celles qui sont expliquées dans le présent chapitre.

Les différences entre ces diverses normes tiennent principalement à leur portée et à certains autres détails. Les dispositions relatives à la portée dictent le nombre d'éléments accessibles à fournir. Elles indiquent par exemple au designer d'intérieur le nombre de places qui doivent être accessibles aux fauteuils roulants dans un restaurant ou encore le nombre d'unités qui doivent répondre aux normes d'accessibilité dans un complexe d'habitation.

Les normes dont il est question dans ce chapitre comprennent les exigences minimales d'accessibilité ayant trait au design d'intérieur et définies par la norme ICC/ANSI. Le chapitre met l'accent sur celles qui risquent le plus de faire l'objet de l'examen du NCIDQ. Ici encore, l'examen teste votre compréhension des grands principes de base de l'accès aux personnes à mobilité réduite et des règles et normes les plus courantes.

1 PARCOURS SANS OBSTACLES

Un *parcours sans obstacles* est une voie continue et sans obstacles reliant tous les éléments et espaces accessibles dans un établissement ou une installation. Il comprend les corridors, les embrasures de porte, les sols, les rampes, les ascenseurs et les aires de plancher libres autour des appareils sanitaires. Les normes relatives au parcours sans obstacles sont essentiellement conçues en fonction des personnes en fauteuil roulant, mais elles doivent aussi répondre aux besoins des personnes ayant d'autres limitations physiques ou sensorielles.

Les parcours sans obstacles et autres dégagements sont établis d'après certaines dimensions nécessaires aux fauteuils roulants qu'il est important de connaître. La largeur libre minimale de passage pour un fauteuil roulant est de 36″ (915) en continu et de 32″ (815) à un point de passage comme une embrasure de porte. Le point de passage ne doit pas mesurer plus de 24″ (610) en longueur. La largeur minimale de passage pour deux fauteuils roulants est de 60″ (1525). Dans le cas d'un parcours sans obstacles dont la largeur est inférieure à 60″, il faut prévoir des espaces de passage mesurant au moins 60″ x 60″ à des distances d'au plus 200′ (61 m). Ces exigences sont illustrées à la figure 19.1.

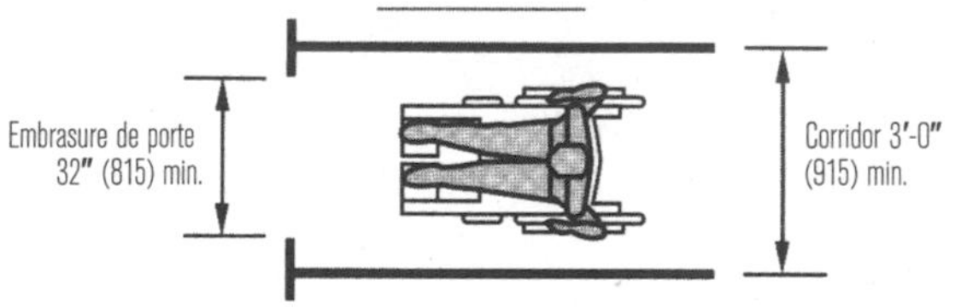

Embrasure de porte 32″ (815) min.
Corridor 3′-0″ (915) min.

Dégagements des corridors et des portes

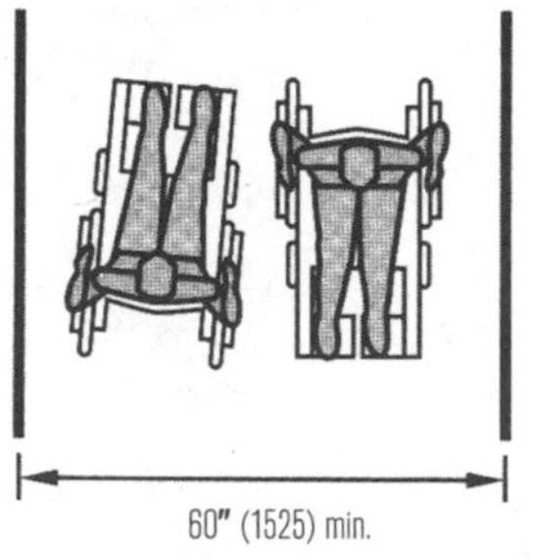

60″ (1525) min.

Largeur libre minimale pour deux fauteuils roulants

19.1
Dégagements pour les fauteuils roulants

L'aire de plancher libre nécessaire pour un fauteuil roulant immobile est de 30"x 48" (760 x 1220). Pour manœuvrer, un fauteuil roulant a besoin d'un diamètre libre d'au moins 60" (1525) permettant de faire un virage à 180 degrés. Cette aire de manœuvre peut aussi avoir la forme d'un T, comme le montre la figure 19.2. Un designer planifiant une salle de toilettes doit s'assurer de prévoir ce diamètre libre de 60" (1525). La figure 19.3 indique les dimensions minimales pour les virages dans les corridors et autour des obstacles.

Un parcours sans obstacles peut avoir une pente d'au plus 1:20 (soit une élévation de 1" pour chaque distance de 20"). Les ouvrages ayant une pente plus prononcée sont classés comme des rampes et doivent être conformes aux exigences présentées plus loin dans ce chapitre.

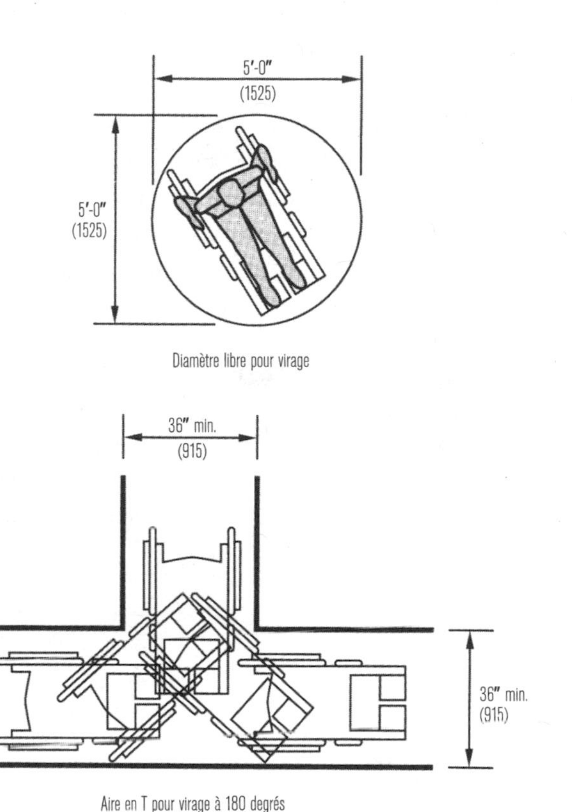

19.2
Aires de manœuvre

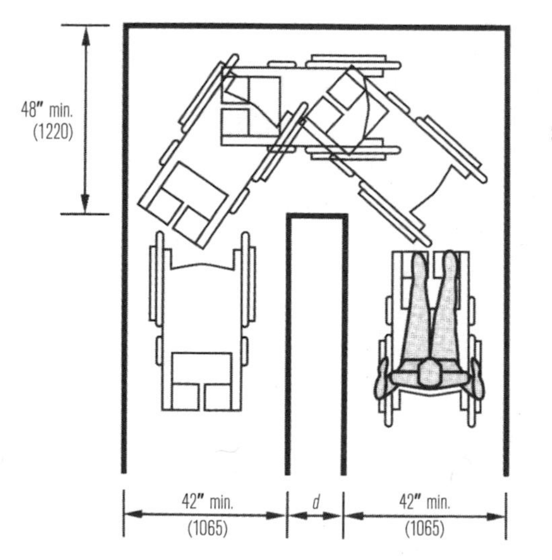

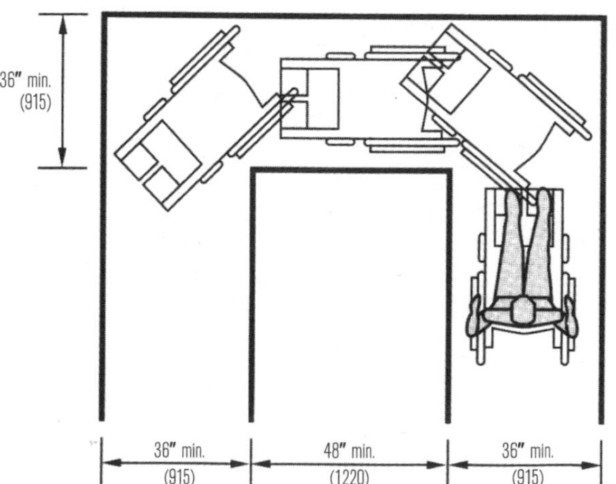

19.3
Virages dans des corridors ou autour d'obstacles

② Embrasures de porte

Les portes doivent présenter une largeur libre d'au moins 32″ (815) lorsque la porte est ouverte à 90 degrés. La profondeur maximale d'une embrasure de porte ayant 32″ de largeur est de 24″ (610). Si la profondeur de l'embrasure de porte excède 24″, il faut accroître la largeur de la porte à 36″ (915). Voir la figure 19.4.

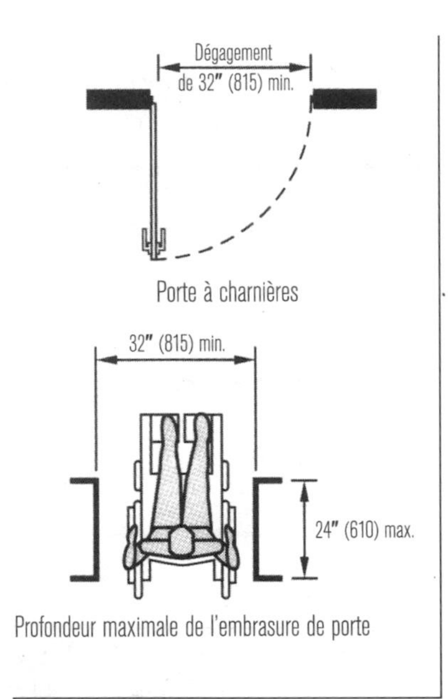

19.4
Dégagements des embrasures de porte

Il faut prévoir une aire de manœuvre devant toute porte battante standard pour qu'il soit facile d'en utiliser le mécanisme d'ouverture et qu'il y ait la place pour ouvrir la porte. La figure 19.5 montre les dégagements pour les portes uniques et la figure 19.6, l'espace minimal pour deux portes en série. Notez le dégagement de 48″ (1220) exigé. Si le dégagement est insuffisant, la porte doit être dotée d'un mécanisme d'ouverture assistée ou automatique.

Les règles en matière d'accessibilité imposent également certaines exigences touchant la quincaillerie des portes. Les seuils ne doivent pas dépasser une hauteur de 1/2″ (13) et doivent être biseautés, mais ne doivent pas présenter une pente supérieure à 1:2. Les becs-de-cane, barres de poussée et poignées en U ou autres mécanismes d'ouverture doivent être faciles à saisir. Les poignées de porte standards (boutons) ne sont pas autorisées. Les ferme-portes doivent être réglés de façon à ralentir la fermeture de la porte. La force nécessaire pour pousser ou tirer en position ouverte une porte intérieure à charnières ne doit pas dépasser 5 livres-pieds. Les portes à fonctionnement motorisé peuvent aussi être utilisées.

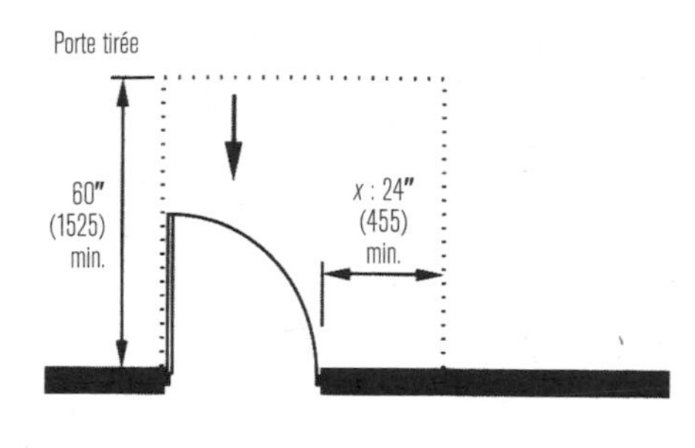

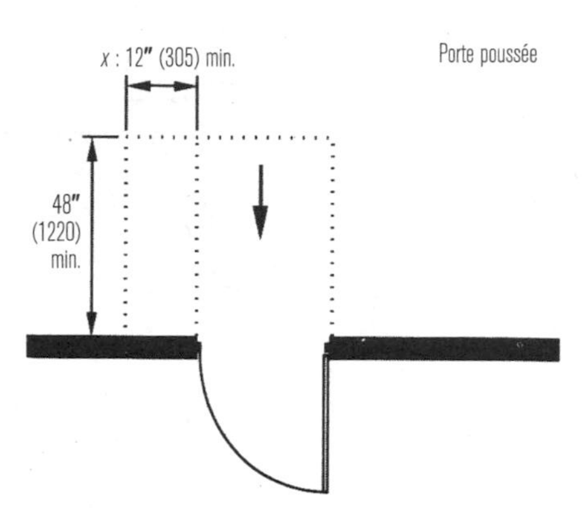

Accès frontal – portes battantes

N.B. : $x = 12"$ (305) si la porte est dotée d'un loquet et d'un ferme-porte

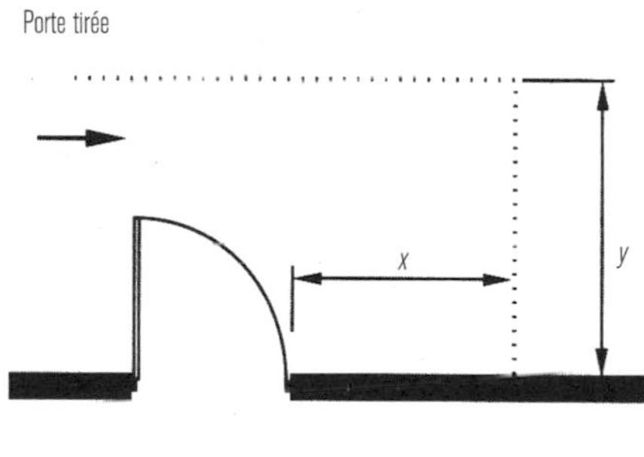

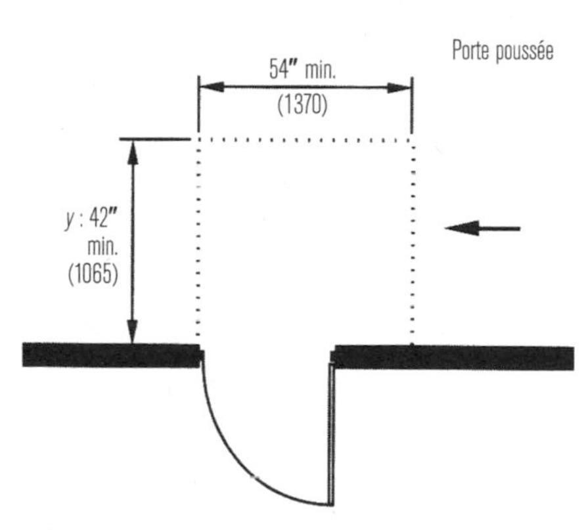

N.B. : $x = 36"$ (915) min. si $y = 60"$ (1525);
$x = 42"$ (1065) min. si $y = 54"$ (1370)

Accès latéral côté charnières – portes battantes

N.B. : $y = 48"$ (1220) min. si la porte est dotée d'un loquet et d'un ferme-porte

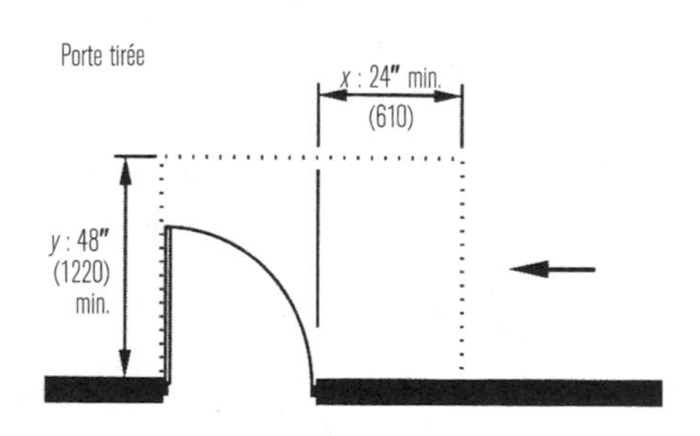

N.B. : $y = 54"$ (1370) min. si la porte est dotée d'un ferme-porte

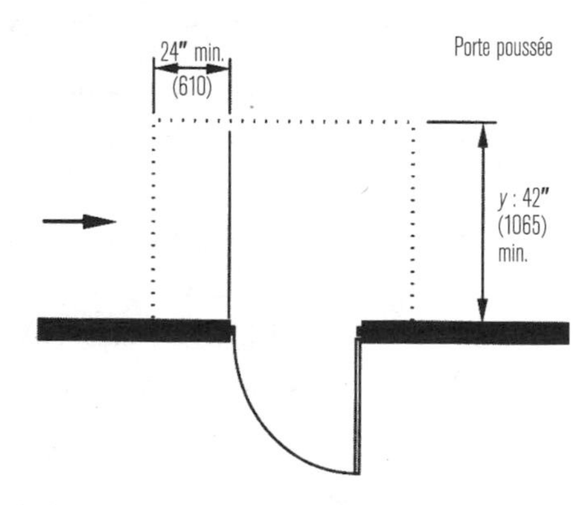

Accès latéral côté loquet – portes battantes

N.B. : $y = 48"$ (1220) min. si la porte est dotée d'un ferme-porte

19.5
Aires de manœuvre autour des portes

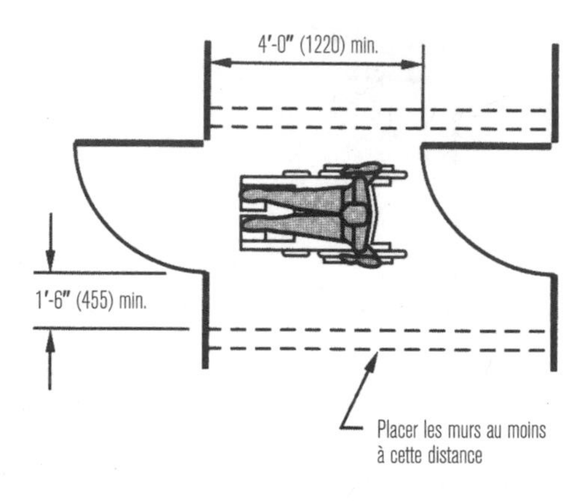

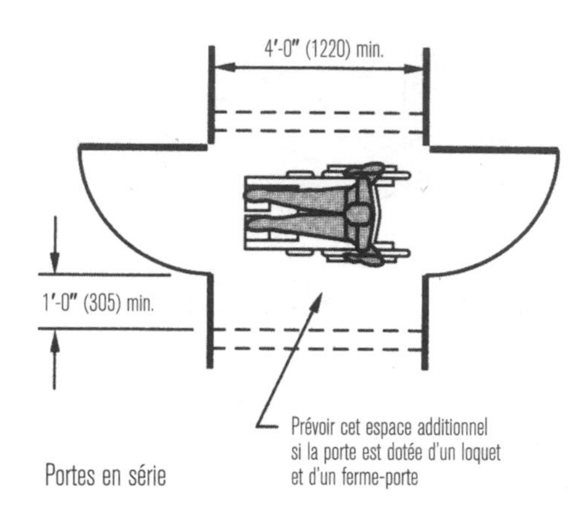

Portes en série

19.6
Dégagements pour deux portes

❸ Appareils sanitaires et toilettes

La norme ICC/ANSI A117.1-1998 édicte les règles de conception des composantes des toilettes ainsi que de divers éléments comme les fontaines, les baignoires et les douches. Comme nous l'avons mentionné dans la section 1, il doit y avoir dans les toilettes un diamètre libre minimal de 5' (1525). Il est important de signaler que l'aire de plancher libre autour des appareils sanitaires et des dispositifs de commande et l'aire de manœuvre peuvent se chevaucher.

Ⓐ Cabines de toilettes

Plusieurs aménagements sont possibles pour les cabines de toilettes. La figure 19. 7 illustre les dégagements minimaux pour deux aménagements types. D'autres solutions sont également acceptables, comme le montre la figure 19.8. Dans les deux cas, la profondeur exigée varie selon qu'on utilise des sanitaires montés au mur ou fixés au sol. Dans la plupart des cas, la porte doit offrir une ouverture minimale de 32" (815) et doit s'ouvrir vers l'extérieur, et non vers l'intérieur de la cabine. Les illustrations montrent également les barres d'appui qui doivent être installées à une hauteur variant entre 33" et 36" (840 et 915) au-dessus du sol.

Si l'appareil sanitaire n'est pas installé dans une cabine, son axe central doit quand même se trouver à 18" (455) d'un mur contigu doté de barres d'appui. La figure 19.9 illustre l'espace qui doit demeurer libre à l'avant et sur le côté de l'appareil. Notez bien que la distance doit être de 18" (455) entre l'axe central de l'appareil et le mur adjacent ainsi que le bord d'un lavabo. Ce détail peut être important dans la partie pratique de l'examen.

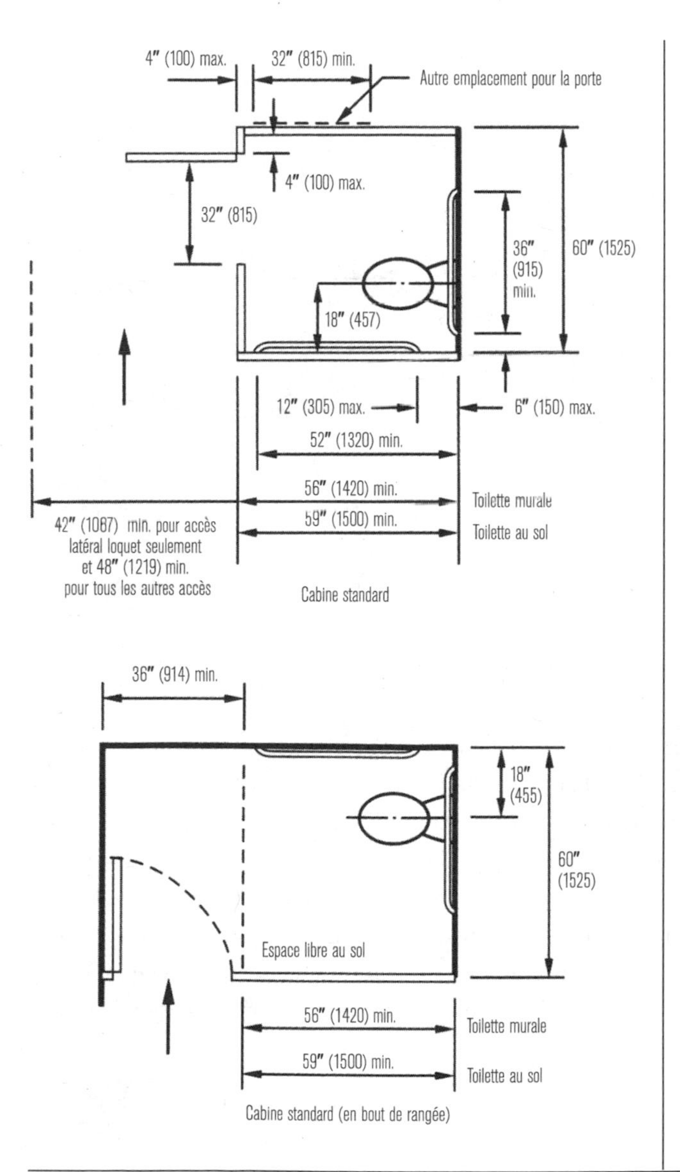

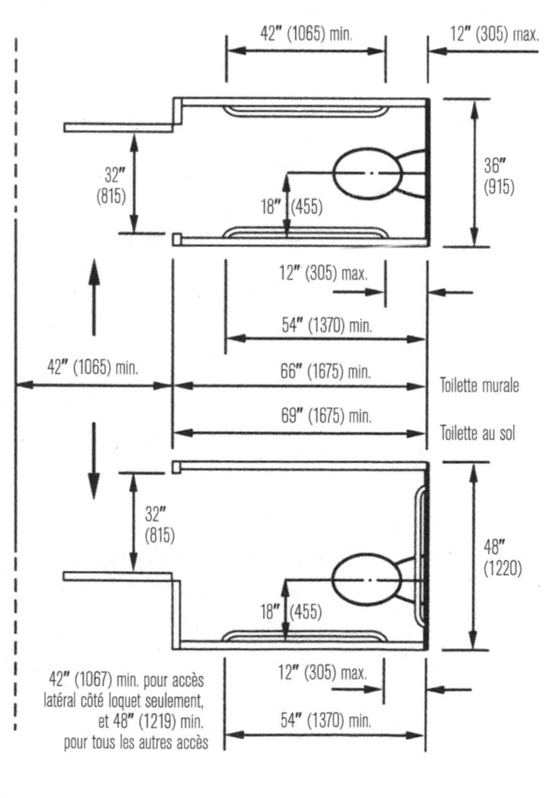

19.7
Dimensions des cabines de toilettes accessibles – solution A

19.8
Dimensions des cabines de toilettes accessibles – solution B

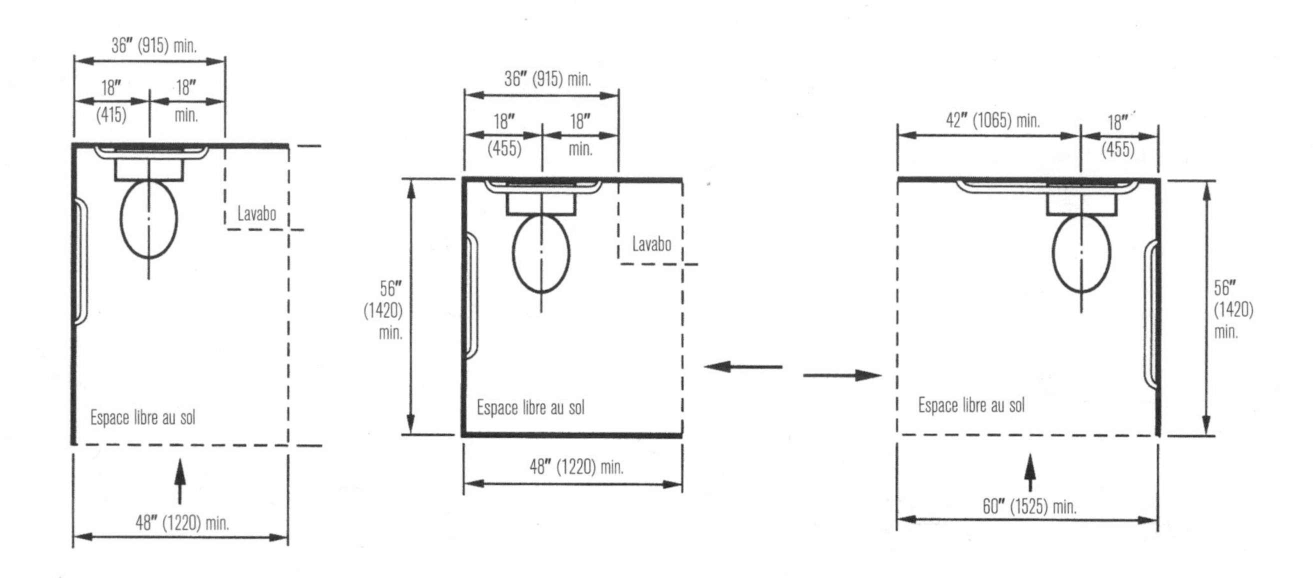

19.9
Espace libre au sol dans les toilettes

Ⓑ Urinoirs

Les urinoirs doivent être installés au mur ou en cabine et doivent avoir un bord allongé placé à au plus 17" (430) au-dessus du sol. Il faut laisser une aire de plancher libre de 30" x 48" (760 x 1220) à l'avant de l'urinoir, cet espace pouvant jouxter ou chevaucher le parcours sans obstacles.

Ⓒ Lavabos

Un lavabo accessible doit permettre à une personne en fauteuil roulant de s'avancer sous la cuve et de manœuvrer facilement les robinets. Les dimensions réglementaires sont illustrées à la figure 19.10. Il est à noter qu'en raison des dégagements exigés, les lavabos muraux sont ceux qui conviennent le mieux aux règles d'accessibilité. Si les canalisations sont exposées sous le lavabo, elles doivent être isolées ou protégées d'une façon quelconque et le dessous de la cuve ne doit comporter aucune surface rugueuse ou pointue. Les robinets doivent être faciles à saisir d'une seule main et ne nécessiter aucun effort de la main ou des doigts ni aucune rotation du poignet. Les robinets à levier, à bouton-poussoir ou à commande automatique sont tous des choix possibles.

Les miroirs doivent être installés de façon que le bord inférieur de la surface réfléchissante se trouve à au plus 40" (1015) au-dessus du sol.

Ⓓ Fontaines

La figure 19.11 illustre les exigences pour les fontaines d'accès frontal. Dans le cas d'une fontaine sur pied ou encastrée sous laquelle il n'y a pas d'espace libre, il faut prévoir une aire de plancher libre d'au moins 30" x 48" (760 x 1220) devant la fontaine pour permettre à une personne en fauteuil roulant de s'en approcher en parallèle.

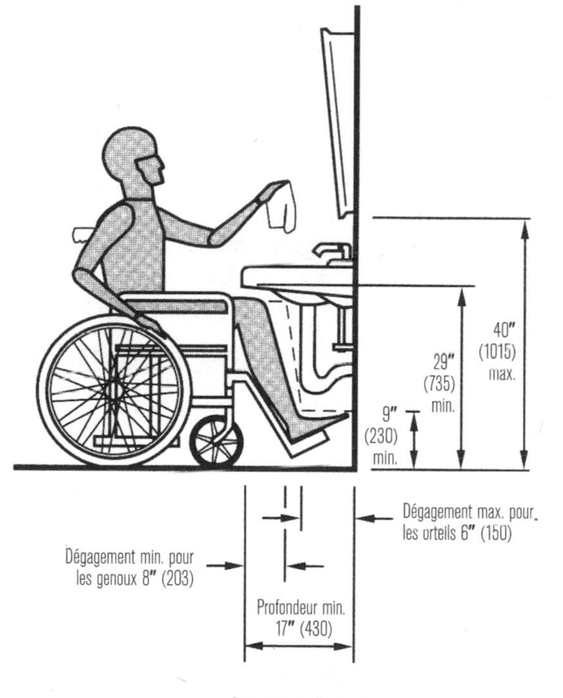

Dégagements d'un lavabo

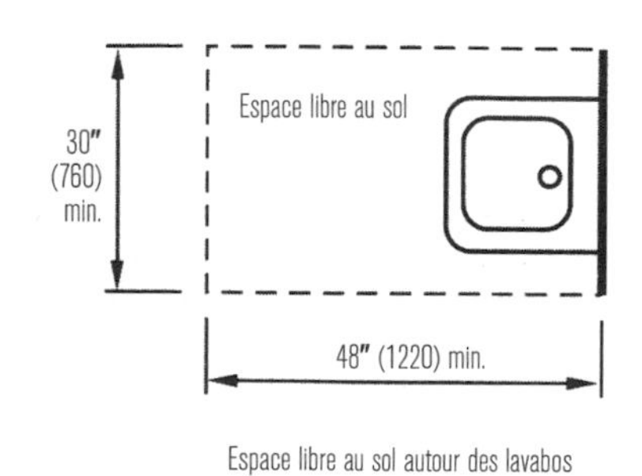

Espace libre au sol autour des lavabos

17"-19"
(430-485)
36"
(915)
max.
27"
(685)
min
9"
(230)
min.
6" (150) max.
8" (205) min.

Hauteur du bec et dégagement pour les genoux

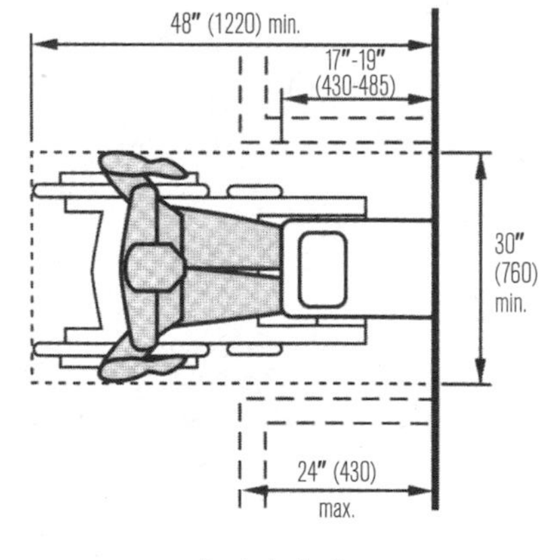

Aire de plancher libre

19.10
Accès aux lavabos

19.11
Accès aux fontaines

Ⓔ Baignoires

La disposition des baignoires doit être configurée selon les indications de la figure 19.12. Les baignoires doivent comporter un siège à l'intérieur ou à l'extérieur de la baignoire comme le montrent les dessins. La figure 19.13 indique l'emplacement des barres d'appui. Si la baignoire est fermée par des portes, celles-ci ne doivent entraver ni l'accès aux commandes, ni le transfert entre un fauteuil roulant et le siège intégré dans la baignoire. Les rails de telles portes ne doivent pas être montés sur le bord de la baignoire.

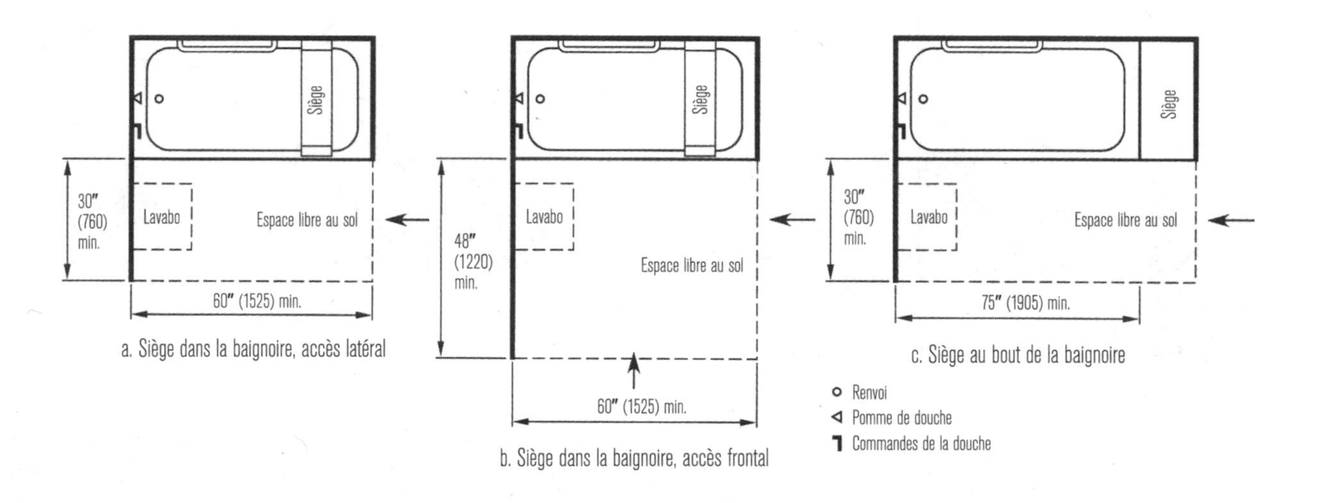

19.12
Espace libre au sol autour des baignoires

Ⓕ Douches

Les cabines de douche peuvent être disposées selon deux configurations de base illustrées à la figure 19.14. Dans les établissements qui offrent des chambres ou des suites accessibles, l'ADA ou le *Fair Housing Act* précise le nombre minimal de chambres devant être équipées de douches accessibles. Les cabines de petites dimensions doivent comporter un siège et les cabines de grandes dimensions doivent être équipées d'un siège articulé à défaut d'un siège permanent. Des barres d'appui doivent être installées à une hauteur variant entre 33" et 36" (840 et 915) au-dessus du sol.

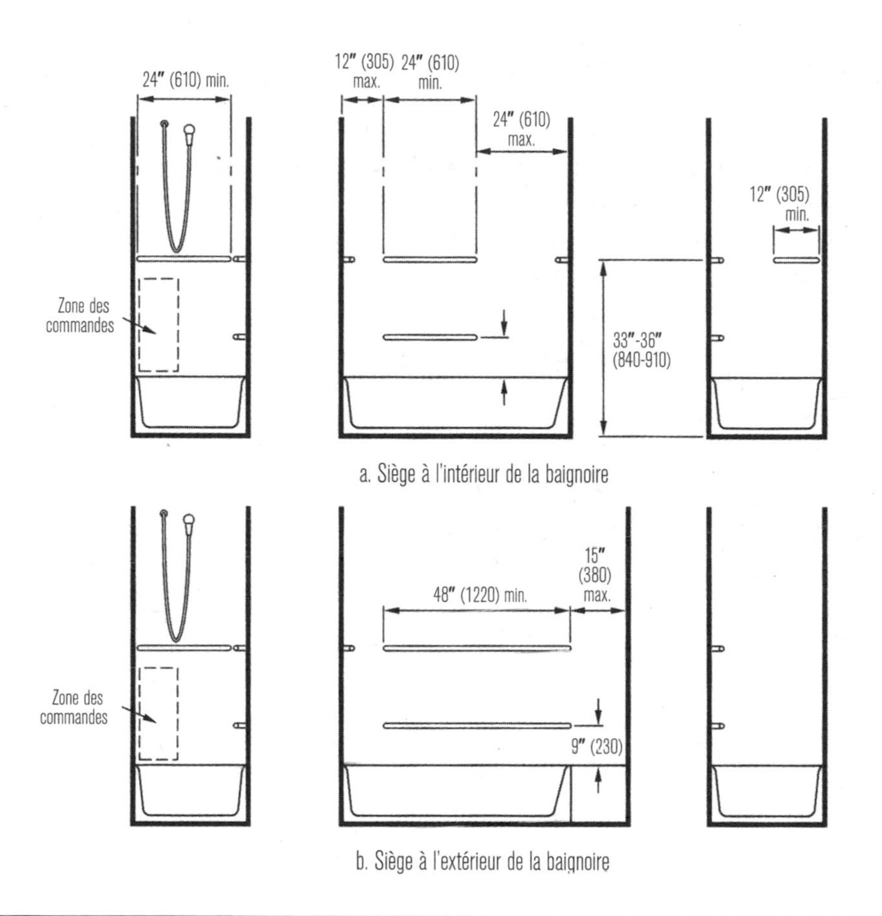

a. Siège à l'intérieur de la baignoire

b. Siège à l'extérieur de la baignoire

19.13
Barres d'appui dans les baignoires

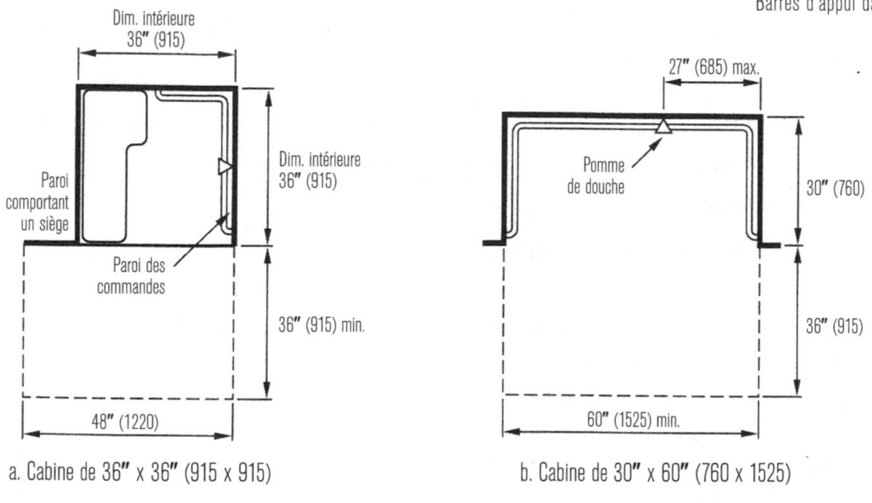

a. Cabine de 36" x 36" (915 x 915)

b. Cabine de 30" x 60" (760 x 1525)

19.14
Cabines de douche accessibles

❹ Revêtements de sols

Les sols doivent offrir une surface ferme, stable et antidérapante. Toute variation du niveau du sol doit être conforme à certaines exigences. Ainsi, une dénivellation inférieure à 1/4″ (6) peut être verticale et ne requiert aucun traitement de la bordure. Une dénivellation comprise entre 1/4″ et 1/2″ (6 et 13) doit être biseautée pour former une pente d'au plus 1:2 (1/2″ d'élévation nécessitant 1″ pouce en longueur, par exemple). Une dénivellation supérieure à 1/2″ (13) exige la construction d'une rampe conforme aux exigences indiquées à la section suivante.

Les moquettes doivent reposer sur le sol ou sur un coussin, une thibaude ou une sous-couche ferme. Elles peuvent être en velours bouclé uni, bouclé texturé, coupé uni ou coupé-bouclé, l'épaisseur du velours étant de 1/2″ (13) au maximum. Les moquettes doivent être fixées solidement au sol et toute bordure doit être finie.

❺ Rampes et escaliers

Les rampes assurent une transition en douceur entre deux niveaux pour les personnes en fauteuil roulant et celles dont la mobilité est réduite. En général, la pente doit être aussi faible que possible et elle ne doit en aucun cas dépasser un rapport de 1:12 (c'est-à-dire 1″ d'élévation pour 12″ en longueur). La hauteur maximale d'une rampe est limitée à 30″ (760). Si la dénivellation dépasse cette limite, il faut prévoir un palier entre deux sections de rampe. Dans certains cas, lorsqu'il n'est pas possible d'aménager une pente de 1:12 pour satisfaire aux exigences d'évacuation, une pente de 1:10 est autorisée si la hauteur maximale ne dépasse pas 6″ (150). Une pente de 1:8 est autorisée si la hauteur maximale ne dépasse pas 3″ (75).

La largeur libre minimale d'une rampe est de 36″ (915) et le palier doit être au moins aussi large que la rampe la plus large qui y mène. Le palier doit avoir au moins 60″ (1525) de longueur. Si la rampe change de direction au palier, celui-ci doit former un carré d'au moins 60″ (1525) de côté.

Une rampe dont la hauteur est supérieure à 6″ (150) ou dont la longueur dépasse 72″ (183) doit comporter une main courante de chaque côté. La face supérieure de cette main courante doit se situer entre 34″ et 38″ (865 à 965) au-dessus de la surface de la rampe. Ces mains courantes doivent se prolonger d'au moins 12″ (305) aux extrémités supérieure et inférieure. La main courante comme telle (la partie que l'on empoigne) doit présenter une section transversale circulaire d'au moins 1 1/4″ et d'au plus 1 1/2″ (32 à 38).

La norme ANSI précise également que les escaliers d'issue et ceux qui relient des étages non desservis par un ascenseur doivent être conçus conformément à certaines normes définissant la configuration des marches, des contremarches, des nez de marche et des mains courantes. La hauteur maximale des contremarches est de 7" (180) et les marches doivent mesurer au moins 11" (280) de profondeur d'une contremarche à l'autre comme l'illustre la figure 19.15. Les contremarches ouvertes (ou ajourées) ne sont pas autorisées. Le dessous du nez de marche ne doit pas être abrupt et doit correspondre à l'un des modèles illustrés à la figure 19.16.

Les mains courantes des escaliers doivent être continues de chaque côté. La main courante intérieure des escaliers en U doit toujours être continue même quand elle change de direction. Les autres mains courantes doivent se prolonger au-delà des contremarches supérieure et inférieure comme le montre la figure 19.17. La face supérieure de la surface de préhension doit se situer entre 34" et 38" (865 et 965) au-dessus des nez de marche. La main courante comme telle doit offrir une section transversale circulaire ou longitudinale de 1 1/4" à 1 1/2" (32 à 38). Un dégagement d'au moins 1 1/2" (38) doit être laissé entre la main courante et le mur. Lorsqu'un escalier d'issue fait partie d'un parcours sans obstacles dans un bâtiment non protégé par des gicleurs d'incendie (excluant les résidences), les mains courantes doivent être espacées d'au moins 48" (1220).

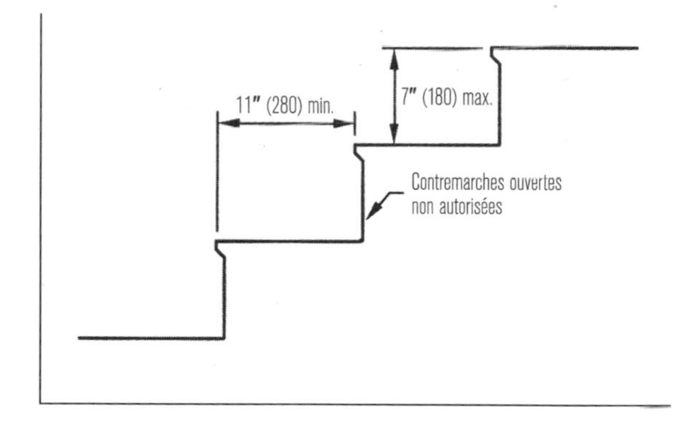

19.15
Règles de conception des escaliers

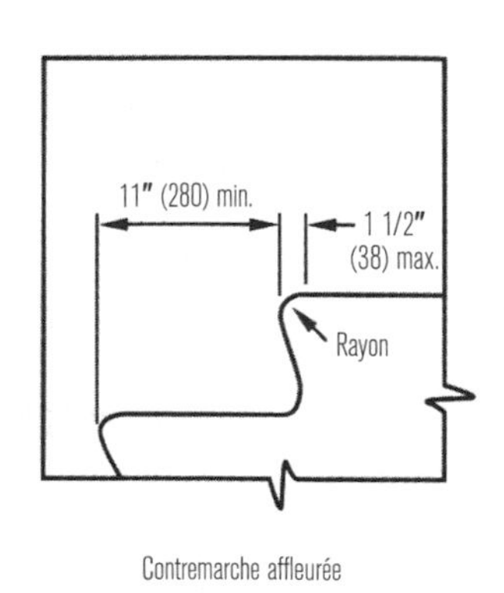

Contremarche affleurée

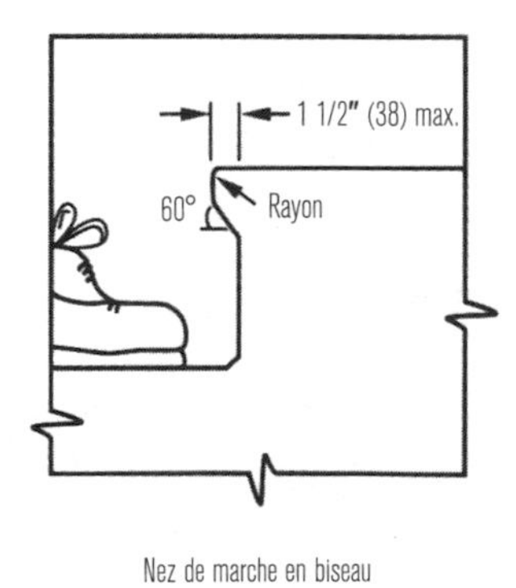

Nez de marche en biseau

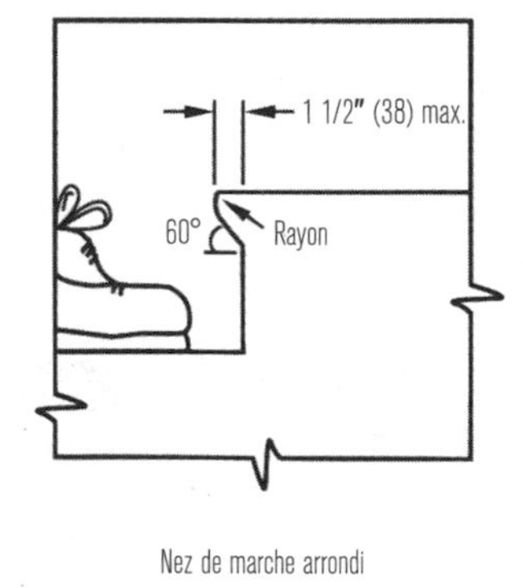

Nez de marche arrondi

19.16
Exigences relatives aux nez de marche

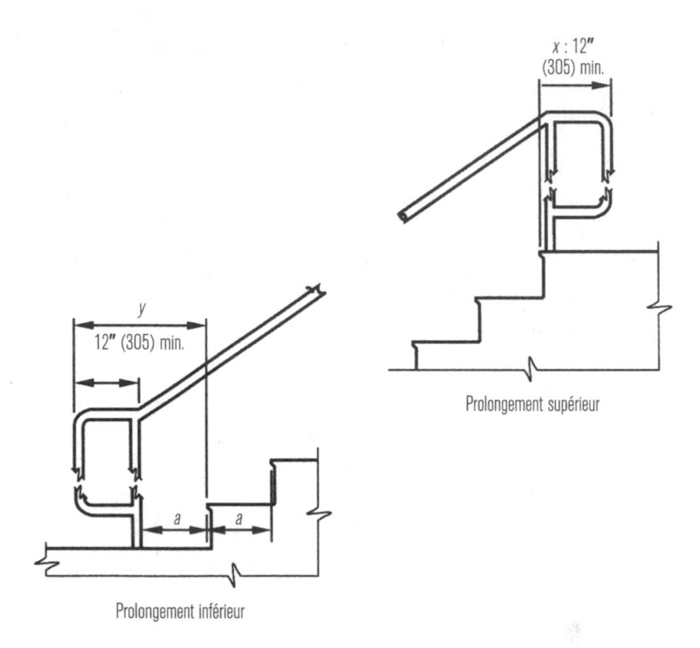

19.17
Conception des mains courantes

❻ Objets en saillie

Certaines restrictions s'appliquent aux objets et éléments de construction qui font saillie dans les corridors et autres circulations car ils présentent un danger pour les malvoyants. Ces restrictions, illustrées à la figure 19.18, répondent aux besoins des personnes ayant un handicap visuel sévère et utilisant une canne. Comme les objets en saillie dont le bord inférieur se trouve à moins de 27" (685) du sol peuvent être facilement détectés par une personne utilisant une canne, il n'y a pas de limite à la profondeur de la saillie pour ces objets.

Dans toute situation, un objet ou un élément en saillie ne doit jamais réduire la largeur libre exigée pour un parcours sans obstacles ou une aire de manœuvre. De plus, si une zone adjacente à un parcours sans obstacles présente un dégagement vertical de moins de moins de 80" (2030), il est nécessaire de prévoir un garde-corps ou une barrière quelconque.

❼ Avertissements tactiles

Il faut prévoir des surfaces tactiles dans les zones de circulation se trouvant devant des escaliers, avant les zones dangereuses où il y a circulation de véhicules et devant tout autre endroit ne comportant pas de garde-corps ou autre avertissement, mais pouvant être dangereux. Ces surfaces doivent être en béton aggloméré apparent, en caoutchouc ou en plastique coussiné, striées ou rainurées. Dans tous les cas, la texture doit contraster avec celle de la surface adjacente.

Ajoutons que toute porte donnant sur une zone pouvant présenter un danger pour une personne malvoyante, comme un quai de chargement, une salle des chaudières ou une scène. doit aussi être équipée d'une poignée de porte à surface tactile.

En 2002, les dispositions de l'ADA relatives aux avertissements tactiles étaient temporairement suspendues sous réserve d'un examen plus approfondi. Il faut donc vérifier les codes locaux ou les autres réglementations du gouvernement fédéral ou des États pour déterminer les règles qui s'appliquent à un projet de design en particulier.

8 SIGNALISATION ET ALARMES

Il est essentiel de prévoir une signalisation d'urgence et d'orientation tactile pour les personnes malvoyantes. Les ascenseurs doivent aussi comporter une signalisation. L'ADA exige que certaines pièces et installations accessibles soient clairement signalées par le symbole d'accessibilité et que les panneaux de signalisation, d'orientation et d'information soient conformes à certaines spécifications.

Les pièces et espaces permanents doivent être signalés par des panneaux dont le lettrage en relief mesure entre 5/8" et 2" (16 et 51) de hauteur et fait saillie de 1/32" (0,8) par rapport à la surface du panneau. Le lettrage doit être en haut de casse, dans une police de caractères sans empattement ou à empattement simple et accompagné de braille abrégé. Les pictogrammes doivent mesurer au moins 6" (152) de hauteur et doivent être accompagnés d'une description textuelle figurant sous l'image. Les panneaux doivent avoir un fini mat satiné ou non réfléchissant, et les caractères et symboles doivent contraster avec le fond. Les panneaux de signalisation permanents doivent être montés sur le mur adjacent au côté loquet des portes de façon qu'une personne puisse s'approcher à 3" (75) d'un panneau sans se trouver dans la zone de battement d'une porte et sans que son trajet ait été

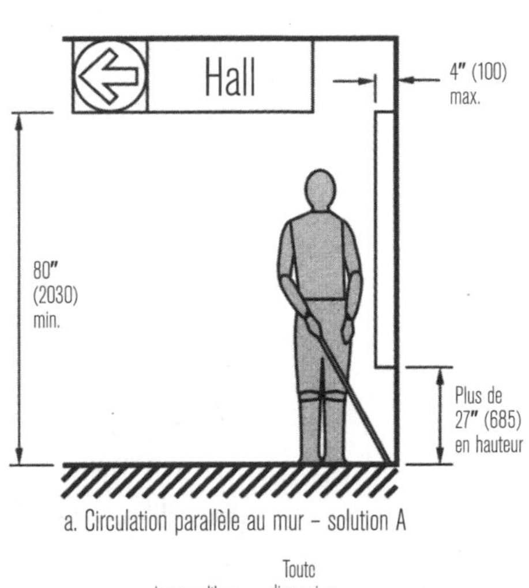

a. Circulation parallèle au mur – solution A

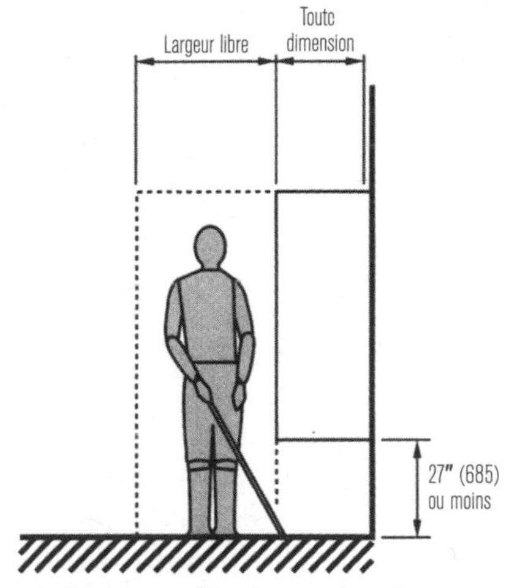

b. Circulation parallèle au mur – solution B

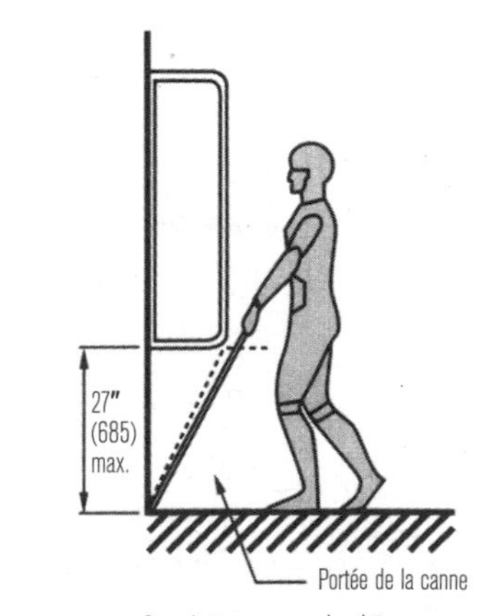

c. Circulation perpendiculaire au mur

19.18
Exigences relatives aux objets en saillie

obstrué par des objets en saillie. L'axe central du panneau doit être placé à 60″ (1525) du sol. S'il n'y a pas d'espace mural du côté loquet d'une porte ou s'il s'agit d'une porte à deux battants, le panneau doit être placé sur le mur adjacent le plus près.

Les panneaux d'orientation et d'information doivent comporter un lettrage mesurant au moins 3″ (75) de hauteur (mesurée selon le X majuscule) dans un rapport largeur-hauteur variant entre 3:5 et 1:1. Le rapport largeur-hauteur des segments de caractères doit se situer entre 1:5 et 1:10. Les exigences relatives au contraste et au fini sont les mêmes que pour la signalisation permanente.

Le symbole international d'accessibilité doit désigner les places de stationnement, les aires d'embarquement des passagers, les entrées accessibles ainsi que les salles de toilettes et de bain accessibles, pour les distinguer de celles qui le ne sont pas. Ces exigences ne s'appliquent ni aux tableaux indicateurs des immeubles ni aux panneaux de signalisation temporaires.

Les systèmes d'alarme doivent donner une alarme à la fois visuelle et sonore. Les alarmes sonores doivent produire un son dépassant d'au moins 15 décibels le niveau de bruit ambiant dans la pièce. Quant aux alarmes visuelles, elles doivent être constituées de lumières clignotantes dont la fréquence de clignotement est d'environ un cycle par seconde.

9 Téléphones

S'il y a des téléphones publics, au moins un appareil par étage doit être conforme aux exigences de l'ADA, illustrées à la figure 19.19. S'il y a deux îlots de téléphones ou plus, chaque îlot doit comporter au moins un téléphone réglementaire. Dans un bâtiment où il y a quatre téléphones publics payants ou plus, il doit y avoir au moins un appareil public de télécommunications pour sourds (ATS) ou malentendants situé à l'intérieur.

Les téléphones accessibles peuvent être conçus pour un accès frontal ou latéral. La figure 19.19 montre les dimensions nécessaires pour ces deux types de téléphones. Dans les deux cas, il faut prévoir une aire de plancher libre d'au moins 30″ x 48″. Les téléphones doivent comporter un clavier à boutons et les annuaires téléphoniques doivent se trouver à portée d'une personne en fauteuil roulant.

L'emplacement des ATS doit être indiqué par un panneau international et les téléphones à volume réglable doivent être désignés par un panneau montrant un combiné téléphonique et des ondes sonores. Dans les zones de réunion, des systèmes permanents de sonorisation assistée doivent porter le symbole international d'accès pour les malentendants.

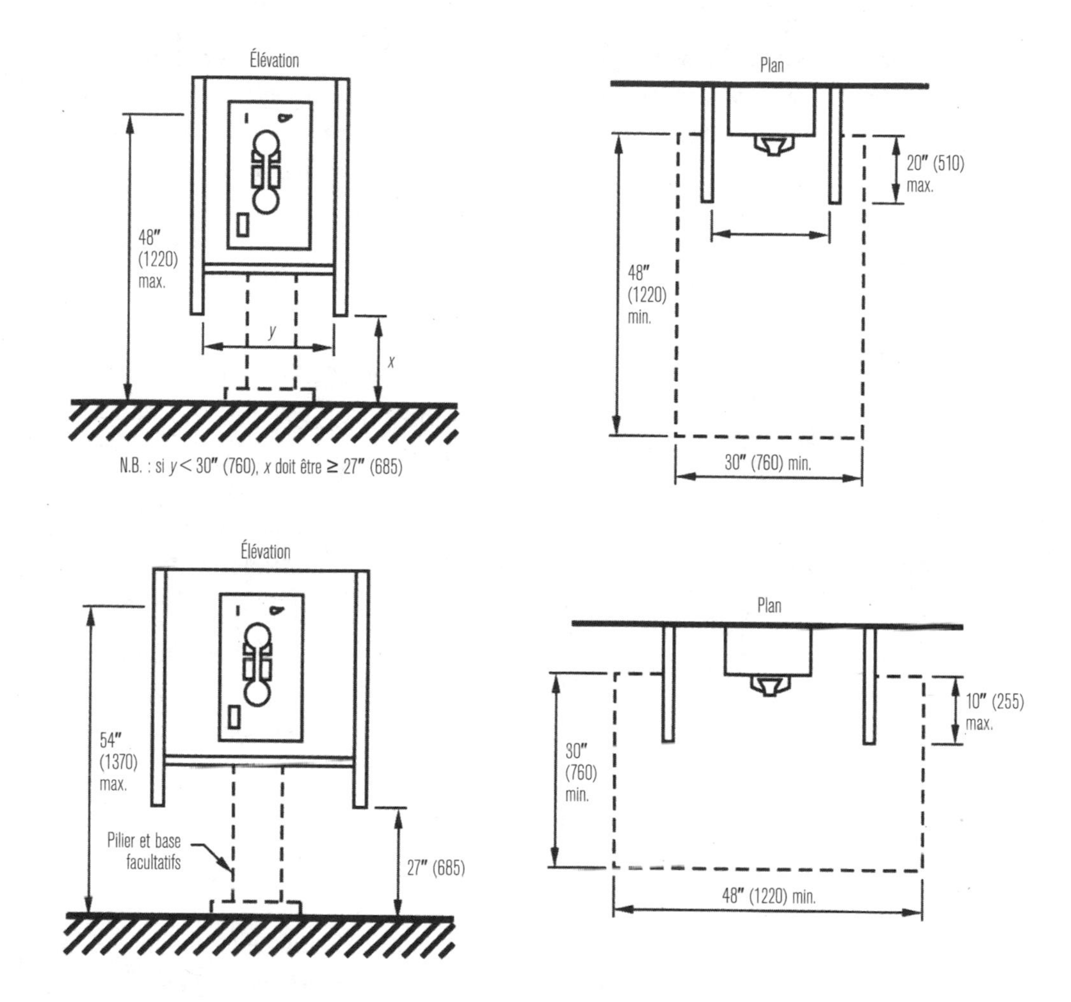

Possibilité d'accès latéral

19.19
Accès aux téléphones

⑩ Ascenseurs

L'ADA contient de nombreuses directives relatives aux ascenseurs. Dans la plupart des projets de design, les ascenseurs sont existants ou sont conçus et définis par l'architecte. Le designer d'intérieur doit tout de même se familiariser avec les nombreuses réglementations qui peuvent être abordées dans l'examen du NCIDQ.

La signalisation des ascenseurs doit être installée selon les indications de la figure 19.20. Les boutons d'appel, la lanterne de direction et les indicateurs d'étage doivent tous être facilement accessibles et visibles. Le bouton d'appel doit indiquer l'enregistrement de chaque appel. La lanterne de direction doit donner un signal visuel et sonore. Ce signal sonore peut se composer de deux sonneries pour la descente et d'une pour la montée, ou il peut s'agir d'un synthétiseur vocal annonçant la montée et la descente.

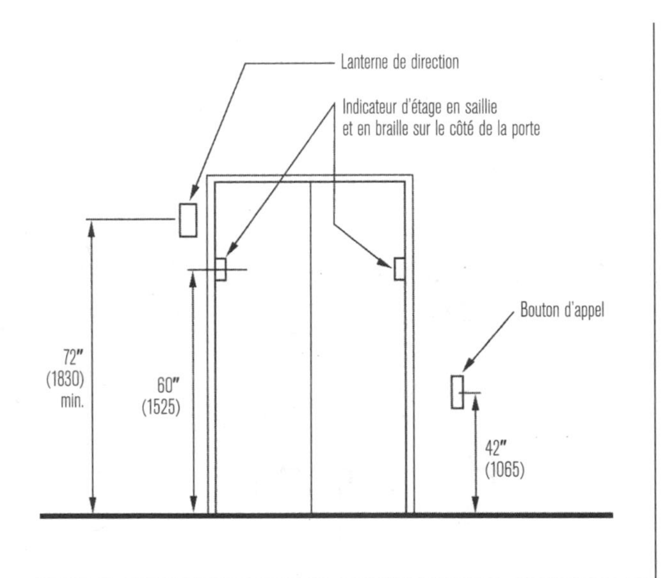

19.20
Portes d'ascenseurs

Dans la cabine, les indicateurs d'étage ne doivent pas se trouver à plus de 54" (1370) au-dessus du sol en cas d'accès latéral et à plus de 48" (1220) en cas d'accès frontal. Les dispositifs d'urgence doivent être regroupés au centre du tableau de commande, à un maximum de 35" (890) au-dessus du sol.

Reportez-vous à l'ADAAG pour connaître les autres exigences relatives aux ascenseurs telles que la taille minimale des cabines, le temps de réaction des portes et des boutons d'appel et les dispositifs d'ouverture d'urgence.

⓫ Sièges

Dans les zones publiques ou communes dotées de sièges ou de tables fixes ou intégrés, au moins 5 % des places et au moins une table doivent être accessibles aux personnes à mobilité réduite. Cette règle s'applique aux restaurants, boîtes de nuit, églises et espaces similaires. Dans les nouvelles constructions et, autant que possible, dans les bâtiments rénovés, le nombre de tables accessibles doit être réparti dans l'ensemble du bâtiment. S'il y a des sections fumeurs et non-fumeurs, le nombre de places accessibles doit être réparti proportionnellement dans les deux sections. L'aire de plancher réservée à ce type de place doit correspondre aux dimensions indiquées à la figure 19.21.

Dans les établissements de réunion à sièges fixes, le nombre minimal de places pour les fauteuils roulants est indiqué dans un tableau de l'ADAAG et est basé sur le nombre de places assises. Au moins 1 % des sièges fixes doivent donner sur une allée, ne pas comporter d'accoudoirs du côté de l'allée ou comporter des accoudoirs amovibles ou articulés du côté de l'allée. Des panneaux indiquant la disponibilité et l'emplacement de tels sièges doivent être installés au guichet. Les places réservées aux fauteuils roulants doivent faire partie intégrante du plan de répartition des sièges et doivent offrir un choix de prix et une visibilité comparable à ceux des autres sièges. Il doit y avoir au moins un siège pour un accompagnateur à côté de la place réservée à un fauteuil roulant. Les places réservées aux fauteuils roulants doivent jouxter un parcours sans obstacles servant de moyen d'évacuation en cas d'urgence.

Si la zone de réunion fait partie d'un projet de rénovation et qu'il est impossible de répartir les places accessibles aux fauteuils roulants, celles-ci peuvent être regroupées. Ces places regroupées doivent aussi comporter des sièges pour les accompagnateurs et doivent se situer dans un parcours sans obstacles servant de moyen d'évacuation en cas d'urgence.

Reportez-vous à l'ADAAG pour connaître les exigences relatives aux systèmes d'amplification, aux dispositifs de sonorisation assistée et à la signalisation exigée dans les établissements de réunion.

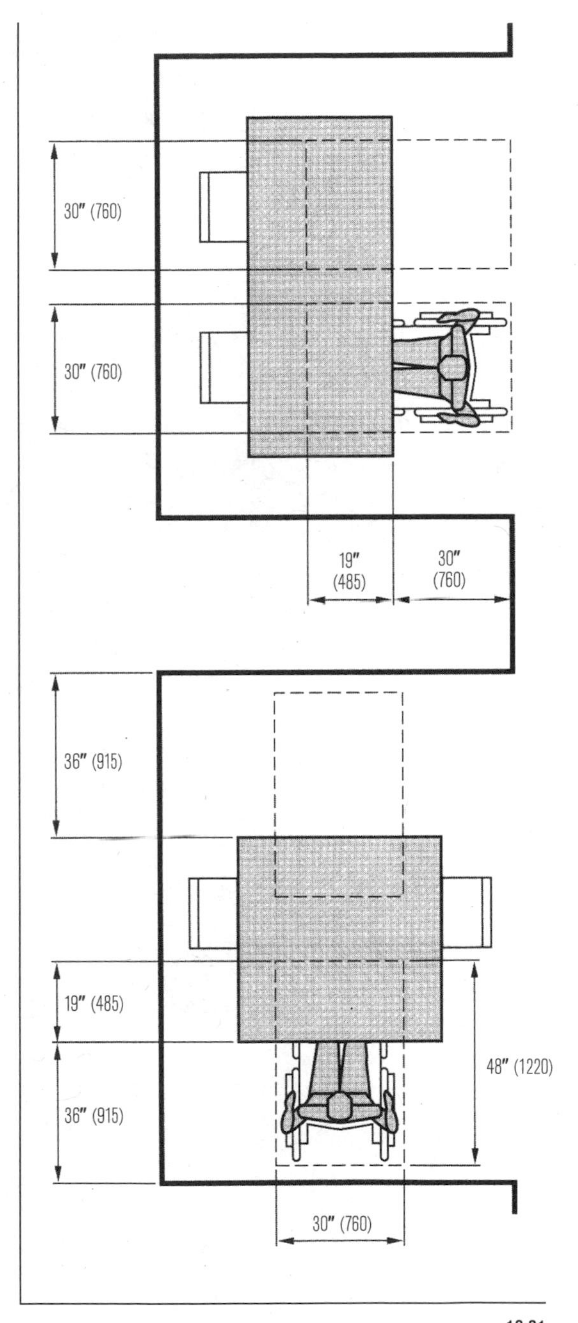

19.21
Dégagements minimaux pour les sièges et les tables

QUESTIONS

1. La largeur libre minimale d'une porte accessible aux personnes à mobilité réduire doit être de...

   1. 30″ (760).
   2. 32″ (815).
   3. 34″ (865).
   4. 36″ (915).

2. Vous planifiez le réaménagement de toilettes en vue de les rendre accessibles aux personnes handicapées et vous constatez qu'il est impossible d'offrir le dégagement nécessaire d'un côté d'une porte. Quelle est la MEILLEURE solution ?

   1. Proposer au client de démolir les murs et de les reconstruire pour prévoir les dégagements nécessaires
   2. Demander une dérogation au service de la construction pour contourner le problème
   3. Inscrire au devis d'exécution un dispositif d'ouverture assistée conforme aux normes d'accès et l'intégrer au design
   4. Suggérer de construire à proximité une salle de toilettes répondant à toutes les exigences d'accès universel

3. À quelle distance du nez de marche doit se trouver une main courante répondant aux normes d'accessibilité ?

   1. Entre 28″ et 32″ (710 et 815)
   2. Entre 30″ et 34″ (760 et 865)
   3. Entre 32″ et 36″ (815 et 915)
   4. Entre 34″ et 38″ (865 et 965)

4. Durant l'élaboration de la signalisation d'une clinique, vous décidez que les panneaux de signalisation des salles seront montés perpendiculairement au mur près de la porte de chaque salle. Quel facteur devrait vous préoccuper *le moins* dans votre travail de design ?

   1. La couleur du lettrage et du fond
   2. La hauteur de saillie du lettrage en braille
   3. Le fait que la largeur du parcours sans obstacles soit réduite ou non
   4. La hauteur d'installation de l'axe central des panneaux

5. Quel type de lavabo convient le mieux aux normes d'accessibilité ?

   1. Un meuble-lavabo
   2. Un lavabo sur colonne
   3. Un lavabo mural
   4. Un lavabo sur pied

6. À l'étape de la planification de l'espace d'une salle de toilettes accessible aux personnes à mobilité réduite, lequel des éléments suivants doit vous préoccuper le plus ?

   1. Le battement des portes et l'emplacement des appareils sanitaires
   2. L'emplacement des barres d'appui et les aires de plancher libres
   3. La profondeur des cabines et l'emplacement des barres d'appui
   4. Le battement des portes et les aires de plancher libres

7. Quels sont les éléments de design *les plus importants* à intégrer dans un hôtel pour offrir un moyen d'évacuation sur aux personnes à mobilité réduite ?

   1. Des alarmes visuelles et des détecteurs de fumée clignotants
   2. Des alarmes sonores et des panneaux d'urgence à grand lettrage
   3. Des alarmes visuelles et sonores
   4. Une signalisation tactile et des alarmes visuelles

8. Un parcours sans obstacles doit desservir...

   1. tous les espaces et parties accessibles d'un bâtiment.
   2. les corridors, les escaliers, les ascenseurs et les toilettes d'un bâtiment.
   3. les entrées, le stationnement, les toilettes, les corridors et les fontaines.
   4. les entrées, les corridors, les toilettes et les ascenseurs, sauf ceux qui ne sont accessibles qu'au personnel d'entretien.

9. Vous planifiez un espace où vous devez installer une porte de 36″ (915) menant d'un corridor, où l'espace disponible est limité, vers une pièce. Vous avez le choix d'orienter le corridor soit perpendiculairement, soit parallèlement au mur qui le sépare de la pièce et de faire ouvrir la porte dans n'importe quelle direction. La porte sera munie d'un loquet seulement, sans poignée ou autre dispositif de fermeture. Pour répondre aux normes d'accessibilité et réduire le plus possible la largeur du corridor, quel choix ferez-vous parmi les suivants ?

    1. Accès frontal, porte ouvrant dans la pièce
    2. Accès latéral côté loquet, porte ouvrant dans le corridor
    3. Accès latéral côté charnières, porte ouvrant dans la pièce
    4. Accès frontal, porte ouvrant dans le corridor

10. En plus des directives de l'ADA, de quelles autres exigences en matière d'accessibilité le designer d'intérieur doit-il surtout tenir compte dans le cadre d'un projet commercial ?

    1. De la norme ANSI A117.1, *Accessible and Usable Buildings and Facilities*
    2. Des dispositions relatives à la portée du code du bâtiment local
    3. De l'ADAAG
    4. Des *Uniform Federal Accessibility Standards*

20

Convention entre le maître de l'ouvrage et le designer d'intérieur

Chaque fois qu'un designer d'intérieur entreprend un projet, il établit avec son client une entente qui précise les services qu'il doit fournir et ce que le client lui donnera en retour. Une telle convention peut prendre la forme d'une simple lettre d'entente de une ou deux pages ou être officialisée par un contrat en bonne et due forme. Le présent chapitre décrit les principales dispositions contractuelles des formulaires de contrat publiés par les organismes professionnels américains de design d'intérieur. Par conséquent, tout ce qui est expliqué au sujet des limites des responsabilités du designer d'intérieur dans le présent chapitre s'applique à la situation américaine. Il n'existe pas en ce moment au Québec de contrat type en design d'intérieur. L'étudiant qui prépare l'examen du NCDIQ doit tout de même se familiariser avec le contrat type mentionné dans le présent chapitre.

1 Éléments de base d'un contrat

Le contrat est une convention par laquelle deux parties ou plus s'engagent l'une envers l'autre. Par exemple, le designer d'intérieur s'engage à fournir certains services et le client s'engage en retour à le payer pour ses services. Au sens juridique, le contrat repose sur deux éléments : une offre par l'une des parties et l'acceptation de cette offre par l'autre. Tout contrat, qu'il soit écrit ou verbal, doit comporter ces deux éléments pour être valide. Si une personne offre un service et l'exécute sans qu'il y ait eu acceptation de l'offre ni entente de verser quelque chose en retour, il n'y a pas de contrat. D'autres éléments établissent la validité d'un contrat, notamment une compensation (monétaire) équitable, mais l'offre de services et son acceptation sont les plus fondamentaux.

Le contrat entre un designer d'intérieur et son client peut revêtir plusieurs formes. Il peut s'agir d'une simple lettre d'entente, d'un document élaboré spécifiquement par l'avocat du designer d'intérieur ou du client pour un projet en particulier, d'un formulaire type préimprimé et élaboré par un organisme professionnel comme l'American Institute of Architects (AIA) ou l'American Society of Interior Designers (ASID), ou encore d'un formulaire type utilisé par le client pour tous ses projets de design d'intérieur.

Quelle que soit l'origine du contrat, celui-ci doit contenir les dispositions suivantes :

- **Parties contractantes et date.** La raison sociale complète et l'adresse des deux parties doivent être clairement inscrites ainsi que la date du contrat. Il est important de s'assurer que la personne qui signe le contrat a bel et bien l'autorité légale pour le faire. Dans le cas d'un projet résidentiel pour un couple, le designer d'intérieur peut demander au mari et à la femme de signer tous les deux, de façon que chacun soit individuellement responsable.

- **Étendue des travaux et responsabilités du designer d'intérieur.** Une des parties les plus importantes de la convention est la définition exacte du travail que le designer d'intérieur s'engage à exécuter, puisqu'il s'agit de l'objet même du contrat. Cela inclut la zone qui fera l'objet du projet (par exemple, uniquement la réception et la salle de conférence principale d'un espace de bureau) et une description détaillée des services fournis. L'étendue des travaux peut être décrite en suivant les phases habituelles du projet comme la programmation, le design préliminaire, l'élaboration du design et la construction, chacune de ces phases étant ensuite détaillée. Cela est utile si le designer d'intérieur prévoit facturer ses services à la fin de chaque phase. Généralement, plus la description des services est détaillée, moins il risque de survenir des différends.

  Il est aussi possible de préciser les services qui sont exclus, comme l'achat de meubles ou la surveillance des travaux de construction. Cette méthode à l'avantage d'indiquer clairement au client les services inclus et les services exclus.

- **Conventions d'achat, le cas échéant.** Si le designer d'intérieur achète le mobilier et les accessoires pour ensuite les revendre au client, il a intérêt à préciser les responsabilités de chacun en ce qui concerne le paiement, l'acceptation, le refus des biens endommagés, le paiement des frais de livraison et d'installation, les dépôts et les modes d'achat. Même si le formulaire type de l'AIA n'incite pas le professionnel à fournir l'ameublement sauf à titre d'agent pour le client, de nombreux designers d'intérieur jouent le rôle de revendeurs. Aux États-Unis, un professionnel dans cette situation doit s'assurer que son contrat est conforme au *Uniform Commercial Code* et aux lois de l'État dans lequel il pratique.

- **Mode de paiement.** Tout contrat doit indiquer le montant qui sera facturé au client pour les services rendus et le mode de paiement. Les services professionnels peuvent être facturés de différentes façons : à forfait, selon un tarif horaire calculé d'après un multiple des dépenses directes de main-d'œuvre, selon un pourcentage du coût du projet, selon un coût par unité de superficie ou selon une foule de variantes de ces méthodes de base. Nous les verrons en détail plus loin. Le designer d'intérieur doit aussi définir clairement à quel moment les paiements doivent être faits – une fois par mois, à la fin de chaque phase ou selon un autre calendrier. Le contrat devrait indiquer les dates d'échéance des paiements et les dispositions applicables aux paiements en retard.

- **Remboursement des dépenses.** Les dépenses remboursables sont des frais qui ne font pas partie des services professionnels, mais qui doivent être engagés pour mener le projet à bien. Il s'agit par exemple des frais de déplacement, des frais d'appels interurbains, des coûts de reproduction et des frais de poste et de messagerie. Dans les projets de grande envergure, ces dépenses peuvent être considérables, et il importe de les détailler à part pour éviter que le client ne les assimile à vos honoraires professionnels. Les honoraires de conseillers comme les ingénieurs en électricité ou en mécanique peuvent être inclus dans cette section ou dans le mode de paiement. Bon nombre de designers d'intérieur facturent à leurs clients les honoraires des conseillers auxquels ils ajoutent 10 % pour couvrir les frais d'administration. Au Québec, la pratique est de demander au conseiller de facturer le client directement et au designer d'intérieur de facturer au client des frais de coordination.
- **Services additionnels.** Il arrive souvent que le client exige des services additionnels de la part du designer d'intérieur une fois le projet amorcé. Par exemple, il peut lui demander d'étudier d'autres possibilités de design, d'étendre la zone des travaux, de sélectionner des éléments de mobilier non prévus au départ ou de prolonger sa participation au projet en raison de délais. De nombreux conflits peuvent être évités si on énumère clairement les types de services additionnels, les frais qui y sont associés et la façon dont ils seront facturés au client.
- **Responsabilités du client.** Dans la plupart des projets, le client doit faire certaines choses ou fournir les renseignements nécessaires pour que le travail puisse être mené à bonne fin. Par exemple, il peut être responsable d'acheter et de faire déménager l'équipement qu'il fournit lui-même, de préparer l'espace pour recevoir l'ameublement livré sur le chantier ou de fournir au designer d'intérieur les dessins d'un ouvrage fini. Si ces responsabilités ne sont pas définies dans les conditions générales du contrat d'exécution (convention entre le maître de l'ouvrage et l'entrepreneur), comme nous l'avons vu au chapitre 9, elles doivent être clairement précisées dans le contrat de design. Si le client est tenu de faire une certaine tâche dans un délai précis pour assurer le respect de l'échéancier, cette tâche et la date à laquelle elle est requise doivent aussi figurer dans le contrat.
- **Propriété et utilisation des documents.** Cette disposition indique que le designer d'intérieur conserve les droits de propriété sur les plans, esquisses, dessins, devis et spécifications et que ceux-ci ne doivent servir qu'à mener à bien le projet

précis pour lequel ils ont été élaborés. Le client n'est pas autorisé à les réutiliser pour entreprendre d'autres projets sans la permission du designer d'intérieur, ni sans le rémunérer adéquatement. La plupart du temps, cette disposition contractuelle est accompagnée d'un copyright du designer d'intérieur figurant sur les dessins eux-mêmes.

- **Dispositions d'arbitrage.** Étant donné la fréquence des différends, un contrat devrait inclure une clause portant sur la procédure d'arbitrage en cas de conflit. Une telle procédure est plus avantageuse qu'une poursuite devant les tribunaux, car elle est généralement plus rapide et moins coûteuse, mais les deux parties doivent en convenir dans le contrat.
- **Résiliation du contrat.** Une clause de résiliation donne au designer d'intérieur et au client le droit de résilier le contrat sur un préavis écrit suffisant, habituellement d'au moins sept jours. Si le contrat est résilié par le client sans qu'il y ait eu faute de la part du designer d'intérieur, ce dernier doit être rémunéré pour le travail effectué jusqu'à la résiliation. Les deux parties peuvent résilier un contrat qui ne contiendrait pas une telle clause si elles y consentent par écrit, mais il vaut mieux préciser les conditions de la résiliation à l'avance.
- **Signatures.** Pour avoir valeur légale, le contrat n'a formellement à être signé que par le client, c'est-à-dire la personne acceptant l'offre. Il est toutefois préférable que le designer d'intérieur et le client signent tous deux la convention et indiquent la date.

À ces dispositions peuvent s'ajouter d'autres clauses portant sur toute autre condition spécifique au projet comme les droits de publication, les échéances ou les responsabilités de tiers.

2 LES SERVICES DE BASE EN DESIGN D'INTÉRIEUR

La quantité et le type de travail effectué par le designer d'intérieur pour son client varient beaucoup, tout dépendant de l'envergure et du type de projet, de la commande du client et de la participation d'autres professionnels au projet (architectes, ingénieurs et autres spécialistes). Les sections qui suivent se fondent sur le contrat type élaboré conjointement par l'American Institute of Architects (AIA) et l'American Society of Interior Designers (ASID) et intitulé *Standard Form of Agreement for Interior Design Services*, B171. Cette convention définit les services les plus couramment offerts par un designer d'intérieur. Il existe également un formulaire abrégé de convention pour les petits projets. Pour l'examen du NCIDQ, vous devez vous familiariser avec les dispositions de ces contrats types ainsi qu'avec les responsabilités qui incombent au designer d'intérieur durant chaque phase du projet.

Ⓐ Programmation

Bon nombre de contrats n'incluent pas l'étape de la programmation dans les services de base, mais le formulaire B171 de l'AIA/ASID le fait. Durant cette phase, le designer d'intérieur consulte le maître de l'ouvrage pour définir les exigences applicables au projet et étudie la faisabilité du projet compte tenu du budget du maître de l'ouvrage et du bâtiment dans lequel le projet doit être réalisé. Ces renseignements et cette analyse constituent le document écrit qu'on appelle le programme.

Ⓑ Design préliminaire

À partir du programme approuvé, le designer d'intérieur prépare les diagrammes montrant les relations fonctionnelles générales qu'exige le projet et élabore des plans préliminaires de répartition de l'espace montrant les cloisons, le mobilier et tout autre élément pertinent. Il prépare également des études pour établir le concept de design du projet, ce qui comprend les types et qualités de matériaux, de finis et de mobilier. Ces études peuvent inclure des échantillons de couleurs et de matériaux et une sélection préliminaire des types de mobilier. Le professionnel prépare aussi un budget préliminaire estimatif fondé sur le concept du design et sur les coûts réels de projets d'envergure et de qualité semblables. Tout comme pour l'ensemble des budgets, le designer d'intérieur n'est pas responsable des coûts définitifs du projet. Par contre, comme nous le verrons plus loin, le designer d'intérieur est responsable de prévenir son client de toute modification du budget à chaque étape de son travail.

Ⓒ Élaboration du design

Durant la phase d'élaboration du design, le designer d'intérieur raffine le design préliminaire approuvé jusqu'à ce que la taille, l'envergure et le caractère du projet soient fixés de façon générale. Les dessins, les palettes de couleurs, les échantillons, les choix de mobilier et d'autres éléments spécifiques au projet sont présentés au client pour approbation avant le début de la phase de préparation des documents contractuels.

Les documents d'élaboration du design comprennent habituellement des plans détaillés montrant l'emplacement des cloisons et des portes, la disposition des meubles et des appareils, le design de l'éclairage, les croquis des armoires ou des meubles intégrés ainsi que des élévations ou tout autre type de dessin pouvant bien communiquer le caractère du projet. Dans certains cas, on peut aussi préparer un devis d'exécution préliminaire. À la fin de cette phase, le designer d'intérieur présente au client une révision du budget préliminaire tenant compte des décisions prises depuis le début.

(D) Documents contractuels

À partir des propositions de design approuvées, le designer d'intérieur est responsable de préparer les dessins finaux, le devis d'exécution final et tous les autres documents nécessaires à la construction du projet. Les documents contractuels peuvent couvrir à la fois le travail de construction et l'achat de meubles, ou on peut établir deux documents distincts, un pour la construction et un autre pour l'AAE (ameublement, accessoires et équipement). Le formulaire type de l'AIA/ASID indique qu'il faut préparer des contrats distincts. Cette méthode est souvent préférable, car les contrats de construction diffèrent des contrats AAE, comme cela est expliqué au chapitre 9. Le designer d'intérieur doit informer son client de toute rectification ou de tout changement apporté au budget préliminaire s'il se rend compte durant la préparation des documents d'une modification à l'envergure du projet.

(E) Appel d'offres

Le designer d'intérieur doit aider le maître de l'ouvrage à préparer les documents d'appel d'offres, les divers formulaires nécessaires, les conditions générales et les formulaires de convention entre le maître de l'ouvrage et l'entrepreneur. Il doit aussi aider le maître de l'ouvrage à soumettre les documents nécessaires pour obtenir diverses approbations gouvernementales. Il est important de souligner que la responsabilité du designer d'intérieur consiste à aider le maître de l'ouvrage et non à effectuer tout ce travail à lui seul. Une fois que les documents nécessaires sont prêts, le designer d'intérieur aide le maître de l'ouvrage à obtenir des soumissions (ou des propositions négociées, si le projet ne fait pas l'objet d'un appel d'offres) et à les évaluer, et il participe à la préparation des contrats de construction intérieure et d'AAE. Le designer d'intérieur est responsable d'assurer la coordination de toutes ces activités. On peut se reporter au chapitre 9 pour tout ce qui concerne la procédure d'appel d'offres.

(F) Administration du contrat et responsabilités du designer d'intérieur

Selon le contrat type B 171 de l'AIA/ASID, les services offerts par le designer d'intérieur durant la phase d'administration du contrat englobent beaucoup de choses. Vous devriez lire le texte intégral portant sur ces services, dont les dispositions principales sont résumées ci-dessous.

Le designer d'intérieur représente le maître de l'ouvrage, le conseille et le consulte durant la phase d'administration du contrat. Les instructions aux entrepreneurs sont transmises par l'intermédiaire du designer d'intérieur qui a l'autorité pour agir au nom du maître de l'ouvrage, mais uniquement dans la mesure prévue par les documents contractuels.

Le designer d'intérieur aide le maître de l'ouvrage à coordonner les échéanciers de livraison et d'installation des diverses portions du travail, mais n'est pas responsable des négligences ou des fautes commises par les entrepreneurs ou les fournisseurs, ou de leur défaut de s'acquitter de leurs obligations contractuelles.

Pour tenir le maître de l'ouvrage informé et prévenir les défauts ou défectuosités dans le travail des entrepreneurs, le designer d'intérieur doit visiter le chantier au besoin afin de se rendre compte de la progression et de la qualité du travail et de déterminer, de façon générale, s'il se déroule conformément aux documents contractuels. Le designer d'intérieur n'est toutefois pas tenu d'effectuer des inspections exhaustives ou continuelles.

Une disposition particulièrement importante du contrat type B 171 précise que le designer d'intérieur n'est pas responsable des moyens, méthodes, techniques, séquences ou procédés de construction. Il n'est pas responsable non plus de la fabrication, de l'acquisition, de l'expédition, de la livraison ou de l'installation de la construction ou de l'ameublement. Le designer d'intérieur n'est pas responsable de la sécurité sur le chantier ni des actes ou omissions des entrepreneurs, des sous-traitants ou des fournisseurs.

Durant la phase de construction et d'installation, le designer d'intérieur détermine les sommes dues aux entrepreneurs et aux fournisseurs selon ses observations sur le chantier et son évaluation des demandes de paiement présentées par les entrepreneurs. À partir de là, le designer d'intérieur produit des certificats de paiement, habituellement une fois par mois. Dans la plupart des cas, on utilise un seul formulaire pour la demande et le certificat de paiement.

Le designer d'intérieur est considéré comme l'interprète des exigences énoncées dans les documents contractuels et doit être considéré comme un juge impartial de l'exécution par le maître de l'ouvrage et par les entrepreneurs. Ses décisions doivent être conformes à l'intention des documents contractuels et doivent raisonnablement pouvoir être déduites de ces documents. Les décisions du designer d'intérieur touchant les questions esthétiques sont définitives si elles sont cohérentes avec l'intention des documents contractuels.

Dans le cadre des activités quotidiennes d'administration du contrat, le designer d'intérieur examine les pièces présentées par les entrepreneurs, qu'il s'agisse de dessins de détail ou d'échantillons, et y réagit de façon appropriée. Il prépare les directives de modification (avenants au marché) au besoin, et peut aussi demander des modifications mineures du travail si elles n'exigent aucun rajustement du prix du contrat ni un prolongement de la durée du contrat. Lorsque le designer d'intérieur examine des dessins d'atelier, il vérifie uniquement leur conformité au concept du design exprimé dans les documents contractuels. L'entrepreneur est responsable de déterminer l'exactitude et l'intégralité des dimensions, des détails, des quantités et des autres aspects des dessins d'atelier.

Lorsque l'ouvrage est complété, le designer d'intérieur examine l'état définitif de la construction et la disposition de chacun des éléments, il s'assure qu'il n'y a pas de défectuosités et inspecte le fonctionnement afin de déterminer si l'ensemble du travail a été effectué, livré et mis en place conformément aux documents contractuels.

Les responsabilités du designer d'intérieur n'incluent pas la réception, l'inspection ni l'acceptation au nom du maître de l'ouvrage des AAE au moment de la livraison et de l'installation. Le designer d'intérieur n'est pas autorisé à interrompre les travaux, à refuser le travail non conforme ni à mettre fin au travail au nom du maître de l'ouvrage. En revanche, le designer d'intérieur peut recommander au maître de l'ouvrage de refuser le travail non conforme.

(G) Bons de commande

Si le designer d'intérieur achète des biens et services pour le maître de l'ouvrage à titre de revendeur ou d'agent, il utilise un bon de commande. Ce formulaire indique au destinataire tous les renseignements nécessaires pour fournir les biens et services, et autorise l'achat des articles indiqués. Il contient des renseignements tels que le nom et l'adresse de l'acheteur, le nom et l'adresse du fournisseur, un numéro de bon de commande, la quantité, la description et le prix des articles, ainsi que l'adresse de livraison et de facturation. En plus de constituer une autorisation écrite, le bon de commande sert de pièce justificative à la comptabilité, permet d'assurer le suivi des biens et services commandés et d'établir la facture présentée au client.

Sur réception d'un bon de commande, le fournisseur envoie habituellement un accusé de réception. Ainsi, le designer d'intérieur sait que le bon de commande a bien été reçu et il a l'occasion d'en vérifier à nouveau l'exactitude. Le fournisseur crée un connaissement au moment de l'expédition des biens, puis une facture pour les articles fournis. On peut se reporter au chapitre 21 pour en savoir plus sur l'utilité du bon de commande durant le traitement des commandes.

3 Services additionnels

Les services précis que le designer d'intérieur accepte de fournir sont détaillés dans les services de base. La section précédente décrit les plus courants de ces services, en fonction des différentes phases du travail. Le formulaire type de l'AIA/ASID énumère de nombreux autres services qui ne sont habituellement pas inclus dans un contrat standard. Le fait de les mentionner dans un contrat contribue à éviter les différends, car cela indique clairement au client les services pour lesquels il faut conclure d'autres ententes. Voici certains des services additionnels mentionnés dans le formulaire de l'AIA/ASID :

- évaluation du site ou études comparatives de sites potentiels (études de faisabilité);
- services relatifs à des installations, de l'ameublement ou de l'équipement prévus, mais ne faisant pas l'objet du contrat;
- vérification des conditions existantes ou préparation de relevés architecturaux;
- planification des espaces occupés par des locataires ou à louer;
- modification des dessins ou du devis d'exécution ne correspondant pas aux approbations écrites du client ou rendue nécessaire par une révision du code du bâtiment ou des règlements en vigueur survenue après la préparation des documents;
- inventaire, examen ou évaluation détaillés des installations ou de l'ameublement existants;
- services rendus nécessaires en raison d'un manquement de la part d'un entrepreneur ou d'un fournisseur ou de l'inexécution du maître de l'ouvrage ou de l'entrepreneur;
- services relatifs au travail d'un entrepreneur après remise au maître de l'ouvrage du dernier certificat de paiement;
- préparation d'un témoignage ou témoignage à titre d'expert;
- fourniture de services de conseillers en génie des structures, génie mécanique ou génie électrique;
- achat d'ameublement, d'accessoires ou d'équipement avec des fonds fournis par le maître de l'ouvrage (il est important de préciser que même si le contrat type B 171 de l'AIA/ASID considère l'achat d'ameublement comme un service additionnel, de nombreux contrats de design d'intérieur l'incluent comme un service de base);
- design ou sélection de pictogrammes ou de signalisation;
- services ayant trait à l'acquisition d'œuvres d'art.

4 RESPONSABILITÉS DU MAÎTRE DE L'OUVRAGE

Le maître de l'ouvrage a lui aussi plusieurs responsabilités aux termes de la convention type de l'AIA/ASID. Il doit fournir des renseignements complets sur les exigences du projet, y compris un budget suffisant pour couvrir les imprévus en plus des coûts de base. Le maître de l'ouvrage doit fournir tous les services juridiques, comptables et d'assurances nécessaires au projet, ainsi que les tests de laboratoire, inspections et rapports exigés dans les documents contractuels. Il doit fournir l'espace approprié pour la réception, l'inspection et le stockage des matériaux et de l'équipement utilisés dans le cadre du projet. Le maître de l'ouvrage est également responsable de l'enlèvement ou du déplacement des installations, de l'ameublement ou de l'équipement existants, à moins de dispositions contraires.

De plus, le formulaire type de l'AIA/ASID oblige le maître de l'ouvrage à désigner, au besoin, un représentant habilité à agir en son nom pour prendre les décisions au jour le jour durant le projet. Si le designer d'intérieur pose une question ou présente des documents pour approbation, le représentant doit rendre ses décisions sans délai de façon à ne pas retarder le projet. Si le designer d'intérieur achète de l'ameublement et de l'équipement pour le projet, le contrat exige que le maître de l'ouvrage maintienne un fonds de caisse destiné à ces achats.

5 Coût du projet

Le coût du projet est défini comme le coût total ou estimatif payable par le maître de l'ouvrage pour toutes les composantes du projet – y compris les articles conçus ou inscrits au devis d'exécution par le designer d'intérieur, la main-d'œuvre, les matériaux, l'ameublement et l'équipement fournis par le maître de l'ouvrage s'ils ont été conçus ou choisis par le designer d'intérieur – plus une allocation raisonnable pour les frais généraux et le profit de l'entrepreneur. Il inclut aussi les coûts de gestion ou de supervision de la construction et de l'installation. Le coût de construction n'inclut pas les honoraires professionnels du designer d'intérieur ou des experts-conseils, les frais de financement ni les autres coûts dont le maître de l'ouvrage est responsable.

L'une des dispositions contractuelles les plus importantes en ce qui a trait au coût du projet précise que le designer d'intérieur ne garantit pas que les soumissions ou les coûts négociés ne différeront pas des estimations qu'il a préparée ou du budget du maître de l'ouvrage. Le coût estimatif ou les budgets estimatifs préparés par le designer d'intérieur ne représentent que sa meilleure évaluation à titre de professionnel du design d'intérieur.

Les dispositions de la convention de l'AIA/ASID précisent qu'aucune limite fixe du coût du projet ne doit être établie comme une condition de la convention, à moins que les deux parties y consentent par écrit. Si les deux parties ont convenu d'une telle limite fixe et que la soumission la plus basse ou le prix négocié dépasse cette limite, le designer d'intérieur a alors l'obligation – c'est le seul cas où il peut avoir cette obligation – de modifier les dessins et le devis d'exécution sans frais supplémentaires afin de réduire le coût du projet.

Si la soumission ou la proposition négociée la plus basse dépasse le budget ou la limite fixe du coût du projet, le maître de l'ouvrage peut envisager quatre possibilités :

1. Il peut autoriser par écrit une augmentation du budget.
2. Il peut autoriser un nouvel appel d'offres ou une renégociation du projet.
3. Il peut abandonner le projet.
4. Si une limite fixe a été établie pour le coût du projet, il peut obliger le designer d'intérieur à modifier sans frais les dessins et le devis d'exécution de façon à réduire le coût du projet.

Bien entendu, le maître de l'ouvrage peut aussi travailler avec le designer d'intérieur afin de réduire l'envergure du projet. Dans un tel cas – et si aucune limite fixe n'a été établie par contrat pour le coût du projet –, le designer d'intérieur doit être payé pour le travail additionnel que représente la modification des plans et devis.

6 HONORAIRES PROFESSIONNELS

La facturation du travail de design d'intérieur peut revêtir différentes formes qui entrent dans deux grandes catégories : les méthodes de facturation fondées uniquement sur les services professionnels ou celles qui reposent sur la revente au détail de l'ameublement et des accessoires. En général, les firmes de design d'intérieur facturent uniquement leurs services, et le client achète l'ameublement et les accessoires de son côté ou par l'intermédiaire de la firme, mais sans que celle-ci ait le moindre intérêt financier dans la transaction. Cette méthode permet au designer d'intérieur de demeurer plus objectif quant au type et à la qualité des articles inscrits au devis d'exécution, puisque sa rémunération n'est pas liée au rabais d'un fabricant en particulier ni au coût total de l'installation.

Le formulaire type de convention de l'AIA/ASID et ceux d'autres organismes professionnels ne mentionnent que les méthodes de calcul des honoraires fondées sur les services professionnels. Voici cinq méthodes de base et quelques variantes pour chacune d'elles.

- **Forfait.** Cette méthode repose sur un montant forfaitaire que le client paie au designer d'intérieur pour un ensemble précis de services. Le paiement se fait habituellement par versements mensuels. Il peut aussi être versé en fonction de l'accomplissement des phases du travail décrites à la section précédente, ou selon un autre calendrier de paiement. Le designer d'intérieur qui établit un contrat à forfait doit estimer avec précision l'ensemble de ses coûts et y ajouter son profit. Les honoraires forfaitaires doivent aussi inclure les salaires des employés de la firme de design, les avantages sociaux de ces employés, les taxes et les frais généraux d'entreprise. Les dépenses remboursables ne sont généralement pas incluses dans le montant forfaitaire demandé pour les services de base.

  Pour qu'un travail à forfait soit rentable, l'étendue des services offerts, de même que les services exclus, doivent être détaillés avec soin dans le contrat. Le contrat doit préciser le mode de paiement et les montants exigibles pour les services additionnels, afin que le client sache à quoi s'attendre s'il exige du travail additionnel. Le designer d'intérieur doit également estimer précisément le temps nécessaire pour exécuter le projet et suivre de près son échéancier à mesure que le projet avance.

- **Tarif horaire.** Dans ce cas, le temps réel que le professionnel passe à travailler au projet est facturé au client. Le designer d'intérieur doit toutefois établir avec soin son tarif horaire, qui doit inclure non seulement ses honoraires en tant que professionnel, mais aussi ses frais généraux et son profit.

  La méthode de calcul la plus courante du tarif horaire d'une firme de design repose sur un multiple des dépenses directes en main-d'œuvre. Selon cette méthode, on établit le salaire horaire direct des employés et on le multiplie par un facteur permettant de prendre en compte les dépenses normales liées au personnel comme les impôts, les congés de maladie, les soins de santé, les assurances et d'autres avantages sociaux obligatoires. Ce montant horaire est ensuite majoré par un multiplicateur, pour y inclure notamment les frais généraux et le profit. Ce multiplicateur dépend des frais généraux et de la marge de profit de chaque firme, et se situe généralement entre 2,75 et 3 même si certaines firmes utilisent des multiplicateurs supérieurs ou inférieurs à cette fourchette. Par exemple, si un employé est payé 20 $ l'heure et que les dépenses liées au personnel (impôts, congés de maladie, etc.) comptent pour 35 % du taux horaire, on calcule les dépenses directes liées à la main-d'œuvre en multipliant 20 $ par 1,35, ce qui donne 27 $. Ce montant est ensuite majoré à l'aide d'un multiplicateur pour tenir compte des frais généraux et du profit. Si le multiplicateur est établi à 2,75, le taux horaire facturé au client est de 27 $ multiplié par 2,75, soit 74,25 $ l'heure. Évidemment, le taux horaire varie d'un employé à l'autre de la firme, selon les échelles salariales en vigueur et les catégories d'emploi.

  Une variante de cette méthode consiste à n'utiliser qu'un seul multiplicateur, qui est forcément plus élevé puisqu'il inclut à la fois les avantages sociaux des employés et les frais généraux et le profit.

  Bon nombre de designers d'intérieur privilégient la méthode du tarif horaire, car elle leur garantit de couvrir leurs dépenses et de réaliser un profit pour chaque heure réellement consacrée au projet. Elle protège aussi le designer d'intérieur dans les situations où le client change constamment d'idée ou retarde l'exécution du projet pour une raison quelconque. Le designer d'intérieur est également rémunéré même si des problèmes imprévus surviennent durant le design, la construction ou l'installation du projet. Pour les clients qui n'aiment pas l'incertitude associée à la tarification horaire, on peut établir un contrat à tarif horaire qui fixe le montant maximum que le client devra payer.

- **Pourcentage du coût du projet.** Selon cette méthode, les honoraires professionnels sont déterminés d'après le coût total du projet. Cette méthode convient le mieux aux projets pour lesquels le designer d'intérieur peut prévoir exactement la quantité de travail nécessaire et a une bonne idée du coût prévu du projet. Souvent, cette méthode n'est pas la plus appropriée, car un projet dont le coût est peu élevé exige parfois autant ou plus de travail qu'un projet dont le coût est très élevé. Cette méthode n'est pas non plus la meilleure du point de vue du client. Ce dernier peut penser que le designer d'intérieur augmente le coût du projet pour accroître ses honoraires ou qu'il n'a pas vraiment intérêt à réduire les coûts de construction et d'ameublement.

- **Honoraires selon la superficie.** On calcule les honoraires professionnels fondés sur la superficie en multipliant la superficie en pieds carrés du projet par un taux fixe quelconque. Cette méthode est généralement réservée à la construction commerciale et uniquement aux types de projet dans lesquels le designer d'intérieur est très expérimenté. La planification de la finition pour les locataires est souvent facturée au pied carré, car le designer d'intérieur sait ce qu'exige le travail et parce que les locataires, les propriétaires d'immeubles et les agents et gestionnaires d'immeubles négocient la plupart de leurs ententes selon la superficie en pieds carrés.

  Comme dans le cas d'un contrat à forfait, l'étendue des services offerts doit être clairement définie pour éviter au designer d'intérieur d'avoir à effectuer un travail non rémunéré. En outre, il faut préciser comment la superficie du projet sera calculée. Ainsi, la superficie des espaces loués peut être établie selon la superficie brute, nette ou locative. Voir la méthode BOMA, à la page 41.

- **Méthode du prix de détail.** Selon l'une des variantes de la méthode du prix de détail, le designer d'intérieur obtient sa rémunération en jouant le rôle de revendeur de biens : il achète l'ameublement, les accessoires et d'autres articles en bénéficiant d'une remise, puis les revend au client au prix de détail. La différence de prix couvre les frais d'entreprise du designer d'intérieur, les frais de livraison et d'installation, les frais généraux et le profit. Les magasins qui offrent des services de design de même que bon nombre de designers d'intérieur résidentiels et certains designers d'intérieur commerciaux utilisent cette méthode de facturation. En général, toutefois, cette méthode est déconseillée car elle n'est pas toujours utilisée selon les règles de l'éthique.

QUESTIONS

1. Durant la préparation d'un contrat de construction, votre client vous demande de vous assurer auprès d'un agent d'assurances que les montants appropriés de garantie sont inclus dans les conditions supplémentaires du contrat. Comment devez-vous réagir ?

   1. Suggérer au client que son agent et votre agent se rencontrent pour prendre une telle décision
   2. Dire au client que les exigences relatives aux assurances doivent faire partie des conditions générales du contrat
   3. Appeler l'agent d'assurances du client et lui expliquer le projet afin de déterminer les montants appropriés
   4. Rappeler au client que les services relatifs aux assurances sont sa responsabilité

2. Laquelle des dépenses suivantes est remboursable ?

   1. L'assurance maladie
   2. Les frais de photocopie internes
   3. Les appels téléphoniques en rapport avec le projet
   4. Les frais de réalisation d'une maquette pour le travail de design interne du bureau

3. Que devez-vous faire *en premier* si votre client décide d'apporter des changements majeurs au projet après l'acceptation d'une soumission, mais avant le début de la construction ?

   1. Dire à l'entrepreneur de ne pas commencer les travaux tant que les problèmes n'auront pas été réglés
   2. Rendre les dessins d'atelier à l'entrepreneur et l'avertir qu'il y aura des changements
   3. Informer le client que des changements majeurs risquent de retarder le projet et d'en augmenter les coûts, et que vous exigerez des honoraires additionnels pour réviser le concept et les dessins
   4. Estimer le temps et les honoraires supplémentaires nécessaires pour effectuer les changements et inviter le client à bien réfléchir à la nécessité de ces changements

4. Selon le formulaire type B 171 de l'AIA/ASID, quelles activités sont incluses dans les services de base d'un designer d'intérieur ?

    1. La programmation, le design préliminaire, l'administration du contrat et l'évaluation post-emménagement
    2. L'élaboration du design, la production du devis d'exécution, l'examen des dessins d'atelier et la liste de contrôle
    3. L'étude de faisabilité financière, l'élaboration du design, la production des dessins d'exécution et l'administration du contrat
    4. Le design préliminaire, l'assistance au client pour l'appel d'offres, l'administration du contrat et la réception de l'ameublement

5. Si une demi-cloison partiellement achevée et construite conformément aux dessins du designer d'intérieur s'écroule pendant la construction et blesse un travailleur, qui est responsable ?

    1. Le designer d'intérieur
    2. L'entrepreneur
    3. Le sous-traitant
    4. Le travailleur

6. Si le designer d'intérieur a inscrit au devis d'exécution des classeurs qui n'entrent pas dans l'espace conçu pour eux et que l'entrepreneur a construit l'espace en respectant les documents contractuels, qui est responsable de payer la correction ?

    1. L'entrepreneur
    2. Le designer d'intérieur
    3. Le fournisseur des classeurs
    4. Le maître de l'ouvrage

7. Quelle méthode de calcul des honoraires est le plus souvent désavantageuse pour le designer d'intérieur ?

    1. Le tarif horaire
    2. Le multiple des dépenses directes liées à la main-d'œuvre
    3. Le forfait
    4. La méthode du prix de détail

8. Dans le formulaire B171 de l'AIA/ASID, lequel des services suivants n'est *pas* un service additionnel ?

   1. Le design et l'inscription au devis de meubles intégrés sur mesure
   2. La recherche d'un ingénieur en électricité et sa rémunération
   3. Le design de la signalisation d'un projet
   4. Le relevé détaillé de l'espace existant avant le design

9. Le budget de construction d'un projet préparé par le designer d'intérieur n'inclurait probablement *pas*...

   1. le profit de l'entrepreneur.
   2. les honoraires et les dépenses remboursables du designer d'intérieur.
   3. les estimations de l'équipement intégré.
   4. les accessoires qui seront fournis par le maître de l'ouvrage.

10. Quel document permet de débloquer des fonds pour l'ameublement dans un projet ?

    1. La demande de paiement
    2. Le certificat de paiement
    3. Le bon de commande
    4. Le connaissement

21 Pratique professionnelle

Le métier de designer d'intérieur ne se limite pas au design et à la préparation de dessins et de devis d'exécution. Il exige également des compétences en affaires, car beaucoup de professionnels gèrent leur propre entreprise, ce qui signifie qu'ils doivent avoir des connaissances dans les domaines du marketing, de la gestion financière, de la souscription d'assurances et de la gestion de personnel. Le présent chapitre aborde ces différents sujets ainsi que la déontologie.

1 Déontologie

Le designer d'intérieur doit bien sûr respecter toutes les lois fédérales, d'État, provinciales et locales au même titre que toute autre personne en affaires. De plus, sa conduite doit être dictée par les règles de l'éthique. Au fil du temps, les professions ont défini des règles de conduite et la plupart des organismes professionnels se sont donné des codes de déontologie.

Les designers d'intérieur sont représentés par un grand nombre d'organismes professionnels comme l'International Interior Design Association (AIID), un organisme international, l'American Society of Interior Designers (ASID) des États-Unis, Interior Designers of Canada, qui regroupe sept organisations provinciales et, ici même, l'Association professionnelle des designers d'intérieur du Québec (APDIQ). L'ASID s'est donné un code de déontologie que vous devez connaître pour passer l'examen du NCIDQ. Ce code établit les normes minimales de conduite pour les membres de cette association américaine ainsi que les sanctions applicables en cas d'infraction.

Le code de déontologie de l'ASID est divisé en quatre parties portant sur la responsabilité à l'égard du public, du client, des autres designers d'intérieur et de la profession. En voici les principes directeurs :

- Le designer d'intérieur ne doit se livrer à aucune forme de promotion ou de publicité mensongère ou trompeuse.
- Le designer d'intérieur est autorisé à offrir ses services à des clients à titre de consultant, de rédacteur de devis ou de fournisseur, en contrepartie d'honoraires ou d'un pourcentage ou d'une marge sur le coût d'achat. Toutefois, le designer d'intérieur doit révéler intégralement au client la méthode de calcul de la totalité de sa rémunération. De plus, à moins que le client en ait été informé et ait donné son accord, le designer d'intérieur ne peut pas accepter quelque rémunération que ce soit, en espèces ou en nature, de la part d'un fournisseur de biens et services.
- Le designer d'intérieur doit servir au mieux les intérêts du client à condition que ces intérêts ne contreviennent pas aux lois, aux règlements et aux codes, au jugement esthétique du designer d'intérieur, ni à la santé, à la sécurité ou au bien-être des occupants.
- Il est interdit au designer d'intérieur de divulguer quelque renseignement confidentiel que ce soit à propos du client ou de son projet sans l'autorisation expresse du client.
- Le designer d'intérieur ne peut pas entreprendre une discussion ou une activité qui pourrait porter préjudice à un autre professionnel. En revanche, il peut donner une deuxième opinion à un client et peut témoigner à titre d'expert dans un procès.
- Le designer d'intérieur ne peut pas s'ingérer dans l'exécution des obligations contractuelles d'un autre designer d'intérieur à l'égard d'un client. Il ne peut entreprendre un travail avec ce client que s'il a la certitude que ce dernier a rompu toute relation contractuelle avec le designer d'intérieur qui l'a précédé.
- Le designer d'intérieur ne peut s'attribuer de mérite que pour son propre travail ou celui qui a été créé sous sa direction.
- Le designer d'intérieur s'engage également, dans la mesure du possible et compte tenu de ses intérêts et aptitudes, à encourager et à prendre part à l'échange d'idées et d'information avec les autres designers d'intérieur, les professionnels alliés et les autres acteurs du domaine, ainsi qu'à encourager et à soutenir les étudiants en design d'intérieur.

En dehors des codes de déontologie rédigés par des organismes professionnels, certaines normes de conduite découlent des relations juridiques ou contractuelles, ou ont été établies par les pratiques courantes dans le domaine.

Le manque de communication est une des principales sources de problèmes au cours d'un projet de design d'intérieur. Le designer d'intérieur a le devoir de tenir le maître de l'ouvrage et l'entrepreneur informés des problèmes, des changements ou de tout autre renseignement qui pourrait avoir des conséquences sur leur travail ou sur l'exécution de leurs obligations contractuelles. Dans la plupart des cas, les communications doivent être adressées par écrit au destinataire, avec une copie à l'autre partie. Cela permet d'éviter les malentendus et, en cas de différends, de conserver une trace écrite de tout ce qui s'est passé sur le chantier. Même les conversations téléphoniques devraient être notées ou résumées dans des notes de service.

2 Assurances

Différents types d'assurances obligatoires ou facultatives couvrent les transactions avec des clients et l'exécution d'un projet de design d'intérieur. Chacune des trois principales parties au contrat dans un projet – le designer d'intérieur, le maître de l'ouvrage et l'entrepreneur – doit souscrire certaines assurances couvrant la responsabilité civile, les biens et les personnes. Étant donné la complexité du domaine des assurances, il vaut mieux que l'agent ou le courtier en assurances du maître de l'ouvrage recommande les assurances nécessaires. Le designer d'intérieur et l'entrepreneur doivent aussi demander à leurs propres agents ou courtiers de leur recommander les assurances nécessaires pour leur entreprise.

(A) Assurances du designer d'intérieur

Assurance responsabilité civile professionnelle. Ce type d'assurance protège le designer d'intérieur dans les situations où une action quelconque de sa part cause des dommages corporels ou matériels. Une telle garantie porte parfois le nom d'*assurance contre la faute professionnelle* ou *erreurs et omissions* et couvre les problèmes résultant d'un devis d'exécution incorrect, d'erreurs dans les dessins ou d'une installation déficiente du mobilier ou des accessoires.

Assurance responsabilité civile. Cette garantie protège contre les réclamations de dommages matériels, de responsabilité et de délits contre la personne causés par le designer d'intérieur ou ses employés, par un conseiller ou d'autres personnes embauchées par le conseiller. Elle peut aussi inclure une assurance responsabilité de produit, qui offre une protection dans le cas où un produit ou une installation effectué par le designer d'intérieur ou un sous-traitant causerait un préjudice quelconque au client après que le designer d'intérieur ou le sous-traitant lui a transmis la propriété du produit. Parfois, le designer d'intérieur souscrit également une assurance couvrant le risque que les entrepreneurs ou les sous-traitants ne soient pas couverts pas leurs propres assurances comme ils le devraient.

Assurance des biens. Les assurances des biens protègent le bâtiment du designer d'intérieur et son contenu contre des sinistres tels que l'incendie, le vol et l'inondation. Même si le designer d'intérieur est locataire de son espace de bureau, les assurances sur les biens en protègent le contenu et les stocks qu'il conserve pour ses clients.

Assurance délits civils contre la personne. Cette assurance protège le designer d'intérieur contre les accusations de diffamation, de fausse déclaration et autres délits. Un délit est un préjudice civil (par opposition à un acte criminel) qui cause du tort à une autre personne.

Assurance automobile. L'assurance automobile couvre la responsabilité et les dommages matériels aux véhicules dont l'entreprise est propriétaire ou dont elle se sert. Elle peut inclure une protection contre les demandes d'indemnité des employés qui utilisent leur propre voiture dans l'exercice de leurs fonctions.

Assurance contre les accidents du travail. Cette assurance est obligatoire dans tous les États et protège les employés contre les dommages corporels causés par des activités liées au travail.

Le designer d'intérieur peut aussi souscrire d'autres types d'assurances comme l'assurance-maladie ou l'assurance-vie pour les employés, des assurances spéciales contre les inondations, l'assurance des documents et l'assurance-vie appliquée aux affaires.

Ⓑ Assurances du maître de l'ouvrage

Comme l'indique le document A271, *General Conditions of the Contract for Furniture, Furnishings and Equipment* (Conditions générales du contrat d'ameublement, d'accessoires et d'équipement), le maître de l'ouvrage est tenu de souscrire sa propre assurance responsabilité ainsi que des assurances des biens pour la valeur assurable totale du projet. Cela le protège contre les dommages matériels ainsi que les dommages causés par le feu, le vol, le vandalisme et les actes malveillants. La police doit être du type « tous risques » plutôt que « risques spécifiés ». Les assurances tous risques offrent une garantie plus étendue et couvrent tous les risques sauf ceux qui sont explicitement exclus.

Ⓒ Assurances de l'entrepreneur

Les Conditions générales du contrat obligent l'entrepreneur à souscrire des assurances qui le protègent contre les demandes et réclamations suivantes :

- demandes d'indemnité en raison d'accidents du travail;
- demandes d'indemnité en raison de dommages corporels, de maladie professionnelle ou du décès d'employés;
- demandes d'indemnité en raison de dommages corporels ou du décès d'autres personnes que les employés;
- réclamations pour délits civils contre la personne, notamment la diffamation, l'arrestation illégale et des actes similaires;
- demandes d'indemnité pour des dommages causés à autre chose que le projet par suite de la destruction de biens tangibles, par exemple la privation de jouissance résultant de tels dommages;
- demandes d'indemnité liées à l'utilisation de véhicules automobiles.

De plus, l'entrepreneur doit souscrire des assurances pour toute portion du travail entreposée ailleurs que sur le chantier ou en transit vers le chantier. Il peut également souscrire une garantie « produits et risques après travaux » qui le protège contre les réclamations résultant des actions de l'entrepreneur lorsque le préjudice survient après la fin des travaux et le départ de l'entrepreneur du chantier.

3 Gestion d'entreprise

Établir une entreprise et la gérer de façon à en assurer la prospérité sont deux aspects essentiels de la pratique professionnelle. Dans cette section, nous verrons les formes juridiques d'organisation les plus courantes ainsi que les activités de gestion que vous devez connaître pour vous présenter à l'examen du NCIDQ.

(A) Structures d'entreprise

Un designer d'intérieur peut adopter différents types de structures organisationnelles, ayant chacune leurs avantages et leurs inconvénients. Le choix dépend du nombre de personnes employées par la firme, des lois de l'État ou de la province où la firme est établie, du type de pratique et de la taille de l'entreprise.

La structure la plus simple est l'*entreprise individuelle*. Dans ce cas, l'entreprise appartient à une seule personne et fonctionne sous le nom de cette personne ou d'une raison sociale. Pour créer une entreprise individuelle, il suffit de choisir le nom et l'adresse de l'entreprise, d'ouvrir un compte de banque commercial et de faire imprimer du papier à lettres. (Notons que les deux dernières démarches, sans être obligatoires, sont néanmoins habituelles lorsqu'on se lance en affaires.) Le designer d'intérieur qui prévoit revendre du mobilier et d'autres biens doit également, dans certains États et certaines provinces, obtenir un permis de revente. Si l'entreprise embauche du personnel, elle doit se conformer aux autres exigences imposées par l'État, la province ou la localité.

Cette forme d'entreprise a pour avantages d'être facile à créer, d'offrir à son propriétaire un contrôle total sur la gestion ainsi que certains avantages fiscaux, puisque les dépenses et les pertes peuvent être déduites du revenu brut de l'entreprise. Son principal désavantage est que le propriétaire est personnellement responsable de toutes les dettes et pertes de la compagnie. Par exemple, si le designer d'intérieur est poursuivi en justice par un client, son revenu personnel, ses biens personnels et d'autres éléments d'actif peuvent être saisis pour payer les sommes dues aux créanciers. En ce qui concerne le financement, il est normalement plus difficile pour une entreprise individuelle de réunir des capitaux et d'établir son crédit.

Une autre forme courante d'organisation est la *société par actions* qu'on appelle aussi *compagnie*. La société par actions est une pure création juridique. C'est en effet par la loi, et uniquement par celle-ci, que la société par actions est constituée. Aux États-Unis, ce sont les lois des différents États qui s'appliquent, alors qu'au Canada, ce sont les lois provinciales ou la Loi canadienne sur les sociétés par actions. Une société par actions est une personne morale à part entière. Elle est, de ce fait, distincte de ses actionnaires, qui en sont les propriétaires, et de ses administrateurs et dirigeants, qui en assument la gestion. Pour former une société par actions, il faut qu'un avocat rédige les documents constitutifs (statuts et règlements) et enregistre la société auprès des autorités compétentes. (Au Québec, il s'agit du Registraire des entreprises.)

Comme la société par actions forme une entité juridique distincte, elle est financièrement et légalement indépendante de ses actionnaires. Un créancier ne pourra donc en principe tenir les actionnaires personnellement responsables pour les dettes de la société, ni saisir leurs biens personnels. En cas de faillite ou de liquidation de la société, la perte des actionnaires sera donc limitée à leur mise de fonds initiale. C'est là l'un des plus grands avantages de cette forme juridique.

En outre, le taux d'imposition d'une société par actions est généralement inférieur à celui des personnes physiques, ce qui peut se traduire par des économies considérables. Les sociétés par actions bénéficient également d'une continuité, ou d'une pérennité, peu importe les changements d'actionnaires, d'administrateurs ou de dirigeants ou leur décès. Enfin, il est relativement facile de réunir des capitaux en vendant des actions de la société.

Les principaux désavantages d'une société par actions sont le coût initial de constitution ainsi que les formalités administratives et les exigences qu'il faut respecter pour maintenir la société en activité. Toutefois, la responsabilité réduite des actionnaires et les avantages fiscaux qu'elle devrait normalement procurer compensent habituellement ces quelques désavantages.

Aux États-Unis, il existe deux variantes de la société par actions : la société constituée en vertu du « Subchapter S » (ou *S corporation*) et la société professionnelle (*professional corporation*). La première comporte certaines exigences d'admissibilité et offre tous les avantages d'une société par actions ordinaire, mais les profits et les pertes sont payés ou déduits de l'impôt sur le revenu personnel des actionnaires au prorata des actions qu'ils possèdent. Cela peut être intéressant s'il y a des pertes ou si les taux d'imposition de l'État font qu'il est financièrement plus avantageux pour les personnes d'être imposées plutôt que la société par actions. Quant à la deuxième, elle s'applique dans de nombreux États à certaines professions, notamment aux architectes, avocats, médecins, comptables et designers d'intérieur. Cette forme d'entreprise est similaire aux autres sociétés par actions, sauf que le professionnel demeure personnellement responsable des fautes qu'il commet dans l'exercice de sa profession. En fait, les lois qui définissent le poids de la responsabilité dans une société professionnelle varient d'un État à l'autre. Notons qu'au Québec, la société de professionnels ne vaut que pour les professionnels régis par l'actuel Code des professions (avocats, architectes, ingénieurs), ce qui exclut pour le moment les designers d'intérieur.

La *société en nom collectif* est la troisième forme juridique d'entreprise pouvant convenir aux designers d'intérieur. Dans une société en nom collectif, deux personnes ou plus se partagent la gestion, les profits et les risques de l'entreprise. Le revenu tiré de l'entreprise est imposé comme un revenu ordinaire et déclaré au moyen des formulaires de déclaration de revenus personnels. Au besoin, une société en nom collectif peut embaucher du personnel comme n'importe quelle autre entreprise.

Comparativement à la société par actions, la société en nom collectif est relativement facile à constituer. Elle est en effet établie par un contrat en vertu duquel les associés conviennent d'exploiter une entreprise, d'y contribuer par la mise en commun de biens, de connaissances ou d'activités et de partager entre eux les profits qui en résulteront. La société en nom collectif permet de bénéficier des compétences et des talents de plusieurs personnes et non d'une seule comme c'est le cas pour l'entreprise individuelle. Le plus souvent, les sociétés en nom collectif se forment parce que chaque associé apporte à l'entreprise un talent particulier ou complémentaire, que ce soit sur le plan du développement commercial, du design d'intérieur ou des compétences techniques.

Le principal désavantage d'une telle forme d'organisation est que chaque associé est, à l'égard des tiers, solidairement responsable des obligations contractées pour l'exploitation de la société. Ainsi, comme pour une entreprise individuelle, lorsque la responsabilité de la société ou d'un de ses associés ou employés est retenue, ce sont les biens personnels de tous les associés qui sont vulnérables et qui peuvent servir à payer les dettes de la société en cas d'insuffisance des biens. L'imposition des revenus aux taux d'imposition personnels constitue un autre désavantage de la société en nom collectif.

La *société en commandite* est une variante du mode d'organisation décrit plus haut. Ce type d'organisation compte un ou plusieurs associés commandités, qui sont les seuls autorisés à administrer la société et à contracter au nom de celle-ci, et un ou plusieurs associés commanditaires, qui sont tenus de la financer. Les associés commandités investissent dans la compagnie, la gèrent et sont financièrement responsables, comme dans une société en nom collectif. Les associés commanditaires sont simplement des investisseurs et reçoivent une part des profits. Ils n'interviennent pas dans la gestion de la société et leur responsabilité est limitée à leur apport dans la société.

Ⓑ Établir l'échéancier du projet

L'échéancier d'un projet se divise en deux étapes principales : l'étape du design et l'étape de la construction et de l'installation. Le designer d'intérieur est responsable d'élaborer le design du projet et de produire les documents contractuels. Il peut aussi être responsable de planifier la commande, la livraison et l'installation de mobilier si cela fait partie de l'entente conclue avec le client.

La planification de la construction incombe à l'entrepreneur. Le professionnel du design doit néanmoins être capable d'estimer l'échéancier de l'ensemble du projet pour que son client ait une idée générale de la durée totale des travaux. Par exemple, si le client doit déménager avant une date précise et que le déroulement normal des travaux de design et de construction ne permet pas d'être prêt pour cette date, le designer d'intérieur peut recommander un échéancier accéléré ou une autre façon de respecter l'échéance.

Au début d'un projet, le designer d'intérieur doit estimer le temps nécessaire pour effectuer le design et produire les dessins d'exécution, puis il répartit le travail entre les personnes affectées au projet. Le temps nécessaire dépend de l'étendue des travaux définie d'un commun accord par le client et le designer d'intérieur et est généralement divisé selon les étapes du projet décrites au chapitre 20, c'est-à-dire la programmation, le design préliminaire, etc. Pour assigner le travail (habituellement en heures ou en jours) à différentes personnes, le designer d'intérieur s'inspire de ses feuilles de temps et de son expérience antérieure dans des projets similaires. Idéalement, ce processus d'estimation permet d'établir les honoraires de façon à laisser suffisamment de temps pour faire du bon travail tout en dégageant un profit. Les diverses méthodes de calcul des honoraires professionnels sont présentées au chapitre 20.

Le temps nécessaire pour effectuer les différentes étapes du projet varie beaucoup et dépend des facteurs suivants :

- **L'envergure et la complexité du projet.** Le design d'un bureau de 80 000 pi^2 est évidemment beaucoup plus long que celui d'un bureau de 4 000 pi^2.
- **Le nombre de personnes qui participent au projet.** Le fait d'ajouter du personnel peut permettre de devancer l'échéancier, mais jusqu'à un certain point, car cela peut aussi devenir désavantageux. L'intervention d'un trop grand nombre

de personnes peut engendrer un problème de gestion et de coordination, d'autant plus que, dans tous les projets, certaines étapes n'exigent qu'un nombre restreint de personnes.

- **Les aptitudes et la méthodologie de design de l'équipe qui travaille au projet.** Les designers d'intérieur peu expérimentés prennent généralement plus de temps que le personnel chevronné pour faire le même travail.
- **Le type de client ainsi que les processus de prise de décision et d'approbation du client.** Habituellement, dans les grandes entreprises ou les organismes publics, de nombreuses personnes sont incluses dans le processus de prise de décision et d'approbation. Il faut parfois des semaines ou des mois pour obtenir les renseignements nécessaires ou l'approbation d'une étape, tandis qu'une petite entreprise ou un client du domaine résidentiel peut prendre la même décision en quelques heures ou en quelques jours.
- **L'existence de dates fixes** comme les dates d'emménagement, d'approbation gouvernementale ou d'expiration d'un bail qui échappent au contrôle du designer d'intérieur.

L'échéancier de construction est établi par l'entrepreneur, mais le designer d'intérieur doit souvent en préparer un à l'étape de la programmation pour que le client ait une idée de la durée totale du projet. Dans ce cas, le designer d'intérieur doit bien préciser à son client que cet échéancier de construction est préliminaire et qu'il n'est pas en mesure de garantir quoi que ce soit en ce qui concerne l'échéancier de l'entrepreneur.

Différentes méthodes permettent d'établir des échéanciers pour le design et la construction. La plus courante et la plus simple est le graphique à barres, aussi appelé graphique de Gantt (figure 21.1). Les différentes activités prévues sont énumérées sur l'axe vertical et la durée de chacune est représentée par une barre horizontale. Ce graphique permet de bien voir les dates de début et de fin de chaque activité, de même que les chevauchements. Le graphique à barres est facile à préparer et à comprendre. Il convient aux projets de petite ou de moyenne envergure. Par contre, il ne montre pas toutes les séquences, et ne permet pas de voir que certaines activités sont interdépendantes.

Une autre méthode couramment utilisée est celle du graphique de cheminement critique. Ce graphique représente schématiquement toutes les tâches nécessaires pour mener à bien un projet, l'ordre dans lequel elles doivent être effectuées, leur durée, la date de début la plus hâtive ou la plus tardive ainsi que la date de fin la plus hâtive ou la plus tardive possible. Il montre également l'ordre des tâches qui sont critiques ou qui doivent commencer et se terminer exactement au moment prévu pour respecter l'échéance globale du projet. La figure 21.2 montre un graphique de cheminement critique pour un projet de design simple.

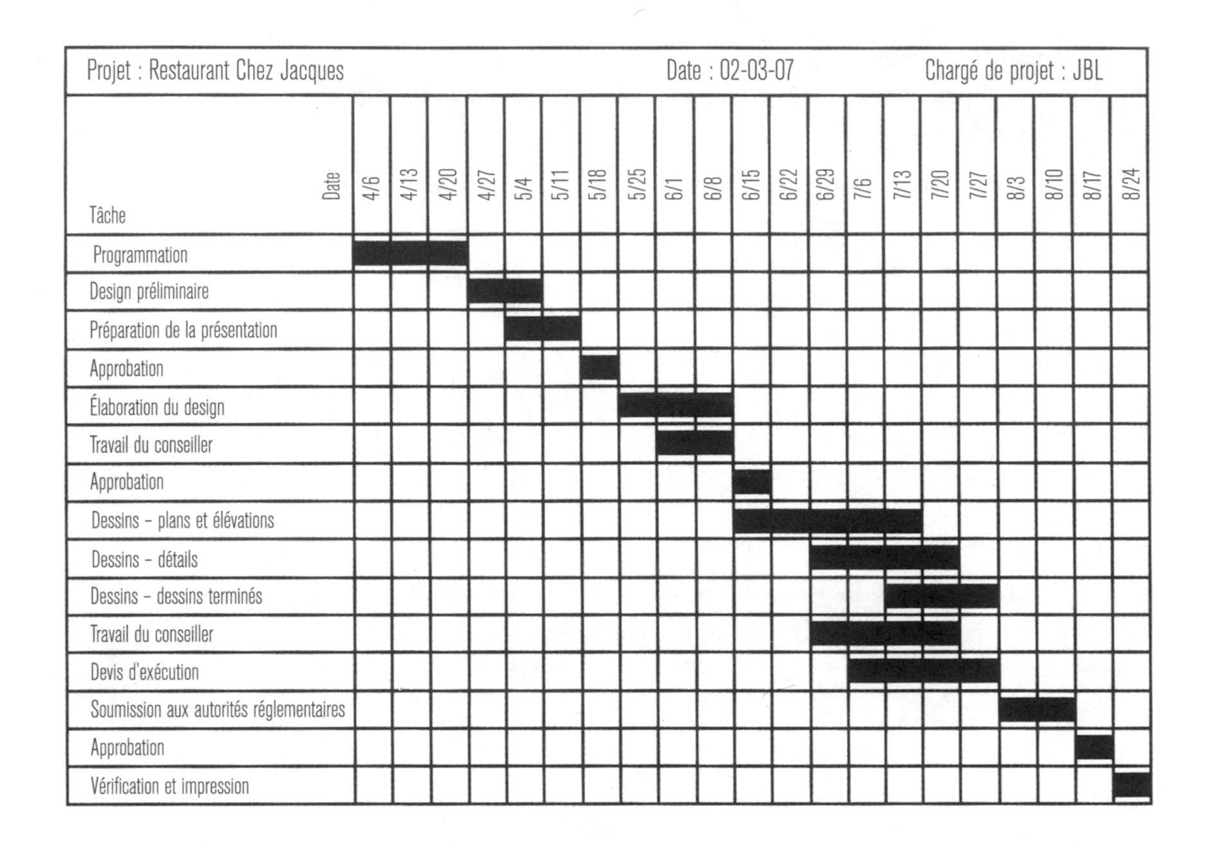

21.1
Graphique de Gantt

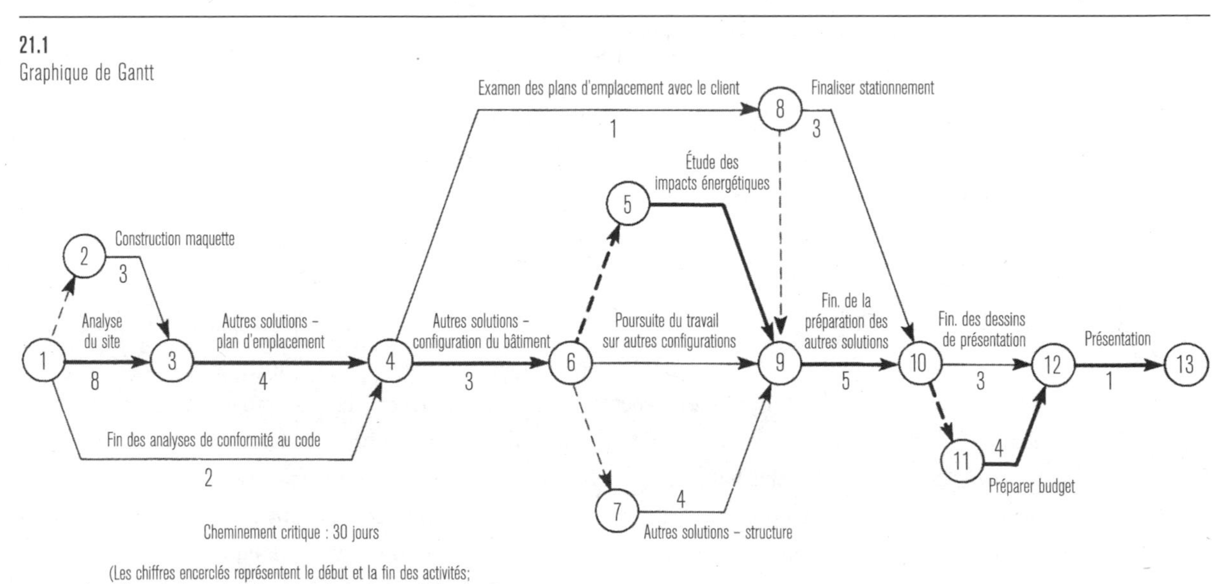

21.2
Graphique de cheminement critique

Chaque flèche du graphique représente une activité ayant un début et une fin (les cercles numérotés). Aucune activité ne peut commencer tant que toutes les activités aboutissant au cercle qui la représente ne sont pas terminées. Les traits plus foncés du graphique montrent le cheminement critique, ou l'ordre des événements qui doivent se dérouler selon l'horaire prévu pour que l'échéance soit respectée. Sous la description de chaque activité, un chiffre indique la durée de cette activité. Les activités non critiques peuvent commencer ou se terminer plus tôt ou plus tard (dans certaines limites) sans modifier l'échéance du projet. Pour les projets de très grande envergure et très complexes, on a souvent recours à des logiciels pour préparer le graphique de cheminement critique et le tenir à jour.

Dans les grands projets, les entrepreneurs utilisent parfois la méthode et le graphique PERT (pour *Program Evaluation and Review Technique*), qu'on appelle en français la méthode de programmation optimale. Cette méthode est similaire à celle du cheminement critique, mais le graphique est différent.

Ⓒ Traitement des commandes et bons de commande

En fonction de l'entente qu'il a conclue avec son client et du mode d'organisation de sa firme, le designer d'intérieur peut procéder de trois façons différentes pour traiter les commandes une fois qu'il a sélectionné l'ameublement et les autres articles devant être achetés et qu'il en a rédigé les spécifications.

Première méthode : le designer d'intérieur peut simplement transmettre le devis d'ameublement à un ou des détaillants ou à des représentants de fabricants de meubles qui prennent la responsabilité de préparer les bons de commande, d'organiser la livraison, de régler les problèmes et de facturer le client directement.

Deuxième méthode : si le designer d'intérieur joue le rôle d'acheteur pour le client, il rédige les bons de commande qui sont ensuite envoyés aux détaillants, aux fabricants et aux fournisseurs, fait le suivi des autres documents administratifs, coordonne la livraison et l'installation, et règle les problèmes qui peuvent survenir.

Troisième méthode : le designer d'intérieur peut aussi jouer le rôle de revendeur de biens. Il prépare les bons de commande, réceptionne la livraison, organise l'installation, reçoit le paiement du client (y compris les taxes applicables) et paie les fabricants ou les fournisseurs.

Dans la plupart des situations, que le designer d'intérieur joue le rôle d'acheteur pour le client ou de revendeur, il est responsable des activités énumérées plus bas relativement aux commandes d'ameublement, d'équipement et d'accessoires.

La première étape après la sélection des meubles et des autres articles consiste à recevoir un contrat de vente ou une proposition de contrat (soumission) signée par le client. Une telle convention oblige le client à payer les articles qui y sont énumérés. Ces documents contiennent habituellement le nom et l'adresse du client, les articles achetés, leur prix ainsi que les coûts de main-d'œuvre, les frais de livraison et les taxes. Si le designer d'intérieur commande les articles sans que le client ait signé une telle convention, il est responsable du paiement des articles si le client ne paie pas.

Une fois la convention signée par le client, il faut préparer un bon de commande. Il s'agit d'un formulaire qui sera envoyé au fabricant ou au fournisseur et qui énumère les articles à acheter, leur numéro de catalogue exact, leur prix, des renseignements sur la livraison et d'autres données. On envoie un bon de commande distinct à chacun des fabricants ou fournisseurs, s'il y en a plus d'un. Pour la firme de design d'intérieur, les bons de commande servent non seulement à commander les articles, mais aussi à faire le suivi des commandes. Ils servent aussi à établir les factures présentées au client si celui-ci paie l'entreprise de design.

Sur réception du bon de commande, le fabricant envoie un *accusé de réception* au designer d'intérieur pour confirmer qu'il l'a bien reçu et lui indiquer de quelle façon il l'interprète. L'accusé de réception reprend le contenu du bon de commande (articles, quantités et coûts), indique la date de livraison prévue et le mode d'expédition de la marchandise. Le designer d'intérieur est responsable de vérifier l'exactitude de l'accusé de réception par rapport au bon de commande.

Quand le fabricant expédie la marchandise chez le client, il envoie normalement une *facture* au designer d'intérieur (ou à la personne ayant commandé les articles) en même temps. Le designer d'intérieur (ou la personne responsable) paie la facture.

Quand la marchandise est expédiée, le transporteur (généralement un camionneur) reçoit un *connaissement* qui énumère le contenu du chargement. Lorsque le camion arrive à destination, il faut vérifier que le nombre d'articles livrés correspond bien à ce qui est inscrit sur le connaissement. Un *bordereau d'expédition* accompagne également le chargement dans une enveloppe cachetée fixée à l'un des articles. Ce bordereau décrit les articles expédiés et en indique le nombre, et doit lui aussi être comparé avec le chargement et le connaissement.

Si la marchandise est livrée à un entrepôt avant d'être envoyée sur le site du projet, il faut l'inspecter pour s'assurer qu'elle n'a pas subi de dommages pendant le transport. Cette inspection doit être faite par le designer d'intérieur ou son représentant. Tout dommage doit être signalé au chauffeur et mentionné sur le connaissement. Certains prennent aussi des photographies des dommages pour justifier leurs demandes de remboursement. Les dommages doivent être signalés à l'expéditeur le plus rapidement possible.

Si la marchandise est livrée sur le site du projet et que l'on respecte les Conditions générales du contrat de l'AIA/ASID, le maître de l'ouvrage est responsable d'inspecter les articles livrés, mais uniquement pour identifier la marchandise et vérifier les quantités reçues. De telles inspections ne sont pas considérées comme définitives et ne constituent ni une acceptation ni une prise en charge de la marchandise. S'il découvre des dommages, le maître de l'ouvrage doit en avertir l'entrepreneur qui verra à corriger la situation.

4 DÉVELOPPEMENT DES AFFAIRES

Dans le marché concurrentiel des services professionnels, le designer d'intérieur ne peut plus se contenter d'attendre passivement l'appel téléphonique qui lui annonce un nouveau client ou un gros projet. Le marketing et les relations publiques font partie intégrante des activités des entreprises prospères et le designer d'intérieur doit en connaître les principales facettes.

(A) Marketing

Le marketing peut se définir simplement comme un ensemble d'activités visant à faciliter un échange honnête entre le professionnel qui a un service à offrir et le client éventuel, qui en a besoin. Les entreprises de design d'intérieur utilisent toutes sortes de techniques de marketing. Chaque entreprise doit choisir celles qui lui conviennent selon le type de marché qu'elle vise, la région dans laquelle elle est établie, le type de projets qu'elle souhaite entreprendre ainsi que le budget et le personnel qu'elle peut consacrer au marketing, entre autres facteurs. Les techniques de marketing décrites ci-dessous sont les plus répandues.

Identité de l'entreprise. Même si l'identité visuelle de l'entreprise n'est pas une technique de marketing à proprement parler, elle constitue une exigence fondamentale pour toute entreprise professionnelle et joue sur d'autres aspects du marketing. L'identité visuelle de l'entreprise est une image graphique distinctive, utilisée systématiquement pour représenter l'entreprise. Il peut s'agir d'un logo ou d'une marque conçus spécialement pour l'entreprise ainsi que d'un traitement unique du nom de l'entreprise. Toutes les entreprises doivent se doter d'un bon programme d'identité visuelle englobant tous les éléments graphiques et promotionnels comme les cartes professionnelles, la papeterie, les brochures, les dossiers de présentation, les bulletins, les formulaires et le cartouche du papier à dessin, notamment. Un programme d'identité bien conçu peut communiquer visuellement les principes et les valeurs de l'entreprise, donner à l'entreprise une visibilité qui appuie ses efforts de marketing, contribuer à l'organisation des marches à suivre internes et de la documentation des projets, et conférer une image cohérente à l'entreprise.

La prospection client. Il faut être sensible à toute indication de client potentiel, c'est-à-dire à toute information pouvant mener à l'obtention d'un mandat. Tout projet ou changement prévu dans un immeuble (un changement de locataire, par exemple) peut aussi être une indication de client potentiel, car il peut signifier qu'on aura besoin éventuellement des services d'un designer d'intérieur. Les entreprises de design orientent de plus en plus leurs efforts de marketing vers les types de clients qui les intéressent ou les types de projets dans lesquels elles se spécialisent; c'est pourquoi il importe qu'elles restent sensibles à toutes les indications de client potentiel et les cultivent pour réussir. Par exemple, une entreprise de design qui se spécialise dans les cabinets d'avocats peut dresser la liste de tous ceux d'une région donnée de façon à cibler uniquement ces clients potentiels plutôt que de gaspiller ses efforts auprès des cabinets d'experts-comptables.

Brochure. La brochure est un outil de marketing essentiel pour toutes les entreprises de design d'intérieur. Une brochure promotionnelle contient une brève description de l'entreprise, de ses compétences et des services spécialisés qu'elle offre et est illustrée de photographies représentatives des projets que l'entreprise a réalisés. Les formes et dimensions de la brochure promotionnelle peuvent varier, allant du simple dépliant jusqu'à l'ouvrage relié. En général, toutefois, la brochure doit surtout être bien conçue, relativement brève et mise en page de façon à donner aux lecteurs une bonne idée de l'entreprise et de ses atouts. Une bonne brochure doit servir de rappel et d'incitatif; elle doit inviter le client potentiel à communiquer avec l'entreprise pour en savoir plus.

Présentations audiovisuelles. On utilise souvent des présentations audiovisuelles pour donner des renseignements détaillés sur une entreprise et son travail ou pour préciser comment un designer d'intérieur pourrait aborder le problème de design d'un client en particulier. Les diaporamas sont très fréquemment utilisés, car ils sont relativement faciles à monter et peuvent être personnalisés pour chaque client. Les professionnels du design utilisent de plus en plus les vidéos, mais une vidéo professionnelle coûte cher à produire et ne permet pas au public de poser des questions ni d'intervenir durant la présentation.

Bulletins. La publication d'un bulletin périodique est un moyen efficace pour rappeler le nom et le travail de l'entreprise à un vaste auditoire. Les bulletins promotionnels (et non les bulletins internes destinés au personnel de l'entreprise) sont des documents bien conçus que l'on envoie aux clients passés, actuels et potentiels. Ce sont des outils de marketing relativement peu coûteux mais, pour être efficaces, ils doivent être publiés à intervalles réguliers. Il faut donc s'engager à y consacrer le temps et l'argent nécessaires.

Publicité. La publicité englobe toutes les communications payées dans les médias, comme les journaux, les magazines ou la télévision. Auparavant perçue comme contraire à la déontologie professionnelle, elle est aujourd'hui couramment employée pour rejoindre un vaste marché. Contrairement aux communiqués de presse, aux articles et à d'autres outils de promotion, elle a pour avantage d'offrir la certitude de rejoindre le public cible, car le placement d'une annonce ne dépend pas d'une décision éditoriale.

(B) Relations publiques

Les relations publiques diffèrent du marketing en ce qu'elles ne sont pas liées à un projet ni à un client potentiel précis. Au contraire, elles communiquent la présence de l'entreprise à divers « publics » de toutes sortes de façons. Elles cherchent à créer une image positive de l'entreprise aux yeux de groupes cibles. Bien entendu, le public cible le plus important pour un designer d'intérieur comprend les personnes qui pourraient avoir besoin de ses services ou qui pourraient le recommander à d'autres personnes.

Le plan de marketing de toute entreprise doit comporter un programme de relations publiques. Pour être efficace, un tel programme doit définir le public cible et ses besoins, car l'entreprise de design cherche à mettre en valeur des services qui correspondent aux besoins d'un groupe de personnes en particulier. Pour assurer l'efficacité de la communication, toutes les activités de relations publiques doivent être menées en fonction du public cible et dans les termes qu'il comprend le mieux.

Les relations publiques offrent plusieurs moyens de faire la promotion d'une entreprise de design d'intérieur. Le communiqué de presse est le plus communément utilisé. Il s'agit d'un court texte sur un événement digne d'intérêt touchant l'entreprise de design (comme l'inauguration d'un projet, ou l'attribution d'un prix) qui est envoyé aux publications ciblées dans l'espoir que le rédacteur en chef le publiera. Les publications visées peuvent être des journaux locaux, des revues spécialisées, des magazines régionaux ou des publications spécialisées nationales.

Les communiqués de presse sont l'un des moyens les plus économiques de faire connaître une entreprise de design d'intérieur. Malheureusement, bon nombre de communiqués de presse ne sont jamais publiés parce qu'ils sont mal rédigés ou mal présentés, ne sont pas conformes aux exigences de la publication ou ne contiennent aucune information nouvelle qui soit vraiment digne d'intérêt. Le designer d'intérieur qui songe à utiliser ce moyen doit donc s'assurer que le communiqué de presse est rédigé selon les règles de l'art.

La parution dans un magazine d'un article sur l'un des projets réalisés par l'entreprise est une autre excellente forme de publicité. Il vaut mieux qu'un tel article soit publié dans un magazine destiné aux clients plutôt que dans un magazine spécialisé. (Par contre, il est flatteur de faire l'objet d'un article dans un magazine de design et il est toujours possible d'envoyer des tirés à part de l'article aux clients actuels et potentiels.) Par exemple, un article sur le design intérieur d'une banque touchera davantage les banquiers à la recherche de services de design d'intérieur s'il est publié dans les magazines bancaires plutôt que dans une revue professionnelle de design d'intérieur. Les articles techniques rédigés par un designer d'intérieur peuvent également servir à faire la promotion d'une entreprise et de ses services.

Parmi les autres méthodes de relations publiques, mentionnons l'organisation de séminaires ou d'ateliers sur des sujets intéressant les publics cibles, le bénévolat dans des projets ou des groupes communautaires, la participation à la vie politique locale, l'obtention de prix et l'organisation de journées portes ouvertes pour le public.

5 Ressources professionnelles

Les ressources professionnelles désignent les distributeurs, détaillants, fabricants, représentants, sous-traitants ou gens de métier qui fournissent des biens ou des services au designer d'intérieur. Dans certains cas, ces personnes-ressources (par exemple, un sous-traitant) ne travaillent pas directement pour le designer d'intérieur ou avec lui, mais sont embauchées par l'intermédiaire d'un entrepreneur général qui est responsable de mener le projet à bien. Par exemple, si un client a conclu un contrat directement avec un entrepreneur général pour la rénovation d'une maison, les sous-traitants comme les menuisiers, les électriciens et les plombiers travaillent pour l'entrepreneur général et n'ont pas d'entente formelle avec le designer d'intérieur ni avec son client.

La plupart du temps, les ressources professionnelles sont des fournisseurs d'information et de produits pour le designer d'intérieur. L'une des ressources les plus courantes est le distributeur spécialisé. Bénéficiant d'une salle d'exposition locale, il a le droit exclusif de présenter et de vendre les gammes d'ameublement d'un ou de plusieurs fabricants. Ces salles d'exposition sont habituellement réservées aux gens du métier – designers d'intérieur, architectes et autres professionnels.

Pour leur part, les détaillants de meubles offrent leurs services au grand public ainsi qu'aux designers d'intérieur. Ces magasins ont souvent un stock considérable et comptent des designers d'intérieur dans leur personnel pour aider les clients. La plupart du temps, ils vendent leur marchandise au public au prix de détail, mais consentent des remises aux designers d'intérieur qui achètent au nom de leurs clients.

Les représentants de manufacturiers jouent le rôle d'agents locaux pour un fabricant en particulier. Les principaux services qu'ils offrent consistent à fournir des renseignements sur les produits, à faire le lien avec le fabricant qu'ils représentent, à donner des prix, à fournir des échantillons, à remettre des catalogues sur la gamme de produits et à répondre aux questions des designers d'intérieur et des architectes sur la gamme de produits. Ils peuvent avoir une salle d'exposition, mais souvent ils n'en ont pas. Certains représentants sont indépendants, ce qui signifie qu'ils travaillent à leur propre compte et peuvent représenter plusieurs fabricants. Certains représentants travaillent uniquement pour un fabricant dont ils sont les employés.

Les magasins spécialisés sont, comme les magasins de meubles au détail, ouverts au grand public, mais ils se spécialisent dans une certaine catégorie d'articles. Les magasins de luminaires ou les galeries d'art en sont de bons exemples. Tout comme les détaillants de meubles, ils consentent habituellement aux designers d'intérieur et aux autres professionnels une remise sur le prix courant.

Enfin, mentionnons les artisans spécialisés comme les ébénistes, les artisans du vitrail ou les artistes du textile. Leur participation au projet varie selon la nature du projet et la méthode contractuelle privilégiée par le designer d'intérieur ou le client. En effet, les artisans peuvent avoir un contrat avec le designer d'intérieur ou travailler directement pour le client qui coordonne leurs activités par l'intermédiaire du designer d'intérieur ou ils peuvent être embauchés à titre de sous-traitants par l'entrepreneur général.

QUESTIONS

1. Une semaine après la livraison du mobilier sur le site du projet, après son installation à l'emplacement définitif et la signature d'approbation du maître de l'ouvrage, on découvre des dommages avant que le client emménage. Qui est responsable de corriger les dommages?

    1. Le maître de l'ouvrage
    2. Le détaillant de meubles
    3. La compagnie de camionnage
    4. L'entrepreneur général

2. Pour un petit projet dans un commerce de détail, quel type de graphique le designer d'intérieur est-il le plus susceptible d'utiliser pour son échéancier?

    1. Un graphique de Gantt
    2. Un graphique de cheminement critique
    3. Un graphique PERT
    4. Un échéancier accéléré

3. Une commerçante vous appelle pour vous dire qu'elle aimerait vous embaucher pour un projet, car elle est insatisfaite du travail effectué par le designer d'intérieur actuellement affecté à ce projet. Quelle devrait être votre réaction *immédiate?*

    1. Refuser l'offre de la commerçante et lui dire que le premier designer d'intérieur doit terminer le projet
    2. Dire à la commerçante que vous pouvez discuter avec elle d'une entente éventuelle uniquement si l'autre designer d'intérieur n'est plus affecté au projet
    3. Suggérer que l'autre designer d'intérieur et vous travailliez ensemble pour mener le projet à terme à la satisfaction de la commerçante
    4. Dire à la commerçante que vous pouvez commencer à travailler en attendant une lettre de sa part confirmant que toutes les relations contractuelles ont été rompues avec le premier designer d'intérieur

4. Un chargement de meubles est vandalisé dans un lieu d'entreposage sur le site du projet. Quelles assurances couvrent ce sinistre?

    1. Celles du designer d'intérieur
    2. Celles du maître de l'ouvrage
    3. Celles de l'entrepreneur
    4. Celles du détaillant de meubles

5. Quelle forme juridique d'organisation donne le plus de contrôle aux fondateurs d'une entreprise ?

   1. L'entreprise individuelle
   2. La société par actions
   3. La société professionnelle
   4. La société créée en vertu du « Subchapter S »

6. Après la présentation du design définitif, votre client vous autorise par écrit à préparer les documents contractuels et à commander l'ameublement. Vous rédigez les bons de commande et vérifiez les accusés de réception. Les meubles sont livrés, mais le client refuse de payer un canapé en disant qu'il ne l'aime pas et ne correspond pas à ce qu'il voulait. Que devez-vous faire ?

   1. Dire au client que parce qu'il vous a autorisé par écrit à procéder, il est obligé de payer tous les meubles
   2. Rappeler au client que le canapé figurait dans la présentation du design définitif, qu'il a approuvé
   3. Essayer de convaincre le client que le canapé correspond à ce qu'il veut, tout en sachant que vous pourriez être obligé de le payer parce que vous ne lui avez pas fait signer une convention de vente
   4. Payer le canapé, car il n'y a pas eu de proposition de contrat pour l'ameublement, commander un nouveau canapé et radier le montant perdu

7. Quel serait le type de marketing le plus approprié pour une entreprise de design d'intérieur nouvellement créée ?

   1. Du papier à lettres bien conçu et un bulletin trimestriel
   2. Une campagne de publipostage envoyée à des types de clients précis
   3. De la publicité dans les magazines locaux
   4. Une identité visuelle bien conçue et une brochure présentant l'entreprise

8. Lequel des éléments suivants n'est généralement *pas* considéré comme une ressource professionnelle ?

   1. L'artisan
   2. L'entrepreneur général
   3. Le représentant d'un fabricant
   4. Une salle d'exposition d'ameublement

9. Quel type d'assurance est la *moins* utile à un designer d'intérieur en exercice ?

   1. Frais médicaux des employés
   2. Accidents du travail
   3. Responsabilité civile générale
   4. Automobile

10. Quel type d'assurance le maître de l'ouvrage n'est-il *pas* obligé de souscrire ?

   1. Responsabilité civile générale
   2. Accidents du travail
   3. Assurances des biens
   4. Erreurs et omissions

22

Coordination de projet

1 Gestion de projet

La gestion de projet est l'une des activités les plus importantes du designer d'intérieur. Un chargé de projet coordonne l'ensemble du processus d'un projet, depuis son démarrage jusqu'à l'emménagement et au suivi post-emménagement. La gestion de projet comprend la planification, le suivi de chantier, la coordination et la direction, l'archivage et l'achèvement du projet.

(A) Établissement des prévisions

Le chargé de projet doit suivre l'ensemble du déroulement du projet, du moment où l'on établit l'étendue des travaux et la première estimation des honoraires jusqu'au dernier suivi. L'établissement des prévisions consiste à déterminer les exigences dans les trois domaines cruciaux que sont le temps, les honoraires et la qualité. La gestion du temps consiste à établir un échéancier de travail tout en s'assurant que l'on aura les ressources et les honoraires suffisants pour le mener à bien. Les méthodes de gestion de l'échéancier sont traitées au chapitre 21.

Le calcul des honoraires est une des premières tâches que doit accomplir le chargé de projet et l'une des plus importantes. Ce calcul consiste à prendre le total des honoraires que recevra la firme pour le projet et à les répartir selon l'échéancier et les membres de l'équipe qui participent au projet, après avoir soustrait le profit, les frais généraux et les autres dépenses qui ne correspondent pas au temps de travail professionnel.

Idéalement, le calcul des honoraires devrait s'effectuer à partir d'une projection détaillée de l'étendue des travaux, des coûts qui y sont associés (dépenses directes de main-d'œuvre, dépenses indirectes et frais généraux), des honoraires des conseillers, des dépenses remboursables et du profit recherché. Tous ces chiffres doivent être établis en vue d'en arriver à une entente finale avec le client concernant les honoraires. Si cette estimation est bien faite, il doit y avoir assez d'argent pour mener le projet à terme dans les délais fixés.

De nombreuses méthodes permettent de calculer et de répartir les honoraires, et il existe même des logiciels spécialisés. La figure 22.1 illustre un formulaire simple qui combine la gestion de l'échéancier et le calcul des honoraires. Dans cet exemple, les honoraires totaux, c'est-à-dire la somme disponible pour rémunérer les personnes qui effectuent le travail après déduction du profit, des honoraires des conseillers et des autres dépenses, figurent dans le coin inférieur droit du tableau. Les différentes étapes ou tâches à accomplir sont énumérées dans la colonne de gauche et les périodes de temps nécessaires pour les accomplir (en nombre de semaines) figurent sur la ligne du haut.

Le chargé de projet estime le pourcentage du travail ou des honoraires que chaque étape exigera. Cette estimation est fondée sur son expérience et sur les règles qu'a établies la firme. Ces pourcentages sont inscrits dans la troisième colonne à partir de la droite et multipliés par le total des honoraires pour obtenir les honoraires consacrés à chaque étape (deuxième colonne à partir de la droite). Ces honoraires sont ensuite divisés par le nombre de périodes prévues et le nombre obtenu est inscrit sous chaque période.

Projet : Petit centre commercial — N° de projet : 9274 — Date : 10/14/92

Effectué par : JBL — Chargé de projet : JBL — Honoraires totaux : 26 400 $

Étape ou tâche	Période 1	2	3	4	5	6	7	8	9	% des honoraires	Honoraires par étape ou tâche	Estimation heures-personnes
Date	11/16-22	11/23	11/30	12/7	12/14	12/21	12/28	1/4	1/11			
DP - design	1320	1320								10	2640	
DP - présentation		1320								5	1320	
ÉD - architecture			1980	1980						15	3960	
ÉD - coordination conseillers			530	790						5	1320	
ÉD - approbations				1320						5	1320	
DC - plans, élévations					1056	1056	1056	1056	1056	20	5280	
DC - détails							2640	2640		20	5280	
DC - coordination conseillers					440		440	440		5	1320	
DC - devis d'exécution								1320	1320	10	2640	
DC - sélection matériaux					660	660				5	1320	
Honoraires prévus/période	1320	2640	2510	4090	2156	1716	4136	5456	2376	100 %	26 400 $	
Heures-personnes ou semaines	53 / 1,3	106 / 2,6	100 / 2,5	164 / 4	108 / 2,7	86 / 2,2	207 / 5	273 / 6,8	119 / 3			
Personnel	JLK	JLK AST JBC	JLK AST EMW-(1/2)	JLK AST JBC EMW	JLK AST EMW	JLK AST	JLK AST EMW →	JLK SBS BFD	JLK AST EMW			
Honoraires réels												

N. B. : DP : design préliminaire; ÉD : élaboration du design; DC : documents de construction

22.1
Tableau de calcul des honoraires

Si les étapes ou les tâches se chevauchent (comme c'est le cas dans le tableau de la figure 22.1), la somme des honoraires prévus pour chaque période est inscrite au bas de la colonne. Cette somme peut ensuite être divisée par un tarif de facturation moyen pour les personnes qui travaillent au projet afin de déterminer le nombre approximatif d'heures que la firme peut se permettre de consacrer au projet chaque semaine tout en réalisant un profit. Bien entendu, si ce nombre d'heures tend à dépasser 40, il faut prévoir plus d'une personne pour faire le travail.

En contrôlant les feuilles de temps chaque semaine, le chargé de projet peut comparer les heures ou les honoraires réels par rapport aux heures ou aux honoraires budgétisés et prendre les mesures qui s'imposent si les heures réelles dépassent les heures prévues.

La gestion de la qualité consiste à définir avec le client quelles sont ses attentes quant au design, aux coûts et aux autres aspects du projet. La qualité n'a pas tant à voir avec des finis coûteux qu'avec les exigences du client compte tenu de ses besoins. Ces besoins doivent être clairement définis à l'étape de la programmation, ils doivent ensuite être consignés par écrit et approuvés par le client avant le début du travail de design.

(B) Suivi

Le travail de suivi consiste, comme son nom l'indique, à suivre le déroulement du projet afin d'assurer que l'échéancier, les honoraires et la qualité sont conformes aux prévisions. Les feuilles de temps hebdomadaires sont comparées au calcul des honoraires. La figure 22.2 illustre une façon d'effectuer cette comparaison, à partir du même exemple de projet que dans la figure 22.1.

Dans ce tableau, les honoraires hebdomadaires prévus pour chacune des étapes figurent dans les colonnes correspondant aux périodes de temps. Les montants réels sont inscrits immédiatement en dessous. Au bas du tableau, un graphique simple montre les heures réellement dépensées par rapport aux honoraires prévus.

Le chargé de projet peut aussi construire un graphique à partir des pourcentages de travail accompli comparativement aux heures dépensées. Si l'une ou l'autre de ces lignes dépasse trop les estimations, le chargé de projet doit déterminer le problème et le corriger.

Le suivi de la qualité est parfois plus difficile. À intervalles réguliers durant un projet, le chargé de projet, les designers d'intérieur et les patrons de la firme doivent examiner le déroulement du projet pour s'assurer que les problèmes initiaux ont été résolus et que le travail se déroule conformément aux attentes du client et de la firme. Ils peuvent également examiner le travail en cours pour s'assurer qu'il est techniquement impeccable et que toutes les obligations contractuelles sont remplies.

Projet : Petit centre commercial Étape/personnel/services		Périodes												
		1	2	3	4	5	6	7	8	9	10	11	12	Total
Design préliminaire	Prévu au budget	1320	640											
	Réel	2000	2900											
Élaboration du design	Prévu au budget				4090									
	Réel			3200										
Documents de construction	Prévu au budget					2156	1716	4136	5456	2376				
	Réel													
	Prévu au budget													
	Réel													
	Prévu au budget													
	Réel													
	Prévu au budget													
	Réel													
	Prévu au budget													
	Réel													
Total (cumulatif)	Prévu au budget	1320	3960	6470	10 560	12 716	14 432	18 568	24 024	26 400				
	Réel	2000	4900	8110										

Honoraires en dollars

Au début du projet, tracez la ligne des heures ou des dollars prévus au budget. Tracez la ligne des dépenses ou des heures réelles à mesure que le projet avance. Tracez également le pourcentage d'achèvement à mesure que le projet avance.

Prévu au budget - - - -

Réel ———

% d'achèvement: 100, 80, 60, 40, 20

22.2
Tableau de suivi d'un projet

Ⓒ Coordination et direction

Tout au long du projet, le chargé de projet doit coordonner les actions et les décisions des différentes personnes qui participent au projet : les employés de la firme de design, les conseillers, le client, les responsables de la conformité au code du bâtiment et les patrons de la firme. Le travail de chaque employé doit aussi être contrôlé chaque jour ou chaque semaine afin d'assurer que toutes les tâches sont effectuées en fonction de l'échéancier.

Ⓓ Archivage

Tout ce qui se fait durant un projet doit être consigné par écrit. Cela permet d'établir un registre de ce qui s'est passé en cas de différends et de constituer une archive du projet à des fins de référence ultérieure. Cela est également un élément essentiel de la communication. En effet, une note de service est plus précise, plus claire et plus difficile à oublier qu'un simple appel téléphonique.

La plupart des firmes de design d'intérieur ont des formulaires types pour les transmissions, les rapports de visite de chantier, les feuilles de temps et les autres documents de ce genre. Ces formulaires facilitent la consignation et l'archivage de l'information utile. En outre, toutes les réunions doivent faire l'objet d'un compte-rendu, de même que les appels téléphoniques, les journaux de bord et les communications officielles comme les lettres et les notes de service.

2 ADMINISTRATION DU CONTRAT

L'administration du contrat comprend toutes les activités effectuées par le designer d'intérieur pendant la durée du contrat d'exécution établi entre le maître de l'ouvrage et l'entrepreneur. Les tâches du designer d'intérieur sont énumérées dans le formulaire A271 de l'AIA/ASID, *General Conditions of the Contract for Furniture, Furnishings and Equipment* (Conditions générales du contrat d'ameublement, d'accessoires et d'équipement). Les sections qui suivent présentent les dispositions les plus importantes de ce document, que vous devez connaître. Le chapitre 20 contient des renseignements additionnels sur les tâches du designer d'intérieur.

(A) Pièces à soumettre

Après la conclusion du contrat, l'entrepreneur est responsable de présenter les pièces demandées dans les documents contractuels, notamment les dessins d'atelier, échantillons et données sur les produits. Ces pièces sont parfois préparées par l'entrepreneur, mais le plus souvent elles sont soumises par les sous-traitants, les distributeurs ou les fournisseurs de matériaux.

Les dessins d'atelier sont des dessins, des diagrammes, des tableaux et d'autres documents qui montrent comment un sous-traitant ou un fournisseur propose de fournir et d'installer l'ouvrage conformément aux exigences des documents contractuels. Il s'agit donc de dessins très détaillés ou de données sur un produit qui indiquent comment sera construite une portion de l'ouvrage. Les échantillons sont de petites quantités d'un matériau, d'un fini ou d'un équipement qui permettent de voir de quoi aura l'air l'ouvrage une fois terminé. Ils deviennent les étalons d'après lesquels on jugera de l'apparence et de la qualité d'exécution de l'ouvrage fini. Les données sur les produits sont des brochures, des tableaux, des analyses de performance, des pages de catalogue ou d'autres types de documents qui donnent des renseignements, souvent accompagnés de figures, sur les produits et matériaux utilisés dans une portion de l'ouvrage. Précisons toutefois que ces documents, même s'ils montrent en détail comment une bonne portion de l'ouvrage sera exécutée et installée, ne constituent pas des documents contractuels.

Quand ce sont les sous-traitants ou les fournisseurs de matériaux qui préparent les dessins d'atelier et les autres pièces à soumettre, ils les envoient à l'entrepreneur général, qui est responsable de les vérifier et de les approuver. L'entrepreneur doit s'assurer que les dessins sont conformes aux dimensions relevées sur le chantier, que les matériaux ont été vérifiés et que les autres critères de construction ont été coordonnés. Les pièces doivent être vérifiées par l'entrepreneur avant d'être envoyées au designer d'intérieur. Si les pièces à soumettre n'ont pas été vérifiées et approuvées par l'entrepreneur, le designer d'intérieur doit les lui retourner avant même de les examiner.

Le designer d'intérieur examine les pièces à soumettre uniquement pour vérifier qu'elles sont conformes aux renseignements fournis et qu'elles respectent l'intention du design. Il n'est pas responsable de l'exactitude des dimensions ni de la précision des détails, il n'a pas à vérifier les quantités ni les processus de fabrication ou d'installation. L'examen du designer d'intérieur ne dégage pas l'entrepreneur de ses responsabilités contractuelles. Cela signifie, par exemple, que si une erreur dans les dessins d'atelier échappe au designer d'intérieur, l'entrepreneur est quand même responsable de construire l'ouvrage conformément aux documents contractuels et de veiller à ce que les dessins d'atelier soient conformes à ces documents.

Si les pièces à soumettre nécessitent l'examen d'un des conseillers du designer d'intérieur, d'un ingénieur en électricité par exemple, le designer d'intérieur les achemine au conseiller, qui les lui retourne après examen. Le designer d'intérieur les examine à son tour, puis les retourne à l'entrepreneur qui les rend au sous-traitant ou au fournisseur de matériaux qui les a préparées. Il peut indiquer sur les dessins qu'aucune exception n'est acceptée, que les corrections indiquées doivent être apportées, que les dessins doivent être révisés et présentés à nouveau, ou qu'ils sont rejetés.

Ⓑ Visites de chantier

Dans le cadre de ses services de base, le designer d'intérieur visite le chantier à des intervalles correspondant aux étapes de la construction ou convenus par écrit. Ces visites ont pour but de lui permettre de prendre connaissance de la progression et de la qualité des travaux et de déterminer, de façon générale, si le projet se déroule de manière que l'ouvrage terminé soit conforme aux documents contractuels.

En revanche, le designer d'intérieur n'est pas tenu d'effectuer des inspections de chantier exhaustives ou fréquentes. À partir de ses observations, il doit tenir le maître de l'ouvrage au courant du déroulement et de la qualité du travail. En général, après chaque visite, le designer d'intérieur envoie à son client un rapport de visite de chantier dont il fait suivre une copie à l'entrepreneur.

Durant la construction et l'installation, le designer d'intérieur n'est pas responsable des moyens, méthodes, techniques ou processus de construction, de fabrication, d'expédition ou de livraison et d'installation de l'ouvrage. Le designer d'intérieur n'est pas responsable non plus des mesures de sécurité sur le chantier ni des actes ou omissions de l'entrepreneur, des sous-traitants ou des fournisseurs dans l'exécution de leur travail en vertu des documents contractuels.

Durant ses visites au chantier, le designer d'intérieur peut remarquer un élément non conforme aux documents contractuels. Dans ce cas, il peut recommander au maître de l'ouvrage de refuser cet élément de l'ouvrage. Le designer d'intérieur n'a pas le droit de refuser l'ouvrage, mais il a l'autorité d'exiger des inspections spéciales ou des essais d'une partie de l'ouvrage pour en vérifier la conformité.

Des différends surviennent inévitablement pendant un projet. Les Conditions générales du contrat de l'AIA/ASID précisent que le designer d'intérieur est l'interprète des exigences des documents contractuels et le juge du travail du maître de l'ouvrage et de l'entrepreneur en vertu de ces documents. Le designer d'intérieur doit donner les interprétations nécessaires à l'exécution adéquate de l'ouvrage. Toute réclamation ou tout différend entre l'entrepreneur et le maître de l'ouvrage est d'abord soumis au designer d'intérieur qui doit rendre sa décision par écrit. Dans de telles circonstances, le designer d'intérieur doit faire preuve d'impartialité et rendre une décision conforme à l'intention des documents contractuels. Si la décision est rejetée par le maître de l'ouvrage ou par l'entrepreneur, elle est soumise à l'arbitrage sur demande écrite de l'une ou l'autre des parties, conformément aux dispositions du contrat.

Les retards font partie intégrante des projets de design d'intérieur et peuvent engendrer de nombreux problèmes. Si un retard est causé par un acte ou une négligence du maître de l'ouvrage ou du designer d'intérieur ou par des modifications à l'ouvrage, un conflit de travail, un incendie ou par des causes similaires, l'entrepreneur a droit à un report de la date d'échéance. Ce report doit faire l'objet d'un avenant au marché fixant une nouvelle échéance raisonnable déterminée par le designer d'intérieur. La plupart du temps, dans une telle situation, l'entrepreneur demande un paiement supplémentaire pour couvrir les frais généraux et les coûts de supervision additionnels causés par le retard. Évidemment, si le retard est causé par une négligence de l'entrepreneur, celui-ci n'a droit ni à un report de l'échéance, ni à un paiement additionnel.

Ⓒ Modifications de l'ouvrage

Durant la construction, il faut presque toujours apporter des modifications à l'ouvrage. Celles-ci peuvent être dues à des erreurs décelées dans les dessins, à des conditions imprévues sur le chantier, à des changements demandés par le client, à des décisions des autorités de la construction ou à de nombreux autres facteurs. Pendant l'appel d'offres et avant la conclusion du contrat, les modifications font l'objet d'*addenda*. Durant la construction, les modifications de l'ouvrage font l'objet de directives ou de notifications écrites si elles sont mineures et d'*avenants au marché* si elles sont plus importantes.

Si la modification demandée ne change pas le montant du marché ni l'échéance du projet et est conforme aux documents contractuels, le designer d'intérieur peut produire une directive écrite indiquant à l'entrepreneur de faire la modification. Par exemple, avant la construction, le déplacement d'une ouverture de porte de 6″ du cadre est considéré comme une modification mineure.

Un avenant au marché est un document autorisant un écart par rapport aux documents contractuels originaux; il modifie le montant du marché, l'échéance du contrat ou les deux. Voir la figure 22.3. Techniquement, il est produit par le maître de l'ouvrage, car le contrat est établi entre le maître de l'ouvrage et l'entrepreneur, mais il est habituellement préparé par le designer d'intérieur et, parfois, par l'entrepreneur. L'avenant doit être signé par le maître de l'ouvrage, le designer d'intérieur et l'entrepreneur.

L'une ou l'autre des trois parties peut suggérer un avenant au marché mais, normalement, le designer d'intérieur présente un projet de modification à l'entrepreneur. Ce projet est accompagné des dessins à l'appui et de tout autre document nécessaire pour décrire pleinement la modification proposée. L'entrepreneur présente sa proposition de prix et d'échéance pour effectuer la modification. Si le client accepte le prix et l'échéance de l'entrepreneur, l'avenant au marché officiel est rédigé et signé par les trois parties.

(D) Paiements d'acomptes

Durant la construction, l'entrepreneur demande des paiements périodiques, habituellement une fois par mois, sur le montant du marché. En vertu des Conditions générales du contrat de l'AIA/ASID, le designer d'intérieur est responsable de s'assurer que les sommes demandées correspondent à la portion de l'ouvrage achevé et aux produits livrés à l'emplacement de l'ouvrage.

Pour recevoir un paiement périodique, l'entrepreneur doit présenter au designer d'intérieur une demande de paiement notariée au moins dix jours avant la date de paiement fixée dans la convention entre le maître de l'ouvrage et l'entrepreneur. Cette demande doit inclure la valeur de l'ouvrage effectué jusqu'à la date de la demande ainsi que la valeur des produits livrés à l'emplacement de l'ouvrage, mais non encore incorporés à celui-ci.

En certifiant la demande de paiement, le designer d'intérieur reconnaît que l'ouvrage a progressé jusqu'au point indiqué et qu'au meilleur de sa connaissance et de son jugement, et en fonction des renseignements dont il dispose, la qualité de l'ouvrage est conforme aux documents contractuels. La certification ne signifie pas que le designer d'intérieur a effectué des inspections exhaustives sur le chantier ni qu'il a examiné les méthodes, techniques ou processus de construction. De plus, la certification ne signifie pas que le designer d'intérieur a examiné des copies des demandes de paiement présentées par les sous-traitants et les fournisseurs de matériaux, ni qu'il a déterminé comment et à quelle fin l'entrepreneur a utilisé les sommes déjà payées.

Balbuzard, designers d'intérieurs associés

Design d'intérieur et planification d'espace

Date 04-08-16 Nom Transport intermodal

Dest. Constructions PQF N° projet 9231
1534, 48ᵉ Avenue Emplacement 427, rue Poissant

Avenant au marché n° 1

Portant sur les changements suivants au contrat :

Matériel : Révisions en vertu de l'autorisation n° 1

Fournir 2 cadres de porte en métal à âme creuse, 4 charnières, 3080	117,00 $
Fournir 2 portes en métal à âme creuse, 1 heure, 3070	482,92 $
Fournir et installer 1 porte 3070 pour remplacer n° 12	340,00 $
Total partiel	939,92 $
FG et P 13 %	22,19 $
Total	1 062,11 $

Montant du marché initial	227 351,00	$
Changement net en vertu des avenants au marché antérieurs		$
Montant du marché avant le présent avenant au marché	227 351,00	$
Augmentation ☑ ou diminution ☐ du montant du marché	1 062,11	$
Nouveau montant du marché incluant le présent avenant au marché	228 413,11	$
Échéance du contrat reportée ☑ ou avancée ☐ de	deux (2)	jours
Nouvelle date d'échéance	15 janvier 2005	

Designer d'intérieur	Entrepreneur	Maître de l'ouvrage
Nom	Nom	Nom
Adresse	Adresse	Adresse
Date	Date	Date
Signature	Signature	Signature

22.3
Avenant au marché

Si la demande de paiement est approuvée, le designer d'intérieur la signe et l'envoie au maître de l'ouvrage pour qu'il la paie. Une somme, appelée retenue, est retranchée de chaque paiement jusqu'au parachèvement de l'ouvrage. Cette retenue, qui s'élève habituellement à 10 % du montant de chaque demande, garantit au maître de l'ouvrage que l'ouvrage sera effectivement achevé et peut servir à payer les réclamations qui pourraient survenir.

Le designer d'intérieur peut retenir une partie ou la totalité des demandes de paiement pour protéger le maître de l'ouvrage s'il n'est pas en mesure de vérifier que la portion de l'ouvrage effectué et des matériaux livrés correspond à la demande. Le designer d'intérieur peut également retenir les paiements pour l'une ou l'autre des raisons suivantes :

- ouvrage défectueux;
- réclamations de tiers ou probabilité de telles réclamations;
- défaut de paiement par l'entrepreneur des sous-traitants ou des fournisseurs;
- preuve raisonnable que l'ouvrage ne pourra pas être achevé pour le solde impayé du montant du marché;
- dommages encourus par le maître de l'ouvrage ou un autre entrepreneur;
- preuve raisonnable que l'ouvrage ne sera pas achevé à temps;
- manquement répété de l'entrepreneur à se conformer aux documents contractuels.

(E) Installation

L'installation est la mise en place définitive de l'ameublement, des accessoires et de l'équipement. Si le projet exige à la fois des travaux de construction et d'installation d'ameublement, le même entrepreneur peut être responsable des deux aspects ou il peut y avoir deux entrepreneurs ou davantage. Dans la plupart des projets commerciaux, la construction est confiée à un entrepreneur et la fourniture et l'installation de l'ameublement sont confiées à un ou plusieurs entrepreneurs en installation d'ameublement.

Quel que soit le cas, le designer d'intérieur aide à la mise en place de l'ameublement conformément aux documents contractuels et répond aux questions qui sont soulevées. Toutefois, le maître de l'ouvrage est responsable de ce qui suit :

- fournir des installations adéquates pour la livraison, le déchargement et l'entreposage de l'ameublement, des accessoires et de l'équipement;
- prévoir le parcours emprunté entre le point de livraison et le point de mise en place définitif;
- dégager le parcours de tout obstacle imprévu ou de tout autre travail en cours qui pourraient entraver l'entrepreneur en installation;
- assurer à l'entrepreneur un horaire ferme d'utilisation des installations de déchargement et des monte-charges;

- assumer les coûts engagés par l'entrepreneur parce que le maître de l'ouvrage n'a pas respecté l'horaire ou en raison d'autres retards causés par le maître de l'ouvrage;
- protéger contre la perte ou les dommages l'ameublement et les accessoires entreposés sur les lieux du projet entre les dates de livraison et d'acceptation définitive par le maître de l'ouvrage.

Le maître de l'ouvrage est entièrement responsable de l'inspection au moment de la livraison, de l'inspection définitive de l'installation et du rejet de tout ouvrage endommagé ou non conforme aux documents contractuels. Le designer d'intérieur peut l'aider et lui faire des recommandations, mais le maître de l'ouvrage porte l'autorité et la responsabilité ultimes.

Lorsque le maître de l'ouvrage inspecte l'ameublement et les accessoires au moment de la livraison, il ne le fait que dans le but d'identifier les articles et d'en vérifier les quantités à des fins de paiement de l'entrepreneur ou du fournisseur. Cette inspection n'est pas définitive et ne constitue pas une acceptation, une prise en charge de l'ameublement. Si des défauts sont décelés ultérieurement avant l'acceptation définitive, le maître de l'ouvrage peut révoquer une acceptation antérieure. Cette distinction est importante car, aux États-Unis, la vente de meubles peut être régie par certaines dispositions du *Uniform Commercial Code* ou par les lois des États régissant la vente de marchandises.

(F) Achèvement du projet

L'achèvement du projet est une étape importante de l'administration du contrat. Il survient au moment où la construction est achevée, quand l'ameublement et les accessoires sont installés définitivement et que tous les documents sont complétés.

L'entrepreneur amorce l'achèvement du projet en envoyant un avis écrit au designer d'intérieur et en présentant une liste complète des éléments à achever ou à corriger. L'entrepreneur doit procéder rapidement à ces travaux. Le designer d'intérieur effectue ensuite une inspection pour déterminer si l'ouvrage ou la portion désignée de l'ouvrage est substantiellement achevé ou si des éléments additionnels doivent être achevés ou corrigés.

On entend par *achèvement substantiel* l'étape à laquelle l'ouvrage est suffisamment achevé en vertu des documents contractuels pour que le maître de l'ouvrage puisse occuper ou utiliser l'ouvrage aux fins prévues. La date d'achèvement substantiel est importante, car elle a des conséquences au plan juridique. Par exemple, dans bon nombre d'États, la loi de prescription régissant les erreurs qui pourraient avoir été causées par le designer d'intérieur s'applique à partir de la date d'achèvement substantiel. Cette date correspond également à l'échéance du projet pour l'entrepreneur. Si des primes ou des pénalités de retard sont prévues, elles sont établies à partir de cette date.

Le designer d'intérieur et le maître de l'ouvrage font une inspection et compilent une liste des éléments à achever ou à corriger qui porte le nom de liste des défectuosités (ou liste de contrôle). L'entrepreneur doit corriger ou achever ces éléments, après quoi une autre inspection a lieu. Si l'inspection définitive démontre que l'ouvrage est achevé, le designer d'intérieur traite la demande de paiement finale.

Outre les tâches administratives, l'achèvement du projet comprend d'autres aspects qui sont importants pour laisser une bonne impression au client et permettre de garder le contact avec lui en vue de projets ultérieurs. Ainsi, à l'achèvement du projet, le designer d'intérieur peut aider le client à régler les problèmes qui surviennent au cours de l'emménagement et, immédiatement après, s'assurer que le client dispose de tous les guides et notices d'utilisation nécessaires et lui fournir, par exemple, les modes de nettoyage des finis. Il est également utile que la firme de design effectue des visites de suivi six mois et un an après l'emménagement du client afin de vérifier s'il y a des problèmes d'entretien, voir si certains défauts sont couverts par les garanties, et constater comment les matériaux et le concept subissent le passage du temps.

3 Évaluation post-emménagement

Souvent, le designer d'intérieur retourne sur le site après que le client a emménagé pour évaluer le résultat. Dans la plupart des cas, le designer d'intérieur exécute cet examen informel à ses frais, mais il peut arriver que le client retienne ses services pour une évaluation post-emménagement complète et officielle. Dans les deux cas, cette évaluation permet de recueillir beaucoup de renseignements sur les méthodes de design, les matériaux, les détails de la construction et la satisfaction du client.

Les évaluations post-emménagement ont pour objectif de répondre aux questions suivantes :

- La disposition de l'espace répond-elle aux exigences du programme ?
- L'image du design est-elle conforme aux objectifs énoncés par le client ?
- Le design offre-t-il assez de souplesse et d'extensibilité pour répondre aux besoins initiaux du client ?
- Les pièces et les espaces sont-ils de taille suffisante pour l'usage prévu ?
- Les exigences de proximité ont-elles toutes été respectées ?
- Les finis résistent-ils à l'usure normale ?
- Certains matériaux et finis présentent-ils des problèmes d'entretien ?
- Les détails de la construction conviennent-ils à l'usage qui est fait des lieux ?
- L'ameublement et les accessoires satisfont-ils aux critères de design établis durant la programmation ?

- L'ameublement choisi convient-il à l'usage qui en est fait et aux exigences fonctionnelles de l'espace ?
- Les meubles sélectionnés présentent-ils des problèmes d'ergonomie ?
- L'éclairage est-il adéquat ?
- Les systèmes CVCA présentent-ils des problèmes ?
- L'alimentation électrique et le câblage sont-ils suffisants ?
- L'acoustique est-elle adéquate ?
- Quel a été le rendement de l'entrepreneur, des sous-traitants et des autres fournisseurs ?
- Le client est-il satisfait ?
- Les utilisateurs sont-ils satisfaits de la performance et de l'apparence de l'espace fini ?
- Quels problèmes sont couverts par les garanties des produits ou celle de l'entrepreneur ?

QUESTIONS

1. La dernière personne à voir les dessins d'atelier de la mécanique avant qu'ils soient retournés au sous-traitant en mécanique doit être...

    1. l'ingénieur en mécanique.
    2. l'architecte.
    3. le designer d'intérieur.
    4. l'entrepreneur général.

2. Un projet s'achève en vertu des Conditions générales et du contrat type de l'AIA/ASID. Le fini de certaines boiseries est incorrect. Qui en est responsable si aucun échantillon n'a été présenté au designer d'intérieur ?

    1. L'ébéniste
    2. Le designer d'intérieur
    3. Le chargé de projet
    4. L'entrepreneur

3. Durant une visite de chantier de routine, vous remarquez qu'une ouverture dans le plancher n'est pas protégée par des barricades pendant les travaux de construction intérieure. Que devez-vous faire ?

    1. Le mentionner à l'entrepreneur et écrire une lettre au client pour lui faire part de vos observations
    2. Dire à l'entrepreneur de corriger la situation
    3. Écrire une lettre à l'entrepreneur avec une copie au maître de l'ouvrage mentionnant vos préoccupations
    4. Faire interrompre les travaux par l'entrepreneur jusqu'à ce que le problème soit corrigé

4. Quelle est la partie la *moins* importante du travail du chargé de projet ?

    1. Planifier les tâches hebdomadaires du personnel du projet
    2. Organiser les dessins d'exécution
    3. Prendre des notes au sujet des décisions et des réunions quotidiennes
    4. Demeurer au courant de l'opinion du client quant au déroulement du projet

5. En vertu du contrat type de l'AIA/ASID, si le designer d'intérieur estime que le montant demandé par l'entrepreneur dans sa demande de paiement dépasse la portion de l'ouvrage achevé et les matériaux livrés, le designer d'intérieur doit...

   1. certifier uniquement le montant qui, selon lui, correspond à l'ouvrage achevé et aux matériaux livrés et joindre une lettre expliquant pourquoi le montant certifié diffère du montant demandé.
   2. retourner la demande à l'entrepreneur et lui demander de la réviser pour la rendre conforme à la portion de l'ouvrage réellement achevé et aux matériaux livrés.
   3. rejeter la demande et joindre une lettre d'explication.
   4. envoyer la demande au client pour qu'il l'examine et donne son avis sur le montant qui devrait être certifié.

6. Si le designer d'intérieur n'a pas décelé une erreur de dimension dans un dessin d'atelier pour un cadre de porte en acier sur mesure qui a ensuite été fabriqué, qui est responsable de payer pour faire corriger l'erreur ?

   1. Le fournisseur du cadre de porte
   2. Le sous-traitant qui installe
   3. L'entrepreneur général
   4. Le designer d'intérieur

7. Pour donner à l'entrepreneur un peu plus de temps pour terminer un projet à cause des changements mineurs demandés par le maître de l'ouvrage, le designer d'intérieur doit produire...

   1. un addenda.
   2. une directive de changement.
   3. un avenant au marché.
   4. une notification de changement mineur.

8. Lequel des éléments suivants un entrepreneur est-il en droit de demander au maître de l'ouvrage ?

   1. Une assurance supplémentaire sur les biens durant leur transport de l'entrepôt au chantier
   2. L'inspection et l'acceptation définitives une fois que l'ameublement est déchargé du camion
   3. De l'espace supplémentaire de stockage et la préparation initiale de l'ameublement après sa livraison sur le chantier
   4. Des travailleurs additionnels pour aider à l'installation définitive

9. Lequel des éléments suivants ne fait habituellement *pas* partie de l'évaluation post-emménagement ?

   1. L'examen du système CVCA
   2. Des entrevues avec des utilisateurs représentatifs du projet
   3. La vérification des problèmes d'entretien
   4. Des suggestions d'amélioration pour le prochain projet du client

10. Une porte est installée par l'entrepreneur conformément aux dessins mais, après-coup, l'inspecteur en bâtiment la déclare d'une largeur insuffisante. Qui est responsable de corriger ce problème ?

    1. Le sous-traitant qui a installé la porte
    2. Le designer d'intérieur
    3. Le maître de l'ouvrage
    4. L'entrepreneur

23 Exemple d'examen pratique

❶ À PROPOS DE L'EXAMEN PRATIQUE

La troisième étape de l'examen du NCIDQ est la partie pratique, portant sur le design préliminaire et l'élaboration du design. Dans cette partie, vous devez élaborer une solution de design et les documents de construction connexes sous forme d'esquisses. Cette partie de l'examen se subdivise en deux sections qui durent respectivement quatre heures pour la première et trois heures pour la deuxième.

La première section vous présente le programme d'un petit établissement multi-usages, ce qui signifie que vous devez traiter des espaces commerciaux et résidentiels. Vous devez soit planifier tous les espaces en fonction d'une superficie minimale, soit planifier la pièce ou l'espace en fonction d'une liste détaillée de meubles et d'équipements. Par exemple, on peut vous demander de planifier une cuisine fonctionnelle, capable de loger une gamme donnée d'appareils et une certaine dimension linéaire de comptoir sans vous indiquer une superficie précise.

Dans cette première section, vous aurez à remplir une matrice de proximité, à dessiner un plan d'étage montrant l'ameublement à l'échelle (à main levée ou aux instruments), à remplir un tableau des finis succinct et à choisir des types de cloisons appropriés pour quelques pièces.

Dans la deuxième section, vous devez produire un plan d'électricité et de télécommunications, un plan de plafond réfléchi ainsi qu'une élévation et une coupe dans une petite portion de l'espace, habituellement un détail d'ébénisterie architecturale. Dans le tableau qui accompagne votre plan de plafond réfléchi, vous devez indiquer au moyen d'une courte description de quelle façon votre solution exploite les éclairages d'ambiance, d'appoint et d'accentuation.

La partie pratique de l'examen teste votre aptitude à synthétiser une grande quantité d'informations dans un plan d'étage et divers autres dessins et diagrammes illustrant une solution de design. Dans le contexte de cette solution, l'examen vérifie comment vous appliquez certaines compétences de base en design d'intérieur. Servez-vous de la liste qui suit pour évaluer vos propres compétences et votre degré de préparation. Cette liste n'est pas exhaustive, mais elle vous donne un bon point de départ pour préparer l'examen.

Voici les tâches que vous devez être prêt à accomplir :

- Élaborer une matrice de proximité à partir d'un programme;
- Développer un plan d'étage incorporant les espaces et proximités exigés;
- Développer un plan d'étage fonctionnel conforme aux exigences d'évacuation et d'accessibilité;
- Planifier une cuisine fonctionnelle en fonction de certains appareils, meubles et autres exigences;
- Planifier des toilettes et des salles de bain fonctionnelles et accessibles aux personnes à mobilité réduite en fonction d'appareils sanitaires donnés;
- Planifier des aires publiques en fonction de meubles et d'accessoires donnés;
- Disposer des meubles de manière fonctionnelle dans des pièces de dimensions données;
- Prendre des décisions sur les finis appropriés pour certains types de pièces;
- Dessiner tous les éléments de plans exigés (esquisse ou dessin au trait contour); incluant les cloisons, les portes, les noms des pièces, l'ameublement et l'équipement, et ce, précisément et à l'échelle sur la feuille de base fournie;
- Choisir des types de cloisons possédant les caractéristiques appropriées pour des exigences fonctionnelles données;
- Utiliser les symboles électriques appropriés pour l'alimentation électrique et les équipements de télécommunications, et les placer sur un dessin en fonction d'un plan d'ameublement et d'une liste d'équipements donnés;
- Choisir et disposer les types d'éclairage appropriés sur un plan de plafond en fonction des exigences du programme, des concepts du design et des grands principes d'éclairage;
- Utiliser les symboles électriques appropriés, y compris ceux des indicateurs de sortie de secours et de l'éclairage d'urgence, dans un plan de plafond réfléchi;
- Prévoir les circuits et interrupteurs d'éclairage selon les exigences fonctionnelles et programmatiques;
- Développer et esquisser une élévation conforme aux exigences d'accessibilité, avec une bonne orientation des symboles et des dimensions précises;
- Développer et esquisser une coupe qui correspond au repère de coupe sur une élévation et qui utilise des symboles de matériaux appropriés et des dimensions correctes, et qui arrive à communiquer l'intention de l'ouvrage en vue de la construction.

2 Conseils pour passer l'examen pratique

Reportez-vous au chapitre 5 qui contient des conseils pratiques sur les étapes à suivre pour planifier l'espace pendant l'examen du NCIDQ. Les conseils suivants peuvent aussi vous être utiles.

- Commencez par développer un plan de circulation de base simple. Les sorties et les entrées sur le plan de base vont déterminer les axes de circulation. Reliez ces entrées et sorties de façon à laisser assez d'espace d'un côté pour la portion résidentielle du problème, le reste de l'espace étant réservé à la portion commerciale. La portion résidentielle devra probablement être plus ou moins autonome (comme un appartement). Il est donc préférable de ne pas la couper par un corridor public important, ce qui la rendrait difficile à planifier.

- Imaginez que chaque porte que vous disposez mesure la largeur minimale plus la dimension la plus grande (quelle qu'elle soit) pour le dégagement d'un espace répondant aux normes d'accessibilité. Par exemple, si le projet exige une porte de 3′-0″ avec un espace de 1′-0″ du côté à pousser et un espace de 1′-6″ du côté à tirer, marquez les chambranles à 4′-6″ de distance. De cette façon, vous noterez rapidement assez d'espace sur vos esquisses préliminaires avant de disposer l'ameublement, les accessoires ou les armoires. En prévoyant une largeur minimale de 5′ pour tous les corridors, vous réservez suffisamment d'espace pour des embrasures de porte convenant aux normes d'accessibilité et accommodant un diamètre de virage de 5′-0″ aux changements de direction. Si une embrasure de porte se trouve au bout d'un corridor et que la porte s'ouvre vers l'intérieur, vous aurez toujours au moins 1′-0″ du côté à pousser.

- Si le projet exige qu'un groupe de meubles soient disposés ensemble dans une pièce donnée, esquissez rapidement ce qui vous semble être la disposition la plus raisonnable et la plus fonctionnelle, puis utilisez la dimension globale du module de meubles dans votre planification plutôt que la dimension de chaque meuble. Cela vous fera gagner du temps et vous évitera d'être à court d'espace ou de faire des erreurs de proportion au moment de dessiner chaque meuble. Par exemple, une liste de meubles incluant un canapé, deux fauteuils, une table basse, deux tables d'appoint et une console peut être planifiée comme un bloc ou un module d'espace mesurant environ 9′ de largeur sur 11′ de longueur.

- Apprenez et mémorisez deux dispositions standards de salles de toilettes : l'une pour des toilettes publiques comportant un lavabo et un sanitaire, l'autre pour une salle de bain résidentielle comportant un sanitaire, un lavabo et soit une baignoire soit une douche répondant aux normes d'accessibilité. Gardez en tête quelques dimensions minimales courantes de façon à pouvoir réserver rapidement des blocs d'espace rectangulaires de taille minimale qui conviendront lorsque vous commencerez à disposer chacun des appareils.

L'exemple d'examen pratique qui suit est similaire aux problèmes donnés à l'examen du NCIDQ. Comme il est indiqué dans l'introduction, les ouvrages publiés par le NCIDQ (en anglais) peuvent vous fournir un complément d'information au sujet de l'examen pratique. Les superficies sont légèrement plus petites pour pouvoir reproduire les dessins dans les limites du format de ce livre, qui a aussi dicté le formatage des plans de base et des tableaux, alors que l'examen du NCIDQ utilise des formats 11″ x 17″. Notez que l'examen comporte les unités impériales et les unités SI alors que, pour simplifier, nous n'avons utilisé ici que les unités impériales.

Rappelez-vous que vous devez être prêt à n'importe quelle configuration de problème dans la partie pratique de l'examen. De plus, quel que soit le problème posé, vous devez toujours travailler sur une combinaison d'espaces résidentiels et commerciaux, et vos compétences seront testées en fonction de la liste de compétences présentée au début de ce chapitre.

3 Première section de l'examen pratique

Programme : Une nouvelle entreprise planifie une installation où elle offrira de l'espace à louer pour le matériel informatique et de télécommunications de fournisseurs de services Internet. La plus grande partie de l'espace sera consacrée au matériel informatique et à des unités d'alimentation de secours. La portion du bureau d'accueil inclura un petit espace de bureau pour les ventes et l'administration de l'établissement.

Étant donné que l'établissement sera ouvert 24 heures sur 24, un technicien ou un directeur de service doit demeurer sur place en tout temps pour régler les problèmes techniques urgents. Ce technicien vivra dans un appartement situé au deuxième étage et isolé sur le plan acoustique de l'espace administratif se trouvant aussi au deuxième. Cet appartement comprendra un espace salon et salle à manger, une cuisine, une chambre, un placard de chambre et un placard de hall d'entrée. L'accès principal à l'appartement se fera à partir de l'ascenseur et de l'escalier principal partant du hall du rez-de-chaussée. L'appartement doit avoir accès aux deux escaliers secondaires menant à l'aire des équipements et aux issues de secours du rez-de-chaussée.

À titre de designer d'intérieur pour ce projet, vous devez planifier approximativement 3 000 pi^2 bruts d'espace à usage mixte au deuxième étage pour les bureaux administratifs et l'appartement. Vous devez produire un plan de l'espace et la disposition de l'ameublement, des accessoires et des équipements pour cet étage.

L'espace administratif doit comporter une petite réception en plus des autres espaces de bureau. La réception nécessite des fauteuils pour trois visiteurs, un comptoir personnalisé pour une réceptionniste, un classeur et un présentoir pour les brochures promotionnelles de la compagnie. La réception doit donner directement accès à l'ascenseur et à l'escalier principal.

Les visiteurs ont accès à la salle de conférence par l'ascenseur et par l'escalier. La réception doit aussi donner un accès pratique à la salle de travail, à la salle de conférence et aux toilettes des visiteurs. Le bureau des ventes doit avoir un accès immédiat à la réception ainsi qu'à la salle de conférence. Le bureau des ventes doit avoir un accès pratique aux toilettes des visiteurs. La salle de travail doit avoir un accès pratique à la salle de conférence, à la salle de photocopie et aux toilettes des visiteurs.

L'appartement doit être accessible à partir de la zone de circulation de l'espace général de bureau, mais n'exige *pas* d'entrée séparée. Cependant, l'entrée de l'appartement doit être raisonnablement éloignée de la réception.

Les exigences détaillées pour chacune des aires du projet figurent dans le tableau intitulé Exigences programmatiques.

Instructions :

- Lisez avec attention le programme, puis les exigences réglementaires pour ce projet (section suivante)
- Examinez le plan repère (à l'examen, vous aurez en plus une élévation extérieure)
- Lisez avec attention les exigences programmatiques
- Remplissez la matrice de proximité
- Esquissez la solution de design du projet
- Remplissez le tableau des matériaux et des finis
- Prenez connaissance des détails des types de mur
- Indiquez les types de murs sur le plan d'étage présentant votre solution

Exigences réglementaires pour ce projet : Les exigences réglementaires ci-dessous s'appliquent uniquement à la partie pratique de l'examen. N'appliquez pas les exigences d'autres codes modèles ou d'autres codes propres à un territoire donné que vous connaissez. Votre solution sera évaluée par rapport à sa conformité aux exigences indiquées ci-dessous. Développez votre solution de design pour que tout l'espace du deuxième étage soit conforme à ces exigences. Notez que le deuxième étage n'est *pas* protégé par un système de gicleurs.

a. Deux systèmes d'évacuation sont exigés. Les sorties de secours doivent ouvrir dans le sens de l'issue.

b. Les sorties de secours doivent être à au moins 35′-0″ de distance l'une de l'autre, le long du parcours d'évacuation intérieur.

c. Toute chambre à coucher doit avoir une fenêtre à châssis ouvrant ou un moyen d'évacuation extérieur.

d. Les parcours d'évacuation menant à une issue ne doivent *pas* passer dans des espaces secondaires qui pourraient être obstrués par des portes, des matériaux entreposés ou d'autres saillies.

e. La largeur intérieure minimale des corridors doit être de 44″.

f. Tous les axes de circulation doivent être accessibles aux fauteuils roulants et doivent offrir un diamètre de virage de 5′ (qui doit être indiqué en pointillé) aux changements de direction. Les virages pour entrer dans une pièce n'exigent pas un diamètre de 5'.

g. Si vous choisissez de placer des rangements le long des axes de circulation intérieurs, vous devez tenir compte de leurs dimensions en ouverture pour ce qui est des portes de placards ou des tiroirs de classeurs. Cette dimension en ouverture ne doit pas empiéter sur la largeur minimale exigée pour l'axe de circulation.

h. En position ouverte, les portes ne doivent pas faire une saillie de plus de 7″ dans le corridor de l'immeuble.

i. Toutes les portes doivent avoir au moins 3′-0″ de largeur et offrir un dégagement de 1′-6″ du côté à tirer et un dégagement de 1′-0″ du côté à pousser.

j. Toutes les salles de bain et les toilettes doivent être accessibles aux fauteuils roulants et offrir un diamètre de virage de 5′-0″ (qui doit indiqué en pointillé). Le battement d'une porte peut empiéter de 12″ au maximum sur le diamètre de virage.

k. Les barres d'appui des salles de bain et des toilettes doivent être indiquées aux endroits appropriés sur le plan, lorsqu'elles sont nécessaires pour répondre aux normes d'accessibilité. Il faut prévoir deux barres d'appui pour une salle de bain et trois barres d'appui pour une douche répondant aux normes.

l. Les lavabos des salles de bain et des toilettes doivent offrir un dégagement approprié pour les genoux.

m. Le revêtement de sol de toutes les toilettes publiques doit être antidérapant.

n. Les murs des toilettes doivent être résistants à l'humidité.

o. Tous les appareils de plomberie, incluant les lavabos, doivent être situés à moins de 15′-0″ de la canalisation maîtresse indiquée sur le plan d'étage.

p. Les corridors d'issue doivent être enclos et entièrement revêtus de cloisons offrant un degré de résistance au feu de 1 h.

Plan repère

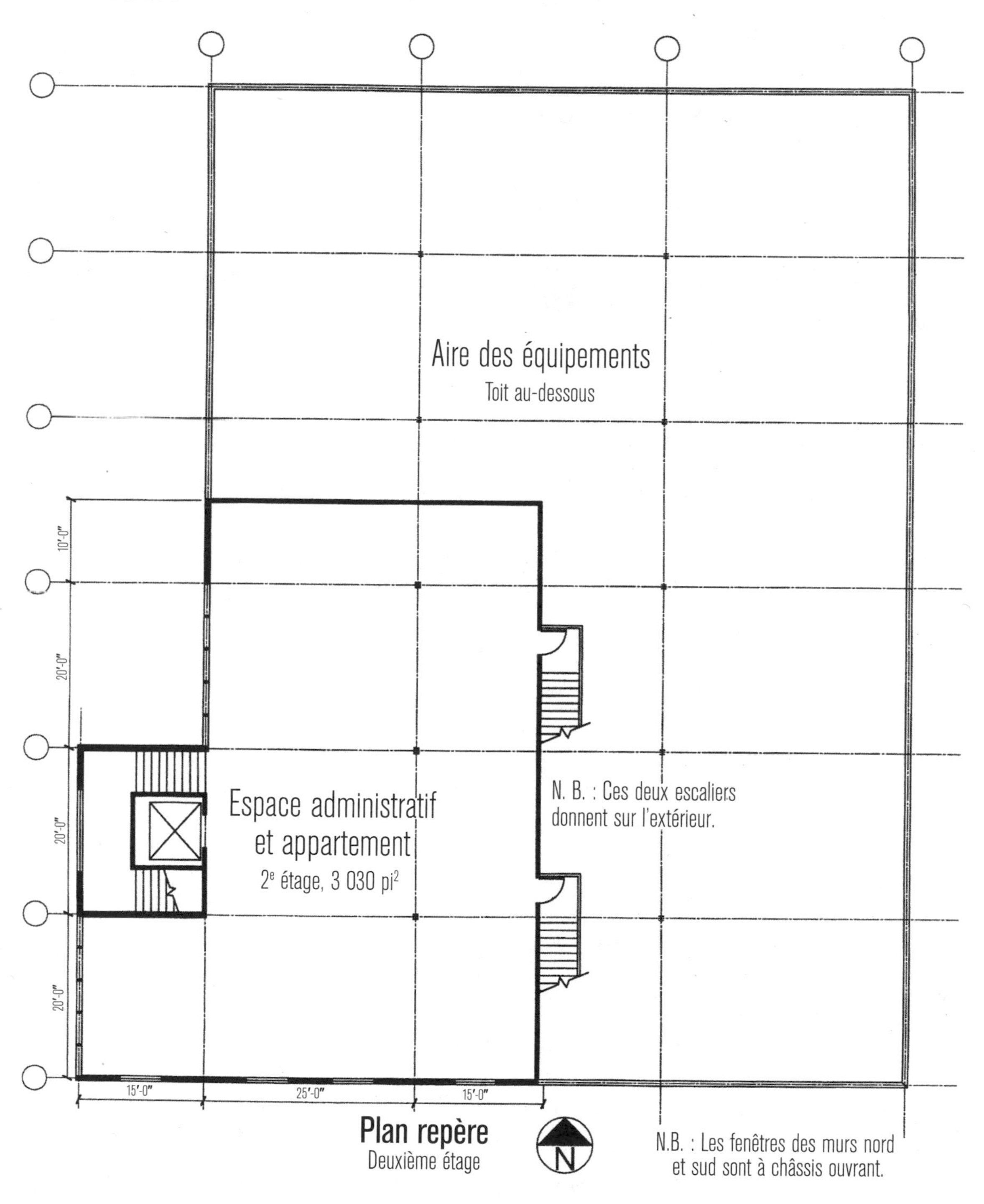

Plan repère
Deuxième étage

Exigences programmatiques

Instructions

- *Tous* les éléments ci-dessous doivent être inclus dans votre solution de design.
- Consultez les instructions relatives à la présentation de la solution qui se trouvent plus loin.
- Il serait préférable de ne *pas* inclure dans votre solution des éléments AAE qui ne sont pas nommément inclus dans la liste qui suit.

Pièce	Superficie minimale (en pi²)	Ameublement	Dimensions (L x P x H)	Remarques
Réception	350	trois fauteuils deux tables d'appoint deux lampes d'appoint comptoir sur mesure une chaise de réception un classeur un présentoir	32″ x 32″ x 36″ 24″ x 24″ x 18″ prof. 30″ min. 42″ x 18″ x 32″ 36″ x 9″ x 54″	 10′ lin. au total
Bureau des ventes	200	bureau chaise de travail bahut deux chaises visiteurs deux fauteuils visiteurs table d'appoint bibliothèque	72″ x 36″ x 29″ 24″ x 26″ x 42″ 72″ x 18″ x 29″ 20″ x 18″ x 34″ 32″ x 32″ x 36″ 24″ x 24″ x 18″ 72″ x 12″ x 72″	
Salle de conférence		table six chaises console	36″ x 84″ x 29″ 20″ x 18″ x 32″ 18″ x 24″ x 18″	
Salle de travail	175			
Salle de photocopie	175			
Salle de repos		table quatre chaises armoires four micro-ondes	48″ diamètre 18″ x 20″ x 36″ 21″ x 18″ x 18″	 min. 18′ lin. avec évier installation dans les armoires du dessus
Rangement	50			pas nécessairement dans l'appartement
Toilettes des visiteurs		toilette, lavabo, barres d'appui		
Séjour-salle à manger	300			
Cuisine		comptoir armoires réfrigérateur évier lave-vaisselle four avec surface de cuisson four micro-ondes	 36″ x 30″ x 75″ 30″ x 21″ x 9″ 24″ x 24″ x 30″ 36″ x 24″ x 36″ 30″ x 21″ x 18″	min. 20′ lin. min. 15′ lin. d'armoires supérieures installation sous plan de travail installation au-dessus du four

PIÈCE	SUPERFICIE MINIMALE (EN PI²)	AMEUBLEMENT	DIMENSIONS (L x P x H)	REMARQUES
Salle de bain de l'appartement		toilette/lavabo bain/douche	 60" x 36"	comptoir min. 4' lin.
Chambre	225	grand lit deux tables de chevet commode fauteuil table d'appoint avec lampe table-téléviseur	60" x 80" x 26" 18" x 18" x 24" 42" x 20" x 56" 36" x 34" x 34" 26" x 26" x 20" 20" x 32" x 30"	
Placard de chambre				min. 10' lin. de rangement
Placard de hall d'entrée				min. 3' lin. de rangement

Matrice de proximité

Instructions

- N'inscrivez rien dans la partie ombrée.
- En vous basant sur la description du projet, remplissez correctement la matrice de proximité.
- Utilisez les cercles proposés pour exprimer les proximités nécessaires.
- Les pièces ne figurent pas toutes dans la matrice de proximité.

MATRICE DE PROXIMITÉ

● Proximité principale/requise

○ Proximité secondaire/souhaitable

	1. Réception	2. Bureau des ventes	3. Salle de travail	4. Salle de conférence	5. Salle de photocopie	6. Salle de repos	7. Toilettes des visiteurs	8. Rangement	9. Escaliers
1. Réception									
2. Bureau des ventes									
3. Salle de travail									
4. Salle de conférence									
5. Salle de photocopie									
6. Salle de repos									
7. Toilettes des visiteurs									
8. Rangement									
9. Escaliers									

Détails des types de cloisons

Instructions

- Sur la feuille de solution (plan d'étage), indiquez le type de mur pour tous les murs des toilettes des visiteurs et de la chambre.

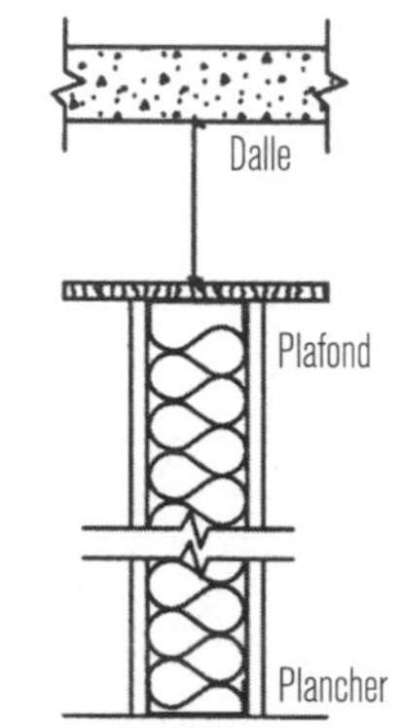

(A) Type de mur A

Résistance au feu : Non
Fini plancher à isolant plafond
Placoplâtre 5/8" 2 côtés
Montants métal 3 5/8", 24" c. à c.

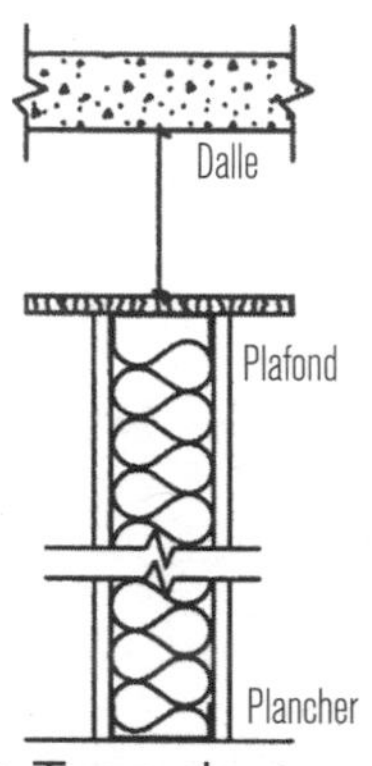

(B) Type de mur B

Résistance au feu : non
Fini plancher à isolant plafond
Placoplâtre hydrofuge 5/8" 1 côté
Placoplâtre 5/8" 1 côté
Montants métal 3 5/8", 24" c. à c.

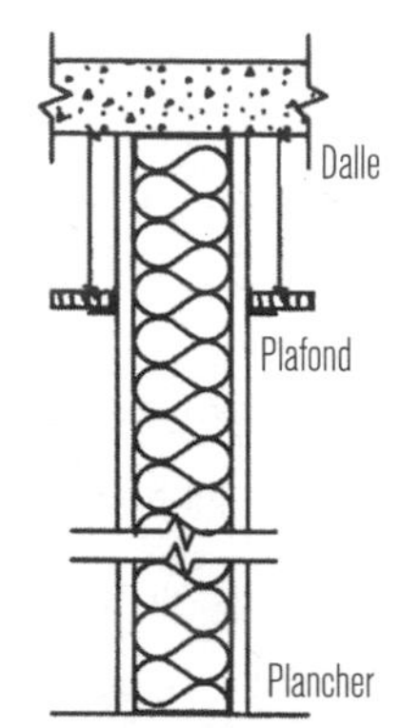

(C) Type de mur C

Résistance au feu : non
Fini plancher à dalle
Placoplâtre hydrofuge 5/8" 1 côté
Placoplâtre 5/8" 1 côté
Montants métal 3 5/8", 24" c. à c.

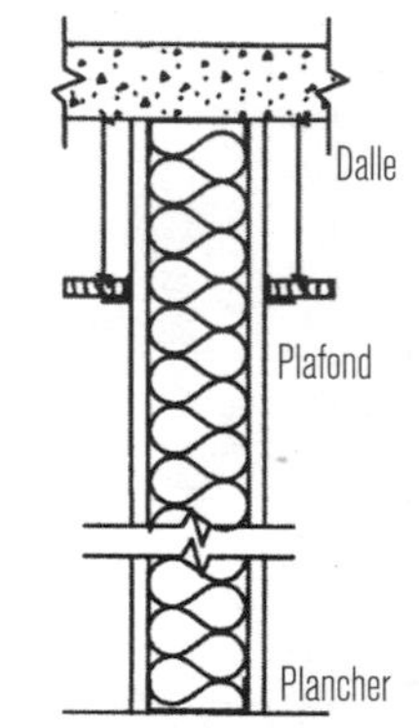

(D) Type de mur D

Résistance au feu : non
Fini plancher à dalle
Placoplâtre 5/8" 2 côtés
Montants métal 3 5/8", 24" c. à c.

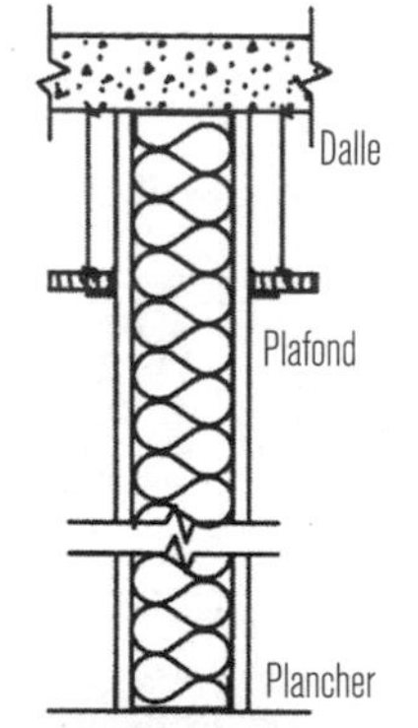

(E) Type de mur E

Résistance au feu : 1 h
Fini plancher à dalle
Placoplâtre 5/8" , type X, 2 côtés
Montants métal 3 5/8", 24" c. à c.

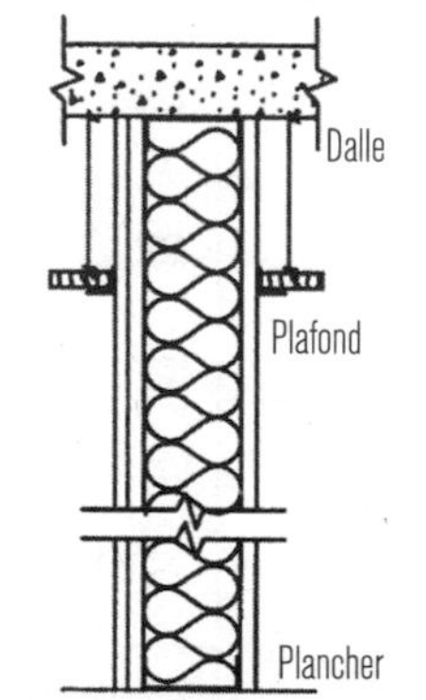

(F) Type de mur F

Résistance au feu : 1 h
Fini plancher à dalle
Placoplâtre 5/8", type X, 2 côtés
Placoplâtre hydrofuge 5/8", 1 côté
Montants métal 3 5/8", 24" c. à c.

Matériaux et finis

Instructions

- Remplissez le tableau des matériaux et des finis en vous servant exclusivement des symboles proposés ci-dessous. Choisissez pour les cinq pièces les matériaux les plus appropriés.

SYMBOLES	REVÊTEMENTS DE SOL
S1	Tapis, bouclé uni 32 oz, collé
S2	Tapis, coupé uni 50 oz, installé sur thibaude
S3	Composite de vinyle
S4	Parquet à lames
S5	Carreaux de céramique émaillée
S6	Carreaux de céramique antidérapants
S7	Linoléum
S8	Parquet mosaïque 3/8"
SYMBOLES	**REVÊTEMENTS MURAUX**
M1	Peinture, latex, fini brillant satiné
M2	Peinture, émail à l'alkyde, fini lustré
M3	Papier vinyle, type II, classe A
M4	Papier vinyle, type III, classe C
M5	Tissu de laine, tendu sur un cadre
M6	Carreaux de céramique
SYMBOLES	**REVÊTEMENTS DE PLAFOND**
P1	Carreaux insonorisants
P2	Panneaux de placoplâtre
P3	Plafond suspendu décoratif type grille en bois
P4	Plafond suspendu à lamelles métalliques, fini laiton

Tableau des matériaux et des finis

PIÈCE	SOL	MURS	PLAFOND
Réception			
Toilettes des visiteurs			
Salle de photocopie			
Cuisine			
Chambre			

Instructions relatives à la présentation de la solution

- Présentez votre solution soit sous forme de croquis à main levée à l'échelle, soit sous forme de dessin aux instruments.
- Dessinez et identifiez toutes les pièces, en vous conformant à toutes les exigences de proximité et à la matrice de proximité du projet.
- Dessinez tous les murs, les portes, les battements des portes et les autres composantes de votre solution de design en vous conformant à l'ensemble des exigences réglementaires indiquées.
- Dessinez tous les appareils sanitaires des toilettes et salles de bain et indiquez les barres d'appui dans ces espaces.
- Dessinez et indiquez le diamètre de virage de 5' dans les espaces répondant aux normes d'accessibilité.
- Indiquez toutes les superficies et toutes les dimensions linéaires précisées dans les exigences programmatiques. Votre dessin doit être à l'échelle et doit correspondre aux superficies et dimensions demandées.
- Dessinez tous les meubles, accessoires et équipements qui figurent dans le tableau des exigences programmatiques.
- Identifiez tous les éléments nécessaires pour la clarté de votre solution.

Solution de design

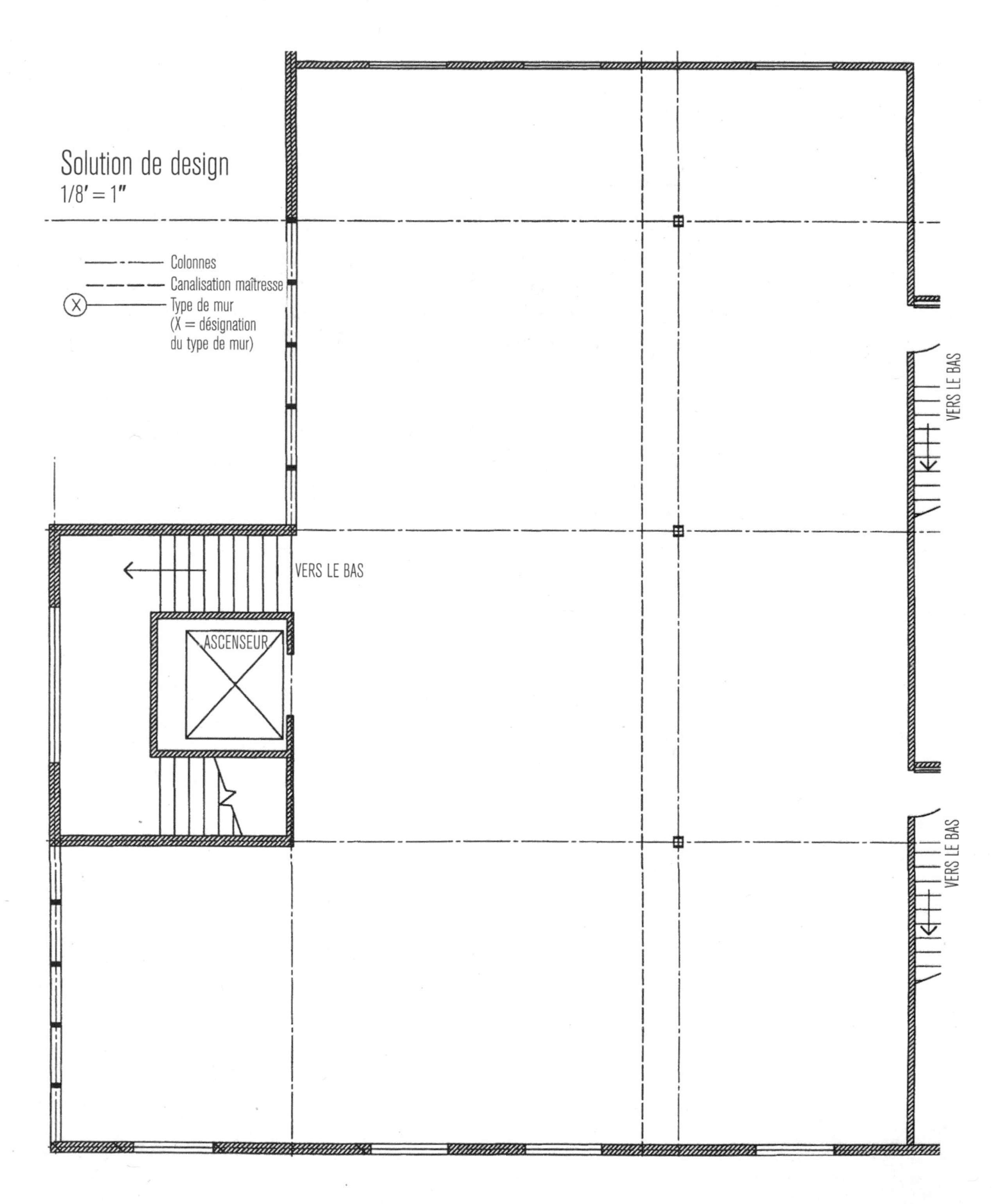

❹ Deuxième section de l'examen pratique

Programme : En raison de la croissance rapide de son établissement, votre client a décidé d'ajouter une aire de réception au rez-de-chaussée afin d'accommoder ses clients en leur offrant un poste de travail à proximité de l'espace qu'ils louent. À partir du plan de l'existant, vous devez concevoir un comptoir de réception accessible aux fauteuils roulants et préparer une élévation et une coupe pour l'ébéniste.

Vous devez également élaborer un plan de plafond réfléchi accompagné d'un tableau des appareils d'éclairage, ainsi qu'un plan d'électricité et de télécommunications montrant les prises de courant, les prises téléphoniques et les prises informatiques pour l'équipement nécessaire. Les prises de courant peuvent se trouver dans les murs, le sol ou le plafond. Le plancher est constitué d'une dalle de béton armé (ou d'armature).

Instructions

- Lisez attentivement le programme et observez avec soin le plan d'étage.
- Lisez attentivement la liste des équipements.
- Dressez le plan d'électricité et de télécommunications (câblage électrique, informatique et téléphonique).
- Créez les élévations et la coupe du comptoir de réception.
- Déterminez l'éclairage exigé (voir la liste des équipements).
- Dressez un plan de plafond réfléchi.
- Remplissez le tableau des appareils d'éclairage.

Plan de base

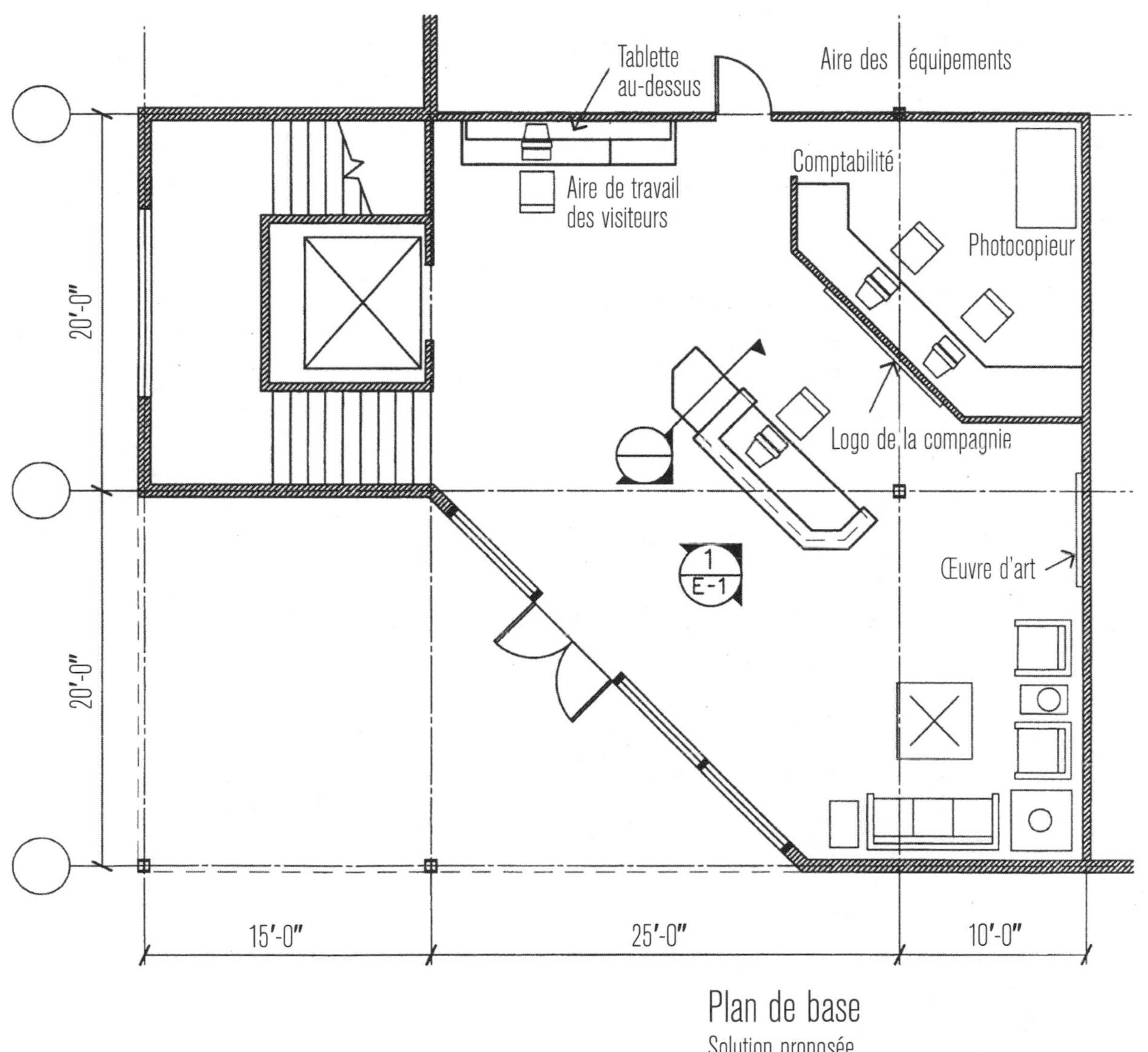

Plan de base
Solution proposée
1/8" = 1'-0"

Légende du plan d'électricité et liste des équipements

LÉGENDE

- Prise de courant double
- Prise de courant quadruple
- GFI Prise de courant double avec disjoncteur de mise à la terre
- Prise de courant spéciale
- Prise téléphonique
- Prise informatique
- Prise téléphonique/de transmission de données
- S Lecteur de carte de sécurité
- © Prise d'horloge suspendue
- Prise de courant double au sol
- Prise téléphonique au sol
- Prise de transmission de données au sol
- Prise de courant spéciale au sol
- P Colonne d'alimentation

LISTE DES ÉQUIPEMENTS

AIRE DE RÉCEPTION

(1) ordinateur avec modem

(1) imprimante

(1) éclairage d'appoint sous le comptoir de la réception

(1) téléphone

(1) lecteur de carte de sécurité pour l'aire des équipements

AIRE DES VISITEURS

(1) ordinateur avec modem

(1) téléphone

AIRE D'ATTENTE

(2) lampes de table

(1) téléphone

AIRE DE LA COMPTABILITÉ

(2) ordinateurs avec modem

(1) imprimante

(2) téléphones

(2) lampes ajustables

(1) télécopieur

(1) photocopieur

Plan d'électricité et de télécommunications

Dressez un plan d'électricité et de télécommunications en vous servant des symboles indiqués dans la légende. Tenez compte de l'ensemble des équipements indiqués sur la liste et de la disposition des meubles indiquée sur le plan.

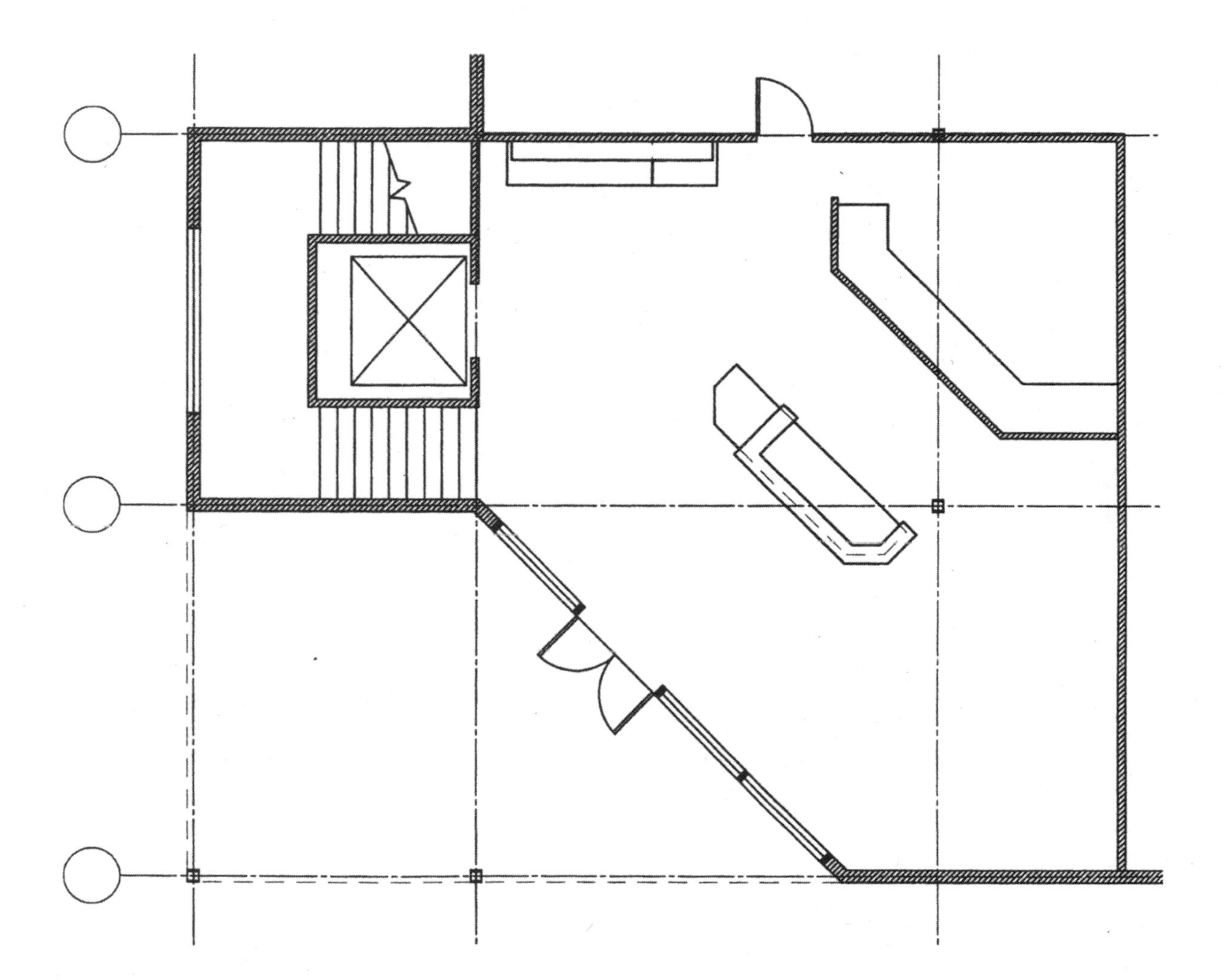

Élévation

Instructions

- Dessinez ci-dessous l'élévation du comptoir de réception.
- Reportez-vous aux repères d'élévation indiqués sur le plan d'étage.
- Indiquez toutes les dimensions.
- Identifiez tous les finis.
- Le comptoir de la réception doit être accessible aux personnes à mobilité réduite.
- Utilisez l'échelle 1/2″ = 1′.

Coupe

Instructions

- Dessinez une coupe transversale du comptoir montrant les caractéristiques d'accessibilité pour personnes à mobilité réduite.
- Indiquez la coupe au moyen du symbole approprié sur l'élévation.
- Indiquez les dimensions de profondeur.
- Indiquez et désignez tous les matériaux et les éléments de construction nécessaires pour décrire adéquatement l'intention du design à l'ébéniste.
- Utilisez l'échelle 1/2" = 1" .

Plan de plafond réfléchi

L'aire de réception nécessite différents types d'éclairage. Prévoyez une lumière ambiante suffisante pour lire. Pour l'aire et le comptoir de réception, prévoyez un éclairage d'appoint illuminant la surface du comptoir. Le nom et le logo de la compagnie sont montés au mur derrière le comptoir de la réception et doivent être soulignés par un éclairage d'accentuation. Une grande œuvre d'art est également suspendue au mur à l'est et exige un éclairage approprié. L'aire de la comptabilité nécessite une lumière ambiante adéquate. L'aire de travail des visiteurs nécessite un éclairage d'appoint sur la surface du bureau. Prévoyez également l'éclairage de sortie et d'urgence.

Instructions

- Observez avec soin le plan de base et le plan de plafond réfléchi.
- Complétez le plan de plafond réfléchi et remplissez le tableau des appareils d'éclairage (page 478) à l'aide des symboles fournis à la page suivante. Ne créez pas vos propres symboles.
- Les extincteurs automatiques à eau et les diffuseurs CVCA existants ne doivent pas être déplacés.
- Disposez l'éclairage d'urgence et de sortie.
- Dessinez un diagramme des interrupteurs pour tous les luminaires indiqués sur le plan de plafond réfléchi.
- Expliquez en quelques mots comment vous avez utilisé l'éclairage d'ambiance, d'appoint et d'accentuation.
- Il n'est pas nécessaire de montrer l'éclairage de l'escalier.

Symboles à utiliser pour le plan de plafond réfléchi

SYMBOLES DU PLAN DE PLAFOND RÉFLÉCHI

Symboles d'éclairage

Murs	Plafond	
─○	○	Luminaire en surface, à incandescence ou fluorescent compact
	Ⓡ	Luminaire encastré, à incandescence ou fluorescent compact
─$○_{LV}$	$○_{LV}$	Luminaire en surface, à incandescence à basse tension
	$Ⓡ_{LV}$	Luminaire encastré, à incandescence à basse tension
		Projecteur à éclairage mural, à incandescence ou fluorescent compact
		Luminaire suspendu, à incandescence ou fluorescent compact
		Éclairage sur rail, à incandescence ou à incandescence à basse tension
		Luminaire en surface ou suspendu, fluorescent
	R	Luminaire encastré, fluorescent 2 x 4 ou 2 x 2
		Luminaire encastré dans un meuble, à incandescence ou fluorescent compact
─$○_{E}$	$○_{E}$	Luminaire en surface alimenté en cas d'urgence
─Ⓙ	Ⓙ	Boîte de raccordement
─⊗	⊗	Indicateur de sortie
	S	Interrupteur
	S_3	Interrupteur à trois voies
	S_4	Interrupteur à quatre voies
	S_{DM}	Gradateur
	S_{LV}	Interrupteur à basse tension

Autres symboles

⦿	Tête de gicleur
⊠	Diffuseur CVCA au plafond

Plan de plafond réfléchi et tableau des appareils d'éclairage

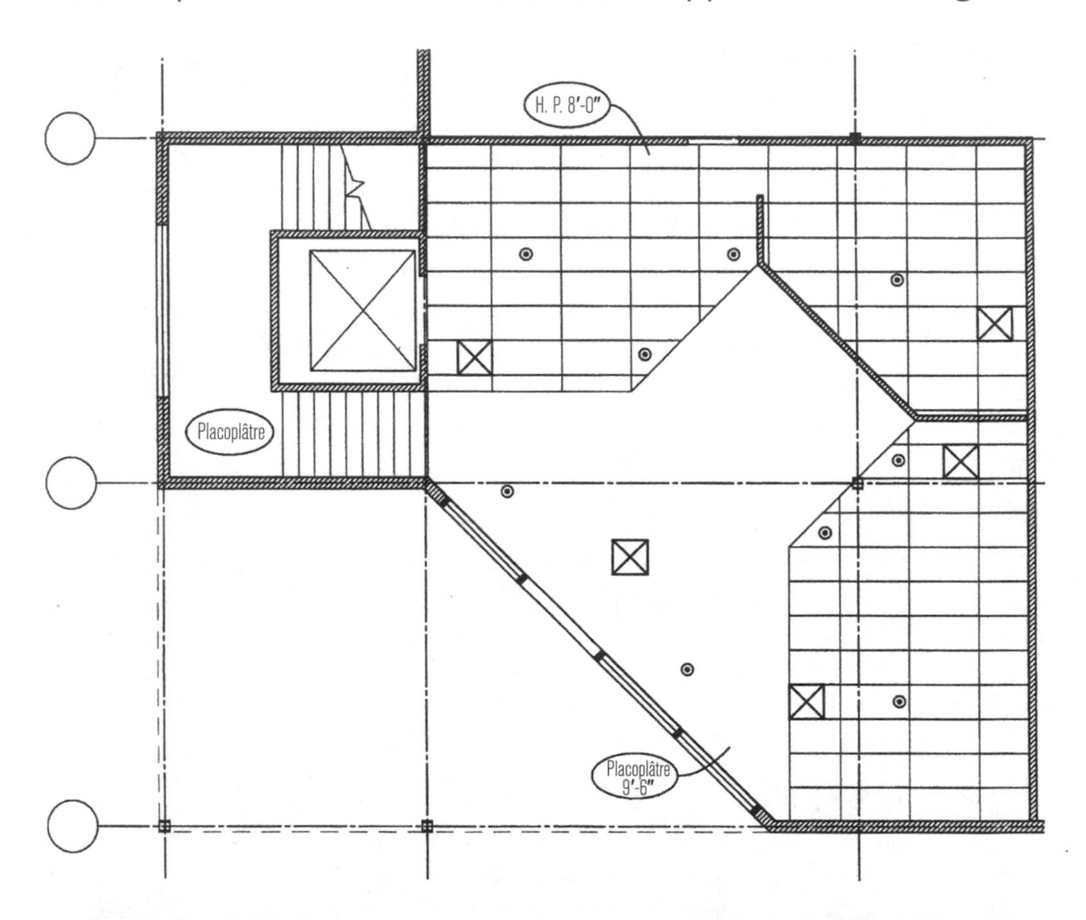

Symbole	Remarque (expliquez vos choix en quelques mots)

CORRIGÉ 24

❶ ÉLÉMENTS DU DESIGN

① **La bonne réponse est 2.** Le traitement de l'échelle grâce à la disposition des murs, des plafonds et d'autres éléments architecturaux serait probablement le meilleur moyen de créer une impression d'intimité. Le motif, la texture et la couleur sont tous des facteurs importants pour créer une atmosphère, mais ils peuvent être neutralisés si la dimension réelle de l'espace est trop grande.

② **La bonne réponse est 3.** Comme les couleurs chaudes ont tendance à rapprocher les objets et comme les valeurs foncées leur donnent un aspect plus massif, la réponse 3 est la meilleure, surtout si le canapé se détache sur un mur de couleur plus claire. La réponse 1 est la deuxième meilleure solution, mais elle n'indique pas si le canapé est de teinte chaude ou froide. Une couleur chaude, comme dans la réponse 3, aura pour effet de donner un aspect plus massif au canapé.

③ **La bonne réponse est 4.** Pour accentuer un mur texturé, il faut une lumière rasante. Parmi les choix proposés, des sources d'éclairage ponctuelles près du mur comme des luminaires incandescents encastrés seraient les plus efficaces. Les autres types d'éclairage auraient tendance à aplanir la surface.

④ **La bonne réponse est 1.** Pour pouvoir répondre à cette question, vous devez connaître l'aspect d'une table Parsons. Il s'agit d'une table carrée ou rectangulaire dont le plateau est épais et dont les pattes, également épaisses, affleurent les bords du plateau. Ce genre de table est très volumétrique, mais fait également appel au plan.

⑤ **La bonne réponse est 2.** Étant donné que les couleurs complémentaires à forte saturation se renforcent mutuellement, la deuxième combinaison créerait le contraste le plus fort et serait la plus facile à percevoir pour les gens de tous âges. La réponse 4 est la deuxième meilleure solution, mais elle n'explique pas comment les couleurs et le blanc seraient agencés. Par exemple, une enseigne au lettrage jaune sur fond blanc serait très difficile à lire.

⑥ **La bonne réponse est 1.** Les valeurs foncées, tout comme les textures prononcées, ont tendance à rapprocher les surfaces. Ces deux éléments combinés feraient paraître le plafond plus bas.

⑦ **La bonne réponse est 3.** Le système de Prang (aussi appelé système de Brewster) est tout simplement le cercle chromatique qui classe les couleurs primaires et secondaires autour d'un cercle. La réponse 4 est incorrecte parce qu'elle mentionne cinq teintes principales (utilisées dans le système de Munsell) plutôt que les trois sur lesquelles se fonde le système de Prang.

⑧ **La bonne réponse est 4.** Bien que le papier peint puisse servir pour toutes les réponses proposées, il sert le plus souvent à créer un motif en raison de la nature répétitive de l'imprimé.

⑨ **La bonne réponse est 4.** Les réponses 2 et 3 sont incorrectes, car ces harmonies font appel à des couleurs très éloignées les unes des autres dans le cercle chromatique. La réponse 1 est incorrecte parce qu'une harmonie monochrome utilise une seule teinte dont seules la valeur et l'intensité varient.

⑩ **La bonne réponse est 2.** Comme l'illustre la figure 1.6, en ajoutant de plus en plus de noir à une teinte (couleur), on crée une couleur rabattue. On crée une couleur grisée en y ajoutant du gris.

❷ Principes de design

① **La bonne réponse est 3.** Toutes choses étant égales par ailleurs, les gens ont tendance à percevoir la couleur, la texture, la forme et les autres aspects du poids visuel davantage que la disposition.

② **La bonne réponse est 2.** La réponse 1 a plutôt rapport avec l'équilibre et la répétition. La réponse 3 décrit le principe de l'accentuation. La réponse 4 est incorrecte, car l'harmonie vise à unifier une composition plutôt qu'à lui donner de la diversité, même si la diversité fait souvent partie d'un aménagement harmonieux.

③ **La bonne réponse est 1.** Le dégradé est un changement graduel d'un élément d'une composition, représenté ici par la série de changements de couleur. La réponse 3 est incorrecte, car la répétition est l'utilisation multiple d'un élément.

④ **La bonne réponse est 4.** La symétrie bilatérale étant, par définition, fondée sur un seul axe, la réponse 1 est incorrecte. Si la composition était asymétrique, les axes ne se croiseraient probablement pas en un point commun, donc la réponse 2 est incorrecte. Comme l'équilibre radial est un type d'équilibre symétrique, la réponse 3 pourrait être considérée comme exacte, mais la question précise que les trois axes ou plus se croisent en un point commun, ce qui rend plus probable qu'il s'agisse d'une composition radiale.

(5) **La bonne réponse est 1.** Même si les quatre solutions proposées auraient pour effet de mettre l'objet en valeur, la réponse 1 fait jouer l'emplacement, la position et l'éclairage pour focaliser l'attention sur l'objet. La réponse 3 est le choix suivant, mais comme la question ne précise pas de quel genre d'objet il s'agit, une maquette grand format pourrait en déformer l'image.

(6) **La bonne réponse est 3.** Comme les différents plateaux des tables sont reliés les uns aux autres par une caractéristique commune (les piètements identiques), ce design illustre surtout l'harmonie. L'équilibre symétrique des tables réparties également dans un espace carré illustre un principe secondaire qui ne serait probablement pas aussi visible que la différence entre les plateaux. La diversité n'est pas une bonne réponse, car les plateaux sont étroitement liés aux piètements.

(7) **La bonne réponse est 1.** Le nombre d'or est une ligne divisée de telle sorte que le rapport entre la plus petite et la plus grande des parties ainsi obtenues corresponde au rapport entre la plus grande et le tout.

(8) **La bonne réponse est 3.**

(9) **La bonne réponse est 1.** La réponse 2 est incorrecte parce que la question ne dit rien sur la façon dont les photos sont regroupées et ne mentionne pas qu'elles forment un motif régulier. La réponse 3 est incorrecte, car aucune des photos encadrées ne différerait suffisamment à elle seule des autres pour créer un contraste important. La réponse 4 est incorrecte, car si tous les encadrements sont différents, aucun d'entre eux n'est dominant.

(10) **La bonne réponse est 4.** Dans ce diagramme, il ne semble pas y avoir de rapport de taille entre les différentes formes ni de rapport avec un objet de taille connue, ce qui élimine les réponses 1 et 2. La réponse 3 est incorrecte parce qu'il n'y a pas de répétition d'un motif régulier même si toutes les formes sont des cercles.

3 FACTEURS HUMAINS

(1) **La bonne réponse est 1.** Toutes les caractéristiques mentionnées sont importantes dans la conception des chaises, mais comme plusieurs personnes devront utiliser les chaises pendant de longues périodes, celles-ci doivent s'adapter à la diversité des utilisateurs.

(2) **La bonne réponse est 3.** Cette caractéristique est la moins importante, car les reflets sur l'écran dépendent plus du design de l'éclairage que de celui du poste de travail. Toutes les autres caractéristiques sont des éléments que le designer peut déterminer lors de la conception du poste de travail.

③ **La bonne réponse est 2.** Des meubles identiques disposés de part et d'autre d'une ligne imaginaire (mais perceptible) divisent la chambre en deux territoires égaux que chaque étudiant peut ensuite personnaliser. La réponse 1 est incorrecte parce que l'espace personnel a plus trait à la distance, et la question ne donne aucun renseignement sur les dimensions de la pièce ou sur son aménagement.

④ **La bonne réponse est 4.** La proxémique est l'application des connaissances relatives aux besoins d'espace personnel à la planification des espaces réels. Parmi les quatre possibilités, le design de sièges dans un espace où les gens seront près les uns des autres est la situation la plus susceptible de faire appel à la proxémique.

⑤ **La bonne réponse est 2.** La distance sociale, comprenant à la fois le rayon rapproché et le rayon éloigné, se situe entre 4′ et 12′ (1200 et 3600). La réponse 3 est incorrecte car elle inclut seulement le rayon éloigné de la distance sociale.

⑥ **La bonne réponse est 3.** Puisque la question mentionne un accessoire et la facilité d'utilisation, un simple ventilateur de table serait la suggestion la plus logique. La circulation de l'air permettrait d'accroître l'évaporation sur la peau de la personne, ce qui la rafraîchirait.

⑦ **La bonne réponse est 2.** Les données anthropométriques visent principalement à mesurer la taille du corps humain et à déterminer les dimensions dans lesquelles entrent certains pourcentages d'une population donnée. De telles données brutes permettraient de comparer la hauteur, la profondeur et d'autres caractéristiques des sièges avec les pourcentages d'enfants correspondant à ces dimensions. Les autres réponses ont davantage trait à l'ergonomie, c'est-à-dire à l'interaction entre les êtres humains et leur environnement.

⑧ **La bonne réponse est 1.** Les réponses 2 et 3 ont un rapport direct avec la quantité de chaleur produite dans la pièce et la ventilation nécessaire, deux aspects dont l'ingénieur en mécanique doit tenir compte. Le plan de plafond réfléchi indiquerait à l'ingénieur le type de plafond prévu et lui donnerait une idée de la chaleur dégagée par les luminaires. Du moment que l'ingénieur sait que la pièce sera surtout occupée par des personnes âgées, leur âge exact lui importe peu.

⑨ **La bonne réponse est 3.** Les tapisseries avaient toutes les fonctions énumérées, mais leur principal avantage consistait à réduire la perte de chaleur par rayonnement en recouvrant les murs en pierre (froids) d'un matériau isolant. Cela avait pour effet d'augmenter la température moyenne radiante.

⑩ **La bonne réponse est 3.** Parmi les quatre choix proposés, le designer d'intérieur serait le seul à vraiment connaître l'utilisation de la salle de conférence, ce qui pourrait justifier d'accroître la ventilation ou l'évacuation. Dans les trois autres situations, les exigences de ventilation et d'évacuation seraient évidentes pour l'ingénieur et dans la plupart des cas, dictées par le code du bâtiment.

4 LA PROGRAMMATION

(1) **La bonne réponse est 3.** Il est fort probable qu'un jeu complet de dessins d'exécution vous donnerait les renseignements mentionnés dans les trois autres réponses. Par contre, seule une étude sur le terrain pourra vous permettre de déterminer les sources de bruit et leur importance.

(2) **La bonne réponse est 1.** La réponse 2 est incorrecte parce qu'il y a habituellement plus de solutions et de concepts de design qu'il y a de concepts de programmation. La réponse 3 est incorrecte parce c'est le concept de programmation qui est une exigence de rendement, et non le concept de design. La réponse 4 est incorrecte parce que les concepts de design se fondent sur les concepts de programmation et en découlent.

(3) **La bonne réponse est 2.** Les réponses 1, 3 et 4 portent directement sur les décisions relatives à l'emplacement et à la taille des éléments dans la boutique. S'il y a des toilettes (ce qui sera probablement le cas), elles seront situées à l'écart de la zone de vente, qu'elles soient accessibles ou non aux clients.

(4) **La bonne réponse est 4.** Comme les entrevues prennent énormément de temps, qu'elles exigent souvent la présence de deux intervieweurs et que les personnes rencontrées ont tendance à parler plus qu'il ne le faut, les entrevues sont très *inefficaces*, même si elles permettent de vérifier les renseignements recueillis.

(5) **La bonne réponse est 1.** Quelle que soit la méthode de collecte des données, la superficie se fonde sur l'espace utilisable (superficie nette) dont un client a besoin pour exécuter une fonction. Par exemple, le client sait qu'il lui faut un bureau de 150 pi^2 (14 m^2), mais il ne pense pas au corridor nécessaire pour s'y rendre ni à l'épaisseur des murs qui permettront de créer un tel espace. À partir de sa connaissance de la superficie nette et du type de projet, le designer peut estimer la quantité d'espace additionnel nécessaire pour arriver à la superficie brute ou à la superficie locative.

(6) **La bonne réponse est 3.** Comme la question mentionne des *services*, il s'agit d'une grande entreprise qui occupera plusieurs étages d'un immeuble en hauteur. Pour montrer les relations globales entre les divers services (plutôt que les relations entre les différents espaces), on utilise un diagramme à étages. On crée ensuite des schémas fonctionnels ou des diagrammes à bulles pour chaque étage.

(7) **La bonne réponse est 1.** Les solutions proposées en 2 et en 4 sont possibles, mais vous obligeraient à tâtonner et à travailler beaucoup avant d'analyser le problème avec le client. La réponse 3 est risquée, car l'exigence de proximité qui vous cause des difficultés pourrait bien être la plus importante pour le client, alors que celles que vous avez réussi à satisfaire lui importent peu. La réponse 1 permet au client de préciser les exigences de proximité établies au cours du processus de programmation et de les modifier de manière que vous puissiez travailler à partir de renseignements fiables. Si le client veut voir quelques esquisses prouvant qu'il est impossible de satisfaire toutes ses exigences de proximité, vous les avez déjà.

⑧ **La bonne réponse est 4.** La méthode de programmation à laquelle la question fait référence est décrite dans l'ouvrage *Problem Seeking* et repose sur les quatre facteurs que sont la forme, la fonction, le budget et le temps.

⑨ **La bonne réponse est 2.** Les réponses 3 et 4 sont importantes, mais ces sujets devraient être abordés uniquement après que la faisabilité globale du projet est établie. Les réponses 1 et 2 sont toutes deux de bons choix, mais la réponse 1 obligerait le client à engager des dépenses additionnelles avant même que la faisabilité du projet ait été réellement établie. De plus, bien souvent, le client n'a ni une bonne idée des coûts d'une telle rénovation ni le budget nécessaire pour réaliser le projet qu'il envisage.

⑩ **La bonne réponse est 2.** L'espace de travail d'une buanderie commerciale dépend plus de la taille, du nombre et de la configuration de l'équipement que du petit nombre de personnes qui utilisent cet équipement. Dans tous les autres cas, le nombre de personnes occupant l'espace est un facteur primordial.

5 Planification de l'espace

① **La bonne réponse est 4.** Le plan 4 est le seul qui réponde aux deux critères. Le plan 3 est très efficace, mais ne convient pas à des réunions fréquentes avec des visiteurs parce qu'il est difficile pour l'employé d'atteindre son bureau et que la position des fauteuils des visiteurs se prête mal à la conversation.

② **La bonne réponse est 4.** C'est la méthode standard de la Building Owners and Managers Association (BOMA) pour mesurer l'espace locatif et c'est celle qui est généralement utilisée dans le secteur immobilier.

③ **La bonne réponse est 2.** Tous ces facteurs ont une certaine influence sur la planification, mais les dimensions réelles (incluant les piliers et les murs existants) permettront de déterminer si l'espace disponible est suffisant pour loger le restaurant proposé. Ce facteur est donc celui qui importe le plus, avant la plomberie ou la réutilisation possible des boiseries et des luminaires.

④ **La bonne réponse est 4.** L'atrium peut s'intégrer dans l'un ou l'autre des concepts d'organisation spatiale énumérés, mais se retrouve le plus souvent dans un aménagement à point central où la plupart des fonctions sont axées sur l'atrium et ses activités.

⑤ **La bonne réponse est 2.** Un poste d'infirmières exige beaucoup d'espace de classement de dossiers et de rangement temporaire ou à long terme pour une foule de choses. La réponse 2 prévoit donc la plupart des éléments exigeant beaucoup d'espace, y compris les dossiers des patients et les chariots. La réponse 4 est incorrecte parce que l'équipement de communication et les prises de courant influent peu sur l'espace nécessaire à un poste d'infirmières.

⑥ **La bonne réponse est 1.** Comme une salle d'attente est généralement occupée par des personnes qui ne se connaissent pas et qui préfèrent ne pas partager un même canapé, une disposition prévoyant des sièges individuels est plus appropriée, ce qui élimine les réponses 2 et 4. La réponse 1 est meilleure que la réponse 3 parce qu'elle facilite la circulation et l'accès aux fauteuils tout en réduisant le nombre de personnes se faisant face quand tous les fauteuils sont occupés.

⑦ **La bonne réponse est 2.** Cette réponse tombe sous le sens puisque la question porte sur des corridors et que la réponse 2 est la seule qui porte sur l'évacuation d'une *pièce*.

⑧ **La bonne réponse est 3.** Un corridor en ligne droite desservant des pièces de part et d'autre est le plus efficace. Dans un schéma radial ou un schéma en grille, la proportion que représente le corridor par rapport à l'espace desservi est généralement beaucoup plus élevée.

⑨ **La bonne réponse est 1.** Les dimensions du foyer (bien qu'elles aient leur importance dans la planification définitive) constituent le détail le plus précis parmi toutes ces réponses et celui qui aurait le moins d'incidence sur l'aménagement et l'atmosphère de l'ensemble.

⑩ **La bonne réponse est 4.** Une simple inspection permettra au designer d'obtenir les renseignements énumérés dans les réponses 1, 2 et 3. Un spécialiste en mécanique doit déterminer si la ventilation est suffisante, mais le nombre de diffuseurs d'air se compte facilement. Même la pression d'eau pour l'ajout d'un lavabo peut se vérifier en ouvrant un robinet. La réponse 4 touche des questions de structure et la possibilité de percer un mur porteur, domaines où le designer peut avoir besoin d'un avis d'expert.

6 ESTIMATION DES COÛTS

① **La bonne réponse est 1.** Comme les entrepreneurs généraux ajoutent leurs frais généraux et leur profit (qui se situent entre 10 et 20 % environ) à tous les travaux sous-traités, le client paierait ce supplément pour les appareils électroménagers sans que l'entrepreneur général ait beaucoup de travail à faire pour justifier cette majoration de coût. La réponse 4 est incorrecte, car le designer d'intérieur pourrait obtenir à peu près la même remise que l'entrepreneur pour le client sans cette majoration de prix.

② **La bonne réponse est 3.** Le coût de base de la cloison est de 45 $ multiplié par 350 pieds, soit 15 750 $. À cette somme, vous devez ajouter encore 14 % :

14 % x 15 750 $ = 2 205 $
15 750 $ + 2 205 $ = 17 955 $

Pour un budget préliminaire, les montants sont souvent arrondis à la dizaine ou à la centaine de dollars près. La somme de 17 950 $ est la plus proche et donc, c'est la bonne réponse.

③ **La bonne réponse est 3.** Comme les deux soumissions les plus basses sont très semblables, elles représentent probablement le coût réel du projet et ne sont pas des estimations excessives. Le client peut toujours essayer d'obtenir un financement supplémentaire, mais il revient au designer de proposer un design ne dépassant pas la soumission prévue de plus de 10 %. Pour cette raison, le designer devrait offrir au client de l'aider à modifier le projet afin d'en réduire le coût.

④ **La bonne réponse est 3.** La moquette est un élément de finition (comme la peinture ou les carreaux de plafond) qui est lié à la construction et fait habituellement partie du contrat de construction. Même si une sculpture est matériellement boulonnée à la construction, elle est commandée directement à l'artiste et peut faire partie du budget AAE. Les stores verticaux sont parfois inclus dans le contrat de construction, mais pas aussi fréquemment que la moquette. Les distributeurs automatiques peuvent aussi faire partie du contrat de construction, mais s'il y a à la fois un contrat de construction et un contrat AAE, les distributeurs font habituellement partie du contrat AAE. Bien que les quatre éléments mentionnés puissent entrer dans l'un ou l'autre contrat, selon le choix du client, la question posée vise l'élément qui n'est *généralement* pas considéré comme un élément AAE.

⑤ **La bonne réponse est 2.** La réponse 1 est incorrecte, car les guides de référence des prix sont périmés dès leur publication. La réponse 3 n'est pas la meilleure parce qu'elle ne tient compte ni des variantes actuelles dans les prix ni de la nature spécifique du projet auquel vous travaillez. La réponse 4 est une possibilité, mais entre les designers et les entrepreneurs, les entrepreneurs sont les plus susceptibles d'être les meilleures sources de renseignements.

⑥ **La bonne réponse est 2.** Reportez-vous au chapitre pour une explication complète sur les éléments de coûts. La réponse 1 est incorrecte car elle omet les honoraires professionnels. La réponse 3 est incorrecte parce qu'elle n'inclut pas l'ameublement, qui est un élément majeur de tout projet de design d'intérieur. La réponse 4 est incorrecte parce qu'elle omet les honoraires professionnels et l'installation des téléphones.

⑦ **La bonne réponse est 4.** Le devis quantitatif est la méthode la plus détaillée, donc la plus précise.

⑧ **La bonne réponse est 1.** Les honoraires d'avocats et d'experts-conseils comme les conseillers en œuvres d'art sont souvent séparés du budget de construction et d'ameublement préparé par le designer d'intérieur. Les éléments mentionnés dans les trois autres réponses peuvent être estimés par le designer d'intérieur (contrairement aux honoraires d'avocats) et sont souvent inclus dans le budget préparé par ce dernier.

⑨ **La bonne réponse est 3.**

(10) **La bonne réponse est 2.** Comme le marchand de meubles et le designer d'intérieur sont les deux personnes le plus au courant du devis et de la commande des meubles, la bonne réponse est 2. Les fabricants de meubles, les entrepreneurs généraux et les clients ne participent que très rarement à l'établissement du budget d'ameublement.

7 DESSINS D'EXÉCUTION

(1) **La bonne réponse est 1.** Le plan de plafond réfléchi devrait montrer les cloisons qui se prolongent jusqu'à la dalle et celles qui montent jusqu'au plafond de carreaux acoustiques. Même si ces renseignements figurent habituellement sur les détails de coupe des murs et parfois sur les élévations intérieures, le plan de plafond réfléchi est le dessin où toutes les cloisons sont regroupées et illustrées clairement.

(2) **La bonne réponse est 3.** Reportez-vous à la figure 7.15.

(3) **La bonne réponse est 3.** Le designer d'intérieur est responsable de coordonner les dessins des divers professionnels.

(4) **La bonne réponse est 4.** Un chemin de câbles sous le plancher passe dans une enceinte métallique noyée dans la dalle de béton. La sélection ferait évidemment intervenir l'ingénieur en électricité et l'architecte, car elle fait partie de la conception architecturale. L'ingénieur en structure y participerait aussi, car la taille, l'espacement et la configuration du système influent sur l'épaisseur de la dalle et sur son armature.

(5) **La bonne réponse est 2.** Même si tous les renseignements énumérés dans les choix de réponse sont importants, le plus important est l'espace libre près du plafond pour permettre l'installation des panneaux. L'épaisseur des tasseaux de bois et la taille de la base n'influent pas vraiment sur l'installation des panneaux.

(6) **La bonne réponse est 3.** Un bord chantourné est taillé sur place de façon que l'armoire ou le plan de travail s'adapte exactement aux irrégularités du mur. Un listel (bande d'ajustement) peut aussi servir à masquer les irrégularités, mais la question parle de bonne adaptation, ce qui signifie qu'il doit y avoir contact direct entre l'armoire et la construction existante. Un listel peut aussi être chantourné, mais le bord chantourné est une meilleure réponse.

(7) **La bonne réponse est 1.** Ce symbole ne représente pas un luminaire, mais un interrupteur à trois voies, qui permet de contrôler un luminaire à partir de deux endroits. Reportez-vous à la figure 7.17. Un interrupteur à quatre voies permet de contrôler un luminaire à partir de trois endroits.

(8) **La bonne réponse est 3.** Comme les fenêtres font partie de la conception architecturale, un tableau des fenêtres ne figurerait pas dans un jeu de dessins de design d'intérieur.

(9) **La bonne réponse est 3.** Reportez-vous à la figure 7.17.

(10) **La bonne réponse est 3.** Les prises de courant figurent parfois sur le plan d'ameublement et sur le plan des cloisons dans les petits projets résidentiels, mais elles figurent toujours sur le plan d'électricité.

8 Devis d'exécution

(1) **La bonne réponse est 1.** Le premier choix de réponse est le moyen le plus simple et le plus fiable, car il rend l'entrepreneur et le sous-traitant en peinture entièrement responsable de faire correspondre les finis. Ces personnes ont l'expérience et les connaissances qu'il faut pour y arriver. De plus, en inscrivant ces remarques sur les dessins et le devis d'exécution, vous rendez l'entrepreneur responsable de corriger le fini s'il ne correspond pas à celui qui existe déjà.

(2) **La bonne réponse est 4.** Un devis d'exécution utilisant ce mode de spécification mentionne un produit en particulier et exige que le designer d'intérieur donne son approbation à toute substitution. Dans toutes les autres réponses, le choix exact du produit revient à l'entrepreneur. On peut rédiger le devis en utilisant la référence à une norme ou la spécification fondée sur le résultat de façon que le produit retenu soit très probablement acceptable, mais l'utilisation du mode prescriptif le garantit.

(3) **La bonne réponse est 3.** Les profilés porteurs sont décrits par le mode descriptif. Les câbles de suspension sont décrits par référence à une norme. Les profilés de fourrure sont aussi décrits par référence à une norme, car le texte fait référence aux montants.

(4) **La bonne réponse est 3.** La partie 3, Exécution, de toute section technique d'un devis d'exécution comporte toujours les instructions relatives à l'installation ou à la pose.

(5) **La bonne réponse est 2.** Les tribunaux ont établi que les renseignements contenus dans le devis d'exécution ont préséance sur les autres documents en cas de litige. Cette disposition est souvent inscrite dans les contrats.

(6) **La bonne réponse est 3.** On doit entamer la rédaction du devis d'exécution pendant que les dessins sont produits. Le rédacteur de devis et le chargé de projet doivent demeurer en contact constant pendant la production de ces documents afin d'en assurer la cohérence.

(7) **La bonne réponse est 1.** Les règles proposées dans les réponses 2 et 3 sont utiles pour rédiger un devis concis, mais ne sont pas aussi efficaces que la référence aux normes de l'industrie, qui permet d'éliminer beaucoup de texte. La réponse 4 est incorrecte, car le mode de spécification descriptif oblige à produire un long texte pour décrire pleinement et précisément matériaux et produits.

(8) **La bonne réponse est 3.** L'estimation des coûts ne figure jamais dans le dossier d'appel d'offres, car celui-ci, comme son nom l'indique, vise à susciter des offres. L'inclusion d'une estimation des coûts serait tout à fait contraire au but recherché.

(9) **La bonne réponse est 4.** Le mode de spécification prescriptif permet de spécifier un produit ou un matériau par sa marque, son fabricant et son numéro de modèle. Il est possible d'exiger en plus qu'un échantillon soit présenté, mais cette méthode à elle seule n'est pas la meilleure.

(10) **La bonne réponse est 2.** La réponse 1 est incorrecte parce que le designer d'intérieur et le client n'ont pas l'obligation d'accepter d'utiliser un produit choisi par l'entrepreneur. La réponse 3 est incorrecte parce que le produit de substitution doit être examiné et approuvé par le designer d'intérieur, et non seulement par l'entrepreneur. La réponse 4 est incorrecte parce que l'expression « ou produit de substitution approuvé » vise à permettre l'utilisation d'un produit considéré équivalent, même s'il arrive que le produit de remplacement s'avère finalement meilleur que celui inscrit au devis d'exécution.

9 Documents contractuels et procédures d'appel d'offres

(1) **La bonne réponse est 2.** Même si le formulaire de soumission accompagne souvent le devis dans le cahier des charges, il ne fait pas partie des documents contractuels puisqu'il ne s'agit que d'une proposition.

(2) **La bonne réponse est 3.** L'entrepreneur doit toujours demander l'approbation par écrit pour que le designer d'intérieur puisse vérifier les renseignements sur le carreau en question et décider si le produit proposé est équivalent à celui inscrit au devis. Si la demande est approuvée, le designer d'intérieur doit envoyer un addenda à tous les entrepreneurs pour les informer de l'approbation du nouveau produit.

(3) **La bonne réponse est 4.** Le meilleur moyen d'obtenir le plus bas prix possible consiste à lancer un appel d'offres, ce qui élimine les réponses 2 et 3. Comme le projet vise un type de construction spécialisée, il vaut mieux traiter uniquement avec des soumissionnaires préqualifiés qui ont de l'expérience dans ce type de projets. La réponse 4 est donc la meilleure.

(4) **La bonne réponse est 1.** La réponse 1 décrit la procédure standard qui fait partie de la plupart des conditions générales, y compris les conditions générales du contrat AAE de l'AIA. La réponse 4 s'en approche, mais ne mentionne pas que l'entrepreneur avertit le designer par écrit. En outre, même s'il arrive souvent que l'entrepreneur suggère une façon de corriger le problème, c'est au designer que revient cette responsabilité.

(5) **La bonne réponse est 3.** Les conditions générales du contrat AAE de l'AIA/ASID stipulent que le designer d'intérieur ne peut que recommander au maître de l'ouvrage de rejeter l'ouvrage.

(6) **La bonne réponse est 4.** Le cautionnement de paiement de la main-d'œuvre et des matériaux vise à payer les sous-traitants et les fournisseurs dans le cas où l'entrepreneur ne peut remplir ses obligations à cet égard. Les sous-traitants ou les fournisseurs qui ne sont pas payés peuvent faire inscrire une hypothèque légale sur le bien. Le cautionnement d'exécution prévoit des fonds pour achever le projet dans le cas où l'entrepreneur général faillit à ses obligations, mais n'assure pas le paiement des factures relatives à la construction initiale.

(7) **La bonne réponse est 2.** Comme le financement fait appel à des fonds publics, le budget doit être respecté, ce qui élimine la réponse 1. Lancer un nouvel appel d'offres prend du temps et ne garantit pas que les nouvelles soumissions seront moins élevées; en fait, elles risquent plutôt d'être plus élevées car les prix auront probablement eu le temps d'augmenter dans l'intervalle. Cela élimine la réponse 3. Vous pouvez attendre les directives de la Ville, mais le projet doit aller de l'avant. L'écart entre le montant des soumissions et le budget est tellement petit qu'il est sans doute possible de réduire les coûts de 4 % en modifiant quelque peu l'envergure du projet.

(8) **La bonne réponse est 3.**

(9) **La bonne réponse est 1.** Les Conditions générales du contrat de l'AIA/ASID, de même que le CCDC-2, précisent clairement que l'entrepreneur peut demander une telle preuve.

(10) **La bonne réponse est 2.** Tous les projets, même les plus simples, devraient faire l'objet d'une convention écrite, ce qu'indiquent les réponses 1, 3 et 4.

10 Ameublement, accessoires et équipement

(1) **La bonne réponse est 2.** Les fauteuils d'un théâtre exigent un tissu résilient, durable et ignifugé. Le mélange de laine et de nylon est la seule combinaison qui réponde à ces critères.

(2) **La bonne réponse est 1.** Un rembourrage ferme convient aux sièges d'une salle d'attente médicale, à cause de leur utilisation constante. Le feutre de coton et le polyuréthane à faible densité ne satisfont pas à cette exigence. Un matériau dont le facteur d'indentation est faible ne convient pas non plus, puisqu'il donne un rembourrage moelleux.

(3) **La bonne réponse est 3.** Comme le mobilier institutionnel est soumis à rude épreuve et doit durer longtemps, sa durabilité est importante. Les réponses 3 ou 4 sont donc plausibles, car la qualité tient compte de la durabilité. Cependant, la réponse 3 est la meilleure car le coût est habituellement un facteur important dans le choix du mobilier pour ce type de client.

(4) **La bonne réponse est 4.** Le capitonnage et le passepoil posent le risque le plus élevé, mais c'est le passepoil qui est l'élément le plus susceptible de retenir une cigarette pouvant mettre le feu.

(5) **La bonne réponse est 2.** Il y a deux façons de déduire la meilleure réponse. L'un des essais les plus importants dans ce contexte est celui qui évalue la résistance à l'usure. Cela comprend les essais de Wyzenbeek et de Taber, ce qui élimine la réponse 1. Comme un seul essai de résistance à l'usure suffit, la réponse 3 est également éliminée. Le facteur d'indentation s'applique au rembourrage, or la question posée concerne uniquement le tissu. La réponse 4 est donc éliminée elle aussi.

On peut aussi se dire que la résistance à l'usure, l'inflammabilité et la décoloration sont les normes importantes à considérer pour tout tissu fabriqué sur mesure et destiné à un lieu public. Cela réduit le choix aux réponses 1 et 2. Comme les deux réponses incluent un essai de décoloration, vous devez choisir entre la résistance à l'usure ou l'inflammabilité. N'importe quel tissu peut être ignifugé, mais seul un essai de résistance à l'usure peut déterminer si un tissu fait sur mesure est assez résistant pour l'usage auquel on le destine, ce qui laisse la réponse 2.

(6) **La bonne réponse est 1.** Parmi les choix possibles, la réponse 1 est la meilleure car elle signifie que la quantité de combustible diminuerait, peu importe le type du tissu, le fait qu'il soit ignifugé ou non, ou son type d'armure.

(7) **La bonne réponse est 2.** Le tissu de classe A ne s'enflamme pas. Il est celui qui est le plus résistant à la carbonisation, mais il peut carboniser.

(8) **La bonne réponse est 2.** Les produits chimiques ignifugeants et les doublures coupe-feu jouent un rôle important dans l'inflammabilité des meubles rembourrés, mais c'est la combinaison du tissu de recouvrement et du rembourrage qui constitue le facteur déterminant.

(9) **La bonne réponse est 3.** La rayonne est l'un des tissus les moins appropriés pour l'ameublement en général, particulièrement en raison de sa très faible résistance à la décoloration sous les rayons du soleil.

(10) **La bonne réponse est 4.** Comme confectionner des tubes consiste à fixer le tissu au rembourrage et que le meilleur moyen d'empêcher un tissu de glisser est de le fixer directement, la réponse 4 est la meilleure.

(11) **La bonne réponse est 3.** Cette question fait référence à l'essai de combustion verticale ou NFPA 701. La question pourrait aussi évoquer l'essai FR 701. Il importe surtout de reconnaître la désignation 701, correspondant à la norme *Standard Methods of Fire Tests for Flame-Resistant Textiles and Films*, qui établit les méthodes d'essai des habillages de fenêtre.

(12) **La bonne réponse est 2.** Un tissu ignifugé peut s'enflammer, mais il ne brûle pas.

11 Construction intérieure

(1) **La bonne réponse est 1.** La réponse 2 est incorrecte, car une porte en bois à âme pleine dans un cadre en acier pourrait satisfaire aux conditions. La réponse 3 est incorrecte, car on peut construire une ouverture à l'épreuve de la fumée avec une porte en bois aussi bien qu'avec une porte en métal. La réponse 4 pourrait être une possibilité, mais une maintenance minimale et une utilisation intense ne signifient pas nécessairement que la porte doive être en métal.

(2) **La bonne réponse est 4.** Une serrure à mortaise présente diverses caractéristiques et est assez durable pour être soumise à une forte utilisation dans un immeuble à bureaux. Les autres serrures pourraient aussi être utilisées, mais elles ne sont pas *les plus appropriées.*

(3) **La bonne réponse est 1.** Reportez-vous à la figure 11.12.

(4) **La bonne réponse est 1.** Reportez-vous à la figure 7.19 pour les symboles correspondant au bois brut et aux panneaux de plâtre.

(5) **La bonne réponse est 4.** L'accès au plénum élimine l'utilisation de panneaux de placoplâtre. Les plafonds intégrés et les plafonds à lamelles métalliques offrent certaines possibilités d'accès, mais leur coût dans un grand projet commercial ne serait pas justifié. Un plafond intégré pourrait être un bon choix, mais la question ne précise pas suffisamment les paramètres du problème pour que cette réponse soit adéquate.

(6) **La bonne réponse est 3.** L'écart entre deux vitres posées bord à bord est scellé au moyen d'un produit de calfeutrage ou d'étanchéisation. Pour caler la vitre dans son cadre, on utilise du ruban de vitrage ou du mastic. Pour supporter le poids de la vitre et la séparer du cadre inférieur, on emploie des cales de vitrier.

(7) **La bonne réponse est 2.** Reportez-vous à la figure 11.16.

(8) **La bonne réponse est 1.** Il faut consulter un ingénieur ou un architecte dans toute situation touchant ou pouvant toucher la structure.

(9) **La bonne réponse est 2.** Le bruit d'un ferme-porte serait désagréable pendant le bref moment où la porte se ferme mais, surtout, il n'aurait aucun effet sur l'intimité de la pièce une fois la porte fermée.

(10) **La bonne réponse est 2.** Les barres résilientes, par leur souplesse, permettent aux panneaux de placoplâtre qui y sont fixés d'absorber une partie des sons qui les frappent, ce qui réduit la transmission du bruit.

(11) **La bonne réponse est 2.** Comme le montre le tableau 18.1, les cages d'escalier offrant un degré de résistance au feu de 2 h et de 1 h exigent une porte de catégorie B. Vous pouvez exiger une porte de catégorie B offrant un degré de résistance au feu de 1 h ou de 1 1/2 h.

(12) **La bonne réponse est 4.** Les réponses 2 et 3 sont incorrectes, car le verre armé et le verre flotté ne satisfont ni l'un ni l'autre aux normes ANSI Z97.1 ou 16 CFR Partie 1201, et ne sont pas considérés comme du verre de sécurité. La réponse 1 est également incorrecte, car même si certains types de verre feuilleté de céramique remplissent les exigences, la plupart d'entre eux ne sont pas considérés comme du verre de sécurité.

(13) **La bonne réponse est 2.** Il existe plusieurs façons d'obtenir un degré de résistance au feu de 1 h, mais le plus facile et le moins coûteux est d'utiliser une seule couche de panneaux de placoplâtre de type X de 5/8″ (16). La dimension des montants n'est pas une variable critique. Les deux couches de panneaux de plâtre de 1/2″ (13) ou les panneaux de plâtre spéciaux de 3/4″ (19) pourraient faire l'affaire, mais vont au-delà des exigences. Des panneaux de plâtre de type X de 1/2″ (13) n'offrent qu'une résistance au feu de 45 min, à moins qu'on y ajoute un placage.

(14) **La bonne réponse est 2.** Les codes du bâtiment n'exigent habituellement un degré de résistance au feu que pour les matériaux de finition muraux. Les autres éléments d'ébénisterie comme les rayonnages, les armoires et les boiseries de portes et de fenêtres ne font pas l'objet d'une réglementation.

(15) **La bonne réponse est 4.** Les portes de sortie nécessitent une fermeture antipanique uniquement dans les cas précis où le code du bâtiment l'exige, habituellement dans les écoles et les lieux de réunion. Cela *peut* inclure une porte offrant un degré de résistance au feu de 1 h, mais pas nécessairement.

⓬ Finis

① **La bonne réponse est 1.** Le revêtement de vinyle de type I est le plus léger des trois et convient à une utilisation résidentielle. Il n'existe pas de revêtement de vinyle de type IV.

② **La bonne réponse est 3.** Les tissages Axminster et Wilton permettent tous deux de créer des motifs complexes, mais seul le Wilton permet de produire un velours à boucles de hauteur variée.

③ **La bonne réponse est 1.** L'entrée d'un restaurant peut être un endroit glissant si on y répand des liquides ou si les gens y laissent des traces de neige, de boue ou d'eau; c'est pourquoi un sol rugueux est préférable. Parmi les quatre possibilités, le granit à fini flammé donne la surface la plus rugueuse.

④ **La bonne réponse est 3.** Le parquet mosaïque s'applique facilement au mastic sur la plupart des sous-planchers ou des sols finis résidentiels ou sur un sous-plancher neuf. Compte tenu du prix des matériaux et de l'installation, le parquet mosaïque est le moins cher au mètre carré.

⑤ **La bonne réponse est 4.** La moquette en nylon et la moquette en polyester sur thibaude sont deux choix acceptables dans ce cas. Dans les deux possibilités qui restent, le choix de la moquette en laine serait sans doute le moins judicieux en raison de son coût élevé, qui pourrait être considérable dans un immeuble de grande superficie comme un hôtel.

⑥ **La bonne réponse est 1.**

⑦ **La bonne réponse est 3.** Même si la couche indiquée dans le dessin peut contribuer à réduire les craquements, le fait que le parquet en bois soit installé sur du béton indique qu'il s'agit d'un pare-vapeur.

⑧ **La bonne réponse est 1.** Comme l'ardoise n'est pas d'épaisseur uniforme et comme un sous-plancher en béton au-dessus du niveau du sol peut fléchir et causer des fissures, la pose sur lit épais avec membrane est la meilleure. La pose sur lit épais permet au carreleur d'adapter le lit en fonction de l'épaisseur de chaque pierre. De plus, la membrane (avec armature) permet au parquet fini de flotter au-dessus des légers fléchissements que pourrait éventuellement subir le sol en béton.

⑨ **La bonne réponse est 2.** Le vinyle en feuille exige moins de joints et résiste à la graisse, à l'huile et à l'eau.

⑩ **La bonne réponse est 2.** Le pas est le nombre de brins de fils sur une largeur de 27″. Pour convertir cette mesure en jauge (le nombre de brins de fils sur toute la largeur d'un tapis toufté), il faut diviser 216 par 27. Cela donne 8 points par pouce ou 8 brins par pouce. La jauge est donc de 1/8.

13 ÉCLAIRAGE

(1) **La bonne réponse est 3.** Parmi les réponses possibles, l'ingénieur en électricité est responsable de la conception des circuits, du tableau de branchement et de distribution ainsi que des autres aspects techniques de l'aménagement de l'éclairage. Le designer d'intérieur peut choisir les types de luminaires, les lampes et l'emplacement des luminaires et des interrupteurs, mais il doit présenter au service des permis et inspection un dessin détaillé portant le sceau d'un ingénieur en électricité agréé. La seule exception touche les petits projets, comme les résidences, pour lesquels l'entrepreneur en électricité peut prendre les décisions techniques relatives au câblage et aux circuits, et faire ensuite approuver et inspecter les travaux. Toutefois, comme le terme « ingénieur en électricité » figure parmi les choix de réponse, c'est cette réponse qui est la meilleure.

(2) **La bonne réponse est 4.** Les lampes MR-16 sont les plus petites parmi les choix proposés et peuvent convenir à l'espace restreint d'un comptoir-vitrine. Il s'agit de lampes au tungstène-halogène qui donnent un bon rendu des couleurs et font étinceler les bijoux.

(3) **La bonne réponse est 2.** Voir la figure 13.4.

(4) **La bonne réponse est 2.** Le pied-Lambert décrit la luminance que reflète ou transmet une source ou une surface et tient compte de la surface projetée, c'est-à-dire de la surface que l'on voit en regardant la source.

(5) **La bonne réponse est 1.** Toute la lumière provenant du plafond d'une salle de dessin se reflète sur les triangles de plastique, les règles parallèles et les autres instruments du même genre, ce qui crée des réflexions voilantes.

(6) **La bonne réponse est 4.** La réponse 1 n'est pas la meilleure solution, car elle pourrait facilement réduire l'éclairement sous le seuil acceptable. La réponse 2 pourrait finalement s'avérer la solution, mais comme la question vise à corriger le design, il vaut mieux commencer par examiner d'autres possibilités. La réponse 3 est également une possibilité, mais avant de modifier le concept initial, vous devriez d'abord tenter de le corriger. La réponse 4 vous permet de conserver votre concept en changeant uniquement les lampes. Si après étude, cette solution ne permet pas de respecter le budget, vous devrez alors examiner les autres possibilités conformes à votre concept.

(7) **La bonne réponse est 3.** Les lampes aux halogénures métalliques conviennent le mieux en raison d'un bon rendement (80 à 120 lumens par watt) et d'un bon rendu des couleurs. Ces deux avantages l'emportent sur la durée de vie plus longue des lampes à vapeur de mercure.

(8) **La bonne réponse est 2.** Tous les choix de réponse justifient l'utilisation de plafonniers mais, *généralement*, on les utilise lorsque l'espace est insuffisant pour installer des luminaires encastrés.

(9) **La bonne réponse est 2.** Dans une salle d'exposition de tissus, l'exactitude du rendu des couleurs est primordiale. Cela signifie que les réponses 2 et 4 sont les plus probables. La température de couleur d'une lampe donne une idée générale de sa « blancheur », mais l'indice de rendu des couleurs (IRC) indique clairement si elle convient à une application particulière.

(10) **La bonne réponse est 1.** Tout aménagement comportant un éclairage direct comme dans les réponses 2, 3 et 4 peut causer des reflets sur les écrans d'ordinateur. Comme la question ne précise pas que vous savez où se situent les écrans, la meilleure solution est un système combinant lumière d'ambiance et éclairage d'appoint.

14 Système mécanique, système électrique et structure

(1) **La bonne réponse est 3.** Le convecteur transfère la chaleur d'un système à eau chaude dans l'air. Une grille peut contrôler la distribution de l'air, mais ne permet pas de contrôler le débit d'air. Un conduit permet simplement à l'air de circuler d'un point à un autre.

(2) **La bonne réponse est 1.** Un système tout air peut se subdiviser en autant de zones à contrôle séparé qu'il en faut. On pourrait utiliser des panneaux de chauffage rayonnants, mais il serait malaisé de les loger dans le plafond et leur coût serait beaucoup plus élevé que celui d'un système tout air.

(3) **La bonne réponse est 4.** La plupart des codes du bâtiment n'autorisent aucun matériau combustible dans un vide de plafond où circule l'air repris. Le câblage électrique est autorisé s'il passe dans des conduits en acier.

(4) **La bonne réponse est 2.** Le designer d'intérieur ne choisit pas la taille des conduits et n'inscrit pas l'emplacement des haut-parleurs sur le plan d'électricité, ce qui élimine les réponses 3 et 4. L'emplacement des interrupteurs est inscrit sur le plan de plafond réfléchi, ce qui laisse la réponse 2.

(5) **La bonne réponse est 1.** Les gicleurs vers le haut pulvérisent l'eau vers le haut ce qui assure une bonne protection au-dessus et en dessous du faux-plafond suspendu.

(6) **La bonne réponse est 2.** Voir la figure 14.6.

(7) **La bonne réponse est 1.** Le nouvel habillage de fenêtre peut modifier l'apparence extérieure d'un immeuble et la charge de chauffage, ce qui influe sur le système mécanique. Ce nouvel habillage peut aussi accroître le stress thermique du verre au point de le faire craqueler ou casser. Même si le facteur de réflexion de la lumière peut s'en trouver modifié, cette modification serait probablement mineure et n'affecterait pas la qualité globale de la lumière dans la pièce.

(8) **La bonne réponse est 2.** Voir la figure 7.17.

(9) **La bonne réponse est 3.** Si l'espace est restreint et la dimension d'un plancher à l'autre est fixe, il faut réduire au minimum le nombre de marches et la profondeur de chacune pour diminuer autant que possible l'étendue totale de l'escalier. Le nombre de marches peut être réduit grâce à la contremarche de 8″ (203), autorisée par le code pour ce type d'utilisation. (Il faut 16 contremarches de 7″ [178] ou 14 contremarches de 8″ [203] pour donner une hauteur de 9′-4″ [2800].) En revanche, 16 contremarches exigent 15 marches, tandis qu'il faut 13 marches seulement pour 14 contremarches. Étant donné que les codes autorisent également une marche de 9″ (228) minimum dans les applications résidentielles comme celle-ci, la meilleure combinaison est une contremarche de 8″ et une marche de 9″ (13 marches multiplié par 9 donne une étendue totale de 9′-9″).

(10) **La bonne réponse est 2.** Il est d'usage courant de placer les câblages informatique et électrique dans les faux-planchers, par exemple dans les salles informatiques. On peut aussi y poser des conduits pour le système CVCA. La plomberie n'est pas autorisée, car les bris de canalisation peuvent causer des problèmes.

(11) **La bonne réponse est 2.** Dans l'espace entre un plafond suspendu et le plancher porteur du dessus, il faut prévoir des divisions résistantes au feu si les cloisons s'arrêtent au plafond. Les registres coupe-feu permettent de créer des ouvertures résistantes au feu pour faire passer des conduits dans des cloisons ou dans des divisions résistantes au feu.

(12) **La bonne réponse est 1.** Ce symbole en forme de H représente une colonne dans un plan et une poutre dans une coupe.

(13) **La bonne réponse est 2.** Selon le code UBC et d'autres codes en vigueur, une série de deux contremarches ou plus constitue une volée.

(14) **La bonne réponse est 4.** Les dalles en béton précontraint par post-tension ne peuvent pas être percées pour une cage d'escalier, car l'ouverture nécessaire serait probablement plus grande que l'espacement entre les tendons. En outre, si l'un des tendons était sectionné, la dalle pourrait s'effondrer. Dans les autres types de dalles, il est facile de localiser et d'éviter l'armature et de renforcer les ouvertures, quelles que soient leurs dimensions.

(15) **La bonne réponse est 3.** Même s'il vous faudra probablement consulter tous ces professionnels au sujet des rayonnages, la réponse 3 est la meilleure. Étant donné le poids très élevé des rayonnages dans une bibliothèque, un ingénieur en structure doit déterminer si le plancher existant est capable d'en supporter la charge. Ce facteur sera déterminant, dès l'étape préliminaire de la planification de l'espace, pour choisir l'emplacement des rayonnages. Il permettra aussi de localiser les arrivées d'air et les gicleurs, et de choisir le type de rayonnage.

(16) **La bonne réponse est 3.** Même si tous les éléments proposés peuvent être modifiés pour améliorer l'insonorisation, le convecteur est l'élément qui pose le plus problème et qui *doit* être modifié, sans quoi le son pourra passer par les bouches d'aération du bureau, par les ouvertures autour du conduit du convecteur et par les bouches d'aération du bureau adjacent. Voir la figure 14.2.

15 ACOUSTIQUE

(1) **La bonne réponse est 2.** L'indice d'isolation au bruit d'impact (IIBI) et l'indice de transmission du son (ITS) sont les deux indices les plus importants pour évaluer la perte de transmission dans un assemblage sol-plafond.

(2) **La bonne réponse est 2.** Comme un changement d'intensité acoustique de 3 dB est à peine perceptible, il vaut probablement mieux ne pas utiliser le produit, même s'il n'est pas cher. Il ne vaut sans doute pas la peine, non plus, de tenter de le modifier pour parvenir à un seuil de 6 dB. Si l'ITS doit être de 6 dB ou plus, il est plus avantageux d'envisager un autre assemblage que de tenter d'y parvenir avec un matériau modifié. La réponse 4 pourrait être correcte s'il suffisait de doubler le matériau pour obtenir une augmentation de 6 dB, mais la formulation de la question ne permet pas de tirer une telle conclusion.

(3) **La bonne réponse est 1.** Les réponses 2, 3 et 4 sont toutes des méthodes importantes pour contrôler le bruit à l'intérieur d'une pièce ainsi que le bruit qui se transmet d'une pièce à une autre. Un grand plafond peut être utile pour l'application d'un matériau insonorisant, mais la dimension du plafond est déjà fixée à l'étape préliminaire du design.

(4) **La bonne réponse est 2.** L'assemblage illustré ne serait pas le meilleur pour contrôler le bruit d'impact (parce qu'il s'agit d'une cloison) ou la vibration mécanique; les réponses 1 et 4 sont donc incorrectes. L'assemblage illustré empêcherait la transmission du son dans les deux directions, mais il l'empêcherait *encore plus* de la pièce A à la pièce B. En effet, la transmission du bruit entre deux pièces dépend de la perte de transmission du mur, de la surface du mur et de l'absorption des surfaces dans la pièce *réceptrice*.

(5) **La bonne réponse est 3.** Reportez-vous au tableau 15.2, qui montre que tout changement supérieur à 5 dB est clairement perceptible.

(6) **La bonne réponse est 2.** Cette question est la même que la question 9 du chapitre 11. Lorsque vous passerez l'examen, rappelez-vous qu'il peut arriver qu'une question d'une section soit répétée dans une autre.

(7) **La bonne réponse est 3.** Dans le cas des cloisons intérieures, l'isolation sert uniquement à amortir le son dans le vide intérieur de la cloison.

(8) **La bonne réponse est 1.** Le remplacement des panneaux de placoplâtre par des carreaux insonorisants modifierait l'absorption totale de la pièce, donc le temps de réverbération.

(9) **La bonne réponse est 2.** Un plafond en voûte ferait converger le son réfléchi en une zone concentrée et produirait des échos désagréables ou des zones où le son se propage mal.

(10) **La bonne réponse est 3.** Le fait de placer des matériaux insonorisants des deux côtés du mur ne nuirait pas et ferait même décroître le niveau de bruit dans la pièce la plus « bruyante », mais les trois variables les plus importantes sont la perte de transmission du mur, sa rigidité (qualité d'amortissement) et sa surface.

16 Communication graphique

(1) **La bonne réponse est 2.** Le plan de toiture montre uniquement la toiture du bâtiment, alors que le plan d'emplacement montre aussi ce qui l'entoure.

(2) **La bonne réponse est 1.** La réponse 2 fait référence au plan oblique, la réponse 3, au dessin orthogonal et la réponse 4, au plan d'étage.

(3) **La bonne réponse est 2.** Le dessin orthographique suppose que l'œil est simultanément perpendiculaire à chacun des points de l'objet alors que, dans la réalité, même une personne placée directement en face d'un objet le voit en perspective à partir d'un seul point de vue.

(4) **La bonne réponse est 4.** Reportez-vous à la figure 16.11.

(5) **La bonne réponse est 3.** Même pour le profane, la perspective offre la vue la plus réaliste d'un objet tridimensionnel sur un support bidimensionnel.

17 CODES DU BÂTIMENT

① **La bonne réponse est 3.** Le *Uniform Plumbing Code* et d'autres codes modèles fondent les exigences relatives au nombre de sanitaires sur l'usage de l'immeuble.

② **La bonne réponse est 4.** L'essai ASTM E-119 évalue l'assemblage au complet, contrairement à ASTM E-84 (également appelé essai en tunnel Steiner) qui n'évalue que les matériaux de finition. L'essai ASTM E-119 est le meilleur pour évaluer toute séparation, y compris une cloison, destinée à empêcher la propagation du feu.

③ **La bonne réponse est 3.** L'UBC et l'IBC renvoient à la norme NFPA-13 précisant les exigences relatives à la conception et à l'installation des systèmes d'extincteurs automatiques à eau. Beaucoup d'autres codes modèles renvoient également à la norme NFPA-13.

④ **La bonne réponse est 1.** Reportez-vous au tableau 17.1, qui montre que les exigences les plus restrictives pour les matériaux de finition visent les issues verticales protégées.

⑤ **La bonne réponse est 3.**

⑥ **La bonne réponse est 1.** Comme l'indique le tableau 17.1, les codes du bâtiment limitent l'inflammabilité des finis selon l'usage du bâtiment et selon que le fini est installé dans une issue ou non. En présence d'un système d'extincteurs automatiques à eau, le code du bâtiment autorise l'utilisation de matériaux de finition de classe immédiatement inférieure, mais cette variable n'est pas prépondérante. Enfin, le degré de résistance au feu de l'assemblage sur lequel le fini est appliqué n'influe en rien sur les normes relatives à la propagation des flammes qui s'appliquent aux finis.

⑦ **La bonne réponse est 4.** Dans la Constitution américaine, les pouvoirs qui ne sont pas expressément réservés au gouvernement fédéral sont dévolus à chacun des États. À leur tour, ceux-ci peuvent déléguer la régie du bâtiment aux autorités locales. Peu d'États ont un code du bâtiment qui s'applique à l'ensemble de l'État. Dans presque tous les cas, le code local ou celui de l'État sont fondés sur un code modèle.

⑧ **La bonne réponse est 2.** Le sigle ASTM désigne l'American Society for Testing and Materials, organisme qui établit un large éventail de normes relatives notamment aux méthodes d'essai, aux produits et aux définitions. Bien que l'organisme élabore des normes d'essai, il n'est pas un laboratoire d'essai.

⑨ **La bonne réponse est 1.** Cette question suppose que vous ne pouvez pas entamer le design sans d'abord trouver quelques renseignements de base que vous n'avez pas. Les renseignements les plus importants sont le type de bâtiment, les usages adjacents et l'état des gicleurs d'incendie. Le type de bâtiment peut jouer sur la superficie maximale de l'usage proposé par le client et sur le traitement que vous donnerez aux murs des cages d'escaliers et d'ascenseurs et aux éléments enchâssés. Les usages adjacents déterminent les degrés de résistance au feu à respecter entre l'espace de votre client et les espaces existants. La présence ou l'absence d'un système automatique de gicleurs dans l'ensemble du bâtiment aura un effet sur la superficie maximale admissible, les finis et d'autres décisions de design. En général, les classifications de zone de feu n'ont aucun rapport avec le design d'intérieur; elles ne sont d'ailleurs pas abordées dans ce chapitre. Quant aux normes d'accessibilité, bien qu'elles soient nécessaires, elles n'ont rien à voir avec la classification du bâtiment en soi.

(10) **La bonne réponse est 3.** L'expression « le plus acceptable » est déterminante dans cette question. L'essai de l'angle mural et l'essai en tunnel Steiner servent tous deux à mesurer la flammabilité des finis muraux, mais l'essai en tunnel Steiner est celui que les codes du bâtiment exigent le plus souvent. L'essai de l'angle mural donne une idée plus réaliste du comportement d'un matériau dans une situation donnée, mais son résultat est soit positif soit négatif, sans autre indication. En outre, l'essai en tunnel Steiner mesure la densité de fumée ainsi que la propagation des flammes. L'essai en chambre à fumée ne mesure pas la propagation des flammes, dont l'importance est vitale. L'essai d'allumage vertical est destiné aux décors de fenêtre.

(11) **La bonne réponse est 4.** Généralement, le type de bâtiment le plus restrictif est le type I, et le moins restrictif est le type V.

(12) **La bonne réponse est 1.** Seuls le verre trempé et le verre feuilleté sont considérés comme du verre de sécurité, car ils satisfont aux exigences des normes ANSI Z97.1 et 16 CFR 1201. Reportez-vous au chapitre 11 pour de plus amples renseignements sur le vitrage.

(13) **La bonne réponse est 3.** Tous les tapis fabriqués ou vendus aux États-Unis doivent subir avec succès l'essai à la pastille de méthénamine. L'essai au panneau radiant vise les revêtements de sol des corridors et certains revêtements utilisés pour des usages spécifiques. L'essai en tunnel Steiner peut être utilisé, mais il n'est pas réaliste puisque l'échantillon de tapis est placé au plafond de l'enceinte d'essai.

(14) **La bonne réponse est 4.** Par définition, un matériau qui ne brûle pas est considéré comme incombustible. Ce terme ne doit pas être confondu avec ininflamable, qui désigne ce qui est non susceptible de brûler en produisant des flammes.

(15) **La bonne réponse est 3.** La seule façon de disposer les gicleurs pour que l'espacement maximal entre chacun soit de 15′ (4570) et que l'espacement maximal à partir du mur soit de 7 1/2′ (2285) est d'utiliser 4 gicleurs.

18 Les issues

(1) **La bonne réponse est 2.** L'édition de 1997 du *Uniform Building Code* limite les corridors sans issue à 20′ (6 m).

(2) **La bonne réponse est 2.** Selon le tableau, les zones de réunion incluant les restaurants et les bars ont une aire par occupant permise de 15. Les cuisines commerciales ont une aire par occupant de 200. Par conséquent,

3500 ÷ 15 = 233
1000 ÷ 200 = 5
1200 ÷ 15 = 80
Total : 318

(3) **La bonne réponse est 3.** Les réponses 1, 2 et 4 mentionnent des portes de largeur inférieure à 36″, or l'UBC interdit d'utiliser des portes d'issue de moins de 36″.

(4) **La bonne réponse est 4.** Un immeuble de 60 000 pi² mesure environ 250′ de côté ou environ 200′ de largeur sur 300′ de longueur. Ces dimensions et la disposition habituellement rectangulaire des corridors créeraient de très longues distances d'évacuation jusqu'aux issues. Reportez-vous à la figure 18.5.

(5) **La bonne réponse est 2.** Il faudra des joints d'étanchéité contre la fumée, mais le changement le plus important sera que les portes en verre ne seront plus autorisées. Comme cela modifiera beaucoup l'apparence de l'entrée, c'est la première chose dont la cliente doit être avertie. La porte pourra être montée soit sur des pivots au sol ou sur des charnières, dans la mesure où elle est battante.

(6) **La bonne réponse est 2.** Les assemblages portes coupe-feu nécessitent toujours des ferme-portes.

(7) **La bonne réponse est 3.** Tout escalier dont la largeur est égale ou supérieure à 44″ (1117) exige une main courante des deux côtés selon l'UBC.

(8) **La bonne réponse est 1.**

(9) **La bonne réponse est 3.** L'aire par occupant permise indiquée au tableau 10-A de l'UBC (et d'autres tableaux similaires dans les autres codes modèles) sert à déterminer le nombre d'issues.

(10) **La bonne réponse est 4.** Normalement, les trois parties sont désignées à partir de la moins protégée jusqu'à la plus protégée : l'accès à l'issue, l'issue et le dégagement de l'issue vers l'extérieur.

(11) **La bonne réponse est 1.** Les issues ne sont pas limitées en longueur (parce qu'elles sont protégées), elles peuvent être constituées d'une simple porte et sont habituellement obligatoires dans les bâtiments équipés de gicleurs.

(12) **La bonne réponse est 2.** Comme le montre la figure 18.2 et les tableaux similaires figurant dans les autres codes, les deux facteurs les plus importants sont l'usage que l'on fait de l'espace et le nombre de personnes qui doivent évacuer cet espace (la densité d'occupation).

(13) **La bonne réponse est 3.** L'élément déterminant pour la distance d'évacuation est la présence ou l'absence de gicleurs d'incendie. De plus, dans certains cas, les codes réduisent la distance en fonction de certains usages.

(14) **La bonne réponse est 1.** L'essentiel est de se rappeler que les corridors font partie de l'accès à l'issue. Cela signifie qu'ils entrent dans le calcul de la distance d'évacuation, mais qu'ils n'ont pas nécessairement besoin d'être résistants au feu (bien qu'ils le soient habituellement). De plus, par définition, ils sont des moyens de circulation ou d'évacuation.

19 NORMES D'ACCESSIBILITÉ ET RÈGLES DE CONCEPTION SANS OBSTACLES

(1) **La bonne réponse est 2.** Reportez-vous à la figure 19.4.

(2) **La bonne réponse est 3.** La solution la moins chère et la plus importante relativement à l'accessibilité consiste à installer un dispositif d'ouverture assistée.

(3) **La bonne réponse est 4.**

(4) **La bonne réponse est 1.** Les normes d'accessibilité exigent qu'aucun objet ne fasse saillie dans le parcours sans obstacles, ce qui pourrait constituer un danger. Voir la figure 19.18. La hauteur des panneaux est donc importante. De plus, la signalisation tactile doit avoir une surface faisant saillie d'au minimum 1/32″ (0,8) et la largeur des parcours sans obstacles ne doit pas être réduite.

(5) **La bonne réponse est 3.** Tous les lavabos proposés peuvent convenir si leurs dimensions satisfont aux exigences indiquées à la figure 19.10, mais le lavabo mural est celui qui offre l'accès le plus dégagé, ce qui va généralement au-delà des exigences minimales en matière d'accessibilité.

(6) **La bonne réponse est 4.** Les dimensions des cabines répondant aux normes d'accessibilité, qu'elles soient standards, d'extrémité ou en rangée, sont déjà plus ou moins déterminées. Les facteurs qui auront une incidence sur la planification de l'espace sont l'utilisation d'une porte ouvrant vers l'intérieur (ce qui accroît la surface de plancher nécessaire) et le fait que votre design utilise un accès frontal ou latéral (l'accès latéral côté loquet est celui qui nécessite le moins d'espace). Voir la figure 19.7. L'emplacement des barres d'appui et la position de l'appareil sanitaire dans les cabines sont déjà déterminés et ne constitueraient pas votre principale préoccupation.

(7) **La bonne réponse est 3.** Les systèmes d'urgence doivent comporter des alarmes visuelles et sonores.

(8) **La bonne réponse est 1.**

(9) **La bonne réponse est 3.** Selon les aires de manœuvre exigées autour des portes présentées dans la figure 19.5, l'accès latéral et la porte ouvrant dans la pièce exigent un minimum de 42″ (1065) seulement (en supposant que la porte n'est pas équipée d'une ferme-porte). Cela permet d'utiliser un corridor de 44″ (1118). L'accès frontal (porte ouvrant dans la pièce) et l'accès latéral côté charnières (porte ouvrant dans le corridor) exigent tous deux un minimum de 48″ (1220). L'accès frontal (porte ouvrant dans le corridor) exigerait un corridor de 60″ (1525), soit une porte de 36″ (915) plus un dégagement latéral de 24″ (610).

(10) **La bonne réponse est 2.** Les dispositions relatives à la portée indiquent au designer le nombre d'installations ou d'éléments répondant aux normes d'accessibilité à prévoir. L'ADA contient aussi des dispositions relatives à la portée, mais les codes locaux peuvent être encore plus exigeants et, dans ce cas, le design doit être conforme aux exigences les plus restrictives.

La norme ANSI A117.1 peut s'appliquer ou non dans un territoire donné. Si elle a été adoptée dans le code du bâtiment local, il importe de vérifier si les exigences sont plus restrictives que celles de l'ADA. Selon la dernière édition de la norme A117.1, les dispositions relatives à la portée relèvent des autorités locales. L'ADAAG désigne les Directives en matière d'accessibilité de l'ADA, donc cette réponse n'est pas pertinente. Les *Federal Uniform Acessibility Standards* s'appliquent aux immeubles fédéraux et aux projets qui reçoivent un financement du gouvernement fédéral et non aux projets commerciaux.

20 CONVENTION ENTRE LE MAÎTRE DE L'OUVRAGE ET LE DESIGNER D'INTÉRIEUR

① **La bonne réponse est 4.** Le contrat type B171 de l'AIA/ASID indique clairement que le maître de l'ouvrage doit fournir tous les services juridiques, comptables et d'assurances nécessaires au projet.

② **La bonne réponse est 2.** Les réponses 2 et 3 sont les plus plausibles. Par contre, seuls les appels interurbains directement liés à un projet sont généralement considérés comme étant remboursables. Les maquettes sont également considérées comme étant remboursables si elles sont conçues pour une présentation spéciale et pas uniquement pour le travail de design interne du bureau.

③ **La bonne réponse est 3.** Les changements apportés à un projet après l'acceptation d'une soumission peuvent engendrer de sérieux problèmes et vous devez vous assurer que le client en comprend les conséquences en termes de retards et de coûts.

④ **La bonne réponse est 2.** La réponse 1 est incorrecte car l'évaluation post-emménagement n'est pas considérée comme un service de base. La réponse 3 est incorrecte car les études de faisabilité financière ne constituent pas un service de base non plus. La réponse 4 est incorrecte parce que le maître de l'ouvrage est responsable de l'acceptation de l'ameublement, même si le designer d'intérieur peut examiner l'ameublement au moment de la livraison et contribuer à diriger son installation.

⑤ **La bonne réponse est 2.** L'entrepreneur est responsable de tous les moyens et méthodes de construction ainsi que de tout ce qui concerne la sécurité sur le chantier.

⑥ **La bonne réponse est 2.** Le designer d'intérieur est responsable de connaître la dimension des éléments à intégrer. Il doit concevoir et spécifier la construction dans laquelle ces éléments seront logés.

⑦ **La bonne réponse est 3.** Le contrat à forfait oblige le designer d'intérieur à fournir les services énumérés au contrat pour un montant fixe, quels que soient les problèmes qui surviennent, qu'ils soient de sa faute ou de celle du client.

⑧ **La bonne réponse est 1.** La convention type de l'AIA/ASID énumère clairement comme des services additionnels le fait de retenir les services d'un conseiller, le design de la signalisation et les relevés détaillés. Le design et l'inscription au devis de meubles intégrés sur mesure font partie des services de base du designer dans le domaine de l'ébénisterie.

⑨ **La bonne réponse est 2.** Les honoraires sont généralement exclus du budget de construction. Tous les autres éléments ont trait à la construction du projet et seraient donc inclus.

(10) **La bonne réponse est 3.** L'achat de l'ameublement se fait par bon de commande. Le déblocage des fonds pour la construction se fait grâce à une demande de paiement et à un certificat de paiement.

21 Pratique professionnelle

(1) **La bonne réponse est 2.** Même si le maître de l'ouvrage a signé l'approbation de la livraison, une telle inspection ne constitue pas une acceptation définitive ni une prise en charge de la marchandise. Celles-ci ont lieu uniquement après l'inspection définitive par le maître de l'ouvrage et le designer, la signature d'approbation de la liste de contrôle et le versement du dernier paiement. Dans ce cas, le détaillant de meubles est l'« entrepreneur » du contrat d'ameublement et il a la possibilité de corriger les défauts ou de remplacer la marchandise. La compagnie de camionnage est responsable uniquement si les dommages sont décelés à la livraison et qu'il est possible de démontrer que le transporteur a endommagé la marchandise.

(2) **La bonne réponse est 1.** Le graphique de Gantt est un simple graphique à barres facile à réaliser. Le graphique de cheminement critique et le graphique PERT sont plus complexes et ne conviennent pas à un projet de petite envergure. L'échéancier accéléré n'est pas un type de graphique.

(3) **La bonne réponse est 2.** Selon les pratiques professionnelles courantes et la déontologie, un designer ne peut accepter de travailler pour un client avant de s'être assuré qu'aucun autre designer n'a de relations contractuelles avec ce client.

(4) **La bonne réponse est 2.** Selon les Conditions générales du contrat d'ameublement, d'accessoires et d'équipement de l'AIA/ASID, le maître de l'ouvrage doit souscrire sa propre assurance contre le vandalisme, les dommages causés par le feu ou le vol ou des causes similaires. Les assurances de l'entrepreneur couvrent les dommages subis par l'ouvrage et les assurances du détaillant ne couvrent pas l'ameublement une fois qu'il est livré sur le site.

(5) **La bonne réponse est 2.** Comme la question fait allusion aux fondateurs au pluriel, la réponse 1 est éliminée. Les sociétés professionnelles et les sociétés créées en vertu du « Subchapter S » sont des personnes morales gérées par un conseil d'administration, qui peut comprendre les fondateurs mais, en général, ce sont les sociétés par actions qui permettent d'exercer le contrôle le plus complet à long terme sur les entreprises fondées par deux personnes ou davantage.

(6) **La bonne réponse est 3.** Techniquement, vous devez faire signer un contrat de vente par le client, ce qui l'oblige à payer les biens. Ce contrat doit être établi avant la préparation du bon de commande.

(7) **La bonne réponse est 4.** L'identité visuelle de l'entreprise inclut des éléments de base comme le papier à lettres, les cartes professionnelles et les autres articles portant le nom et l'adresse de l'entreprise. Une brochure présentant l'entreprise constitue un outil à remettre aux clients éventuels notamment pour leur expliquer brièvement en quoi consistent l'entreprise et les types de projets qu'elle peut réaliser.

(8) **La bonne réponse est 2.**

(9) **La bonne réponse est 1.** Un designer d'intérieur peut éprouver de la difficulté à trouver des employés qui consentent à travailler pour un employeur qui n'offre pas d'assurance pour les frais médicaux, mais il n'est pas obligé de fournir une telle assurance pour exploiter son entreprise. L'indemnisation des accidentés du travail est obligatoire partout aux États-Unis. Même si l'assurance responsabilité civile générale et l'assurance automobile ne sont pas exigées par la loi aux États-Unis, un designer d'intérieur en affaires serait bien imprudent de ne pas en souscrire.

(10) **La bonne réponse est 4.** C'est le professionnel du design qui souscrit l'assurance erreurs et omissions.

22 COORDINATION DE PROJET

(1) **La bonne réponse est 4.** Après leur examen par l'ingénieur en mécanique et le designer d'intérieur, les dessins d'atelier sont retournés à l'entrepreneur général qui les vérifie une fois de plus pour prendre connaissance des commentaires de l'ingénieur et du designer d'intérieur avant de les retourner au sous-traitant.

(2) **La bonne réponse est 4.** L'entrepreneur doit s'assurer que les échantillons, dessins d'atelier et autres pièces à soumettre sont soumis à l'examen du designer d'intérieur. Comme l'entrepreneur général veille à la coordination des différents fournisseurs et corps de métier, c'est lui qui est responsable.

(3) **La bonne réponse est 1.** L'entrepreneur est seul responsable de la sécurité du chantier; si le designer d'intérieur lui demandait de corriger la situation ou lui disait ce qu'il a à faire, il s'exposerait à des poursuites. Le devoir du designer d'intérieur est d'informer le maître de l'ouvrage par écrit de ses observations. De plus, il est judicieux de mentionner le fait à l'entrepreneur afin de comprendre pourquoi il n'y avait pas de barricades.

(4) **La bonne réponse est 2.** Dans le cadre de petits projets, le chargé de projet peut s'occuper de l'organisation des dessins, mais cette tâche incombe habituellement au chef d'équipe ou à la personne responsable de préparer les dessins. Les autres choix de réponse font partie des activités courantes du chargé de projet.

(5) **La bonne réponse est 1.** La réponse 1 est la façon la plus courante de traiter les demandes de paiement. Le designer peut certifier un montant inférieur à ce qui a été demandé à condition de joindre une explication écrite. Les demandes de paiement sont parfois retournées à l'entrepreneur pour qu'il les révise, mais cela entraîne des retards dans le calendrier de paiement normal et empêche l'entrepreneur de toucher les sommes qui lui sont dues.

(6) **La bonne réponse est 3.** Le designer d'intérieur vérifie les dessins d'atelier uniquement pour s'assurer qu'ils respectent l'intention générale du design. C'est l'entrepreneur général qui est responsable de coordonner l'ouvrage, de vérifier les dimensions et, de façon générale, de construire l'ouvrage conformément aux documents contractuels.

(7) **La bonne réponse est 3.** Tout changement au coût ou à la durée du contrat doit être approuvé en vertu d'un avenant au marché. Dans la contrat type AIA/ASID, la directive de changement et la notification de changement mineur visent uniquement les changements mineurs qui n'affectent ni le coût ni la durée du contrat.

(8) **La bonne réponse est 3.** Les documents contractuels type de l'AIA/ASID exigent que le maître de l'ouvrage fournisse un espace adéquat pour la réception et l'entreposage de l'ameublement, des accessoires et de l'équipement. La réponse 1 est incorrecte parce que les biens sont censés être déjà suffisamment assurés. La réponse 2 est incorrecte car le maître de l'ouvrage inspecte les articles livrés uniquement pour les identifier, en vérifier les quantités et s'assurer de l'absence de dommages, et cette inspection ne constitue pas une acceptation définitive. La réponse 4 est incorrecte parce que l'entrepreneur est censé avoir estimé correctement le nombre de travailleurs nécessaires pour l'installation.

(9) **La bonne réponse est 4.** Même si le designer d'intérieur peut tirer parti de l'expérience acquise au fil des différents projets, les suggestions d'amélioration ne font habituellement pas partie de l'évaluation verbale ou écrite qu'il donne à son client après l'emménagement.

(10) **La bonne réponse est 2.** Le designer d'intérieur est responsable de concevoir l'ouvrage conformément au code du bâtiment en vigueur. Il arrive souvent que l'entrepreneur souligne les problèmes avant qu'il ne soit trop tard, mais il n'est aucunement obligé de le faire.

23 EXEMPLE D'EXAMEN PRATIQUE

Ⓐ **Première section.** Cet examen pratique exige une planification serrée, étant donné le peu d'espace disponible. L'analyse du programme révèle peu d'exigences de proximité principale/requise comme en témoigne le tableau des niveaux de proximité illustré à la figure 24.1.

MATRICE DE PROXIMITÉ ● Proximité principale/requise ○ Proximité secondaire/souhaitable	1. Réception	2. Bureau des ventes	3. Salle de travail	4. Salle de conférence	5. Salle de photocopie	6. Salle de repos	7. Toilettes des visiteurs	8. Rangement	9. Escaliers
1. Réception									
2. Bureau des ventes	●								
3. Salle de travail	○	○							
4. Salle de conférence	○	●	○						
5. Salle de photocopie			○						
6. Salle de repos									
7. Toilettes des visiteurs	○	○	○						
8. Rangement									
9. Escaliers	●			○					

24.1
Matrice de proximité remplie

Avant de commencer à répartir les différents espaces, il est utile d'additionner la superficie nécessaire aux espaces résidentiels afin de déterminer si un grand bloc d'espace ou une zone logique du plan peut être réservé à l'appartement. Ici, on donne la superficie minimale de la salle de séjour et de la chambre à coucher. Prévoyez qu'il faut réserver environ 100 pi² pour une salle de bain répondant aux normes d'accessibilité et environ 200 pi² pour une cuisine pouvant loger le plan de travail et les appareils indiqués. Les placards à eux seuls occuperont 25 pi² (une profondeur de 2′ multipliée par une longueur de 13′). Cela donne environ 850 pi². Ajoutez 25 % pour les circulations et l'épaisseur des cloisons (210 pi²) et vous obtenez une superficie totale d'environ 1062 pi² pour l'appartement. La première section structurale dans la partie sud de l'espace mesure 20′ de largeur sur 55′ de longueur, ce qui donne une superficie d'environ 1100 pi². La partie sud de l'espace pourrait donc être réservée à l'appartement.

Étant donné que la réception doit être directement adjacente à l'escalier principal (et à l'ascenseur), la zone adjacente à l'ascenseur peut être réservée à cette fin. L'emplacement des colonnes suggère un mur de corridor qui peut rejoindre les deux escaliers d'issue à l'arrière, ce qui définit les grands blocs d'espace du plan. Comme il n'y a aucune fenêtre entre les deux escaliers, les seules solutions logiques pour ces espaces sont la salle de photocopie, la salle de repos, le rangement et les toilettes des visiteurs. La figure 24.2 illustre une solution élaborée en ce sens.

Cette solution satisfait à presque toutes les exigences du problème. Elle répond à toutes les exigences de proximité, les espaces sont désignés et tout l'ameublement et les équipements exigés sont dessinés à la bonne échelle. Les types de murs appropriés sont indiqués là où il le faut. Les seuls problèmes sont dans l'appartement : le placard d'entrée est un peu petit et il n'y a pas tout à fait assez d'espace de comptoir pour le meuble-lavabo dans la salle de bain.

L'appartement pourrait aussi être situé dans la partie nord de l'espace, mais il faudrait le disposer en forme de L pour loger toutes les pièces. La réception doit demeurer près de l'escalier et il faut aussi relier l'ascenseur et les deux issues. La figure 24.3 est un plan utilisant cette deuxième solution.

Dans l'ensemble, ce plan convient, mais il présente certains problèmes qui le rendent inopérant :

Dans la partie appartement :

- Il n'y a pas assez d'espace du côté charnières de la porte de la salle de bain (côté à tirer).
- Le diamètre de virage de 5′ n'est pas indiqué dans la salle de bain, et l'espace est insuffisant pour contenir un tel diamètre.
- Aucune barre d'appui n'est indiquée près de la toilette.
- L'accès à la douche est partiellement bloqué par le lavabo.
- Les dimensions de la chambre à coucher sont inférieures aux exigences et la disposition des meubles donne un aspect encombré.
- Il n'y a pas assez d'espace pour la porte de la chambre à coucher (côté à tirer).

Dans la partie bureau :

- Le four micro-ondes n'est pas indiqué dans la salle de repos.
- Dans le bureau des ventes, la bibliothèque haute de 73″ est placée devant la fenêtre, ce qui obstrue la vue et la lumière.
- La réception contient un bahut, mais rien n'indique si celui-ci compte pour l'espace de comptoir exigé selon le programme.
- Les dimensions linéaires ne sont pas indiquées et certaines dimensions en pieds carrés manquent également.

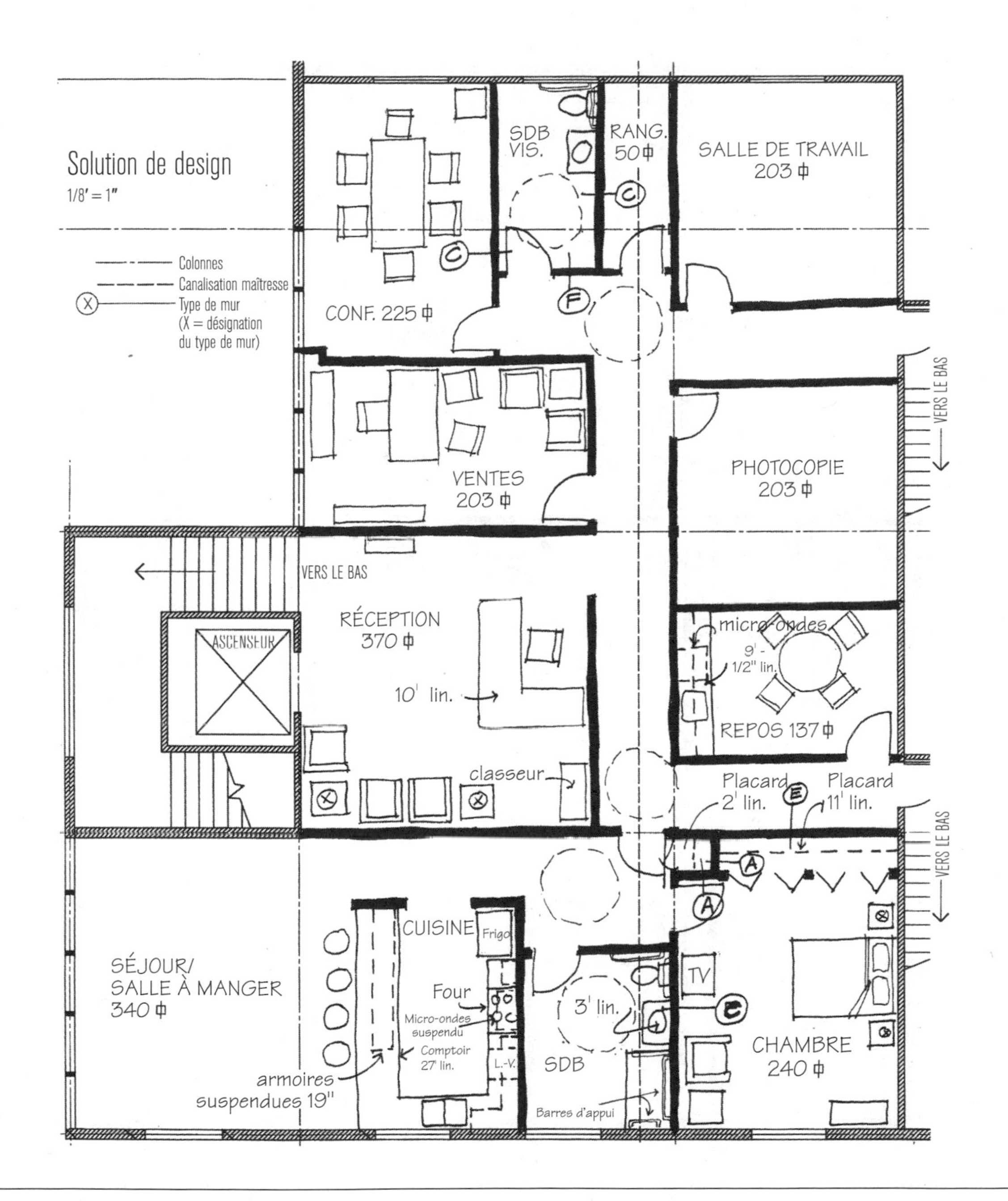

24.2
Première solution

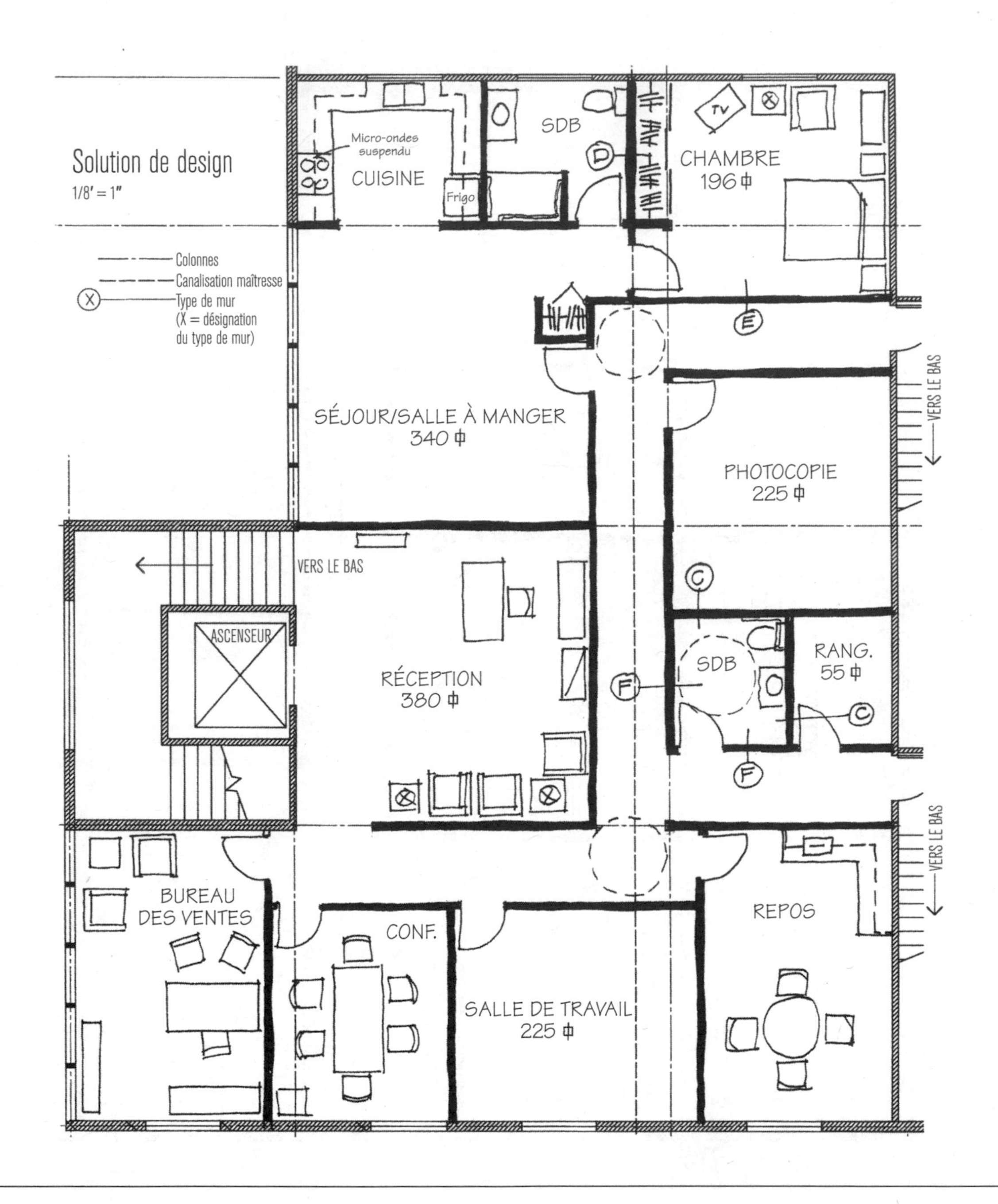

24.3
Deuxième solution

Le tableau des matériaux et des finis illustré à la figure 24.4 montre les finis correctement choisis pour les différentes pièces. Notez que plusieurs finis auraient également pu convenir dans certaines des pièces, de sorte qu'il peut y avoir plusieurs bonnes réponses dans ce cas.

PIÈCE	SOL	MURS	PLAFOND
Réception	S1	M3	P1
Toilettes des visiteurs	S6	M6	P2
Salle de photocopie	S1	M1	P1
Cuisine	S7	M2	P2
Chambre à coucher	S1	M1	P2

24.4
Tableau des matériaux et des finis

(B) **Deuxième section.** Les pages qui suivent illustrent des solutions possibles pour la deuxième partie. Le plan d'électricité et de télécommunications présenté à la figure 24.5 indique les prises de courant, de téléphone et de câblage informatique nécessaires ainsi que le lecteur de carte de sécurité. Il est important d'indiquer la hauteur des prises et des interrupteurs, car bon nombre d'entre eux sont installés au-dessus de plans de travail intégrés. Assurez-vous d'indiquer des prises quadruples ou plusieurs prises de courant doubles là où il faut alimenter plusieurs appareils électriques.

L'élévation et la coupe présentées dans les figures 24.6 et 24.7 montrent un design simple, mais fonctionnel du comptoir de réception illustré dans le plan de base. En plus d'indiquer un mode de construction correct pour l'ébéniste, vous devez indiquer de quelle façon les personnes à mobilité réduite auront accès à l'élément représenté sur le détail. Assurez-vous d'indiquer toutes les dimensions nécessaires et d'identifier les matériaux.

Le plan de plafond réfléchi présenté à la figure 24.8 indique tous les luminaires nécessaires et le tableau indique à quelle fin chaque luminaire est utilisé. Les éclairages d'issue sont indiqués ainsi que la plupart des interrupteurs. Par contre, les interrupteurs des projecteurs à éclairage mural n'y sont pas, alors qu'ils auraient dû être indiqués.

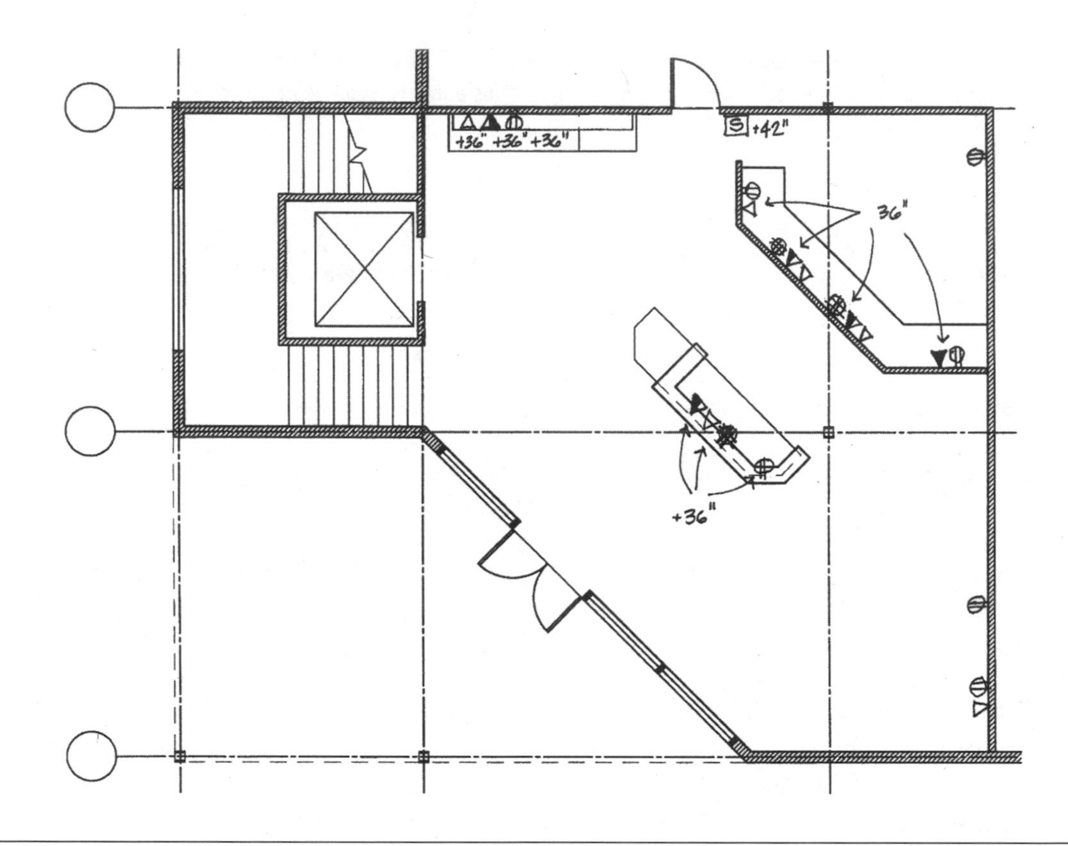

24.5
Plan d'électricité

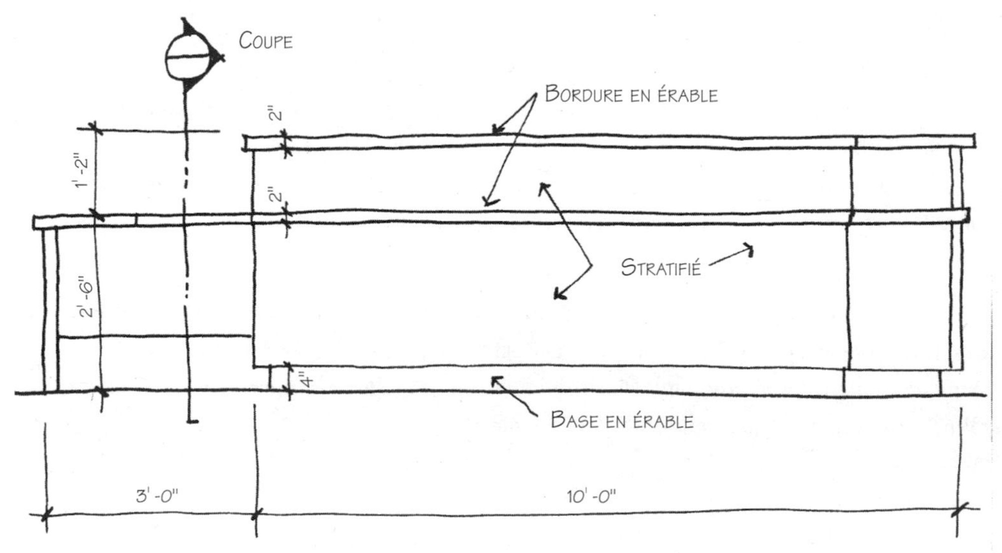

24.6
Élévation du comptoir de réception

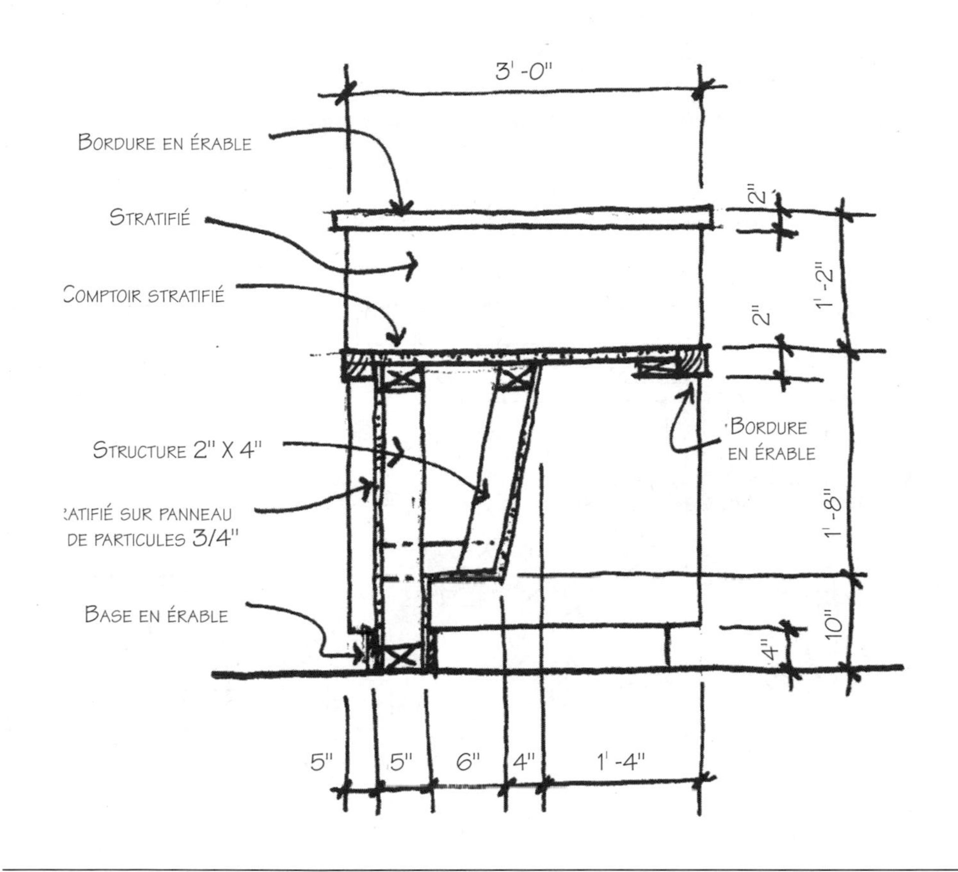

24.7
Coupe du comptoir
de réception

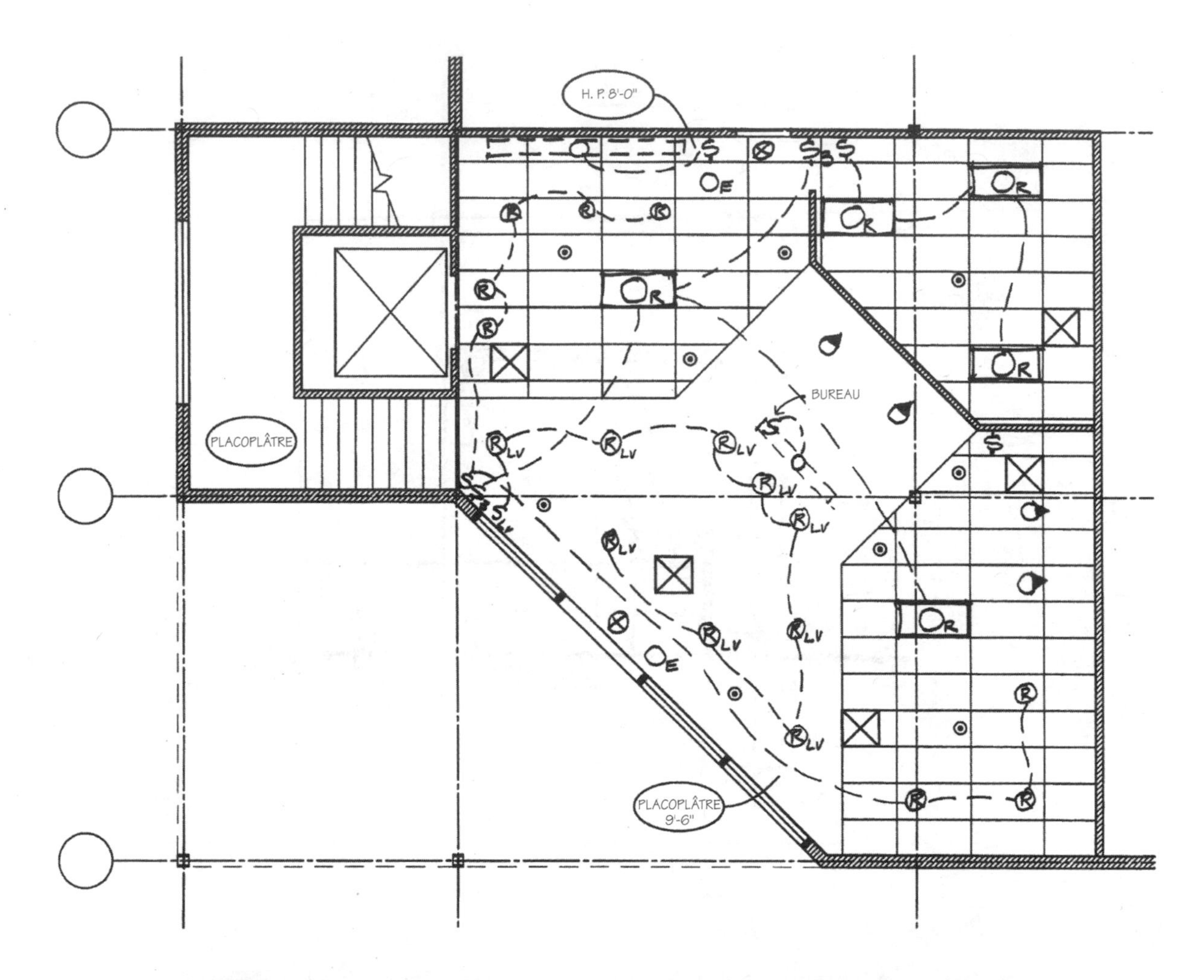

Symbole	Remarque (expliquez vos choix en quelques mots)
	Pour mettre en valeur logo et œuvre d'art
	Éclairage d'appoint peu éblouissant pour poste de travail et comptoir de réception
	Éclaire zone ascenseur et salle d'attente – peu éblouissant

24.8
Plan de plafond réfléchi et tableau des appareils d'éclairage

Annexe A

Se préparer à l'examen du NCIDQ

Les conditions d'admissibilité à l'examen du NCIDQ peuvent changer mais, de façon générale, les candidats doivent posséder au moins une combinaison de six années de formation et d'expérience pratique. L'examen est offert partout en Amérique du Nord. Au Québec, il a déjà été offert en français, mais ne l'est plus depuis quelques années. Les candidats désireux de connaître les détails précis quant à l'inscription à l'examen devraient consulter le site Web du NCIDQ au www.ncidq.org. La présente annexe n'a pour but que de vous donner des détails généraux quant à votre préparation.

L'examen, qui est réparti sur deux jours, est divisé en trois sections. La première porte sur les principes et les pratiques en design d'intérieur; on y teste vos connaissances dans les domaines de l'organisation de projet, de la programmation, du design préliminaire et de l'élaboration du design. Cette section contient en moyenne 150 questions à choix multiple. La deuxième partie, qui porte sur l'entente contractuelle et l'exécution du contrat, vérifie vos connaissances sur les documents contractuels et les étapes relatives à l'exécution du marché. Elle contient environ 125 questions à choix multiple. Enfin, la troisième partie, sur le design préliminaire et l'élaboration du design, est la partie pratique de l'examen, et se divise en deux sections. On vous soumet un programme concernant une installation multi-usages d'environ 3 500 pieds carrés (donc comportant un aspect commercial et un aspect résidentiel). Vous devez soumettre une solution de design qui réponde à la fois aux exigences du programme et aux règles universelles du design d'intérieur. Un programme de ce genre vous est proposé au chapitre 23 et le corrigé vous indique les solutions de design acceptables.

Les deux premières parties de l'examen comportent des questions à choix multiple. Certaines de ces questions font simplement appel à votre mémoire et vous demandent de choisir ou de reconnaître le bon terme ou la bonne réponse parmi le choix offert.

Exemple :

Comment appelle-t-on une harmonie utilisant trois couleurs voisines dans le cercle chromatique ?

1. Monochrome
2. À trois couleurs
3. De complémentaires
4. Analogique

Le deuxième type de question demande que vous appliquiez un principe ou un concept.

Exemple :

Pour concevoir le cadre de la porte d'une salle de conférence où il est essentiel de protéger la confidentialité des conversations, lequel des éléments suivants serait le *moins* nécessaire ?

1. Un bas de porte automatique
2. Un dispositif de fermeture silencieux à haut rendement
3. Une garniture d'étanchéité en néoprène
4. Une porte à âme pleine

Le troisième type de question vous demande de porter un jugement, de résoudre un problème ou de mettre en pratique une habileté, un principe ou un concept. Vous pouvez être appelé à intégrer plusieurs concepts ou principes pour arriver à répondre à ces questions.

Exemple :

Au début d'un projet de design qui sera réalisé dans un bâtiment à usages multiples, de quels renseignements avez-vous besoin ?

1. Le type de bâtiment, les usages adjacents et la présence ou l'absence de gicleurs d'incendie
2. Les usages adjacents, la classification de la zone de feu et les exigences d'accessibilité
3. Le type de bâtiment, la classification de la zone de feu et les exigences d'accessibilité
4. La présence ou l'absence de gicleurs d'incendie, la classification de la zone de feu et les usages adjacents

Précisons que les deux premières parties de l'examen sont corrigées par un système informatique, alors que les réponses à la partie pratique sont soumises à un jury. Le NCIDQ étudie toutefois la possibilité d'administrer et de corriger cette partie également au moyen d'un système informatisé.

Avant l'examen

Toutes les personnes réagissent différemment aux situations d'examen. Certaines ne ressentent aucun tract et sont au meilleur de leur forme, alors que d'autres sont nerveuses et font face à des trous de mémoire même si elles ont révisé leur matière pendant des mois. Vous seul pouvez savoir comment vous réagirez et comment vous devez vous préparer, mais les conseils généraux qui suivent vous aideront à bien planifier votre période de révision et d'étude et à utiliser ce livre de manière à bien vous préparer.

Votre expérience récente devrait vous aider à déterminer ce qui est pour vous le plus important à étudier. Si vous avez l'habitude des documents contractuels, vous pourrez passer moins de temps sur ces chapitres. Dans d'autres cas, sur certains sujets, vous voudrez peut-être compléter la matière de ce livre par d'autres lectures. Si vous prévoyez passer l'examen en anglais, il pourrait être utile de consulter certains documents originaux pour vous remettre en mémoire certains termes. Les lexiques bilingues à la fin de ce livre pourront vous aider. Les étapes suivantes vous permettront de bien gérer votre période préparatoire.

Étape 1. Ne tardez pas. Il est impossible de se préparer à un tel examen en en deux semaines, en particulier si vous passez les trois parties en une seule fois. Discutez avec des gens qui ont déjà passé l'examen ou, s'il n'y en a pas autour de vous, cherchez sur Internet les forums de discussion portant sur l'examen tel que celui de l'éditeur Professional Publications Inc. au www.ppi2pass.com.

Étape 2. Parcourez d'abord tous les chapitres de *L'essentiel du design d'intérieur* assez rapidement. Cette première lecture, de même que les renseignements que vous trouverez dans les guides d'étude et de préparation produits par le NCIDQ (www.ncidq.com) vous permettront d'évaluer vos forces et vos faiblesses.

Étape 3. En vous fondant sur une évaluation réaliste de vos points forts et de vos points faibles, établissez quelles seront les priorités de votre programme d'étude, en commençant par les sujets qui vous demanderont le plus de temps.

Étape 4. Établissez votre programme d'étude. En vous fondant sur la date de l'examen, accordez une période de temps précise à chacun des sujets que vous avez déterminés. Tout dépend de vos connaissances et de l'expertise que vous avez développée au cours des années. Vous pourriez par exemple décider de consacrer une semaine entière à revoir les règles de la conception sans obstacles alors qu'une seule journée vous suffira à revoir les schémas de planification de l'espace. Soyez réaliste et bâtissez un horaire qui tient compte de votre emploi du temps et de vos autres priorités.

Étape 5. Commencez à étudier et respectez votre programme. Il s'agit, bien entendu, de l'aspect le plus difficile et de celui qui vous demandera le plus de discipline. Allez du général au particulier, du concept général au détail. Il est plus facile de comprendre les principes généraux qui régissent les contrats, par exemple, que d'en apprendre les formulations par cœur. Si vous vous avez prévu un délai réaliste qui tient compte de vos autres activités et vous laisse des périodes de repos, vous y arriverez.

Étape 6. Arrêtez d'étudier deux jours avant l'examen pour vous donner le temps de vous détendre.

Pendant l'examen

Même si les règles mises en place par le NCIDQ peuvent changer d'une année à l'autre, il est généralement permis aux candidats d'emporter les articles qui sont indiqués plus bas. Tout document de référence est interdit. Pour les deux premières parties de l'examen, les candidats n'ont droit qu'à des crayons à la mine de plomb n° 2 ou HB, à une gomme à effacer et à une calculatrice non programmable.

Pour la partie pratique de l'examen, vous devez emporter :

- Une planche à dessin d'au mois 24 x 36 po (610 x 914 cm) avec bords à angles droits si de telles planches ne sont pas fournies (vérifiez ce détail à l'avance). N'emportez pas de té, cet instrument est trop difficile à utiliser lorsqu'on travaille en temps limité.
- Une règle triangulaire d'architecture
- Des triangles de 30/60 et de 45 degrés
- Des gabarits pour les différents symboles de plomberie, de meubles, les cercles, etc.
- Des crayons et des marqueurs
- Des gommes à effacer
- Une calculatrice non programmable (et dont les piles sont neuves)
- Un taille-crayon
- Du papier calque

Apportez aussi des crayons à la mine et des marqueurs de différents types et de différentes grosseurs, de façon à vous assurer que vous avez ce qui convient au papier qui sera fourni. Bien entendu, Il n'est pas mauvais d'emporter aussi une trousse de « survie » comprenant montre, papiers mouchoirs, aspirine, gouttes pour les yeux, ainsi qu'un goûter et de l'eau embouteillée si cela est permis.

L'une des plus grandes difficultés à laquelle doivent faire face les candidats à l'examen du NCIDQ est de le compléter en temps requis, en particulier la partie pratique. Cette partie vous demande d'assimiler, d'analyser et de communiquer une quantité importante d'information en peu de temps. La gestion efficace de votre temps est donc primordiale. Les chapitres 5 et 23 du présent livre vous donnent des conseils pratiques à cet égard. Rappelons que vous n'êtes pas jugés sur la qualité de vos dessins, mais sur votre habileté à communiquer une solution qui remplit les exigences du programme. Un dessin à main levée assez grossier peut satisfaire les juges s'il présente une bonne solution de design.

Dans cette partie, vous devez présenter un concept qui répond à toutes les exigences du programme. N'essayez pas de créer un schéma complexe ou inhabituel. Les juges ne sont pas à la recherche de solutions innovatrices et dignes de prix de design, ils veulent simplement la preuve que vous êtes en mesure de trouver une solution de design en trois dimensions qui tienne compte des principes de la discipline et qui respectent les codes, réglementations et normes les plus habituelles en matière de sécurité et d'accessibilité des personnes handicapées.

Pour les questions à choix multiple des première et deuxième parties, vous pouvez utiliser deux approches. La première consiste à parcourir l'ensemble des questions, à établir un temps moyen de réponse pour chacune. Si vous n'arrivez pas à répondre à la question dans le temps alloué, vous passez à la suivante. Vous vous laissez du temps à la fin pour revenir à ces questions les plus difficiles et indiquer la réponse qui vous semble la plus probable.

La deuxième approche consiste à parcourir l'examen deux fois. Au premier parcours, vous répondez aux questions dont vous savez les réponses, à celles qui nécessitent peu de réflexion ou de calcul. Si une question ne répond pas à ce critère, vous passez à la suivante. Comme vous « sautez » des questions, assurez-vous d'indiquer vos réponses aux bons endroits. Au deuxième parcours, vous vous attaquez aux questions plus difficiles. Certaines seront résolues après des calculs relativement simples, d'autres vous demanderont plus de réflexion. L'avantage de la méthode en deux parcours est qu'elle vous permet, dès le premier survol, d'évaluer la difficulté de l'examen et donc de gérer votre temps en conséquence, en vous allouant le temps nécessaire pour les questions plus difficiles. La clé de l'efficacité de ce système est de ne pas revenir aux questions pour lesquelles on a déjà inscrit une réponse. La plupart du temps, le premier choix est le bon. Peu importe la méthode que vous utilisez, inscrivez une réponse pour toutes les questions, même si vous y allez à l'aveuglette. Vous n'êtes pas pénalisé pour faire des suppositions et, d'autre part, vous n'avez aucune chance de tomber sur la bonne réponse si vous n'inscrivez rien.

Conseils supplémentaires

Dès le début de l'examen, parcourez l'ensemble du matériel qui vous est remis. Évaluez le nombre de questions et allouez-vous le temps nécessaire pour répondre et pour réviser le tout à la fin. Si vous utilisez la première méthode, à la mi-temps, vous devriez avoir répondu à la moitié des questions. Voici quelques conseils supplémentaires :

- Marquer les questions qui vous semblent les plus difficiles. Si vous avez le temps à la fin, revenez à ces questions et vérifiez vos réponses. Rappelez-vous que, souvent, c'est le premier choix qui est le bon.
- Souvent, on peut procéder par élimination. Cela vous laissera peut-être un choix entre deux réponses à la fin, mais mieux vaut un choix entre deux qu'entre trois.
- Certaines questions vous sembleront trop faciles. Bien qu'il soit possible que l'examen comporte des questions plus simples que d'autres, une trop grande facilité devrait vous mettre en alerte : avez-vous bien considéré tous les aspects ? Assurez-vous que vous n'avez pas oublié une exception à une règle, ou un détail qui peut modifier la réponse. Souvent, un seul mot peut changer le sens d'une question.
- Faites attention à des mots et expressions comme *ne pas, le moins, jamais, entièrement.* Ces mots peuvent indiquer une exception ou l'aspect négatif peut changer complètement la réponse. À l'examen du NCIDQ, comme dans ce livre, beaucoup de questions sont formulées par une tournure négative. On vous demande lequel des éléments serait *le moins* important dans une situation.
- Faites attention à des mots comme *rarement, habituellement, meilleur.* Ils vous indiquent qu'il faut porter un jugement pour trouver la bonne réponse. Vous pouvez alors vous attarder aux options qui, à première vue, semblent proches ou semblables.

Finalement, essayez malgré tout de vous détendre et de rester calme. Votre formation, votre expérience vous aideront. De plus, si vous avez respecté votre programme d'étude, vous êtes dans la meilleure position qui soit pour réussir l'examen.

Annexe B

LEXIQUE **ANGLAIS**-FRANÇAIS

**N.B. : La virgule sépare deux synonymes; la barre oblique indique deux équivalents possibles, mais dans des contextes différents*

accessible route
parcours sans obstacles

acoustic perfume
bruit masquant

acoustical ceiling
plafond acoustique

acoustical tile
carreau insonorisant

add alternate
ajout

addendum
addenda

additional service
service additionnel

adjacency matrix
matrice de proximité

adjacency
proximité

advertising
publicité

air duct
conduit

all-water heating system
système de chauffage tout eau

alternate (voir aussi add_, deduct_)
variante

ambient lighting
lumière ambiante, éclairage ambiant

analogous colour scheme
harmonie analogique

anthropometrics
anthropométrie

apartment building
immeuble d'appartements

area (voir aussi net_, gross_, rentable_, usable_)
superficie

area fees
honoraires selon la superficie

area of refuge
lieu de refuge

assembly area
établissement de réunion

axonometric drawing
dessin axonométrique, axonométrie

background noise
bruit de fond

backing
dossier (tapis)

backrest
dossier (sièges)

bar chart
graphique à barres

barrier-free design
conception sans obstacles

base molding
plinthe

base-bid specification
spécification prescriptive non exclusive

beam-and-girder slab
dalle à poutre et poteau

bearing wall
mur porteur

bedside table (voir night table)

bid bond
cautionnement de soumission

bid contract
contrat par appel d'offres

bid form
formulaire de soumission

bid notice
avis d'appel d'offres

bid
soumission

bidder
soumissionnaire

bi-folding door
porte pliante

bill of lading
connaissement

billing
facturation

binder
liant

blinds
store à lames, à lamelles

block flooring
parquet préassemblé

blocking (voir space blocking)

bond (voir aussi bid_, labor and materials payment_, performance_)
cautionnement

book case
bibliothèque

break room
salle de repos

budget item
poste budgétaire

building code
code du bâtiment / réglementation

building
immeuble / bâtiment

built-in furniture
mobilier intégré

bunk bed
lit superposé

business card
carte professionnelle

cabinet (voir aussi lower_,upper_)
armoire

cabinet maker
ébéniste

cabinetry
ébénisterie

canopy
baldaquin

carpenter
*menuisier / ébéniste**

carpentry
menuiserie / ébénisterie

carpet
moquette

ceiling fixture
plafonnier

ceiling plan (voir reflected ceiling plan)

ceramic tile
carreau de céramique

change order
avenant de modification

channel
tube

char
résidu charbonneux

charge, to
facturer / demander un prix

charring
carbonisation

chase
chasse

circular stair
escalier circulaire

circulation path
axe de circulation

circulation pattern
schéma de circulation

cleanout
regard de nettoyage

clear floor space
espace libre au sol

clear width
largeur libre

clearance
dégagement

clerestory
claire-voie

closet (voir aussi clothes_, coat_, walk-in_)
placard

clothes closet
placard, penderie

coat closet
placard de hall d'entrée

coat
couche

coating
enduit

code of ethics
code de déontologie

colour rendering index (CRI)
indice de rendu des couleurs (IRC)

colour temperature
couleur de température

compact fluorescent
fluorescent compact

completion date
date d'achèvement

concert hall
salle de concert

construction drawing
dessin d'exécution

consultant
consultant, expert-conseil

contingencies
imprévus

contract amount
montant du marché

contract documents
documents contractuels

contractor
entrepreneur

cooktop
table de cuisson, surface de cuisson

copy room
salle de photocopie

corporation
société par actions

cost estimation
estimation des coûts

CPM (voir critical path method)

credenza
bahut

CRI (voir colour rendering index)

critical path method (CPM)
méthode de cheminement, de chemin critique

critical path method chart
graphique de cheminement, de chemin critique

crown molding
corniche

custom built
construit sur mesure

cut pile
velours coupé

dedicated circuit
circuit spécialisé

deduct alternate
suppression

demising wall
mur mitoyen

descriptive specification
spécification descriptive

design concept
concept de design

design development
élaboration du design

detail (voir detail drawing)

detail drawing
détail, dessin de détail

detectable warning
avertissement tactile

(*) Voir explication de ce terme p. 218

detention facility
établissement de détention
direction of travel
sens de l'issue
display cabinet
présentoir
door bottom
bas de porte
door closer
ferme-porte
door frame
cadre de porte
door leaf
battant
door seal
coupe-bise
door stop
butoir de porte
doorknob
bouton de porte, poignée de porte
double bed
lit double
double-tee slab
dalle en double T
dovetail
queue d'aronde
dresser
commode
drinking fountain
fontaine
drywall
cloison sèche
duct
conduit

effective temperature
température effective
egress
évacuation
electrical plan
plan d'électricité
elevation
élévation
emphasis
accentuation
end table
table d'appoint
energy-efficient
écoénergétique, éconergétique
ergonomics
ergonomie
exhaust fan
ventilateur
exit access
accès à l'issue
exit discharge
dégagement de l'issue vers l'extérieur
exit
sortie / issue
exitway
issue / voie d'évacuation
extra service
service additionnel

fade-ometer
fadéomètre
faucet
robinet
fee projection chart
tableau de calcul des honoraires
fee projection
calcul des honoraires
fees
honoraires
FFE (voir furniture, fixtures and equipment)
fiberboard (voir medium-density fiberboard)
film
feuil (peinture)
finish plan
plan des finis
finish schedule
tableau des finis
finish
fini / revêtement
fire assembly
assemblage coupe-feu
fire extinguisher
extincteur
fire partition
mur coupe-feu
fire protection drawing
dessin de protection incendie
fire protection rating
degré de résistance au feu
fire resistance rating
degré, indice de résistance au feu
fire resistance
résistance au feu
fire-barrier
séparation ignifuge
fire-damper
registre coupe-feu
fire-extinguishing system
système d'extinction d'incendie
firm
firme, bureau, cabinet
fixed fee
forfait
fixture (voir lighting_, ceiling_)
flame resistance
résistance à l'inflammation
flame retardant
ignifuge, ignifugeant
flame spread
propagation de la flamme
flame-spread rating
indice de propagation des flammes
flammability
inflammabilité
flange
rive
flat slab
dalle champignon avec ressauts
flat-plate slab
dalle champignon plate
flight
volée
float glass
verre flotté
floor lamp
lampadaire
floor plan
plan d'étage
flooring (voir aussi, parquet_, plank_)
parquet / revêtement de sol
footcandle
pied-bougie
footlambert
pied-Lambert
free on board (FOB)
franco bord (FOB), franco à bord (FAB)
furnace
unité de chauffage
furnishing
ameublement

furniture layout
disposition du mobilier
furniture plan
plan d'ameublement
furniture specifications
devis d'ameublement
furniture, fixtures and equipment (FFE)
ameublement, accessoires et équipement (AAE)
Gantt chart
graphique de Gantt
gauge
jauge
glare
éblouissement
glass bead
parclose
glass block
bloc de verre
glazing
vitrage
gloss paint
peinture lustre
golden ratio
nombre d'or
golden section
section dorée
grab bar
barre d'appui
gross area
superficie brute
grounding
mise à la terre
grout
coulis
gypsum wallboard
panneau de placoplâtre
half-round slicing
tranchage semi-déroulé
handrail
main courante
headboard
tête de lit
headroom, head-way
échappée
heating diffuser
plinthe chauffante
heating, ventilating and air conditioning (HVAC)
chauffage, ventilation et conditionnement de l'air (CVCA)
HID lamp
(voir high-intensity discharge lamp)
high-intensity discharge lamp
lampe à décharge de haute intensité
high-pressure sodium lamp
lampe à sodium à haute pression
hinge jamb
montant charnier
hinge
charnière
HL (voir horizon line)
holdback
retenue
hollow-core slab
dalle précontrainte évidée
horizon line (HL)
ligne d'horizon (LH)
hourly rate
taux horaire
house drain
drain du bâtiment
house sewer
branchement d'égout
hue
teinte
HVAC (voir heating, ventilating and air conditioning)
IIC (voir impact insulation class)
illuminance
éclairement
illumination
éclairement
impact insulation class (IIC)
indice d'isolation au bruit d'impact (IIBI)
impact noise
bruit d'impact
incandescent lamp
lampe à incandescence
inflammable
inflammable
invitation to bid
appel d'offres
isometric drawing
dessin isométrique, isométrie
item (voir budget item)
itemize, to
détailler
joist
solive
junction box
boîte de jonction
king-size bed
très grand lit
labor and materials payment bond
cautionnement de paiement de la main-d'œuvre et des matériaux
laminated glass
verre feuilleté
landing
palier
latch jamb
côté loquet
latchet
loquet
lath and plaster
plâtre sur lattis
layout
aménagement
level loop
velours bouclé uni
level-cut pile
velours coupé uni
level-uncut pile
velours coupé bouclé
lever handle
béquille, bec-de-cane
liability insurance
assurance responsabilité civile
lighting fixture
appareil d'éclairage, luminaire
limited partnership
société en commandite
lintel
linteau
loadbearing wall
mur porteur
lobby
hall
lockset
serrure
loudness
intensité sonore

lounge
hall / salon d'attente, salle d'attente

lower cabinet
armoire au sol

luminance
luminance

luminous flux
flux lumineux

marketing
marketing, commercialisation

markup
marge sur coût d'achat

master specifications
devis directeur

MDF (voir medium density fiberboard)

mean radiant temperature (MRT)
température moyenne radiante (TMR)

means of egress
moyen d'évacuation

mechanical drawing
dessin de mécanique

medium-density fiberboard (MDF)
panneau de fibres à densité moyenne, panneau MDF

metal-halide lamp
lampe aux halogénures métalliques

methenamine pill test
essai à la pastille de méthénamine

method of payment
mode de paiement

millwork
boiserie

miter
onglet

mixing box
caisson de mélange

model code
code modèle

monochromatic colour scheme
harmonie monochrome

mortar bed
lit de mortier

moulding
moulure

Murphy bed
lit escamotable

needlepunching
aiguilletage

negociated contract
contrat de gré à gré

net area
superficie nette

newel post
pilastre

newsletter
bulletin

night table
table de chevet, table de nuit

noise criteria curve
courbe de critère du bruit

noise reduction coefficient (NRC)
coefficient de réduction du bruit (NRC)

non combustible
incombustible

non inflammable, nonflammable
ininflammable

nosing
nez de marche

NRC (voir noise reduction coefficient)

nursing home
établissement de soins

oblique drawing
dessin en oblique

occupancy
usage

occupant load
densité d'occupation

office building
immeuble de bureaux

one-point perspective
perspective à un point de fuite

orthographic drawing
dessin orthographique, dessin orthogonal

overhead
frais généraux

owner
maître de l'ouvrage / propriétaire

owner-contractor agreement
convention entre le maître de l'ouvrage et l'entrepreneur

packing list
bordereau d'expédition

padding
capitonnage

paneling
lambris / lambrissage

panic bar
barre antipanique

panic hardware
fermeture antipanique

parameter method
estimation paramétrique

parquet flooring
parquet mosaïque

Parsons table
table Parsons

particle board
panneau de particules

parties to the contract
parties contractantes

partition (voir aussi slab-to-slab_, slab-to-ceiling_)
cloison

partnership
société en nom collectif

passageway
coursive

path of egress
voie d'évacuation

pattern
motif

pedestal desk
bureau traditionnel

performance bond
cautionnement d'exécution

performance specification
spécification par référence à une norme

perspective drawing
dessin en perspective, perspective

PERT chart
graphique PERT

picture plane (PP)
tableau

picture rail
cimaise

pile height
épaisseur du velours

pinch pleat
plis pincés, plis français

piping
passepoil

pitch
pas

plain sawing
sciage sur dosse

plain slicing
tranchage sur dosse
plank flooring
parquet à planches
plenum
*vide de plafond / plénum***
plumbing fixture
appareil de plomberie, appareil sanitaire
post-occupancy evaluation
évaluation post-emménagement
post-tensioned concrete
béton précontraint par post-tension
power and telephone plan
plan d'électricité et de télécommunications
PP (voir picture plane)
precast concrete
béton préfabriqué
preliminary layout
aménagement / disposition préliminaire
press release
communiqué de presse
prestressed concrete
béton précontraint
principal
associé / designer en chef / patron
professional ethics
déontologie
programmatic concept
concept de programmation
programming
programmation
project closeout
achèvement du projet
project manager
chargé de projet
project manual
manuel de projet, cahier des charges
project monitoring chart
tableau de suivi du projet
project monitoring
suivi du projet
proprietary specification
spécification prescriptive exclusive
protuding object
saillie, objet en saillie
proxemics
proxémique
public relations
relations publiques
public way
voie publique
purchase order
bon de commande
purchasing agreement
convention d'achat
quarter sawing
sciage sur quartier
quarter slicing
tranchage sur quartier
queen-size bed
grand lit
radiant panel test
essai au panneau radiant
radiation
rayonnement
rail
traverse
ramp
rampe
rating
indice
recessed fixture
encastré
reflected ceiling plan
plan de plafond réfléchi
rendering
rendu
rentable area, rentable square footage
superficie locative
reseller
revendeur
residential building
immeuble résidentiel
resilient channel
barre résiliente
resilient flooring
revêtement de sol souple
return air duct
conduit de reprise
revolving door
porte tournante
rift sawing
sciage sur faux-quartier
rift-cut slicing
tranchage sur faux-quartier
rise
hauteur de l'escalier
riser
contremarche
roll pleat
plis ronds, plis tubes
roof plan
plan de toiture
rotary slicing
déroulage
rug
tapis
run
longueur de l'escalier
running trim
moulure
sample
échantillon
satin-finish paint
peinture à fini peu luisant
sawing (voir aussi plain_, quarter_, rift_)
sciage
scale
échelle
schedule
tableau
schedule, to
prévoir à l'échéancier/établir l'échéancier
schematic design
design préliminaire
seamless flooring
revêtement de sol sans joints
seating
sièges
secretarial chair
chaise multi-réglable
section
coupe
semi-gloss paint
peinture semi-lustre
shade
couleur rabattue
shades
store
shelving
rayonnage
shop drawing
dessin d'atelier
shutters
persiennes
side table
console
signage
signalisation

(**) Voir explcation de ce terme p. 286

single-tee slab
dalle en T

sink
lavabo / évier

site plan
plan d'implantation

sketch
esquisse

skylight
lanterneau

slab (voir aussi flat_, flat-plate_, waffle_, tee_)
dalle

slab-to-ceiling partition
cloison dalle à plafond

slab-to-slab partition
cloison dalle à dalle

slicing (voir aussi rotary_, plain_, quarter_, half-round_)
tranchage

sliding door
porte coulissante

slip-resistant
anti-dérapant

slope
pente

smoke density chamber test
essai de densité en chambre à fumée

smoke detector
détecteur de fumée

smouldering
combustion lente

sofa bed
canapé-lit

soil stack
colonne de chute

solvent
solvant, diluant

sound transmission class (STC)
indice de transmission du son (ITS)

sound-resistant
insonorisé

SP (voir station point)

space blocking
répartition de l'espace

space planning
planification de l'espace

specification
mode de spécification

specifications (voir aussi master_, furniture_)
devis

specify, to
inscrire au devis

speech privacy
confidentialité des conversations

spiral stair
escalier à vis

sprinkler
extincteur automatique à eau, gicleur

square footage
superficie

stack pleat
pli droit, pli plat

stack vent
évent de colonne

stacking diagram
diagramme à étage

standing trim
boiserie

station point (SP)
point de vue (PV)

STC (voir sound transmission class)

Steiner tunnel test
essai en tunnel Steiner

stem
nervure

stich rate
points par pouce

stile
montant

stockholder
actionnaire

stone flooring
revêtement de sol en pierre

storage
rangement(s) / entreposage

strike jamb
montant battant

strike side
plat de la porte

strip flooring
parquet à lames

stud
montant

subcontractor
sous-traitant

submittal
pièce à soumettre

substantial completion date
date d'achèvement substantiel

supplier
fournisseur

supply air register
registre d'approvisionnement

suspended fixture
suspension, lustre

systems furniture
mobilier-système, système de mobilier

table lamp
lampe de table

task lighting
éclairage d'appoint, éclairage du poste de travail

TDD (voir telecommunications device for the deaf)

tee slab (voir single-tee slab)

telecommunications device for the deaf (TDD)
appareil de télécommunications pour sourds (ATS)

tempered glass
verre trempé

tender
soumission

tendered contract
contrat par appel d'offres

terminal reheat system
système de réchauffe terminal

termination of contract
résiliation du contrat

testing agency
organisme d'essai

testing laboratory
laboratoire d'essai

testing standard
norme d'essai

tetrad colour scheme
harmonie à quatre couleurs

textured loop
bouclé texturé

thick-set installation
pose sur lit épais

thin-set installation
pose sur lit mince

threshold
seuil

tile
carreau

time sheet
feuille de temps

tint
couleur lavée

toilet stall
cabine de toilette

tone
couleur grisée

trade journal
revue professionnelle

trade organization
association professionnelle

trap
siphon

travel distance
distance d'évacuation

tread
marche

triad colour scheme
harmonie à trois couleurs

trim (voir aussi standing_, running_)
boiserie

trundle bed
lits gigognes

tufting
touffetage

two-point perspective
perspective à deux points de fuite

underlay
thibaude

upholstered furniture
meubles rembourrés

upper cabinet
armoire murale

urinal
urinoir

usable area
superficie utilisable

vanishing point (VP)
point de fuite (PF)

variable air volume system (VAV)
système à volume d'air variable (VAV)

VAV (voir variable air volume system)

VCP factor
(voir visual comfort probability factor)

veiling reflection
réflexion voilante

veneer
placage

vent stack
colonne d'évent

visual comfort probability factor
facteur de probabilité du confort visuel

VOC (voir volatile organic compound)

volatile organic compound (VOC)
composé organique volatil (COV)

voltage
tension

VP (voir vanishing point)

waffle slab
dalle à caisson

wainscot
lambris

walk-in closet
penderie

wallboard (voir aussi gypsum wallboard)
panneau mural

wall-mounted fixture
applique

wallpaper
papier peint

waste stack
colonne de renvoi

white noise
bruit blanc

winding stair
escalier tournant

wire glass
verre armé

work surface
plan de travail

workstation
poste de travail

Annexe C

LEXIQUE **FRANÇAIS** -ANGLAIS

AAE (voir ameublement, accessoire et équipement)

accentuation
emphasis

accès à l'issue
exit access

achèvement du projet
project closeout

actionnaire
stockholder

addenda
addendum

aiguilletage
needlepunching

ajout
add alternate

aménagement préliminaire
preliminary layout

aménagement
layout

ameublement
furnishing

ameublement, accessoires et équipement (AAE)
furniture, fixtures and equipment (FFE)

anthropométrie
anthropometrics

antidérapant
slip-resistant

appareil d'éclairage
lighting fixture

appareil de plomberie, appareil sanitaire
plumbing fixture

appareil de télécommunications pour sourds (ATS)
telecommunications device for the deaf (TDD)

appel d'offres
invitation to bid

applique
wall-mounted fixture

armoire au sol
lower cabinet

armoire murale
upper cabinet

armoire
cabinet

assemblage coupe-feu
fire assembly

association professionnelle
trade organization

associé
principal

assurance responsabilité civile
liability insurance

ATS
(voir télécommunications pour sourds)

avenant de modification
change order

avertissement tactile
detectable warning

avis d'appel d'offres
bid notice

axe de circulation
circulation path

axonométrie
axonometric drawing

bahut
credenza

baldaquin
canopy

barre antipanique
panic bar

barre d'appui
grab bar

barre résiliente
resilient channel

bas de porte
door bottom

bâtiment
building

battant
door leaf

bec-de-cane
lever handle

béquille
lever handle

béton précontraint par post-tension
post-tensioned concrete

béton précontraint
prestressed concrete

béton préfabriqué
precast concrete

bibliothèque
book case

bloc de verre
glass block

boiserie
millwork / trim / standing trim

boîte de jonction
junction box

bon de commande
purchase order
bordereau d'expédition
packing list
bouclé texturé
textured loop
bouton de porte, poignée de porte
doorknob
branchement d'égout
house sewer
bruit blanc
white noise
bruit d'impact
impact noise
bruit de fond
background noise
bruit masquant
acoustic perfume
bulletin
newsletter
bureau
desk, pedestal desk / firm
butoir de porte
door stop
cabine de toilette
toilet stall
cabinet
firm
cadre de porte
door frame
cahier des charges
project manual
caisson de mélange
mixing box
calcul des honoraires
fee projection
canapé-lit
sofa bed
capitonnage
padding
carbonisation
charring
carreau de céramique
ceramic tile
carreau insonorisant
acoustical tile
carreau
tile
carte professionnelle
business card
cautionnement d'exécution
performance bond
cautionnement de paiement de la main d'oeuvre et des matériaux
labor and materials payment bond
cautionnement de soumission
bid bond
cautionnement
bond
chaise multi-réglable
secretarial chair
chargé de projet
project manager
charnière
hinge
chasse
chase
chauffage, ventilation et conditionnement de l'air (CVCA)
heating, ventilating and air conditioning (HVAC)
cimaise
picture rail
circuit spécialisé
dedicated circuit
claire-voie
clerestory
cloison dalle à dalle
slab-to-slab partition
cloison dalle à plafond
slab-to-ceiling partition
cloison sèche
drywall
cloison
partition
code de déontologie
code of ethics
code du bâtiment
building code
code modèle
model code
coefficient de réduction du bruit (NRC)
noise reduction coefficient (NRC)
colonne d'évent
vent stack
colonne de chute
soil stack
colonne de renvoi
waste stack
combustion lente
smouldering
commercialisation
marketing
commode
dresser
communiqué de presse
press release
composé organique volatil (COV)
volatile organic compound (VOC)
concept de design
design concept
concept de programmation
programmatic concept
conception sans obstacles
barrier-free design
conduit de reprise
return air duct
conduit
duct, air duct
confidentialité des conversations
speech privacy
connaissement
bill of lading
console
side table
construit sur mesure
custom built
consultant
consultant
contrat de gré à gré
negociated contract
contrat par appel d'offres
bid contract / tendered contract
contremarche
riser
convention d'achat
purchasing agreement
convention entre le maître de l'ouvrage et l'entrepreneur
owner-contractor agreement
corniche
crown molding
côté loquet
latch jamb
couche (peinture)
coat

couleur de température
colour temperature
couleur grisée
tone
couleur lavée
tint
couleur rabattue
shade
coulis
grout
coupe
section
coupe-bise
door seal
courbe de critère du bruit
noise criteria curve
coursive
passageway
CVCA (voir chauffage, ventilation et conditionnement de l'air)
dalle à caisson
waffle slab
dalle à poutre et poteau
beam-and-girder slab
dalle champignon avec ressauts
flat slab
dalle champignon plate
flat-plate slab
dalle en double T
double-tee slab
dalle en T
single-tee slab
dalle précontrainte évidée
hollow-core slab
dalle
slab
date d'achèvement substantiel
substantial completion date
date d'achèvement
completion date
dégagement de l'issue vers l'extérieur
exit discharge
dégagement
clearance
degré de résistance au feu
fire protection rating
demander un prix
charge, to
densité d'occupation
occupant load
déontologie
professional ethics
déroulage
rotary slicing
design préliminaire
schematic design
designer en chef
principal
dessin axonométrique
axonometric drawing
dessin d'atelier
shop drawing
dessin de détail
detail drawing
dessin d'exécution
construction drawing
dessin de mécanique
mechanical drawing
dessin de protection incendie
fire protection drawing
dessin en oblique
oblique drawing
dessin en perspective
perspective drawing
dessin isométrique
isometric drawing
dessin orthogonal
orthographic drawing
dessin orthographique
orthographic drawing
détail
detail drawing
détailler
itemize, to
détecteur de fumée
smoke detector
devis d'ameublement
furniture specifications
devis directeur
master specifications
devis
specifications
diagramme à étage
stacking diagram
diluant
solvent
disposition du mobilier
furniture layout
disposition préliminaire
preliminary layout
distance d'évacuation
travel distance
documents contractuels
contract documents
dossier (sièges)
backrest
dossier (tapis)
backing
drain du bâtiment
house drain
ébéniste
cabinet maker
ébénisterie *
cabinetry / carpentry
éblouissement
glare
échantillon
sample
échappée
headroom, head-way
échéancier
schedule
échelle
scale
éclairage ambiant
ambient lighting
éclairage d'appoint, du poste de travail
task lighting
éclairement
illuminance, illumination
écoénergétique, éconergétique
energy-efficient
élaboration du design
design development
élévation
elevation
encastré
recessed fixture
enduit
coating
entreposage
storage
entrepreneur
contractor
épaisseur du velours
pile height

(*) Voir explication de ce terme p. 218

ergonomie
ergonomics
escalier à vis
spiral stair
escalier circulaire
circular stair
escalier tournant
winding stair
espace libre au sol
clear floor space
esquisse
sketch
essai à la pastille de méthénamine
methenamine pill test
essai au panneau radiant
radiant panel test
essai de densité en chambre à fumée
smoke density chamber test
essai en tunnel Steiner
Steiner tunnel test
estimation des coûts
cost estimation
estimation paramétrique
parameter method
établissement de détention
detention facility
établissement de réunion
assembly area
établissement de soins
nursing home
évacuation
egress
évaluation post-emménagement
post-occupancy evaluation
évent de colonne
stack vent
évier
sink
expert-conseil
consultant
extincteur automatique à eau
sprinkler
extincteur
fire extinguisher
FAB (voir franco bord)
facteur de probabilité du confort visuel/
visual comfort probability factor
facturation
billing
facturer
bill, to
fadéomètre
fade-ometer
ferme-porte
door closer
fermeture antipanique
panic hardware
feuil (peinture)
film
feuille de temps
time sheet
fini
finish
firme
firm
fluorescent compact
compact fluorescent
flux lumineux
luminous flux
FOB (voir franco bord)
fontaine
drinking fountain
forfait
fixed fee
formulaire de soumission
bid form
fournisseur
supplier
frais généraux
overhead
franco bord (FOB),
franco à bord (FAB)
free on board (FOB)
gicleur
sprinkler
grand lit
queen-size bed
graphique à barres
bar chart
graphique de cheminement,
de chemin critique
critical path method chart
graphique de Gantt
Gantt chart
graphique PERT
PERT chart
hall
lobby / lounge
harmonie à quatre couleurs
tetrad colour scheme
harmonie à trois couleurs
triad colour scheme
harmonie analogique
analogous colour scheme
harmonie monochrome
monochromatic colour scheme
hauteur de l'escalier
rise
honoraires selon la superficie
area fee
honoraires
fees
ignifuge, ignifugeant
flame retardant
IIBI (voir indice d'isolation
au bruit d'impact)
immeuble d'appartements
apartment building
immeuble de bureaux
office building
immeuble résidentiel
residential building
immeuble
building
imprévus
contingencies
incombustible
non combustible
indice d'isolation au bruit
d'impact (IIBI)
impact insulation class (IIC)
indice de propagation des flammes
flame-spread rating
indice de rendu des couleurs (IRC)
colour rendering index (CRI)
indice de résistance au feu
fire resistance rating
indice de transmission du son (ITS)
sound transmission class (STC)
indice
rating
inflammabilité
flammability
inflammable
inflammable
ininflammable
non inflammable, nonflammable

inscrire au devis
specify, to

insonorisé
sound-resistant

intensité sonore
loudness

IRC (voir indice de rendu des couleurs)

isométrie
isometric drawing

issue
exit, exitway

ITS
(voir indice de transmission du son)

jauge
gauge

laboratoire d'essai
testing laboratory

lambris
panel / wainscot

lambrissage
paneling / wainscoting

lampadaire
floor lamp

lampe à décharge de haute intensité
high-intensity dishcarge lamp

lampe à incandescence
incandescent lamp

lampe à sodium à haute pression
high-pressure sodium lamp

lampe aux halogénures métalliques
metal-halide lamp

lampe de table
table lamp

lanterneau
skylight

largeur libre
clear width

lavabo
sink

LH (voir ligne d'horizon)

liant
binder

lieu de refuge
area of refuge

ligne d'horizon (LH)
horizon line (HL)

linteau
lintel

lit de mortier
mortar bed

lit double
double bed

lit escamotable
Murphy bed

lit superposé
bunk bed

lits gigognes
trundle bed

longueur de l'escalier
run

loquet
latchet

lumière ambiante
ambient lighting

luminaire
lighting fixture

luminance
luminance

lustre
suspended (lighting) fixture

main courante
handrail

maître de l'ouvrage
owner

manuel de projet
project manual

marche
tread

marge sur coût d'achat
markup

marketing
marketing

matrice de proximité
adjacency matrix

MDF (voir panneau MDF)

menuisier
carpenter

méthode de cheminement,
de chemin critique
critical path method (CPM)

meubles rembourrés
upholstered furniture

mise à la terre
grounding

mobilier intégré
built-in furniture

mobilier-système
systems furniture

mode de paiement
method of payment

mode de spécification
specification

montant battant
strike jamb

montant charnier
hinge jamb

montant du marché
contract amount

montant
stile / stud

moquette
carpet

motif
pattern

moulure
moulding / running trim

moyen d'évacuation
means of egress

mur coupe-feu
fire partition

mur mitoyen
demising wall

mur porteur
bearing, loadbearing wall

nervure
stem

nez de marche
nosing

nombre d'or
golden ratio

norme d'essai
testing standard

NRC
(voir coefficient de réduction du bruit)

objet en saillie
protuding object

onglet
miter

organisme d'essai
testing agency

palier
landing

panneau de fibres à densité moyenne
medium-density fiberboard (MDF)

panneau de particules
particle board
panneau de placoplâtre
gypsum wallboard
panneau MDF
medium-density fiberboard (MDF)
panneau mural
wallboard (voir aussi gypsum wallboard)
papier peint
wallpaper
parclose
glass bead
parcours sans obstacles
accessible route
parquet à lames
strip flooring
parquet à planches
plank flooring
parquet mosaïque
parquet flooring
parquet préassemblé
block flooring
parquet
flooring
parties contractantes
parties to the contract
pas
pitch
passepoil
piping
patron
principal
peinture à fini peu luisant
satin-finish paint
peinture lustre
gloss paint
peinture semi-lustre
semi-gloss paint
penderie
clothes closet
penderie
walk-in closet
pente
slope
persiennes
shutters
perspective à deux points de fuite
two-point perspective
perspective à un point de fuite
one-point perspective
perspective
perspective drawing
PF (voir point de fuite)
pièce à soumettre
submittal
pied-bougie
footcandle
pied-Lambert
footlambert
pilastre
newel post
placage
veneer
placard de hall d'entrée
coat closet
placard
closet, clothes closet
plafond acoustique
acoustical ceiling
plafonnier
ceiling fixture
plinthe chauffante
heating diffuser
plinthe
base molding
plan d'ameublement
furniture plan
plan d'électricité et de télécommunications
power and telephone plan
plan d'électricité
electrical plan
plan d'étage
floor plan
plan d'implantation
site plan
plan de plafond réfléchi
reflected ceiling plan
plan de toiture
roof plan
plan de travail
work surface
plan des finis
finish plan
planification de l'espace
space planning
plat de la porte
strike side
plâtre sur lattis
lath and plaster
plénum **
plenum
pli droit
stack pleat
pli français
pinch pleat
pli pincé
pinch pleat
pli plat
stack pleat
pli rond
roll pleat
pli tubes
roll pleat
point de fuite (PF)
vanishing point (VP)
point de vue (PV)
station point (SP)
points par pouce
stich rate
porte coulissante
sliding door
porte pliante
bi-folding door
porte tournante
revolving door
pose sur lit épais
thick-set installation
pose sur lit mince
thin-set installation
poste budgétaire
budget item
poste de travail
workstation
présentoir
display cabinet
programmation
programming
propagation de la flamme
flame spread
propriétaire
owner
proxémique
proxemics
proximité
adjacency
PT (voir point du tableau)
publicité
advertising
PV (voir point de vue)

(**) Voir explcation de ce terme p. 286

queue d'aronde
dovetail

rampe
ramp

rangement
storage / shelving

rayonnage
shelving

rayonnement
radiation

réflexion voilante
veiling reflection

regard de nettoyage
cleanout

registre coupe-feu
fire-damper

registre d'approvisionnement
supply air register

réglementation
building code

relations publiques
public relations

rendu
rendering

répartition de l'espace
space blocking

résidu charbonneux
char

résiliation du contrat
termination of contract

résistance à l'inflammation
flame resistance

résistance au feu
fire resistance

retenue
holdback

revendeur
reseller

revêtement de sol en pierre
stone flooring

revêtement de sol sans joints
seamless flooring

revêtement de sol souple
resilient flooring

revêtement de sol
flooring

revêtement
finish

revue professionnelle
trade journal

rive
flange

robinet
faucet

saillie
protuding object

salle d'attente
lounge

salle de concert
concert hall

salle de photocopie
copy room

salle de repos
break room

schéma de circulation
circulation pattern

sciage sur dosse
plain sawing

sciage sur faux-quartier
rift sawing

sciage sur quartier
quarter sawing

sciage
sawing

section dorée
golden section

sens de l'issue
direction of travel

séparation ignifuge
fire-barrier

serrure
lockset

service additionnel
additional service, extra service

seuil
threshold

sièges
seating

signalisation
signage

siphon
trap

société en commandite
limited partnership

société en nom collectif
partnership

société par actions
corporation

solive
joist

solvant
solvent

sortie
exit

soumission
bid / tender

soumissionnaire
bidder

sous-traitant
subcontractor

spécification descriptive
descriptive specification

spécification par référence
à une norme
performance specification

spécification prescriptive exclusive
proprietary specification

spécification prescriptive
non exclusive
basc bid specification

store à lames, à lamelles
blinds

store
shades

suivi du projet
project monitoring

superficie brute
gross area

superficie locative
rentable area, rentable square footage

superficie nette
net area

superficie utilisable
usable area

superficie
area / square footage

suppression
deduct alternate

surface
plane

surface de cuisson
cooktop

suspension
suspended (lighting) fixture

système à volume d'air variable (VAV)
variable air volume system (VAV)

système d'extinction d'incendie
fire-extinguishing system

système de chauffage tout eau
all-water heating system

système de mobilier
systems furniture
système de réchauffe terminal
terminal reheat system

table d'appoint
end table
table de chevet
night table
table de nuit
night table
table Parsons
Parsons table
tableau de calcul des honoraires
fee projection chart
tableau de suivi du projet
project monitoring chart
tableau des finis
finish schedule
tableau
picture plane (PT)
tapis
rug
taux horaire
hourly rate
teinte
hue
température effective
effective temperature
température moyenne radiante (TMR)
mean radiant temperature (MRT)
tension
voltage
tête de lit
headboard
thibaude
underlay
TMR
(voir température moyenne radiante)
touffetage
tufting
tranchage semi-déroulé
half-round slicing
tranchage sur dosse
plain slicing
tranchage sur faux-quartier
rift-cut slicing
tranchage sur quartier
quarter slicing
tranchage
slicing
traverse
rail
très grand lit
king-size bed
tube
channel

unité de chauffage
furnace
urinoir
urinal
usage
occupancy

variante
alternate
VAV
(voir système à volume d'air variable)
velours bouclé
unilevel loop
velours coupé
cut pile
velours coupé-bouclé
level-uncut pile
velours coupé uni
level-cut pile
ventilateur
exhaust fan
verre armé
wire glass
verre feuilleté
laminated glass
verre flotté
float glass
verre trempé
tempered glass
vide de plafond
plenum
vitrage
glazing
voie d'évacuation
exitway / path of egress
voie publique
public way
volée
flight

I

Index

Québec, Canada
2006